本书为

·教育部中外人文交流中心重要专项任务成果

·北京外国语大学“双一流”建设重大标志性项目“文明互鉴：中国文化与世界”（2021SYLZD020）研究成果

中外人文交流
年鉴
2019-2020

The 2019-2020 Yearbook of Chinese-Foreign People-to-People Exchange

主　编　张朝意
副主编　薛维华

中国社会科学出版社

图书在版编目（CIP）数据

中外人文交流年鉴. 2019－2020 / 张朝意主编. —北京：中国社会科学出版社，2023.2

ISBN 978－7－5227－1193－5

Ⅰ. ①中… Ⅱ. ①张… Ⅲ. ①中外关系—文化交流—2019－2020—年鉴 Ⅳ. ①G125－54

中国版本图书馆 CIP 数据核字(2022)第 247112 号

出 版 人 赵剑英
责任编辑 周晓慧
责任校对 刘 念
责任印制 戴 宽

出 版 中国社会科学出版社
社 址 北京鼓楼西大街甲 158 号
邮 编 100720
网 址 http://www.csspw.cn
发 行 部 010－84083685
门 市 部 010－84029450
经 销 新华书店及其他书店

印 刷 北京明恒达印务有限公司
装 订 廊坊市广阳区广增装订厂
版 次 2023 年 2 月第 1 版
印 次 2023 年 2 月第 1 次印刷

开 本 787×1092 1/16
印 张 25.25
插 页 2
字 数 511 千字
定 价 138.00 元

凡购买中国社会科学出版社图书，如有质量问题请与本社营销中心联系调换
电话：010－84083683

《中外人文交流年鉴（2019—2020）》工作人员名单

领导小组 杜柯伟　王定华　夏　娟　赵　刚

顾 问 组（按姓氏拼音排序）

贾德永　马箭飞　王成安　武　斌　杨晓春　张西平

编写委员会

主　　编 张朝意

副 主 编 薛维华

编辑委员（按姓氏拼音排序）

包振山　陈崛斌　陈滔伟　扶南茜　李光宗　李军政
李亚兰　刘　洋　刘玉萍　马秀杰　牛　宇　潘　玥
邱袁炜　孙镜然　宋　勉　唐　云　唐晓飞　田小惠
田卫卫　王　鲲　王展鹏　许　航　岳　恒　张学仁
张权华　张馨心

《中外人文交流年鉴（2019—2020）》写作名单

中俄人文交流	张朝意　李泽宇
中美人文交流	陈崛斌　付美榕　闫循华　郑　琪　戚　林　黄潇涵 杨月妮　杲海啸　沈素芬　杨佳鑫　韩李琳　张　薇
中英人文交流	王展鹏　徐梓红　孙稼宝　张传玮　张珺涵　刘　婷 古力加马力·阿不力孜
中欧人文交流	田小惠　肖均婷　李纯钰　杨　倩　王琳琳
中法人文交流	王　鲲　戴冬梅　傅　荣　张　敏　谈　佳　洪　晖 张迎旋　全　慧　车　迪　萨日娜　李君实　丁　宇
中印尼人文交流	潘　玥
中国—南非人文交流	马秀杰　刘逸中
中德人文交流	邱袁炜　王建斌　徐丽莉　于　芳　张　凯
中印人文交流	李亚兰　朱希文　黄　相
中日人文交流	田卫卫
上合组织人文交流	许　航
金砖国家人文交流	孙镜然
中非合作论坛人文交流	马秀杰　李　珂　刘逸中
中国—东盟人文交流	刘美玲　包振山
中—南太人文交流	李军政
教育人文交流	李光宗
科技人文交流	李光宗
文化人文交流	李光宗
卫生人文交流	李光宗
体育人文交流	李光宗
媒体人文交流	李光宗
旅游人文交流	李光宗
地方人文交流	李光宗
妇女人文交流	李光宗
附录	许　航　孙镜然

序

这是新的一辑《中外人文交流年鉴》（以下简称“《年鉴》”），内容涵盖2019—2020年的中外人文交流事项。

当沉甸甸的书稿捧于案头之时，历历在目的是全球图景下中外人文交流实践探索在21世纪前20年的收官之举。由是而观，这部《年鉴》既反映了新时代十年累累果实之作，也将是承载百年变局中的一本希望之书。本辑《年鉴》付梓正值举世瞩目的党的二十大胜利召开、全国上下兴起学习、宣传、贯彻二十大精神热潮之际。鉴往知来、恰逢其时，它是我们一份诚挚的献礼！

习近平总书记在党的二十大报告中指出：“我们所处的是一个充满挑战的时代，也是一个充满希望的时代。中国人民愿同世界人民携手开创人类更加美好的未来！”这是当下我们做好新时代中外人文交流工作的立足点与大方向。全球之变、时代之变、历史之变正以前所未有的方式展开，中外人文交流面临着巨大的机遇和挑战。特别是2020年以来，突如其来的疫情如同打开了潘多拉魔盒，争端、冲突、猜忌、怀疑、恐惧、不安接踵而至；与此同时，中国模式、中国智慧、中国方案、中国理念、中国自信也更加醒目地将“中国式现代化”展现在世界人民的面前。在大变局、大疫情、大科技、大时代洪流汹涌之下，我们一直在审思如何以更为卓绝的定力与定见、笃信和笃行，去面对“从何处来、向何处去”“做什么、怎么做”“再跨越、再出发”的追问与探寻。

回想两年前，由教育部中外人文交流中心牵头，北京外国语大学组织发起国内各界专家团队，完成了首部《年鉴》。两年来，《年鉴》受到了来自国家部委、高等学校、研究机构、企事业单位的广泛关注，各方面都对这项工作给予了充分鼓励及肯定。本辑《年鉴》的编撰出版，亦得到了社会各界的大力支持与多方帮助。我们深受鼓舞，倍感使命光荣、责任重大，同时情怀更加饱满、初心坚定不移！

为了更好地完成《年鉴》编撰工作，我们进一步策动各方资源，征集材料、整合信息，汇聚研究和创作力量，团队成员不断充实、《年鉴》内容不断丰富。在保持原有格局的基础上，我们对本辑《年鉴》做了进一步的编目优化：在保持中外高级别人文交流机制、多边人文交流平台板块基础之上，整合了其他双边（除高级别机制以外）各领域人文交流与活动；同时继续附录了2019—2020年相关重要活动、文件、讲话，学术论文、相关著作及署名文章，力求全面、充分、深入、翔实地展现中外人文交流的全景全貌。我们也希望以《年鉴》编撰的行动及其反映的实况，呈现其除作为文献资料形式之外更为深远阔大的精神内涵：

——以《年鉴》为方法，践行大道，倡导天下为公。在文明交流对话中，阐明中华文化的世界意义与价值。“提炼和展示中华文明的精神标识和文化精髓，加快构建中国话语和中国叙事体系”“形成同我国综合国力和国际地位相匹配的国际话语权”，为深化文明互鉴提供思想资源。

——以《年鉴》为纽带，实现人文化成，相通互信。践行以人为本、开放平等、尊重包容、理解欣赏、交流互鉴、合作共赢、正确的义利观，实现可持续发展的人文交流理念，以共同使命引领人，以共商共建凝聚人，以跨界赋能帮助人，以共享共赢鼓舞人。维系和推动中外文化间有广度、有深度、有温度的交流与汇通，为构建人类命运共同体提供支撑。

——以《年鉴》为平台，荟聚英才，促进共建共享。集四海之智、聚天下之力，建机制性、权威性平台，推动各界资源整合，构建中外人文交流协同大格局。“育万物而不相害”“道并行而不相悖”，共同打造更加开放、多元、互动的信息共享和创新实践机制，为创造人类文明新形态贡献力量。

“和羹之美，在于合异。”走进新时代，迈向新征程，我们真诚呼吁：在新的历史进程中，世界各国各地区人民相知相重、相合相信、相亲相爱，弘扬和平、发展、公平、正义、民主、自由的全人类共同价值，“促进各国人民相知相亲，尊重世界文明多样性，以文明交流超越文明隔阂、以文明互鉴超越文明冲突、以文明共存超越文明优越，共同应对各种全球性挑战”。

“不忘来处、不失归路。”我们将继续以《年鉴》为方法、为纽带、为平台，以文载道、以文传声、以文化人。让对话协商成为维护一个持久和平世界的共识！让合作共赢成为建设一个共同繁荣世界的共识！让交流互鉴成为营造一个开放包容世界的共识！增强文明互鉴、增进国际理解，共同携手让新时代的光芒照亮世界美好的未来！

这，是我们期盼的未来。

《中外人文交流年鉴》编委会

2022 年 11 月

目　　录

第一编　中外高级别人文交流机制

第二编　多边中外人文交流平台

第三编　其他双边中外人文交流

第一编

中外高级别人文交流机制

中俄人文交流

一　综合

【“中俄互评人文交流领域十大杰出人物”活动揭晓仪式在莫斯科大剧院举行】　2019 年 6 月 5 日，光明日报社与塔斯社共同举办的“中俄互评人文交流领域十大杰出人物”活动揭晓仪式在莫斯科大剧院隆重举行。由塔斯社负责组建的俄方评委会评选出的在中俄人文交流领域作出贡献的中方十大杰出人物是（按入选者姓氏拼音字母排序）：第十二届全国政协副主席、中俄友协会长陈元，中国国际广播电台俄语部原主任范冰冰，北京大学教授李明滨，齐齐哈尔大学教授李延龄，北京外国语大学俄语学院原院长李英男，中国教育国际交流协会会长、教育部原副部长刘利民，首都师范大学教授、中国俄罗斯文学研究会会长刘文飞，中国人民大学艺术研究院研究员刘晓，文化部原部长王蒙，《莫斯科郊外的晚上》的译者薛范。由光明日报社负责组建的中方评委会评选出的在中俄人文交流领域作出贡献的俄方十大杰出人物是：俄中友好协会第一副主席嘉琳娜·库里科娃，圣彼得堡大学前主席柳德米拉·韦尔比茨卡娅，莫斯科国立大学副校长谢尔盖·沙赫赖，俄罗斯科学院远东研究所所长谢尔盖·卢贾宁，马林斯基剧院院长瓦列里·捷杰耶夫，俄罗斯科学院远东研究所中俄文化交流中心主任阿纳托利·卢基扬诺夫，俄罗斯科学院前副院长若列斯·阿尔费罗夫，俄罗斯国家电视台历史频道总监阿列克谢·杰尼索夫，俄罗斯驻中国大使安德烈·杰尼索夫，列宾美术学院院长谢苗·米哈伊洛夫斯基。中俄双方还评选出令人尊敬的为中俄人文交流作出贡献的已故人士，中方有中国美术家协会第一任主席齐白石、北京外国语大学教授李莎、中国社会科学院荣誉学部委员高莽；俄方有俄罗斯科学院远东研究所前所长米哈伊尔·季塔连科、俄中友协前名誉主席谢尔盖·齐赫文斯基、莫斯科国立大学亚非学院教授德米特里·沃斯克列先斯基。

【中俄人文合作委员会第二十次会议召开】　2019 年 9 月 17 日，国务院副总理、中俄人文合作委员会中方主席孙春兰在圣彼得堡与俄罗斯副总理、委员会俄方主席戈利科娃共同主持中俄人文合作委员会第二十次会议。孙春兰说，今年恰逢中俄建交 70 周年和中俄人文合作委员会成立 20 年。一年来，人文各领域务实合作不断深化，地方合作持续推进，为中俄关系发展奠定坚实民意基础。当前，中俄人文合作委员会已步入健康稳定发展成熟期。双方应持续发力，巩固深化已有合作成果，不断拓展新合作空间，打造更多有影响力的品牌，着力传承世代友好，为发展两国关系作出新的更大贡献。戈利科娃说，在过去一年里，俄中人文交流成果丰硕、发展态势良好。俄方愿与中方在更高层次、更广领域开展人文交流与合作，大力推进“俄中科技创新年”，推动两国人文交流再上新台阶。在会议期间，两国副总理还共同出席“俄罗斯—中国庆祝中华人民共和国成立70周年历史档案文献展”、中俄综合性大学校长圆桌论坛等配套活动，并见证了七个合作协议的签署。

【中俄人文交流研讨会在北京举行】　2019年11月11日，中俄人文交流研讨会在中国人民大学重阳经济研究院举行。与会专家、学者对中国和俄罗斯近年来的人文交流发展，以及如何促进中俄人文交流发表了自己的看法。他们认为，中国和俄罗斯的人文交流合作离不开中俄两国友好关系的发展，其中最关键的是坚持“平等互信、合作共赢”的基本原则，双方良好的关系只有在“平等”的基础上才能长期维持。专家、学者指出，中国和俄罗斯两国的人文交流处于了历史的最好时期，今后两国在交流合作中需要注重提高质量，加强各领域合作，让双边关系达到新的高度。

【中俄人文合作委员会第二十一次会议召开】　2020年11月25日，中俄人文合作委员会第二十一次会议以视频连线方式召开，国务院副总理孙春兰与俄罗斯副总理戈利科娃共同出席。孙春兰指出，经过20年实践，中俄人文交流机制正迈入更加成熟稳固也更有活力的重要阶段，人员往来更加密切，各领域合作取得丰硕成果，年度双向留学交流人员超过10.4万人，成立了12个同类大学联盟、覆盖636所学校，联合实验室、研究中心建设有序推进，北京大学和莫斯科大学牵头成立“中俄数学中心”，成功互办文化节、电影节、旅游合作、青少年运动会、历史档案文献展等项目，为增进中俄人民友谊、推动文明交流互鉴作出了重要贡献。孙春兰强调，人文交流是新时代中俄全面战略协作伙伴关系的重要内容，双方要在两国元首战略的引领下，办好中俄科技创新年，促进民心相通、互利合作，为促进两国关系发展奠定更加坚实的民意和社会基础。在会议期间，两国副总理共同签署会议纪要并见证了有关领域五个合作协议的签署。

二　中俄教育交流

【中国社会科学院—俄罗斯远东联邦大学俄罗斯研究中心成立】　2019年4月1日，中国社会科学院—俄罗斯远东联邦大学俄罗斯研究中心揭牌仪式暨“中俄地方合作：新规划、新前景”研讨会在京举行。来自中俄两国的30余家知名智库，高校的专家、学者和媒体记者近80人参加了此次研讨会。上海合作组织副秘书长苏巴科若耶娃致辞，此次研讨会将进一步拓宽中俄双方在科技、创新、人文等领域的交流与合作。

【2019年俄语奥林匹克竞赛开赛】 2019年4月20—21日，第五届“奔向莫斯科”2019年俄语奥林匹克竞赛在北京师范大学举行。本次竞赛由北京师范大学、莫斯科国立师范大学联合主办，中国教育部区域和国别研究基地北京师范大学俄罗斯研究中心、北师大外文学院、中俄师范类高校联盟共同承办。作为“中俄教育类高校联盟”框架下的机制化项目，本活动旨在切实推动中俄两国人文领域的合作与交流。“中俄教育类高校联盟”成立于2014年，是中国与俄罗斯联合组建的第四个专业性高校联盟。本届比赛吸引了15所开设俄语专业的师范院校的参与，100多名选手报名参赛，最终有三名选手获得赴莫斯科师范大学公费攻读研究生的资格。

【2019中俄教师教育论坛在北京举办】 2019年6月20日，由北京师范大学与中俄教育类高校联盟共同主办、北京师范大学教育学部承办、中国教育部区域与国别研究基地北京师范大学俄罗斯研究中心协办的2019中俄教师教育论坛在北京师范大学举办。本次论坛以“未来的教育、教育的未来”为主题。中国教育部国际合作与交流司副司长徐永吉，俄罗斯驻华使馆一等秘书暨驻中国教育部代表伊戈尔·波兹尼亚科夫，俄罗斯文化中心代表奥莉嘉·舍加伊，北京师范大学资深教授顾明远、副校长周作宇、副校长陈丽以及来自中国与俄罗斯共14所师范类高校的校领导、国际交流负责人与研究者出席了本次论坛，与会者围绕主题分别进行了发言与讨论。

【中俄中学联盟2019年年会在俄召开】 2019年10月18日，中俄中学联盟2019年年会暨国际化办学校长论坛在莫斯科国立大学举行。本次年会是该联盟首次在莫斯科召开的会议，中国驻俄罗斯大使馆教育处，哈尔滨市、区三个教育局，莫斯科国立大学俄语文化学院，部分在俄留学生和教育机构，以及中方10所联盟学校、俄方15所联盟学校的代表参加了会议。中俄中学联盟与雅库特共和国汉语教学联盟签署合作协议，哈尔滨市第六中学与雅库茨克人民高中签署了校际合作协议。合作双方将全方位加强交流与合作，互派学生到对方联盟单位或高校学习深造，互换教师任教。东北联邦大学将为联盟学生就读免除一半的学费。2019年国家留学基金委将全体联盟成员单位纳入优秀高中生公派俄罗斯留学计划，给予每个单位两个推荐赴俄公派留学名额。

【“丝路华章”2019中俄艺术高校联盟系列活动在南宁举办】 2019年10月25日，“丝路华章”2019中俄艺术高校联盟系列活动在广西艺术学院举行。本次活动由中国教育部国际合作与交流司主办，由中俄艺术高校联盟、广西艺术学院承办，来自俄罗斯圣彼得堡国立里姆斯基—斯萨科夫音乐学院、列宾美术学院、国内七所省级综合艺术院校的代表齐聚南宁，共促中俄艺术交流。此次活动以“丝路华章”为主题，两国高校联合举办采风写生、美术作品展、音乐交流演出、美术和音乐大师班、学术研讨会等活动。中俄画家们通过联合写生促进双方的交流互鉴。俄罗斯艺术家给广西艺术学院学生上声乐、钢琴、小提琴及绘画大师课，并举行中俄艺术交流音乐会。近距离领略俄罗斯风情艺术，对激发师生的学习动力、扩大国际视野、促进学科发展具有积极的推动作用。

【中俄数学中心正式成立】 2020年7月2日，由北京大学和莫斯科大学牵头组建的中俄数学中心在北京大学正式成立。该中心的成立是中俄两国数学教育领域合作交流的重要成果，中俄两国高校及科研院所将联合建设世界一流的数学机构，推动培养数学领域的领军人才。成立中俄数学中心也是2020年至2021年举办的中俄科技创新年的主要活动之一。中俄院校相关人员通过视频连线，共同见证该中心的成立。北京大学数学科学学院教授、北京国际数学研究中心副主任张继平院士出任中心主任。北京大学校长郝平、莫斯科大学校长萨多夫尼奇分别致辞。他们表示莫斯科大学与北京大学联系密切、合作广泛，双方在学生进修、学者互访、课程共建、院系合作等方面合作成果显著。该中心的成立将深化两国的人文交流，提升两国高等教育交流合作水平，希望该中心能引领数学研究的发展，成为卓越人才的培养基地，助力提升两国科技创新实力。

【中俄首次在线暑期学校顺利举行】

2020年7月6—10日，中俄两国学生通过在线网络平台在云端相聚，围绕“全球疫情挑战下科技赋能教育的探索与实践”这一主题开展学习研讨。中俄两国的教育专家、学者就中俄教育技术合作与展望、俄罗斯教育历史与文化、数字化背景下的教师教育工作转型等问题进行了在线授课交流。继2018年首次赴俄暑期学校开办之后，因疫情影响，此次暑期学校成为中俄首个线上暑期学校，受到中国驻俄大使馆的高度重视，也受到人民网、中俄头条等媒体的关注。中俄暑期学校是浙江大学教育学院与俄罗斯高等经济大学教育研究院合作备忘录中的项目之一，是在“一带一路”背景下两所高校开展的一次重要学术交流活动。

【深北莫24名硕士研究生毕业】

2020年7月30日，深圳北理莫斯科大学2020届24名硕士研究生毕业，分别来自纳米生物技术、基础系统生态学、俄罗斯语言文学三个专业的共约100多位师生通过“云端”见证2020届硕士毕业生开启新的人生旅程。莫斯科大学化学系主任、俄罗斯科学院通讯院士、深圳北理莫斯科大学董事会主席斯捷潘·卡尔梅科夫在莫斯科大学会场致辞并宣读毕业生名单、授予硕士学位名单。他表示，毕业生所取得的是一所由中俄两国政府合作举办的大学所颁发的证书，这展示了中俄教育合作的累累硕果。这是深北莫毕业的第二批硕士研究生。2019年，25名硕士研究生成为该校的首批毕业生。

【第十八届中国国际人才交流大会俄罗斯主宾国活动举行】 2020年9月8—11日，第十八届中国国际人才交流大会俄罗斯主宾国活动以线上会议的形式举办，并分别在深圳、哈尔滨、上海、南京、西安设分会场，此次会议在中俄两国高校中引起巨大反响。俄罗斯别尔哥罗德国立大学、俄罗斯国立农业大学、俄罗斯伊万诺沃国立化工大学等高校表达了与中国高校持续对接、寻求合作契机的强烈意愿。六所高校分别就学校发展、特色专业、国际合作、科研成就等情况进行详细推介，并针对“空中丝路课堂”、互派教师、共同培养“外语＋专业”复合型人才等项目进行了深入交流。

【2020 中俄文明对话：“一带一路”人文交流青年领袖大连论坛暨第五届大连外国语大学国际教育交流月开幕】 2020 年 10 月 19 日，由上海合作组织大学中方校长办公室、教育部外国语言文学类专业教学指导委员会俄语分委会指导，大连外国语大学主办的 2020 中俄文明对话：“一带一路”人文交流青年领袖大连论坛暨第五届大连外国语大学国际教育交流月开幕式”举行。该论坛旨在为促进“一带一路”各国开展平等对话、交流互鉴、相互启迪提供一个新的平台。400 余位中俄专家、学者聚首云端，就中俄语言、文化、教育、传媒、文学与社会等领域进行广泛的对话。

【中俄合作办学高校联盟第二次会议召开】 2020 年 10 月 29 日，中俄合作办学发展研讨会暨中俄合作办学高校联盟第二次会议在江苏师范大学召开，来自中国教育国际交流协会、江苏省教育厅以及江苏省内外 25 家高校的 80 余位领导和专家齐聚一堂，共同谋划中俄合作办学事业的发展。中俄合作办学高校联盟是促进中俄两国文化教育深入合作发展的平台和机制，随着联盟内高校不断提升办学质量，中俄合作办学规模不断扩大，人才培养质量不断提升，社会影响力不断加强，联盟单位已增至 23 家。

【俄罗斯（苏联）高校国际毕业生日庆祝活动成功举办】 2020 年 11 月 15 日，2020 年度俄罗斯（苏联）高校国际毕业生日庆祝活动在北京俄罗斯文化中心成功举办。俄罗斯驻华大使安德烈·杰尼索夫，欧美同学会副会长、留苏分会会长、中国教育部原副部长刘利民出席活动并致辞。杰尼索夫表示，2016 年到 2019 年俄中双方教育交往取得了很大的成绩，中国高校创立了 86 个包括双边学位在内的俄罗斯教育项目，俄罗斯和中国教育机构已经成立了九所联合学院，两国首所联合大学在深圳已经成功运营。每年在俄罗斯读书的中国留学生人数从 2.5 万人提升到 4.8 万人。2019 年有 2 万多名俄罗斯留学生在中国学习，另有 3.5 万名俄中两国公民参加了不同的短期教育项目。杰尼索夫表示，非常希望明年有更多的中国留学生到俄罗斯学习。

【中俄交通大学校长论坛 2020 交流会举行】 2020 年 11 月 20 日，中俄交通大学校长论坛 2020 交流会在北京联合大学举行。此次交流会通过线上与线下相结合的方式，以“携手抗疫，新形势下交流合作”为主题，聚焦中俄两国教育合作新挑战、新机遇，探讨中俄双方高校在抗击新冠肺炎疫情方面的有效经验，以及在人才培养、教学方式、科研合作领域的创新实践。中俄交通大学校长论坛 2020 交流会由中国人民对外友好协会、俄联邦交通运输部主办，北京联合大学、俄罗斯交通大学、中俄对外友好合作服务中心承办，中国对外友好协会副会长李希奎、中国教育部国际司司长刘锦致辞，来自中俄两国交通领域的二十余所顶尖高校以及相关企业单位参会。此次交流会还讨论了第七届中俄交通大学校长论坛筹备工作。

【“我眼中的中国和俄罗斯”2020中俄大学生视频交流会在哈尔滨举行】

2020年12月15日，“我眼中的中国和俄罗斯”2020中俄大学生视频交流会在哈尔滨举行，来自中俄双方的大学生通过网络视频的形式，共话中俄风俗和文化，加深彼此的了解和友谊。此次活动由中俄友好、和平与发展委员会地方合作理事会和俄罗斯联邦驻哈尔滨总领事馆主办。当日，此次交流会通过网络视频的形式，让中俄双方的青年，在线交流他们眼中的中国和俄罗斯。

【中俄中学联盟2020年年会暨全国中学生俄语风采大赛在伏尔加庄园举行】　2020年12月25日，中俄中学联盟2020年年会暨全国中学生俄语风采大赛在伏尔加庄园举行。中俄中学联盟与深圳北理莫斯科大学签署了战略合作协议，深圳北理莫斯科大学校长李和章向哈尔滨市第六中学校长张祥洲赠送“优质生源基地”牌匾。同期举办了首届全国中学生俄语风采大赛，通过多彩的俄语活动帮助学生切实提升俄语水平，为中俄中学联盟培养了全面发展的俄语人才。此次活动设计了缤纷多彩的课程，学生和老师体验了伏尔加庄园的冰雪项目。

三　中俄科技交流

【“2019中俄丝路工业与科技创新论坛”在西安举办】　2019年4月25日，由西咸新区开发建设管理委员会主办的“2019中俄丝路工业与科技创新论坛”在陕西省西咸新区沣东新城中俄丝路创新园举办，此次论坛旨在加快国际科技资源统筹，进一步落实中俄合作，推动两国创新领域人员和技术交流，促进中俄战略协作伙伴关系，提高中俄丝路创新园在“一带一路”沿线国家的影响力，构建中俄多样化合作平台，推动多层次、多领域间合作，实现科技创新，互利共赢。在论坛上，中俄丝路创新园与莫斯科大学科技园、联合国纯净生产发展组织签订合作协议，并为中俄丝路创新园莫斯科大学科技园合作中心和联合国纯净生产发展组织西北国际中心驻中国西安办事处举行揭牌仪式。

【2019中国—俄罗斯科技创新日活动启动】　2019年6月17日，2019中国—俄罗斯科技创新日活动在哈尔滨启动。此次活动以“汇聚中俄科技合作新动能，开创互利共赢合作新局面”为主题，中俄两国300余位专家学者、科技代表参加了活动。活动期间举办了阿斯图中俄大学工科联盟创新创意创业系列活动发布会。中俄区域可持续发展研究中心也正式启动。此外，还举办了中俄科技合作一对一洽谈对接会、第五届中俄科技合作与技术转移圆桌会议、中俄科技合作成果展演展示等系列活动。

【2019首届中俄极地声学研讨会圆

满举行】 2019年7月19—20日，由哈尔滨工程大学、俄罗斯远东联邦大学联合主办的2019中俄极地声学研讨会在哈尔滨工程大学召开，来自俄罗斯联邦科学和教育部、俄罗斯远东联邦大学、远东国立服务大学、堪察加技术大学、南方联邦大学、远东渔业技术大学、俄罗斯科学院远东分院、中国极地研究中心、自然资源部第三海洋研究所、中国科学院声学研究所等近30家中俄高校和科研机构、公司的百余名专家、学者参加研讨会。与会专家、学者，围绕极地冰下声传播、冰层声波导、冰下噪声、冰下声通信及信号处理、冰下水声试验及其他极地声学相关研究等议题作了特邀报告。

【迎接2020—2021中俄科技创新年招待会在中国驻俄使馆举行】 2019年11月15日，中国驻俄罗斯大使馆举行盛大招待会，迎接2020—2021中俄科技创新年。中国驻俄罗斯大使张汉晖、俄罗斯科学与高等教育部第一副部长特鲁布尼科夫、俄罗斯基础研究基金会主席潘琴科院士分别致辞。俄罗斯科学院院士、中国国际科技合作奖、政府友谊奖获得者，以及俄罗斯科学与高教部、经济发展部、外交部、俄罗斯科学院、各大科研机构、高校及创新企业代表共600多人应邀出席。在招待会开始前，中国驻俄罗斯使馆和俄罗斯国际科技合作协会联合举办了“中俄科技创新合作知识竞赛”，向俄罗斯公众展示改革开放40多年来中国科技创新，特别是中俄合作所取得的成就。驻俄罗斯大使张汉晖和俄罗斯科学与高等教育部第一副部长特鲁布尼科夫分别为获奖队员颁发奖杯和证书。与会来宾还观看了为招待会特别制作的《中俄科技创新年》宣传片，并饶有兴趣地参观了展示70年来中俄两国科技领域合作成就的“中俄科技创新合作图片展”。

【习近平同普京分别向中俄科技创新年开幕式致贺信】 2020年8月26日，中国国家主席习近平和俄罗斯总统普京分别致信祝贺中俄科技创新年开幕。习近平指出，中俄互为最大邻国。在全球新冠肺炎疫情肆虐之际，中俄两国和衷共济、守望相助，如期举办中俄科技创新年，充分体现了中俄新时代全面战略协作伙伴关系的高水平和特殊性。相信中俄携手抗疫、共克时艰的成功实践，必将转化为加强两国交流合作的强大动力。他强调，中俄作为负责任的世界大国和具有重要影响力的科技大国，要顺应时代大潮、把握发展大势，推动两国科研工作者和科技界开展全方位、多层次、宽领域交流合作，为推动全球治理体系变革、构建人类命运共同体作出新的更大贡献。普京在贺信中表示，科技创新是当前俄中两国十分富有前景的合作领域之一，决定着两国发展的未来，影响着两国人民生活水平的提高。此次科技创新年框架下的活动内容丰富，包含科研、展览、学术交流等一系列合作项目，为俄中新时代全面战略协作伙伴关系发展增添了新内涵。

【中俄专家线上交流先进制造领域优质项目】 2020年9月8日，由中国科学技术部、俄罗斯科学与高等教育部、深圳市人民政府主办的第十八届中国国际人才交流大会俄罗斯主宾国活动周首发活动，中俄先进制造领域科技创新合作会议，在深圳和哈尔滨分会场同时拉开帷幕，来自西伯利亚国立工业大学、哈尔滨工业大学等的中俄专家、学者围绕14个先进制造领域的优质项目进行线上演示推介，并与中方专家、学者、投资机构进行了线上互动交流。

【2020中俄科技创新论坛举办】 2020年9月17日，中俄科技创新论坛在北京举办。该论坛由中国科技部、北京市人民政府主办。该论坛是2020中关村论坛的重要平行论坛之一，以“深化中俄创新合作发展”为主题，邀请中俄两国政府领导、科技创新智库专家与国际合作负责人，采用线上与线下相结合的形式，助力打造云上中关村论坛。该论坛是落实中俄声明的一项具体工作，得到了中俄双方的重视。与会代表围绕“聚焦重点领域，展望未来科技创新发展方向”“整合资源优势，把握新工业革命发展机遇”进行专题讨论，分享观点、凝聚共识。

【2020阿斯图云校开幕】 2020年11月2日，由中俄工科大学联盟主办的2020阿斯图云校启动仪式举行，来自联盟30所中俄精英大学的700余名优秀青年学子相聚“云端”，共同见证云校开幕。面向“2020—2021中俄科技创新交流年”，面对后疫情时代教育理念、教育平台、教学方式、教学关系的全面变革，中俄工科大学联盟推出2020阿斯图云校系列活动，旨在充分利用互联网技术，突破物理边界，实现盟内院校优质教育资源共享。在五天的活动中，中俄专家围绕“绿色能源与可持续发展”“走向智慧人居环境”等主题为盟校师生带来能源、建筑方面的20场精彩主旨报告。

【首次中俄科技人文交流合作联合委员会会议召开】 2020年11月24日，首次中俄科技人文交流合作联合委员会会议以视频方式召开。此次会议由中国科协党组成员、书记处书记宋军及俄罗斯科学工程协会联合会第一书记德鲁卡连科共同主持。此次会议听取了中国科协国际联络部负责人关于中国科协2020年执行两会谅解备忘录总体情况的报告、各项目牵头实施单位负责人的专题报告，以及俄罗斯科工联及俄罗斯相关机构负责人对2020年执行谅解备忘录情况的报告。双方还就下一步工作计划和合作重点进行了交流。

【第七届中俄工程技术论坛在京举办】 2020年11月24日，由中国科学技术协会、俄罗斯科学工程协会联合会主办的第七届中俄工程技术论坛在北京举办，本次论坛主题为“中俄携手 共创共赢”。本次论坛由中国科学技术协会、俄罗斯科学工程协会联合会主办，邀请了多位中俄资深科学院院士、专家作报告。本次论坛采用线上线下结合的形式，首次设置了网上展厅，通过3D展厅形式长周期、全方位动态展示中俄优秀产品和项目，共有45万观众在线观看。

【2020中俄数字经济高峰论坛举办】 2020年12月22日，由中国科协和俄罗斯科工联共同主办，中国科协科学技术传播中心承办的中俄数字经济高峰论坛在北京和莫斯科等地同时在线举办。本次论坛以“促进数字经济·构建智慧社会”为主题，是中俄科技创新年系列活动“中俄数字经济示范项目”的重要

板块之一。本次论坛旨在积极搭建中俄数字经济领域的学术、技术和产业交流合作高端平台，推动两国在数字经济领域的广泛深入交流，促进两国数字技术创新与产业发展。除北京和莫斯科主会场外，本次论坛还通过光明网等平台直播，在线收看达到200万人次。

【2020中俄创新创业大赛（西南片区）决赛圆满落幕】 2020年12月22日，2020中俄创新创业大赛（西南片区）决赛成功举办，中俄两国在线观赛人数超17万人次。本次大赛由广西壮族自治区科学技术厅主办，柳州市北部生态新区管理委员会、柳州新丝路技术转移研究院有限公司、三亚新工科工程科技有限公司联合承办。本次大赛自10月启动以来，共吸引中俄两国91个优秀项目报名参赛，项目产业方向涉及新材料、新能源、智能制造等中俄前沿科技领域，超过半数项目已经具备中国/俄罗斯国家专利授权、有成形的产品和样机，具备市场应用及产业化实施的前景。经过初赛、复赛的激烈角逐，有12个项目进入决赛，最终产生了一等奖1名，二等奖2名，三等奖3名，优秀项目奖6名。来自俄罗斯的“利用电磁场改善燃烧经济指标”项目夺得大赛一等奖，来自广西中廪智工和广西科技大学的项目获得二等奖。

四　中俄文化交流

【中国驻俄大使馆举行俄罗斯汉学家2019年春节招待会】 2019年1月25日，俄罗斯汉学家2019年春节招待会在中国驻俄罗斯大使馆举行。中国驻俄罗斯大使李辉、俄罗斯外交部一亚局局长季诺维也夫出席并致辞。俄罗斯总统经济一体化顾问格拉济耶夫、俄罗斯科学院远东研究所所长卢佳宁、俄罗斯外交学院院长巴让诺夫，俄罗斯总统办公厅、联邦委员会、国家杜马、外交部、俄中友好协会、俄罗斯科学院及俄罗斯科技、教育、文化等学术机构和高等院校汉学家约800人出席招待会。李辉表示，2019年是中俄建交70周年，两国领导人一系列会晤和双方庆祝活动正在有序筹备。中方愿同俄方朋友共同落实好两国元首达成的一系列重要共识，继续切实推进“一带一路”建设和欧亚经济联盟建设对接合作，进一步巩固两国人民世代友好的传统友谊，推动两国关系在高水平上实现更大发展，为双方携手实现国家和民族振兴、建设新型国际关系、构建人类命运共同体作出更大的贡献。在招待会期间，李辉大使还通过中国驻俄罗斯中央媒体向祖国人民拜年。

【庆友谊70周年中俄艺术巡演】 2019年3月13日，由中俄艺术联合会、中俄华人艺术家协会、俄罗斯文化部共同主办的庆友谊70周年中俄艺术巡演正式开启，文化交流演出活动在中国和俄罗斯各大剧院举办。这是积极落实国家对外文化交流的战略规划要求，夯实中俄两国民间友好，加强两国人民交流往来的一次有益实践，俄中文化艺术交流也将以此次活动为契机，促进双方在经贸合作、教育卫生、科技传媒等各个领域的互动，同时吸纳国际友人、专家、学者，带动中国文化产业发展，使中国的文化艺术走向世界。

【第二届中俄“育才杯”国际艺术节在莫斯科闭幕】 2019年5月3日，第二届中俄“育才杯”国际艺术节在莫斯科文化宫闭幕。俄罗斯联邦文化部、莫斯科市教育厅的代表和来自中俄两国的参赛选手、观众300多人出席了闭幕颁奖仪式。本届艺术节设声乐、器乐、舞蹈三个组别，来自俄罗斯、中国、越南、白俄罗斯等国家的超过300名选手参赛。经国内预赛、复赛，有102位选手晋级参加了在莫斯科举行的决赛。最终，南京艺术学院的何佳帅、北京师范大学的李国政，分别获得了声乐和舞蹈这两个组别的一等奖。

【第十四届契科夫国际戏剧节开幕】

2019年5月14日—7月21日，第十四届契科夫国际戏剧节在莫斯科举行，其间上演来自世界15个城市22个不同题材和不同艺术形式的节目。中国首次成为该戏剧节主宾国。由上海张军昆曲艺术中心表演的园林昆剧《牡丹亭》为此次戏剧节拉开了帷幕。来自北京、上海、台北等城市的艺术团体表演了《长恨歌》《兰陵王》《十一武士》等多部芭蕾舞和戏剧。此外，戏剧节期间还上演了契科夫同名喜剧《熊》、加拿大戏剧大师勒帕吉执导的舞台剧《太田川的七条支流》等作品。

【2019·“哈尔滨中俄音乐文化交流与合作”交流会举办】 2019年6月4—6日，2019·“哈尔滨中俄音乐文化交流与合作”交流会在哈尔滨师范大学举办。此次交流会由黑龙江省文化和旅游厅、哈尔滨师范大学、省重点培育智库“中俄文化艺术交流与合作研究中心”联合主办，哈尔滨师范大学音乐学院音乐学系、黑龙江省音乐家协会承办。此次交流会邀请国内外11位专家、学者作专题讲座以及学术研讨交流。

【中国爱乐乐团赴俄罗斯远东地区成功巡演】 2019年8月3—8日，应俄罗斯马林斯基剧院滨海分院邀请，中国爱乐乐团赴俄罗斯远东地区巡演，与中国驻符拉迪沃斯托克总领事馆共同举行庆祝中华人民共和国成立70周年音乐会，在俄罗斯符拉迪沃斯托克参加国际马林斯基滨海艺术节演出，在中俄边境城市乌苏里斯克举行交响音乐会。此次巡演取得圆满成功，中国驻符拉迪沃斯托克总领馆为中国爱乐乐团此次成功巡演发来贺电表示感谢。

【一路守望，对话未来——纪念中俄建交70周年油画作品展暨论坛在京揭幕】 2019年8月7日，由中国艺术研究院主办的一路守望，对话未来——纪念中俄建交70周年油画作品展暨论坛在北京中国油画院美术馆拉开帷幕，近百位中俄艺术家、专家学者以及各界领导嘉宾莅临出席并共同见证了这一国际交流盛事。在开幕式上，中国艺术研究院院长韩子勇与俄罗斯国立艺术研究院院长希波夫斯卡娅·娜塔莉亚·弗拉基米尔洛夫娜代表中俄两院共同签署了合作协议。本次活动旨在以纪念中俄建交70周年、“一带一路”持续深化为契机，本着文明互鉴、文化交流的原则，围绕“交流·合作·展望”主题，加强中俄艺术互动交流、深度展示文化合作成果，助力人类命运共同体构建。参展作品既涵盖了俄罗斯从巡回画派大师列宾、列维坦、费欣到艺术科学院院士、当代人民艺术家的精品力作60余幅，也包括中国从马克西莫夫训练班、罗工柳油画研究班、马克西莫夫校外班到老中青多批留学苏俄的艺术家的代表性作品70余幅，这些画作以生动而直观的图景呈现出中俄两国多年以来最真实的艺术交流面貌。

【首届中俄国际舞会在北京举行】

2019年10月12日，中国国际文化传播中心、俄罗斯维也纳舞会委员会在北京共同举办首届中俄国际舞会。中国国际文化传播中心第一副主席吴昌德上将、执行主席龙宇翔，上海合作组织秘书长弗拉基米尔·诺罗夫、俄罗斯驻华大使安德烈·杰尼索夫出席舞会。在北京爱乐乐团的指挥下，舞会上，莫斯科大剧院的芭蕾舞者和独唱家、斯坦尼斯拉夫斯基和涅米洛维奇—单钦科音乐剧院的独唱家做了表演。俄罗斯驻华大使安德烈·杰尼索夫认为，音乐和舞蹈将人们紧密地联系在一起。他说："今年是我们两国庆祝建交70周年，周年纪念的同时伴随着更高水平的密切联系。俄罗斯和中国领导人高度重视人道主义关系的进一步发展，它建立在俄中两国人民友好的基础上。"

【《中俄百年第一街》展览在北京中华世纪坛开幕】 2019年10月19日下午，中俄双方举办的《中俄百年第一街》展览在北京中华世纪坛开幕。此次展览由世界华人摄影联盟、俄罗斯莫斯科国立博物馆、俄中文化科技教育发展基金会、北京中华世纪坛世界艺术中心承办。此次展览以中国北京的天安门广场与长安街和俄罗斯莫斯科的红场与特维尔大街为主线，双方各以50张图片展示百年来两国首都两条大街的建筑、交通及交通工具、百姓生活、节日盛典等多方面的变化，旨在加深两国间的人文交流，加强两国间人民的传统友谊，以摄影艺术推动中俄两国间文化的进一步交流。

【第八届圣彼得堡国际文化论坛闭幕】 2019年11月18日，为期三天的第八届圣彼得堡国际文化论坛在俄罗斯历史文化名城圣彼得堡落下帷幕。本次论坛主题为"全球化世界中的文化密码"，共举办350多场文化活动，吸引了来自96个国家的逾3.5万名嘉宾。作为本届论坛主宾国，中国在文化和旅游部牵头下，中国对外文化集团有限公司组织多家国内知名艺术单位参与了本次论坛的演出和交流活动，使本次论坛洋溢着浓浓的"中国风"。根据中国当代著名作家莫言的剧本《我们的荆轲》编排的俄罗斯版戏剧《杀君行》于14日晚在圣彼得堡与观众见面，剧中重要角色都由俄罗斯演员担任，演出引起了轰动。

【莫斯科中国文化中心举行七周年庆典活动】 2019年12月5日，莫斯科中国文化中心举行七周年庆典活动。中国驻俄罗斯大使张汉晖，中国驻俄罗斯大使馆文化参赞、莫斯科中国文化中心主任龚佳佳，俄罗斯国家杜马议员娜塔丽娅彼留斯，俄中友好协会第一副主席嘉琳娜·库利科娃等中外嘉宾出席了庆典活动。在庆典仪式现场，来自中央音乐学院的师生们为两国嘉宾和民众献上了“与民乐经典近距离——阮族室内乐”专场音乐会。

【2019 中国“俄罗斯文化节”在京开幕】 2019 年 12 月 9 日晚，莫斯科独奏家室内乐团音乐会在北京天桥艺术中心上演，2019 中国“俄罗斯文化节”的大幕就此拉开。在当晚的演出中，俄罗斯中提琴家尤里·巴什梅特率莫斯科独奏家室内乐团演奏了柴可夫斯基的《弦乐小夜曲》、肖斯塔科维奇的《弦乐室内交响乐》等经典曲目，莫斯科大剧院首席芭蕾舞演员叶卡捷琳娜·希普利娜献上芭蕾独舞《天鹅湖》，中俄艺术家联袂呈现谭盾的《永恒的誓言》，艺术家们的精湛技艺引起观众共鸣。中俄两国互办文化节是两国文化交流领域十分重要的品牌活动之一，受到两国民众的广泛关注。在文化节期间，还举办了中俄建交 70 周年图片展、俄罗斯民族服饰展和钢琴独奏音乐会等活动。

【中国文化“顶流”《孔子》赴俄罗斯演出】 2019 年 12 月 10 日，大型民族舞剧《孔子》走进俄罗斯，为当地观众奉上了深蕴中华传统文化、具有顶尖艺术水准的交响合唱版演出，以音乐和舞蹈这两大跨文化、跨国界、跨语言的艺术形式，传递中国文化的历史底蕴和时代魅力，促进中俄两国文化交流。民族舞剧《孔子》是中国歌剧舞剧院历时四年打造的经典剧目，至今已在全球数十个国家巡演，被誉为中国的“文化名片”。此次《孔子》赴俄罗斯演出，是庆祝中俄建交70周年、加强两国文化交流的活动之一，也是弘扬中华文化、推动中国文化“走出去”的举措，受到了俄罗斯社会各界的高度关注和热烈好评。

【歌剧《复活》在京首演】 2019 年 12 月 11 日，由中俄两国艺术家合作、改编自列夫·托尔斯泰原著小说的同名歌剧《复活》在京首演。该剧编剧王海平介绍说，歌剧《复活》的剧情结构分为序曲、结尾和四幕六个部分。从男主人公涅赫留朵夫回忆、忏悔、赎罪，回归爱与善的角度描述了人性复活的思想情感轨迹；从女主人公马斯洛娃遭遇不幸，走投无路而绝望、堕落，转向燃起希望的角度演绎了生命复活的心路历程。为了体现中国戏剧美学风格，该剧融入了中国戏曲的元素，以诗化的语言和唱词表现主题，部分唱段采取了宣叙调和咏叹调结合的方式，边叙事边抒情。

【中俄当代美术家论坛启幕】 2020 年 1 月 9 日，“中俄当代美术家论坛暨中国画·油画学术邀请展”在中国黑龙江省启幕。来自中俄两国的 20 余名艺术家汇聚一起，共话文艺交流。本次画展由黑龙江省政协展览馆、俄罗斯美术家协会主办，韩建民中俄油画收藏馆、哈尔滨市美术家协会承办，展出的俄罗斯油画、雕塑作品均出自俄罗斯人民艺术家、功勋艺术家之手，艺术张力十足，具有极高的艺术鉴赏价值。同时展出了国内书画名家的中国画作品 20 余幅，画种多样，既有大气磅礴的写意山水，也有精绘细描的工笔花鸟，融思想性、艺术性、观赏性于一体。

【俄方就中俄共建扎赉诺尔“一带一路”中东铁路博物馆项目进行考察】

2020 年 1 月 10 日，俄罗斯后贝加尔铁路局历史博物馆馆长斯拉瓦等一行二人赴扎赉诺尔区考察，就双方共建扎赉诺尔“一带一路”中东铁路博物馆项目达成了初步合作意向。斯拉瓦馆长一行首先考察扎赉诺尔露天矿机修厂，认为机修厂俄式风格浓郁、工业感十足、区位条件优良、结构空间满足展览需要，适合作为扎赉诺尔“一带一路”中东铁路博物馆馆址。双方均表示要将该博物馆打造成中俄重要的文化交流平台，拓展经济文化合作新空间，助力推进“一带一路”建设。

【中国驻俄罗斯使馆与俄汉学家共迎2020年新春佳节】 2020年1月17日，中国驻俄罗斯使馆为俄罗斯汉学家举行隆重的新春招待会，中国驻俄罗斯大使张汉晖出席招待会并致辞。俄罗斯政府部门、学术机构、各大院校、友好团体、新闻媒体以及社会各界友好人士约800人欢聚一堂，共迎中国农历鼠年春节。张汉晖大使在致辞中指出，2019年是中俄关系发展史上极不平凡的一年，在习近平主席和普京总统的战略引领下，两国关系进入历史最好时期，地方合作交流年成果喜人，中国成为俄罗斯民众心目中最友好的国家。中俄友好符合两国和两国人民的根本利益，符合世界和平发展的潮流大势。2020年中俄关系将开启第八个十年，两国将共同庆祝世界反法西斯战争胜利75周年暨联合国成立75周年，2020—2021年中俄科技创新年也将拉开帷幕。站在新时代新起点上，两国将继续保持密切的高层交往，各领域合作将在新时代实现更大发展，为世界和平与稳定发挥更大作用。

【中俄人文合作委员会文化合作分委会第二十次会议召开】 2020年8月21日，中俄人文合作委员会文化合作分委会第二十次会议以视频会议形式召开。双方回顾了分委会第十九次会议以来两国文化交流与合作情况，就携手应对疫情影响、深化两国文化领域务实合作等深入交换了意见。中国文化和旅游部副部长张旭表示，新冠肺炎疫情发生以来，中俄文化艺术界始终守望相助，同心协力开展灵活多样的合作，为全球抗疫注入正能量。他建议，双方进一步创新合作思路和方式，继续推动两国文化艺术机构开展直接交流，加强文化遗产领域合作，促进中俄文化交流向地方延伸拓展，在“一带一路”建设和欧亚经济联盟对接框架下积极开展合作，推动新时代两国文化交流不断焕发新生机。双方就《中华人民共和国文化和旅游部与俄罗斯联邦文化部2020—2023年合作计划》达成共识。

【俄罗斯功勋艺术家乌拉洛夫画展开幕】 2020年11月12日，由俄罗斯驻华大使馆主办的俄罗斯功勋艺术家乌拉洛夫画展开幕式在北京俄罗斯文化中心举行。中国国际文化传播中心执行主席龙宇翔出席开幕式，并与俄罗斯驻华大使安德烈·杰尼索夫进行了深度的交流会谈。杰尼索夫大使表示，此次举办俄罗斯功勋艺术家乌拉洛夫画展的重要意义在于加强俄中两国的人民交流与艺术交流。俄罗斯驻华大使馆今后将大力支持俄中两国艺术家在俄罗斯和中国举办绘画艺术展，继续推进俄中两国在人文、科技、教育、体育及青少年等各领域的交流与合作。

五　中俄卫生交流

【中俄医科大学联盟理事会2019年年会暨中俄国际医学教育校长论坛举办】　2019年1月17日，中俄医科大学联盟理事会2019年年会暨中俄国际医学教育校长论坛在广州药科大学召开。来自中俄等国家和地区的近百所医科大学的专家、学者和知名企业家参加了本次论坛，主要围绕医学人才培养模式、临床实践教学、现代教育技术应用、医药产业发展、医学教育发展规划等主题进行了深入交流与研讨。在本次论坛期间还召开了中俄医科大学联盟理事会议。

【2019“一带一路”中俄生态健康城市合作论坛举行】　2019年4月26日，2019“一带一路”中俄生态健康城市合作论坛在北京举行。此次论坛旨在学习并借鉴国际生态健康城市构建的管理理念与服务品种，推动中医药—民族医药国际交流合作，整合传统与现代医疗、养生、保健等健康服务资源，打造生态健康城市。此次论坛邀请中俄两国相关专家做主题演讲，并举行了中俄LITOS合作实验室签约授牌仪式。

【中俄两国中医药文化交流会召开】　2019年6月3日，中俄两国中医药文化交流会在宁波召开。国家中医药管理局传统医药国际交流中心项目管理处负责人郑亚峰向俄方代表团介绍了宁波新城中医会馆的总体情况，从规模定位、医生技能资质、国家中医药发展方向及目标等方面介绍了以新城中医会馆为代表的中国国医馆的现状。在座谈中，双方还就进一步加强中俄双方医学技术合作问题进行了研讨，对未来的合作表示期待。

【第三届“一带一路”中俄医科大学联盟内分泌代谢病论坛在哈举行】　2019年7月20—21日，由中俄医科大学联盟、中俄医科大学联盟黑龙江省内分泌代谢病学术委员会联合主办的第三届“一带一路”中俄医科大学联盟内分泌代谢病论坛在哈尔滨举行。本届论坛吸引了来自俄罗斯的内分泌代谢病专家团队和国内200余位内分泌代谢病及相关领域的专家、学者齐聚冰城，围绕以糖尿病为主的慢性病发病机制和特点、内分泌代谢病疑难杂症的精准诊疗等前沿热点话题展开深入讨论，分享了两国内分泌代谢病领域的科研进展和临床实践经验，为实现“一带一路”框架下中俄两国医学领域的深度合作奠定了坚实基础。在本届论坛上，俄方专家分别就甲状腺眼病、儿童肥胖与肾病等专题进行精彩的学术报告，并表示对中方设置的内分泌代谢病疑难杂症病例讨论环节十分感兴趣，期待今后能够增加相关病例的分析和探讨，实现优势互补。

【中俄人文合作委员会卫生合作分委会第十九次会议举行】　2019年9月13日，中俄人文合作委员会卫生合作分委会第十九次会议在莫斯科举行。双方充分肯定过去一年来在传染病防控、边境地区卫生防疫、卫生应急、中俄医科大学联盟、传统医药及在多边领域合作所取得的进展，并就妇幼健康、医学协会间合作进行了深入讨论，一致同意进一步扩大和深化上述领域的交流。会后双方签署了《中俄卫生合作分委会第十九次会议纪要》。

【第二届中俄传染病研讨会在俄罗斯圣彼得堡召开】 2019年11月6—7日，由俄罗斯斯莫罗金采夫流感研究所、中国疾病预防控制中心联合举办的第二届中俄传染病研讨会在俄罗斯圣彼得堡召开。中国疾病预防控制中心作为中方牵头单位，组织中国疾控中心、中国农业大学、清华大学、中国医学科学院等15名专家参会。本次研讨会围绕“流感”“结核病”和“艾滋病”三个传染病防控领域展开，在为期两天的学术会议上，来自斯莫罗金采夫流感研究所、“加马列亚”（Gamaleya）流行病与微生物学中心、莫斯科结核病控制科学与临床中心、彼得大帝圣彼得堡理工大学、中国疾控中心、中国农业大学、清华大学、中国医学科学院等机构的30多位传染病学领域的专家做了主题发言，就下一步合作意向进行了深入交流和讨论。

【第十六届俄中生物医药论坛召开】

2019年12月10—13日，由阿穆尔国立医学院和黑龙江中医药大学共同组织的第十六届俄中生物医药论坛在俄罗斯布拉戈维申斯克召开，主题为“俄罗斯医学和中国传统医学诊断与治疗的创新疗法”。俄罗斯阿穆尔国立医学院副院长兼教授谢尔盖·采卢伊科表示，中医疗法在俄罗斯很受欢迎，未来中草药的联合研究成为双方新的合作领域。

【中国抗疫医疗专家组在莫斯科与俄专家交流经验】 2020年4月12日，中国政府赴俄罗斯抗疫医疗专家组在俄罗斯莫斯科第40临床医院与俄罗斯专家就新冠肺炎疫情防控和医疗救治等问题展开交流。中俄专家就新冠肺炎患者收治标准、ICU重症患者诊疗方案、定点收治医院间协作机制、一线医护人员安全防护与检测、流行病学调查研究、新冠病毒变异趋势等问题进行交流。中国政府赴俄罗斯抗疫医疗专家组一行10人于11日下午抵达莫斯科，随机携带一批向俄方捐赠的抗疫物资。

【中俄举行“防治新冠肺炎经验交流视频会议”】 2020年4月23日，中国全国政协中国经济社会理事会与俄罗斯联邦公众院举行视频会议。中俄双方32位有关领域的著名专家、学者出席会议并进行交流研讨。此次会议就“医疗卫生领域抗击新冠肺炎的经验”“经济和商业领域”“社会问题领域”等多个领域展开了深入的讨论和交流。

【中俄学者研讨疫情下国际合作】

2020年4月29日，中国社会科学院中俄战略协作高端合作智库和俄罗斯国际事务委员会联合举办网络视频会，研讨新冠肺炎疫情背景下的国际合作与中俄战略协作。与会学者就团结合作是国际社会战胜疫情最有力武器达成共识，指出中国倡导和推动的国际合作是打赢全球抗疫阻击战的正确方向，携手构建人类卫生健康共同体是国际社会在危机面前的合理选择。参会的中俄学者一致认为，在抗疫过程中，中俄两国已经实现了广泛而有效的协调与合作，体现了两国人民患难与共的传统友谊，彰显了新时代中俄全面战略协作伙伴关系的高水平和特殊性。同时，两国采取各种形式向多个国家提供人道主义物资援助。下一步有必要考虑在该问题上加强协调，更好地发挥互补优势。他们指出，中俄要坚持多边主义，加强应急管理与卫生合作和信息交换。

【中国国际文化传播中心向俄罗斯捐赠10万只医用口罩】 2020年4月29日，中国国际文化传播中心向俄罗斯捐赠10万只医用口罩，支援新冠肺炎疫情防控工作。俄罗斯联邦委员会副主席伊·马—萨·乌马汉诺夫亲自接收并专门致信，对中国国际文化传播中心的大力协助表示感谢。中国国际文化传播中心执行主席龙宇翔表示，中俄两国人民在共同抗击法西斯侵略的伟大岁月中结下深厚的战斗情谊，历久弥坚，中俄全面战略协作伙伴关系处于历史最好时期，树立了睦邻相处、合作共赢的典范。中俄两国就共同应对疫情始终保持密切合作，在中国最困难的时候，俄罗斯政府和各界友好人士给予了大力支持，中国向俄罗斯提供力所能及的抗疫援助，是中国作为一个负责任大国的应有担当，是一个曾在艰难时刻受别人帮助的国家义不容辞的责任，是中俄两国友谊的标志。中国国际文化传播中心始终致力于推动中俄两国人民在文化、经贸、体育等各领域的深度交流与合作，在疫情面前更是责无旁贷，将持续进行爱心捐赠，使中俄友谊薪火相传，共同携手促进世界和平稳定发展，为构建人类命运共同体作出重大贡献。

【中俄新型冠状病毒学术研讨会举行】 2020年7月7日，由中国科学院微生物研究所倡议、中俄多家科研机构共同参与的中俄新型冠状病毒学术研讨会在线上举行，中俄同行交流各自关于新冠肺炎病毒的研究成果，并呼吁全球科学家加强应对新冠肺炎疫情合作。双方还就下一步合作进行研讨，希望为“中俄科技创新年”活动奠定基础。中俄多位与会专家、学者分别就新型冠状病毒研究、疫苗及药物研发等开展专题交流，都强调在新冠肺炎疫情下全世界科学家合作的必要性，以及国际合作和转化应用研究的重要性。他们希望通过双方共同努力，推动中俄传染病研讨会发展成为一个国际化、专业化、开放创新的学术交流平台，为两国乃至全球传染病的防控提供强有力的支撑和保障。

【中俄合作新冠肺炎疫情防控学术交流会议在广东药科大学召开】 2020年8月16日，由中国教育部国际合作与交流司委托、广东药科大学主办、中俄医科大学联盟支持的中俄合作新冠肺炎疫情防控学术交流会议在广东药科大学大学城校园国际会议中心主会场召开，此次会议采用“线上＋线下”方式进行。此次会议主题为“聚焦COVID－19防控，深化中俄抗疫合作”，旨在助推中俄抗疫合作实现新进展。国家卫健委高级别专家组组长、全国新型冠状病毒感染肺炎疫情联防联控工作机制科研攻关专家组组长、中国工程院钟南山院士，中俄医科大学联盟中方主席、中国工程院杨宝峰院士，中俄医科大学联盟俄方主席、俄罗斯莫斯科第一国立医科大学校长、俄罗斯科学院彼得·格雷鲍其卡院士作为大会名誉主席到会。此次会议围绕新冠病毒溯源、传播途径、发病机制，治疗药物及疫苗研发、医疗防护物资生产与研发、中西医结合诊疗方案及防控策略等方面开展深入研讨，希望进一步强化中俄新冠肺炎疫情防控国际交流与合作，推动早日结束新冠肺炎在全球大流行的局面。

【中俄生物医药及卫生健康领域科技创新合作会议在上海药物所召开】 2020年9月10日，中俄生物医药及卫生健康领域科技创新合作会议在中国科学院上海药物研究所怡生厅召开。会上由上海药物所发起成立了中俄天然产物与新药发现（CRAND）联盟，依托上海药物所、微生物研究所、广州生物医药与健康研究院等中国科学院在生物医药领域相关科研机构以及俄罗斯科学院西伯利亚分院基础与转化医学中心生化研究所、俄罗斯科学院D. I. 伊万诺夫病毒科研所等俄方单位，搭建中俄新药研发科研单位、大专院校和企业界的广泛交流合作平台，推动科研合作、人才培养、成果转化等方面的深入合作，促进中国与俄罗斯天然产物及新药研究共同发展。

【俄罗斯远东国立医科大学90周年校庆暨中俄国际医学会议举行】 2020年10月2—13日，俄罗斯远东国立医科大学90周年校庆暨中俄国际医学会议以线上和线下的方式举行。哈尔滨医科大学校长张学院士受邀参会并在开幕式上致辞。他表示，俄罗斯远东国立医科大学在90年里，其科学研究、医学教育、医疗方面的成就在俄罗斯联邦发挥着非常重要的作用，并在国际上享有很高的声誉。两校兄弟般的友谊始于2006年，在过去的14年中，两校多次成功举办学术论坛，为中俄医学研究人员之间的交流与合作搭建桥梁。俄罗斯远东国立医科大学校长康斯坦丁·扎梅内茨基院士表示，哈尔滨医科大学和远东国立医科大学将继续合作，进一步促进中俄两国医学领域的合作与发展。俄罗斯卫生部、中国驻哈巴罗夫斯克总领事、乌兹别克斯坦教育部、哈巴市长以及多个国家的代表参加会议并致辞。

【中俄人文合作委员会卫生合作分委会第二十一次会议举行】 2020年10月29日，中俄人文合作委员会卫生合作分委会第二十一次会议以视频形式举行。双方充分肯定过去一年来两国卫生行政部门及医疗卫生机构在卫生健康双边领域交流与合作所取得的进展，并就新冠肺炎疫情防控及救治、疫苗研发、疫情相关的药品监管、灾害医学、传统中医药、中俄医学高等教育、传染病防控、妇幼健康、肿瘤学和眼科学等议题进行了深入讨论。双方一致同意进一步扩大和深化卫生健康领域的交流合作。

【中俄新型冠状病毒肺炎国际学术交流会在广药大召开】 2020年11月13日，由教育部指导，广东药科大学、俄罗斯巴什基尔国立医科大学主办，中俄医科大学联盟支持的“新型冠状病毒肺炎大会：21世纪的流行病”学术交流会在广东药科大学召开。此次交流会采用“线上+线下”的方式进行。此次交流会特邀俄罗斯巴什基尔共和国行政长官哈比罗夫，俄罗斯巴什基尔共和国卫生部长马克西姆·扎贝林博士，“共和国勋章”获得者、中国卫生健康委员会高级别专家组组长、中国工程院钟南山院士，中俄医科大学联盟中方主席、哈尔滨医科大学原校长、中国工程院杨宝峰院士，俄罗斯巴什基尔国立医科大学校长瓦伦丁·帕夫洛夫教授等13位院士和专家作主旨报告。双方院士和专家在大会上围绕“传染病预防和治疗的热点问题”“在COVID－19大流行期间的治疗策略”“COVID－19的基本和实际问题”“儿童传染病的热点问题”“成人传染病的热点问题”五个专题进行讨论，为全球更加科学有效地进行疫情防控提出了很多建设性意见，旨在寻找更加科学有效的疫情防控措施，推动新冠肺炎在全球大流行的局面早日结束。

【2020中俄医学交流会在线举办】

2020年12月20日，由上海合作组织实业家委员会主办，华中科技大学同济医学院附属协和医院感染科及俄罗斯阿尔马佐夫（Almazov）国家医学中心共同承办，华中科技大学双一流专项基金支持的COVID－19的个性化治疗前沿——2020中俄医学交流会于线上举行。来自华中科技大学同济医学院附属协和医院感染科及俄罗斯相关医疗专家通过视频连线的方式参加了本次交流会，就新冠肺炎预防和治疗等相关话题进行了深入探讨。

【2020中俄青年学者论坛成功举办】

2020年12月23日，由中俄医科大学联盟支持，广东药科大学与俄罗斯莫斯科国立谢东诺夫第一医科大学主办的2020中俄青年学者论坛在广东药科大学生科院成功举办。此次论坛旨在落实中俄元首四次通话精神，加强两校青年学者的人文交流。双方共有100余名青年学者参加了论坛，提交了39个报告。大家围绕所学和所研究领域进行探讨，并且表示希望能深化在医药教育、研究领域的合作。

六　中俄体育交流

【2019年丝绸之路拉力赛新闻发布会在莫斯科举办】　2019年5月30日，2019年丝绸之路拉力赛新闻发布会在莫斯科举办，中国、俄罗斯、蒙古国三国政府代表，合作伙伴、车手代表及媒体共同出席发布会。此次新闻发布会首次正式发布了第九届丝绸之路拉力赛比赛路线——从位于贝加尔湖沿线的伊尔库茨克出发，自北向南穿越蒙古国并在7月16日抵达中国敦煌，完成为期10天的比赛。赛后，国家军委联参作战局、空军、民航总局、中汽联以及赛事组委会各位领导纷纷对驼峰通航赛事空中保障队给予了高度的评价与认可。

【“友谊之路”2019中俄联合摩托车骑行活动在莫斯科落幕】　2019年6月4日，“友谊之路”2019中俄联合摩托车骑行活动在莫斯科落幕，40多名中俄骑行勇士完成跨境长途跋涉抵达终点。本次骑行活动由俄罗斯探险摩托车俱乐部、五洲传播中心、上海艺术博览会国际展览有限公司联合主办。“友谊之路”2019中俄联合摩托车骑行活动的骑手们是于4月27日从北京出发的，历经满洲里、后贝加尔斯克、乌兰乌德、伊尔库茨克、克拉斯诺亚尔斯克、新西伯利亚、车里雅宾斯克、喀山等地，于6月4日抵达终点莫斯科，全程9000多公里。

【2019中俄国际体育（篮球）发展论坛在哈尔滨市举行】 2019年6月13日，2019中俄国际体育（篮球）发展论坛在黑龙江大学举办。此次论坛以“庆祝中俄建交七十周年·中俄共筑篮球梦”为主题，中俄两国体育界专业人士共同探讨了中俄篮球运动的发展、篮球赛事市场发展和篮球人才的培养与交流等问题。同日，中俄青年男子篮球友谊赛也在哈尔滨开赛，俄罗斯圣彼得堡国立大学和乌拉尔联邦大学男子篮球队参赛。两队的主教练表示希望通过比赛和论坛活动，形成与中国高校体育赛事交流的长期合作机制。

【第八届中俄夏季青少年运动会开幕】 2019年6月17日，第八届中俄夏季青少年运动会在俄罗斯萨马拉开幕。中国国家体育总局副局长、中国体育代表团团长李建明，萨马拉州州长阿扎罗夫、俄罗斯体育部副部长科西洛夫出席开幕式。俄罗斯青少年表演了精彩纷呈的文艺节目，融合中俄文化元素，洋溢着活泼向上的青春气息。李建明在致辞中表示，在两国元首的战略引领和推动下，中俄体育合作取得一系列丰硕成果，为推动两国友好关系的进一步发展发挥了积极作用。阿扎罗夫对大家的到来表示欢迎，并祝愿两国包括体育在内的合作顺利。作为中俄人文交流的亮点活动，中俄夏季青少年运动会自2006年起已成功举办七届。

【2019中国·黑瞎子岛中俄水上户外嘉年华开幕】 2019年7月20日，2019中国·黑瞎子岛中俄水上户外嘉年华在黑龙江省抚远市拉开帷幕，来自中国、俄罗斯的户外运动爱好者参与活动。本次嘉年华由中国登山协会、中国皮划艇协会、黑龙江省体育局、黑龙江省人民政府黑瞎子岛建设与管理委员会、抚远市人民政府、俄罗斯哈巴罗夫斯克市政府主办，由五项活动组成，分别是2019徒步中国·全国徒步大会黑瞎子岛站、2019泛舟中国·全国户外皮划艇大会抚远大力加湖站、2019中国·抚远露营大会、2019中国·黑瞎子岛水上运动表演及2019风情俄罗斯·中俄徒步交流大会。其中，水上运动表演和皮划艇大会是2019年新增项目。

【第四届中俄国际象棋少年友谊赛（2019年）在俄罗斯举行】 2019年8月6日，第四届中俄国际象棋少年友谊赛（2019年）在俄罗斯布拉戈维申斯克市阿穆尔州公共文化中心隆重开幕。本次友谊赛由中国黑龙江省棋牌协会和俄罗斯阿穆尔州国际象棋协会联合主办，旨在推动中俄国际象棋青少年友谊，注重集体荣誉培养。来自中俄双方各49位棋手对弈切磋，中方部分小棋手有幸与俄罗斯布拉戈维申斯克的特级大师进行一对七车轮战。

【2019“‘一带一路’你好圣彼得堡杯国际青少年足球锦标赛”在俄罗斯圣彼得堡隆重开幕】 2019年8月10日，由俄中文化交流基金会、俄罗斯西北大区足协、俄罗斯你好集团、俄罗斯泽尼特足球俱乐部和北京奥舞体育发展有限公司共同发起举办的首届“‘一带一路’你好圣彼得堡杯国际青少年足球锦标赛”在俄罗斯的圣彼得堡进行。本次比赛共设U11和U8两个年龄组别，来自俄罗斯和中国的共八支青少年球队参

赛。中国驻俄罗斯圣彼得堡代总领事张卫先生出席开幕式并致辞，并亲切慰问了全体参赛队员和教练员。

【第九届中俄蒙国际青少年运动会落幕】　2019 年 8 月 28 日，第九届中俄蒙国际青少年运动会在俄罗斯外贝加尔边疆区赤塔市落幕，三国青少年运动员在同场竞技、加强交流、增进友谊的竞赛之旅中收获颇丰。本届运动会集体育竞赛、文化交流和形象展示于一体，共设有田径、柔道、自由式摔跤、拳击、射箭、乒乓球、布里亚特摔跤等 11 个大项、63 个小项的赛事。来自中国、俄罗斯、蒙古国的 170 余名青少年在为期 4 天的比赛中展开激烈角逐。中国内蒙古代表团派出 78 人参加了 6 个项目的比赛，最终在比赛中获得 6 枚金牌、5 枚银牌、14 枚铜牌。中俄蒙国际青少年运动会发起于 2008 年，每年举办一次，是三国轮流举办的水平较高、规模较大的综合性国际青少年体育盛会，也是三国青少年展示运动风采、深化友谊、互促水平提升的交流盛会。

【中俄吉乌大学生参加陕师大“丝路杯”大学生足球邀请赛】　2019 年 10 月 24 日，“丝绸之路”体育艺术节之“丝路杯”大学生足球邀请赛在陕西师范大学举行，俄罗斯莫斯科国立大学、吉尔吉斯斯坦国立民族大学、乌兹别克斯坦阿马尔罕国立大学以及陕西师范大学的四支大学生足球队参加比赛，以球会友、共叙友谊。世界大学生体育联合会副主席、中国大学生体育协会副主席杨立国出席开幕式。

【2019 年中俄体育教育论坛举行】　2019 年 11 月 28 日，在华东师范大学举行的 2019 年中俄体育教育论坛汇聚了中俄教育类高校联盟 18 所大学的代表，探讨中俄体育教育合作和未来发展。这是中俄教育类高校联盟框架下举办的首届体育教育论坛，也是国内教育界第一次举办中俄体育教育类双边论坛。中俄知名体育专家围绕中俄中小学体育课程改革、北京冬奥会背景下的中俄“校园冰雪运动”、中俄高校体育专业建设三大议题进行了深入研讨。在 27 日举行的中俄教育类高校联盟工作会上，中俄双方代表表决通过并签署了中俄教育类高校联盟新章程。

【第四届中俄大学生冰雪嘉年华开幕】　2019 年 12 月 3—9 日，第四届中俄大学生冰雪嘉年华开幕式在哈尔滨体育学院举行。作为中俄人文合作委员会会议的重要成果之一，本届嘉年华由教育部国际合作与交流司指导，中国大学生体育协会和俄罗斯大学生体育联合会共同主办。教育部国际司副司长李海宣布第四届中俄大学生冰雪嘉年华开幕。他表示，中俄大学生冰雪嘉年华活动为两国青年间开展体育交流搭建了开放的平台，在推进两国校园冰雪运动交流的同时，丰富了两国人文合作的内涵，为双边交流注入了更多青春活力。他希望中俄双方参赛队伍在奋力拼搏、切磋竞技、享受运动乐趣的同时，通过比赛增进了解、收获友谊，成为中俄世代友好的参与者、见证者和传承者。

【2019“国奥棋院杯”中俄青少年国际象棋友谊赛在济南开赛】　2019 年 12 月 12 日，“一带一路”2019“国奥棋院杯”中俄青少年国际象棋友谊赛在山东济南开幕。赛事由国家体育总局棋

牌运动管理中心、中国国际象棋协会、俄罗斯国际象棋协会、季姆琴科基金会联合主办。中俄青少年国际象棋友谊赛是两个国家最高水平的青少年棋手较量的舞台，每年的比赛都有中国和俄罗斯一名明星棋手参赛。2019 年由国际特级大师、四届棋后侯逸凡和俄罗斯的国际特级大师弗拉迪米尔费多谢耶夫领衔并同场竞技。

【2020 中俄界江黑龙江国际冰球友谊赛举行】 2020 年 1 月 18 日，2020 中俄界江黑龙江国际冰球友谊赛在中俄界江黑龙江冰面上举行，600 多名中俄观众现场观看了比赛。这是继 2017 年首届中俄国际界江冰球友谊赛之后，中俄冰球队第四次在界江上正面“交锋”。本次比赛由黑龙江省政府和俄罗斯阿穆尔州政府主办。在以往儿童组、青少年组比赛的基础上，本次比赛增加了成年组，实现了中俄冰球项目交流在年龄上的全覆盖。

【中国 VS 俄罗斯网络围棋擂台赛落幕】 2020 年 5 月 16 日，由中国围棋协会、俄罗斯围棋协会主办，辽宁省围棋协会、上海弈客信息技术有限公司承办的中国 VS 俄罗斯网络围棋擂台赛第 13 局比赛在弈客围棋对弈平台战罢，中国队毕祖一六段执白中盘战胜俄罗斯队主帅伊利亚 · 什克辛三段。本届中俄擂台赛就此落幕，中国队以总比分 10 ：3 击败俄罗斯队获得优胜。此次擂台赛增强了中俄棋手之间的交流，增进了中俄人民的友好情谊，通过举办中国 VS 俄罗斯网络围棋擂台赛的方式，丰富了国内外广大围棋爱好者的精神文化生活，满足了广大围棋爱好者的观赛需求，充分发挥出围棋在疫情防控期间的积极作用，在助力中国围棋文化走出去的同时，也向俄罗斯人民传递了战疫信心。

【中俄人文合作委员会体育合作分委会第二十次会议召开】 2020 年 9 月 24 日，中国国家体育总局副局长高志丹和俄罗斯联邦体育部副部长马什科娃以视频形式共同主持召开了中俄人文合作委员会体育合作分委会第二十次会议，并签署了《会议纪要》。双方在会谈中就共同应对疫情挑战、中俄青少年运动会、冬季运动和足球合作、国际体育事务和反兴奋剂等共同关心的问题交换了意见，达成了共识。双方高度评价中俄体育友好关系，重申加强国际体育事务沟通协调，反对体育事务政治化。同意继续深化体育领域务实合作，促进两国体育运动水平的共同提高，增进两国体育界和人民之间的了解和友谊。俄方表示坚定支持中方筹备和举办北京冬奥会，相信北京冬奥会将取得圆满成功。中俄人文合作委员会体育合作分委会会议每年召开一次，由国家体育总局和俄罗斯体育部轮流主办。体育总局外联司、青少司、科教司、冬季运动管理中心和中国足球协会等有关单位负责人参加了会议。

【驻俄罗斯大使张汉晖会见俄联邦体育部部长马特钦】 2020 年 10 月 16 日，驻俄罗斯大使张汉晖会见俄联邦体育部部长马特钦一行。双方就中俄体育交流与合作进行深入交流。张大使首先向马特钦部长介绍了中国防疫形势，中国正在为战胜疫情和世界经济的复苏作出自己的贡献。张大使表示，中俄友谊源远流长，两国体育合作秉持了这一优良传统，双方在人员培训、赛事组织等各个领域全方位合作，相互支持，今后愿同俄方进一步加强沟通与交流，中方愿同俄方就2022年北京冬奥会以及其他赛事进行深入沟通。马特钦部长表示，俄中两国政府与人民在抗击新冠肺炎疫情过程中携手共进，守望相助，俄中合作已成为世界上国与国之间合作的榜样。俄方愿在北京冬奥会的筹备及举办方面同中方密切合作。

七　中俄媒体交流

【中俄合拍纪录片《这里是中国》第二季开播仪式在莫斯科举行】　2019年6月3日，由北京中视雅韵文化传播中心与俄罗斯RT电视台联合拍摄的大型系列纪录片《这里是中国》第二季开播仪式在莫斯科中国驻俄罗斯大使馆举行，展现了中俄媒体和人文领域交流合作的又一新成果。中宣部常务副部长王晓晖、俄总统办公厅第一副主任格罗莫夫、中国驻俄罗斯大使李辉和两国媒体代表约150人出席了开播仪式。该片聚焦中国经济社会发展成就，展示中国传统文化和自然风貌，为俄罗斯民众了解当代中国打开了一扇新窗口。俄罗斯总统办公厅第一副主任格罗莫夫在致辞中强调，当前俄中关系达到前所未有的历史高度，两国媒体开展了全方位、多渠道的交流合作，期待在两国元首的战略引领下，两国媒体合作达到更具内涵的新水平。

【新华社与塔斯社举办庆祝中俄建交70周年图片展】　2019年6月5日，为庆祝中俄建交70周年，全面展示两国友好交往历史，新华社与塔斯社联合举办的《友好七十年：庆祝中俄建交70周年图片展》在莫斯科开展。新华社和塔斯社均拥有悠久的历史和丰富的图片馆藏。此次展览共展出图片70幅，双方各提供35幅。在这些照片中既有反映两国人民传统友谊的历史图片，也有表现推进新时代中俄全面战略协作伙伴关系取得累累硕果的新闻照片；既表现了两国最高领导人之间的深厚友谊和彼此信任，也记录了中俄普通百姓交往的动人瞬间。这些图片突出展示了两国在双方元首的战略引领下，新时代中俄全面战略协作伙伴关系的高水平发展，内容覆盖高层交往、经贸合作、民间往来、文化交流等方面。新华社社长蔡名照和塔斯社社长米哈伊洛夫共同为展览剪彩。

【中国中央广播电视总台与俄罗斯会展基金会签署战略合作协议】　2019年6月7日，中国中央广播电视总台与俄罗斯会展基金会在圣彼得堡签署战略合作协议，《中俄友好城市》系列微视频发布会也同时举行。中共中央宣传部常务副部长王晓晖，中共中央宣传部副部长、中央广播电视总台台长慎海雄，中国驻俄罗斯使馆及中俄两国媒体代表等参加活动。根据中央广播电视总台与俄罗斯会展基金会签署的协议，双方在圣彼得堡国际经济论坛和东方经济论坛框架下，秉承平等、互惠、相互公开的原则，在中俄两国媒体领域加深合作，加强新闻信息交流、推介各自举办的相关活动、为两国受众提供更多客观真实的媒体信息。

【2019年中俄电视周开幕】 2019年8月14日，中俄人文合作委员会媒体合作分委会第十二次会议暨首届中俄电视周开幕式在哈尔滨举行，此次会议总结了上一年度中俄媒体合作所取得的新进展，明确把新媒体作为下一步工作重点，取得数项重要成果。中国国家广播电视总局副局长范卫平、俄罗斯数字发展与通讯传媒部副部长沃林分别作为分委会中方、俄方主席共同主持会议，两国政府主管部门、中央和地方媒体以及民营影视企业和新媒体机构代表90余人参会。为配合中俄建交70周年营造良好氛围，中国国家广播电视总局、俄罗斯数字发展与通讯传媒部在会议期间共同启动了“2019年中俄电视周暨视听中国·俄罗斯”活动，举办了节目洽谈和项目推介会，共同打造电视和网络视听媒体交流机制化、品牌化合作平台。

【2019哈尔滨、深圳、俄罗斯媒体交流会举行】 2019年8月25日，由哈尔滨市政府新闻办和深圳市政府新闻办共同主办的中俄关系新时代·媒体合作新使命——2019哈尔滨、深圳、俄罗斯媒体交流会举行。在交流会上，来自俄罗斯报远东分社、今日俄罗斯国际通讯社、国际文传远东分社、深圳广播电影电视集团、旅游中国网等多家媒体代表以“中俄关系新时代·媒体合作新使命”为主题先后发言。与会人员认为，媒体是缩短区域距离、增进友谊、加深彼此了解的纽带和桥梁，在当前新闻信息源头日益多元、传播日益多样的形势下，中国哈尔滨和深圳与俄罗斯相互间的媒体交流活动，将不断优化“一带一路”同欧亚经济联盟对接的舆论环境和社会基础，合力讲好中俄故事。

【第五届中俄媒体论坛在符拉迪沃斯托克举行】 2019年9月3日，第五届中俄媒体论坛在俄罗斯远东城市符拉迪沃斯托克举行。本届论坛以“数字经济时代下传统媒体和新媒体发展”为主题，两国相关部门和媒体界人士100余人出席。中宣部副部长、国务院新闻办公室主任徐麟和俄罗斯政府副总理兼办公厅主任崔琴科出席开幕式并发表主旨演讲。徐麟指出，媒体是增进人民友谊、促进文明互鉴的重要纽带，推动中俄新时代全面战略协作伙伴关系深入发展，需要两国媒体贡献智慧与力量。在两国建交70周年的大背景下，希望两国媒体以此为契机，精心组织丰富多彩务实的庆祝交流活动，推动中俄媒体交流合作取得新成果、再上新台阶。

【2019中俄青年新媒体交流营在无锡正式启动】 2019年11月4日，“新时代·新起点——第三届中俄网络媒体论坛暨中俄建交70周年新媒体交流活动”在江苏省无锡市举行。作为中俄网络媒体论坛系列活动的重要组成部分，中俄青年新媒体交流营一直受到中俄双方政府、高等院校、网络媒体、互联网企业的广泛关注。本次活动由中国国家互联网信息办公室、俄罗斯联邦数字发展通讯与大众传媒部共同指导，中国日报社、中国互联网发展基金会、江苏省互联网信息办公室联合主办。在为期十天的中俄青年新媒体交流营活动中，来自中俄两国的教师和大学生代表在探寻之旅和思想“碰撞”中结出丰硕的果

实，制作出展示中俄青年一代风采和水平的新媒体作品。

【中俄媒体创新合作形式 共同报道抗击新冠肺炎疫情】 2020年3月1日，由今日俄罗斯通讯社总裁基谢廖夫主持、在全俄国家广播电视公司所属的"俄罗斯—1"综合频道和"俄罗斯—24"新闻频道并机播出的王牌综述栏目《每周新闻》中，中国国际电视台（CGTN）制作的"中国视点"如约而至。当晚，随着一声"中国中央电视台为《每周新闻》特别制作"，来自中国抗击新冠肺炎疫情现场的报道圆满结束。1月底，俄方提出，希望中国国际电视台俄语频道制作一条特别新闻，回顾一周以来中国在抗击新冠肺炎疫情方面的努力和成效。中俄两家媒体通力合作，时长5分30秒的"中国视点"成功播出。

【中俄媒体智库云论坛举办】 2020年5月26日，中国外文局联合俄罗斯报、俄罗斯科学院远东研究所主办，人民画报社、当代中国与世界研究院共同承办的中国外文局系列国际云交流活动之"当代中国与世界——抗击疫情提振经济"中俄媒体智库云论坛举办。此次论坛主题为"共同应对新威胁，促进疫情后经济复苏，打造更加紧密的中俄全面战略协作伙伴关系"。本次论坛是中俄两国媒体智库首次利用云技术举办的在线论坛，得到了中国驻俄罗斯大使馆、俄罗斯驻华大使馆以及中俄两国媒体的广泛关注。《人民日报》、CGTN俄语频道、中国国际广播电台、新华网、光明网、央广网、央视网以及《俄罗斯报》、俄新社、俄罗斯卫星通讯社等中俄近20家主流媒体对论坛进行了报道。

【2020年中俄社会民意调查报告结果出炉】 2020年6月19日，"2020年中俄社会民意调查报告"结果出炉。该项调查是在中俄友好、和平与发展委员会的指导和主导下，中央广播电视总台中俄头条客户端联合国际知名样本服务机构，于2020年5月启动的，旨在深入了解新时代背景下中俄民众相知、互信程度，以及两国世代友好的社会民意基础状况。调查范围涵盖中俄11座城市，调查内容包括两国民众对彼此认知、两国关系、美西方对华污名化的态度、中俄抗疫合作成效的评价等。该项调查结果总体积极正面。调查结果显示，中俄民众彼此认可，新时代中俄全面战略协作伙伴关系持续高水平发展的社会民意基础依然稳固。对比2018年民意调查结果，两国民众对中俄关系的整体评价变化不大，基本一致。中国受访者对俄罗斯的非负面评价达93.1%，俄罗斯受访者对中国的非负面评价达82.6%。两国受访者对中俄高层交往、政治互信、务实合作水平均给予积极评价。

【中俄人文合作委员会媒体合作分委会第十三次会议召开】 2020年10月19日，中俄人文合作委员会媒体合作分委会第十三次会议以视频连线方式召开。中国国家广播电视总局副局长孟冬、俄罗斯数字发展与通讯传媒部副部长沃林分别作为分委会中、俄方主席出席会议并作主旨发言，两国政府主管部门、中央和地方媒体以及新媒体机构代表40余人参会。本次会议回顾了上一年度中俄媒体合作所取得的成绩和进展。与会代表认为，在过去一年里，中俄媒体围绕两国领导人互访、中俄建交70周年等重要时间节点开展了卓有成效的务实合作。中俄媒体努力克服疫情影响，交流合作继续保持高位运行，在新冠肺炎疫情等重大事件的报道上相互策应、相互支持，为国际社会团结抗疫营造有利的舆论环境。积极开展文学作品互译出版、视听节目互播和形式多样的媒体活动；在人工智能、新媒体合作方面进行了积极尝试，为两国媒体业共同发展注入了新动力。双方一致认为，在后疫情时代，两国主流媒体应加强团结协作，全面、公正、客观地报道国际重大事件，反对和抵制虚假信息和污名化做法，坚定维护国际社会公平正义。双方表示愿进一步深化新闻合作和人员互访交流，继续办好中俄品牌媒体活动，加强优秀作品互译互播出版，尽快签署中俄电视合拍协议，积极推进落实新媒体合作、融合传播项目。

【林松添会长会见俄罗斯主流媒体驻京主要负责人】 2020年11月17日，中国人民对外友好协会会长林松添会见了俄罗斯塔斯社、俄罗斯新闻社、全俄国家电视广播公司、俄罗斯第一频道、今日俄罗斯下属国际视频新闻通讯社五家俄罗斯主流媒体驻京主要负责人，介绍了本会开展中外民间交流的有关情况，并就双方感兴趣的议题进行了坦诚、深入、友好交流。双方积极评价并一致认为，不断巩固和深化中俄新时代全面战略协作伙伴关系不仅符合两国和两国人民的根本利益，也是维护世界稳定和共同繁荣的战略支撑。在两国元首的战略引领下，两国在政治互信、经贸互利、人文互鉴、安全合作、国际协作等领域取得了丰硕成果，为两国人民带来了实实在在的利益。双方表示愿进一步推动两国在地方、青年、妇女、智库、媒体、旅游等人文领域的合作，拓展和夯实两国友好的民意和社会基础。

【2020中俄网络媒体云论坛成功举行】 2020年12月18日，以“疫情时期网络媒体的作用”为主题的2020中俄网络媒体云论坛举行。本次论坛由中国国家互联网信息办公室与俄罗斯联邦数字发展、通讯与大众传媒部指导，中国日报社、中国互联网发展基金会主办，中国日报网承办。中俄两国政府代表、网络媒体领袖、企业家和专家学者围绕疫情背景下的国际舆论格局、媒体技术创新、中俄新媒体合作等一系列话题展开深入探讨。中央网络安全和信息化委员会办公室副主任牛一兵，俄罗斯联邦数字发展、通讯与大众传媒部副部长切尔科索娃·贝拉·穆哈比耶夫娜，全国政协常委、中国日报社社长兼总编辑周树春，中国互联网发展基金会理事长马利出席论坛并致辞。《今日俄罗斯》国际媒体集团视频制作管理处主任、在线“TOK”总编辑阿尼西姆莫娃·奥丽加·根纳季耶夫娜，新华网副总裁刘加文，《俄罗斯报》副总编辑扎杜奈斯基亚·奥克萨娜·尤里耶夫娜，中国日报网总编辑韩蕾等中俄双方嘉宾进行了主题发言和交流讨论。

【中央广播电视总台领导同俄罗斯主流媒体负责人互致新年问候并期待开展全方位合作】 2020年12月29日，中宣部副部长、中央广播电视总台台长兼总编辑慎海雄同全俄广播电视公司总经理多布罗杰耶夫、今日俄罗斯国际通讯社社长基谢廖夫和俄罗斯报社社长涅戈伊察等俄罗斯主流媒体负责人通过贺函贺卡等形式互致新年问候，并期待在新的一年里加强合作。慎海雄在贺信中说，在习近平主席和普京总统战略引领下，中央广播电视总台与全俄广播电视公司、今日俄罗斯国际通讯社和俄罗斯报社等俄罗斯主流媒体开展了卓有成效的合作，有力地推动了两国人文交流和双边关系发展，中俄媒体合作进入新时代。面对疫情的严峻挑战，总台与俄罗斯媒体同行守望相助、风雨同舟、合作抗疫，凝聚起明辨是非曲直、展现人间大爱的正义力量。在新的一年里，期待彼此加强交流、深化合作，为构建新型国际关系和人类命运共同体作出媒体应有的贡献。全俄广播电视公司总经理多布罗杰耶夫高度评价双方2020年的合作成果，希望2021年携手推进全方位合作。

八　中俄旅游交流

【第七届中俄旅游论坛在莫斯科举行】　2019年3月11日，第七届中俄旅游论坛在莫斯科举行。中俄两国政府机构代表、旅游业高管、交通和餐饮服务业知名企业、互联网科技公司、国际知名专家以及媒体近千人参会。中俄两国旅游业多项权威数字在论坛上发布。本届论坛由俄罗斯“世界无国界”旅游协会主办。两国政府部门负责人和专家就2019—2020年旅游业业内发展趋势和发展战略进行了深入探讨。中俄旅游论坛自2012年起开始举办，旨在扩大和加强中俄两国在旅游行业的商务合作，支持中俄政府部门和商界之间的对话。该论坛已成为两国业界讨论旅游合作以及专家发表观点的重要平台。

【中俄蒙“万里茶道”国际旅游联盟2019年工作会议暨中俄蒙三国五地联席会议召开】　2019年4月26日，中俄蒙“万里茶道”国际旅游联盟2019年工作会议暨中俄蒙三国五地联席会议在北京市召开。此次会议总结过去三年的成果，共商“万里茶道”国际旅游发展大计，研究探讨加快推进“万里茶道”旅游联盟建设和品牌推广工作。中国内蒙古自治区文化和旅游厅厅长贺志亮代表“万里茶道”国际旅游联盟秘书处，总结了“万里茶道”联盟三年工作成果，提出了下一步工作安排。中国文化和旅游部国际对外交流与合作局对三年来内蒙古自治区牵头开展的“万里茶道”工作给予了高度肯定，提出了打造中俄蒙跨国旅游黄金线路和国际旅游品牌的发展目标。

【2019莫斯科中国文化旅游周揭幕】　2019年6月5日，在中国文化和旅游部国际交流与合作局支持下，2019莫斯科中国文化旅游周活动在莫斯科中国文化中心揭幕。作为“中国旅游文化周”全球联动活动框架内项目，2019莫斯科中国文化旅游周活动以“文化和旅游融合发展”为核心，以“美丽中国”为主题，以“超乎想象的中国”为口号，旨在通过旅游推介和人文交流，重

点讲好当代中国故事，促进中国旅游高质量发展，从而达到“以文化提升旅游品质，以旅游促进文化传播”的文旅融合目标。在活动期间，莫斯科中国文化中心推出七场形式各异的主题活动，包括旅游推介、展览展示、文艺演出、民族音乐会、文化大师班、讲座、文化体验与互动等活动，全面展示中国文化和旅游产品与服务的升级成果，促进文化和旅游国际交流合作。6 月 5 日，央视在莫斯科中国文化中心举办《平“语”近人——习近平喜欢的典故》（俄语版）上线仪式，旨在推动习近平新时代中国特色社会主义思想的生动阐释与广泛传播。中国中央广播电视总台将与全俄广播电视总公司在莫斯科中国文化中心举办双方合作谅解备忘录签约仪式。6 月 6 日，浙江省衢州市政府将携手浙江省文化和旅游厅在莫斯科中国文化中心举办诗画浙江——“南孔圣地”衢州文化旅游品牌推介会。

【第四届中俄蒙三国旅游部长会议在内蒙古召开】 2019 年 6 月 23 日，第四届中俄蒙三国旅游部长会议在中国内蒙古自治区乌兰察布市召开，三国就多项文化旅游合作达成共识。中俄蒙三国旅游部长会议机制创建于 2016 年，旨在着力推动《建设中蒙俄经济走廊规划纲要》涉及旅游的合作项目。俄罗斯联邦旅游署副署长阿列克谢·科纽什科夫介绍说，目前，中国是俄罗斯公民进行出境游的第三大国，这证明中蒙俄三国旅游部长定期会晤，是边境旅游、扩大合作范围、夯实旅游的内涵机制，接下来，我们要加强交通领域、主管机构、海关机构、投资公司等方面的合作。在会议期间，中俄蒙三国共同签署《第四届中俄蒙三国旅游部长会议纪要》。

【第十五届莫斯科国际旅游交易会举行】 2020 年 3 月 23 日，第十五届莫斯科国际旅游交易会举行。该交易会是俄罗斯规模最大的年度旅游展会，来自 130 多个国家的 1400 多家机构参展。展会中国展区占地 180 平方米，以“美丽中国”整体旅游形象为设计主题。中国展台聘请了俄罗斯汉学家、书法家冬青国进行书法、绘画、剪纸等文化展演与教学互动，不少参观者拿起毛笔，认真学习握笔、写字、作画。中国驻莫斯科旅游办事处主任王晓霞表示，中国的文化和旅游形象生动、丰富，中俄两国文化交流与旅游合作密切，未来两国在旅游领域的合作潜力依然巨大。

【北京与莫斯科交流旅游行业抗疫经验】 2020 年 4 月 27 日，北京市文化和旅游局与莫斯科市旅游委召开线上视频会议，就两市在抗击新冠肺炎疫情期间针对旅游行业采取的一系列支持措施进行了有效沟通和经验共享。北京市文化和旅游局副局长庞微说，中俄是山水相连的友好邻邦，俄罗斯正在成为北京最具发展潜力的新兴市场。北京市文化和旅游局及时获取行业一线情况，深入了解旅游行业的迫切需求，出台了《关于应对新冠肺炎疫情影响促进旅游业健康发展的若干措施》等政策文件，希望能最大限度地帮助企业渡过难关，迎接疫情之后的旅游复苏。莫斯科市旅游委副主任莎尔莎维特斯卡娅·塔铁亚纳说，两国首都应进一步建立建设性的对话机制，旅游业发展方面的沟通交流尤其有必要。

【中俄人文合作委员会旅游合作分委会第十七次会议召开】 2020年7月2日，中俄人文合作委员会旅游合作分委会第十七次会议以视频会议形式召开。中国文化和旅游部副部长张旭与俄罗斯联邦旅游署署长多古佐娃共同主持了会议。双方回顾了分委会第十六次会议以来两国旅游领域合作情况，就疫情期间旅游扶持政策和未来合作等进行了深入交流。张旭在发言中表示，自新冠肺炎疫情发生以来，中俄双方始终守望相助，充分体现了新时代两国高水平的战略协作和患难与共的深厚情谊。多古佐娃支持中方关于促进旅游合作的建议，她表示，俄方将加强旅游数字化建设，希望吸引更多中国企业投资俄罗斯旅游基础设施，为中国游客提供更多便利。双方应携手应对疫情影响，相互提供协助和支持，共同推进两国旅游业尽快振兴。会后，张旭和多古佐娃共同签署了会议纪要。

【“美丽中国”亮相2020年俄罗斯国际休闲旅游展】 2020年9月8日，第26届俄罗斯国际休闲旅游展在莫斯科开幕。受新冠肺炎疫情的影响，2020年展区规模较往届有所缩减，在位于莫斯科州的斯科尔科沃创新中心举行。本届旅游展是在俄联邦文化部、俄联邦旅游署等单位支持下举办的，是2020年秋季俄罗斯举办的最大规模的国际旅游展。本次展会共吸引了来自中国、保加利亚、西班牙、古巴和俄罗斯国内32个地区的261家单位参展。中国展区由中国驻莫斯科旅游办事处牵头，邀请了多家中国航空公司和开展赴华旅游业务的俄罗斯旅行商共同参展。本届展会线上注册参观者超过3000余人。

【俄罗斯举行新的俄中国际专业化社交网络商旅通推介会】 2020年10月29日，俄罗斯在“疫后旅游业技术”在线会议框架内举行了新的俄中国际专业化社交网络商旅通（China Friendly Chat）推介会。该项目得到中国旅游协会和俄罗斯“世界无国界”旅游协会的支持。商旅通社交网的产品总监奥克萨娜·马克里斯蒂安表示，新的社交网络的主要目标和任务是为从事旅游业的俄罗斯和中国公司提供新机会，使其在没有中介的情况下建立联系，交流经验，提高自己的竞争力并在统一B2B交易平台上展示其产品。俄方的商旅通潜在用户包括接待游客的旅游公司、酒店、旅馆、商店、博物馆、导游等。用户可以发布其报价，查看其他参与者消息和报价，评估服务质量，直接进行交流，为自己的产品和服务做广告。

九　中俄档案合作交流

【中俄档案国际交流系列活动在成都举办】 2019年7月3—6日，“庆祝中华人民共和国成立70周年——中俄友好关系历史档案文献展”在中国成都市档案馆揭幕。此次展览包括17世纪至20世纪中俄关系、中苏联合抗击法西斯、1949—1955年中苏关系三部分内容，再现了17—20世纪中俄两国在外交、贸易、文化领域的相互往来，第二次世界大战期间中苏军民并肩作战、共同抗击法西斯，中华人民共和国成立后中苏两国在政治、经济和外交上友好往来的历史时刻。该展览是正在成都举行的中俄档案国际交流系列活动的重要组成部分，该系列活动还包括中俄档案合作分委会第三次会议、档案修复国际会议等。

【中国和俄罗斯档案馆专家会议举行】 2019年9月4—5日，中国和俄罗斯档案馆专家会议在俄罗斯哈巴罗夫斯克举行，这是哈巴罗夫斯克边疆区首次举办的档案领域活动。此次活动恰逢俄罗斯国家档案馆建馆100周年和哈巴边区档案馆成立95周年。远东联邦区档案机构科学方法委员会第50届会议将开启系列活动，并举行中俄档案合作分委会第二次会议。9月5日隆重启动“俄罗斯与中国建立和发展关系（1618—1727）”展览。该展览收集了俄罗斯国家古代档案馆的114份独特文件和中华人民共和国第一历史档案馆的19份文件。中俄档案合作分委会会议结束后签署了进一步合作文件。

【庆祝中华人民共和国成立70周年历史档案文献展在俄圣彼得堡开幕】 2019年9月17日，“俄罗斯—中国庆祝中华人民共和国成立70周年历史档案文献展”在俄罗斯圣彼得堡开幕。作为中俄人文合作委员会第20次会议的配套活动，此次展览由俄罗斯联邦档案署和中国国家档案局联合举办。国务院副总理、中俄人文合作委员会中方主席孙春兰和俄罗斯联邦副总理、中俄人文合作委员会俄方主席戈利科娃共同出席开幕式并致辞。此次展览汇集了来自中俄两国档案馆收藏的140多件历史档案珍品，展现了两国从17世纪至今在外交、经济、文化等领域的交往历史。档案合作是中俄人文合作的重要内容，下一步中俄两国档案部门要继续扩大务实合作，举办历史档案展览，出版档案文献汇编，开展档案学术交流，充分展示两国人民友好往来、交流互鉴的历史记忆，让前人的智慧和经验更好地服务两国民众，不断夯实中俄关系发展的民意基础。

【纪念中俄建交70周年档案文献展在莫斯科开幕】 2019年9月30日，纪念中俄建交70周年档案文献展在莫斯科开幕。俄罗斯外交部长拉夫罗夫，中国驻俄罗斯大使张汉晖以及俄罗斯国家杜马第一副主席、俄中友好协会主席梅利尼科夫等出席活动。此次档案文献展由俄罗斯外交部组织，展出了60多份珍贵档案文献、图表、照片和实物文件，它们记录了两国历史上的重要时刻，展现了中俄关系发展的历史进程和取得的重要成果。这一展览有助于保留两国重要历史记忆，并成为两国相关庆祝活动中的重要组成部分。

【黑龙江深化中俄地区间档案部门交流合作】 2019年11月20日，应黑龙江省档案局的邀请，俄罗斯斯维尔德洛夫斯克州档案交流合作代表团到黑龙江省档案局进行交流访问。此次访问是黑龙江省与斯维尔德洛夫斯克州合作计划的重要组成部分。双方为纪念新中国成立70周年暨中俄建交70周年，联合举办了档案主题展览，召开了档案编研工作会议，签署了2019年度工作会议纪要，并研究确定了2020年度双边交流合作活动内容。双方表示，希望借助中俄建交70周年的良好契机，进一步完善合作机制，拓展合作空间。在此次交流活动中，双方共同举办了“历史回眸——中俄地方档案交流图片展”。此次展览共分5个部分，15个单元35个版块。一件件珍贵文献和一幅幅历史图片生动再现了中俄两国从建交发展到新时代全面战略协作伙伴关系的历程，再现了中俄从守望相助到携手共赢的交往历史，展示了近年来两国交好背景下地方合作的丰硕成果。

【崔国杰总领事出席纪念第二次世界大战胜利75周年圆桌论坛会议】 2020年9月18日，俄罗斯哈巴罗夫斯克边疆区政府在边疆区国家档案馆举行纪念第二次世界大战75周年圆桌论坛会议。边疆区政府官员、档案部门、专家学者、高校代表等50余人参会。中华人民共和国驻哈巴罗夫斯克总领事馆崔国杰总领事出席会议，他在发言中指出，在70多年前，中俄两国分别是第二次世界大战亚洲和欧洲的主战场，两国人民患难与共、并肩作战，为世界反法西斯战争胜利建立了不可磨灭的历史功勋，用鲜血和生命凝成了牢不可破的伟大友谊，共同捍卫了世界和平，为两国关系高水平发展奠定了坚实基础。与会专家、学者就加强第二次世界大战历史研究、共同维护二战胜利成果发言。

【国家档案局：中俄制定未来五年档案工作大纲】 2020年9月24日，为深化中俄两国档案领域务实合作，中俄人文合作委员会档案合作分委会第四次会议以视频会议形式召开，中俄两国档案部门合作制定《2021—2025年中俄档案合作分委会工作大纲》。根据2021—2025年工作大纲，双方将在未来五年里共同筹备和出版《中苏文化关系文献汇编（1949—1960年）》《中苏经济关系文献汇编（1949—1991年）》；举办纪念东方劳动者共产主义大学和中国劳动者共产主义大学100周年展览、纪念中共六大95周年展览以及恰克图条约和恰克图边境贸易历史档案展；举办档案征集、档案法等专题学术研讨会。中国国家档案局局长陆国强表示，在过去的5年里，中俄两国档案部门通过共同举办档案展览、联合筹备出版档案文献汇编、举办档案学术研讨会、交换档案复制件等形式开展了深入务实的合作，取得了丰硕的成果，进一步加深了双方的友谊，推动了双方档案领域的合作。

十　中俄电影交流

【中俄合拍电影《战斗民族养成记》正式发行】 2019年1月11日，喜剧电影《战斗民族养成记》观影交流会在俄罗斯驻华大使馆内举行。这部影片由导演夏昊和阿卡基·萨赫拉什维利联合执导，于2019年1月25日在中国正式发行。电影同名剧集《战斗民族养成记》曾于2015年在中国上映，此次由中俄合拍的电影不仅延续了同名剧集的幽默情节，而且将中俄两国文化元素进行了巧妙的碰撞与融合，在轻松欢乐中流露出爱意和感动。

【俄罗斯2019中国电影节在圣彼得堡开幕】 2019年6月6—14日，俄罗斯2019中国电影节先后在圣彼得堡和莫斯科举办。此次电影节由中国国家电影局、中国驻俄罗斯大使馆、中国驻圣彼得堡总领事馆和俄罗斯联邦文化部共同主办。中国外交部也将2019年年内中俄互办电影节列为双方建交70周年的重要人文交流项目之一，本次电影节展映《流浪地球》等五部优秀中国影片，为俄罗斯观众提供了一个了解当代中国电影的机会。在开幕式上，中宣部副部长王晓晖、俄罗斯联邦文化部副部长帕维尔·斯捷班诺夫分别致开幕词，出席电影节开幕式的还有专程从莫斯科赶来的俄罗斯著名导演费多尔·邦达尔丘克等。影片《流浪地球》导演郭帆、主演吴京与观众分享了他们参与该片创作的体会。

【俄罗斯首播新中国成立珍贵影片】 2019年9月16—29日，影片《中国的重生》将在“俄罗斯—24”和“俄罗斯—1”电视频道节目中播出，这是一部庆祝中华人民共和国成立和中俄建交70周年的献礼影片。全俄国立电视广播公司总编、纪录片导演阿列克谢·杰尼索夫介绍说，1949年苏联曾向中国派出17人的纪录片摄制组，在几个月里，他们拍摄了中国共产党战胜国民党的影片，而且是采用彩色胶片拍摄，这在当时是非常了不起的事情。另据俄罗斯国立影视资料档案馆馆长娜塔莉亚·卡兰塔洛娃透露，现在俄罗斯国立影片文件档案馆资料已经全部开放，对此感兴趣的人都可进入观看。

【2019中国（郑州）国际电影交流展启幕】 2019年11月1日，“影载中华情·圆梦新丝路”2019中国（郑州）国际电影交流展在郑州启幕。该交流展由中国电影家协会指导，中国文联电影艺术中心、中共郑州市委宣传部、郑州市文联、郑州市委外事办联合主办。在开幕式上，郑州本土电影人与嘉宾围绕电影创作、电影产业发展和国际交流合作前景等话题，展开了深入探讨，为“一带一路”电影发展凝聚智慧和力量。本届影展以“中俄建交70周年”为主题，邀请《花滑女王》《安娜的战争》《一次任务》《照亮》《工厂》《世界之心》等俄罗斯经典影片及片方代表齐聚郑州，以电影为纽带，进一步加强中俄文化交流。在启动仪式后，参会嘉宾游览了电影小镇，近距离感受中原文化的魅力。

【2019俄罗斯电影展启幕】 2019年11月19—24日，由中国国家电影局、中国驻俄罗斯大使馆、中国驻圣彼得堡总领事馆和俄罗斯联邦文化部共同主办的2019俄罗斯电影展在北京中国电影博物馆拉开帷幕。在六天的放映活动中，有八部影片与京城观众见面。2019俄罗斯电影展是中国电影博物馆“一带一路”系列影展的第一站，俄罗斯文化部副部长斯捷潘诺夫出席电影节开幕式并致辞。

【2019北京优秀影视剧海外展播季·俄罗斯活动成功落幕】 2019年12月12日，由北京市广播电视局主办的2019北京优秀影视剧海外展播季·俄罗斯活动在莫斯科成功落幕。此次活动

于12月8日开幕。其间向俄罗斯观众展播了《从中国到中国》《中关村》《芝麻胡同》《海洋之城》《极致中国》等10部北京优秀影视作品。这些作品从不同的视角让观众感受到中国翻天覆地的变化，尤其让海外的观众了解中国、认识中国，增进彼此的友谊。俄罗斯观众则对中国的自然风貌、人文景观充满好奇，更对中国经济腾飞后的现代生活、城市发展兴致盎然，表示希望能看到更多的中国影视作品。在活动期间，北京市广播电视局还与俄罗斯金砖电视台、俄罗斯影视领域有影响力的公司和企业代表就各自影视剧生产创作模式，双方广播电视和网络视听领域的创新与发展，以及合拍、互播、发行、人才培训等方面进行了积极探讨和交流。

【俄罗斯电影大师展在沪开幕】 2020年8月21日晚，由上海艺术电影联盟主办的“俄罗斯电影大师展”在大光明电影院揭幕，上海市委宣传部副部长高韵斐、俄罗斯联邦驻上海总领馆总领事亚历山大·史玛聂福斯基等嘉宾出席并致辞。本次影展于8月21日—8月30日在大光明电影院举行，放映八位大师执导的九部经典作品，全面回顾近一个世纪以来在世界影坛产生重要影响的俄罗斯电影。俄罗斯联邦驻上海总领馆总领事亚历山大·史玛聂福斯基特意选择以中文致辞，他表示，此次俄罗斯电影周是俄中两国在上海举行的首次重大活动，希望俄罗斯电影周能够成为推动俄中文化交流继续发展的引擎。在开幕仪式之后，放映了亚历山大·索科洛夫导演的成名作《俄罗斯方舟》。其他八部展映影片包括电影大师米哈依尔·卡拉托佐夫曾荣获戛纳电影节金棕榈最佳影片大奖的《雁南飞》和《我是古巴》等。

【中国电影《八子》在图拉军事电影节上荣获两个奖项】 2020年11月9—15日，中国电影《八子》在图拉市举办的第18届奥泽洛夫国际军事电影节上获得两个奖项。来自俄罗斯、中国、英国、美国等八个国家的70部电影进入竞赛单元，因疫情缘故，电影节颁奖仪式在线上举行。高希希执导的《八子》获得“最佳外语片”奖。在此片中饰演八个孩子母亲的中国女演员岳红获得金剑奖。该影片改编自真实事件，电影中母亲的八个儿子都在新中国建设中英勇牺牲。

【俄罗斯电影《猎杀T34》将于12月在中国上映】 2020年11月28日，俄罗斯“中央伙伴关系”公司新闻处发布消息称，俄电影《猎杀T34》将于12月6日在海南岛国际电影节上展出。从12月11日起以四种形式上映，包括2D、3D，以及高端形式中国巨幕（CGS）和CINITY。“中央伙伴关系”公司总经理韦列夏金指出，中国目前是重要的电影发行市场之一。他指出：“在全球艰难时期，我们的俄罗斯大片将在中国大屏幕上被观众观看，这令我们非常高兴。”

【俄三座城市举办中国新电影节】

2020年12月17日、20日先后在莫斯科、圣彼得堡和新西伯利亚举办中国新电影节活动。本次活动由新西伯利亚国立技术大学孔子学院在中国教育部中外语言交流合作中心的支持下举办。举办该活动的目的是在俄罗斯形成观看中国现代电影的时尚。因此，在展示的电影中不光有文艺片，也有大众片。在活动期间将播放六部电影，分别为《八佰》《花这样红》《一点就到家》《白蛇—缘起》《不止不休》以及《气球》。

十一　中俄青年交流

【2019 年欢乐春节之“大美中国”中俄青少年文化艺术交流节在莫斯科举行】　2019 年 1 月 29 日，“大美中国”中俄青少年文化艺术交流节在莫斯科中国文化中心举行。作为俄罗斯 2019 年欢乐春节开幕活动，本次展演以“我眼中的俄罗斯”为主题，选出 50 幅优秀青少年绘画与书法作品进行展出。此外，江苏表演团队还在活动开幕式上进行了精彩演出。此次“大美中国”中俄青少年文化艺术交流节是 2019 年莫斯科欢乐春节框架下的首场活动，莫斯科中国文化中心愿与俄罗斯相关部门继续合作，为两国少年儿童文化艺术的交流与合作提供更大的舞台以及全方位的支持协助。

【中俄青年同走 70 年友谊路活动在京启动】　2019 年 7 月 1—5 日，由中国人民对外友好协会主办的中俄青年同走 70 年友谊路活动举行。在 6 月 30 日的启动仪式上，中国人民对外友好协会副会长、中国俄罗斯友好协会副会长宋敬武表示，对外友协以中俄建交 70 周年为契机，邀请 100 名各界青年代表，包括来自俄罗斯各联邦主体的 70 名代表共同出席中俄青年大联欢活动。俄罗斯联邦驻华大使馆参赞、北京俄罗斯文化中心主任梅利尼科娃表示，人文合作在俄中两国关系发展中发挥着重要作用，俄中青年一代是未来两国关系的基础。本次活动为两国青年进一步相互认识，了解彼此国家的文化创造了良好的条件，将为增进两国间的相互理解注入新的动力。

【2019 中俄青年创业孵化器交流项目全面启动】　2019 年 7 月 2 日，2019“中俄青年创业孵化器”交流项目启动仪式在河北唐山举行。中国共青团中央书记处书记李柯勇、俄罗斯青年联盟副主席塔季扬娜·谢莉维尔斯托娃出席仪式，四川、贵州、江苏、重庆、青岛五地也同时启动实施了该项目。“中俄青年创业孵化器”交流项目是中俄人文交流机制框架下的创新型青年人文交流项目，自 2016 年起开始举办。在第一批次中国阶段，来自俄罗斯顿河畔罗斯托夫、圣彼得堡、布良斯克、乌法、乌里扬诺夫斯克、喀山六地的俄罗斯青年创业者将分别在中国六个承办地展开交流，以创业教育和经贸合作为主题，通过创业导师授课、观摩参访、实践实习、商业洽谈、文化交流等形式，提升中俄两国青年创客和大学生的创业知识、创新能力和合作经验，促进两国青年在创新创业领域的合作，培养中俄经贸合作的未来人才，进一步丰富中俄人文交流的内涵。

【第六届中俄长江—伏尔加河青年论坛圆满结束】　2019 年 7 月 25 日，以“青春‘湘’遇、逐梦两河”为主题的第六届中俄“长江—伏尔加河”青年论坛在中南大学落下帷幕，湖南省副省长吴桂英出席活动并致辞。在为期12天的论坛上，来自长江中上游、伏尔加河流域的300余名青年代表齐聚三湘，通过参与“中国日”“俄罗斯日”、中俄青年圆桌论坛、参观等活动，展示了各具特色的中俄传统文化和习俗，了解了湖南的历史与文化、开放与创新，大家在相互交流、密切合作中加深了彼此了解，收获了友谊，架起了心灵之桥。

【2019“金诺杯”丝路青少年国际文体艺术节在莫斯科落下帷幕】 2019年8月4日，第三届“金诺杯”丝路青少年国际文体艺术节总决赛在莫斯科落下帷幕。此次艺术文化节总决赛由俄罗斯联邦文化部、俄罗斯联邦教育部、中国关心下一代工作委员会健康体育发展中心、“一带一路”文化经贸促进会以及中国华侨公益基金会丝路文化公益基金联合主办。大赛类别包括舞蹈、美术、声乐、乐器及艺术体操，共计吸引了中俄两国500余名青少年选手参赛。

【公益未来·青年视野拓展计划】

2019年8月25—31日，来自国内17所高校的34位师生，赴俄参加为期一周的“公益未来·青年视野拓展计划”。这是中国扶贫基金会公益未来项目的一部分。在中俄建交70周年之际，中国扶贫基金会邀请在公益实践活动中表现突出的大学生，与高校主管老师一起赴俄罗斯开展学习交流活动，师生们还参观了位于莫斯科市南部的中共六大会址展览馆。中国扶贫基金会副秘书长王鹏表示，中国扶贫基金会作为全国性公益组织，一直关心青年人的发展问题，希望通过公益未来项目回应大学生在校期间的成长、成才、学习、就业等实际需求。

【2019中俄青少年文化艺术交流周开幕】 2019年10月29日，中俄青少年文化艺术交流周在黑龙江省绥芬河市开幕，1600余名中俄青少年将展开七天行程，参加六场文艺演出、六场交流活动。他们化身“友谊小使者”，力促两国的文化融合、情感互通。在本次活动中，有来自哈巴罗夫斯克边疆区、滨海边疆区等地的俄罗斯艺术团体，以及来自黑龙江、吉林、辽宁、内蒙古等地的中国文艺团体举行“星光灿烂艺术节”“丝路盛典”艺术节、“友谊的韵律”中俄青少年艺术节等文艺演出活动，用歌声、舞蹈与乐器抒发中俄两国人民之间的深厚情感。此外，中俄青少年还走进绥芬河当地的艺术院校、体育馆、图书馆、影城、茶室等，在浓厚的文化艺术氛围中学习中国传统礼仪，诵读中国古代诗词，交流中国舞蹈、茶艺、书画、电影、手工制作等文化知识，完成一次中国传统文化的体验之旅。

【阿斯图—粤港澳中俄大学生创新创业暨交流营在穗举行】 2019年11月10日，阿斯图—粤港澳中俄大学生创新创业暨交流营活动在华南理工大学逸夫人文馆拉开帷幕，来自莫斯科国立鲍曼技术大学、莫斯科航空学院、莫斯科物理技术学院等8所俄方高校，东南大学、中山大学、哈尔滨工业大学、西北工业大学、香港理工大学、香港科技大学、澳门大学等15所中国高校的100多名师生、35个创新创业项目参加活动。阿斯图—粤港澳中俄大学生创新创业暨交流营活动由中俄工科大学联盟和粤港澳大学联盟主办。此次活动内容包括创新创业论坛、中俄大学生创新创业大赛和知名企业访问。这也是华南理工大学作为阿斯图联盟2018—2019年中方轮值主席单位举办的年度大型活动之一。华南理工大学校长高松希望中俄青年大学生通过这次活动，加深了解、建立友谊、碰撞思想、释放潜能、交流成果、展示风采，也希望专家和老师加强互动，积极探讨交流中俄工程教育、创新创业教育等方面的有益经验和模式。

【2019中俄青年人工智能学术论坛在哈尔滨远东理工学院举行】 2019年11月30日，2019中俄青年人工智能学术论坛在哈尔滨远东理工学院拉开帷幕。此次论坛由哈尔滨新区政府、哈尔滨远东理工学院投资方上海太敬集团、上海市高等教育学会人工智能机器人专委会主办。来自远东联邦大学、西伯利亚联邦大学、伊尔库茨克国立理工大学、中山大学、东北石油大学、哈尔滨远东理工学院等国内外高校的专家、学者50余人分别就自己的研究领域做了学术分享。

【2020中俄青少年迎新艺术交流演出圆满举行】 2020年1月11日，中国儿童中心对外交流中心和北京俄罗斯文化中心联袂，来自中国儿童艺术团、北京俄罗斯文化中心“欢乐音符”合唱团、中视影视传媒等百名中俄小演员们用音乐、舞蹈、器乐等艺术形式，为中俄青少年奉献了一场精彩纷呈、颇具特色的民族文化艺术盛宴。

【中俄美三国青少年在“新时代大讲堂”呼吁全球携手抗疫】 2020年4月16日，中国日报社以“云直播”形式主办了主题为“人类命运共同体：我·世界·未来”的“新时代大讲堂”。来自中国、俄罗斯、美国的六位青少年发表英语演讲，向全球观众讲述他们自新冠肺炎疫情暴发以来的经历，分享了他们对构建人类命运共同体、各国携手抗击疫情的思考和体会。中国日报社于2018年初创办“新时代大讲堂”，充分利用自身国际化、全媒体、多语种、多平台的优势，通过创新叙事演讲的方式，打造新时代向世界传播中国声音的新平台。每期活动均选取具有世界意义的中国话题，邀请中外意见领袖同台交流，从国际视角出发，回应世界对中国热点问题和重大主张的关切，揭示中国故事背后的世界意义，为阐释和传播构建人类命运共同体的中国方案、中国智慧作出贡献。

【首届中俄青年创新创业与创意大赛发布会暨中俄青年创业峰会举办】 2020年9月18日，首届中俄青年创新创业与创意大赛发布会暨中俄青年创业峰会在清华大学举办，第十二届全国政协副主席、中俄友好协会会长陈元视频致辞。本届中俄青年创业峰会是2020年中关村论坛的平行论坛之一，由清华大学、中关村发展集团、莫斯科创新集群、圣彼得堡国立大学主办。近百余位中俄重磅嘉宾云上相约，与中俄创业青年共话构建创新磁场，共谋中俄科技创新美好未来。

【第二届中俄青年同走友谊路活动举行】 2020年10月28日，中国人民对外友好协会与俄罗斯联邦独联体事务、俄侨和国际人文合作署在北京、哈尔滨和莫斯科三地，以线上线下相结合的方式，成功举行了第二届中俄青年同走友谊路活动。中国人民对外友好协会会长林松添和俄罗斯国际人文合作署署长普里马科夫出席活动并致辞。苏联援华老战士与中国革命者后代、两国抗疫一线的医护人员、青年学者、媒体及留学生等各界代表进行了线上对话，从各自角度就推动新时代中俄友好关系发展交流了感想和体会，共约100人同时在线参加活动。

【2020中俄青年创业孵化器云交流活动闭幕式暨青岛—喀山交流日活动在青岛举行】　2020年12月16日，2020中俄青年创业孵化器云交流活动闭幕式暨青岛—喀山交流日活动在青岛举行。中国国际青年交流中心副主任贾铁松、俄罗斯国际合作领袖组织理事长阿列克谢·叶若夫、青岛市青联名誉主席张海军、青岛市青联副主席张宇和中俄青年创业孵化器交流项目中俄双方学员参加了活动。来自青岛和喀山的七名创客分别发言，进行了创业经验交流及项目展示，积极探讨了两国青年在创新创业领域的合作机遇。在线上交流结束后，两国青年企业家还通过中俄青年创业孵化器交流项目“云服务平台”，参与云会议、云讲堂、云路演等系列活动。

【第三届中俄青年作家论坛在上海召开】　2020年12月27—29日，第三届中俄青年作家论坛在上海外国语大学虹口校区召开。此次论坛由上海外国语大学、上海市作家协会、俄罗斯作家协会共同主办。俄罗斯总统文化顾问弗拉基米尔·托尔斯泰，中国作家协会党组成员、副主席、书记处书记李敬泽，俄罗斯作家协会共同主席、《小说报》主编尤里·科兹洛夫等出席开幕式并致辞。来自中俄两国的30余位青年作家代表参加了为期三天的创作交流活动。作家们关注的问题丰富而严肃，他们介绍了个人的创作体验，探讨中俄文学的关系，当今作家关注的主要问题，面对变动的社会和生活作家应当保持的创作态度。同时，他们也对翻译和出版机构发出呼吁，希望两国之间文学的交流更为畅通。双方都表示，在对方作家身上找到了思想和精神上的共鸣，看到了对文学和创作的热爱和真诚。除主会场外，此次论坛还包括思南公馆的读者见面会，作家书店的中俄诗会和南翔古镇的文化采风三场重要活动，扩大了交流的广度和深度。

十二　中俄地方交流

【2019“一带一路”中俄城市合作论坛在京举行】　2019年5月30日，2019“一带一路”中俄城市合作论坛在京举行。世界贸易网点联盟、俄罗斯俄华战略合作协会、俄罗斯欧亚经济合作组织、北京市商务局举办以生态健康为主题的中俄城市合作论坛，目的是促成中俄生态健康首都及国际生态健康城市联盟的建设，促成中俄国际环保生态健康科技园、国际生态健康博物馆及国际环保科技工业园的建设规划及实施，推进相关科技先进项目、互建友好生态城

市、促进生态地标品牌建设等。此次论坛组织联合签订战略合作意向书，包括在俄中主要城市联合建设“一带一路”中俄生态健康国际品牌展示中心、互建友好生态健康城市及中俄文化合作中心、中俄物联网商贸免税物流合作中心、中俄生态健康科技文化智库合作中心等。

【第二届中俄地方合作论坛全体会议在哈尔滨举行】 2019年6月15日上午，由中国商务部、黑龙江省人民政府、广东省人民政府、俄罗斯经济发展部主办的第二届中俄地方合作论坛全体会议在哈尔滨举行。黑龙江省委书记、省人大常委会主任张庆伟，俄联邦总统驻乌拉尔联邦区副全权代表杜别涅茨基，广东省委副书记、省长马兴瑞，萨哈（雅库特）共和国行政长官尼古拉耶夫，辽宁省副省长陈绿平，滨海边疆区行政长官科热米亚科，四川省副省长李云泽，伊尔库茨克州州长列夫琴科，中粮集团总裁于旭波，俄中友好、和平与发展委员会俄方主席季托夫等中俄地方和企业代表先后发言。

【北京市文化和旅游局“魅力北京”莫斯科推介会举办】 2019年9月6日，由北京市文化和旅游局主办的“魅力北京”海外推介会在莫斯科大都会酒店举行。中外嘉宾百余人出席此次活动。此次推介会现场推出的“魅力北京”图片展共展出40余幅精美的图片作品，分为古都北京、时尚北京、现代北京、文化北京四个主题，全方位展示了北京丰富的历史文化内涵，体现了既充满古韵又时尚现代的北京风貌。为了让现场嘉宾亲身体验中国传统节庆文化的魅力，北京市文旅局还在场地布置上突出了中秋元素，为嘉宾准备了丰富的中秋月饼等茶点，安排了古筝琵琶演奏、太极拳等热场文艺表演，让来宾们亲身感受这座城市的独特文化。为了多渠道、全方位地宣传推介北京文化和旅游资源，北京市文化和旅游局还在莫斯科18个地铁站投放了北京城市形象宣传广告。

【2020俄罗斯哈巴罗夫斯克“欢乐春节”在俄罗斯哈巴罗夫斯克“罗斯”友谊宫亮相】 2020年1月11日，由黑龙江省文化和旅游厅与哈巴罗夫斯克边区文化部共同主办的2020俄罗斯哈巴罗夫斯克“欢乐春节”在俄罗斯哈巴罗夫斯克市“罗斯”友谊宫亮相。黑龙江省文化和旅游厅党组成员、副厅长于峰带队，由黑龙江省龙江剧艺术中心、黑龙江艺术职业学院、黑龙江省京剧院等优秀艺术团队组成的黑龙江艺术团携手俄罗斯的优秀艺术团体，联袂呈现异彩纷呈的文艺演出。

【俄罗斯专家项目对接交流代表团到河北省考察】 2020年1月13—16日，俄罗斯高端专家代表团一行11人到中国河北省进行为期四天的项目发布和考察交流。本次俄罗斯专家代表团层次高、人数多、领域广，对推动中俄科技交流、增进两国友谊有着深远影响。14日上午，俄罗斯高端外国专家项目发布暨对接交流会在石家庄举办，该代表团与河北省体育局、石家庄四药集团、辛集保税区等单位，在冬奥冰雪项目、商贸科技等领域进行了深入对接交流。

【黑河市与布拉戈维申斯克市同庆中国年】 2020年1月19—20日，“双子同欢·中国年”活动在俄罗斯布拉戈维申斯克市群岛商场、阿穆尔国立大学、友谊公园等多地火热开展。数千名中俄民众载歌载舞，携手同欢，共享中国年的喜庆和韵味。来自中国黑龙江省黑河市的京剧艺术家一曲歌舞并重、回味悠长的梨花颂，引得现场俄罗斯观众时而鸦雀无声、时而掌声如潮。俄罗斯长颈鹿模特队的唐装表演有板有眼、张弛有度，精彩地演绎出金发碧眼的“大唐风范”。黑河市与布拉戈维申斯克市连续三年举办的“中国年”活动，已经成为深受两岸民众喜爱的机制性春节文化活动。

【中俄双子城 2020 中俄国际象棋网络友谊赛开赛】　2020 年 5 月 31 日，为迎接“六一”国际儿童节的到来，由中国黑龙江省黑河市体育总会、俄罗斯阿穆尔州国际象棋协会联合主办，黑河市伙伴青少年体育运动俱乐部、黑河市国际象棋协会承办的中俄双子城 2020 中俄国际象棋网络友谊赛开赛。本次比赛是黑河市首次开展的中俄网络赛事活动，在疫情防控常态化期间，通过网上比赛的方式创新拓宽了中俄体育交流渠道，为开展其他中俄网络赛事活动积累了宝贵的经验，也在“六一”国际儿童节来临之际为孩子们献上了独特的节日礼物。

【河北省体育局与俄罗斯相关人士进行视频会议】　2020 年 6 月 28 日，中国河北省体育局与国际奥委会委员亚历山大·波波夫及俄罗斯 MG 集团代表通过视频会面，就双方在冰雪运动方面开展合作交流进行探讨。双方就冰雪运动教练员引进、河北队赴俄罗斯训练等内容交换了意见，初步达成了共识。下一步，双方将进一步加强联系，及时沟通了解情况，早日促成实质性合作。

【中俄边境文化季开幕】　2020 年 7 月 10 日，“佳木斯·同江第六届中俄边境文化季开幕式暨同江市旅游文化展启动仪式”在黑龙江省图书馆举办。本次活动旨在深入贯彻中央关于旅游行业复工复产的号召，加快旅游文化深度融合，向外界集中展示同江优质旅游资源和文化精品。中俄边境文化季作为展示同江市文化发展成就，推动文旅发展的重要平台，已经连续成功举办五届。2020 年因疫情影响，佳木斯·同江第六届中俄边境文化季取消大型线下活动，线上活动已于 6 月初陆续展开。

【首届“夏之梦”中俄青少年美术交流周在黑河市拉开帷幕】　2020 年 7 月 27 日，以“携手共进，展望未来”为主题的首届“夏之梦”中俄青少年美术交流周在中国黑龙江省黑河市拉开帷幕。本次活动是第三届黑龙江省旅游产业发展大会的系列活动之一。交流周自 27 日起至 31 日为期五天，包含云直播、云课堂、云展览和作品集册四个环节。开幕式云直播实现了北京、上海、珠海、广州、昆明及布拉戈维申斯克、哈巴罗夫斯克等中俄两国 10 地同时在线，开创了中俄两国青少年线上交流活动的先河。在活动期间，10 名中俄美术教育专家通过云课堂分别对中俄校外美术教育活动的历史和展望、培养学龄儿童的艺术创作能力等内容进行讲解，并介绍水彩画、沙瓶画的发展和技法，展示广州非遗通草画、黑河非遗桦树皮画的技艺。云展厅共展出以勇战疫情、展望美好未来等为主题的中俄青少年美术作品350余幅。

【北京与莫斯科开展云端人文交流系列活动】 2020年8月20日，为加强中俄人文交流，北京市外办、市文旅局及北京市六所学校参加了《你好，莫斯科!》线上夏令营及莫斯科市对华旅游合作论坛等云端人文交流系列活动。上海、广州、深圳、黑龙江省等九省市同时受邀参加。8月20—27日，北外附中、人大附中等六所学校共八名学生参加了《你好，莫斯科!》线上夏令营活动。其间，莫斯科市以线上直播的形式向中方参与活动的90余名中学生介绍了莫斯科市在生物医药、能源、环境、交通、智慧城市等领域所取得的成就，云参观俄罗斯国家大剧院、克里姆林宫、莫斯科电影制片厂等地，并组织参与学生与莫斯科市青少年在线交流。双方一致认为，本系列活动有力地推动了中俄旅游合作，对旅游业尽快实现复工复产，拉动双方经济发展具有重要意义。

【2020共绘炫彩·中俄油画交流展在哈尔滨举行】 2020年11月12日，由中共黑龙江省委宣传部与中俄友好、和平与发展委员会地方合作理事会共同主办的2020共绘炫彩·中俄油画交流展在哈尔滨市举行。此次画展共展出中俄两国美术家创作的150幅作品，其中俄方画作100幅，中方画作50幅，包括人物肖像、自然风光、静物写生等不同题材，风格高雅、笔触精湛，既富有两国传统文化底蕴，又洋溢着时代气息，展现出东西方绘画各不相同的艺术特色，以及同样生机勃勃的艺术生命力，充分体现出油画在当代艺术作品中的独特魅力。

【北京与圣彼得堡两城文化机构云上交流】 2020年12月2日，由北京市与俄罗斯圣彼得堡市相关部门联合主办的“感知北京”·北京与圣彼得堡“文化+”产业交流合作云推介在北京举行。来自两座城市文化协会、文化企业与投资机构的八个文化项目在此次推介会上相继亮相，不仅展现了这两座城市独特的文化底蕴与特色，也为两城达成文化贸易合作创造了可能。此次活动是北京市和圣彼得堡市自2009年签署交流合作协议以来首次围绕文化产业开展深入交流。在推介会上，来自国家对外文化贸易基地（北京）、北京国际设计周、北京出版集团图书版权、北京演艺集团的民族管弦乐组曲《中轴》等五个中方文化项目，以及俄罗斯“我们的历史博物馆”、俄罗斯电影音乐艺术版权等三个文化项目相继进行线上展示、推介，让两城代表深入了解中俄两国文化的魅力以及双方在文化创意产业方面的最新趋势。

十三　中俄其他交流

【2019中俄全球治理圆桌论坛在俄成功举办】 2019年6月5日，由中国国务院新闻办公室指导，中国外文局、俄罗斯中国友好协会主办的2019中俄全球治理圆桌论坛在莫斯科举行。此次论坛的主题为“全球治理变革与中俄全面

战略协作”，来自中俄两国政界、智库界、媒体界等领域的近150位嘉宾围绕主题深入对话研讨。中宣部常务副部长王晓晖在发表主旨演讲时指出，两国智库应围绕新时代中俄关系中的重大理论和实践问题开展前瞻性、战略性与政策性研究，为推动中俄新时代全面战略协作伙伴关系凝聚更多共识，为中俄世代友好奠定更加坚实的民意基础，为全球治理体制变革贡献智慧和力量。

【第六届中俄博览会和第三十届哈洽会启幕】 2019年6月15日，由中国商务部、黑龙江省人民政府、俄罗斯联邦经济发展部、俄罗斯联邦工业和贸易部共同主办的第六届中国—俄罗斯博览会和第三十届哈尔滨国际经济贸易洽谈会在哈尔滨启幕。国家副主席王岐山、俄罗斯联邦政府副总理阿基莫夫出席博览会开幕式暨俄罗斯馆开馆仪式并剪彩，与中外嘉宾和各界人士参观展馆。王岐山、阿基莫夫先后走进俄罗斯出口中心、萨哈（雅库特）共和国、鞑靼斯坦共和国等展区，与参展企业负责人和各界人士亲切交流，了解他们的发展成就和特色优势产品。在中方展区，王岐山、阿基莫夫来到中方主宾省广东省展区、中俄大飞机合作项目展区、对俄口岸展区参观，对中俄博览会和哈洽会在推动中俄经贸合作中所发挥的重要作用给予肯定。

【中俄友好、和平与发展委员会2019年中方全体会议在京召开】 2019年8月22日，中俄友好、和平与发展委员会2019年中方全体会议在北京召开。全国政协副主席兼秘书长，中俄友好、和平与发展委员会中方主席夏宝龙出席会议并讲话。夏宝龙强调，委员会作为中俄民间外交的主渠道，要深入学习贯彻习近平新时代中国特色社会主义思想特别是习近平新时代中国特色社会主义外交思想，整合各方资源，加大交流力度，增强工作实效，当好中俄关系发展的推动者、中俄人民友谊的播撒者、中俄务实合作的开拓者，为推动中俄新时代全面战略协作伙伴关系发展作出新的贡献。

【2019中俄金融合作圆桌会议在俄罗斯符拉迪沃斯托克召开】 2019年9月10日，2019中俄金融合作圆桌会议在俄罗斯符拉迪沃斯托克召开。本次会议主题为“中俄金融合作助推区域共同发展”，由亚洲金融合作协会、中国经济信息社、哈尔滨新区管委会和俄罗斯银行联盟共同举办。来自中俄金融机构及金融监管部门的领导、企业代表和专家学者等百余位嘉宾齐聚一堂，共同探讨中俄跨境合作新格局、金融机构对区域合作和共同发展的作用以及金融科技赋能金融合作等议题。

【“与世界对话”——莫斯科中国论坛在俄成功举办】 2019年10月12日，由凤凰网、俄罗斯中国总商会联合主办，凤凰网国际智库承办的“与世界对话”——莫斯科中国论坛，在莫斯科举办。这是在俄罗斯本土举办的第一场以中国为主题的高规格论坛，也是献礼中俄建交70周年的海外大型活动。中俄重磅嘉宾围绕中俄建交70周年、中俄关系、“一带一路”倡议、能源合作、中俄青年文化交流与传承等热点话题展开热烈讨论。中国驻俄罗斯大使张汉晖出席论坛并发表主旨演讲。在高峰对话环节结束后，举行了精彩的文艺演出。

【2019中俄“一带一路”项目研讨会在CAIA北京会展中心圆满举行】 2019年11月23日，2019中俄“一带一路”项目研讨会暨“相约千年，魅力丝路”项目启动仪式在CAIA北京会展中心举行。本次活动由中俄联合国科学和教育项目研究院（UNESPA）、中国联合国采购促进会（CAPUNP）、CAIA北京会展中心主办，俄罗斯联邦科学院、克里姆林宫普京总统计划和特别项目基金会、中俄联合国科学和教育项目研究院、莫斯科罗蒙诺索夫国立大学、中国雄共体集团、联合国教科文组织、世界卫生组织、世界贸易组织协办。CAIA北京会展中心总经理潘忠林出席活动并发表致辞。本次研讨会旨在建设以“一带一路”沿线国家、金砖国家、上合组织、二十国集团为合作载体，以鸟巢为核心，共同打造线上全球e家，线下万国来巢的“一带一路”合作项目，通过推动两国民间文化艺术交流，带动经济贸易交流，并为培养中俄两国青年艺术家、企业家搭建交流平台。

【第七届中俄经济对话在中国人民大学苏州校区举行】 2019年11月29日，以“新时代的‘一带一盟’对接”为主题的第七届中俄经济对话在中国人民大学苏州校区成功举办，来自中国、俄罗斯、英国、哈萨克斯坦等国的100多位政商学界代表参会。在开幕式上，中国人民大学副校长、丝路学院院长杜鹏，苏州市副市长曹后灵，教育部国际司欧亚处处长刘剑青作开幕致辞。为了进一步拓展和加深中俄人文交流与合作，开幕式上还签署了双边智库合作框架协议。

【中俄外交部2019年度国际法磋商在莫斯科举行】 2019年12月19日，外交部条法司司长贾桂德同俄罗斯外交部条法局局长扎加伊诺夫在莫斯科举行国际法磋商，就反对单边主义和霸凌行径、金砖国家法律合作、联合国法律工作、国际司法机构工作、网络空间国际法和海洋法等议题深入交换了意见。双方一致认为，当前国际法面临严峻挑战，中俄就重要法律问题加强沟通合作，共同捍卫多边主义和国际法，有助于维护以联合国为核心的国际体系、以国际法为基础的国际秩序，进一步丰富中俄新时代全面战略协作伙伴关系内涵。

【2020年中俄中哈环保合作交流研讨会在京召开】 2020年6月9日，2020年中俄中哈环保合作交流研讨会在京召开。此次会议特邀外交部欧亚司参赞、中俄友好和平与发展委员会中方秘书处负责人张伟出席。中国生态环境部国际合作司、中国社会科学院俄罗斯东欧中亚研究所、清华大学俄罗斯研究院、中国航天科工集团有限公司、中国国际商会、中国石油等单位代表出席会议。专家们分别就疫情下的俄罗斯经济社会及其发展趋势、国际大变局下的中美俄关系、后疫情时代哈萨克斯坦国家发展战略等作了发言，分享了中俄中哈环保合作进展和计划，就中俄中哈环保合作前景进行讨论并提出相关建议。中国石油代表介绍了绿色发展助力中俄中哈能源共建情况。

【中俄视障人士教育就业视频研讨会召开】 2020年8月10日，由中国残疾人联合会、全俄罗斯盲人协会、联合国教科文组织教育信息研究所共同主办的中俄视障人士教育就业研讨会在北京和莫斯科等多城市同步举行，与会代表分享了两国在盲人教育、就业、文化生活、能力建设等方面的做法和经验，并就未来加强该领域合作进行了深入沟通和交流。联合国教科文组织驻华办公室代表欧敏行、联合国教科文组织教育信息研究所所长展涛、全俄盲协副主席弗拉基米尔·西普金在致辞中表示，愿意在促进盲人教育就业方面加强中俄双方合作，共同推动两国乃至全球残疾人的融合发展。中俄友好、和平与发展委员会残疾人事务理事会俄方主席亚历山大·李森科表示，中国在抗击疫情方面取得的成功为全世界提供了宝贵的经验，俄方对此表示高度赞赏。俄方愿意与中方一道为提升视障人士福祉而努力。

【张汉晖大使接受“今日俄罗斯”通讯社卫星网书面专访】 2020 年 12 月 24 日，中国驻俄罗斯大使张汉晖接受“今日俄罗斯”通讯社卫星网书面专访。张大使就 2020 年新冠肺炎疫情影响下中俄经贸、能源、人文、科技等领域合作成果以及 2021 年两国高层交往、军事交流、旅游、“冰上丝绸之路”等方面的合作前景回答了提问。张汉晖表示，2020 年，中俄双边合作不可避免地受到疫情影响，但两国合作的脚步不仅没有放缓，很多领域还取得了新的进展。中俄人文交流并未因疫情影响而停滞，双方提前完成两国元首关于双向留学交流人员突破10 万人目标，两国文化机构积累了线上交流经验，积极参加对方举办的云端艺术节、文化论坛等活动，目前由北京交响乐团和莫斯科大剧院室内乐团联袂演出的云端中国新春音乐会正在积极筹划中。中俄在公共卫生和防疫领域开展了广泛合作，中方愿继续加强同俄方在生物安全、疫情防控等方面的科研合作，并推动人工智能、大数据等新技术的快速应用，为抗疫提供有力支持。中俄科技创新年将实施 1000 多个合作项目，双方将签署 2020—2025 年中俄科技创新合作路线图，成立“中俄数学中心”。中俄在疫情防控、新冠病毒疫苗和药物研发生产，以及人工智能、大数据等新业态领域的合作不断增强。

（撰稿人：张朝意、李泽宇）

中美人文交流

一　中美教育交流

【教育——构建中美合作的桥梁研讨会召开】　2019 年 1 月 12 日，由上海市美国问题研究所、上海公共外交协会、上海社会科学院国际问题研究所共同主办的教育——构建中美合作的桥梁研讨会在上海召开。来自中美两国一线教育从业者和相关专家、学者参加了此次研讨会，他们共同回顾了中美在教育领域合作交往的深厚历史渊源，并从上海与美国地方交流的角度介绍、分享了许多成功案例。与会者肯定了教育合作在推动中美友好交往中的积极作用，并呼吁珍惜历史遗产，开拓中美教育合作的潜力和空间，继续为推动双边关系健康发展发挥积极影响。在此次研讨会上，由上海市美国问题研究所策划编撰的《沪风美雨百年潮——上海与美国地方教育交流》正式发布。此次研讨会也是上海市美国问题研究所开展的纪念中美建交 40 周年系列活动之一。

【陈宝生会见美国新英格兰高等教育委员会主席】　2019 年 1 月 14 日，教育部部长陈宝生会见了美国新英格兰高等教育委员会主席迈克尔·托马斯一行。双方肯定了中美建交 40 年来两国在教育合作与交流方面所取得的成绩，并探讨了未来在工程技术教育领域开展合作的事宜。

【第四届中美智慧教育大会召开】

2019 年 3 月 18 日，第四届中美智慧教育大会在美国得克萨斯州丹顿召开。本届大会由北京师范大学、美国北得克萨斯大学、互联网教育智能技术及应用国家工程实验室联合主办。本届大会设立了“数字化转型下的科学教育论坛”“教育服务机器人发展论坛”“投资浪潮和新技术对中美教育的影响论坛”等主题丰富的平行论坛。来自世界各地的 200 多名专家、学者围绕科学教育、教育服务机器人、人工智能与混合现实、游戏化学习、未来教育的智慧装备、慕课（MOOC）等议题作了精彩的主题报告。在本届大会期间还举办了智慧学习环境国际会议。

【习近平会见美国哈佛大学校长巴科】　2019 年 3 月 20 日，中国国家主席习近平在人民大会堂会见美国哈佛大学校长劳伦斯·巴科。习近平赞赏巴科在担任哈佛大学校长后首次出访就来到中国，称赞这体现了巴科校长对中美教育交流的重视，并表示愿同哈佛大学等美国教育科研机构开展更加广泛的交流合作。巴科表示，美中高校教育文化机构应保持和深化交流合作，从长远来看，对促进美中关系至关重要。哈佛大学希望继续推动同中国教育科研机构的交流合作。

【哈佛大学校长巴科赴北大演讲】

2019年3月20日，哈佛大学校长劳伦斯·巴科访问了北京大学，并发表了题为“真理的追求与大学的使命”的演讲。在中美建交40周年、哈佛大学与北京大学交流合作百年之际，巴科校长的本次访问对两校谱写战略合作新篇章将发挥重要作用。20年来，共有四位哈佛大学校长五次访问了北大，促进了中美教育友好交流合作。

【中美高校学分互认联盟启动】

2019年3月21日，由教育部留学服务中心主办、安博教育集团承办的2019中国留学论坛分论坛——国际化应用型人才培养模式中外校长论坛在北京召开。本次论坛以“突破边界、赋能未来”为主题，聚焦应用型人才培养，共同探讨中外教育国际合作的新模式。来自中国、美国、欧洲、大洋洲的高校校长，全球职业与教育质量评估认证机构以及教育界专家等100多人参加了此次论坛。在此次论坛上，全球职业与教育质量评估认证机构（GCQA）与安博教育集团联合发起了中美高校学分互认合作联盟，旨在促进中美高校学分互认，建立“国际认证”基础上的国际学分银行，同时促进中美教育共同进步。

【“汉语桥”世界大中学生中文比赛美南区决赛举行】　2019年4月28日，第十八届“汉语桥”世界大学生中文比赛和第十二届“汉语桥”世界中学生中文比赛美南区决赛在美国路易斯安那州新奥尔良市举行。本次比赛由中华人民共和国驻休斯敦总领事馆教育处主办，路易斯安那泽维尔大学孔子学院承办。来自美国得克萨斯、佛罗里达、佐治亚、亚拉巴马、密西西比、路易斯安那、阿肯色、俄克拉荷马八个分赛区的23名选手参加了比赛。他们分别围绕“天下一家”和“携手汉语、筑梦未来”主题进行了激烈角逐，来自美南各州的大中学生代表200余人观摩了比赛。选手们展现出对汉语的熟练运用和对中国历史、文化、社会的深刻认识。中文比赛坚定了美国选手学好、用好汉语的决心，他们表示对汉语和中国充满热爱，并愿意为促进中美两国友好交流贡献力量。

【“汉语桥”大中学生中文比赛美东区预赛举行】　2019年5月4日，由中国驻纽约总领事馆和领区孔子学院共同主办的2019年“汉语桥”大中学生中文比赛美东区预赛在中国驻纽约总领事馆举行，来自美国的20名学生积极参赛，参赛选手亲友、孔子学院代表、大中学校师生等150多人观看了比赛。此次比赛设中文演讲、即兴问答和才艺展示等环节，其中大学生组比赛主题为“天下一家”，中学生组比赛主题为“携手汉语，筑梦未来”。“汉语桥”中文比赛对推动外国学生学习汉语和加深对中国历史文化的了解起到了积极的作用，并且对增进中国与世界各国的人文交流具有重要的现实意义。

【第十二届全美中文大会召开】

2019年5月9—10日，由孔子学院总部、美国大学理事会和美国亚洲协会联合主办的第十二届全美中文大会在美国加利福尼亚州圣地亚哥召开。来自美国各地以及其他七个国家的1300多名中文教师、教育官员以及行业专家参加了这次会议。与会者围绕“走向全球化的未来”这一主题分享了中文教学的实践经验和成果，并就加强美国中文教学、深化中美教育领域合作进行了探讨和交流。作为北美地区规模最大、最具盛誉的汉语年度会议，全美中文大会云集了活跃在汉语言和文化教育以及中美教育合作等领域的诸多领导者和实践者。自2008年起，全美中文大会已举办了12届。该大会致力于为政策制定者和教育者分享前沿实践经验和成果提供平台，提高了美国本土汉语言及文化教学水平，进一步深化了中美教育领域的交流与合作。

【教育部副部长钟登华会见美国杨百翰大学校长】 2019年5月24日，教育部副部长钟登华会见了来访的美国杨百翰大学校长凯文·沃森。中方积极评价了杨百翰大学自中美建交以来为推动对华合作所做的努力和取得的成果。双方就进一步推动中美高等教育务实合作和人文交流等交换了意见。

【第五届中美未来职业之星联合研习营开营】 2019年5月27日，第五届中美未来职业之星联合研习营开营仪式在北京航空航天大学举行。本届研习营以“航空航天科技”为主题，在北京、西安、成都三地开展，旨在通过授课、实训、青年工作坊、研讨会、项目合作等形式促进中美青年的理解和沟通，深化中美学生对于相关领域专业知识的学习与交流。作为第七轮中美人文交流高层磋商机制教育领域的成果之一，中美未来职业之星联合研习营旨在促进提升中美高校青年跨文化理解和交流能力、增进中美青年友谊，是两国高等职业教育青年学子交流的特色和品牌项目。

【上海市委书记李强会见美国肯恩大学校长一行】 2019年6月5日，上海市委书记李强会见了美国肯恩大学校长达伍德·法拉希一行。李强表示，中方支持中外教育机构互学互鉴，开展广泛深入的合作，推动人文交流取得更多积极成果。双方希望一起努力，为双方关系健康稳定发展多做贡献。

【中美物流教育与研究合作论坛召开】 2019年6月13—14日，第六届中美物流教育与研究合作论坛在北京物资学院举行。该论坛由中美物流联合会和北京物资学院等联合主办，旨在为中美两国的物流教育界和学术界的专家搭建一个国际化探讨交流的对话平台，为教育研究机构、物流企业铺设一条沟通合作之路。此次论坛围绕“供应链专业建设与国际化人才培养”展开，来自中国和美国多所大学和企事业单位的代表等300余人参与了此次论坛。

【“中美人才培养计划”项目2019年年度工作会举行】 2019年6月18—19日，由中国教育国际交流协会（CEAIE）、中教国际教育交流中心（CCIEE）、美国州立大学与学院协会（AASCU）主办，重庆师范大学、重庆中外人文交流学院承办的“中美人才培养计划”项目2019年年度工作会暨第十六届学生毕业典礼在重庆师范大学举行。来自中方的70所高校和美方23所高校的代表参会，中美大学向“中美人才培养计划121项目”第十六届196名毕业生颁发了学位证书。本届年会以“发展中美国际高等教育伙伴关系 促进中美关系稳定发展”为主题，议程包括中美大学校长论坛、第十六届学生毕业典礼、中美大学合作洽谈会、中美联合培养实验班发展、中美高校音乐与艺术专业联合培养与学科建设研讨会五个部分。此次年会在中美双方合作办学、师生交流、科学研究、人文交流等方面达成了更多新的共识，为继续更好地推动“中美人才培养计划”121项目增添了信心、指明了方向。

【第十届中美媒体教育国际研讨会召开】　2019年6月20—21日，由美国中美教育基金会（USCET）、武汉大学媒体发展研究中心、武汉大学新闻与传播学院主办的第十届中美媒体教育国际研讨会在武汉大学召开。本次研讨会以“数字时代媒体教育创新：博雅教育、融合教育与智慧教育”为主题，来自美国密苏里大学，中国香港大学、清华大学、复旦大学、深圳大学等高校的学界专家和来自美国微软全国有线广播电视公司（MSNBC）和全国广播公司（NBC）、澎湃新闻、腾讯网等媒体的业界名家进行了跨界对话。此次研讨会共设七场主题演讲与三场主题论坛。来自中国传媒大学、华中师范大学、华中农业大学、郑州大学、湖南师范大学、云南大学、湖北经济学院、东莞理工学院等中国高校的教师参加了此次研讨会。此次研讨会促进了中美两国在媒体教育方面的交流与学习。

【中美人文教育高峰论坛召开】　2019年7月12日，由新教育研究院、苏州大学教育学院、苏州大学新教育研究院主办，江苏泰州姜堰区教育局承办的中美人文教育高峰论坛在江苏姜堰举行。来自美国的专家团队、来自中国的人文教育研究者和近500名教育学者与学校代表参加了本次论坛，共同探讨了“人文教育”话题，传递了最新的教育理念。本次论坛旨在让专家学者共同畅想人文教育发展愿景，讨论多元化人文教育活动，探索培养未来人才更加适合的途径，为人文教育的发展寻求新路子。

【2019美国中西部孔子学院院长工作坊举办】　2019年10月4—6日，由美国丹佛社区大学孔子学院承办的“2019年中西部孔子学院院长工作坊”在丹佛社区大学奥拉利亚（Auraria）校区举办。在工作坊举办期间，八所孔子学院的美方院长分别就孔子学院汉语教学、中国文化活动开展、师资力量建设、新形势下孔子学院的管理模式及未来发展方向等话题展开了讨论。各位院长就自身建设和未来发展所存在的一些共性问题，以及当前面临的实际困难进行了广泛而深入的交流探讨，进一步厘清了工作思路。他们在此次工作坊上还共享了信息、分享了经验，这起到了凝心聚力的作用。

【2019中美新闻传播学术高峰论坛举办】　2019年10月19日，由中国新闻史学会党报党刊研究委员会主办，南昌大学新闻与传播学院和南昌大学马克思主义新闻观研究中心承办的“教育·伦理·文化：2019中美新闻传播学术高峰论坛”在江西省南昌大学举

行。论坛在国内高校大力推进“双一流”建设的背景下举办，以主题演讲、圆桌论坛、专题讲座等多种形式展开，中方的专家来自北京大学、中国人民大学、复旦大学、华中科技大学等高校，美方的专家来自美国伊利诺伊大学、密苏里大学、林肯纪念大学、太平洋大学、纽约大汉影业传媒公司等高校和机构。他们围绕“当代新闻传播发展趋势”“媒介法规与伦理”“新闻传播教育”以及“构建人类命运共同体的话语体系”等议题进行了深入沟通和交流，并为新闻传播学术发展建言献策。本次论坛围绕“教育”“伦理”“文化”三大主题展开，与会者就“传播伦理”“人才培养”“国际传播”等新闻传播学术研究和学科建设的热门话题进行了热烈的讨论。与会者普遍感到从相互切磋中开阔了视野，增长了见识。本次论坛对助推中国新闻与传播学发展，尤其是对新闻传播学术研究走向国际化具有重要意义。

【2019 汉语桥——美国校长访华之旅举行】 2019 年 10 月 22—28 日，由孔子学院总部与美国大学理事会共同主办，北京语言大学承办的 2019“汉语桥——美国校长访华之旅”在中国重庆、吉林、山东、河南、浙江、广东六个省市进行。来自美国 28 个州和华盛顿哥伦比亚特区的 170 位教育行政官员及中小学校长受邀来华访问。在探访六省市的过程中，代表们参观当地中小学、观摩多学科课程，并与学校校长及师生进行了深入的交流。美国校长和教育官员与中国众多的中小学签署了多项合作备忘录，为中美学校进一步开展合作交流打下了良好基础。此项目的开展增进了美国教育官员及校长对中国的理解与认知，团结了更多美国教育界人士，通过教育促进两国的合作和互解，进而为中美人文交流的深化及孔子学院低龄化汉语教育发展提供了新的动力。

【中国驻美使馆纪念中美留学 40 周年】 2019 年 11 月 21 日，中国驻美国大使馆举行了中美留学 40 周年纪念活动。本次活动由中国驻美使馆与美国国务院文教局共同举办，美国国务院有关部门官员、卡特中心、当地教育机构及中美两国留学生代表等 400 多人参加纪念活动。来自不同年代的中美留学生代表，富布莱特项目、中国政府奖学金项目等一批知名留学项目的代表分享了个人经历和项目实施情况。与会者还就“‘留学中国’的机遇和途径”“语言学习交流”“留学与职业发展”“校友网络建设”等主题进行了研讨。在此次活动上，美国短期赴华学分生奖学金正式启动，美国国务院官员重申欢迎中国留学生赴美留学。

【中美知名学者对话第二次会议举行】 2019 年 12 月 13—14 日，“中美知名学者对话”第二次会议在上海举行。本次会议由中国社会科学院美国研究所和美国耶鲁大学蔡中曾中国研究中心共同举办，上海社会科学院承办。会议期间，来自不同领域的近 30 位中美知名学者围绕中美关系以及经贸、安全、气候变化、科技、网络治理等议题进行了深入研讨和交流。与会者认为，当前中美关系处于关键时期，两国应当努力寻找和扩大合作领域，加强学术和智库交流，增进两国对话沟通、减少两国信任赤字，为构建良好中美关系作出贡献，更好地造福于两国人民和世界各国人民。

【教育部副部长田学军会见美国茱莉亚学院院长】　2020年1月6日，教育部副部长田学军在北京会见了美国茱莉亚学院新任院长达米安·沃泽尔和荣誉院长约瑟夫·波利希一行。双方就进一步推动中美人文交流和教育合作、深化中美一流大学务实合作等议题充分交换了意见。

【国家主席习近平夫人彭丽媛会见美国茱莉亚学院院长】　2020年1月8日，国家主席习近平夫人彭丽媛在北京会见了美国茱莉亚学院院长达米安·沃泽尔。美国茱莉亚学院致力于在中国开展艺术教育，培养优秀艺术人才。双方表示希望两国继续加强广泛的人文交流，增进两国人民之间的了解和友谊。

【习近平复信美国犹他州小学生】

2020年2月15日，习近平主席亲切复信美国犹他州卡斯卡德小学学生，鼓励他们继续努力学习中文，了解中国文化，为增进中美两国人民友谊作出贡献。

【哈尔滨工业大学与美国亚利桑那大学合作举办管理信息系统硕士学位教育项目】　2020年3月3日，哈尔滨工业大学与美国亚利桑那大学合作举办管理信息系统硕士学位教育项目（简称“HIT－UA MIS项目”）获得教育部批准，成为东北地区唯一获批的硕士层次的中外合作办学项目。该合作项目将重点培养管理信息系统领域的高端人才，提高该领域的科研水平和人才培养质量。该项目将采用自主招生方式，要求申请人具有学士学位、达到亚利桑那大学英语成绩要求，并满足该校研究生入学条件，首批学生最早将于2020年秋季入学，学制1.5年，招生规模为60人，此项目的课程学习可全部在中国境内完成。

【全球化智库探讨疫情在线教育问题】　2020年4月24日，全球化智库（CCG）就疫情下在线教育对国际教育产业结构和留学的影响组织多所国际高校和合资大学的校长、专家进行了线上研讨。专家指出，留学生往来是未来国际关系发展的动力，中美双方都要投入大量资源，确保中美民间关系保持长期稳固。

【2020全美中文大会召开】　2020年6月28日，由美国亚洲协会、大学理事会主办，中国教育部中外语言交流合作中心协办的2020年全美中文大会召开。受新冠肺炎疫情影响，全美中文大会13年来首次以线上方式举行，4000多名美国一线中文教师和工作者踊跃注册，参会人数创历史新高。本次大会共设“变革时期的创新：教学策略与指导”与“传统和虚拟中文教学中的真实材料”两个主会场，以及“在线中文课程的设计与策略”“课堂中的新技术运用”“中文教学评估”等21个分会场，同时设有线上教学资源展及产品展示等环节。全美中文大会自2008年开始，每年举办一次，是美国教育界一致认可、规模最大的中文教育研讨会，也是构建中美关系未来发展的重要基石。

【中美富布赖特项目暂停】　2020年7月14日，美国总统特朗普签署行政命令，单方面暂停与中国内地和香港的富布赖特交流项目。富布赖特项目是美国于 1946 年建立的国际交流项目，中国是首个参与该项目的国家，中美 1979 年建交以来，这一促进中美人文交流的“旗舰式”项目贡献巨大。

【中美应用型人才培养研讨会暨“中美人才培养计划 121 项目”发展研讨会召开】 2020 年 8 月 7 日，由中国教育国际交流协会主办的中美应用型人才培养研讨会暨“中美人才培养计划 121 项目”发展研讨会以线上方式召开，来自美国州立大学与学院协会、中国教育国际交流协会中教国际教育交流中心，以及 41 所中国高校和 31 所美国高校的百余名代表参会。来自中美两国的 12 位高校领导围绕如何在新形势下做好联合人才培养项目工作，保障学生人身安全和有效学习，以及项目未来发展进行了深入交流与分享。与会代表就中美双方共同开展应用型人才培养和职业教育合作进行了讨论。此次研讨会对于保持和加强中美民间教育交流发挥了重要作用。

【加快教育对外开放 增进中美教育合作高峰论坛召开】 2020 年 9 月 12 日，由南南国际教育智库研究院主办的加快教育对外开放 增进中美教育合作高峰论坛以在线方式举行。国际教育组织负责人、中美两国人文教育领域知名专家学者、国际学校校长等齐聚线上，就当前不稳定因素影响下中美教育合作关键议题、中美关系转变下的中美未来教育合作交流之路、疫情后全球化时代下的中国国际学校的人才培养等国际教育、留学等领域大众关心的话题展开了交流。在新冠肺炎疫情背景下，此次论坛加强了中美教育之间的交流，推进了中美之间的教育合作。

【中国政法大学与美国圣路易斯华盛顿大学合作培养国际法专业双硕士学位项目启动】 2020 年 9 月 12 日，中国政法大学与美国圣路易斯华盛顿大学合作培养国际法专业双硕士学位项目启动仪式在中国政法大学学院路校区举行。本项目学制三年，参与该项目的学生在中国政法大学就读两年，在美国圣路易斯华盛顿大学就读一年，毕业后可获国内国际法专业硕士学位和美国法律硕士学位。

【中美大学校长论坛召开】 2020 年 10 月 13 日，由清华大学和耶鲁大学共同主办的中美大学校长论坛在线上召开。本次论坛以“建设更开放、更融合、更有韧性的大学”为主题，下设“更开放的大学”“更融合的大学”“更有韧性的大学”三场分论坛。来自 20 所中美大学的校长相聚云端，共同探讨如何在新形势下推进两国高等教育的发展与合作。

【中美基础教育信息技术应用研讨会召开】 2020 年 10 月 28 日，2020 中美基础教育信息技术应用研讨会以“线上 + 线下”的形式举行。在专题研讨部分，来自中美中小学教育官员、学区长、校长分别就两国在信息技术校园和课程中应用、在线教育和教育质量等话题展开了交流，分享了经验。多位美国学区教育长表示“中美双方共同点远多于不同点”。双方均期待未来进行更多合作，为两国基础阶段学生提供更好的教育。

二　中美科技交流

【中美科学家呼吁加强基础科学合作】　2019年2月14—17日，在美国首都华盛顿举办的美国科学促进会年会上，中国科学院高能物理研究所所长王贻芳对中国主导的大科学项目国际合作进行了路演，其内容包括大亚湾和江门中微子探测器、新的高能光源以及建设中的高海拔宇宙线观测站。王贻芳表示，国际科学界应当抛开政治因素，中美两国应以协作的方式开展基础科学研究。与会的美国俄亥俄州立大学科技政策专家卡罗琳·瓦格纳指出，基础科学研究需要“开放性”，即在各个层面“分享”科技成果，美中两国首先要通过广泛的科技合作来建立互信，而不是等着有互信后再谈合作。

【蔡嘉宁会见美国芝加哥大学青年领袖代表团】　2019年3月25日，中国科技部国际合作司蔡嘉宁副司长会见了美国芝加哥大学青年领袖代表团，向代表团介绍了中国国际科技合作及中美科技合作的情况。科技部政策法规与创新体系建设司、社会发展科技司、中国科学技术发展战略研究院、中国科学技术交流中心、科技部科技评估中心的参会代表就代表团感兴趣的问题进行了解答。

【第十四届中美电动汽车与电池技术信息交流会召开】　2019年3月29—31日，第十四届中美电动汽车与电池技术信息交流会在浙江省绍兴市滨海新城管委会会议中心举行。本次交流会由中国科技部（MOST）与美国能源部（DOE）主办，清华大学、北京理工大学、上海交通大学、美国能源部阿贡国家实验室和绍兴滨海新城管委会联合承办。100多位来自中美的电池专家参加了会议。与会代表围绕锂离子电池研究进展、后锂离子时代的电池新体系、先进诊断和分析检测技术、电池回收等方面进行深入交流与研讨，为后续中美在电动汽车领域的合作与交流创造了更多可能。

【中国科技部部长与美国驻华大使举行会谈】　2019年4月30日，中国科技部部长王志刚与美国驻华大使泰里·布兰斯塔德在北京天坛医院国家神经系统疾病临床医学研究中心举行会谈，双方均积极评价中美科技合作40年来所取得的成效，并就中美科技合作及共同关心的问题交换意见。中方表示，中美双方应保持积极心态，通过中美科技合作联委会等机制，就科技政策法规、科学数据管理、知识产权保护等双方共同关心的议题加强沟通交流，为中美科技合作营造良好氛围，产出更多合作成果。美方也认为，中美科技合作不仅对两国有利，而且能为全人类做出贡献。

【中国驻美国大使馆举办“发展的中国”主题开放日活动】　2019年5月4日，中国驻美国大使馆举办主题为“发展的中国”的开放日活动。中国驻美使馆专门举办了中国科技发展和中美科技合作展，通过文字、图片、模型以及视频等多种手段，让参观民众更深入地了解中国近年来取得的科技成就，理解中美科技合作对两国科技发展的推动作用。此次活动集中展示了中美建交40年来两国在科技层面的合作成果，为美国民众提供了一个了解中国、客观看待中国发展及两国科技合作的机会。

【第三届“创之星”中美创新创业大赛举办】 2019年5月13日，由中国驻休斯敦总领事馆支持、中国科学技术交流中心和美中创新联盟共同主办的第三届“创之星”中美创新创业大赛在美国亚特兰大市开幕，并于5月13—17日在休斯敦、旧金山、西雅图等九个城市进行初赛。此次大赛聚焦先进制造、绿色创新、电子信息、医疗器械、智能制造及生物制药等领域，分海选、初赛、领域决赛、总决赛等阶段组织实施，共遴选出76支美国创新项目团队来到中国。此次大赛于10月30日—11月7日，在沈阳、青岛、温州、武汉、长沙、济南、重庆、淄博等城市举办了各领域决赛与对接洽谈等活动。11月4日，智能制造领域决赛在辽宁省沈阳市举办，有三支队伍脱颖而出，入围总决赛进行角逐；11月5日，电子信息领域决赛在山东省青岛市举行，来自芝加哥、休斯敦、旧金山、西雅图等九个美国城市的十支队伍进入决赛；同日，医疗器械领域决赛在辽宁省沈阳市举行，有三支队伍晋级总决赛；11月7日，先进制造领域和绿色创新领域决赛在长沙市落下帷幕。11月8日，此次大赛年度总决赛在长沙顺利举行，最终有七支来自中美的队伍脱颖而出。在决赛期间，中美专家、学者组织开展了多场与中美创新合作相关的主题研讨活动，中美创新创业大赛合作基地揭牌并落户岳麓山大学科技城。本次大赛打开了中美科技交流与合作的新窗口。

【第四届中美创新与投资对接大会召开】 2019年5月16日，第四届中美创新与投资对接大会在美国休斯敦开幕。此次大会由中美创新联盟和中国科技交流中心联合100多家中美创新机构共同主办，逾70家美国企业、约200家中国企业与会。在会上，奥斯汀市政府与长沙市政府签署了《关于建立科技发展与文化创新合作关系的备忘录》，两市政府初步计划在四个方面开展合作：一是便利金融通道；二是在孵化器技术转移中心的建设、科研人才培养等方面进行交流学习；三是推动文创平台的交流；四是推动高校师资合作平台建设。

【中科院—美国国家地理学会生物多样性国际研讨会召开】 2019年6月3—4日，中国科学院—美国国家地理学会生物多样性国际研讨会在北京召开。此次研讨会由中科院和美国国家地理学会联合主办，中科院生物多样性委员会和动物研究所联合承办，共有来自12个国家的90余位代表参加会议。此次研讨会围绕2020年后全球生物多样性保护框架、履约机制、进展评估和威胁因素管控等议题展开专题讨论，展示了中美在生物多样性保护领域的科学研究成果，为2020年在中国昆明举办的联合国生物多样性公约第十五次缔约方大会提供支持。双方表达了推动两国科学家开展交流合作，共同推动全球生物多样性保护工作的意愿。此次研讨会还邀请了世界自然保护联盟（IUCN）、世界自然基金会（WWF）等机构的负责人和专家参会。

【第十四届中美华人纳米论坛举办】 2019年6月21—23日，由湖南大学承办，Nano Research期刊、中南大学、湖南师范大学协办的第十四届中美华人纳米论坛在湖南省长沙市召开。本届论坛邀请了纳米科技领域中美两院院士、科技领军人才、青年拔尖科学家150余名，境内外参会代表1000余名。本届论坛的主题为纳米科学与前沿技术，旨在探讨目前基础科学及应用领域的前沿热点问题，本届论坛分为"纳米材料合成与组装""纳米光电技术""纳米生物医学""纳米能源技术""原位表征技术"五项议题。此次论坛为中美纳米科学家提供了前沿学术交流平台，为推进两国在纳米科学技术领域的合作交流起到了重要作用，产生了积极影响。

【中国科学院院长、科技部部长会见美国科学促进会首席执行官】 2019年6月24日，中国科学院院长白春礼在北京会见了来访的美国科学促进会首席执行官拉什·何特一行。双方就彼此的发展现状、合作所取得的成效做了总结和展望。双方同意进一步加强在人才培养以及国际化发展等方面的工作，持续传播中美科技合作在普及科学知识、推动科技发展中所发挥的重要作用。双方认为，从长远来看，持续与中国开展交流与合作，有利于中美两国科技的共同进步。双方还就开放获取、全球共性挑战、与发展中国家科学院的合作以及召开双边研讨会等共同关心的议题进行了交流和讨论。6月25日，中国科技部部长王志刚在北京会见了何特一行，双方就当前中美科技关系、加强中美两国科技界交流合作等议题交换了意见。

【第十三届中美工程技术研讨会中外第一次筹备会召开】 2019年12月12日，第十三届中美工程技术研讨会中外第一次筹备会在北京召开。美洲中国工程师学会、美国机械工程师学会、加拿大土木工程学会、英国驻华使馆等外方代表和中国工程院，北京、浙江、山东等省市政府代表出席会议。中外方代表分别介绍了大会筹备情况和各专题组研讨方案，并表示将中美工程技术研讨会升级为"中美工程技术研讨会+"，从而进一步加强中美两国在该领域的合作，并使国际上更多工程技术从业人员利用该平台着眼于解决人类共同面临的工程技术难题，努力实现共赢。

【中美物理合作：机遇与挑战圆桌论坛举行】 2019年12月13—15日，由美国物理学会、中国科学院、中国科学技术协会共同举办的中美物理合作：机遇与挑战圆桌论坛在美国弗吉尼亚州沃仑顿举行。包括诺贝尔奖得主、院士专家在内的约20名中美物理学家参加此次论坛，讨论双方在天体物理、生物物理、凝聚态物理、高能物理、等离子体物理、量子计算等领域和科学教育方面的合作机会，以及中美两国政府和学术界共同关心的科研诚信、科研人员流动、知识产权等问题。此次论坛结束后，中方与会代表、美国物理学会和美国国家科学基金会相关负责人还就中美研究优先领域和挑战进行了座谈。

【中美学者在分子原子间"跨界"量子纠缠领域取得重大突破】 2020年

5月20日，中国科学技术大学与美国国家标准技术研究院的学者合作，首次实现了分子与原子间“跨界”量子纠缠，成功制备出单个原子和单个分子间的量子纠缠，可显著提升信息承载量，开辟出构建多体系复杂量子信息处理器的新路。国际权威学术期刊《自然》发表了该成果。下一步，该研究团队将致力于制备“两个分子”乃至“多个分子”间的量子纠缠。

【中国科技部副部长会见中国美国商会总裁一行】 2020年10月28日，中国科技部副部长黄卫会见了中国美国商会总裁毕艾伦及商会部分会员企业代表。双方就中美科技交流合作等共同关心的话题进行了交流。双方均认为，中美科技合作是互利共赢的，双方开展务实研发合作、加强科技人员交流有利于推动科技进步、成果共享，有利于促进相互了解。商会会员企业代表就加强中美在卫生健康等技术领域的合作提出建议。英特尔、强生、微软、辉瑞、因美纳等十多家企业的代表参加了会见。

【中美纤维艺术与科技创新交流展开幕】 2020年12月5日，由中国清华大学美术学院、美国费城艺术大学共同策划、主办的“2020中美纤维艺术与科技创新交流展”开幕。受全球新冠肺炎疫情影响，本次交流展及研讨会在清华大学美术学院自主开发的线上2.5D虚拟展厅平台上举办。本次交流展共推出中美两国各20件具有学科交叉性、技术创新性的作品。在交流展期间，双方举办线上“纤维艺术与科技论坛”，邀请中美具有影响力的六位纤维艺术家进行主旨演讲。此次交流展在清华大学美术学院自主研发的云端展厅举行，是一次全新的突破，这也成为中美两国科技与文化交流的一个新尝试。

三　中美环境保护交流

【中美（江苏）天然气行业合作会议举行】 2019年1月10日，由国家能源局、美国贸易发展署和中美能源合作项目联合主办的“中美（江苏）天然气行业合作会议”在江苏苏州市召开。来自江苏省和全国各地的行业专家以及中美企业代表100余位嘉宾参会。本次会议就中美天然气市场规则及交易制度建设相关问题，从不同的侧重点展开了深入研讨和交流，既希望切实推动江苏这座用气大省能源转型和天然气的快速发展，同时也为中美两国在天然气领域的合作带来更多机会。

【中美环境执法与企业守法圆桌会举行】 2019年1月15日，由中国生态环境部环境与经济政策研究中心、中美环境政策联合研究中心、美国环境法研究所联合主办的“环境执法与企业守法圆桌会”在北京召开。本次圆桌会是2019年中国经济政策研究中心与美国环境法研究所合作实施的“大气与水污染排污许可制度最佳实践联合研究项目”的内容之一，旨在促进执法部门与企业间的信息交流，推动中国环境执法和企业守法工作的顺利开展。

【2019新春酒会暨中美创新环保论

坛举办】　2019年1月26日，由美国中美联合商会、美国华人全国委员会主办的2019新春酒会暨中美创新环保论坛在华盛顿举办。来自医疗科技、教育、IT、环境技术等领域的专家、企业家、使馆代表等参加了论坛。在此次论坛期间，国际中国环境基金会的专家就"有色烟羽"、环保技术及雾霾的有效治理展开讨论。

【旅美大熊猫母子白云和小礼物将返回中国】　2019年3月25日，由于保护租借协议到期，旅居美国加州圣地亚哥动物园的大熊猫母子——27岁的白云和6岁的小礼物返回中国故乡。美国圣地亚哥动物园发表声明，对深受喜爱的大熊猫表达依依不舍之情，对中国致以衷心感谢，同时表示该园今后将继续致力于保护大熊猫物种，并表达了继续同中国合作保护大熊猫的愿望。

【第二届中美环境哲学和环境伦理学术研讨会举办】　2019年3月29—31日，由大连理工大学、中国自然辩证法研究会科学技术与工程伦理专业委员会和美国北得克萨斯大学共同发起组织的"第二届中美环境哲学和环境伦理学术研讨会"在美国北得克萨斯大学举行。此次研讨会由美国北得克萨斯大学主办。会议的主题是"农业、农村发展中环境哲学和环境伦理问题"。中美双方30余位学者围绕河流再生、绿色新政、城市景观重建、农村现代化等议题进行了报告与交流。在研讨会期间，双方深化已有的交流与合作，决定于2020年在大连理工大学继续举办系列会议。

【中美清洁能源联合研究中心能源与水技术联盟2019年年度会议举行】

2019年4月3—10日，中美清洁能源联合研究中心能源与水技术联盟2019年年度会议在美国伯克利举行。在会议期间，中美双方深入讨论了研究中的问题和天然气预混燃烧室研发、确定了下一步研究的重点和工作流程。本次年度会议对中美双方第一阶段的联合研究工作进行了总结，明确了第二阶段的联合研究重点和研究计划。

【四川—美国工业园区环保技术升级研讨会举行】　2019年4月23日，"四川—美国工业园区环保技术升级研讨会"在成都举行。本次研讨会由美国驻成都总领事馆商务处主办，中美双方100余名代表参会。此次研讨会旨在加快四川省工业园区绿色创新驱动发展，通过中美企业合作，为四川省工业园区提供先进适用的环保解决方案，增强中美两国企业交流和商业合作，此次研讨会为中美行业专业人士提供了一个平台，通过分享建立友谊，寻求潜在合作机会来探索节能环保领域。

【中美环境法律与政策研讨会举办】

2019年4月29日，中美环境法律与政策研讨会在美国印第安纳大学伯明顿分校法学院成功举办，来自中美两国的十余名学者、师生参加会议。与会学者分别就排污许可、排污交易、环境监管政策选择等具体议题展开了充分讨论。在研讨会期间双方还就未来的合作进行了协商，一致同意通过定期学术会议、合作研究和学生交换等途径深化合作，进一步加强两国环境法律与政策的合作研究与学术交流。

【中美（辽宁）天然气行业合作论坛举办】　2019年5月15日，由中国国家能源局（NEA）、美国贸易发展署（USTDA）和中美能源合作项目（ECP）联合主办的中美（辽宁）天然气行业合作论坛在辽宁省大连市举办。此次论坛是中国国家能源局与美国贸易发展署共同支持的“中美能源合作天然气行业系列研讨会”之一。与会代表从市场需求、上游储备、定价机制、国际贸易、合同管理、基础设施和应用开发等层面进行了深入的交流，增进了中美企业对辽宁省乃至中国东北地区天然气市场潜力的了解，增强了中美天然气贸易领域的互补性。

【中美环保技术对接会召开】 2019年6月11日，由中国全国工商联环境商会、美国驻华使馆商务处联合主办的“2019中美环保技术对接会”在北京举行。此次会议旨在进一步促进中国与美国企业在环境领域的交流与合作，为中美企业寻找商业机会和提供贸易拓展平台。

【中美公共机构合同能源管理研讨会举办】 2019年6月11日，由中国建筑科学研究院（CABR）、中美能源合作项目（ECP）、美国劳伦斯伯克利国家实验室（LBNL）、中国节能协会节能服务产业委员会（EMCA）等联合举办的“2019中美公共机构合同能源管理研讨会”在北京召开。来自中美政府部门、行业机构、研究机构、投融资机构、节能服务公司的约60名代表参会，共同探讨公共机构能效提升及采用合同能源管理模式实施节能改造的机遇与挑战。

【第八届水资源与环境研究国际会议举行】 2019年6月15日，由国际水资源与环境研究学会（ICWRER）、河海大学和南京水利科学研究院共同主办的第八届水资源与环境研究国际会议在河海大学召开。来自美国、加拿大等国内外的近300余名专家、学者参加了会议。此次会议深入探讨了水文、生态、社会系统之间复杂的交互关系，为生态与社会系统长期可持续发展提供参考。此次会议旨在为水资源和环境研究搭建高层对话的平台，分享经验和智慧、凝聚共识，从而推动双方加强交流，促进水资源重大问题的联合研究，应对气候变化等共同挑战。

【中美清洁能源联合研究中心建筑节能合作项目工作交流会举办】 2019年7月17—19日，中美清洁能源联合研究中心建筑节能项目2019年度合作工作交流会暨二期成果交流会在青岛召开。此次交流会旨在加强中美双方研究团队和企业委员会交流，全面梳理项目合作研究成果及下一阶段研究内容。在此次交流会期间，中美企业代表就共同关心的未来净零能耗技术发展、企业委员会运作机制等问题进行了互动交流。该研究项目的实施，为加强中美对外技术合作交流搭建了良好的平台、引领绿色建筑技术发展创造了更多条件。

【中美环境、能源与食物博士合作培养创新项目第六批次招生】 2019年8月19日，由美国田纳西大学与南京大学、中国科学院大学、中国农业大学和南京农业大学共同开展的“中美环境、能源与食物博士合作培养创新项目”启动第六批学生选拔。该项目在中国国家发展改革委员会和美国国务院共同倡导的“中美绿色合作伙伴计划”框架下，招收中美环境、能源与食物博士研究生，其中包括在食品科学领域培养一批跨学科、高层次、具有全球视野的领袖型科研人才。

【中美（浙江）天然气行业合作研讨会举办】 2019年9月3日，由中国国家能源局（NEA）、美国贸易发展署（USTDA）和中美能源合作项目（ECP）联合主办的“中美（浙江）天然气行业合作研讨会”在浙江省杭州市成功举办。此次研讨会深入探讨了贸易与定价主题，聚焦了长三角地区天然气市场建设。本次中美（浙江）天然气行业合作研讨会收到了良好的反响和效果，在中美能源合作项目的多方伙伴的大力支持下，为促进中美天然气行业的深入研讨和交流搭建了得天独厚的平台，切实推动了浙江省以及长三角地区的清洁能源转型和天然气的快速发展。

【中美清洁能源联合研究中心—卡车能效联盟2019年度中美年会召开】

2019年9月26—27日，中美清洁能源联合研究中心—卡车能效联盟2019年度中美年会在潍坊市潍柴工业园成功召开。此次年会对联盟双方研究所取得的进展表示肯定，并指出希望未来的合作研究进一步深化研究目标和方向，并按照计划有序推进工作，同时宣布，2020年中美年会将在美国底特律市举办，由密歇根大学承办。

【中美环境可持续性论坛举行】 2019年10月1—2日，中美环境可持续性论坛在美国密歇根大学举行。本次论坛由美国工程院和中国工程院支持、密歇根大学多个学院联合主办，来自中美大学及研究机构的近150位学者参加。其议题涉及经济发展与环境可持续性的关系等。此次论坛为进一步加强中美在环境可持续性领域的科研与教育合作奠定了坚实的基础。

【国际清洁能源会议举行】 2019年10月27—28日，2019国际清洁能源会议于北京举行。本次会议由中国科学技术协会清洁能源学会联合体、中国电机工程学会、美中绿色能源促进会共同主办，以“清洁低碳，能源创新”为主题，聚焦前沿技术，汇集全球智慧，整合能源创新思维，为应对全球气候变化，抓住绿色发展的新机遇建言献策，推动国际合作共赢。

【中美绿色合作伙伴关系年会举办】

2019年10月30日，中美绿色合作伙伴关系年会在北京召开。此次年会肯定了中美绿色合作伙伴在环保领域所创造的社会和经济效益。中美双方在十年合作机制下开展能源环境领域的务实合作，共同应对环境可持续发展、气候变化和能源安全方面的挑战。中美有关城市、机构和企业之间已建立逾40对绿色合作伙伴，在清洁能源发电、环境治理、湿地保护、节能增效、低碳发展诸多领域开展了交流合作并取得了良好成效。此次年会的召开象征着中美两国的绿色合作风雨同舟十年，未来还将继续携手砥砺前行。

【中美（山东）天然气行业合作研讨会举办】 2019年11月14日，由中国国家能源局（NEA）、美国贸易发展署（USTDA）和中美能源合作项目（ECP）联合主办，山东省能源局、青岛市发展和改革委员会以及美国驻华大使馆共同支持的中美（山东）天然气行业合作研讨会在山东省青岛市举办。本次合作研讨会是一场贯穿天然气行业上下游的技术型研讨会。

【第三届中美能源与气候变化高端智库研讨会举办】 2019年11月18—19日，第三届中美能源与气候变化高端智库研讨会在北京举办。本次研讨会由中国国务院参事室、美国世界资源研究所共同主办。本届研讨会包含四项议题：中美两国气候和能源政策现状、气候风险与适应、《巴黎协定》的实施，市场机制和碳定价。本届研讨会的目的是建立中美高端智库对话渠道，分析评价中美两国能源变革和应对气候变化的形势和政策，促进两国政府和民间在能源与气候变化领域的交流、沟通和相互理解。11月19日，中美能源、环境与气候变化合作对话晚宴在北京举行。

【中美能源对话论坛举行，同期能源基金会发布《中美能源倡议》】 2019年11月20日，由美国能源基金会主办的“中美能源对话论坛”在北京举行。此次论坛以“清洁能源、繁荣未来”为主题，中美双方就气候变化、清洁技术、大气污染展开了讨论。在论坛期间，中美能源基金会还与深圳市签署了合作谅解备忘录，双方将在大气污染防治和应对气候变化等领域共同开展研究、能力建设、国际交流与合作等，为深圳实现绿色低碳的高质量发展提供支持。

【北京市市长会见美国能源基金会代表】 2019年11月22日上午，北京市市长陈吉宁会见了来访的美国能源基金会负责人和出资人代表。陈吉宁感谢能源基金会进入中国20年来积极参与支持北京生态环境的改善。近年来，北京市大力推进绿色低碳城市建设，在大气污染治理、绿色交通体系建设、节能建筑应用、能源结构清洁化、产业结构低碳化等领域持续努力，在保护生态环境、推动实现绿色发展方面取得显著进展。双方希望进一步加强生态环保、应对气候变化等领域的合作。

【中美能源合作会议暨中美能源合作项目十周年招待会举行】 2019年12月16日，2019年中美能源合作会议暨中美能源合作项目（ECP）十周年招待会在北京举行。会上，中美专家及嘉宾就“中美能源合作回顾和展望”和“中美能效环保创新与合作”主题进行了分享与探讨。十年是一个里程碑，作为一个有业内口碑和影响力的政企合作平台，ECP表示期待与更多的合作伙伴携手，为中美两国企业打造更高效务实的商业合作机会，在未来几十年里继续为中美能源行业做出贡献。

【中美经济和气候专家对话：全球危机时刻下的中美气候关系】 2020年4月9日，能源基金会通过线上会议的形式组织了“全球危机时刻下的中美气候关系”中美经济和气候专家对话会议。30多位来自中美研究机构、智库和基金会的专家、学者，围绕疫情之后中美和全球如何通过绿色经济刺激计划助推新发展方式以及中美在气候变化领域合作的机会、挑战和未来前景两大议题展开交流研讨。与会专家还就应对全球疫情、气候变化等领域中美合作的重要性和必要性达成共识。

【包钢与哥伦比亚大学合作项目稳

步推进】 2020年4月20日，中国包头钢铁集团有限公司与美国哥伦比亚大学全球中心在北京发布合作项目最新进展。包钢与全球范围内唯一掌握碳化法钢渣处理技术的美国哥伦比亚大学携手，共同处置包钢炼铁炼钢废渣，让废渣生“金”。目前，哥伦比亚大学项目组实验室中试基地已开展工业化生产，并具备稳定运行条件，已实现年处理钢铁渣0.68万吨。该项目除了能够每年处理近42万吨钢铁渣外，还可以减少10余万吨的工业二氧化碳排放量。

【中美（北京）天然气行业合作研讨会举办】 2020年6月9—10日，由中国国家能源局（NEA）、美国贸易发展署（USTDA）和中美能源合作项目（ECP）联合主办的“中美（北京）天然气行业合作研讨会”在北京举办。本次研讨会采用线上线下同步互动的方式进行。会上，国家能源局的代表就近期公布的《油气开发项目备案及监管暂行办法》做了具体的政策解读。本次研讨会还设置了“新冠疫情下的中美天然气行业合作的新挑战和机遇”和“天然气行业全产业链创新合作”两个主题对话环节。本次研讨会起到了行业间沟通的桥梁作用。

【中美联合举办环境、气候和疫后绿色复苏视频对话会】 2020年7月31日，中国生态环境部、中国人民对外友好协会和美国加利福尼亚州政府联合举办了环境、气候和疫后绿色复苏视频对话会。加州与中国在碳市场、清洁能源、大气污染防治等气候和环境领域开展了深入合作，未来将在绿色复苏、长期低碳发展战略、零排放汽车和基于自然的解决方案等领域展开进一步的政策和技术交流。

【中美油气储量评估标准国际研讨会举办】 2020年11月19日，北京大学能源研究院联合中美能源合作项目、美国国家标准机构、美国石油学会、美国贸易发展署等机构在北京大学举办了“油气储量评估标准国际研讨会”。此次研讨会以线上线下相结合的形式召开，来自中美的七位专家汇报了国际国内油气储量领域及标准领域的最新动态和工作报告，并探讨了未来能源标准领域的国际合作潜力和趋势。

【国际绿色能源高峰论坛暨第十二届中美绿色能源论坛举行】 2020年12月5—7日，2020国际绿色能源高峰论坛于线上成功举行。本次论坛由美中绿色能源促进会，联合中国电机工程学会、清华大学能源互联网创新研究院共同主办，以“后疫情时代的绿色能源创新与国际合作”为主题，来自中国、美国等国家及地区的多位代表参加本次论坛。本次论坛聚焦绿色能源前沿创新技术，汇集全球智慧，整合能源创新思维，以应对全球气候变化，抓住绿色发展的新机遇，推动国际合作共赢。

四　中美文化交流

戏剧

【《大红灯笼高高挂》在美重演】 2019年2月13日，由中央芭蕾舞团演出的经典芭蕾舞剧《大红灯笼高高挂》

在美国首都华盛顿肯尼迪表演艺术中心上演。时隔14年后重回故地，此剧再次引起观众强烈反响。除了传统的中国服饰以及反复出现的大红灯笼外，该剧还融入了京剧和皮影戏等中国元素。京剧表演尤其受欢迎，赢得现场观众的热烈掌声与欢呼。

【中国大型舞剧《昭君出塞》在林肯和圣地亚哥上演】 2019年3月21日，由中国歌舞剧院创作的新剧《昭君出塞》在美国纽约市的林肯中心大卫·寇克剧院首次亮相，并于12月1—2日在圣地亚哥市政剧院二次演出。舞剧《昭君出塞》以《烽烟》《和亲》《出塞》《贺婚》《宁边》《共荣》六个场景讲述昭君为完成边塞使命而出使边塞的民族佳话，通过现代舞、芭蕾舞等元素展现中华民族的“和”文化内核。

【中国舞剧《月上贺兰》在美国巡演】 2019年3月29日—4月8日，中国国家艺术基金2018年度传播交流推广资助项目“舞剧《月上贺兰》美国巡演”在洛杉矶博尼塔艺术中心、拉斯维加斯奥尔良剧院、旧金山马林郡退伍军人纪念礼堂三地上演。凤凰美洲卫视、美国汉天卫视、美新社、城市电视、美国中文卫视、侨报等当地主流媒体均进行了报道。

【“东方罗密欧与朱丽叶”越剧《梁祝》在美国巡演】 2019年4月9—21日，绍兴市演出有限公司在纽约州、弗吉尼亚州和马里兰州演出越剧明星版《梁祝》并举办讲座和交流活动。此后在亚特兰大、纽约、华盛顿等城市进行巡回演出。中国驻休斯敦总领事馆文化参赞郑文亦等嘉宾以及中国戏剧爱好者共千余人观看了演出。

【中国芭蕾舞剧《布兰诗歌》和《洛神》登陆纽约】 2019年8月17日，由中国对外文化集团公司与广州芭蕾舞团推出的中国芭蕾舞剧《布兰诗歌》和《洛神》首登美国纽约林肯艺术中心大卫·寇克剧院。两场舞剧中西结合，也是丝绸之路国际剧院联盟“国艺精品丝路行”的重要项目之一。

【中国芭蕾舞剧《花木兰》在美国纽约林肯艺术中心首次登台】 2019年8月23日，由中国辽宁芭蕾舞团打造的芭蕾舞剧《花木兰》在美国纽约林肯艺术中心首次上演。该剧将“黑色幽默”融入中国武术和民族舞中，展现了花木兰的孝悌忠信与对家国和平的守护，既有文化传承，又有时代新意。

【中国舞剧《国色》在新泽西州等地上演】 2019年12月11—21日，由中国东方歌舞团推出的大型舞蹈《国色》在新泽西州威廉帕特森大学和纽约曼哈顿等地上演。该剧包括《国礼》《胭脂醉》《西风烈》《风华绝代》《望闻问切》五个部分，体现了优秀的中华传统文化。

【中国原创舞剧《大梦敦煌》纽约登台】 2020年1月9日，由兰州歌舞剧院推出的舞剧《大梦敦煌》在纽约林肯中心大卫·寇克剧院上演。该剧以画师莫高和将军之女月牙的爱情悲剧为蓝本，传承了中国丝绸之路上的中华故事，是新时代讲好中国故事的行为典范。

博物馆

【中美再次签署限制进口中国文物的谅解备忘录】 2019年1月14日，

中国国家文物局局长刘玉珠与美国驻华大使布兰斯塔德在北京签署了《中华人民共和国政府和美利坚合众国政府对旧石器时代到唐末的归类考古材料以及至少250年以上的古迹雕塑和壁上艺术实施进口限制的谅解备忘录》，该备忘录有效期为五年。

【中国流失文物艺术品返还交接仪式在美举行】 2019年2月28日，中国流失文物艺术品返还交接仪式在美国印第安纳波利斯举行。中国国家文物局与美国联邦调查局代表签署并互换文物返还证书。此次共返还文物361件，这是自2009年备忘录签署以来，美方第三次、也是规模最大的一次中国流失文物返还。12月11日，国家文物局与美国国务院代表团在北京就中美2019—2024年文化遗产合作的具体安排进行了深入磋商。中国外交部、公安部、文化和旅游部、海关总署和美国国务院、国土安全部、联邦调查局、美国驻华使馆相关官员参加了会议，与会者研讨了五年内中美文化遗产合作的行动计划。2020年11月18日，上述文物艺术品已正式划拨南京博物馆。

【美国国家档案馆来信在昆明展出】

2019年2月28日，《云南抗战历史系列展之老布什的来信》在昆明展出，其中有美国前总统乔治·赫伯特·沃克·布什2004年写给云南省保山市的感谢信和大量来自美国国家档案馆的照片。此次展览体现了美国士兵和中国士兵、普通民众之间的深厚友谊。

【"凤舞紫禁：清代皇后的艺术与生活"在华盛顿举办】 2019年3月27—28日，由北京故宫博物院、美国史密森学院旗下的国立佛利尔与赛克勒亚洲艺术博物馆和美国迪美博物馆三方合办的"凤舞紫禁：清代皇后的艺术与生活"展览在华盛顿开展。该展览包含"国事""家事""婚姻""生活""宫廷历史""精神世界"等主题，从女性视角讲述中国历史文化故事。

【美国飞虎队研究院向沈阳法库捐赠二战文物】 2019年3月28日，美国飞虎队研究院院长陈灿培及其夫人在辽宁省沈阳市法库县向东北航空历史纪念馆捐赠了211件第二次世界大战时期的文物资料，其中包括军服、战斗机仪表、军用地图、望远镜、头盔、眼镜、军功章、航空救国券和报纸杂志等，此次捐赠体现了中美两国民间深厚的友谊。

【中国驻纽约总领事参观美国空军博物馆和俄州博物馆】 2019年4月9—10日，中国驻纽约总领事黄屏大使先后参观了俄亥俄州代顿市的美国空军博物馆和辛辛那提艺术博物馆，并分别会见了空军博物馆馆长等人。双方就借助中美友好故事推动两国民心相通进行了交流。美国空军博物馆馆长在第二次世界大战展厅通过介绍"飞虎队""驼峰航线"和"营救杜立特尔"等历史事件，重温中美两国民间的深厚情谊。俄州博物馆馆长陪同中方客人参观了中国主题特展等区，双方在文化遗产方面进行了深入的人文交流。

【中美合办"云鬓珠翠——弗吉尼亚美术馆馆藏二十世纪珍宝艺术展"】

2019年5月30日—9月1日，由中国国家博物馆和弗吉尼亚美术馆共同主办的"云鬓珠翠——弗吉尼亚美术馆馆藏二十世纪珍宝艺术展”在中国国家博物馆举行。此次活动共展出了123件弗吉尼亚美术馆的20世纪珠宝珍品和中国国家博物馆的11套文物。

【“好莱坞华人电影之光”展览登陆华侨博物馆】 2019年11月18日，由厦门市影视产业发展工作领导小组办公室、中共厦门市委统战部主办，华侨博物院、何振岱文化研究（美国）基金会承办的“好莱坞华人电影之光”展览，在福建省厦门市的华侨博物馆开展。作为第二十八届中国“金鸡”“百花”电影节的配套活动，此次展览通过展示不同年代好莱坞华人电影，系统回顾了华人电影逐步融入好莱坞的历史，表达了对华人电影工作者的温情与敬意。

【中国古代青铜器研究论坛互动美国博物馆】 2020年9月26—27日，中国国家博物馆举行了“中国古代青铜器研究论坛”，与美国旧金山亚洲艺术博物馆、芝加哥艺术博物馆、明尼阿波利斯艺术博物馆进行了远程互动。此次论坛探讨了青铜器研究的关键问题和近年来的研究成果，加强了国内外中国古代青铜器研究学者间的学术交流。

音乐

【民族器乐剧《玄奘西行》在肯尼迪表演艺术中心上演】 2019年1月25—29日，中央民族乐团大型民族器乐剧《玄奘西行》分别在华盛顿特区肯尼迪表演艺术中心和新泽西州纽瓦克演出。中央电视台《新闻联播》和《新闻直播间》，《华盛顿都市剧场艺术》《都市周刊》《盖帝图片》等美国主流媒体，《世界日报》《星岛日报》、美国中文电视等当地华文媒体，以及新华社、中新社、《人民日报》《中国日报》、中国国际广播电台等驻美央媒进行了跟踪采访和详细报道。

【上海爱乐乐团携手费城交响乐团共贺新春】 2019年1月29日，上海爱乐乐团携手美国费城交响乐团，在费城金梅尔表演艺术中心威瑞森音乐厅举行了“2019费城首届中国新年音乐会”，中国驻纽约总领事等2000余人出席。两大乐团合作的《京剧幻想》（首演）和《春节序曲》等作品大获成功。

【美国旧金山交响乐团举办中国农历新年音乐会】 2019年2月16日，美国旧金山交响乐团举行了一年一度中国农历新年音乐会，中国驻旧金山总领事与文化参赞应邀出席，与旧金山市长等2700余名中美嘉宾共同观看了音乐会。其节目《春节序曲》《梁祝》《瑶族舞曲》《塞北舞曲》大受好评。

【编钟京剧在美国橙郡上演】 2019年2月18日，由中国对外文化集团主办、橙郡爱乐协会承办的新春元宵晚会在橙郡赛格斯托姆剧院举行。来自中国国家京剧院和湖北省歌剧舞剧院的艺术家们为南加州民众带来了一台由中国国粹京剧和古乐编钟完美组合的视听盛宴。湖北省歌剧舞剧院演奏了编钟古乐《八音和鸣》和《荆楚小调》。国家京剧院表演了《三岔口》《长生殿》《闹天宫》等经典剧目，受到观众好评。

【天津京剧团登台休斯敦】 2019年2月21日，美国休斯敦“元宵节游园会”在休斯敦腾龙教育学院举行。天津京剧团表演了《白蛇传·断桥》《扈家庄》《望儿楼》《天女散花》《访鼠测字》等节目，向休斯敦民众和华侨华人展示了中美友好、共庆春节、喜闹元宵的祥和气氛。

【美国克利夫兰管弦乐团访华】 2019年4月6日和12—13日，美国克利夫兰管弦乐团在上海交响乐团音乐厅和国家大剧院音乐厅演奏贝多芬的《第五钢琴协奏曲“皇帝”》以及理查·施特劳斯的《英雄生涯》两部音乐作品。

【美国杨百翰大学艺术团在北京演出】 2019年5月24—25日，华美绽放——美国杨百翰大学艺术团访华40周年纪念演出亮相北京天桥艺术中心，带来《梁祝小提琴协奏曲》等一系列原创节目。为了此次演出，杨百翰大学特地从所属的“青年大使”歌舞团、“美洲狮”舞蹈团、国际民族舞蹈团、室内管弦乐团等八家深受欢迎的表演团体中精心遴选演员，派出一支由209人组成的优秀团队参与演出。

【中国编钟登台纽约卡内基音乐厅】 2019年5月31日，华韵楚风——大型编钟与中国民族管弦乐音乐会在美国纽约卡内基音乐厅上演，受到在场2000余名观众的热烈欢迎。在音乐会上，《庆典序曲》《和鸣》《我的祖国》《编钟回响》等多首编钟与特色音乐作品焕发出东方古老乐器的时代精神，令观众大开眼界。

【歌剧《鉴真东渡》登台洛杉矶和纽约】 2019年6月8—9日、22—23日，由江苏省演艺集团推出的大型原创歌剧《鉴真东渡》在洛杉矶帕萨迪纳市政礼堂和纽约林肯中心大卫·寇克剧场上演。该剧呈现出东方的历史厚重感和人文风貌。

【中国民乐《魅力中国》奏响好莱坞】 2019年6月21日，由中国广播民族乐团表演的《魅力中国》中国民族交响音乐会在好莱坞文化地标杜比剧院举办。中国驻洛杉矶总领事等嘉宾出席并接受采访。此次音乐会呈现了《国风》《秦·兵马俑》《梁祝》《乱弹琴声》《梨花颂》等曲目，促进了东西方文化交流。

【巴德音乐学院举办第二届中国当代音乐节】 2019年9月25日—10月6日，第二届纽约中国当代音乐节以“乐融中美”为主题，由纽约巴德音乐学院主办，通过系列音乐会和学术讲座活动进行中美音乐交流。30日，在卡内基音乐厅举办了《人生如歌：一代外交家顾维钧》和《从东方奇幻到西部壮举》音乐会及相关活动。

【千人快闪祝福祖国强盛和北京冬奥会】 2020年1月18日，中国驻纽约总领事黄屏大使和数千名当地民众欢聚一堂，参加“天下华灯·点亮2022”北京冬奥文化日活动，通过千人快闪、庆典晚会和游园赏灯祝福北京冬奥。这也是2022年北京冬奥会和冬残奥会在海外开展的首个大型公众宣传活动。

【上海民族乐团在美国东西海岸巡演】 2020年1月19日—2月8日，上海民族乐团在华盛顿、辛辛那提、芝加哥、底特律等城市巡演。6日晚，中国驻洛杉矶总领事向上海民族乐团颁奖，表扬其在洛杉矶2020年“欢乐春节”活动中以及在抗击疫情的特殊时期，用音乐为中美两国人民架起了沟通的桥梁。

旅游

【中国出席第三十三届美国国际游

学大会】 2019年1月31日，美国国际游学联盟第三十三届年会在美国阿拉巴马州首府蒙哥马利市举行，来自美国、加拿大、冰岛、以色列、印度、秘鲁等30个国家的目的地营销机构、高端旅行商及知名旅游企业共计400余名代表与会。由中国驻纽约旅游办事处、北京市文化和旅游局、江苏南京和苏州旅游部门等组成的中国旅游代表团集体亮相。

【中国驻纽约旅游办事处举办春节推广活动】 2019年2月6日，中国驻纽约旅游办事处在芝加哥举办了欢乐中国年推广活动。本次活动围绕文旅融合的国家战略，打造“美丽中国—欢乐春节”的文化与旅游国家品牌，以熊猫为主体形象，并向到场的美国民众派发了众多中国国家经典旅游线路资讯、新兴旅游目的地图文资料。纽约旅游办事处积极做好欢乐春节系列推广活动和全球旅游文化周（美国）等旗舰项目。

【“锦绣潇湘”走进美国】 2019年2月15—16日，湖南省文化和旅游厅收到美国洛杉矶会议及旅游局的来信和视频并回信。2019年10月25日，湖南省文化和旅游厅在洛杉矶成功举办了“锦绣潇湘”走进美国——湖南文化旅游合作交流系列活动。

【美国旅游推广局来厦推介音乐之旅】 2019年4月10—12日，美国旅游推广局携手10余家旅游机构在厦门、深圳两地举办路演，向中国旅行同业和媒体介绍最新美国旅游资源与产品，并与出境社采购、计调人员进行多场次一对一的商务洽谈。此次组团前来中国推介旅游的机构包括阿拉斯加麦金利旅游公司、美国国际旅行社、美国航空公司、芝加哥旅游局、明尼苏达州旅游局、美国关岛观光局、洛杉矶会议及旅游局、美国南方旅游联盟、美国联合航空公司、奥兰多旅游局等。

【中国旅游论坛在美国费城召开】

2019年7月22日，由美国天普大学体育、旅游和酒店管理学院与中国香港理工大学酒店与旅游业管理学院共同主办的2019年中国旅游论坛在费城开幕，来自中美两国旅游业界和学界代表百余人出席本届论坛。23日，由中国驻纽约旅游办事处主办、美国天普大学美—亚旅游研究中心承办的“圆桌会议讨论：中国入境游之美国市场展望”在费城举行。

【美丽中国·璀璨文化专业推介会在美举行】 2019年12月9日和11日，中国文化和旅游部分别在纽约州和西雅图奇胡利玻璃艺术馆举行美丽中国·璀璨文化专业推介会及推广活动。由中国文化和旅游部国际交流与合作局美大处带领的包括上海等地的文化旅游主管部门及企业代表的中国代表团、中国驻旧金山总领事馆副总领事、华盛顿州副州长、西雅图旅游局国际旅游部副总裁，以及美国文化产业和旅游业界代表、航空公司及媒体约200人出席了西雅图推介会。

交流访问

【费城交响乐团总裁拜会文化和旅游部】 2019年1月9日，中国文化和旅游部副部长张旭会见了来访的美国费城交响乐团总裁一行。费城交响乐团高度重视发展与中国文化机构的交流与合作。为纪念中美两国建交40周年，

2019年，该团将在两国举办首届中国新年音乐会和来华巡演等系列活动。

【美国中国总商会和全美华人协会庆祝中美建交40周年】 2019年1月23日，美国中国总商会隆重举行欢庆猪年慈善晚宴，中国驻美大使崔天凯出席并致辞。同日，全美华人协会也举行了晚宴庆祝中美建交40周年，美国第39任总统吉米·卡特亲自出席晚宴并致辞。两次晚宴均倡议在美华侨华人抓住机遇，促进中美民心相通和各领域的务实合作，助力中美新型大国关系的发展。

【美国国家动物园举办熊猫派对】

2019年2月23日，美国国家动物园和中国驻美国大使馆共同举办了大熊猫馆派对以庆祝大熊猫展览馆翻新。中美大熊猫研究人员之间的合作以及两国人民的支持促进了大熊猫保护事业的发展。美国国家动物园与中方的合作成为中美跨文化交流合作的典范之一。

【中国驻美国大使馆举办开放日活动】 2019年5月4日，中国驻美国大使馆连续第二年举办开放日活动。使馆精心组织了中国科技发展和中美科技合作展、中美建交40周年图片展、“一带一路”合作展，还设计了大量中华文化展示体验活动。此次活动吸引了9000余名当地民众前来参观。

【“中国展区”亮相2019美国国际授权博览会】 2019年6月4日，由中国文化和旅游部、上海市文化和旅游局指导和支持，国家对外文化贸易基地（上海）、中国文化传媒集团有限公司主办的“中国展区”在第三十三届美国国际授权博览会的拉斯维加斯曼德勒海湾会议中心展场拉开帷幕。

【“融合之光”展览在美国旧金山开幕】 2019年6月12日，中国南京创新周硅谷站的重头戏——“融合之光”展览在旧金山联合广场开幕。本次展览分为形象展示区与互动活动区两部分，以南京最具代表性的历史文化符号——明城墙与秦淮花灯为主元素。本次展览为期三天，每天都设有不同的主题日和相关的互动活动，包括“风雅秦淮”“大美栖霞”非遗主题日和“翰墨流芳”书法主题日等，通过动静结合的展示形式让当地民众穿梭于历史与现代之间，感受南京城市的包容与创新。

【“中国文化时刻”亮相驻休斯敦总领馆】 2019年6月26日，中国驻休斯敦总领馆文化处在总领馆对外开放日首次举办“中国文化时刻”活动，与现场约30名美国休斯敦高中学生分享中国汉字文化并体验汉字书写，激发了在场美国学生对中国文化的浓厚兴趣。

【庆祝中华人民共和国成立70周年图片展亮相驻休斯敦总领事馆国庆招待会】 2019年9月12日，中国驻休斯敦总领事馆举行庆祝中华人民共和国成立70周年招待会，来自美国南部各州的政要、华侨华人、中资企业代表、中国留学生代表等600多人参加聚会，共同庆祝中华人民共和国成立70周年。此次招待会展出了反映中国交通设施的精彩画面，许多文化界的来宾则对中国当代文化艺术的发展和人民生活的生动画面表达了浓厚的兴趣。

【大都会艺术博物馆馆长拜会文化和旅游部】 2019年10月22日，中国文化和旅游部副部长张旭应约在京会见美国大都会艺术博物馆馆长马克斯·霍莱因一行。霍莱因感谢中方对美中文化交流合作的重视和关心，并表示，大都会艺术博物馆愿进一步加强对华交流，将继续与中国主要博物馆在互办展览、人员培训等领域深化合作。

【中国彩灯点亮美国“音乐之城”】

2019年11月14日晚，“点亮动物园”中国彩灯节开幕仪式在美国田纳西州首府纳什维尔市动物园举办，中外共计300余名嘉宾出席活动。美国NBC电视台现场采访了出席活动的中国驻美国大使馆文化公参并对活动进行了专题报道。“点亮动物园”中国彩灯节由“动物天堂”“中国魅力”和“北极村落”三个园区的数千盏灯组成，从2019年11月15日持续至2020年2月2日。

【中国艺术家走进美国“云”课堂】

2020年5月11日，应美国纽约佩斯大学艺术学系邀请，并在中国驻纽约总领事馆文化处的积极协助下，中国艺术家何东、陈国欢、张广才、樊蕾走进佩斯大学云课堂，就全球抗疫背景下艺术家的责任与担当、抗疫创作的心路历程，以及东西方绘画比较等主题，通过网络视频连线的方式与美国师生进行了一场线上交流。

【《40人看40年：中美外交风云对话》举行书展】 2020年8月12日，《40人看40年：中美外交风云对话》书展在上海举行。该书计划在美国圣智学习出版集团出版，国内将由中国外文局中国国际出版集团出版。

影视

【中国电影参与第五十二届休斯敦国际电影节】 2019年4月14日，为期十天的休斯敦国际电影节落幕。本届电影节共展映了来自70多个国家和地区的200多部影片，同时举办了多场专题研讨会。连续五年开设的中国电影板块成为休斯敦国际电影节的一大特色，本届电影节首次推出的“聚焦亚洲”板块为“全景中国”和“聚集中国”的延续，吸引了超过200位中国电影人携20多部故事片和短片参展。

【移动电影节落地美国】 2019年6月18日，在上海国际电影节期间，移动电影院宣布其海外版将陆续登陆美国、加拿大和韩国等国家和地区。移动电影院是中美电影节“线上唯一官方指定合作院线”，在电影节期间向全美的中国电影迷集中展映部分参展影片，持续不断地为海外观众送去更多更优质的中国电影。在上海电影节期间，移动电影院还宣布携手全国国有大型电影集团，成立“全国移动电影合作联盟”，共同为中国电影市场做增量。首批“联盟”签约的电影集团有十余家，近20家电影集团出席了现场活动，目前“联盟”成员正在积极扩展当中。

【《我和我的祖国》在纽约公映】

2019年9月30日晚，电影《我和我的祖国》纽约首映礼在曼哈顿第七AMC村影院举办，中国驻纽约总领事馆文化参赞出席活动，向参加首映礼的观众致以国庆节日的祝福，数百位爱国同胞手持五星红旗来到活动现场，大家在歌声中共同祝福祖国繁荣富强。

【美国亚洲影视节在纽约举办】

2019年10月28日晚，由美国亚洲影视联盟主办，尖峰影视（美国）、君和传媒（中国）联合承办的2019年金橡树奖颁奖盛典在纽约交响乐空间剧院举行。唐国强和华裔作曲家王宗贤等多位亚洲、北美影视精英斩获“金橡树奖”，其中《流浪地球》获封最佳电影，《在纽约时分》《送我上青云》荣膺优秀电影奖，《打开世界的门》收获最佳电影短片奖，《外交风云》《大宋少年志》《天下无诈》《真爱的谎言之破冰者》等斩获优秀电视剧奖。蒋晓荣女士和于荣光先生为国际影视文化交流与合作作出了杰出贡献，美国纽约州众议院特为二人颁发了国际影视制作贡献奖。美国纽约州众议院还特别为美国亚洲影视联盟颁发了国际人文交流贡献奖，以表彰联盟在促进东西方文化交融与合作方面作出的突出贡献。

【第十五届中美电影节和中美电视节开幕】　2019 年 11 月 5 日，第十五届中美电影节和中美电视节在美国加利福尼亚州洛杉矶县贝弗利山市开幕，数百位中美影视界人士参加了在萨班剧院举行的开幕式暨“金天使奖”颁奖典礼。在本届电影节和电视节期间，组委会邀请中美主流影视公司共同举办影视高峰论坛、影视合作研讨会等活动，并于洛杉矶和旧金山等城市举行中美影视展映活动。

传统艺术

【中国传统布袋木偶艺术走入美国基层】　2019 年 3 月 12—21 日，应美国马里兰州非营利组织“世界艺术家体验”邀请，福建省漳州市布袋木偶传承保护中心艺术家陈黎晖深入美国民间，向美国民众零距离展示中国传统布袋木偶艺术，受到热烈欢迎。在为期十天的访问中，陈黎晖跨越马里兰州五个县十多个学校、社区，开展讲课和交流互动活动 30 余场，参与观众达 3000 多人。

【张大千书画作品从美国“回”到四川内江】　2019 年 3 月 30 日，“程宇平先生张大千书画作品捐赠仪式”在四川内江市张大千纪念馆前隆重举行，两幅张大千书画作品从美国“回”到四川内江张大千纪念馆。经鉴定，书法作品《君之乡里吾邻里》和绘画作品《寿桃图》保存完好、流传有序，具有相当的艺术及史料价值。

【湖南省杂技艺术剧院原创杂技剧《梦之旅》在美演出】　2019 年 4 月 14 日，“纯粹中国”原创杂技剧《梦之旅》美国演出团队的湖南杂技演员圆满完成了为期 10 个月的美国驻场演出和巡演任务，回到长沙。2018 年 6 月至 2019 年 4 月，“纯粹中国”湖南杂技剧《梦之旅》先后在布兰森驻场演出 350 场，并在美国纽约等 50 多个城市进行巡回演出 60 场，累计观众数量达 32 万人次。本次巡演不但走入了北美的主流剧场，还进入哈佛大学、麻省理工学院、耶鲁大学等世界名校演出，使美国主流社会对中国杂技艺术有了更深的认识和了解，是湖南省演艺集团“纯粹中国”国际演艺品牌的一次重大突破。

【中国知名画家访美交流】　2019 年 6 月 3 日，由中国画坛三位知名画家靳尚谊、詹建俊、全山石组成的访美代表团抵达纽约，与当地艺术界人士进行热切对话与交流。在纽约洛克菲勒中心举办的艺术交流研讨会上，中国驻纽约总领馆文化参赞在致辞中表示，三位大师的作品融汇东西方元素，激发审美共鸣，他们不仅在油画艺术创作领域成就卓著，也是推动油画与中国传统文化相结合的杰出美术教育家。在美访问期间，三位大师在美国罗丹国际艺术家基金会、美国中国当代艺术基金会等机构的安排、陪同下，赴华盛顿、费城、纽约和波士顿等地参观博物馆、画廊、国家艺术公园等文博机构，并和当地艺术家对话交流。

【中国“非遗”走进霍华德大学】

2019 年 11 月 20 日，为纪念北京市与美国华盛顿哥伦比亚特区（简称“华盛顿”）缔结友好城市 35 周年，华盛顿霍华德大学举办了中国“非遗”进校园活动，向美国大学生展示了富有民族特色的中国非物质文化遗产。此次“非遗”进校园活动由北京市文旅局、孔子学院美国中心、霍华德大学共同举办。来自北京的艺术家给观众带来了古琴、剪纸等中国非遗技艺。这一活动是北京市与华盛顿庆祝缔结友好城市 35 周年系列庆祝活动之一。

【写意精神——中国书法创作世界巡展在美展出】 2019 年 12 月 4、6 日，由中国国家艺术基金支持的文化交流项目写意精神——中国书法创作世界巡展在纽约和耶鲁大学展出。开幕式结束后，部分书法艺术家为在场的耶鲁大学师生举行了以书法为载体的中华传统文化导读，并举办了主题为“书法国际传播在中美高校人文交流中的作用”的研讨会。

节日

【中美共贺中国春节系列活动在美国各地举行】 2019 年 1 月 23 日，休斯敦图书馆和休斯敦深圳姐妹城协会联合举行《花鸟集》摄影暨古诗词书法展，中国驻休斯敦总领事馆文化参赞向休斯敦图书馆赠送了中国传统文化图书，在农历新年之际为当地民众奉上中国文化“年夜饭”。

2019 年 1 月 29 日，上海爱乐乐团携手费城交响乐团在美国费城金梅尔表演艺术中心举办费城首届中国新年音乐会，庆祝中美建交 40 周年。上海爱乐乐团和费城交响乐团联合奏响《京剧幻想》，用交响乐演绎京剧素材，引发观众强烈共鸣。2019 年 1 月 31 日晚，美国西部著名购物中心南海岸广场张灯结彩，一年一度的“欢乐春节”农历新年庆祝活动在此举行。

中国驻纽约总领事馆主办和支持的领区内“欢乐春节”活动共 30 余场，其中亮点项目分别为：2 月 11 日的新春焰火，2 月 4—5 日的地标亮灯，2 月 3—5 日、9 日的公共开放活动，四场 NBA 篮球赛和五场高端音乐会。2 月 8 日，纽约联合国总部大会议厅首次奏响中国新春序曲。苏州交响乐团在此举办中国新年音乐会，传递中国春节和谐共享的理念，联合国秘书长古特雷斯通过视频为音乐会发来贺词。

2 月 2 日，新泽西交响乐团举办首届新春音乐会，近 3000 名观众欢聚一堂。现场曲目热情欢快，展现了活力十足的春节气氛。

2 月 6 日，中国驻纽约旅游办事处在芝加哥举办了欢乐中国年推广活动。本次活动围绕文旅融合的国家战略，注重凸显“美丽中国—欢乐春节”的文化与旅游国家品牌，以民众喜闻乐见的熊猫为主体形象，并向到场的美国民众派发了众多的中国国家经典旅游线路资讯、新兴旅游目的地图文资料，为希望了解中国文化并赴华旅游的美国民众带来一场精彩的文化盛宴。

2月14日晚，美国艾奥瓦州马斯克廷市2019年“欢乐春节”新年音乐会在当地一所中学礼堂举行，600多名观众出席并欣赏音乐会。

【首届中美友好国际风筝节在华盛顿举行】　2019年4月20日，由美国风筝协会、中国风筝协会、美中友好协会全美总会和美国华商贸易促进会等机构联合举办的首届中美友好国际风筝节在美国首都华盛顿特区地标建筑华盛顿纪念碑旁举办，美东地区侨团、艺术团体近1000人参加。中国驻美国大使馆公使衔文化参赞赵海生出席开幕式。当天，各式传统和现代风筝在华盛顿纪念碑旁的草坪上空放飞，书法展示、舞龙舞狮、民族舞蹈等多种中国传统艺术轮番上演，吸引众多游客驻足观看。

【美国“金钉节”纪念太平洋铁路建成150周年】　2019年5月10日，美国各界在犹他州普罗蒙特瑞举行“金钉节”庆祝活动，纪念太平洋跨洲铁路竣工150周年。白宫专门就当天的庆祝活动发表声明，向中国工人等参与太平洋铁路建设的各个工人群体表达敬意。中国代表团首次受邀参加，中国四个省市代表团赴现场参加了庆典。此次纪念活动共有数万名美国民众参加，对中国工人历史贡献的突出纪念成为整个活动的一大亮点。

【第四十届波士顿龙舟节举行】　2019年6月9日，波士顿查尔斯河举行龙舟节，来自大波士顿地区的3万多民众参加。除激烈精彩的龙舟比赛之外，组委会还举行了包括舞龙、太极、民乐、歌舞表演等内容丰富的中华文化展示活动，向现场民众介绍端午节来历、开展书法绘画教学、组织趣味互动游戏等。

【跨越太平洋——中国艺术节在旧金山开幕】　2019年8月29日—10月18日第六届跨越太平洋——中国艺术节在美国旧金山艺术宫举行。美国政界、文化艺术界和民间团体代表等各界嘉宾出席了开幕式。本届艺术节分为表演艺术、视觉艺术、美食文化、非物质文化遗产、传统文化等多个板块，在旧金山湾区、西雅图、拉斯维加斯等地区上演北京舞蹈学院的舞剧《梁祝》，举行中国文化旅游图片展、《百家绘中国》大型中美书画艺术交流巡展、中国新疆美食节、中国传统文化讲座等一系列丰富多彩的活动。山东歌舞剧院民乐团、中国杂技团、旧金山本地的枫叶舞蹈团也带来了精彩演出。跨越太平洋——中国艺术节是中国文化和旅游部在美国开展的中美文化交流与合作系列活动的重要组成部分，得到中国文化和旅游部、中国对外文化集团公司、山东省文化和旅游厅以及旧金山市立图书馆、旧金山教育局等美国当地部门的大力支持。该艺术节已连续举办六届，成为促进中美人文交流的重要平台。

【“中国文化夜”活动在纽约举办】

2020年1月29日，“中国文化夜”活动在纽约巴克莱中心举办。布鲁克林篮网与底特律活塞的对战为本次活动拉开序幕。中国驻纽约总领馆文化参赞、NBA总裁出席当晚活动并致辞。当晚，巴克莱中心随处可见传统舞狮、书法、点心等春节元素，篮网队员身着专门设计的春节训练服登场，篮网舞蹈队也换上汉服，为观众带来别具一格的演出，让球迷近距离体验中国年味，共同庆祝中国新年。

五　中美卫生交流

【中美交流结核病实验室质量管理强化经验】　2019年1月15—19日，由中国疾病预防控制中心、黑龙江省结核病预防控制中心和美国疾病预防控制中心中国办公室共同主办的“中美结核病实验室质量管理强化项目（SLMTA）经验交流会”在黑龙江省哈尔滨市召开。来自中美疾控中心、医院以及相关医疗机构的领导及专家出席会议。此次交流会以会代训，来自美国疾控中心的专家们对结核病实验室的建设进行了培训指导。

【美专家对中美结核病综合试点项目进行督导】　2019年1月17—18日，美国疾病预防控制中心艾滋病与结核病工程顾问保罗·阿瑟·詹森与美国疾控中心项目在华团队官员郭晖在相关工作人员的陪同下，对黑龙江省中美结核病综合试点项目建立和加强感染控制策略项目（TB BASICS项目）进行现场督导。在督导结束后，督导组将督导情况向市胸科医院院长以及相关人员进行了反馈。

【中美医疗健康圆桌系列会议召开】　从2019年3月27日起，由美国驻沪领事馆举办的中美医疗健康圆桌会在海南博鳌、江苏南京、安徽合肥以及山东济南等地陆续举行。在会议上，来自中美双方的医疗卫生专家，根据各省的具体情况，就如何提升医疗服务及医疗保障水平，发展医疗健康产业进行了交流。各省代表介绍了各省医疗卫生改革和发展的具体情况，对美方的卫生技术交流以及医疗健康产业投资表示诚挚的欢迎，希望中美合作更好地为中美人民的健康服务，实现共享共赢。美方代表也表达了对各省医疗卫生发展成就的赞许，表示中美双方应当加强合作，希望相关企业积极投资开发项目，推动在更多领域、更深层次上实现合作共赢。

【首届C3中美健康大会召开】　2019年3月29—30日，由国家卫生健康委人才交流服务中心和美国C3国际健康峰会共同主办的“中美百名医院院长互访计划”第四届中美医院管理研讨会暨首届C3中美健康大会在京召开。来自两国卫生行政部门、医疗机构和医学科研机构的400多位代表及专家等出席了会议。本次大会着力推动中美民间卫生健康领域的交流合作，是落实中美社会和人文对话机制的重要活动。此次大会内容包括“全球化医疗发展趋势”“中美医学合作与人才培养”“癌症诊疗创新和智慧医疗”三个主题。来自美国梅奥诊所、克利夫兰医学中心、M. D. 安德森癌症中心、纪念斯隆凯特琳癌症中心、哈佛大学附属布列根和妇女医院、美国国家儿童医院、美国国立卫生研究院等机构的20余位医院管理者和医学专家与中国100多家大型医疗机构负责人就以上话题展开了交流与讨论。在会议期间，美国 C3 国际健康峰会主席为中国工程院院士、北京大学第三医院院长乔杰颁发了 C3 国际峰会“杰出女性奖”。

【第五届中美妇女儿童健康论坛召开】　2019 年 4 月 19 日，第五届中美妇女儿童健康论坛在广西南宁市召开。本届论坛由广西妇幼保健院、广西妇幼保健协会共同举办，秉持“开放、协同、共享”的理念，此次论坛邀请了来自美国人类遗传杂志、美国波士顿儿童医院、美国费城儿童医院、新加坡坎丹路宝妇女儿童医院、澳大利亚行为医学研究所、日本香川大学、上海交通大学医学院附属上海儿童医学中心、重庆医科大学附属儿童医院等众多国内外知名专家参会，交流世界上最新的临床经验，分享科研成果。此次论坛设有一个总论坛及六个分论坛，围绕妇科新技术、儿童疾病与遗传、护理、产科危重症及临床热点、胎儿医学暨产前超声诊断、医院管理等热点领域进行专题讲座。

【中美专家携手研发新型智能纳米药物】　2019 年 5 月 9 日，《美国化学学会·纳米》（ACSNANO）刊登了由复旦大学药学院陆伟跃教授研究团队与加州大学圣地亚哥分校张良方教授研究团队合作完成的研究成果。为解决药物难以攻克血脑肿瘤屏障这一难题，中美研究团队经过多年合作与探索，将高载药量的纳米晶技术、血液长循环的细胞膜包覆技术与病灶组织导航的靶向技术相结合，研发出一种可用于脑肿瘤治疗的新型智能纳米药物。

【中美眼科研究合作高峰论坛召开】　2019 年 5 月 15 日，在国家自然科学基金委员会和美国国立卫生研究院（NIH）指导下，中山大学中山眼科中心联合美国国立眼科研究所（NEI）在广州中山眼科中心珠江新城院区共同主办中美眼科研究合作高峰论坛。美国驻广州总领事、广东省科技厅领导、NIH/NEI 专家、国家自然科学基金委的管理专家以及位于中国医院眼科专科声誉排行榜前列机构的眼科专家等 200 多人参会。在论坛上，中美专家分别就“NIH 国际眼科合作对致盲眼病的预防和管理”“中美合作研究观点与经验分享”“我在中国和美国的科学生涯及省思”“中美眼科学研究合作的历史”“生物高科技产业：中美能从对方学到什么?”“力争双赢—合作是科学和医学研究中最高效的途径”等主题展开演讲。此次论坛还就“中美合作研究观点与经验分享”“如何加强中美合作研究”“中美眼科研究合作探讨”开展专题讨论。

【第四轮“中美健康二轨对话”】　2019 年 6 月 18—20 日在江阴举行第四轮“中美健康二轨对话”。来自中美两国商界、医药界和学术界的代表围绕江阴卫生健康事业展开深入探讨，共同推动卫生健康事业的进步与发展。在会议期间，与会人员还实地走访了江阴市人民医院敔山湾院区、云亭社区卫生服务中心、爱康卓悦体检中心（新一城）等地，全方位了解江阴市卫生健康事业的发展状况。本次对话成果被上报中美两国政府相关部委，供双方政府决策参考。

【第四届中美乳腺癌高峰论坛召开】

2019 年 6 月 21—22 日，第四届中美乳腺癌高峰论坛在广州举行。中美两国乳腺癌诊疗领域的众多专家、学者共聚一堂，就乳腺癌诊疗最新研究进展及前沿热点问题进行了深入的交流与探讨，以及沟通与互动。中美高峰论坛的定期举办为中美之间搭建了高层次的学术互动平台，也为两国乳腺癌学术领域的发展带来了先进的理念和国际化的视野，并极大地推动了中美两国健康领域的务实合作。

【第三届中美卫生合作论坛召开】

2019 年6 月21—23 日，“2019 第三届中美卫生合作论坛”在苏州国际博览中心举行。本次论坛由中国医院协会和江苏省医院协会指导，新华日报社和江苏省人民医院主办，江苏省肿瘤医院、江苏爱沃医疗等机构承办，以“融合创新共赢”为主题，约 3000 名中美医疗专家、学者围绕医院发展、国际合作、学科共建、人才培养、肿瘤医学、模拟医学等方面进行深入探讨，并正式成立“中美卫生联盟”。在此次论坛上，中美专家肯定了中美双方互相交流学习所带来的成效，双方合作给诊治和病理研究带来更多的理论指导和富有价值的实践经验。

【中美生殖医疗技术交流论坛召开】

2019 年 6 月 29 日，由南京市妇幼保健院、美国加州生殖中心发起的“中美生殖医疗技术交流论坛”在南京市妇幼保健院召开。来自美国加州生殖中心与南京市妇幼保健院的专家分别对“体外受精”和“复发性流产”等热点问题进行讨论与病例分析，共同探究生殖医学的新进展。随后，中美专家就生殖医疗技术发展这一话题展开对话交流，对中美医疗生殖技术的发展提出各自的见解及分享行业发展的新动向。中美专家的交流与对话促进了双方医疗卫生事业的进一步合作，双方表示将持续以合作促发展，为更多的患者提供高质量的医疗服务，推动生殖医疗技术走上新台阶。

【中美总结结核感染控制策略项目】

2019 年 8 月 12—13 日，中美建立和加强结核感染控制策略项目（TB BASICS）总结会在北京召开。来自中国疾病预防控制中心结控中心，中美新发与再发传染病项目办，美国疾病预防控制中心总部专家和驻华团队，八省（市）的省、市、县级疾控中心和13 个医疗卫生机构项目人员近 50 人参加了总结会。中国疾控中心和美国疾控中心专家对终末评估中的开普调查（KAP）、焦点小组讨论和个人深入访谈的技巧进行了细致的培训。

【中美结核病控制项目实验室质量管理提升子项目总结会】 2019 年 8 月 12—15 日，由中国疾病预防控制中心主办，广东省结核病控制中心承办的“中美结核病控制项目实验室质量管理提升（SLMTA）子项目总结会”在广州市召开。来自中国疾控中心、美国疾控中心以及各地区疾控中心和相关医院的专家与来自项目省及试点医院的人员出席了总结会。此次总结会围绕项目评估结果、实施影响及经验教训等方面内容进行了深入交流。中美专家总结、分析了项目所取得的成果，就项目实施中所遇到的问题进行讨论交流，针对项目的推广应用提出了建议。

【首届国际前沿医学高峰论坛召开】

2019年8月17—18日，由《中国医疗设备》杂志社、美国医师促进协会（AMPSAA）及中国研究型医院学会临床工程专业委员会联合主办的“2019首届国际前沿医学高峰论坛”在北京国家会议中心召开。本次论坛设“高危妊娠与母胎医学论坛”“肿瘤学的治疗与选择论坛”“神经科学与老年医学论坛”及“整形与重建外科论坛”四个分论坛。来自美国医师促进协会（AMPSAA）的20余名专家与来自中国著名三甲医院的30余名专家联合组成主席团和专家团队，在论坛期间针对四个分论坛、九个专题及超过50个课题通过主题演讲、专家问答、联合点评等方式进行深入的学术交流与探讨。来自国内外500余名相关领域的专家、学者参加了本次论坛。

【第十一届中美国际医学高峰论坛】

2019年9月3日，第十一届中美国际医学高峰论坛在西安市举行。此次论坛由通用环球医疗集团有限公司主办，在陕西省、市卫健委的指导下，由西电集团医院、陕西省医学会、西安市医院管理协会联合承办。此次论坛特别邀请美国耶鲁大学医学院、北京协和医院、南方医科大学、西安交通大学医学院等知名医学院校和医疗机构的专家、学者参加，旨在汇集中美两国顶尖医疗技术理念，推动中美先进医疗技术在陕西的落地发展，助力全球优质医疗资源在中国的融合推广。

【转化医学与临床研究联合研究所第九届联合研讨会举办】　2019年10月30日—11月1日，北京大学医学部与密歇根大学医学院转化医学与临床研究联合研究所第九届联合研讨会在北京大学医学部举行。在研讨会期间，各方领导发表致辞，各项目组的双方成员也进行了分组访问交流、分组讨论、卫星会议等活动。在此次研讨会上，心血管疾病、呼吸疾病、肝脏及肠胃疾病、肾脏疾病、肿瘤、糖尿病及代谢疾病、急诊医学、技术转移与成果转化等领域分别召开了联合学术会议。北京大学医学部各领域专家与密歇根大学的专家、学者进行了深入讨论。

【第九届中美健康论坛召开】

2019年11月2日，第九届中美健康论坛在武汉启幕。本届论坛由湖北省卫健委与中国医学科学院、北京协和医学院共同主办，武汉大学人民医院主承办。来自国家卫健委、湖北省卫健委、中国医学科学院、北京协和医学院、中国医院协会，以及美国哈佛大学、哈佛医学院、世界卫生组织等中美产、学、研、政、商界的1000余位专家、学者出席论坛，共同为“健康中国”献计献策。本次论坛设有现代医院管理、慢性病防控与健康管理、心理健康与精神疾病防控、县域卫生与强基层、老年健康、肿瘤预防与控制等多个专题论坛。

【第九届中美妇科泌尿盆底重建外科学术研讨会召开】　2019年11月15—17日，第九届中美妇科泌尿盆底重建外科学术研讨会在北京召开。此次研讨会邀请了中美两国知名专家、学者进行学术交流与分享。来自美国得克萨斯州大学医学院、达拉斯西南医学中心、芝加哥圣弗朗西斯医院的教授为与会者提供了八学时的授课。同时，妇科泌尿、泌尿外科、盆底及肛肠方面的国内著名专家针对妇科盆底领域的热点问题做了专题报告、主题演讲、手术直播等。中美妇科泌尿盆底重建研讨会将继续为中国妇科盆底领域的学术发展贡献力量，提升该领域的整体学术水平。

【第八届中美不孕不育论坛举行】

2019 年 12 月 29 日，第八届中美不孕不育学术高峰论坛在上海举行，中美两国的生育医学专家及相关科室医护人员及嘉宾 300 余人应邀参加。此次论坛由世界医疗网、上海市中西医结合学会生殖医学专业委员会主办，美孕国际医疗、上海长江医院协办。本届论坛以“不孕不育和试管婴儿诊疗及干预体系趋势新技术”为主题，中美两国生殖健康领域的专家、学者，就整合生殖医学体系建设、不孕不育治疗策略和技术、生育力保护、生殖健康等热点问题进行了经验交流，并分享了学术研究新进展。在此次论坛上，中美专家还分析了辅助生殖技术在两国的应用、成就及挑战，并强调保护男性与女性生殖力的重要性。中美双方通过探讨生殖健康方面的经验，为该领域的发展提供了崭新的思路。

【美中冠状病毒行动网成立】 2020 年 2 月 27 日，乔治·赫伯特·沃克·布什美中关系基金会在旧金山发起“美中冠状病毒行动网”。已故第四十一届美国总统乔治·布什的儿子尼尔·布什在现场对中国为防控疫情作出的努力表示感谢，并且表达了对中美和谐共处、共同应对疫情危机的期望。同日，美国侨领方李邦琴以联合创始人、董事会副主席和该基金会首任主席的身份加入该基金会。成立“美中冠状病毒行动网”的目的是利用其广泛的影响力，联合全球个体志愿者、支持全球协作努力，共同防止新型冠状病毒传播。美国翰林文教基金会、侨路基金会及美国湖南联谊会搭建的硅谷爱心驰援疫区平台被“美中冠状病毒行动网”首选为合作伙伴。

【中美专家传递新冠肺炎重症救治经验】 2020 年 3 月 26 日，华中科技大学同济医院六位专家与美国国际视频连线，与堪萨斯大学医院 18 位重症、院感、医疗卫生管理专家分享新冠肺炎重症治疗经验及医护人员防护方案。中方专家针对“哪些新冠轻症病人容易转为重症?”“重症患者，随着病情急转，往往需要呼吸机来支持通气，改善氧合，无创呼吸机和有创呼吸机哪种效果更好?”以及医护人员的防护问题进行了解答。同济医院组织了多场与意大利、美国、德国等国专家的多学科高层次中外远程交流。

【中美合作开发出可预测新冠肺炎患者病情是否会加重的实验性 AI 工具】

2020 年 3 月 30 日，中美两国研究人员合作，成功开发出一种实验性 AI 工具，可以准确预测哪些新冠肺炎（COVID－19）患者的病情会发展成严重的呼吸系统疾病。该研究由浙江省温州中心医院、苍南县人民医院、美国纽约大学及哥伦比亚大学合作完成。研究人员称，作为病情预测的新工具，该模型在预测严重病例方面准确率达到了 70%—80%，有望为医生提供有力辅助。该研究成果发表于国际知名学术期刊《计算机、材料及连续介质》上。

【中美专家线上分享抗疫经验】

2020年3月30—31日，在中国驻洛杉矶总领事馆支持下，中国呼吸学会、中国呼吸医师协会与美国胸腔医师学会（CHEST）共同举办两场“中美携手抗击新冠病毒：中国高级别专家向美国同行分享最前线经验”网络研讨会。中美两国医学专家通过两场网络研讨会进行交流，中国专家向美国同行分享了中国抗击新冠肺炎疫情过程中的一些经验。在此次研讨会上，中国专家讲解了方舱医院建设使用的功能定位和在疫情控制方面的显著效果、上海市防疫成功的相关政策和具体做法以及各类抗病毒药物的原理，并分享了武汉重症监护一线医护人员的工作经验以及各类急救治疗手段的使用时机和经验技巧。据不完全统计，有1500余名美国胸科医师学会会员注册参加了此次研讨会，全球约有5万人在线观看了研讨会。

【中美专家呼吁两国加强抗疫合作】

2020年5月1日，美国《纽约时报》刊发了中美公共卫生领域专家、学者联署的一封公开信。这封公开信由斯坦福大学教授马修·科尔曼、斯科特·罗泽尔和耶鲁大学公共卫生学院助理教授陈希共同发起。70多位联署的专家、学者来自中美两国多所高校和智库，包括哈佛大学、斯坦福大学、耶鲁大学、布鲁金斯学会、兰德公司、广州医科大学等。该公开信呼吁避免将新冠肺炎疫情政治化，中美应当共同应对疫情，恢复科学交流，在相互尊重的基础上进行跨国界沟通，同时应加大对世界卫生组织等全球公共卫生机构的支持。该公开信还提到，疾病没有边界，应对危机需要全球政府间以及科学家之间的合作，并谴责传播阴谋论或散布病毒起源谣言的行为。

【中美科学院召开新冠肺炎疫情防控视频交流会】　中国科学院与美国科学院于北京时间2020年5月12日上午联合召开新冠肺炎疫情科学防控视频会，旨在进一步促进中美科学界在新冠肺炎疫情防控、临床治疗、科学研究等方面的交流。来自中美两国流行病学、临床治疗、病毒学、免疫学等领域的20多位资深院士与专家进行了学术交流与讨论。与会专家一致认为，在全球新冠肺炎疫情大流行期间，中美两国科学界加强疫情防控经验交流，深化科研合作对于有效控制全球疫情至关重要，并计划于近期就“社会逐步常态化背景下，如何做好疫情防控”等议题继续进行深入交流。

【“中美健康二轨对话”线上举行】

2020年7月31日，美国美中关系全国委员会和北京大学国发院开启“中美健康二轨对话”特别公共活动，以“疫情中的启示：中美如何在全球健康危机中携手共进”为题，邀请来自北京大学国发院、北京大学中国卫生经济研究中心、中国疾病预防控制中心、美国国家医学科学院以及默克集团等机构的专家、学者，就公共健康改革、隔离政策、疫苗研发与医疗卫生供给等方面的问题进行深入探讨。在对话中，中美专家代表们交流了疫情防控的经验，就两国应该加强合作、共同抗击疫情的观点达成了共识。专家在各自发言之后展开了深入对话，并回答了线上听众的提问。此次对话成果将上报中美两国相关部门，为两国合作面对疫情、共克时艰提供决策参考。

【北京大学医学部—密歇根大学医学院转化医学与临床研究联合研究所十周年庆典】 2020年9月24日晚，北京大学医学部—密歇根大学医学院转化医学与临床研究联合研究所十周年线上庆典活动举行。来自联合研究所各项目的中美负责人以及关注联合研究所的中美专家、学者240余人在线参加了此次活动。在开幕式上，中美双方嘉宾肯定了联合研究所的合作模式和丰硕成果，并希望两校继续加深交流合作。在随后的专题讨论环节，六位嘉宾就中美在医学领域的合作机遇和挑战展开了热烈的讨论，并在线回答了观众的提问。各位嘉宾就中美双方应当继续加强科研合作、建立共赢平台达成了共识。2010年10月，北京大学医学部—密歇根大学医学院“转化医学与临床研究联合研究所”正式成立。截至2020年9月，双方联合资助项目总数达到59个，合作领域包括心血管、肝病、呼吸、肾病、癌症等。双方联合在《自然》（*Nature*）和《科学》（*Science*）等国际顶尖杂志上发表文章86篇，申请美国专利一项，同时也成功吸引了外部资源的支持。在医学教育领域，双方联合开展了短期学生交换项目、MD-PhD联合培养项目，并联合申请国际项目进行人员交换和培养。

【中美科学家筛选抗新冠病毒活性药物】 2020年10月29日，中美科学家团队在《自然》杂志上发表了美国威尔·康奈尔医学院、上海交通大学医学院公共卫生学院单细胞组学与疾病研究中心癌基因及相关基因国家重点实验室等研究机构合作研究成果，表明肺和结肠类器官可以作为研究新冠病毒感染和鉴定潜在的新冠肺炎疗法的模型。这一研究展现了一种可用于鉴定新冠肺炎候选疗法的药物筛选资源。

【国内首个中美全科医师规培项目结业】 2020年11月24日，全国首个中美全科医师规范化培训试点项目毕业典礼在武汉市第四医院举行。此次结业仪式采取线上线下相结合的方式进行。湖北省卫健委、武汉市卫健委、武汉医师协会领导、美国华人医师协会专家团队代表、武汉市第四医院带队教师和学员代表出席结业仪式。2017年，国内首个中美全科医师规范化培养项目落户武汉市第四医院，旨在借鉴美国全科医师的住培体系和培训方法，探索和创建一套符合中国国情的教学方法和体系。经过三年的培养，首批由中美双方共同培养的20名学员顺利毕业，走上工作岗位。

【中美疾控中心交流疫情防控经验】

2020年，中国疾控中心与美国疾控中心就疫情防控展开了多次交流。3月29日，中美技术专家团队参与疫情防控视频会议，交流疫情防控现状和主要措施，就检测标准、复工复产政策以及疫苗使用策略进行交流。4月27日，美国疾控中心在华项目负责人应邀参加新冠肺炎疫情防控交流会。双方首先就当前新冠肺炎疫情势态和防控策略的发展变化交换了看法，商议了中美疾控中心下一步加强交流的重点专业领域与合作机制，并围绕中美现行防控策略、复工复学考虑与所面临的实际问题、疫情监测系统平台、疫苗研发与临床试验进展等议题展开了讨论。6 月 10 日，双方召开了以“新冠病毒疫苗研发进展与免疫接种策略的初步设想”为主题的视频交流会。7 月 8 日，双方召开了以“新冠肺炎疫情背景下的流感季准备”为主题的视频交流会。与会专家就中美两国如何制定新冠肺炎疫情与流感大流行双重监测策略、如何提高同时检测发现上述两类病毒的能力、扩大流感疫苗接种覆盖率与提升公众接种意识等议题展开了深入讨论。

六　中美体育交流

【中美校园篮球训练营暨中美学校体育高峰论坛举行】 2018 年 12 月 28 日—2019 年 1 月 3 日，在中国教育部国际合作与交流司指导下，由中国大学生体育协会、中国中学生体育协会主办，吉林省学生体育协会承办的中美校园篮球训练营暨中美学校体育高峰论坛在吉林省长春市举行，中美双方共计 200 余人参与了本次论坛。本次论坛包括主题讲座与专题讨论。国内外专家学者、体育教练、队员等对“如何通过竞赛活动来推动校园体育文化建设”和“中美学校价值观与学校体育现状的冲突和碰撞”两个话题进行了深入的探讨，既得出了中美在学校体育价值观上的异同之处，也对体育训练与竞赛对学校体育文化价值的挖掘和作用有了更加深入的了解。在本次论坛之后，中美双方还进行了精彩的篮球训练展示和比赛，双方队员在比赛中不断交流经验。

【美国职业篮球联赛（NBA）球队举办“欢乐春节”庆祝活动】 2019 年 1 月 30 日—2 月 18 日，美国职业篮球联赛（NBA）金州勇士队、休斯敦火箭队、底特律活塞队、纽约 76 人队、芝加哥公牛队、明尼苏达森林狼队等 15 支球队先后在各自主场比赛中举办了 2019 年“欢乐春节”庆祝活动。在此前 1 月 18 日，美职篮还发布了“欢乐春节”的 NBA 春节主题宣传片。出席每一场主场庆祝活动的中美相关代表以及观众近 2 万名。各队在比赛中的多个环节融入中国元素，一些球队还在部分比赛中身穿带有汉字元素和以中国文化为灵感而设计的城市版球衣，向中国球迷及中国文化致敬。在活动现场，“中国红”等春节元素随处可见，球队工作人员、志愿者及球迷身穿印有“新年快乐”等汉字的红色文化衫，啦啦队员穿着红色唐装表演舞蹈，中美演员还进行了中国特色舞蹈、乐器、太极和武术等表演。美国 NBA 球队“欢庆春节”庆祝活动为美国人民了解中国文化魅力提供了机会和平台，展示了中国文化“走出去”的良好成效，有助于增进两国民众相互了解和友谊，进一步促进两国之间的人文交流与合作。

【第六届中美大学体育发展研讨会举行】 2019 年 3 月 12—16 日，由中国大学生体育协会与美国 Pac-12 联盟共同举办的第六届中美大学体育发展研讨会在美国举行。东华大学、上海交通大学等 18 家单位共 20 名代表参加了本次研讨会。双方就专业运动员与普通学生如何使用场馆、日常训练方式、高水平运动员招生、校园比赛的市场开发等问题进行了深入的探讨。此次研讨会是在“中美社会和人文对话”机制框架下开展的体育领域务实合作，旨在增进中美两国体育交流，为两国体育事业良好发展提供新思路。

【中美青少年滑雪交流活动在长白山开幕】 2019年3月24日，由长白山管委会、吉林省体育局、吉林省教育厅和清华大学全球共同发展研究院联合主办的“冬奥在北京、体验在吉林——中美学生相约长白山”滑雪交流活动在长白山高原冰雪运动训练基地拉开帷幕，68名来自中美两国的青少年滑雪爱好者参加了在此举行的10公里越野滑雪比赛。在活动当天，美国都柏林高中与中国长白山和平全季地形公园还举办了互相授牌、交换旗帜的仪式，双方达成合作协议，为两地青少年搭建冬季运动的平台，分别在长白山和新英格兰共同成立青少年冬季运动中心。此次活动不仅增加了中美之间的青少年交流，也助推了当地冰雪运动发展，加快推动旅游与体育的深度融合。

【第三届密歇根中国论坛奥瑞金体育分论坛举办】 2019年3月30日，第三届密歇根中国论坛奥瑞金体育分论坛在美国密歇根大学罗斯商学院举办。此次论坛探讨了将北美职业冰球联盟（NHL）引入中国的提议，希望让更多人接触冰球、了解冰球、爱上冰球，从而为备战2022年北京冬奥会贡献力量。密歇根中国论坛由中美关系、体育、商业、环境、教育五个分论坛组成。本届奥瑞金体育分论坛旨在让更多体育产业青年领袖发生思想碰撞，在全球化发展中找到方向，并为体育产业精英与有兴趣进入体育产业的中美学生搭建交流平台，提供最前沿的行业洞见，助力中国体育产业变革。

【纪念中美“乒乓外交”48周年系列活动举行】 2019年4月及8月，纪念中美“乒乓外交”48周年纪念活动在两国间相继举行。

4月10日，美国华人体育家协会率先在加利福尼亚州约巴林达市尼克松图书馆和博物馆举行中美“乒乓外交”40周年纪念活动，中美两国体育界人士、南加州侨界代表以及中美两国官员200多人参加了此次活动。当年美国乒乓球队访华时年纪最小的队员埃洛尔雷塞克还同中国乒乓球女队前主力球员、美国国家乒乓球队教练高军进行了表演赛。4月22日，参加2019年布达佩斯世乒赛单项赛的中国队员马龙、王楚钦、丁宁、刘诗雯与美国队四名运动员在比赛主场馆内进行了合练。本次运动员合练是中美两国乒协未来开展更多合作的起点，续写了中美两国乒乓球界交流与合作的友好篇章。8月5日，应美国奥委会、美国乒协共同邀请，中国国家乒乓球队部分教练、运动员前往美国加州大学洛杉矶分校，同美国国家乒乓球队进行为期20天的共同训练，续传48年前的“乒乓外交”佳话。这是中国国家乒乓球队第一次赴洛杉矶同美国国家队一起集训。在集训过程中，中国的30名运动员和美国的16名运动员进行了交流和接触，中国队的竞技水平让美国队受益匪浅，美国的职业化体育、校园体育文化也给中国队留下了深刻印象。本次中美集训传承了“乒乓外交”精神，进一步促进了两国人民之间的友谊和了解。

8月17日，中国驻洛杉矶总领事、加州大学洛杉矶分校助理副校长和美国乒协CEO来到加州大学洛杉矶分校约翰·伍登中心看望了正在训练的中国队队员和美国队队员。

8月22日，由尼克松基金会、中国驻洛杉矶总领馆、美国乒乓球协会和中国乒乓球协会共同举办的“中美乒协乒乓交流会”在美国加利福尼亚州约巴林达市的尼克松总统图书馆举行，正在洛杉矶一起训练的中美两国国家乒乓球队访问了尼克松总统图书馆并参加交流会。48年前“小球转动大球”的“乒乓外交”拉近了中美两国人民的距离，为中美交往打开了大门。如今中美两国举行“乒乓外交”48周年纪念活动，是对“乒乓外交”精神的延续，促进了中美体育交往的进一步深入，巩固了两国人民的友谊。

【中国女篮球员韩旭、邵婷亮相美国WNBA季前赛】 2019年5月14日，中国女篮队员韩旭、邵婷分别代表纽约自由人队、明尼苏达山猫队出战WNBA季前赛。此前，韩旭在4月10日的选秀大会上以第14顺位被纽约自由人队选中，成为继1996年郑海霞入选WNBA后，时隔22年再次通过选秀进入WNBA的中国球员。邵婷则在4月28日正式宣布加入明尼苏达山猫队，此次季前赛是其WNBA首秀。

【第九届中美澳艺术滑水精英赛落幕】 2019年5月15日，第九届中美澳艺术滑水精英赛在重庆落幕。中国队连续四年蝉联冠军，美国队获得亚军，澳大利亚队位居第三。自2010年以来，中美澳艺术滑水赛事已连续举办九届。本届大赛将文化、体育、娱乐、美食等元素融在一起，不仅促进了中美澳三国艺术滑水运动的交流，也推动了当地发展转型和高质量发展，同时提升群众幸福感和获得感，开拓了国际视野。

【北京首钢金鹰棒球队赴美参加独立联盟职业棒球联赛】 2019年5月16日，北京首钢金鹰棒球队参加了在美国得克萨斯州大草原市举办的2019年北美独立联盟职业棒球联赛的首场比赛。首钢金鹰队与美国飞猪棒球队合作，以首钢金鹰队队员为主，纳入部分飞猪队职业球员共同参加本次独立联盟职业棒球联赛。2019年赛季从5月16日开赛，至9月2日常规赛季结束。首钢金鹰队旨在通过经受平均7天6场的高强度比赛频率，在与高水平职业棒球队的竞技中迅速提升自身实力。

【中国健身气功代表团访问美国】

2019年6月7—17日，应美国太极健身气功协会邀请，中国健身气功代表团赴美国纽约和新泽西开展了健身气功宣传推广活动。在纽约期间，代表队还走进了联合国、中国驻纽约总领事馆。在出访期间，代表队累计教学32场，培训学员550多人次。在教授功法技术的同时，代表队还分别从文化内涵、功法机理和健身效果等多角度阐释健身气功，为健身气功在美国的推广起到了积极的推动作用，许多参加易筋经体验教学的华人与外籍人士都表示愿意继续学练健身气功。随着中国文化、健身气功的全球影响力日渐提升，联合国、中国驻纽约总领事馆都设有健身文化协会。

中国健身气功代表队利用该协会每周固定的活动时间进行体验式教学，取得了良好的示范、宣传效果。

【NBA 精英计划——新疆训练营落幕】 2019 年 6 月 9 日，由美国职业篮球协会（NBA）和中国新疆篮球协会共同主办的 NBA 精英计划——新疆训练营在新疆体育中心综合训练馆圆满落幕。该训练营历时 5 天，共有 51 名新疆篮球协会在全疆范围内选拔的青少年参与训练。NBA 精英计划是 NBA 联盟标志性的精英球员发展项目，致力于培养全球有潜力的年轻篮球选手，关注球员的全方位发展，并且注重于球员的教育、领导能力、身心健康，个性发展和生活技能的培养。自 2016 年 10 月起，NBA 联盟已在中国的济南、乌鲁木齐、诸暨及其他国家开设了 NBA 精英训练中心。

【中美大学生女排友谊赛举行】 2019 年 6 月 14—19 日，由中国教育部国际合作与交流司指导，中国大学生体育协会、美国 Pac-12 联盟主办，首都体育学院承办的中美大学生女排友谊赛在北京举行。科罗拉多大学波尔得分校代表美方到访，并与中央民族大学和中国大学生排球联队进行了三场友谊赛。最终，两支中国球队取得了 2 胜 1 负的成绩。此外，双方还进行了中美排球座谈会以及多项文化交流活动。此次友谊赛很好地推动了中美两国女排在校园排球层面的交流与合作，进一步促进了排球运动在校园中的健康发展，对还处在起步阶段的中国大学生排球联赛也起到良好的提振作用。

【马布里正式出任北控男篮主教练】

2019 年 6 月 24 日，北京控股篮球俱乐部与马布里正式签约，马布里将出任北控男篮篮球俱乐部北京紫禁勇士队的主教练，这也是他去年从北控退役后双方的又一次携手。2018 年 2 月 11 日，马布里在结束生涯中最后一战后正式在北控男篮宣布退役。退役之后的马布里一直在为执教做准备。

【2019 首届中美体育领导力论坛召开】 2019 年 6 月 25 日，2019 首届中美体育领导力论坛在海南省海口市召开，教育部中外人文交流中心主任杜柯伟出席论坛并致辞。在当天的论坛上，美国春田学院中国办公室（上海）和海南省篮球运动协会签订了《合作意向书》，就定期举办“中美体育领导力论坛”、合作筹建中美篮球训练营及春田国际篮球学院等事宜达成合作意向。在为期两天的论坛上，中美两国体育领域的专家、体育界人士围绕“领导力”“体育运动与人类精神需求”等话题展开了主旨演讲和主题访谈，为海南乃至全国加快体育产业发展，提高人民身心健康，提高体育产业化、多样化、专业化水平提供了很好的借鉴和指导作用。

【中国棋手参加第三十五届美国围棋大会】 2019 年 7 月 13 日，第三十五届美国围棋大会在美国威斯康星州州府麦迪逊市开赛，来自美国、中国、韩国等国家和地区的近 500 人参加了本次围棋大赛。来自北京、广东等地的十多位中国选手赴美国参赛。中国参赛选手级别范围较广，从九段专业棋手，到业余少年棋手均有参赛，并分别与美国、韩国等同级别棋手进行了切磋。中国选手赴美参加围棋大赛，促进了中美两国的围棋交流与发展，也为两国民间文化交往搭建了新的桥梁。

【2019 中·美“筑梦精英”篮球训练营开幕】 2019 年 7 月 16 日，2019 中·美“筑梦精英”篮球训练营在深圳市高级中学体育馆拉开序幕。在为期 7 天的训练中，美国加州圣约瑟高中主教练汤姆·莫特及其带领的 20 名美国顶尖主教练和美国高中生助理篮球教练团队为参加训练营的中国青少年传授篮球技巧、比赛经验和训练方法。从 11 日开始，训练营的美国师生相继参加了“美国筑梦精英篮球队 VS 沙头街道篮球代表队篮球友谊赛”“拓展国际视野，研习中国文化”等活动。“筑梦精英”篮球训练营自 2013 年以来，已在深圳举办了六期，培训学员超 2000 人，该活动旨在以篮球为纽带，让中国青少年感受美国篮球文化的激情与快乐，同时也让美国青少年了解中国优秀传统文化，促进彼此之间的了解。

【NHL 球星奥维契金 2019 中国行开启】 2019 年 8 月 4 日，北美冰球联赛（NHL）华盛顿首都人队球星亚历克斯·奥维契金来到中国冰球联赛赛场，与参赛球员交流并观看了比赛，开启了他的 2019 中国行。奥维契金本次在中国的行程包括参加青少年冰球训练营，媒体见面以及商务开发等内容。此外，奥维契金还将接受央视专访并就中国如何发展冰球运动提出建议。

【第十二届“中华之夜”大型棒球活动在纽约举行】 2019 年 8 月 4 日，由中国驻纽约旅游办事处、美中友好协会、美国纽约大都会职业棒球俱乐部联合主办的第十二届“中华之夜”大型棒球活动在纽约大都会队主场花旗球场举行，中美各界主流人士和旅游业界代表出席活动。此次活动以“发现中国：文化体验与旅行的魅力——中国文化与旅游走进纽约大都会棒球赛事”为主题，通过旅游推介会、球场大屏播放宣传片、中国旅游有奖竞猜、媒体采访等活动，向现场约 4 万名观众和媒体推介中国重庆等重点旅游城市及长江三峡旅游线路和产品。

【第十七届“北加州华体会运动大会”举行】 2019 年 8 月 10 日，第十七届“北加州华体会运动大会”开幕仪式在旧金山湾区 Union City 举行。本次运动大会的主题是“握手未来，共济共赢”，表达了美国华人华侨对中美关系健康发展的美好期许。此次大会设田径、武术、足球、排球、篮球、拔河等 14 个大项目，有超过 5000 人次参赛。此次大会举办的艺术节、欢乐舞台、游园等活动受到了当地民众的欢迎和喜爱，增强了美国民众对中华文化的了解，有力地促进了中国文化的海外传播。

【第一届中美青少年篮球邀请赛举行】 2019 年 8 月 11 日，第一届中美青少年篮球邀请赛在福建仓山区玛丽集训篮球馆举行。来自美国的 TKB 俱乐部 U18 女篮队与 U16 男篮队将与福建女篮和福建 U16 男篮分别在福州闽清县、武夷山市、福州仓山区三站共进行 6 场赛事。在比赛之余，美国球员们还参加了闽清红琳厝探访、文泉书院毛笔书法、武夷山茶文化和福州三坊七巷等文化交流活动。中美青少年篮球邀请赛是福建省首次邀请美国青训队伍参赛，不仅为福建青少年篮球爱好者打开一扇对外了解的窗口，而且是中美民间交流的一次大胆探索，让更多的美国青少年有机会了解中国的风土人情和历史文化，为中美青少年以及两国人民友谊架起了一座桥梁。

【中国驻纽约总领事馆与美国职业篮球联赛（NBA）布鲁克林篮网队共同举办中秋茶话会】 2019年9月11日，中国驻纽约总领事馆与美国职业篮球联赛（NBA）布鲁克林篮网队共同举办中秋茶话会。来自布鲁克林篮网队的多位球星和管理团队成员来到中国驻纽约总领事馆参加茶话会，与中国驻纽约总领事馆官员一起品尝中秋月饼，欣赏中国文艺。中国驻纽约总领事黄屏大使向篮网队的客人们介绍了中国传统佳节中秋节的文化传统，篮网队球员现场观赏冰皮月饼的制作，中国剪纸艺术和传统文艺表演文化。本次茶话会促进了中秋文化及中国传统艺术在美国的传播，促进了两国民众的文化交流。

【第三届中美篮球争霸赛举行】 2019年9月14日，第三届中美篮球争霸赛在青海体育中心举行。本次比赛由本土球员李政泽、拉毛才旦以及CBA前球员王晶等人组成的青海明星队对阵由NBA篮网队前球员哈桑·亚当斯领衔的美国明星队，美国明星队胜出。赛后，美国明星队走进西宁西建中英文学校开展公益活动，为当地学生进行球技表演并开办篮球课堂。自2016年起，中美篮球争霸赛已经举办了三届，不仅为中国篮球运动及相关行业发展注入动力，也推动了中美两国之间的人文交流。

【2019中美青少年篮球友谊赛举行】 2019年10月14日，由广州实验中学与美中友好协会主办的2019中美青少年篮球友谊赛第一场比赛在广州举行，广东实验中学篮球队迎战美国加州查米纳德高中篮球队并获胜。本次友谊赛其他比赛将在重庆举行，美国查米纳德高中篮球队将与重庆铜梁、璧山两所中学的篮球队进行比赛。美国查米纳德队教练表示，这是一次友谊之旅，比赛将更好地促进中美青少年之间的友谊。本次赛事促进了中美青少年人文交流，为两国人民友好交往打下良好的基础。

【中国奥委会主席苟仲文会见美国保尔森基金会主席】 2019年10月23日，国家体育总局局长、中国奥委会主席苟仲文在北京会见了美国保尔森基金会主席保尔森一行。苟仲文说，中方愿与美方开展体育交流，希望在足球、棒球、垒球等项目上与保尔森基金会开展合作。保尔森表示，将积极发挥基金会的作用，与中方加强体育交流，通过体育增进两国人民的了解和友谊。双方还就共同关心的问题交换了意见。

【第八届中美大学生体育文艺周开启】 2019年11月6日，由教育部国际合作与交流司指导、中国大学生体育协会与美国Pac-12联盟主办的第八届中美大学生体育文艺周在苏州开启。美国Pac-12联盟主席拉瑞·斯科特以及联盟多名官员与亚利桑那州立大学和科罗拉多大学波尔德分校两支球队受邀来华参与交流访问。本次体育文艺周由中美大学生篮球友谊赛、第五届中美大学体育教育峰会与2019年NCAA常规赛暨Pac-12联盟中国赛三部分组成。中美大学生篮球友谊赛于当日下午在苏州举行，分别由北京大学—苏州大学联队与清华大学—苏州大学联队迎战亚利桑那州立大学队和科罗拉多大学波尔德分校队。其余两场活动在上海举行。

【第五届中美大学体育教育峰会举行】　2019 年 11 月 8 日，由中国大学生体育协会和美国 Pac-12 联盟主办的第五届中美大学体育教育峰会在上海财经大学创业中心举行。在此次峰会上，双方回顾了中美高校合作以来双方所取得的成果，同时围绕体育如何对社会发展产生积极影响与作用展开讨论，并一同探讨了新时代中美大学体育发展所面临的机遇和挑战。作为本次峰会的重要成果，双方共同宣布中国大学生体育协会与 Pac-12 联盟将进一步深化合作，在 2020 年继续举办一系列体育交流活动。此次峰会是“中美社会和人文对话”框架内的活动。在“中美社会和人文对话”机制的推动下，中美两国在大学体育教育方面的合作与交流不断向前迈进。

【2019 Pac-12 联盟中国赛举行】　2019 年 11 月 9 日，2019 Pac-12 联盟中国赛在上海宝山体育中心开战，科罗拉多大学博尔德分校最终以 81：71 战胜亚利桑那州立大学，在中国取得新赛季美国大学体育协会（NCAA）常规赛的开门红，这也是首次 Pac-12 联盟队伍之间的内战。Pac-12 联盟中国赛是 Pac-12 联盟全球顶级赛事，目前引入中国已有五年。该赛事不仅为促进两国交流、增进友谊作出了突出贡献，而且传递了体育与教育相互融合的重要理念。自 2016 年起，中国留学基金委员会与美国 Pac-12 联盟合作开展全国学校体育教师、教练员赴美留学项目，至今已有近 600 名体育教师、教练员赴亚利桑那州立大学参加留学培训。

【第四届中美高校体育论坛举行】　2019 年 12 月 3—8 日，第四届中美高校体育论坛分别在美国洛杉矶、旧金山和圣塔克拉拉三个城市举行。应美国 Pac-12 联盟邀请，由部分省教育厅及高校体育相关负责人组成的中国代表团赴美国参加论坛。在此期间，中国代表团一行 19 名成员访问了南加利福尼亚大学、加利福尼亚大学洛杉矶分校以及 Pac-12 联盟总部，与美方开展了座谈交流，并现场观看了 Pac-12 联盟美式橄榄球联赛总决赛。本次论坛使中国代表团学习到了美国在教学理念、教育管理、高水平运动员培养等方面的经验。第四届中美高校体育论坛作为“中美社会和人文对话”机制的重要内容之一，促进了中美两国学校体育领域的交流与合作，为中美两国间的人文交流增添了新的内涵，同时为中国学校体育的发展发挥了积极作用。

【美国冰球职业联盟举办中国新年庆祝活动】　2020 年 2 月 4 日，美国冰球职业联盟旗下的新泽西魔鬼队在其主场保德信中心举办中国新年庆祝活动。在此次活动期间，保德信中心球场披上“中国红”，大屏幕用中文介绍出场球员，场边贴有“欢庆元宵”等中文标识。在场间休息时段，年味十足的舞龙舞狮表演和中国主题的互动问答环节吸引了现场观众的热烈掌声。近 2 万名观众一边欣赏精彩的美国热门体育赛事，一边体验丰富多彩的中国春节文化。

【中美围棋网络对抗赛举行】　2020 年 4 月 15—16 日，由中国围棋协会和美国围棋协会共同举办的中美围棋网络对抗赛举行。中国队棋手由中国围棋协会和各省围棋协会推荐。美国队棋手由美国围棋协会组织的网络选拔赛产生。最终，中国棋手以总比分 11∶1 的成绩夺得本次对抗赛的胜利。本次比赛充分发挥了围棋在疫情防控期间的积极作用，借鉴了中国经验拓展国际网络战“疫”新空间，助力中国围棋文化走出去，同时也进一步增进了中美人民的友好情谊，丰富了国内国外广大围棋爱好者居家精神文化生活，满足了广大围棋爱好者的爱棋观赛需求。

【中美青年桥牌网络交流赛举行】 2020 年 6 月 26 日—7 月 26 日，由国家体育总局棋牌运动管理中心、中国桥牌协会主办的中美青年桥牌网络交流赛举行。本次交流赛设青年公开组、青年女子组、少年组及儿童组四个组别，中美各派四支队伍参赛。最终，中国队获得胜利。此次交流比赛全程通过央视网、央视影音、休闲体育等平台直播，超过 100 万人次观看。此次交流比赛是中国桥牌协会首次举办跨国网络比赛。中美两国青少年牌手在线交流、切磋牌技，以桥牌这门国际通用的语言，传递友谊，共同提高。

【2020 姚基金慈善赛举行】 2020 年 10 月 4 日，2020 姚基金慈善赛在武汉举行。由中国男篮主教练杜锋率领的“中国篮球明星队”以 122∶107 战胜北京控股队主教练马布里执教的“男丁格尔明星队”。“中国篮球明星队”由中国男篮球员代表、文娱明星等组建，“男丁格尔明星队”由抗疫医护人员、国际球星等组建。姚基金慈善赛是由姚基金发起的体育公益赛事，自 2007 年起先后举办九届，有 150 多名中美篮球职业运动员参与其中，推动了青少年体育教育事业的发展。

七　中美妇女交流

【第五届中美妇女儿童健康论坛举行】 2019 年 4 月 19 日，第五届中美妇女儿童健康论坛在广西南宁召开。本届论坛由广西妇幼保健院、广西妇幼保健协会共同举办，国内外知名专家、学者受邀参加，并就医学研究成果进行了广泛而深入的交流。此次论坛围绕妇科新技术、儿童疾病与遗传、护理、产科危重症及临床热点、胎儿医学暨产前超声诊断、医院管理等热点问题举办了专题讲座。中美两方专家、学者就继续推进妇女儿童健康工作分享了经验，并表达了对于增强两国学术交流和广泛开展各类医疗合作的希望。此次论坛秉持“开放、协同、共享”的理念，为海内外同仁搭建了交流的平台，也为提高妇女儿童健康水平谱写了新篇章。

【美国华人妇女联合会访问团到访基层建设部】 2019 年 5 月 22 日，中国侨联基层建设部部长张毅会见了美国华人妇女联合会访问团。张毅部长简要介绍了中国侨联的发展历史，并强调要加强基层侨联的建设与合作。美国华人妇女联合会会长田纹瑛表示，美国华人妇女联合会将继续秉持其宗旨，团结海外侨胞、弘扬中华民族文化，并努力增进中美两国人民之间的了解和友谊。

【北京市妇联接待美国旧金山湾区中国统一促进会妇女代表团】 2019年9月19日，北京市妇联在通州区接待了来自美国旧金山湾区中国统一促进会的妇女代表团。该代表团此次访问的目的在于了解妇女的生活状况及妇联组织的工作情况。该代表团成员分别参观了北京城市副中心规划展厅、通州区妇女之家及北京市妇女交流交往示范基地，感受到中国的繁荣发展和妇女事业的长足进步。双方达成共识，要积极发挥女性的智慧与力量，并为推动中美妇女交流做出不懈的努力。

【中国新生代女性艺术展在美巡展】

2019年11月18日至2020年1月1日，由世界艺术教育联盟和北京市联合国教科文组织协会共同主办的“中国新生代女性艺术家精品展”在美国巡展。此次巡展是中国女性艺术家首次在美国举办的群展，也是生于改革开放后的中国年轻一代艺术家的集中亮相。巡展的作品聚焦女性对生活、文化、社会的独特思考，以女性视角呈现了中国当代青年特有的生活图景。此次巡展体现了中国年轻一代女性艺术家对历史和时代的关切与反思，对艺术和自我精神的诚实探索。在当前复杂多变的国际背景下，该巡展为世界打开了一扇了解中国艺术和文化精神的窗口，也为促进文化多样性和跨文化交流做出了努力。

【中美人才齐聚第八届中国女性领导力论坛】 2019年11月20日，由长江商学院与联合国妇女署共同举办的“2019女性领导力论坛：平等的力量”在北京召开。本次论坛旨在探索女性领袖在政府、商业、学术及体育发展中的重要角色，深入探讨女性如何打破偏见、推动经济发展和社会实质性变革。来自国内的学者和女性企业家鼓励新时代的女性要勇于挑战自我，并呼吁社会为女性的发展共同努力。本次论坛为助力女性发展、培养女性领导力提供了新的思考平台，对创造有利于妇女发展的社会文化、促进性别平等起到了积极的推动作用。

【美国旧金山湾区中国统一促进会向中华全国妇女联合会发来慰问信】

2020年2月6日，美国旧金山湾区中国统一促进会向中华全国妇女联合会发来慰问信。在信中，美国旧金山湾中国统一促进会表达了对中国抗击新冠肺炎疫情的关切与支持，对坚守在疫情第一线的医护人员表示衷心的感谢，并对中国在抗击疫情过程中的表现给予高度的评价和肯定，也相信中国政府和人民一定会赢得此次疫情防控战的胜利。旧金山湾区中国统一促进会和中华妇女联合会长期保持着密切的交往，在促进中美友好关系等方面作出了重要贡献。

【2020年中美继续开展女童与科技项目】 2020年10月11日是第九个“国际女童日”，联合国儿童基金会将2020年活动的主题确定为“我的声音，我们平等的未来”。陕西省妇女联合会指导，国际计划（美国）陕西代表处、陕西妇女儿童发展基金会、陕西友联妇女儿童交流服务中心共同策划了公益宣传片《梦想》，呼吁打破性别偏见，为女童科技赋能。自2018年9月起，在陕西省妇联的指导下，国际计划（美国）陕西代表处支持地方教育局开展了“女

童与科技”项目，为2000多名乡村儿童提供机器人编程课程，并举办科技创新工作坊。2020年，中美继续开展女童与科技项目，旨在支持女童的科技梦想，消除性别刻板印象，帮助建设更加公平和繁荣的未来。

【中国美国商会第四届女性经济峰会召开】 2020年10月21—23日，中国美国商会第四届女性经济峰会以线上方式召开。本届峰会由中国美国商会和睿美创议（SCHSAsia）联合举办，主题为“以女性为中心重振我们的经济”。与会代表重点探讨了疫情对女性和经济的影响，技术在提供就业机会中的角色以及同工同酬的重要性。本届峰会的召开有助于进一步推动性别平等的发展，为建立一个面向长远、符合所有人利益的世界提供智慧。

【乔治城大学中美妇女与社会研究小组召开线上会议】 2020年11月，乔治城大学（Georgetown University）美中全球议题对话项目举办线上对话会议，就当今国际社会妇女所面临的问题展开讨论。本次会议为乔治城大学中美妇女与社会研究小组举办的首次会议。该研究小组汇聚了来自中美两国大学、研究机构和智囊团的12名知名学者和从业者。在线上会议中，中美妇女与社会研究小组强调要继续传承1995年在北京召开的“联合国第四次世界妇女大会”的会议精神，并以此为导向制定研究主题。该小组探讨了多个研究主题，包括保护妇女权益、扩大妇女权利、妇女的教育、妇女在自然科学领域的参与及其对气候变化政策的影响等。此外，研究组成员组成了若干跨文化研究小组。在接下来的两个学期里，她们将开展合作项目，撰写文章，并就共同感兴趣的议题展开长期研究，以此扩展对当代社会女性角色的研究。

【2020福布斯中国女性领袖论坛召开】 2020年12月19日，由福布斯中国主办的“2020福布斯中国女性领袖论坛”在上海召开。此次论坛旨在探讨女性如何应对挑战和变革、成就卓越事业等热门话题。《福布斯女性》执行副总裁莫伊拉·福布斯（Moira Forbes）回顾了中国女性在商界所取得的长足进步，肯定了中国女性在疫情期间所展现的领导力和作出的卓越贡献。来自中国的知名学者和女性企业家也作了主旨演讲，呼吁社会各界为女性的发展营造良好的环境，关注女性的身心健康，并在科技领域为女性赋能等。本届论坛展现了新时代中国女性领袖的力量，同时致敬她们为社会发展所作出的巨大贡献。

八　中美青年交流

【中美青年学子共庆2019年新春】 2019年2月16日，约500名中美青年在中国驻美大使馆欢聚，庆祝中国农历新年以及中美建交40周年。来自美国华盛顿特区、马里兰州、弗吉尼亚州、特拉华州等地的中国留美学生和他们的美国同学、老师们，应中国驻美大使之邀前来做客，与美国国务院、教育部以及当地学校和教育机构代表、中国驻美使馆官员们一起，共庆新春。这是中国驻美国使馆首次邀请中美两国青年学生前来使馆欢度佳节。

【习近平复信美国高中学生】 2019年4月，中国国家主席习近平复信美国伊利诺伊州北奈尔斯高中学生，勉励他们为增进中美人民友谊作出贡献。此前，北奈尔斯高中中文班40多名学生用中文写信给习近平，询问习近平的工作、生活情况和个人爱好，表示他们正在学习中文，喜爱中国的语言文字、音乐和中餐，希望有机会来中国参观访问。习主席复信将会激励更多伊利诺伊州当地学生学习中文、了解中国文化并参与中美友好交流。

【2019年度全美十大华人杰出青年】 2019年5月4日，由全美中华青年联合会、美国华人公共外交促进会、英文《洛杉矶邮报》联合举办的第十二届“全美华人十大杰出青年”评选结果榜单在洛杉矶公布。本年度评选活动主题是：传承与创新，来自不同领域的十大杰出华人青年获得此奖项。该评选活动已持续12年，成为在每年5月的美国亚太裔传统月期间最令全美华人社区以及美国主流社会瞩目的一项活动，向美国社会展现了新一代华人的优秀风貌和群体形象。

【2019中美青年领袖对话会举行】 2019年5月13—17日，由中国国际问题研究院主办的2019中美青年领袖对话会在北京举行。本次对话会的主题为“回顾与展望：纪念中美建交四十周年”。在对话会上，中美代表就“中美关系四十周年”“中美安全合作”“中美经贸关系”三个分议题进行了深入讨论，为中美寻找和扩大利益交汇点，拓宽合作领域和深化合作机制提出了建设性意见。会后，美方代表参访了中国外交部、国家发展与改革委员会国际合作中心、中国国际经济交流中心、外交学院、盘古智库等单位，并与中方专家、学者进行了座谈和交流。

【第五届知行中国——中美青年菁英项目】 2019年6月2日晚，由中国教育国际交流协会主办的第五届知行中国——中美青年菁英项目开幕式在北京举行。“知行中国”是中美人文交流的一项重要机制活动，而“知行中国——中美青年菁英项目”则是其中的重中之重。八位来自金融、可持续发展、智慧城市、数据创新、传媒影视、创新食品、女性领导力领域的美国青年学者在为期四周的知行之旅中，走访中国十余个城市，拜访200多家机构。本次项目为增进中美两国青年相互理解与友谊、促进两国关系改善发挥了重要作用。

【第六届中美青年创客大赛】 2019年7月23—26日，代表75支队伍的300余名大学生创客在北京中华世纪坛参加了2019年中美青年创客大赛决赛。本届大赛由中华人民共和国教育部主办，以“共创未来”为主题，持续关注社区、教育、环保、健康、交通、能源等可持续发展领域，鼓励和支持中美青年共同打造具有社会和产业价值的新产品、新应用，进而为全人类的科技和文明进步发挥积极作用。本次大赛促进了中美两国创客文化与生态建设，为两国青年搭建了交流沟通的平台。中美青年创客大赛已经成为中美社会和人文对话的品牌活动之一。

【首届中美青年峰会召开】 2019

年8月11日，由美中西联盟举办的首届中美青年峰会在北京召开。与会27位嘉宾导师，50位行业嘉宾代表，500余位青年学生、家长及社会人士参加会议。此次峰会以“时代召唤青年，青年创造时代”为宗旨与愿景，来自科技、教育、体育板块的嘉宾通过主旨演讲、圆桌论坛、青年领袖对话等模式，共同探讨了社会核心前沿话题，分享了行业的看法和观点。该峰会为具有国际视野的优秀学子搭建了增强学术交流、提升社会使命、了解世界前沿话题的平台。

【第十二届中美大学生交流论坛开幕】 2019年8月19日，由中国清华大学、北京大学，美国哈佛大学、麻省理工学院学生共同策划的第十二届IMUSE中美大学生交流论坛在清华大学开幕。本届IMUSE论坛以“青年开拓未来”为主题，从“教育”和“环境”两个议题展开，引导青年代表思考人类的未来和地球的未来。此次论坛秉承为中美民间交流注入年轻血液，促进中美青年交流的使命，邀请了来自清华大学、北京大学、哈佛大学、麻省理工学院、卫斯理学院等全球顶尖高校的学子参加。

【世界青年在全球疫情下的杰出贡献与观察研讨会举办】 2020年6月6日，由子知教育发起主办，天使守护基金、全美中华青年联合会、社会创新种子社区（SEED）、“只为你进步”基金会等机构参与合作支持的“世界青年在全球疫情下的杰出贡献与观察”国际研讨会在美国首都华盛顿、洛杉矶、北京等地同步举行。来自知名华人青年社会创新和公益组织的十余位重量级嘉宾共同探讨杰出青年理想所在，疫情期间各自的职责与义务以及对未来的规划和对世界的认知。

【青年发展与青年担当国际研讨会举办】 2020年6月13日，由子知教育发起主办，全美中华青年联合会、“只为你进步”基金会、青藤国际组织等机构参与合作支持的“青年发展与青年担当”国际远程研讨会在华盛顿、洛杉矶、北京、柏林等地同步举行。来自媒体、教育、社会创新和公益组织的十余位与会嘉宾围绕在国际新语境下，作为新时代的华人青年如何应对挑战，“讲好中国故事”，实现自我发展，践行时代担当。本次研讨会促进了中美民间交流。

【2020中美青年学者交流研讨会举办】 2020年6月30日—7月3日，由环球时报社、美国卡特中心、北京大学中外人文交流研究基地共同主办的2020中美青年学者交流研讨会于线上举办。数十位两国青年学者和相关领域专家参加此次会议，围绕“中美关系的现状、未来与青年角色”这一主题展开讨论。自2014年9月首届中美青年学者论坛在中国西安举办之后，中美青年学者交流研讨会已经举办五届，在新冠肺炎疫情背景下，此次研讨会对中美学者之间的交流极具价值。

【中美青年峰会2020召开】 2020年8月8日，由美中西联盟、伊利诺伊中国峰会以及密歇根中国论坛协同发起，凤凰国际智库与埔思学院合作企划的中美青年峰会2020以线上直播的形式顺利举行。业界先锋与中国青年一同探讨“疫情时代”热点问题、分享前沿观点。该峰会成立于2019年，旨在为具有国际视野的优秀学子搭建增强学术交流、提升社会使命、了解世界前沿话题的青年峰会平台。

【2020中美青年创客大赛全国总决赛举行】 2020年8月21—24日，75支团队以在线方式参加了2020中美青年创客大赛总决赛。中美青年创客大赛由中国教育部主办，以“共创未来”为主题，聚焦民生、社区、教育、环保、健康、能源、交通等可持续发展领域，运用创新思维和前沿科技，直面人类的困难和挑战，为构建人类命运共同体贡献了力量。一年一度的中美青年创客大赛在2019年被成功列入全国高校学生竞赛排行榜，已经成为中美社会和人文对话的重要品牌活动之一，促进了中美两国创客文化与生态建设。2020年，创客大赛共吸引了近9000名中美青年创客报名参加。

【第四届太和文明论坛青年对话分论坛举行】 2020年9月12日，由太和智库主办，上海合作组织国家青年平台SCOLAR Network作为合作伙伴共同发起的第四届太和文明论坛举行青年对话分论坛。来自学界与企业界的专家学者和全球青年代表以线上研讨的方式，共论疫情影响下的教育变革和困扰全人类的气候变化问题。与会嘉宾通过线上深入研讨达成基本共识，促进了国家间的文明交流与互鉴。

【2020中美青年创客交流中心建设研讨会召开】 2020年11月26日，由中国教育部国际合作与交流司和教育部创新创业教育指导委员会主办，教育部留学服务中心和南京工业大学共同承办的“中美青年创客交流中心建设研讨会”在南京举办。来自中美高校和企业的创新创业专家汇聚此次研讨会，共同探讨后疫情时代创新创业教育和中美人文交流领域的重点问题，分享优化治理体系、提升治理能力的创新举措，这对持续推动中国教育对外开放，不断提升人才培养质量、服务能力和办学水平，构建中国高等教育高质量发展新格局具有重要意义。

九　中美地方合作交流

【“2019广州文化周——欢乐春节美国行”——广东艺术团赴美国华盛顿、马里兰州演出】 当地时间2019年2月3—9日，广东艺术团赴美国华盛顿、马里兰州开展“2019广州文化周——欢乐春节美国行”活动，举办了多场精彩演出及中国非遗文化展示，并应邀参与中国驻美国大使馆举办的庆祝中美建交40周年暨2019年新春招待会演出，为美国民众献上独具岭南文化魅力的春节民俗和文艺演出。此次演出反响热烈，吸引了逾7000名当地民众参与。

【海南与美国梅奥诊所共建国际医师培训中心】 2019年2月12日，美国梅奥诊所代表团与海南齐瓦颂成美医疗科技发展有限公司就建设“海南国际医师培训中心”等事宜进行了交流。齐瓦颂成美医疗由第一成美医疗集团和中国对外建设有限公司联合组建。按照计划，梅奥“海南国际医师培训中心”项目将落户三亚市海棠湾，选址中国外建投资建设的“齐瓦颂·海棠健康文化综合体”，有望成为中国具有示范效应的全科医师专业化培训基地。目前双方已经签订框架协议，随着合作的进一步深入，双方还将适时举办“梅奥·海南（中国）全科医学论坛”，筹建“梅奥·海南临床医学研究中心”。

【美国安克雷奇市市长率团访问哈尔滨】 2019 年 2 月 24 日—3 月 1 日，美国阿拉斯加州安克雷奇市市长伊森·博科维茨率团访问哈尔滨，哈尔滨市长孙喆会见代表团。两市就开通直航和友城建设等各领域合作达成多项共识，双方市长表示愿意在平等互利的基础上建立友好城市关系，共同签署了《建立友好交流城市关系协议书》。其重要议定事项包括阿拉斯加大学安克雷奇分校与哈尔滨市第三中学开展高中生短期访学夏令营项目，航空工业哈尔滨通用飞机工业公司产品推介和该公司产品参加安克雷奇市航展的初步意向，康华旅行社、阿拉斯加麦金利旅游公司和双方旅游部门在两地合作开展旅游推广意向，阿拉斯加大学安克雷奇分校与哈尔滨工程大学极地研究和访问学者、学生交流合作等。

【中美构建友好城市】 2019 年 3 月 13 日，中国驻美国大使馆与美国国际姐妹城协会在美国首都华盛顿共同举办招待会，纪念中美建交 40 周年和中美友好城市合作。中国驻纽约旅游办事处向与会嘉宾推介中国旅游。迄今为止，中国文化和旅游部与美国商务部、美国国家旅游局建立了对话机制，省州旅游局长对话会议举办了多年，旅游协会、旅游企业间持续高频互动。

【海南省与美国全国商会签订谅解备忘录】 2019 年 3 月 27 日，中国海南省政府与美国全国商会在 2019 年博鳌中美医疗健康圆桌会议上签订谅解备忘录，双方就中美健康医疗等领域达成合作共识。在此次会议上，美方强调了海南博鳌医疗健康产业的巨大发展潜力，希望进一步拓展双方在医疗领域的合作，并参与海南自贸区、自贸港建设。

【重庆市与美国萨克拉门托市签署建立友好合作关系谅解备忘录】 2019 年 3 月 31 日—4 月 2 日，美国萨克拉门托市市长施德伯率团访问中国重庆市，重庆市市长唐良智会见代表团，双方共同签署了《重庆市与美国萨克拉门托市建立友好合作关系谅解备忘录》。该谅解备忘录的签署，旨在支持和促进两地互利友好合作关系的发展，并推动建立有效的交流合作机制，方便双方在智能城市管理、双向贸易与投资、物流、教育、文化艺术等领域开展互访与合作。近年来，重庆与美国州市合作密切。萨克拉门托市是美国加州的政治中心和重要交通枢纽，医疗与生物科技、高技术制造业、清洁能源、农业、教育等都具有明显优势，在重庆市设有驻华经贸及教育代表处。

【美中跨太平洋基金会美国国会议员助手访华代表团参访海南】 2019 年 4 月 16—20 日，应中国人民外交学会邀请，美中跨太平洋基金会 2019 年第一批美国国会议员助手访华代表团专程到海南参访，考察海南建设自贸区、自贸港的新进展、新情况，并先后与海南省领导举行座谈。在 17 日举行的座谈会上，海南省外办有关负责人围绕航线开通、实际利用外资增长等情况介绍海南建省办经济特区以来发生的变化，同时推介海南建设自贸区、自贸港的政策优势，希望加深双方合作交流。美方访华代表团表示对海南建设自贸区、自贸港进程中的创新举措和发展情况充满期待。

【四川—美国工业园区环保技术升级研讨会在成都举行】 2019 年 4 月 23 日，由美国驻成都总领事馆商务处主办的四川—美国工业园区环保技术升级研讨会在成都举行。本次研讨会旨在加快四川省工业园区绿色创新驱动发展，通过中美企业合作，为四川省工业园区提供先进适用的环保解决方案，增强中美两国企业交流和商业合作。四川省生态环境厅总工程师赵乐晨、美国驻成都总领事馆商务领事范思杰等人发表致辞，中美双方有关部门、美国节能环保领域企业代表、新都工业园区、各绿色园区企业代表等 100 余人参会。在会上，双方就环保合作问题达成共识，希望以此次研讨会为契机，发挥各自优势，积极寻求潜在合作，对节能环保领域进行探索，实现互利共赢，推动污染物减排、改善环境质量，让合作交流迈上新的台阶。

【南京市与美国圣路易斯市互赠结为友好城市 40 周年礼】 2019 年，为纪念友城交往 40 周年，南京市与美国圣路易斯市互派代表团访问，开展了多种形式的纪念活动，互赠了独具特色和别有意义的城市礼物。4 月 26 日，南京市代表团访问圣路易斯市，赠送该市一对明式铜椅和一张茶几，摆放在友宁园内。10 月 14 日，圣路易斯市赠送南京市一座棒球投球手雕塑，此雕塑与圣路易斯市的击球手雕塑是同一组作品，二者东西相向、遥相呼应，象征着两市的深厚友谊。南京和圣路易斯市自 1979 年结为友好城市以来，交流合作遍及经济、文化、教育、科技等各个领域。40 年来，南京市与圣路易斯市的友好关系始终保持健康稳定的良好发展势头，经贸往来日益频繁，人文交流日益密切，务实合作日益深化，有力地推动了两市发展、造福了两地人民。

【中国旅游文化周暨黄山旅游联合国总部推介会举办】 2019 年 5 月 3 日，中国黄山市政府、中国驻纽约旅游办事处共同举办的“中国旅游文化周暨黄山旅游联合国总部推介会”活动隆重举行，这是黄山市旅游首次亮相联合国总部并举办专业推介会。纽约市、纽约州政府官员、联合国职员、旅游业界等各界主流代表近 200 人出席了当晚的活动。在推介会上，中国驻纽约总领事馆副总领事钱进、联合国公共信息部执行委员会主席布鲁斯·诺茨等主要嘉宾先后致辞，对此次黄山旅游文化宣传活动给予充分肯定。黄山市有关负责人表示，在联合国总部使节宴会厅举办的此次活动，向全球游客展示了新黄山、古徽州的城市魅力，让更多的海外游客能够感受黄山、品味黄山、走进黄山。

【首届中国—犹他州经贸投资论坛在美国盐湖城举行】 2019 年 5 月 11 日，中国—犹他州经贸投资论坛在美国盐湖城举行，涵盖金融、贸易、能源、教育、文化和制造业等各领域的 40 余家中国企业赴美参加论坛，来自辽宁省、江西省、江门市、盐城市等地政商界代表近100人出席论坛，与美国犹他州行政、立法等部门，尤其是州内优势产业企业进行交流互动，探讨双边贸易与投资新机遇。在中国驻美国大使馆和犹他州政府的支持下，各方立足于扩大犹他州与中国的贸易与投资合作，通过对中国省市和犹他州营商环境的详细介绍，深入探讨双边在经贸、文化、体育、科技及农业等各领域的合作潜力，增进双边工商界的务实交流与合作。此次经贸投资论坛也是犹他州“金钉节”150周年纪念活动的重要内容之一。

【重庆自然博物馆同美国环球健康与教育基金会签订深化合作备忘录】 2019年5月18日，重庆自然博物馆同美国环球健康与教育基金会签订深化合作备忘录。重庆市市长唐良智会见该基金会创始人兼主席肯尼斯·贝林一行并共同见证签约。根据该备忘录，环球健康与教育基金会将支持重庆自然博物馆建设发展至世界一流水平，支持重庆自然博物馆创建基于“探索与发现”教育理念的首座“肯尼斯·贝林好奇学院”，开展主题式、国际化的研学实践教育活动，同时提供面向全国的生态文明教育师资培训，努力建成国际知名的博物馆教育中心，并与重庆自然博物馆深化展览和文创产品合作。

【第五届中美省州长论坛在美国肯塔基州召开】 2019年5月22—24日，第五届中美省州长论坛在美国肯塔基州列克星敦市举行，此次论坛为期3天，由中国人民对外友好协会、美国中国总商会、美国全国州长协会等联合主办。来自中国甘肃省、江西省、陕西省、重庆市的省（市）长或副省（市）长，美国肯塔基州、田纳西州、华盛顿州、科罗拉多州、密歇根州的州长或副州长以及两国经商界人士等约400人出席论坛，探讨教育文化、先进制造业、基础设施建设和投资，以及电子商务与跨境贸易等话题。中美双方一致认为，省州长论坛为双方提供了交流互鉴、合作共赢的机会与平台，让两国州与省、企业与企业、人民与人民之间的沟通和交流更加顺畅，从而筑牢两国关系的根基。双方愿意顺应合作大势，凝聚友好之心，汇集省州之力，为中美关系下一个40年谱写精彩篇章。在会场上，两国省州之间还就一系列合作项目举行了签约仪式。参会的两国企业家代表也广泛交流，探讨未来合作的机遇与空间。

【2019中国—加州经贸论坛在洛杉矶举行】 2019年6月5日，2019中国—加州经贸论坛在美国洛杉矶举行，来自中国八个省、市、自治区和美国加利福尼亚州的政府官员、外交官、企业家、专家学者等近500人出席。本届论坛是“中国省与美国加州贸易投资合作联合工作组”框架下举办的第四次年度经贸促进活动，由中国驻洛杉矶总领事馆、洛杉矶地区出口委员会等部门共同主办。与会代表围绕贸易与投资合作、清洁技术、跨境电商、先进制造、创新合作等议题进行了专题研讨，就中美经贸关系面临的前景、机遇和挑战进行深入交流，并开展了一对一对接交流活动。在此次论坛上，美国加利福尼亚州代表表示，尽管目前美中关系面临一些挑战，但加州愿意继续努力发展与中国的关系，以促进同中国的贸易和投资。另外，本届论坛首次设立主宾省，广东

省作为主宾省，在论坛期间重点介绍了粤港澳大湾区带来的商机。

【第二届密歇根中国周系列活动】 2019年6月6—7日，由密歇根州政府发起、密歇根—中国创新中心承办的第二届密歇根中国周活动在底特律举行。密歇根州与来自中国多个省、市及密歇根当地的政、商、学各界人士300多人参加。在中国周闭幕晚宴上，中方代表表示，中国周活动为中美省州之间探讨合作新领域、新模式、新渠道搭建了良好平台，注入了新的动力。美方代表在致辞中积极评价密歇根州同中国的友好交流和务实合作成果，表示密歇根州重视同中国的关系，将继续致力于发展同中国在经贸、人文等领域的交流与合作。此次活动是继去年密歇根州首倡中国周以来，密歇根州连续第二年举办中国周活动，得到中国全国对外友协、中国机电产品进出口商会的大力支持。此外，中美双方与会人士分别举行了投资峰会、中美企业对接会、企业家圆桌会等活动。

【2019中国（广东）美国投资合作交流会在旧金山举行】 2019年6月7日，由中国广东省人民政府与美国全国商会共同主办的2019中国（广东）美国投资合作交流会在旧金山举行，双方政府官员、企业界、金融界以及法律界人士数百人与会。本届交流会以“挑战与机遇：粤港澳大湾区背景下的粤美合作”为主题，包括主题大会、高峰对话及交流对接等环节，旨在深入宣传推介粤港澳大湾区，加强对话交流，推动深化广东省与美国加利福尼亚州以及广东与美国在贸易和投资领域的互利合作。广东省代表表示，广东愿意推动粤港澳大湾区在多个方面加强与旧金山湾区的合作。美方代表强调，中美两国关系非常重要，需要不断建设和维护，需要面向未来加强合作。双方就科技创新、智能制造、健康医疗以及文化娱乐等领域合作进行了充分对接与洽谈，合作意愿强烈，部分企业达成合作意向及协议。

【海南省省长沈晓明会见美国弗吉尼亚联邦大学校长迈克尔·拉奥】 2019年7月4日，海南省省长在海口会见了来琼考察的美国弗吉尼亚联邦大学校长迈克尔·拉奥一行。双方围绕弗吉尼亚联邦大学的学科优势和海南医疗旅游、汽车设计等产业发展人才需求探讨了合作方向。中方希望弗吉尼亚联邦大学与海南高校加强合作，并指出中央政府支持海南与国际一流高校展开合作，为海南发展提供人才支撑。迈克尔·拉奥赞赏海南发展愿景和产业规划。他认为，双方可以围绕汽车设计、康养、医务社工、海洋经济等产业发展，促进学科交流和人才培养，提升海南高等教育水平。

【第四届中美友城大会在休斯敦举办】 2019年7月17日，第四届中美友城大会在美国得克萨斯州休斯敦举行。本届大会以“展望下一个40年：更强劲的友谊，更紧密的合作”为主题，由中国人民对外友好协会、美国国际姐妹城协会联合主办，吸引了中美双方超过40个城市、约200名代表参加。当天，与会代表就创新与智慧城市、海上丝绸之路及其影响、大都市协作及未来的经济增长、中外教育合作交流等议题进行探讨，加强中美友城联系，推动地方务实合作。双方共同强调中美友城间的互鉴互补、精诚合作有力地促进了地区经济社会发展，加深了人民间的了解与友谊，同时希望未来进一步推进中美友城之间在多领域的务实合作。与会人士希望，中美两国能够通过对话磋商解决当前双边关系所面临的挑战，并一致认为，两国应通过进一步加强地方合作和民间交往，为中美关系长远发展增添动力源泉。中美友城大会是两国地方政府交流的一项重要机制，自创办以来，已分别于2014年在美国华盛顿、2015年在美国芝加哥、2016年在中国南昌成功举办三届。

【兰州在美国硅谷设立科技创新工作站】 2019年7月22日，兰州科技创新（硅谷）工作站在美国中关村硅谷创新中心正式揭牌成立。甘肃省兰州市科技局与中关村（国际）控股公司签署了《“兰州科技创新（硅谷）工作站”合作协议》，这是兰州市依托中关村海外资源布局，开展海外科技创新交流合作的新举措。作为兰州在美国硅谷地区的指定官方联络机构和国际化展示窗口，兰州科技创新（硅谷）工作站将主要开展科技创新、国际交流、项目推介等相关工作，促进美国硅谷地区符合兰州需求的人才、项目、技术等业务的交流、合作与落地，畅通科技交流与合作渠道。

【美国加利福尼亚州政要代表团访问重庆】 2019年8月2—3日，由美国联邦众议员马克·高野率领的美国加利福尼亚州政要代表团来渝访问，该代表团一行参观走访了史迪威博物馆、大足石刻等重庆历史文化圣地。在访问期间，该代表团表示，加州多地与重庆在发展上有很多共同的挑战和机遇，重庆的城市规划和建设非常值得加利福尼亚借鉴，以实现改善加州居民的居住条件、降低居住成本等目标。本次美国加州政要代表团访渝活动由美华友好协会组织，该组织为在加州注册的非营利性友好组织，曾先后组织美国西部市长代表团、加州政要代表团访华进行文化旅游交流、友好城市交流以及企业商贸洽谈等。

【中国武汉—美国威斯康星州经贸交流合作会召开】 2019年8月21日，中国武汉—美国威斯康星州经贸合作交流会在武汉召开。美国威斯康星州政府、总商会、生物医药及水环境两大行业协会，以及以大健康产业为主的30家企业40余名代表参加了此次会议。11家美企与武汉企业成功签署合作备忘录，拟与武汉在制药、医养护理、水环境等领域开展合作。武汉代表表示，武汉正规划建设大健康产业园，将生物医药、医疗器械、健康金融等作为重点发展方向，同时希望通过此次活动，增进双方沟通，进行高效对接，建立友好、务实、紧密的合作关系，深入推进各领域合作。威斯康星代表十分看好武汉与美国威斯康星州之间的合作，希望能成为传播中国文化的使者，邀请更多的美国企业到中国武汉投资发展。在企业洽谈环节，美国企业与武汉企业纷纷表达了希望进一步加强联系，深化合作，共谋大健康及能源环保等产业发展的愿景。

【浙江省对外科技交流中心与美国凯特琳大学签署战略合作协议】 2019

年8月26日，浙江省对外科技交流中心与美国凯特琳大学在杭州签署战略合作协议。双方就企业转型升级和绿色经济可持续发展等进行了交流探讨。浙江省对外科技交流中心与美国凯特琳大学在与会人员见证下签署了战略合作协议。根据该协议，双方将进一步加强在专业人才和技术项目培训、人才引进、联合开展科研创新项目、共建联合实验室等方面的合作，结合浙江省优质的汽车制造和移动物联产业基础以及丰富的应用场景，构建涵盖浙江全省汽车产业资源的国际交流对接网络，使凯特琳大学的技术能够在浙江得到很好的转化应用。

【美国中国总商会芝加哥商会2019年年会举办】 2019年9月17日，美国中国总商会芝加哥商会2019年年会在芝加哥举行。本次年会由美国中国总商会芝加哥商会联合芝加哥市招商局、中国商务部投资促进局共同举办，主题为协同合作，旨在庆祝中美建交40周年，共促中美务实合作，300余名中美商界人士出席此次盛会。此次年会就美国中西部投资环境、对美绿地投资、初创企业在美投资和科技合作等进行了介绍，来自中西部地区九个州的商务厅和企业在年会活动现场设立了宣传展台。

【2019中国湖北—美国经贸合作洽谈会在纽约举行】 2019年9月18日，2019中国湖北—美国经贸合作洽谈会在纽约时报广场皇冠假日酒店举行。来自中国湖北省和美国纽约州、新泽西州政商界300多名代表齐聚一堂，畅谈湖北省与美国州市经贸合作机遇，签订贸易投资项目。在此次洽谈会上，双方代表一致希望美国企业与湖北省企业在信息通信、生命科学、智能制造、新能源新材料等产业领域加强合作，促进双方产业链进一步融合，并深化双方在科技创新和金融等领域的合作，推动湖北省与美国经贸关系行稳致远。此外，在洽谈会上，湖北省政府、企业及有关机构与美国企业签署了一批经贸合作协议，涉及新能源、化工、医药、机械设备、环保、知识产权保护等项目。

【2019感知重庆·苗乡文化交流活动巡演美国三城】 2019年9月19日，2019感知重庆·苗乡文化交流活动文化交流团圆满完成城市推介任务返回重庆。在访美期间，该交流团介绍了重庆的人文地理情况、发展现状以及重庆独特神秘的苗乡文化，并在巡演中向世界发出参加2020年西部旅游博览会、中国国际智能产业博览会的邀请。本次2019感知重庆·苗乡文化交流活动在美国底特律、圣堡罗、明尼阿波利斯三地举行，让世界了解重庆，了解苗乡风情。此外，重庆市彭水县分别与明尼阿波利斯华助中心和明尼苏达州华兴旅行社签署战略合作协议。

【湖北—俄亥俄结好40周年庆祝活动在哥伦布市举行】 2019年9月20日，湖北省与俄亥俄州政府共同举办的湖北—俄亥俄结好40周年庆祝活动开幕式和经贸洽谈会在哥伦布市希尔顿中心酒店拉开帷幕，250多名中美政、商、学、侨界人士与会。在此次活动中，湖北省副省长赵海山和俄亥俄州副州长修斯特德签署了友好省州关系确认书。中方希望，双方今后继续深化在汽车、智能制造、信息通信、新能源、现代农业及服务业等领域的合作，同时进一步扩大人文交流，共同开启下一个40年的合作。美方表示，俄亥俄对湖北乃至全中国的贸易投资不断扩大，目前中国是俄亥俄第三大出口市场，俄亥俄欢迎更多湖北和中国企业来俄亥俄投资兴业。湖北和俄亥俄经济主管部门还举办了专场经贸洽谈会，就双方贸易投资环境做了推介，30多家湖北企业与俄亥俄当地企业进行了洽谈对接，现场集中签约6项。同日，湖北代表团在俄亥俄州立大学举办了楚文化国际学术研讨会。多位美国楚辞研究与翻译家、楚文化研究专家，以及中美大学生代表等50多人参加此次研讨会。

【天津市人大常委会主任率团访问美国】 2019年10月15—22日，天津市人大常委会主任段春华应邀率天津市代表团对美国进行友好访问。在访问期间，段春华会见了俄勒冈州州长凯特·布朗等人，双方就进一步深化两市州在教育、文化、经贸等领域的务实合作深入交换了意见。此外，段春华还会见了费城市市长吉姆斯·肯尼，双方就以结好40周年为契机不断巩固友城关系，进一步扩大在教育、人文、生物医药、港口等领域的务实合作进行了交流。俄勒冈州州长凯特和费城市市长肯尼均表达了对与天津市友城关系的高度重视，希望不断巩固友好关系，多开辟务实合作，实现共赢。段春华还走访了费城交响乐团、天普大学、路易克拉克大学、费城菁英中学等，推动天津市与费城、俄勒冈州在多领域的交流合作。

【中国人民对外友好协会会长会见美国全国州议会会议代表团】 2019年11月4日，中国人民对外友好协会会长李小林在京会见了美国全国州议会会议（NCSL）代表团。马萨诸塞州议会参议院临时议长等出席会见。李小林希望各州议员与NCSL积极努力，乘着第二届中国国际进口博览会的东风，共同扩大合作交流领域，继续发展与中国人民对外友好协会的伙伴关系，保持中美地方立法对话畅通，为两国地方务实合作牵线搭桥。帕切科议员赞赏中国的发展成就。他表示，NCSL刚刚与全国对外友协签署了新的合作备忘录，今后将继续致力于巩固和推动双边合作关系，使其迈上新的台阶。

【河南省政府与美国通用电气公司签署战略合作框架协议】 2019年11月5日，第二届中国国际进口博览会在上海国家会展中心开幕。在开幕式后，河南省人民政府与美国通用电气公司举行了战略合作框架协议签署仪式。根据战略合作框架协议，双方将持续深化合作，在濮阳市打造美国通用电气公司陆上风电业务制造中心和综合性生产服务基地，并就可再生能源项目开发、装备制造、产业链建设等开展深层次合作。

【中国人民对外友好协会副会长谢元会见美国阿肯色州州长】 2019年11月6日，中国人民对外友好协会副会长谢元在京会见美国阿肯色州州长阿萨·哈钦森。中方高度赞赏哈钦森在促进中美友好合作中所发挥的积极作用，并建议阿州在第二届中国国际进口博览会召开之际，把握机遇，不断深化与中方的务实合作，拓宽交往领域，进一步造福中美两国人民。哈钦森州长对美中关系的发展表示高度重视，认为双边合作符合两国人民的根本利益，并表明今后他将一如既往地支持两国地方交往，积极开展与华合作。

【“公园城市·熊猫之都”——2019成都·洛杉矶文化旅游创新系列活动】

2019年11月6日，由成都市文化广电旅游局和成都市人民政府外事办公室联合主办的“公园城市·熊猫之都”——2019成都·洛杉矶文化旅游创新系列活动在洛杉矶市中心文化历史核心场所Vibiana隆重举行，来自商、学、娱乐、文化旅游行业、媒体等各界的100位嘉宾、代表出席。本次系列活动包括举办成都—洛杉矶文化、历史和风光图片展、文化旅游创新交流会、文化旅游推广晚宴等，来自成都的非物质文化遗产传承人带来的剪纸、糖画、变脸、茶艺等文化展示受到现场观众的热烈欢迎。本次活动成功地向美国当地民众全面推介了成都，加深了成都和洛杉矶之间的交流和友谊，推动两地的繁荣发展。

【“中美省州经贸合作论坛暨海南自贸区（港）贸易投资推介会”在沪举办】　2019年11月6日，中国商务部和海南省人民政府在上海国家会展中心共同举办“中美省州经贸合作论坛暨海南自贸区（港）贸易投资推介会”，美国华盛顿州、犹他州、肯塔基州、纽约州、北卡罗来纳州、宾夕法尼亚州等州的代表与中方湖南省、四川省、辽宁省、云南省等省的代表就加强合作交换了意见。微软（中国）、3M、强生、默沙东、普华永道、澳佳宝、盛诺一家等重点企业就对华地方合作特别是海南建设自由贸易试验区、探索自贸港等内容展开对话交流。在推介会期间，海南国际经济发展局与澳佳宝集团、盛诺一家医院管理咨询有限公司，三亚市政府与普华永道会计师事务所分别签署了合作备忘录。本次推介会是第二届中国国际进口博览会重要配套活动，为中美地方和企业进一步加强交流、推进合作搭建了重要平台。

【第四届中美省州立法机关合作论坛举行】　2019年11月12日，由中国人民对外友好协会与美国州立法领袖基金会共同主办的第四届中美省州立法机关合作论坛在石家庄市开幕。本次论坛以“共同的愿景、共同的责任”为主题，中方16个省（市、自治区）人大常委会领导，美方亚拉巴马州、加利福尼亚州等10个州的嘉宾及各界代表共350人参加了开幕式。与会代表围绕“挑战与责任”“环境与治理”“转型与升级”“教育与未来”等议题展开深入讨论和积极交流。中方代表表示，将以此次论坛为契机，扩大与美国地方立法机关深度合作，不断增进中美人民友谊，为构建人类命运共同体贡献力量。美方代表希望，两国立法工作者在本届论坛上探讨共同关心的话题，建立紧密联系，增进相互理解，增进美中省州立法机关、学术界和民间的互访交流，加强美中之间的紧密合作。中美省州立法机关合作论坛成立于2015年12月，是中美两国省州立法机关增进相互了解、开展务实合作的重要渠道。

【河南濮阳党政代表团赴美国开展文化交流】　2019年12月20—26日，河南濮阳市党政代表团应邀赴美国开展文化交流和杂技项目合作洽谈。双方代表围绕文化交流和杂技产业项目合作如何向深度拓展进行了坦诚、深入的交谈，达成广泛共识。近年来，濮阳市及河南省杂技集团，与美国奥兰多环球影城、奥兰多迪士尼、奥兰多海洋公园等文化企业进行了多次合作，合作领域涉及演艺演出、展览设计、艺术指导和剧目创作等，取得了丰硕的成果。

【美国贵州商会、同乡会向贵州捐赠抗疫物资】 2020 年 2 月，美国贵州商会、同乡会向贵州捐赠抗疫物资。由美国贵州商会向贵州省捐赠的口罩、手套等医疗物资从美国洛杉矶启航，总价值10 万元人民币，抵达贵州之后将被送往贵州各大医院，支援家乡抗击疫情。与此同时，美国贵州同乡会送出的 7 万多只医用口罩，通过贵州省慈善总会定向捐赠给贵州省人民医院、贵医附院、贵阳第二人民医院和盘州人民医院，供第一线的医护人员或病人使用。美国贵州商会代表表示，美国贵州商会愿意以乡之情、以心之愿、以己之力，积极做好医疗物资捐赠活动，为祖国、为家乡奉献爱心。

【中国多地向美国捐赠医疗物资助力抗击疫情】 当地时间 2020 年 4 月 17 日，辽宁省向犹他州捐赠的一批抗疫物资顺利抵达犹他州盐湖城盐宫会展中心，物资包括7000 只 N95 口罩、7 万只一次性医用口罩、7000 套防护服和3000 只儿童口罩。犹他州州议会专门举办物资接收仪式，并通过视频连线方式向辽宁省致谢。同日，安徽省捐助的抗疫物资运抵马里兰州，马里兰副州务卿布兰达、安徽—马里兰友好省州委员会代表许纲等赴现场接收，并通过视频连线方式感谢友好省州安徽省的抗疫物资捐赠。5 月，广西人民对外友好协会捐赠的一批医用口罩和医用手套等防疫物资已运抵美国旧金山美国飞虎队历史委员会，并分发给委员会成员、飞虎队老兵亲友、桂林飞虎队博物馆捐资者等友好人士。美方称赞中方在抗击疫情中所做的努力，表示面对前所未有的疫情威胁，中国政府采取的行动为世界树立了榜样，也帮助了正面临同样威胁的世界其他国家。

【《中美民间抗疫合作分析——现状、挑战及展望》调研报告在京发布】

2020 年 7 月 6 日，由中国人民对外友好协会、中国友好和平发展基金会支持、全球化智库（CCG）撰写的《中美民间抗疫合作分析——现状、挑战及展望》调研报告在京发布。来自中美两国的专家学者、医务工作者、非政府组织、商会、企业界等各界代表及40 余家国内外主流媒体记者参加发布会。与会代表认为，该报告数据翔实、事例生动，较为全面地反映了中美民间组织和人士合作抗击新冠肺炎疫情的情况，强调新冠肺炎病毒是人类共同的敌人，中美民间应共同抵制“政治病毒”的传播，继续开展合作，为早日战胜疫情作出贡献。

【美国安克雷奇市市长与中国哈尔滨市市长进行视频会面】 2020 年 7 月 21 日，哈尔滨市委副书记、市长孙喆视频会见了美国安克雷奇市市长博科维茨，双方就两市未来的合作方案交换了意见。中方建议，双方以开通直航为依托，释放贸易、旅游等领域合作潜能，开展教育、文化、旅游等领域项目合作，并建立定期沟通机制，将双方合作项目落到实处。美方则表示，安克雷奇市非常希望与哈尔滨市交流抗疫经验，以携手应对共同的危机和挑战。

【“中国市与美国芝加哥市外资政策线上交流会”举办】 2020年8月6日，由美国芝加哥市政府、芝加哥市招商局和中国商务部投资促进事务局联合举办的“中国与美国芝加哥外资政策线上交流会”召开。在此次线上交流会上双方分享了营商环境、复工复产、利用外资最新政策等内容，同时就芝加哥科技企业来华发展、中国企业赴芝加哥投资等具体问题进行现场交流。2020年是中国市与芝加哥合作机制第七年，此次线上交流会是“中国与美国芝加哥市贸易和投资合作联合工作组”的重要成果之一。

【2020中国（广东）—美国投资合作交流会成功举办】 2020年9月16日，2020中国（广东）—美国投资合作交流会在广州市成功举办，广东省政府代表与美国有关方面就双方经贸投资合作开展交流。在此次交流会上，粤、美双方均表示对下一步合作充满信心，广东将通过完善“快捷通道”机制，进一步提升商务往来便利水平，推动以新一代信息技术、新型显示、智能制造、生物医药、智能交通装备、高端材料等领域为代表的双向投资合作，进一步拓展贸易合作领域，积极探索贸易发展新业态新模式，深化金融领域交流，完善沟通合作机制。自2017年起，广东省政府联合美国全国商会已连续举办三届中国（广东）—美国投资合作交流会，为双方合作搭建良好平台。近年来，在双方共同努力下，广东与美国的贸易投资合作保持良好的发展势头。

【陕西省与美国怀俄明州结好5周年线上系列友好交流活动启动】 2020年9月30日，陕西省与美国怀俄明州结好5周年线上系列友好交流活动启动。陕西省省长赵一德、美国怀俄明州州长马克·戈登致辞并线上签署两省州交流合作备忘录。自两省州结好以来，合作领域不断扩展，交流交往不断深化，特别是在新冠肺炎疫情期间，双方互致慰问、共同抗疫，进一步巩固了两省州人民的友谊。双方共同希望以此次活动为契机，切实加强能源、教育、文化、旅游等多领域的务实合作，推动双方友好省州关系不断向前发展。

【中国人民对外友好协会副会长会见美国加州—中国气候研究院主任】 2020年10月21日，中国人民对外友好协会副会长户思社会见了美国加州—中国气候研究院主任戴凡一行。户思社表示，中国人民对外友好协会将一如既往地支持和鼓励两国地方政府间在包括气候变化、碳中和、新能源等领域的务实合作，继续为中美省州及城市间友好交流搭建更多优质平台。戴凡表示，加州州长纽森重视对华交往，他将进一步加强与中国在气候变化、新能源等领域的合作，并愿继续在美中地方务实交往中发挥积极作用。

【“气候行动：中美省州合作”专题对话会举行】 2020年11月22日，读懂中国国际会议（广州）“气候行动：中美省州合作”专题对话会在广州举行。此次对话会由中国国家创新与发展战略研究会、21世纪理事会和加州—中国气候研究院共同举办。此次对话会认为，中美在应对气候变化政策和行动方面都有新的重要变化，面临新形势、新发展，双方应探讨新形势下的多种合作机制，加强在碳中和规划和路线图设计方面的合作，全面推进两国在科技创新、可再生能源产业和绿色金融等领域的合作，进一步推进人才交流，提高中美地方交流的层次。

【中国人民对外友好协会会长与美国州立法领袖基金会领导层举行视频对话会】 2020年11月25日，中国人民对外友好协会会长林松添与美国州立法领袖基金会领导层举行视频对话会。中方肯定美国州立法领袖基金会多年来为推动中美省州人大、议会交流合作所做的积极贡献，期待与基金会加强合作，积极响应两国人民和地方的期盼，共同努力推动中美关系重回正确的轨道，进一步深化中美地方合作和人文交流。与会美方嘉宾表示，新冠肺炎疫情向世界各国发出了重大挑战，值此困难时刻，整个世界更加需要健康稳定的美中关系。美方愿继续保持同中国人民对外友好协会的友好伙伴关系，保持线上线下互动与沟通，为双方在经贸、投资、文化、气候变化、环保、青年等领域的交流对话搭建平台，促进两国人民特别是企业界和地方政府的相互了解与互利合作。

十　中美其他交流

【中美关系40周年学术研讨会召开】 2019年1月17日，为纪念中美建交40周年，主题为“中美关系40周年——寻找管控双边关系的新框架”的学术研讨会在美国佐治亚州亚特兰大卡特中心召开。该研讨会为期3天，由美国卡特中心、中国人民对外友好协会、中国社会科学院美国研究所联合主办。在研讨会期间，中美双方学者围绕中美整体关系以及双方在高等教育、青年、贸易、投资、社会、科技、医疗等各领域的交流与合作展开了对话。

【中美民间外交高端论坛在上海召开】 2019年4月9日，由上海市美国问题研究所、上海社会科学院国际问题研究所、上海社会科学院历史研究所、上海公共外交协会联合主办的“从‘共享的历史’走向‘共享的未来’”中美民间外交高端论坛在上海召开。本次论坛着重探讨中美民间交往“共有历史”中的典型案例：一是19世纪末万余名中国铁路劳工赴美修筑中央太平洋铁路；二是在反法西斯战争中，美国友人自愿漂洋过海与中国人民并肩战斗。

【中美知名学者对话会议举行】 2019年5月3—4日，由中国社会科学院美国研究所和美国耶鲁大学蔡中曾中国研究中心共同举办的“中美知名学者对话”会议在北京举行。中美两国学者就全球和地区形势及两国国内因素评估、双边经贸及技术关系前景、双边安全领域管控机制以及国际秩序、多边机制和全球治理等共同关心的问题充分交换了意见。与会学者认为，中美关系是当今世界上重要的双边关系之一，两国要加强合作，管控分歧，确保双边关系始终沿着正确轨道向前发展；人文交流是中美关系的重要组成部分，双方智库学者应进一步加强沟通交流，为推动两国关系健康稳定发展作出积极贡献。

【中美知名学者对话第三次会议举行】　2020年5月12—13日，“中美知名学者对话”第三次会议以视频会议形式举行。本次会议由中国社会科学院美国研究所和美国耶鲁大学蔡中曾中国研究中心共同举办。在此次会议期间，来自不同领域的30位中美知名学者围绕疫情背景下的中美关系进行了深入研讨和坦率交流。与会学者认为，新冠病毒是当前人类面临的最大威胁。中美作为有影响的大国，要从两国和世界根本利益出发，加强沟通协调，通过务实合作，造福两国人民和世界各国人民；两国学界应积极主动开展对话和合作，发出理性、客观、专业的声音，为推动中美关系健康发展发挥建设性作用，为中美和全球早日走出疫情困境、携手实现更高质量复苏贡献智慧。

【中美智库媒体视频论坛召开】　2020年7月9日，由中国公共外交协会与北京大学、中国人民大学联合举办的中美智库媒体视频论坛以在线方式召开。此次论坛的主题为“相互尊重，信任合作——把握中美关系的正确方向”。与会者一致认为，中美双方要合作，不要对抗，合作是唯一的选择；中美要共同探索和平共处、合作共赢之道。此次论坛对加强中美之间的对话和交流起到了推动作用。

【中美关系：管控竞争与加强合作研讨会召开】　2020年11月19日，由北京大学国际关系学院与哈佛大学费正清中国研究中心联合举办的中美关系：管控竞争与加强合作研讨会以在线方式召开，20余位来自中美两国的专家、学者就当前和未来中美关系的相关问题交换了意见。此次研讨会由“当前中美关系透视及美国总统大选的影响”和“新方向：加强合作的前景”两个主题组成，与会专家、学者回顾了过去几年里中美关系的情况，分析了两国关系目前面临的各种问题，并从理论和历史的角度探讨了两国应对挑战和开展合作的可能性。此次研讨会还就下一阶段北大—哈佛中美关系研讨会交流的主题和形式进行了讨论。

（撰稿人：陈崛斌、付美榕、闫循华、郑琪、戚林、黄潇涵、杨月妮、杲海啸、沈素芬、杨佳鑫、韩李琳、张薇）

中英人文交流

一　中英教育交流

【英国伦敦孔子学院召开第六届理事会电话会议】　2019 年 1 月 9 日，北京外国语大学与伦敦大学亚非学院以电话会议的形式召开了第六届伦敦孔子学院理事会议。理事长瓦莱丽·阿莫斯，副理事长、北京外国语大学校长彭龙，理事会成员等出席会议。伦敦孔子学院外方院长汇报了 2017—2018 年在汉语教学、文化活动等方面的工作。双方讨论了 2019 年度两校互访及邀请伦敦大学亚非学院加入全球外国语大学联盟等事宜。

【第二轮“中英数学教师交流项目”完成】　2019 年春节前夕，170 余名来自中英两国的校长、教师在中国驻英国大使馆庆祝第二轮“中英数学教师交流项目”完成。“中英数学教师交流项目”是中英两国数学教师之间的互派教学培训项目，也是中英高级别人文交流机制重点项目之一。截至 2019 年初，互派教师共计约 700 人。该项目是中英合作不断探索、创新的例证。

【第十八届“汉语桥”世界大学生中文比赛全英大区赛落幕】　2019 年 4 月 6 日，第十八届“汉语桥”世界大学生中文比赛全英大区赛决赛在伦敦伊丽莎白二世女王会议中心举行。英国董事协会伦敦地区主席拉马尔、英国国际贸易部中国事务负责人齐姬、英国文化委员会项目顾问韦斯特以及 26 所在英孔子学院中英方院长、参赛大学师生、参赛选手亲友团、中英两国企业和部分英国中学代表等近 700 人观看了比赛。刘晓明大使及其夫人胡平华女士出席活动并致辞。刘大使在开幕式上发表了题为“秉持交流初心，共建理解之桥”的讲话。他表示，语言学习只是起点，汉语这座桥梁将最终帮助更多的外国学习者了解中国和世界，理解何为“天下一家”。

【首届中英高等教育人文联盟青年学生论坛举行】　2019 年 4 月 18 日，首届中英高等教育人文联盟青年学生论坛在清华大学举行。清华大学党委书记、中英高等教育人文联盟主席陈旭，英国埃克塞特大学校长史蒂夫·史密斯爵士，英国驻华大使馆文化教育公使衔参赞白怀德等参加了以“寻人文创新之美，架中英沟通之桥”为主题的论坛。来自清华大学、北京大学、复旦大学、剑桥大学、牛津大学、伦敦大学学院等全球知名高校的 34 位优秀青年学子参与了学术交流，并在清华大学、故宫博物院等进行了实地考察。中英高等教育人文联盟于2016年12月在上海成立，参与中英两国在人文、跨文化对话与交流等方面的科研合作，对培养高层次青年人才起到了积极作用。

【第二届“中英高层次人才交流大会”在伦敦举行】 2019年4月27日，以“聚焦中英，面向未来”为主题的第二届“中英高层次人才交流大会”在伦敦伊丽莎白二世会议中心举行。近百家中国企业和机构、在英中资企业、英国企业参与本届大会，共提供2000多个招聘岗位，其中，人工智能、云计算、物联网、新能源、生物医疗等新兴领域的参展比例大幅提高。在大会期间还举办了中英校企圆桌会议。利兹大学、谢菲尔德大学、伦敦大学等九所英国大学与中国高校和企业就中国教育改革现状、未来人才培养、创新创业等话题展开了讨论。

【中英大学伙伴服务“一带一路”项目启动】 2019年5月28日，由中国教育部和英国大使馆文化教育处联合发起的中英大学伙伴服务“一带一路”项目在北京启动。教育部国际合作与交流司副司长张晋、英国文化教育协会中国区主任兼英国大使馆文化教育公使艾琳等参与启动仪式。该项目着重提高毕业生就业能力、培养企业家精神和创造力、支持高等教育国际化。大连理工大学、江苏大学等十所中国院校以及多所英国大学参与合作，吸引了来自马来西亚、菲律宾、南非、肯尼亚等10个“一带一路”沿线国家高校的积极参与，共有涉及医疗保健、食品安全、智能制造、再生能源、全球领导力等领域的六个项目获批。

【英国兰卡斯特大学“一带一路”研究院成立】 2019年6月7日，英国兰卡斯特大学“一带一路”研究院正式成立，同时举行了为期三天的跨学科“一带一路”研讨会。来自中英两国15所高校的学者围绕中英合作与环境、法律、外交、文化等主题展开了热烈讨论。兰卡斯特大学“一带一路”研究院是英国第一个“一带一路”实体研究中心，也是第一个由孔子学院牵头参与的“一带一路”研究院。

【第十七届英国汉语教学国际研讨会通过《兰卡斯特宣言》】 2019年7月5—7日，第十七届英国汉语教学国际研讨会暨2019年英国汉语教学研究会年会在兰卡斯特大学召开。本次研讨会由英国汉语教学研究会主办，近30个国家和地区的约180名业内人士和专家、学者参与，共同商讨汉语国际教育的发展问题。在此次研讨会上通过了《兰卡斯特宣言》，该宣言以“学术、奉献和友善”为宗旨，促进全球汉语学者共建共享教育资源。

【华东理工大学与英国哈德斯菲尔德大学签约共建全球首个科技创新孔子学院】 2019年7月8日，华东理工大学与英国哈德斯菲尔德大学就共建哈德斯菲尔德大学科技创新孔子学院正式签约。英国约克公爵安德鲁王子、中国驻英国大使刘晓明、中国大使馆教育公使衔参赞王永利等出席签约仪式。该孔子学院是英国第30所孔子学院，也是全球首个以科技创新为主题的孔子学院，标志着中英孔子学院合作进入新领域。该孔子学院的成立也有望对哈德斯菲尔德及西约克郡地区与上海的文化科技交流作出贡献。

【2019年汉语桥——英国培优项目来华夏令营启动】 2019年7月8日，“汉语桥——英国培优项目来华夏令营”活动在对外经济贸易大学正式启动。该项目结合英国政府的“中文培优”项目，由中国孔子学院总部、英国文化教育协会与伦敦大学教育学院协同开展。为期两周的夏令营分别在北京、上海、成都、西安、济南、沈阳和昆明的十所高校进行，共有822名英国中学生与103名英国带队教师参加。

【“2019博鳌乐城国际医疗产业暨医学教育峰会”在海南博鳌举行】 2019年11月3日，“2019博鳌乐城国际医疗产业暨医学教育峰会”在海南博鳌举行。该峰会为期两天，举办了爱丁堡博鳌亚洲国际糖尿病诊疗中心入驻海南博鳌超级医院签约仪式和“博鳌—爱丁堡国际医学培训中心”揭牌仪式，爱丁堡大学和上海交通大学医学院还签署了“海南博鳌合作办学意向书”。此次峰会围绕乐城先行区政策解读、国际医学教育和医疗前沿技术三大模块组织近30场主题演讲，有国内外知名专家等近500人参加讨论。此次海南博鳌乐城国际医疗旅游先行区和爱丁堡大学的合作将推动中国首个独立法人性质的中外合办医学院以及全国唯一一所研究型医院落户先行区，有助于未来临床数据应用研究的发展。

【英国托尔盖特小学孔子课堂揭牌】 2019年11月12日，驻英国大使夫人胡平华女士为托尔盖特小学孔子课堂揭牌。博林教育集团首席执行官汤姆·康宁、托尔盖特小学校长艾玛·奥康纳及近300名师生出席了揭牌仪式。托尔盖特学校附属于博林教育集团，该集团下属的七所小学在过去六年间均开展了中文教学。该校从2015年秋季学期开始与伦敦南岸大学孔子学院合作开设中文课程，并开设了中国武术及民族舞蹈等兴趣班。

【2019—2020年度中英数学教师交流项目举办】 2019年11月11—25日，2019—2020年度中英数学教师交流项目在上海举办。107位英国教师与中国同行就基础教育的理念、措施等问题进行了交流。

【北师大—卡迪夫合作发布会暨战略合作伙伴签约仪式举行】 2019年11月28日，“展望未来：北师大—卡迪夫合作发布会暨战略合作伙伴”签约仪式在北京师范大学举行。北京师范大学校长董奇、卡迪夫大学校长科林·赖尔登、英国驻华使馆教育与技能处及英国文化教育协会代表等出席签约仪式。双方讨论了“北师大—卡迪夫中文学院”自2015年9月成立以来的工作成果和未来的工作计划。两校共同签署了战略合作伙伴协议、数学学科双学位项目协议。

【中英伙伴学校交流计划中方项目学校培训活动举行】 2019年12月3日，中英伙伴学校交流计划中方项目学校培训活动在厦门举行。中国教育国际交流协会国际合作部主任傅博、英国文化教育协会代表以及来自全国16个省市的项目学校的领导和教师参加了此次活动。中英伙伴学校交流计划是中英高级别人文交流机制框架下的项目，已在中国遴选135所项目学校，旨在推动中英中小学在艺术、技术、科学、数学、工程等领域内的校际交流。

【疫情下英国发展汉语教育新模式】

2020年初新冠肺炎疫情暴发后，出于防疫需要，英国的汉语教育机构通过线上教学恢复汉语课程。相关措施包括：英国汉语教学研究会多次举办线上汉语教学研讨会；网络汉语教育平台“汉语联盟”紧急推出一系列示范课、精品课；苏格兰政府的E-sgoil网络学校将非母语学生的“初级汉语”等课程直接提前至5月在线上进行；汉考国际则本着“停课不停考”原则，紧急研制汉语居家网考系统，并于4月末、5月初举办了三场汉语水平考试居家网考。此类措施有助于促进英国汉语教育内生式、本土化和可持续、高质量的发展。

【全英文课程建设中英合作研讨会在线举行】　2020年6月22日，中国教育国际交流协会和英国驻华大使馆文化教育处联合主办线上全英文课程建设中英合作研讨会。该研讨会以“加强中英伙伴合作，促进全英文课程建设”为主题，共有来自中英高校和教育机构的92名代表参加会议。此次研讨会讨论了高校全英文课程建设中的各种挑战和对应的解决方案，以更好地促进全英文课程建设并推进全球教育合作。

【中国教育国际交流协会与英国国家学历学位评估认证中心续签合作备忘录】　2020年8月3日，中国教育国际交流协会与英国国家学历学位评估认证中心举行视频工作会，并续签了合作备忘录。这是自2016年签订合作备忘录以来，双方首次续签合作备忘录。双方就中外合作办学、职业教育等领域的合作进行了深入探讨，未来双方还将在跨境教育联合认证、信息交流、咨询服务、宣传推广等方面开发合作项目，推动合作备忘录的全面落实。

【第三届中英高层次人才交流大会举行】　2020年10月31日，第三届中英高层次人才交流大会在线举行。本次大会由英中人才发展协会主办，以“云聚英才、智领未来”为主题，对接英方60余所高校，吸引了来自国内外的40余家企业与机构参加，共提供就业岗位2000余个，涉及高科技、金融、教育、生物医药、快消、健康等领域。本次大会吸引了近万名学生投递简历，展现了中英人文交流在“后疫情时代”经济社会复苏发展中的重要角色。

【中英伙伴学校交流计划培训活动举办】　2020年11月12日，中国教育国际交流协会举办“防疫常态化背景下的中小学教育和校际交流”培训活动。中国驻英国大使馆公使衔参赞张晋、中英伙伴学校交流计划项目学校代表等120余人参与活动。中英伙伴学校交流计划于2016年启动，目前已有中国21个省市的185所学校加入该项目。该项目的宗旨是推动中英双方借鉴彼此的教学经验，并更好地深化务实合作。

【2020中英青少年艺术与科学教育论坛举办】　2020年11月13—14日，中国宋庆龄青少年科技文化交流中心联合英国教育科技协会举办了2020中英青少年艺术与科学教育论坛。中英两国艺术界、教育界的知名专家、学者、教育家、艺术家以及馆藏家参加了此次论

坛。该论坛以“东·西对望，‘缘’来如‘瓷’”为主题，以中英两国陶瓷艺术作为文化交流的纽带，以提升青少年的艺术素养，促进青少年更深入地了解世界各国的不同文化。

【中英大学工程教育与研究联盟2020年度高端论坛举行】 2020年12月3日，东南大学举办中英大学工程教育与研究联盟2020年度高端论坛。该论坛以“后疫情时代如何构建人类命运共同体：高等教育的机遇与挑战”为主题，中英14所大学的校领导在线参会，就后疫情时代高等教育面临的机遇与挑战、国际科研合作、国际化人才培养、工程教育模式探索与实践等问题阐述了观点。本次论坛为东南大学系列线上研讨会的首场活动，目的是在疫情期间进一步落实联盟成员之间的合作。

【2020中英高等教育人文联盟执行理事会召开线上会议】 2020年12月14日，中英高等教育人文联盟执行理事会召开线上会议。来自中英高校的理事代表对联盟工作进行了总结，并就未来的学术发展和峰会主题展开讨论。中英高等教育人文联盟于2016年由复旦大学和清华大学等12所中英高校共同倡议发起，现有联盟成员院校17所。

【中英（山东）教育国际交流合作对话会在山东建筑大学举行】 2020年12月17日，由山东省教育厅主办的中英（山东）教育国际交流合作对话会暨处长论坛在山东建筑大学举行。山东省12所高校以及英国13所高校的代表参加了此次对话会。与会人员就高校国际化办学体制机制建设、后疫情时代高校国际交流与合作的发展路径等问题进行了探讨。

二 中英科技交流

【英国华威大学聚焦“中国的科技创新”举办中国论坛】 2019年1月20日，英国华威大学中国发展协会主办中国论坛，主题为“中国的科技创新”。牛津大学、伦敦政经学院、曼彻斯特大学、布里斯托大学等高校的知名学者及华威大学100余位师生参加，驻英国使馆公使衔参赞蒋苏南出席该论坛，并介绍了中国科技创新发展态势和中英科技合作情况。

【国际应用生物科学中心（CABI）第399次执行委员会会议在伦敦举办】 2019年2月20日，国际应用生物科学中心（CABI）第399次执行委员会会议在伦敦举行。CABI系非营利性国际组织，总部位于英国牛津郡，目前共有包括中国、英国、印度、南非等在内的49个成员国。该组织的宗旨是为各国生物多样性发展提供科技信息产品和服务，传播生命科学知识，推动全球农业、农产品贸易和环境保护事业的发展。在此次会议上，中国代表就“中国农业农村部与CABI生物安全联合实验室”项目建设、CABI框架下双多边合作等议题作了发言。

【首届“中英峰会路演”活动在伦敦举行】 2019年2月22日，首届“中英峰会路演”活动在伦敦举行。该活动为“中英峰会”论坛框架下设立的项目，合作对象包括帝国理工学院、伦敦大学学院等八所英国知名高校的孵化器机构，采用“孵化器培育推介项目+中英峰会邀请投资者对接”模式，以推动中英科技交流与合作。来自两国金融、科技、教育等领域的近80家初创企业以及复星、碧桂园、博实乐、美国莱纳集团等中外投资机构参会。

【第十届伦敦政治经济学院新兴市场论坛举办】　2019年3月16日，第十届伦敦政治经济学院新兴市场论坛举办。本届论坛的主题为“中国内外影响力——本国和国际视角”，包括中英商业融合公司、英国阿里云、埃森哲等企业和机构代表在内的250余名各界人士与会。中方代表发表了题为“中国的人工智能”的主旨演讲，介绍了中国科技创新进展和中英科技创新合作现状，以及中国的人工智能发展概况、中英人工智能合作所面临的机遇与挑战等。伦敦政治经济学院新兴市场论坛创立于2010年，旨在增进英国各界对新兴市场的了解认知，推动双方多边务实合作。

【“龙门创将”中国赛区总决赛举办】　2019年4月13日，“龙门创将”中国赛区总决赛启动仪式及相关活动举办。中国科技部部长王志刚在深圳会见了应邀出席第十七届中国国际人才交流大会的英国约克公爵安德鲁王子。“龙门创将”是安德鲁王子于2014年创立的全球性创业孵化公益平台，王志刚对安德鲁王子本人及“龙门创将”项目与中国开展合作所取得的进展和成果表示祝贺。安德鲁王子表示，“龙门创将”项目既符合英国的全球化定位及立场，也与中国“一带一路”倡议相契合。中英双方希望能够以此次大赛活动为平台，吸引两国更多科技人员、创新人员、企业家参与其中。

【中英科学家共同破译中药黄芩产生抗癌活性物质的遗传密码】　2019年4月，来自中国科学院植物生理生态研究所、中国科学院上海辰山植物科学研究中心和英国约翰·英纳斯中心等机构的科学家联合完成了中药黄芩的全基因组测序，首次完整阐明黄芩中抗癌活性成分的进化和合成机制。此项联合研究成果奠定了人工合成汉黄芩素的基础，也为其他唇形科植物的遗传分析提供了参考。

【卡迪夫大学举办2019年中英电子技术和能源装备领域杰出青年科学家项目研讨会】　2019年5月28日，中英电子技术和能源装备领域杰出青年科学家项目研讨会在卡迪夫大学举办，中英两国政府、行业代表以及电子技术和能源设备领域的青年学者、科研人员等参加此次研讨会。中方代表在主旨发言中介绍了中英科技合作现状及未来发展机遇。随着中国进一步加大科技创新，中英科技创新合作大有可为。

【人工智能峰会在伦敦举办】　2019年6月13日，一年一度的人工智能峰会在伦敦举办，该峰会是伦敦较大规模人工智能产业发展峰会。英国数字、文化、媒体和体育部大臣赖特，商业能源和产业战略部国务大臣斯基德莫尔，中英贸易协会、中英人工智能协会以及阿里云、讯飞、Emotech等人工智能公司代表出席峰会并讲话，从不同角度探讨了中英人工智能合作以及中国人工智能发展前景。

【第十次中英经济财金对话举行，拟加强双方科技交流与合作】 2019年6月，第十次中英经济财金对话在伦敦举行，双方就宏观经济形势和全球经济治理、贸易投资与大项目合作、金融合作、战略与新领域合作等议题展开讨论。此次对话肯定了中英双方在金融科技领域所取得的一系列成就，包括为两国金融科技企业提供良好的政策环境、支持两国金融机构和金融科技企业加强合作、为全球数字经济提出创新解决方案，以及加强支付机构跨境监管合作和信息共享。在此次对话期间，双方通过了2017年启动的中英科技创新合作战略，并致力于借助中英科技联合实验室继续推动航天合作。双方还同意加强知识产权领域的合作和相互理解，并加强在农业科技方面的合作。

【第十二届中英欧毫米波太赫兹研讨会举行】 2019年8月20日，第十二届中英欧毫米波太赫兹研讨会在伦敦举行。中英欧毫米波太赫兹研讨会发起于2008年，是聚焦太赫兹理论与技术发展的年度专业学术论坛，在英国/欧洲和中国轮流举办。来自中国电子科技大学、东南大学等院校及英国、法国、德国、瑞士等国的研究机构与企业的100余名业内人士参加了研讨会。此次研讨会由英国玛丽女王大学华裔教授陈晓东主持，来自中英等国的科研人员分别就下一代石墨烯材料在太赫兹领域的应用、手机终端的5G毫米波天线、毫米波与太赫兹技术在5G向6G演进中的角色、全固态太赫兹电路和雷达系统、用于低赫兹范围的矢量网络分析仪扩展器等热门前沿课题作了介绍。

【第二十五届全英华人生命科学学会年会举行】 2019年9月14日，第二十五届全英华人生命科学学会年会在伦敦大学学院举办。全英华人生命科学学会成立于1994年，旨在交流、分享生命科学与生物医药领域的最新科研进展。此次年会就外周疼痛机制、骨关节炎早期干预、肿瘤体内实时成像、神经退行性疾病中的自噬机制、组织形态发生的力学和细胞动力学、艾滋病毒分子结构成像等前沿课题开展专题研讨。来自英国多所高校和研究机构的华人专家、学者100余人参加了此次年会。

【中英美三国工程院在伦敦联合举办第四届“全球重大挑战论坛”】 2019年9月16—18日，由中国、英国、美国三国工程院联合主办的第四届“全球重大挑战论坛”在伦敦召开。本届论坛主题是“不可预知的世界中的工程”，具体议题包括“人工智能和其他技术革新是否会造福人类”“我们能否支持100亿人口”等。来自高校、研究机构、企业的专家、学者参加了此次论坛。论坛期间还举办了“应对重大挑战”商业计划创意竞赛，以及现场创新创业商业计划“协作实验室”竞赛活动。

【北京大学医学部与牛津大学医学部签署科研合作谅解备忘录】 2019年9月19日，北京大学医学部与牛津大学医学部科研合作谅解备忘录签署仪式在牛津大学举行。双方拟在人口健康、精神疾病、神经科学和肿瘤研究等领域加强学术交流合作，开展医疗技术联合培训项目。在签约仪式结束后还举行了“精准医学”专题研讨会，中英两国专家、学者与会。

【“华龙一号”核电技术英国通用设计审查进入最后阶段】 2020年2月13日，英国核监管办公室（ONR）对外宣布，“华龙一号”通用设计顺利完成第三阶段审查，同意进入最后阶段，即详细评估阶段的审查，这标志着“华龙一号”核电技术落地英国又迈出了极为关键的一步。“华龙一号”是由中国两大核电企业中国核工业集团公司（CNNC）和中国广核集团（CGN）在30多年核电科研、设计、制造、建设和运行经验的基础上，基于福岛核事故经验反馈以及中国和全球新安全要求所研发的先进百万千瓦级压水堆核电技术，具有完全自主知识产权。“华龙一号”是中国核电创新发展的重大标志性成果。

【中国国家自然科学基金委员会同英国国家科研与创新署发布联合声明】

2020年3月12日，中国国家自然科学基金委员会同英国国家科研与创新署（UKRI）发布联合声明，强调双方共同致力于加强全球科研合作，鼓励开放的信息交流和数据共享，为快速推进新冠肺炎诊断、治疗与防控提供科技保障和决策支撑，为全球科学防控和应对疫情助力。该联合声明认为，科学研究是抗疫斗争中不可或缺的一环，需要汇集全球科研力量；双方呼吁动员、协调和整合资金，共同支持两国科学界；应科学认识新冠病毒，科学预测疫情发展；确保新冠病毒数据和研究成果快速公开共享，为抗疫决策提供科学理性依据；积极开展国际学术交流，分享研究成果；加强对流行病学、病毒学、应急管理等领域的国际合作研究，为一致应对人类共同挑战提供政策建议和根本保障等。

【第五届中英创新与发展论坛召开】

2020年10月20日，由中国科学技术发展战略研究院和牛津大学技术管理与发展中心、中科院科技战略咨询研究院、中英贸易协会共同举办的第五届中英创新与发展论坛召开。本次论坛以“后疫情时代的中英科技创新合作”为主题，来自牛津大学、英国商业能源和产业战略部、中科院科技战略咨询研究院、英国苏塞克斯大学、清华大学、浙江大学、英中贸易协会等机构的16位知名专家、学者作了主旨报告。国内外70余名学者、企业专家、政府官员线上参加了此次论坛，并围绕“后疫情时代的共同挑战：发挥科技创新的作用”以及“中英科技创新合作：合作领域和方式”两大主题展开了充分研讨，共同探讨中英科技创新合作所面临的机遇与挑战，交流企业创新实践。“中英创新与发展论坛”已成为促进中英两国科技创新领域学术交流与合作的重要平台和各界了解中英政策动态的重要窗口。

【2020中英街区尺度的可持续技术与设计策略研讨会举行】 2020年11月6—7日，“2020中英街区尺度的可持续技术与设计策略研讨会”举行。该研讨会是中国国家自然基金委与英国文化协会共同资助的中英青年科研人员交流项目。此次研讨会由华中科技大学和英国伦敦大学学院联合主办，旨在推动两国可持续建筑领域科研人员交流与知识分享，促进两国在高校产学研领域开展创新合作。中英两国在科技创新方面优势互补、合作潜力巨大，在可持续技术

和应用领域发展成果各具特色。

【“2020 中英青少年艺术与科学教育论坛”举办】 2020 年 11 月 13—14 日，中国宋庆龄青少年科技文化交流中心联合英国教育科技协会以线上线下相结合的方式举办了“2020 中英青少年艺术与科学教育论坛”。中国宋庆龄基金会以“增进国际友好，促进祖国统一，发展少儿事业”为宗旨，始终在教育、科技、文化等领域开展国际民间友好交流合作，让各国民众，尤其是青少年更加深入了解世界各国的不同文化。英国剑桥大学教育系科学教育教授基思·泰伯、中国国家博物馆原副馆长陈履生围绕科学和博物馆教育，分别以“想象力与创新意识对科学教育的重要性”和“博物馆的学习与青少年艺术和科学的培养”为主题作了演讲。

【第二十二届中国留学人员广州科技交流会英国分会场活动举办】 2020 年 12 月 18 日，“2020 中国海外人才交流大会（海交会）暨第二十二届中国留学人员广州科技交流会”英国分会场活动在广州白云国际会议中心举办。20 余家用人单位、近 2000 名在英留学人员参与了本次活动。“海交会”是规模大、层次高、影响力强的海外人才创新创业交流平台，以国际化、市场化、专业化的方式为广大海内外人才搭建开放合作的广阔舞台，在留学人员中具有很强的影响力和号召力。自 1998 年在广州创办以来，海交会一直致力于促进人才交流和科技合作、支持海外留学人员回国创业。2020 年，海交会着力进行市场化转型和国际化升级，聚合更多国际创新资源，促进人才要素自由流动，为粤港澳大湾区及国内经济高质量发展提供人才支撑。

三　中英文化交流

【2019 年彭斯之夜新春晚宴暨苏中商业大奖颁奖典礼举办】 2019 年 1 月 24 日，由爱丁堡大学苏格兰孔子学院与英中贸易协会联合主办的“2019 年彭斯之夜新春晚宴暨苏中商业大奖颁奖典礼”在苏格兰首府爱丁堡举行。出席典礼的有苏格兰地方政府贸易、投资及创新事务次官伊万·迈克，爱丁堡市长弗兰克·罗斯，中国驻爱丁堡总领事潘新春，苏格兰地方政府企业部国际运营项目主任尼尔·弗朗茨，英中贸易协会主席詹姆斯·萨森爵士，爱丁堡大学苏格兰孔子学院英方院长费南山，以及 250 余位英国商业和文化界人士。在典礼上，由嘉宾为在中国—苏格兰教育、出口、引进、投资四个方面作出突出贡献的企业颁奖。本次典礼将彭斯之夜庆典与中国新春晚宴相结合，通过富有两国文化特色的表演活动，将中国文化融入苏格兰传统节庆中，展现了两国文化的交融。

【刘晓明大使出席英国科学博物馆“中国之夜”活动】 2019 年 1 月 30 日，中国驻英国大使刘晓明出席英国科学博物馆举办的“中国之夜”活动，并发表了题为“趣品中国味，厚植中英情”的讲话，对英国科学博物馆长期以来对中英科技交流合作的支持表示感谢。英国科学博物馆将1月“博物馆之夜”的主题定为“中国之夜”，通过现代科技展示中国科技发展成果、庆祝中国春节。

【爱丁堡电影院放映姜文系列电影】

爱丁堡大学苏格兰孔子学院推出题为“姜文电影回顾展”的中国电影季。该回顾展从3月11日到4月1日陆续播放由姜文导演或出演的七部电影，展现姜文丰富的作品，向观众呈现出世界级的电影制作。此次中国电影季活动是在英国首次推出将中国一位导演/演员与其系列电影结合起来的回顾展映。爱丁堡大学苏格兰孔子学院希望将这一活动逐步发展为常规性的电影导演项目，通过电影向英国观众展现中国文化，帮助他们了解当代中国。

【中国外文局“英国人眼中的中国”主题活动举办】　2019年3月12日，中国外文局（中国国际出版集团）在伦敦书展举办“英国人眼中的中国”主题活动。为庆祝新中国成立70周年和中英两国建立代办级外交关系65周年，中国国际出版集团推出“中国外文局70年中英互看主题图书”精品书展，邀请英国作家、学者和政界人士一同探讨中国主题图书，并举行新书首发式。当天首发的新书包括英国国际发展部国务大臣麦克·贝茨勋爵及其夫人李雪琳的《徒步中国Ⅱ：为梦想行走》、已故英国著名汉学家秦乃瑞的著作《中国乡村的“莎士比亚——汉学家眼中的中国评剧》英文版等。中国外文局副局长刘大为表示，本次中英互看主题图书精品书展的图书是中英两国人文交流的历史见证和文化象征，体现了两国人民的深厚情谊。

【“技艺中国”展亮相2019伦敦手工艺周】　2019年5月10日，为期三天的伦敦手工艺周“技艺中国”展在英国伦敦友好俱乐部开幕。本次展览由中国国家对外文化贸易基地（上海）和中国驻伦敦旅游办事处主办，以中国传统工艺的传承与创新为主线，展示了来自中国10个省（区、市）的逾40位国家级或省级工艺美术大师、非物质文化遗产传承人、青年设计师的作品，展现苏绣、水族马尾绣等近20项国家级非物质文化遗产技艺及金银掐丝、珐琅工艺等逾10种传统手工技艺；其间还举办传统技艺的体验和互动交流活动。中国驻英国大使馆文化公使衔参赞于芃在展览开幕式致辞中表示，本次展览是展示中国传统工艺振兴成果的窗口，是体现文化和旅游融合发展的项目，也是增进中英文明交流互鉴的桥梁。

【中英创意产业合作周亮相深圳第十五届文博会】　在第十五届深圳文博会期间，“中英创意产业合作周”系列活动在会展中心苏格兰展区和深圳F518创意园同步开展。2019年5月15日，爱丁堡市长弗兰克·罗斯率代表团赴会展中心考察文化创意产业，对“中英创意产业合作周”系列活动、深圳文博会的举办表示赞赏。自2015年开始，深圳—爱丁堡国际创意产业孵化中心落户F518创意园，将文化创意、科技、智能制造等结合起来，在不到4年的时间里已服务两地企业241家，深度服务企业30家。

【中英乐团联袂上演“中国之夜”音乐会】　2019年9月16日晚，为庆祝中华人民共和国成立70周年，英国皇家爱乐乐团携手中国爱乐乐团，在伦敦巴比肯中心音乐厅上演“中国之夜”音乐会。本场演出由上海歌剧院院长、著名指挥许忠执棒，青年钢琴演奏家万捷旎担任钢琴伴奏，共演奏了四部中国交响作品。应中国驻英使馆邀请，英各界嘉宾200人出席了“中国之夜”招待会，刘晓明大使在致辞中表示：“希望通过音乐会能凝聚更多共识，汇集更多力量，推动中英关系在‘黄金时代’行稳致远。”皇家爱乐乐团总经理詹姆斯·威廉姆斯对此表示赞同，希望音乐会进一步加强英中两国之间的紧密联系。

【“十竹斋木版水印艺术作品展”在英国伦敦亚洲之家画廊开幕】 2019年9月21日，“十竹斋木版水印艺术作品展”在英国伦敦亚洲之家画廊开幕。出席开幕式的有全国政协委员、中国国家图书馆古籍馆副馆长、中国古籍保护协会理事陈红彦、杭州十竹斋艺术馆馆长魏立中、英国国家图书馆中文部原主任、汉学家吴芳思等中外嘉宾。该作品展是中国国家艺术基金2019年度传播交流推广资助项目，此次展览由中国古籍保护协会主办，英国伦敦亚洲之家画廊、杭州十竹斋艺术馆协办，通过200多件艺术作品和实物，呈现中国传统木版水印艺术的传承与发展，同时举办的还有“梓墨千年——中国印刷术的传承与发展”主题研讨会。在活动期间，学者们就中国版画艺术在欧洲的传播和研究、如何进一步推进中英文化交流等话题进行了探讨。

【凤凰出版传媒集团、南京大学、伯明翰大学联合发布“皇莎初刻本莎士比亚戏剧”丛书首批作品】 2019年10月21日，凤凰出版传媒集团、南京大学、伯明翰大学共同成立的“莎士比亚（中国）中心”发布了“皇莎初刻本莎士比亚戏剧”丛书首批作品《哈姆雷特》《亨利五世》试读本。南京大学与伯明翰大学、凤凰出版传媒集团于2016年共同成立莎士比亚（中国）中心，历经三年发展，推出了一批颇具影响力的阶段性成果。

【“绣梦中国·风花雪月”大理时装秀活动在伦敦举办】 2019年10月21日，依文集团在英国伦敦第十五届世界华商大会上举办“绣梦中国·风花雪月”大理时装发布会。此次时装秀活动通过45套大理白族刺绣元素服装展示大理之美以及传统的技艺与精神，助力绣娘通过手工艺创造收入。这是依文·中国手工坊第三次带着中国绣娘来到伦敦，希望用这样的方式讲述中国故事、展现中国文化。中国驻英国大使刘晓明在致辞中表示，这是一个传承和发扬中华传统文化的故事，一个精准和创新扶贫的故事，也是一个推进中英交流合作的故事。

【首个中英当代艺文线上展演举办】

2020年10月1—21日，中英当代艺文线上展演举办，这是促进中英之间文化和创意交流的线上节目，超过75个文化节目参与展示。此次展演由英国文化委员会主办，其战略合作伙伴为英国国际贸易部和中国成都市人民政府外事办公室，并得到英国旅游局、苏格兰旅游局及华语视像艺术节的支持。线上展演的大部分作品是艺术家们于2020年新冠肺炎疫情高峰时期创作的。此次展演凸显出艺术在这一特殊时期团结人心的力量，加强了中英之间的文化和教育联系。

【2020中英图书馆论坛视频会议举办】 2020年12月27日，2020中英图书馆论坛视频会议举办。该会议由中国国家图书馆、中国图书馆学会和大英图书馆联合举办，探讨“疫情响应——针对挑战提出的解决方案”“如何在后疫情环境中平衡到馆服务和数字服务”等热点问题。中国国家图书馆副馆长、中国图书馆学会副理事长陈樱，大英图书馆社会教育部主任杰米·安德鲁斯分别代表中英双方致辞。来自上海图书馆、浙江图书馆、广州图书馆、太原市图书馆等中国国内11家公共图书馆以及英国地方公共图书馆的500余名馆员参会听取报告，并在线上参与答疑、交流环节。

四　中英卫生交流

【2019中英检验检测及医药健康合作交流论坛举办】 2019年6月6日，由“英国政府化学家实验室（LGC）中国”主办，英国驻沪总领事馆、南京经开区以及北京国实技术研究院协办的2019中英检验检测及医药健康合作交流论坛在南京开幕，论坛为期一天。400多名来自政府机关、检验检测机构、科研院所的业内人士围绕“食品安全、污染防治和药品质量安全”等主题，从相关政策、中英检验检测合作现状和发展趋势、检测技术发展动态等方面进行讨论。本次论坛由开幕式、主论坛和食品环境、药品质量控制以及分子检测质控与标准化三个分论坛组成。2019年是LGC中国在中国的第十个年头，这一重要事件也标志着中英检验检测合作更进一步展开。

【中英健康医疗与经济合作项目召开学术研讨会】 2019年10月27日，中英健康医疗与经济合作项目（UK－CHEP）在北京举办学术研讨会。来自伯恩茅斯大学、谢菲尔德大学、约克大学、利兹大学，以及浙江大学、复旦大学和山东大学的卫生经济学领域的学术带头人参加了会议。该项目由葛兰素史克（GSK）资助，并由英国文化委员会协助管理。双方在2018年签署合作协议共同推出该项目，旨在促进英国和中国学术机构在卫生经济学和卫生技术评估领域的长期合作，造福中国医疗卫生行业，同时促进相关行业经济的发展。葛兰素史克（GSK）中国政府关系部负责人王锐敏女士以及英国文化委员会高等教育主任何颖女士在研讨会上发言，介绍并展望中英卫生经济合作伙伴关系。该项目同时是GSK支持“健康中国2030”等计划的一部分，希望可以通过此次会议，助力中国卫生技术评估（HTA）流程的改革，使更多中国患者从中受益。

【2019中英癌症创新大会在北京举行】 2019年10月29日—11月1日，2019中英癌症创新大会举办。在大会期间，包括16家英国公司和研究机构的代表在内的英国肿瘤创新代表团先后访问

北京、天津、上海和武汉四地，与中国业内专家会面。百余名学术专家和行业专家共同探讨中英在癌症领域所面临的挑战和机遇，此次大会主题涉及癌症预防、临床诊疗、学科研究等方面。英国驻华贸易使节彭雅贤在发言中指出，通过汇聚中英的专家和学者，“可以更有效地迎接挑战，并继续在癌症早期诊断等方面发挥重要作用，显著提高全世界患者的存活率”。英国代表团在武汉举办了“中英癌症优质医疗推介会”，超过70家权威医疗机构、医疗大健康创新企业以及肿瘤学科的临床专家，就中英在数据循证、护理培训、医药研发等多领域进行了交流。

【中国山东省赴英国联合工作组支援当地抗疫】 2020年3月28日，山东赴英联合工作组15名成员到达英国伦敦，该工作组由医疗、疾控、护理、心理等方面的专家组成。在驻英大使馆的支持和配合下，该工作组在抵达后迅速开展“携手抗疫赢胜利 祖国永远在身边”系列慰问活动，包括举办六场留学生、华侨华人和中资机构人员慰问会、了解留学生在英情况并以多种形式提供支持和帮助、举办三场与英国政府官员和医疗机构专家的交流活动。该工作组先后与英国卫生部次长、英格兰副首席医务官、苏格兰大区政府外事局局长、卫生部门负责人、医疗专家等进行视频连线；该工作组一行还代表山东省委省政府分别向英国政府及苏格兰地方政府赠送了一批英方急需的防疫物资。

【中英合作成立“全健康研究中心”】 2020年5月9日，上海交通大学和英国爱丁堡大学签署合作框架协议，以网络连线的形式宣告成立“全健康研究中心”。上海市、海南省及英国爱丁堡市政府领导，来自世界卫生组织（WHO）、联合国粮食及农业组织（FAO）、世界动物卫生组织（OIE）等嘉宾出席成立大会。该研究中心将重点关注人类、动物和环境相关的健康领域和治理体系，聚焦三者之间交叉的“盲点”和“难点”，致力于发展“全健康”学科体系、培养相关人才、提高中国的公共卫生治理能力，促进人类共享健康。在此次大会上，上海交通大学、爱丁堡大学、全健康研究中心与海南博鳌乐城国际医疗旅游先行区管理局签署了合作备忘录，并发出《同享一世界 共筑全健康》倡议。

【第三届中英健康·医疗大数据论坛举办】 2020年10月24—25日，第三届中英健康·医疗大数据论坛举办，该论坛得到了中国国家卫生健康委和2020重庆英才大会组委会的支持。作为2020重庆英才大会铜梁专场活动，此次论坛以“后疫情时代信息技术和智慧医疗的作用与发展”为主题，与会专家、学者围绕后疫情时代数字医疗产业变革与发展、健康医疗大数据与AI创新应用、医疗信息化建设与案例分享等主题进行交流。在此次论坛期间，铜梁区与多个单位签署了合作协议，其中，中英智慧医疗研究院项目将在铜梁区成立科技平台公司，打造数字医疗产业园，共建中英医学中心。

五　中英体育交流

【第十次中英经济财金对话深化2022年北京冬奥会和冬残奥会合作】 2019年6月，第十次中英经济财金对话在伦敦举行。《第十次中英经济财金对话政策成果》指出，英方欢迎中英深化2022年北京冬奥会和冬残奥会合作，包括落实双方于2016年签署的谅解备忘录。英方认可并支持中方为发展“草根”足球和精英足球所做的努力，并支持中国体育产业更广泛发展。英方在体育经济，特别是足球方面的优势，将为双方合作带来机遇。

【英超亚洲杯在南京、上海举行】 2019年7月，英超亚洲杯在南京、上海两个城市举行，这是继2009年在北京举办之后，再次在中国举办该赛事，曼城、西汉姆联、狼队、纽卡斯尔四支球队参赛。英超亚洲杯诞生于2003年，是由英超联盟主办的一项俱乐部友谊赛，四支参赛球队以杯赛的形式进行较量，赛事每两年举办一次，开赛时间通常在7月。英超亚洲杯创办的初衷是在亚洲地区推广英超品牌，参赛球队由三支英超球队及一支当地球队组成，当地球队是举办地的职业俱乐部，或是国家队、全明星联队，以吸引当地球迷的关注，促进英超品牌的推广。

【中英青少年羽毛球友谊比赛交流活动在伦敦举行】 2019年8月14日，中英青少年羽毛球友谊比赛交流活动在英国伦敦温布尔登羽毛球俱乐部顺利举行。该赛事由杭州市国际交流服务中心主办，中英文化体育交流协会承办。来自杭州市陈经纶体育学校的八名运动员及家长参观了温布尔登羽毛球俱乐部，中英文化体育交流协会吴运锋，温布尔登俱乐部教练、前英格兰国家队教练斯图尔特·沃德尔出席此次活动。

【为庆祝新中国成立70周年首次全英华人“彩色跑”活动在伦敦举行】 2019年9月28日，为庆祝新中国成立70周年，首次全英华人“彩色跑”活动在伦敦西郊露天公园举行。此次活动以“我与祖国同奔跑”为口号，参赛者跑出“心形”图案造型拉开活动序幕，以旅英华人运动风采的展示表达海外华侨学子对祖国的祝福。该项活动由英国华人跑步俱乐部“跑动英伦”发起，中国驻英国大使馆公使衔参赞兼总领事童学军出席并致辞，旅英华侨华人、中国留学生、中资机构人员以及英国友好人士共500多人参加了该活动，同时还进行了儿童接力、团体接力、个人“彩色跑”及文娱表演等活动。

【宋庆龄基金会“中国青少年梦想基金”青少年足球代表团赴英参加培训】 2019年11月，宋庆龄基金会·捷豹路虎“中国青少年梦想基金”青少年足球代表团访问英国并参加培训。英国是现代足球运动发祥地、足球强国，拥有众多优秀足球俱乐部和超级球星，中英开展足球交流合作基础良好、优势互补、潜力巨大。中国宋庆龄基金会与捷豹路虎（中国）共同于2014年5月设立“中国青少年梦想基金”，致力于支持青少年及儿童成长与发展，自2014

年起，该基金每年组织数十名青少年足球爱好者赴英国开展足球交流培训。此次交流培训促进了两国体育交流，增进相互了解和友谊，展现中国青少年良好风貌，传递中国正能量，增进中英青少年友谊，推动两国青少年互学互鉴。

【中国队参加2020全英羽毛球公开赛】 2020年3月11—15日，第110届全英羽毛球公开锦标赛在英国伯明翰“国家室内体育馆”举行。该赛事是2020年世界羽联世界巡回赛中的一场，属于第二级别赛事，中国队获得两枚银牌。全英羽毛球公开赛是世界上最早的羽毛球比赛，1899年4月举办首届比赛，有男双、女双和混双三个项目。

六 中英媒体交流

【2019中英电视艺术论坛在英国举办】 2019年10月15日，2019中英电视艺术论坛在英国创意艺术大学法纳姆校区影视中心举办，该论坛由中国文联、中国视协、英国创意艺术大学联合主办。此次论坛的主题为“视听艺术与城市文化”，聚焦城市现代化进程中中英两国文化交流新发展。中国文联副主席陈建文、中国驻英国大使馆公使衔教育参赞王永利、中国视协副主席王福豹、英国创意艺术大学柏谢尔·玛库共同为此次论坛揭幕。中国视协副秘书长范宗钗代表中国视协与英国创意艺术大学签署了合作备忘录，探索合作共赢模式，推动双方多层次实质性合作交流。

【央视与BBC携手推出纪录片《中国的宝藏》】 2020年1月10日起，央视纪录片频道播出央视与BBC合作拍摄的六集纪录片《中国的宝藏》。纪录片《中国的宝藏》由中央广播电视总台影视剧纪录片中心出品，央视纪录国际传媒以国际合拍、合作的方式与BBC世界新闻频道、英国野马制作公司制作。中英合拍制作团队历时1年，行程7000多公里，走访八座中国城市，拍摄了8家博物馆，五个世界文化遗产，20多件顶级文物。《中国的宝藏》英文版已于2019年10月在BBC世界新闻频道面向全球首播，为BBC全球200多个国家和地区的4.65亿户家庭呈现中国顶级的文物故事。同时，BBC网站上线了该节目的短视频。

【北京市文旅局与英国BBC合作播出“Visit Beijing Later”宣传片】 2020年6月，“Visit Beijing Later”宣传片播出。该宣传片由北京市文化和旅游局与英国BBC合作制作。北京市文旅局与英国广播公司BBC达成合作协议，6月，BBC通过BBC亚太地区及欧洲地区频道免费播出以“Visit Beijing Later”为主题的30秒电视宣传片，展示北京国际形象并传达来自北京的鼓舞和信心，邀请游客在疫情后到访北京。该宣传片在亚太地区播出144次，欧洲地区播出52次。

七　中英旅游交流

【“锦绣潇湘·文旅湖南”推介会在英举办】　2019年3月28日，在伦敦地标酒店举行了“锦绣潇湘 走进英国”湖南文化和旅游推介会。此次推介会由湖南省文化和旅游厅、驻伦敦旅游办事处共同主办，获得了中国驻英国大使馆的支持。湖南省长许达哲、中国驻英国使馆公使陈雯、公使衔参赞于芃、驻伦敦旅游办事处主任薛伶以及英国文化委员会东亚和美洲事务局主任奥兰多·爱德华兹、英国旅游局执行总监萨里·贝克康姆、布里斯托旅游局局长约翰·赫斯特等150余名嘉宾出席了推介会。在此次推介会上，湖南博物馆和大英博物馆、湖南省杂技艺术剧院和英国JY制作公司分别进行了项目签约仪式。

【贵州在英国举办文化旅游推介会】

2019年4月1日，贵州省人民政府在英国伦敦举办以“山地公园省·多彩贵州风”为主题的文化旅游推介会。贵州省副省长卢雍政、中国驻英国大使馆公使陈雯、伦敦金融城市长倡议中国组负责人、英国董事协会金融城副主席麦克莱恩分别致辞，英中贸协副总裁白丽莎、英国大伦敦女王副官陈德梁等中英两国政治、工商、文旅各界代表共80余人参加此次活动。此次推介会通过文艺演出、非遗展示、旅游推介等形式展示贵州的自然景观，少数民族村寨、服饰、歌舞、美食等多彩文化。

【2019年剑桥“可持续旅游发展大会——中国专场”举行】　2019年5月2日，英国剑桥旅游局和剑桥中国中心联合主办“可持续旅游发展大会——中国专场”。此次大会以“搭建剑桥与中国旅游合作平台”为主题，就中国出境旅游的发展、剑桥旅游业机遇与挑战和剑桥可持续旅游发展等议题展开深入讨论。剑桥中国中心主任李金朝与数十位中国旅游、会展、游学机构负责人，剑桥旅游局首席执行官艾玛·索尔顿、剑桥商业促进会首席执行官伊恩·桑迪、剑桥会展首席执行官凯莉·维克斯等剑桥政府部门、行业协会、旅游景区、酒店、餐饮、零售机构的英方官员、高管、企业主，共计100多人出席了本次大会。

【2019年“中国旅游文化周”在英国启动】　2019年5月7日，“中国旅游文化周”活动在伦敦启动。文化周活动以多种形式的旅游推介和人文交流活动展现中国文化魅力，着力描绘中国各地风貌。在此次活动期间，杨丽萍编导的《春之祭》舞剧在伦敦萨德勒之井剧院连演三天；北京舞蹈学院的艺术家们赴英格兰西北部的“黑池舞蹈节”献艺；“技艺中国”主题展亮相伦敦手工艺周。中英两国旅游和文化机构还联合举办了文化和旅游专题座谈会，并举行了泰特美术馆与上海浦东美术馆合作签约仪式等活动。

【云南香格里拉系列文化交流活动在英国举行】　2019年11月19—21日，“美丽云南·香格里拉”文化交流活动在英国举行。本次交流活动由云南省委宣传部牵头举办、英国英中文化教育促进会协办，以旅游文化推介、图片展、文艺演出、主题座谈、乐器服饰表演等形式展开。随团出访的七家云南本土企业带来了中国非物质文化遗产彝绣，以及唐卡、藏香、藏药、傣绣、民族乐器等具有云南特色的民族文化产品。

【四川文化推介活动在英国举行】 2019 年 12 月 9 日，“万物有灵 · 四川之夜”在英国自然历史博物馆举行。此次活动由四川省人民政府新闻办公室、四川省互联网信息办公室主办，四川文化传播有限公司承办。本次推介活动包括大熊猫主题图片展、古蜀文明数字展、三星堆工艺品以及成都漆器、银花丝等非遗文化精品。此次活动现场推介了“Hi PANDA 看得见的世界”艺术展、“神与人的世界——四川古代文明特展”“影舞万象偶戏大千”中国皮影木偶展和“巧手夺天工——传统工艺的现代新生”展览。

【“2020 中国旅游文化周”活动在英国启动】 2020 年 5 月初，“足不出户，云游中国——2020 中国旅游文化周”活动在英国启动。受新冠肺炎疫情影响，2020 年旅游文化周活动依托网络平台推出系列中国文艺精品，使英国民众可以居家领略中华文化。在 5 月的第一周，中国驻伦敦旅游办官方微信公众号、脸书、优兔、推特等频道上线了首批中英双语内容，主要包括中国文艺团体抗疫、中外合作以及京剧经典赏析作品三大品类。

八　中英地方合作交流

【“第一届深伦金融创新与合作论坛”在深圳举行】 2019 年 3 月 18 日，由伦敦金融城、英国国际贸易部、深圳市地方金融监管局主办的“第一届深伦金融创新与合作论坛”在深圳举行。伦敦金融城市长艾思林、深圳市副市长艾学峰出席会议并致辞。本次论坛以“金融科技赋能明日之城”为主题，围绕处于新技术变革时代的金融服务业所面临的新机遇与新挑战，探讨中英双方如何在对方市场上加大参与度，共同寻求互惠互利的金融科技机遇。16 家英国领先的金融科技、投资及咨询公司分享了英国金融科技新的发展趋势，并与平安集团、腾讯集团、招商银行等深圳代表性金融机构及科技企业进行面对面交流。伦敦金融城市长艾思林在来访期间还与深圳市签署《合作备忘录增补文本》，进一步促进双方金融合作交流。

【深圳和英国爱丁堡建立友好城市关系】 2019 年 5 月 14 日，深圳市市长陈如桂和英国爱丁堡市市长弗兰克 · 罗斯在深圳签署建立友好城市关系协议书，深圳和爱丁堡从友好交流城市正式升级为友好城市，英国驻广州总领事梅凯伦、深圳市副市长王立新、市政府党组成员李廷忠等参加活动。自深圳与爱丁堡建立友好交流关系以来，两市交往日益密切，合作领域不断拓展，在创新创业、教育医疗、文化艺术等方面共同实施了一批合作项目，为推动两地经济社会发展，造福两地市民发挥了积极作用。

【中国吉林—英国经贸交流会在伦敦举行】 2019年5月23日，由中国吉林省人民政府和英国福建社团联合总会联合主办的中国吉林—英国经贸交流会在伦敦的英国董事协会举行。吉林省省长景俊海率领的吉林省代表团、中国驻英国大使馆公使马辉、英国政府及工商界人士近百人出席活动。在此次交流会上，中英宠物产业合作项目——中英宠物产业园完成签约，落户吉林长春。中英宠物产业园以长春兴隆综合保税区为依托，打造一个集贸易、监管、线上线下运营、研发、生产于一体的宠物综合产业园聚集区，建设成为中国“宠物综合贸易产业园”双向平台和中国宠物产业创新示范基地。

【沈阳市与格拉斯哥市建立友好合作城市关系】 2019年6月5日，中国沈阳市与英国格拉斯哥市签署建立友好合作关系协议书。在该协议书签署前，沈阳市委常委、副市长李松林会见了格拉斯哥市副市长安·麦塔格特一行。两地将以此次建立友好合作城市关系为起点，在经济、贸易、科技、文化、教育、体育、卫生、人才等方面开展多种形式的交流合作，巩固并发展两市友好合作关系，促进双方共同繁荣发展。

【“魅力北京”图片展和公众日活动在英国爱丁堡举行】 2019年6月25日，由北京市文化和旅游局主办的“魅力北京”图片展和公众日活动在英国苏格兰首府爱丁堡的节日广场举行。本次展览共展出近50幅精心挑选的图片，突出展示“首都北京”“时尚北京”“现代北京”“文化北京”和“北京故宫”五大主题。此次活动包括京剧戏服试穿、北京美景趣拍、虚拟现实（VR）、学写汉字和手工制作灯笼等，还宣介了首条北京直飞爱丁堡航线。苏格兰旅游局中国和东亚地区市场经理海泽尔·塞拉尔、中国驻爱丁堡总领事馆副总领事孙旭东等中外嘉宾出席了本次活动。

【江苏扬州在英国举办城市推介会】

2019年7月18日，中国扬州城市推介暨海外（伦敦）资本对接会在伦敦金融城举行。本次推介会由扬州市人民政府主办、中国银行伦敦分行承办，英中贸易协会、英国中国商会、伦敦金融城及澳洲联邦银行等数十家在英国际金融机构及企业界代表参会。扬州市市长夏心旻全面介绍了扬州的资源优势和城市发展现状，中国银行伦敦分行和伦敦证券交易所等机构介绍了跨境联动金融服务政策及相关产品。在推介会上，扬州市政府与英国中国商会签订战略合作框架协议，与中国银行伦敦分行签订战略合作备忘录，剑桥郡创新中心、扬州教育投资集团、中国银行江苏省分行三方签订战略合作协议。

【安徽省文化和旅游厅与英国德比郡代表团开展文化旅游交流活动】

2019年9月20日，安徽省文化和旅游厅接待了英国德比郡最高行政长官、议会主席百瑞·路易斯一行9人，进行一系列的文化旅游交流活动。德比郡与安徽省是友好省郡，双方近年来在文化和旅游领域开展了一系列交流合作活动，在文化、旅游等领域具有广阔的合作前景。

【湖南省与英国林肯郡文旅合作恳谈会在长沙举行】 2019年11月13

日，湖南省与英国林肯郡文旅合作恳谈会在长沙举行。湖南省委宣传部副部长、省文化和旅游厅党组书记禹新荣与英国林肯郡议会主管经济和地方部门事务执行议员科林·戴维、英国驻广州总领事馆副总领事唐宜婷一行洽谈了湖南省与林肯郡的文化与旅游合作事项。湖南省委外事办副主任刘启峰、省委外事办欧洲处、厅推广传播和交流合作处及部分湖南文化旅游企业参会。林肯郡与湖南省在电视媒体、研学旅游、文博等方面有良好的合作基础，双方代表表示将挖掘更多潜力，在更广泛的领域开展交流合作。

【威海市向兰卡斯特市捐赠防疫物资】 2020 年 4 月 22 日，中国威海市捐赠的10 箱口罩顺利抵达英国兰卡斯特市，威海市委书记张海波及市长闫剑波致慰问函。兰卡斯特市市长、议员大卫·惠特克先生第一时间回函致谢，兰卡斯特当地新闻媒体、兰卡斯特大学官方网站均对威海市的捐赠情况进行了宣传报道。威海市与兰卡斯特市因教育结缘，兰卡斯特大学与北京交通大学在威海设立的兰卡斯特学院是两市友谊的纽带。

【沈阳市向贝尔法斯特市捐赠防疫物资】 2020 年 4 月 22 日，英国贝尔法斯特市收到其姐妹城市中国沈阳市捐赠的防疫物资，包括 1 万只一次性医用口罩和 500 套一次性防护服。同日，英国贝尔法斯特市长贝克致信沈阳市长姜有为，对沈阳捐赠的防疫物资表达由衷谢意，期待疫情后进一步加强与沈阳在经贸、教育、文旅等领域友好交流与互利合作，在已有基础上不断提升两市友城关系发展水平。贝克在其个人推特账号上发布视频，感谢沈阳在这一艰难时刻向贝尔法斯特伸出援手。

【天津与英国大曼彻斯特市合作创立天津石墨烯工程创新中心】 2020 年 7 月 15 日，天津石墨烯工程创新中心落户滨海—中关村科技园协同创新示范基地，这是 2019 年 12 月天津与英国大曼彻斯特市签署合作协议以来的首个合作成果。天津石墨烯工程创新中心未来将联合英国曼彻斯特大学，发挥在新材料领域的科研优势，致力于石墨烯及其他 2D 材料的研究和技术开发，着力构建集石墨烯应用技术创新、中试及产业化于一体的石墨烯创新生态系统。

【海南为英国企业举办自贸港在线项目对接会】 2020 年 9 月 24 日，英国中国商会、海南国际经济发展局和境外中资企业商（协）会联席会议共同主办“海南自贸港政策网上宣介会暨项目对接会”。来自英国主流商协会及当地企业近 200 名嘉宾在线参加活动。海南国际经济发展局首先向英国企业介绍了海南自贸港的重点商业机遇。来自主要海南城市的重点园区及企业代表与参会企业分享了各园区在关键行业的优惠政策、招商要求及合作机会。本次对接会得到了中国驻英国大使馆的特别支持，以及英中贸易协会、英国48 家集团俱乐部、中国英国商会、中国银行海南分行、英国董事协会等机构的支持。

九 中英青年交流

【第二届中英国际青年创新创业技能大赛在伦敦闭幕】 2019年4月3日，“第二届中英国际青年创新创业技能大赛”总决赛闭幕暨颁奖仪式在英国伦敦举行。该大赛由中国全国高等职业院校创新创业教育联盟和英国国家创新创业教育中心主办，从近两百支中英参赛队伍中选拔出的20支队伍进入总决赛。来自中国的九所院校和英国的七所院校分获金银铜奖以及杰出成就奖。

【驻英国大使刘晓明在“青年破冰者”年度晚宴上发表主旨演讲】 2019年11月8日，2019年“青年破冰者”年度晚宴在伦敦举行。此次晚宴由英国48家集团俱乐部与英国中国商会联合举办，来自中英两国约200位政、商、金融界人士和青年代表参加晚宴。中国驻英国大使刘晓明出席晚宴并发表了题为“全面准确贯彻‘一国两制’，坚定维护香港繁荣稳定”的主旨演讲。刘大使强调，一个稳定繁荣的香港符合中英双方利益，希望大家推动英国各界正确认识和理解“一国两制”，为中英关系健康稳定发展创造良好条件。

【第二届中英高等教育人文联盟青年学生论坛举行】 2020年8月24—27日，第二届中英高等教育人文联盟青年学生论坛（HEYTA）在线举行。本次论坛由埃克塞特大学主办，中英高等教育人文联盟、清华大学及各盟校协办。埃克塞特大学全球事务副校长马克·古德温、中英高等教育人文联盟执行理事会主任暨秘书处秘书长、清华大学外文系主任、清华大学世界文学与文化研究院院长颜海平出席开幕式。来自中英16所高校的226名学生参与此次论坛。此次论坛以“人文数字技术与特色馆藏”“跨文化沟通”“国际文化交流”为主题，包括八场讲座及师生在线讨论环节。

【中英“一带一路”国际青年创新创业技能大赛决赛开赛】 2020年12月19日，中英“一带一路”国际青年创新创业技能大赛决赛在西安航空职业技术学院开赛。该比赛由中国职业技术教育学会高等职业技术教育分会、全国高等职业院校创新创业教育联盟、英国国家创新创业教育中心联合主办。西安航空职业技术学院党委书记周岩代表承办单位在开赛式上致辞，英国国家创新创业教育中心中国首席执行官王啸宇出席开赛式并讲话。来自32所院校的40支学生团队入围决赛，通过现场直播方式进行比赛。

十 中英妇女交流

【“未来菁媖中国行动”2019国际妇女节特别活动】 2019年3月8日，英国文化教育协会举行“未来菁媖”国际妇女节特别活动。杨澜走入新浪直播室，与4万多名中学生分享了她的职业故事和成长经历，激励他们打破性别偏见，勇于突破各种“不可能”。杨澜从“玻璃天花板与隐形的门槛”“格局的修炼”“为什么不呢”“我问故我在”以及“终身学习”五个方面发表了主旨演讲，并就“学习目的与成功的关系”和“孩子辍学的背后思考”与观众进行了互动。

【驻英国使馆妇女小组举办西餐和社交礼仪讲座】 2019年4月12日，中国驻英国使馆妇女小组举办西餐和社交礼仪讲座。此次讲座由妇女小组组长、驻英国大使夫人胡平华女士策划，英国礼仪学校校长兼创始人赛克斯主讲，使馆女外交官及随任配偶20余人参加。赛克斯校长重点介绍了西方社交礼仪中的肢体语言、面部表情、眼神交流、禁忌话题等；详细讲解并示范西方就餐礼仪，包括落座、起身，使用餐巾、餐具和酒杯，喝汤，与邻座交谈等。

【驻英国大使夫人胡平华出席伦敦金融城市长夫人活动】 2019年9月25日，中国驻英国大使夫人胡平华应邀出席伦敦金融城市长夫人林迪·埃斯特林主办的下午茶活动。林迪表示，中国是埃斯特林市长任内最重视的国家，她和埃斯特林市长非常感谢刘晓明大使对“金融城市长倡议”活动的支持，很高兴看到该倡议下的“中英慈善”项目在中国西部地区落地。

【驻英国大使夫人胡平华出席联合国国际女童日慈善晚宴】 2019年10月11日，驻英国大使夫人胡平华女士应邀出席泛亚妇女协会（PAWA）成立十周年及慈善募捐晚宴。英国各界妇女代表和多国驻英使节和女性外交官约300人出席。胡平华女士应邀向PAWA会员介绍中国妇女事业发展以及中国妇女地位在70年里发生的翻天覆地的变化，还代表使馆向当天的义卖和拍卖活动捐助了10件具有中国文化特色的工艺品，所得善款全部捐给PAWA的亚洲女童教育项目。

十一　中英其他交流

【中英版权研讨会在苏州举行】 2019年7月1日，中国国家版权局（NCAC）、英国知识产权局（UK IPO）和英国驻华大使馆联合主办的中英版权研讨会在苏州举行，来自中英版权主管部门、相关国际组织、版权组织、学术界和版权行业的100多位代表出席。此次研讨会聚焦新形势下国际版权交流合作以及两国在网络版权保护、发展版权产业方面的举措和经验。中英版权研讨会已举办六届，成为中英两国版权交流的重要平台。本届研讨会由中宣部版权管理局副局长赵秀玲主持，江苏省版权局副局长李贞强出席并致辞。

【英国中国商会与伦敦金融城联合举办“共同战‘疫’、命运与共”活动】 2020年2月28日，中国驻英国大使刘晓明出席由英国中国商会与伦敦金融城联合主办的“中英携手，爱心传递”公益活动。在伦敦金融城市政厅召开的本次活动以“共同战‘疫’，命运与共”为主题，得到了英中贸易协会、

48家集团俱乐部、英国董事协会、英中协会的支持。刘大使发表题为“凝聚力量 并肩战‘疫’”的主旨演讲，并在讲话中表示，此次活动彰显了人们对战胜疫情的坚定决心。伦敦金融城市长威廉·罗素、英国政府对华贸易专员彭雅贤等发表讲话，强调要加强中英合作。来自在英中资企业、伦敦金融城、中英政商界、其他商协会等共300余名嘉宾参加了活动。

【刘晓明大使出席英国伦敦金融城“中英公益”2020年合作伙伴活动】 2020年3月6日，中国驻英国大使刘晓明出席英国伦敦金融城与英国中国商会共同举办的“中英公益”2020年合作伙伴活动。刘大使发表题为“共迎挑战、共献爱心”的讲话，表示中英企业携手募捐，奉献爱心，支持中英两国公益事业，彰显“大爱无疆”的人文关怀。

【“中英公益”资助云南贫困村乡村医务室建设】 2020年6月18日，英国中国商会与伦敦金融城联合举办“中英公益”云南扶贫项目爱心支票线上捐赠仪式，资助当地贫困村建设医务室，改善村民就医环境。中国外交部副部长秦刚、中国驻英国大使刘晓明、伦敦金融城市长威廉·拉塞尔、英国中国商会会长方文建、云南省金平县委书记晋洪江等通过视频会议参加了捐赠仪式。刘大使在会上以“汇聚公益爱心，携手互助前行”为题致辞，对“伦敦金融城市长倡议”团队、英国中国商会以及奉献爱心的中英两国企业家表示感谢与敬意。“中英公益”倡议于2018年由英国中国商会与伦敦金融城联合发起，本次云南扶贫项目将帮助云南省金平县者米乡打落村建设首个符合标准的医务室，推动乡村卫生事业发展。

（撰稿人：王展鹏、徐梓红、孙稼宝、张传玮、张珺涵、古力加马力·阿不力孜、刘婷）

中欧人文交流

一 综合

【2020 中欧高级别人文交流对话机制会议召开】 2020 年 11 月 10 日，中欧高级别人文交流对话机制第五次会议通过视频连线方式召开。国务院副总理孙春兰与欧盟委员会创新、研究、文化、教育和青年委员加布里埃尔共同出席。孙春兰指出，深化人文交流是中欧双方领导人的重要共识。自中欧高级别人文交流对话机制第四次会议以来，双方积极推动各领域合作，人员交流更加密切，民心相通不断巩固。面对新冠病毒这个人类共同的敌人，中欧就抗击疫情和医疗卫生合作保持密切联系，相互支持、携手应对，展现了中欧全面战略伙伴关系的时代意义和全球影响。加布里埃尔高度评价近年来欧中人文交流形式新颖、内容丰富、成果丰硕，表示愿与中方共同努力，加强政策衔接，充分挖掘合作潜能，推动欧中人文交流迈上新的台阶。

【2020 中学生体协参加中欧高级别人文交流对话机制体育分领域磋商】 2020 年 11 月 11 日，中欧高级别人文交流对话机制第五次会议通过视频连线举行了体育、文化、青年等五场主题研讨会。国际中学生体育联合会副主席、中国中学生体育协会主席薛彦青参加了体育分领域磋商，并在大型体育赛事主题环节做主旨发言。本次体育分领域磋商以“发展体育运动：中欧经验交流”和“大型体育赛事”为主题。参会人员来自欧盟委员会教文总司、巴黎奥组委、国际中体联、欧洲排球联合会、北京冬奥组委等单位。有关专家代表围绕主题介绍了中国冬季运动发展情况，就体育领域，特别是大型赛事应对新冠肺炎疫情挑战等问题进行了深入研讨。

二 中欧教育交流

【首届“一带一路”体育教育论坛举办】 2019 年 4 月 17—18 日，由北京体育大学与萨格勒布大学体育学院共同主办的首届“一带一路”体育教育论坛在克罗地亚萨格勒布举行。本次论坛以“冬季运动，合作共赢”为主题，来自中国、克罗地亚、美国、加拿大等共计 20 多个国家和地区的 30 余所高校代表参加了论坛。在论坛期间，本着平等、自主、互利、协作的原则，与会30余所院校共同签署了《首届“一带一路”体育教育论坛共识》。此外，北京体育大学与参会院校开展了20余场单边和多边会谈，商谈科研、师生交流等合作事宜，为参会单位搭建了交流与合作的平台，30余所高校分别介绍了学校的基本情况和交流合作项目。在论坛期间，还举行了“一带一路”大学足球联赛启动仪式。

【波尔图大学孔子学院揭牌成立】

2019年5月24日，葡萄牙波尔图大学孔子学院正式揭牌成立。波尔图大学孔子学院是继米尼奥大学、里斯本大学、阿威罗大学和科英布拉大学孔子学院之后，由中国国家汉办在葡萄牙设立的第五所孔子学院。中国驻葡萄牙大使蔡润出席了揭牌仪式。蔡润大使在致辞中热烈祝贺波尔图大学孔子学院正式揭牌成立。

【科英布拉大学中国与葡语国家研究院揭牌成立】　2019年6月11日，葡萄牙科英布拉大学中国与葡语国家研究院正式揭牌成立。中国驻葡萄牙大使蔡润、科英布拉大学校长阿米卡尔·法尔康、莫桑比克前总统若阿金·希萨诺、科英布拉大学中国与葡语国家研究院院长鲁伊·马科斯出席揭牌仪式并致辞。蔡润大使在致辞中热烈祝贺科英布拉大学中国与葡语国家研究院正式揭牌成立。

【“理解中国”欧盟官员来华研修团进行交流访问】　2019年6月25日，由欧盟委员会人力资源总司首席安全顾问理查德·索南夏因、欧盟委员会通信总司处长让·迈克尔等33位欧盟高级官员组成的代表团来到西安培华学院进行交流访问。在座谈会上，研修团就中国的创新创业教育、高等教育、女性教育、职业教育现况及未来发展模式展开讨论，同时就学校的女性教育课程设置、国际化合作项目、国际专业及学分认证等问题进行了探讨。

【中欧人文艺术教育联盟在北京成立】　2019年6月27日，中欧人文艺术教育联盟成立大会在北京举行，教育部、外交部有关司局代表和欧盟、欧洲有关国家驻华代表，以及数十家在人文艺术教育方面具有专长特色、热心推进中欧人文艺术交流的学校、企事业单位和社会团体代表等共计150余人参会。联盟主要发起单位、教育部中外人文交流中心杜柯伟主任表示，希望联盟发展成为中欧人文艺术教育交流的高端平台，广泛集聚中欧各方资源，为务实推动中欧人文交流发挥作用。教育部国际合作与交流司副司长方军认为，成立联盟是贯彻落实《关于加强和改进中外人文交流工作的若干意见》和全国教育大会精神的重要举措和有益尝试。外交部欧洲司洪小兵处长、欧盟驻华代表团马庆参赞亦祝贺联盟的成立并表达对联盟今后发展的期待。联盟首届理事会理事长由中国人民大学副校长杜鹏担任，专家委员会主任由中国人民大学徐悲鸿艺术研究院院长徐庆平担任。

【欧盟官员来华研修分享会举办】

2019年6月28日，欧盟官员来华研修分享会在首都博物馆举行。分享会由孔子学院总部主办，北京语言大学与首都博物馆联合承办。在两周时间里，欧盟官员先后在北京、西安两座城市开展一系列研修活动，参与多场高端访问、学术对话、专项调研等项目，对相关国家部委、学术机构、企事业单位进行访问。多项文化体验、交流活动有助于加深来访官员对中国社会文化的了解。分享会从高层次、多领域为欧盟官员提供理解中国的渠道，积极搭建中欧相互理解、相互尊重、相互信任的人文交流合作桥梁和纽带。

【上海外国语大学欧盟研究中心代表团赴欧开展“中国日”学术研讨与交流活动】 2019年9月，上海外国语大学欧盟研究中心代表团赴欧开展“中国日”学术研讨与交流活动。9月27日，该代表团首先访问了芬兰赫尔辛基大学并举行两场学术研讨会。此次活动通过系列研讨会、学术讲座、面对面交流等形式，向欧洲社会各界展示70年来新中国所取得的巨大成就，并围绕中欧关系的热点问题与欧洲各国的专家、学者展开学术研讨。该代表团出访了芬兰、匈牙利和比利时三国，与欧洲的学术界及社会各界展开了深入交流，向欧洲讲述了中国的成功故事，在欧洲社会发出中国的声音，为增进欧洲对中国的了解、发展欧洲对华友好作出了贡献。

【2019中国与中东欧国家青年人文知识竞赛举行】 2019年11月8日，由教育部国际合作与交流司主办、教育部中外人文交流中心承办、外语教学与研究出版社协办的“2019中国与中东欧国家青年人文知识竞赛”决赛暨颁奖仪式在北京举行。教育部中外人文交流中心主任杜柯伟、北京外国语大学副校长贾德忠、教育部国际合作与交流司欧洲处调研员殷文、外语教学与研究出版社副总编辑章思英、斯洛文尼亚共和国驻华使馆一等秘书何璐琳（Lucija Lindav）、保加利亚驻华使馆文化和教育官美丽（Mariya Ivanova）等出席此次活动。2019中国与中东欧国家青年人文知识竞赛以“教育改变世界，青年创造未来”为主题，自5月启动以来，共有来自国内外50余所高校的360余名中外大学生在线报名参赛。经过初赛和复赛后，共有来自全国七所高校的12名中外选手进入决赛并分获一、二、三等奖，优秀奖等奖项。北京大学、中国政法大学、复旦大学、北京外国语大学、北京语言大学、四川外国语大学、中国计量大学、大连外国语大学、北京第二外国语学院等九所高校获优秀组织奖。

【2019中欧人文艺术教育论坛在北京举办】 2019年12月10日，由中欧人文艺术教育联盟、教育部中外人文交流中心主办，中国人民大学承办的“艺术美化世界、教育引领未来：2019中欧艺术教育论坛”在北京举办。教育部副部长田学军对此次论坛的举办表示祝贺。文化和旅游部党组成员、故宫博物院院长王旭东，国家大剧院党委副书记、副院长赵佳琛，教育部国际合作与交流司副司长李海，文化和旅游部国际局巡视员项晓炜，外交部欧洲司参赞林航，意大利驻华使馆文化中心主任、文化参赞孟斐璇，北京市委宣传部副部长、市政府新闻办主任徐和建，教育部中外人文交流中心主任杜柯伟等嘉宾出席开幕式。此次论坛有近200名来自教育部、外交部、文旅部等部委的代表和欧盟、欧洲有关国家驻华代表，以及数

十家在人文艺术教育方面具有特色、热心推进中欧人文艺术教育交流的大中小学、企事业单位和社会团体、媒体等单位代表参加。

【兰州大学“欧盟研究中心”获批国家民委“一带一路”国别和区域研究中心】 2020年8月，国家民委发布了《国家民委办公厅关于公布第三批国家民委“一带一路”国别和区域研究中心名单的通知》，确定在全国立项建设30个“一带一路”国别和区域研究中心，培育建设16个“一带一路”国别和区域研究中心。由兰州大学西北少数民族研究中心组织申报的“欧盟研究中心”获批为国家民委“一带一路”国别和区域研究中心。兰州大学“欧盟研究中心”将以此为契机，充分发挥“欧盟研究中心”在咨政服务、教学科研、人才培养、国际交流等方面的重要作用。

【爱沙尼亚塔林大学孔子学院参加“欧洲语言日”活动】 2020年9月24日，“欧洲语言日”活动在爱沙尼亚萨列马省首府库雷萨雷文化中心举行。本次活动共有19种欧洲语言参与小课堂体验，塔林大学孔子学院参加了此次活动，传扬中国文化。塔林大学孔子学院及库雷萨雷教学点为此次活动做了充分准备，特别派出塔林大学孔子学院即将前往中国留学的优秀毕业生伟韬同学前往助阵。他不仅准备了笔墨纸砚等书法用品，还特意准备了受小朋友欢迎的中国大白兔奶糖，并在活动主办方的帮助下专门设计了本次活动的宣传海报。库雷萨雷教学点的负责人也积极发动学生参加本次活动。在此次活动中，小朋友们经历了一次开心的汉语初体验，见识了独具一格的中国书法，瑰丽雄健的汉字以及博大精深的中国文化。

【爱沙尼亚塔林大学孔子学院举办新学年汉语角活动】 2020年9月25日，爱沙尼亚塔林大学孔子学院主办的2020—2021学年第一次汉语角活动在塔林大学A121教室举行。孔子学院外方院长安黛、教师陈奇周和黄月、孔子学院在读学生、当地社会人士及中国留学生30多人参与了活动。在活动中，安黛院长对举办汉语角的目的和形式进行了介绍，鼓励大家勇敢开口讲汉语，不惧犯错，结交朋友，提升自我。随后她带领全体人员开展了四个身体和语言联动的趣味游戏。大家在欢声笑语中认识彼此，每个人既是融入汉语环境的一分子，也是共同创造汉语交流氛围的个体。临近中秋节、国庆节，活动现场还准备了月饼、糖果等中国的特色零食供大家品尝。本次活动也是庆祝爱沙尼亚塔林大学孔子学院成立10周年系列活动之一。

【2020留学荷兰奖学金说明会北京站举办】 2020年10月29日，荷兰教育国际交流协会中国办公室在荷兰王国驻华大使馆举办留学荷兰奖学金说明会，这也是本次系列活动的首站。荷兰驻华大使馆文化、交流和教育参赞何甫（Bart Hofstede）、高级教育官员吴明哲（Emmanuel Waleson），国家留学基金管理委员会欧亚非事务部副主任胡小芃以及荷兰大学在华代表到会，40多名来自北京各高校的大学生以及部分高中生和学生家长共同参加了此次说明会。

【意大利米兰天主教圣心大学孔子学院举办“中意建交五十周年”网络会

议】 2020年11月26日，由意大利米兰天主教圣心大学和世界历史研究中心——当代世界文明与文化中心共同承办，米兰天主教圣心大学孔子学院、威尼斯大学—马可波罗国际研究中心协办的“中意建交五十周年”网络会议举行。中国驻意大利大使李军华、意大利外交部副部长马丽娜（Marina Sereni）、米兰天主教圣心大学校长安耐利（Franco Anelli）、米兰天主教圣心大学孔子学院外方院长竺易安（Elisa Giunipero）等嘉宾参加了会议。圣心大学乔万里教授（Agostino Giovagnoli）主持会议。

三 中欧科技交流

【中丹成立可持续过程工程联合研究中心】 2019年7月2日，第三届“中科院过程所与丹麦技术大学学术交流研讨会”暨“中丹可持续过程工程联合研究中心”揭牌仪式在丹麦赫尔辛格举行。中科院过程所所长张锁江院士、丹麦技术大学化工学院院长Kim Dam-Johansen教授、中国驻丹使馆科技参赞彭斯震及来自中丹两国20余名科研学者参加了研讨会。与会人员就中丹化工领域科技创新合作、人才培养等议题进行交流研讨。

【中爱科技创新合作联委会首届会议召开】 2019年7月14—15日，科技部部长王志刚率团访问爱尔兰，与爱尔兰商业、企业和创新部创新与研发国务部长约翰·哈利根会见并签署《关于促进科技创新合作的谅解备忘录》，决定在中爱政府间科技合作协定的框架下，建立中爱科技创新合作联委会机制。两位部长主持了联委会首届会议。

【中瑞举行第五次科技合作联委会会议】 2019年9月，中瑞政府间科技合作联委会第五次会议在北京举行。此次会议由中国科技部副部长李萌和瑞典教育研究部国务秘书乌斯特伯格共同主持。双方回顾了近两年来中瑞科技创新领域的新进展，并就可持续发展、生命科学与健康、北极科研、信息和通信技术、科技冬奥等领域的合作进行了探讨交流。双方达成一致，将优化联合资助机制、加强中瑞科技园区和孵化器合作、推动两国地方合作，深化和拓展双方在感兴趣领域的合作。除政府及部门间科技合作外，中瑞两国的学术及研究机构、高等院校及企业之间都开展了广泛的科技交流与合作。

【中欧科技合作“龙计划”在重庆大学举办】 2019年11月18日，“龙计划”第四期2019年陆地遥感高级培训班在重庆大学举行。中欧科技合作“龙计划”启动15年来，已培训1500余名科研人员，为中欧双方培养了一大批遥感领域的后备人才。“龙计划”作为中国科技部与欧洲空间局在对地观测领域的重大国际科技合作计划，旨在开展合作研究促进遥感技术应用水平的提高。“龙计划”于2004年启动，每四年为一个研究周期。正在实施的“龙计划”第四期（2016—2020年）共设置28个合作项目，双方围绕中欧双方卫星数据在农业、林业、水利、灾害、测绘、大气、海洋等领域的应用开展合作研究。

【第十届中意创新合作周在北京揭幕】 2019 年 11 月 26 日，第十届中意创新合作周在北京揭幕，意大利作为最早与中国签署政府间科技合作协定的西方国家之一，在双方共同努力下，在科技合作领域不断拓展、合作内容不断丰富，从吃穿住行等日常用品再到探索太空的高新技术产品，都能看到两国科技合作的成果。合作周为两国创新资源深度融合搭建了高水平的合作平台。创新周举办十年来，推动双边技术对接 5700 余项次，达成合作意向近千项，在航空航天、智能制造、生物医药、节能环保、先进材料等合作领域取得显著成效，对促进两国经济社会发展、产业转型升级和科技人文交流等发挥了积极作用。两国互办的创新合作周不仅成为中意科技交流的知名品牌，而且为拓展“一带一路”科技创新合作提供了有益经验。

【“中意先进制造联合实验室”2020 活动启动视频会举行】 2020 年 6 月 3 日，中国驻意大利大使李军华出席“中意先进制造联合实验室”2020 活动启动视频会。此次会议由坎巴尼亚新钢孵化器副主席利帕蒂主持，意大利科研部部长曼弗雷迪及意大利外交部国家体系推广总司、北京市科委，清华大学、中国科技自动化联盟、贝尔加莫大学、那不勒斯大学的领导出席并致辞。中国科技部部长王志刚发来贺信。中意双方大学优秀学生代表和初创企业代表近 200 人参加会议。

【2020 仁济医院中欧 LIFE 宫内疾病诊疗中心揭牌】 2020 年 8 月 12 日，上海交通大学医学院附属仁济医院中欧 LIFE 宫内疾病诊疗中心揭牌。意大利驻沪领事馆副领事朗佩德（Bartolomeo Lemonarc），仁济医院院长李卫平、副院长狄文、张继东等领导出席。揭牌仪式由狄文主持。李卫平致开幕词，他回顾了仁济医院宫腔镜手术的发展历史，希望仁济医院中欧 LIFE 宫内疾病诊疗中心成立后，继续引领技术，造福更多百姓。全球妇科宫腔镜领域的顶级专家、欧洲腔镜协会宫腔镜学组组长、仁济医院中欧 LIFE 宫内疾病诊疗中心主任 Giuseppe Bigatti 十分欣赏中国目前的医疗环境，希望在中国继续推广他在宫腔镜方面累积的经验及发明的新技术，并对传统的宫腔镜工作模式进行改革，令更多女性患者受益。

【2020 荷兰助力句容市创建省级农高区】 2020 年 9 月 8 日，镇江国家农业科技园区暨创建省级句容农高区启动仪式在句容市举行。荷兰王国驻中华人民共和国农业参赞武田富、镇江市副市长周凯、句容市委书记潘群出席启动仪式。现场还举行了签约仪式。20 多家科研院所、高校的专家教授，部分荷兰驻中国高科技农业企业、国内知名农业企业、句容农业科技型企业参加了启动仪式。

【腾讯出行学院与中欧国际工商学院“汽车行业 CMO 领航营”开营】 2020 年 10 月 30 日，腾讯出行学院与中欧国际工商学院共同打造的首届“数字时代汽车行业 CMO 领航营”在深圳腾讯滨海大厦开营，来自上汽、长安、蔚来、威马、大众、通用、现代、福特、五菱等多家车企的34位高管共赴“跨界人才共创场”，并展开第一模块为期两天的课程互动。领航营汇聚腾讯与中欧双方师资力量和优质资源，面向汽车行业共同培养数字化时代的首席营销官。这是中欧国际工商学院首次与互联网企业共同开发高端定制培训课程，也是腾讯推动出行产业“新人才”共创的又一实践。在开营仪式上，腾讯和中欧国际工商学院相继分享了对于汽车产业数字化，数字化营销战略以及汽车互联网“双打”之路的思考。

【2020中欧科技创新合作发展论坛举办】 2020年11月19—21日，以“创新引领发展、合作共赢未来”为主题的2020中欧科技创新合作发展论坛在深圳举行。与会专家一致认为，要打造中欧科技创新共同体，共同开展绿色创新，助力全球经济绿色复苏。此次论坛由中国科学技术协会、深圳市人民政府主办，旨在积极应对新冠肺炎疫情对全球经济带来的冲击和产生的巨大影响，进一步提升中欧创新合作水平，拉动世界经济复苏。

四 中欧文化交流

【“欢乐春节·当北极光遇上中国红”活动在挪威举行】 2019年1月23日，“欢乐春节·当北极光遇上中国红”活动在挪威奥斯陆市挪威国家歌剧院举行。此次活动由中国文化和旅游部、中国驻挪威使馆联袂主办。中国驻挪威大使王民、挪威文化与平等大臣格兰德以及挪威社会各界代表近500人出席了此次活动。

【第五届中欧文化艺术节在比利时布鲁塞尔举办】 2019年1月29日，知名音乐家谭盾指挥广州交响乐团在比利时布鲁塞尔弗拉吉艺术中心奉献了一场融合交响乐、京剧、唢呐甚至数码声音元素的“音乐盛宴”。该场音乐会由中国驻欧盟使团主办，来自欧盟机构、各国驻欧外交机构以及比利时社会各界代表近900人出席。此次演出开启了第五届中欧文化艺术节。自2015年起，中欧文化艺术节每年举办一次，旨在通过文艺演出、影像艺术、讲座论坛、文化展览等形式，在欧盟推广中国文化艺术，展示当代中国风采，同时融入欧洲文化项目，向中国人民展示欧洲多元文化。

【第十三届赫尔辛基“欢乐春节”庙会活动举办】 2019年2月4日，第十三届赫尔辛基“欢乐春节”庙会活动举办。此次活动由北京市人民政府和赫尔辛基市政府在赫尔辛基市新落成的中央图书馆（Oodi Library）露天广场上共同主办。中国驻芬兰大使陈立、赫尔辛基市长瓦帕沃里和芬兰欧盟事务、文化和体育部长特尔霍与近5万赫尔辛基市民、旅芬华人华侨、各国游客以及到访的北京市政府代表团和北京艺术团一道，喜气洋洋，载歌载舞，辞旧岁、迎新春，欢度中国传统节日春节。

【中国深圳爱华民乐团在摩尔多瓦演出】 2019年3月5日，中国深圳爱华民乐团应摩尔多瓦教育、文化与研究部邀请前来摩尔多瓦参加第五十三届迎春花国际音乐节，并在摩尔瓦多国家交响乐厅举办专场音乐会。驻摩尔多瓦大使张迎红，摩尔多瓦教育、文化与研究部国务秘书基斯托，各国驻摩尔多瓦使节及摩尔多瓦各界友好人士600余人出席。在演出前，张大使和摩尔多瓦教育、文化与研究部国务秘书基斯托分别致辞。

【《熊猫组曲》音乐会在丹麦演出】 2019年4月26日，《熊猫组曲》音乐会在丹麦皇家音乐学院音乐厅演出。中国驻丹麦使馆文化参赞刘东、丹麦驻华大使戴世阁、皇家音乐学院院长塞沃锐、哥本哈根动物园董事会主席霍伍兹以及中丹各界人士800人出席音乐会。成都大熊猫繁育研究基地研究中心主任侯蓉在演出前举办了熊猫研究保护知识讲座。《熊猫组曲》是全球首个以熊猫为主题的交响乐作品，由中国中央音乐学院年轻指挥家陈琳指挥、戴亚笛子独奏、丹麦哥本哈根爱乐乐团演奏，受到现场观众的热烈欢迎。该音乐会是配合两只大熊猫来丹的系列活动之一，由成都大熊猫繁育研究基地、中央音乐学院、丹麦皇家音乐学院、丹麦音乐孔子学院、哥本哈根爱乐乐团合作举办。

【瑞典木兰剧团成立仪式举办】 2019年5月4日，瑞典木兰剧团成立仪式举办。驻瑞典大使桂从友应邀在斯德哥尔摩松德比贝里市出席成立仪式，松德比贝里市长希凌、瑞中文化传媒协会会长黄磊、瑞典中文母语教育协会会长肖勇等出席了仪式。桂大使在致辞中祝贺瑞典木兰剧团成立，表示近年来中瑞两国在文化领域的交流日益密切，内容更为丰富。希望双方加强少年儿童之间的联系、交流和友谊，促进两国关系进一步发展。

【南京市小红花艺术团在芬兰举行文艺演出】 2019年5月21日，南京市小红花艺术团文艺演出在芬兰首都赫尔辛基亚历山大剧院举行。本次演出由中国驻芬兰大使馆主办。现场表演了富有中华文化特色的各类歌舞节目，有管乐、弦乐、打击乐；有轻舞、劲舞、歌伴舞；有京剧风、江南风、少数民族风，还有中芬经典歌曲联唱。芬兰总统夫人豪吉欧全程观看演出，并不时地同陈立大使夫妇交流，称赞孩子们的表演令人惊叹。芬兰总统夫人豪吉欧女士、中国驻芬兰大使陈立夫妇、芬兰农林部常秘胡苏—卡里奥、各国驻芬使节、芬兰各界人士、旅芬华人华侨等近400人到场观看演出。

【“中国海上丝绸之路文物精品图片展”开幕式在冰岛举办】 2019年6月18日，“中国海上丝绸之路文物精品图片展”在冰岛首都雷克雅未克市政厅举办。本次图片展由驻冰岛使馆、福建省文化和旅游厅共同主办，福建博物院、冰岛中国文化交流协会、冰岛大学北极光孔子学院协助承办。驻冰岛大使金智健、冰岛政府官员、驻冰使节、各界友好人士及旅冰华侨华人代表约100人出席开幕式。

【第二届中丹龙舟文化节在哥本哈根举行】 2019年6月23日，第二届中丹龙舟文化节在丹麦哥本哈根南港举行。驻丹麦使馆首席馆员赵世人参赞、哥本哈根市议员王海迪女士、丹麦划艇俱乐部主席霍姆奎斯特、丹麦华人总会主席林燕标和侨学界代表出席开幕式。

【“相约千年——魅力丝路文化行”活动走进西班牙马德里】 2019年6月30日，来自甘肃省演艺集团、甘肃省歌舞剧院的艺术家们在西班牙马德里美术俱乐部举行《相约千年》大型歌舞演出，为数百名当地观众展现了丝路文化以及中华传统文化的艺术魅力，受到热烈欢迎。本次演出是国务院新闻办公室与中国驻西班牙使馆共同主办的马德里“相约千年——魅力丝路文化行”活动的开幕演出。在开幕式上，甘肃省委宣传部长陈青，西班牙参议员、参议院人民党党团发言人科西多，中国驻西班牙使馆临时代办姚飞分别致辞，高度评价中西关系发展状况，指出“一带一路”倡议是深化中西合作的重要机遇，表达了通过文化交流进一步加深两国人民友谊的良好愿望。

【2019中欧德国国际艺术节在德国举办】 2019年8月9—20日，2019中欧德国国际艺术节在德国法兰克福·莱茵高陶努斯举办。作为2019中欧（德国）艺术节的一个重要环节，国际音乐交流系列大赛由德国官方主办，世界级的指挥家、歌唱家、钢琴家、教育家担任大赛评委，这是秉承公平、公开、公正理念的国际性赛事之一。在往届艺术节影响力的支持下，本届大赛迎来了更多的中欧参赛者及团体。第三届中欧国际独唱大赛、中欧国际合唱大赛、中欧国际合唱指挥大赛、中欧国际器乐大赛等系列赛事都相继在德国法兰克福拉开帷幕。

【2019中欧国际文化艺术节在波兰举办】 2019年8月12日，由中欧国际文化艺术节组委会、波兰利平斯基音乐学院主办，联合26个国家，全国文艺团体、百余所高校共同发起的中欧国际文化艺术节在波兰弗罗茨瓦夫市圆满落下帷幕。2019年是中华人民共和国成立70周年，同时也喜迎中波建交70周年。中欧国际文化艺术节是推动“一带一路”国家在文化艺术领域深入交流的广阔平台，也是具有一定权威性和影响力的国际活动。通过此次活动，“一带一路”国家的文化能够相互交融，增进理解，同时也是“一带一路”沿线国家民心相通的文化载体，将有效促进沿线各国艺术的交流与合作。中欧国际文化艺术节自创办以来，已逐步发展成为中国对外文化交流中重要的品牌活动和颇具影响力的国际性艺术节，是全世界文化艺术爱好者参与的国际艺术交流平台，也是全方位、综合性地展示中国文化的艺术窗口。

【“国际儒学论坛——哥本哈根国际学术研讨会”在哥本哈根开幕】 2019年8月26日，“国际儒学论坛——哥本哈根国际学术研讨会”在丹麦尼尔斯布劳克哥本哈根商学院开幕。国际儒学联合会会长滕文生、中国驻丹麦大使冯铁、丹麦外交部国务秘书李思北及来自15个国家的40余名专家、学者出席开幕式。

【中国民间艺术团参加捷克第二十九届“民俗年”民间艺术节】 2019年9月5—9日，捷克第二十九届“民俗年”民间艺术节在奥洛穆茨州的大彼斯特日采市举行。大彼斯特日采市市长帕兹德拉、艺术节组委会主席纳克拉达、驻捷克使馆文化参赞吴光及当地民众观看了艺术节闭幕式演出，中国广西贺州市富川瑶族自治县民间艺术团参加了此次艺术节演出活动。来自中国的艺术团表演了具有浓郁瑶族特色的原创音乐和歌曲——瑶族地区婚嫁对歌《阿姐出嫁》、瑶族蝴蝶歌元素原创流行乐《蝴蝶歌·星空》和非遗项目“瑶族长鼓舞”等，受到当地民众的热烈欢迎。

【“彩缕绣吉祥”刺绣展在丹麦举办】　2019年9月13日，中国刺绣展在丹麦国家历史博物馆开幕，中国驻丹麦大使邓英应邀出席开幕式。丹麦国家历史博物馆董事会主席福德、馆长司高格，中国恭王府博物馆副馆长边伟、展品捐赠人孙建君以及两国文化界近100人参加此次活动。此次展览共包含110件展品，具有独特的民间女工艺术风格，绣工精致、色彩艳丽、刺绣图案纯朴、构图简洁、针法多样，充分体现了中国民间艺人的聪慧智巧，蕴藏着丰富的历史与文化信息。恭王府博物馆和丹麦国家历史博物馆合作已有十余年，双方在开幕式上还签署了互换展览协议。

【中波共同举行“舌尖上的中国”美食节开幕式】　2019年9月18日晚，中国驻波兰大使馆与山东省海外联谊会共同举行“舌尖上的中国”美食节开幕式暨“中餐繁荣·味道山东”鲁菜品鉴会，中国驻波兰大使刘光源、赵强副会长、波兰华为有限公司、波兰外交部、文化和民族遗产部负责人等众多嘉宾出席此次会议。刘大使在致辞中说，今年是中华人民共和国成立70周年和中波建交70周年，作为系列庆祝活动之一，中国驻波兰大使馆和中国山东省侨务办公室特邀山东省五位美食大师在华沙举办此次活动。

【中央民族乐团专场音乐会在比利时布鲁塞尔举办】　2019年10月23日晚，由驻欧盟使团、驻比利时使馆联合举办的庆祝新中国成立70周年系列活动之一——中央民族乐团“风华国乐”专场音乐会在比利时布鲁塞尔弗拉吉艺术中心举行。中国驻欧盟使团临时代办王红坚出席活动并致辞，南非、白俄罗斯等驻欧盟和比利时使节、欧盟机构官员、比利时及欧洲艺术家等700余位嘉宾应邀出席音乐会。除布鲁塞尔演出外，中央民族乐团还在比利时安特卫普、鲁汶举办了面向中资企业、华侨华人和当地高校师生、留学生的两场演出，共计1400余人出席观看。比利时巡演结束后，中央民族乐团还赴卢森堡演出两场。

【《书斋·中国——当代艺术展》在斯德哥尔摩举办】　2019年10月25日，《书斋·中国——当代艺术展》开幕式在斯德哥尔摩中国文化中心举办，中国驻瑞典大使桂从友出席并致辞。此次艺术展由23位中国和瑞典著名艺术家倾力打造，实现中国传统哲学思想、当代艺术与欧洲古老建筑空间的融合，体现了中华文化的开放性、当下性和包容性。

【2019中欧乡土遗产论坛在山东建筑大学举行】　2019年10月26—27日，中欧乡土遗产论坛在山东建筑大学举行。国家文物局文物保护与考古司资源处调研员詹德华，山东省文化和旅游厅党组成员、副厅长王廷琦，山东省住房和城乡建设厅党组成员、副厅长徐启峰，山东建筑大学校长靳奉祥、副校长刘甦出席开幕式。来自挪威科技大学、

北京大学、清华大学、东南大学、天津大学、中国建筑设计研究院等国内外知名高校、科研院所的专家、学者及山东建筑大学有关职能部门和建筑城规学院师生代表300余人参加论坛。

【上海昆剧团《牡丹亭》专场演出在比利时布鲁塞尔举办】 2019年11月13日晚，上海昆剧团《牡丹亭》专场演出在比利时布鲁塞尔沃德维尔剧场举办。昆剧婉转的唱腔、细腻的表演、唯美的故事征服了在场观众。此次演出由驻欧盟使团、驻比利时使馆共同主办。中国驻比利时大使曹忠明、驻欧盟使团临时代办王红坚，以及来自比利时联邦检察院、众议院，欧委会公平总司、世界海关组织等近300位嘉宾观看了演出。此次上海昆剧团带来了《牡丹亭》中的《游园》《惊梦》《寻梦》等七出折子戏，由国家一级演员余彬、白玉兰戏剧奖新人主角奖获得者卫立、优秀青年演员陶思好担纲主演，让观众体味了原汁原味的昆曲。除当晚的演出外，上海昆剧团还于12日晚在布鲁塞尔中国文化中心主办专场昆曲演出。

【2020中欧国际文化艺术节在德国举行】 2020中欧国际文化艺术节由中国人民对外友好协会文化交流部联合德国音乐家协会等主办，德国驻华大使馆予以大力支持与合作。本次“品艺中欧”2020中欧国际文化艺术节（德国站）在中国人民友好协会和平宫举行。中国人民对外友好协会文化交流部领导、中方组织单位各级领导、中国社会各界艺术家、全国各艺术院校代表及新闻媒体出席此次活动。

【“陇上行”民族交响音乐会奏响波兰】 2020年1月18日，第十届“欢乐春节”民族交响乐“魅力丝路·陇上行”活动在波兰奥波莱国立音乐学校举办。来自甘肃民族交响乐团的音乐家们为当地观众献上了两场极具中国传统文化韵味的新春音乐会。中国驻波兰大使刘光源、奥波莱市市长阿尔卡迪什·维希涅夫斯基、波兰奥波莱工业大学校长马尔卿·洛伦茨等中波两国嘉宾，以及中波媒体记者、奥波莱省企业代表、市民团体等各界人士观看了演出。

【《中罗文明和文化交流对话文集》在罗马尼亚出版】 2020年10月，为深化中罗两国人民友谊，回顾、总结两国文明互鉴与文化交流成果，展望发展前景，由中国驻罗马尼亚使馆策划编印的《中罗文明对话和文化交流》文集罗文版在罗马尼亚出版。中国驻罗马尼亚大使姜瑜为文集撰文。该文集邀请了罗马尼亚文化院副主席克里兹巴伊、北京罗马尼亚文化中心前主任鲁博安、北京外国语大学教授丁超、布加勒斯特大学教授白罗米、锡比乌孔子学院罗方院长奥普雷安、《世界文学》主编高兴、中罗友好合作论坛主席米胡茨、中国社会科学院考古所助理研究员温成浩、罗马尼亚考古学家拉扎罗维奇夫妇等就文化交流、教育合作、考古发掘等领域撰写署名文章，从各自领域阐述两国间交流合作成果，表达人民间的友好情谊。

【2020中欧文化周在广东举办】 2020年10月16—25日，2020中欧文化周在广东省佛山市三龙湾举行。从德国商品设计展、中欧电商节，到上海芭蕾舞团舞剧《茶花女》、文化交流系列讲座、坊塔音乐节等，欧洲多国驻穗总领

事、文化领事官员，在粤欧洲企业代表等参与其中，与佛山市民共同畅享一场中外交融、现代与传统碰撞的文化盛宴。

【首届“中欧建筑邀请展”在上海开幕】 2020年10月31日，由中德可持续都市与建筑协会（SGSUAA）与中欧建筑传媒中心（SEAMC）联合发起的“平行世界中的建筑对话：首届中欧建筑邀请展2020—2021”在上海开幕。此次展览以“变迁的视野”为主题，从历史、当下、未来三个层面展开，进行了跨国度、跨尺度、跨维度的“建筑对话”，希望通过两地建筑师群体的作品呈现及文献梳理，传达出多样、复合、可持续并能启发思考的建筑实践和立场。

五　中欧妇女交流

【戛纳电影节中欧女性影展举办】 2019年5月22日，中欧女性影展戛纳论坛举办。作为一个旨在通过电影艺术，呼吁公众对女性议题关注、讨论，进而推动全社会关注女性权益的系列影展活动，在过去的两年里，中欧女性影展已于威尼斯、戛纳、香港等地展开了一系列展映及论坛活动，并获得了世界各地电影人的参与和支持。此次论坛在第七十二届戛纳电影节期间举行，中欧女性影展再度启程，聚焦女性电影工作者，助力推广女性电影人的影响力。本次论坛邀请了多位海内外的女性电影人，共同探讨国际电影合作中女性电影人的机遇与挑战。首批公布的嘉宾名单包括中欧女性影展推广大使、演员许晴，演员徐熙娣，欧洲女性视听网络协会创始人弗兰妮·瑞温妮，以及演员黄璐等。

【“亚太国际义卖暨女外交官时装秀”在比利时布鲁塞尔举行】 2019年6月18日，“亚太国际义卖暨女外交官时装秀”在比利时布鲁塞尔举行，此次活动主题为“爱与美”。此次活动由驻欧盟使团主办，得到各方的广泛支持，共汇集了来自欧洲各界400多位来宾。欧洲各界来宾表示，APWA以多元、包容、慈善、博爱的文化，为大家带来了难忘的“布鲁塞尔仲夏夜”。

【亚太妇女协会“大爱无边”文化慈善活动在比利时布鲁塞尔举办】 2019年10月28日，驻欧盟/比利时外交官夫人组织亚太妇女协会在布鲁塞尔马利布兰养老院举办“大爱无边”文化慈善活动，中国驻欧盟使团团长张明大使夫人、APWA主席蔡潇丽女士主持活动，来自日本、韩国、印度等十多个亚太国家的大使夫人、女外交官及养老院的老人们近百人出席了活动。在现场的老人们饶有兴致地观看了APWA成员国文化介绍视频，纷纷惊叹于中国等亚太国家的快速发展。蔡潇丽代表中国驻欧盟使团向养老院捐赠了中国传统双面绣、陶瓷摆件及熊猫造型工艺品，并向老人们送上衷心的慰问和祝福。

【性别平等和企业社会责任国际会议和赋权于妇女原则颁奖典礼在北京举行】 2020年11月18日，联合国妇女署中国办公室与欧盟驻华代表团在京联合主办此次活动。此次国际会议回顾了新冠肺炎疫情新常态下推动性别平等和妇女赋权方面取得的进展，探讨其面临的挑战并展望未来。此次会议探讨了将性别平等融入企业战略及企业社会责任外部项目的重要性、经验、实践以及面临的挑战，强调了企业社会责任项目在促进工作场所和社会平等方面所起到的关键作用，分享了有关促进女性领导力、体面工作及数字化包容的创新做法。近150名私营企业领袖、社会企业家、民间社会代表及欧盟和联合国官员出席了会议。

六　中欧体育交流

【驻瑞典使馆举办中瑞青少年羽毛球交流开放日活动】　2019年1月27日，驻瑞典使馆举办中瑞青少年羽毛球交流开放日活动，邀请来瑞典参赛的中国羽毛球国家青年队、瑞典羽协代表和瑞典当地羽毛球俱乐部青少年球员及家长们来使馆做客。桂从友大使和使馆羽毛球队参加了此次开放日活动。瑞羽协首席执行官布兰特向桂大使赠送了瑞典羽协会旗并表示希望与中方开展更多交流合作，欢迎中国队继续来瑞典参赛、训练。在开放日活动中，中国国青队员分别与瑞典俱乐部青少年球员、使馆羽毛球队进行友谊赛，展示了精湛的球艺。赛后，瑞方球员向国青队赠送了瑞典传统糖果，并表示能同中国优秀的青年羽毛球运动员交手感到十分荣幸，期待能有更多的交流机会，更好地了解中国。

【2019中欧马产业交流研讨会在上海举行】　2019年5月2日，上海浪琴环球马术冠军赛新闻发布会暨中欧马产业交流研讨会在上海举办。作为上海浪琴环球马术冠军赛集赛、展、会三位于一体的办赛模式的重要组成部分，2019中欧马产业交流研讨会在主题选择、议题设置、嘉宾邀请等方面密切围绕国内外马术领域的热点事件，力求实现宏观与微观相结合、国际与国内相结合、区域与整体相结合，为快速发展的中国马产业献计献策。来自西班牙的马术官员、爱尔兰的教育专家、中国的马文化研究人员以及青少年骑手代表从各自的角度分享马术对于青少年成长的意义和价值。

【2020首届中欧网络围棋擂台赛开赛】　2020年3月31日，首届中欧网络围棋擂台赛开赛。在首轮比赛中，来自上海的宋怡雯在一盘女将之战中执黑中盘胜法国的阿里安·欧吉尔，为中国队先拔头筹。在目前各国正在抗击新冠肺炎疫情的情况下，借助围棋适于在网络空间开展的有利条件，为丰富国内外广大围棋爱好者的精神文化生活，中国围棋协会与欧洲围棋联盟共同举办首届中欧网络围棋擂台赛。两队队员将获得由中国围棋协会与欧洲围棋联盟共同颁发的荣誉证书。

七　中欧旅游交流

【希腊克里特岛"欢迎中国"旅游认证推广活动举行】　2019年2月13日，"欢迎中国"旅游认证推广活动在希腊第一大岛——克里特岛的哈尼亚市举行。中国驻希腊大使章启月、克里特省副省长沃卡拉基斯、哈尼亚商会主席罗卡基斯、哈尼亚酒店联合会主席马拉萨基斯、哈尼亚酒店负责人联合会主席吉安诺里斯以及当地旅游行业代表及媒体等100余人出席活动。

【2019"欢乐春节"活动在荷兰开展】　2019年，由中国国家文化和旅游部牵头组织的单体最大规模文化节庆活动"欢乐春节"在荷兰系统开展，引发荷兰社会各界的兴趣、关注和参与，"看中国演出，吃中国餐，过中国年"成为荷兰不少民众的节日选择。2019"欢乐春节"活动在传统展演基础上展现文旅融合新思路，组织和纳入了一系列丰富多彩的文化艺术活动，让荷兰民众全方位地感知和体验中国春节及中国文化的魅力。

【"欢乐春节"盛装巡游在比利时列日市举行】　2020年1月18日，由中国驻比利时大使馆、列日市政府、旅比华侨华人联合会联袂举办的2020年"欢乐春节"盛装巡游在比利时列日市举行。中国驻比利时大使曹忠明、列日市市长德梅耶、瓦隆大区副首席大臣博苏、列日省省长贾马尔、列日省议长吉拉德等嘉宾身着节日盛装来到基尔曼斯火车站站前广场，互致新春问候，共同欣赏来自成都艺校学员和华人华侨艺术团的歌舞表演。百余名比利时气功爱好者还展示了中华传统八段锦，场面壮观，气势恢弘。

【2020"中国意大利文化和旅游年"开幕】　2020年1月21日晚，"中国意大利文化和旅游年"在罗马音乐公园开幕。中意旅游合作论坛、两国音乐家联袂演出的开幕音乐会和中意世界遗产摄影展三场高水平文化活动，在展示双方交流合作成果的同时，开启了2020年上百场精彩活动的序幕。2020年中国意大利文化旅游年是两国首个以文旅融合为主题的大型文化活动，目的是在建交50周年之际，落实两国领导人达成的重要共识，在既有文化交流合作成果基础之上，进一步促进文明交流互鉴，为两国互利合作打造更坚实的民意基础。

【2020年葡萄牙旅游局路演上线】

从2020年10月12日起，葡萄牙旅游局2020年中国区在线路演将正式拉开帷幕。本次路演展商阵容强大，在葡萄牙旅游局的组织下，葡萄牙当地的22家旅游资源方（酒店、地接社、景区、旅游机构等）将参加本次线上交流，为中国区旅游业伙伴们带来葡萄牙的新旅游资讯提供及优质服务。本次路演经过全方位的精心筹备，打破了时间与空间的限制，通过线上的形式举办，充分面向全中国各个地区的旅游业者与媒体，架起中葡两国间高效、便捷沟通的桥梁。

八　中欧其他交流

【第五届“一带一路”与中欧合作国际论坛在德国举办】　2019年12月11日，第五届“一带一路”与中欧合作国际论坛在德国杜伊斯堡市举行。来自中国和多个欧洲国家和地区的专家学者齐聚一堂，就“一带一路”相关议题进行探讨交流。本届论坛由德国杜伊斯堡—埃森大学东亚研究院与德国鲁尔都市孔子学院共同主办，重点探讨欧洲相关国家对“一带一路”倡议的理解，以及中欧合作未来面临的机遇和挑战等。来自中国、德国、英国、法国、波兰、瑞士和捷克的学者还围绕“一带一路”沿线国家的经济评估等主题发表演讲。

（撰稿人：田小惠、肖均婷、李纯钰、杨倩、王琳琳）

中法人文交流

一　综合

【中法高级别人文交流机制第五次会议举行】　2019年10月21日，国务委员兼外长王毅在法国巴黎同法国外长勒德里昂共同主持中法高级别人文交流机制第五次会议。王毅表示，两国元首从战略高度和长远角度重视并推动人文交流，一致指示要充分发挥中法高级别人文交流机制的统筹协调作用。双方应落实好两国元首重要共识和指示，办好这一机制，挖掘两国独特的人文优势，大力增强社会和民意基础，打造更加坚实、稳固、富有活力的中法全面战略伙伴关系。勒德里昂完全赞同中方建议。他表示，法中高级别人文交流机制已成为法中关系的重要组成部分，合作成效显著。两国相关部门负责人出席会议。双方梳理了教育、科技、文化和旅游、体育等各领域成果和下阶段重点合作项目，并达成一系列合作文件。

【中法人文交流海淀论坛在北京举办】　2020年12月20日，第五届中法人文交流海淀论坛在北京举行。主题为"中法文化交流青年的角色与发展"，意在鼓励中法人文交流中当代青年的发展与贡献，注入青年人的新活力与新精神，推进青年的交流与合作。本届论坛聚集了众多活跃在中法交流领域的青年人才和青年代表，围绕城市青年活力创新、新生代品牌国际化合作、东西方文化传播、传统文化遗产传承等主题，共同探讨青年在中法人文交流中的角色与担当。

二　中法教育交流

【欧洲商务孔子学院揭牌】　2019年5月14日，由北京外国语大学与欧洲高等商学院（ESCP Europe）合作共建的欧洲商务孔子学院在法国巴黎欧洲高等商学院举行了揭牌仪式。中国驻法国大使翟隽，法国国民议会议员、法中友好小组主席陈文雄，巴黎大区议会第一副主席热罗姆·沙尔捷以及驻法中资企业、法国孔子学院、法国工商企业和教育界代表等中外嘉宾120余人参加了揭牌仪式。

【第十八届"汉语桥"法国预选赛举办】　2019年5月17—18日，第十八届"汉语桥"世界大学生中文比赛法国预选赛在斯特拉斯堡举办。驻斯特拉斯堡总领事凌军、驻法国使馆教育处公参杨进，阿尔萨斯孔子学院理事长米歇尔·夏利（Michel Cheray）等出席了预选赛并在颁奖仪式上致辞，来自法国九所高校的23名学生参加了本次比赛的笔试、演讲和才艺展示。杨进公参在致辞中表示，国之交在于民相亲，民相亲在于言相通，期待有越来越多的中法青年通过语言的学习，在中法两国人民之间构筑一座友谊之桥，为今后扩大各领域交流与合作奠定新的更坚实的基础。

【中南大学与奥尔良大学合作共建的孔子学院在法国揭牌】 2019年7月8日，中南大学与奥尔良大学合作共建的孔子学院揭牌系列活动在具有300多年历史的迪旁卢宫—奥尔良大学国际研究中心举行。中国湖南省与法国中央大区互为姊妹省份，中南大学与奥尔良大学互为合作院校，两地素有深厚情谊与友好往来。1797年出生于奥尔良的法国籍汉学家儒莲翻译了《孟子》《三字经》诸多儒学典籍，将中华文化传播到法国，推进仁爱、诚信、礼序、孝悌等，使之在法国得到广泛认可。在奥尔良大学建立孔子学院不仅具有深厚的历史基础，也有利于推动两校在学科建设、人才培养、学术研究、教师互派、资源共享等方面的实质性合作与交流，提升双方的国际化办学水平和国际影响力。

【武汉大学海外学术周在法国巴黎举行】 2019年10月15—18日，武汉大学在法国巴黎举办第四届主题为“文化与文明的流动与保护”的海外学术周活动，此次活动开幕式在中国驻法国大使馆教育处举行。本届海外学术周活动由武汉大学与巴黎第七大学、法国国立宪章学院、法国国立东方语言文化学院等单位合作举办。此次学术周活动包括三场高层次、跨文化的国际学术论坛，以及武汉大学人文社会科学学术展、武汉大学—巴黎七大孔子学院理事会年度会议等。该系列活动以深化人文社会科学对话交流，深入推进国际学术合作和文明交融互鉴为目的，围绕“天空意象与叙事”“文化遗产与数字人文”“古代晚期与中古时期东亚的信仰与文化流动”等跨学科议题进行了深入研讨。

【同济中法学院20周年庆举行】 2019年10月24—28日，同济大学中法工程管理学院举行建院20周年系列庆祝活动，包括院庆典礼、研讨交流、青年创业者交流和中法艺术文化活动等。其间，在中外嘉宾的见证下，中法学院20周年合作成果展、中法创新创业空间、法国巴黎高科驻华办公室等先后揭幕。同济中法学院由同济大学与法国国立桥路学校暨巴黎高科联合创办。作为中国首家“中法学院”，中法学院建立的“初心”是借鉴法国精英工程师学校的特色和中法两国企业的先进经验和理念，培养具有国际竞争力的卓越人才。自2000年起，中法学院协助17个专业学院开展了20余个理工类和管理类本、硕、博层次合作项目，累计培养2000余名优秀人才，协助1500余名国际学生来校交流学习。

【波城孔子学院揭牌】 2019年10月30日，中国驻法大使卢沙野、波城市长白鲁、西安市委副秘书长方家平、波城大学校长阿玛拉共同为波城孔子学院成立揭牌。卢沙野指出，中法两国在文化教育领域的交流，受到了两国领导人和各级政府的高度重视。2019年是中法建交55周年，两国间的合作交流取得丰硕成果，希望波城孔子学院的成立能为促进中法两国之间在文化和教育领域的交流与合作作出更大贡献。波城孔子学院由西安外国语大学和法国教育部分别派遣有经验的教师负责教学工作和学院管理。

【上外与巴黎工商会达成合作协议】

2019年11月5日，法国巴黎大区工商会会长迪迪埃·柯林（Didier Kling）一行九人访问上海外国语大学。李岩松校长会见客人，并共同签署商务法语文凭考试合作协议。教育部外语教指委法语分委员会主任、上海外国语大学原校长曹德明出席签字仪式。巴黎大区工商会创立于1803年，是法国和欧洲最大的工商会组织，为巴黎大区78.9万家企业提供服务，会员企业的产值占法国国民生产总值的29%。

【华东师大与法国高校签署合作协议】　2019年12月11日，华东师范大学与法国高校的中法联合培养研究生项目（PRoSFER）第四轮合作协议签约仪式在法国里昂高师举行。该项目已有17年的历史，华东师大与法国28所高校和机构签署了合作协议，覆盖法国高等教育的多个类型，如综合性大学（巴黎三大、巴黎九大等）、高等师范学校（里昂高师、巴黎—萨克雷高师）、精英商学院（里昂商学院）、高等研究机构（法国国家科学研究中心）等。双方不断创新合作模式，建立了包含本科、硕士、博士各层次的联合培养双学位项目，学生交流交换项目，短期游学项目，国际科研合作平台或国际合作实验室，中外合作办学等新形式、新平台。

【第十届中法高等教育合作办学机构年会举行】　2019年12月17日，第十届中法高等教育合作办学机构年会在法国驻华大使馆举行，来自中法合作办学机构、法国驻华使领馆、中国教育国际交流协会的代表出席年会。此次年会就中法合作办学的现状与前景进行总结并展开讨论。2019年，有三所新的中法合作办学机构建成，分别为中央美术学院中法艺术与设计管理学院、华东理工大学国际卓越工程师学院以及武汉理工大学艾克斯—马赛学院。中法合作办学机构的教学涵盖了本科阶段到博士阶段，使用中、英、法三种语言教学，采取“2+N”或者“3+N”学制，学生可以同时获得中法两国高校毕业文凭。

【中法航空大学项目奠基】　2019年12月28日，中法航空大学项目奠基活动在杭州市余杭区举行。中法航空大学项目落户瓶窑镇，由北京航空航天大学与法国国立民航大学合作共建，占地1500亩，预计2022年完成校园建设。该大学是按照“高水平、国际化、新机制”的办学理念打造的一所具有民用航空特色的世界一流大学，是推动落实高教强省战略、实施杭州市“三名工程”、促进航空产业发展的重大举措。中法航空大学项目在校园建设、筹建申报和研究生培养等方面已取得积极进展。作为支撑中法航空大学项目筹建、引育储备一流师资队伍的核心机构，北航杭州创新研究院（余杭）在2019年11月正式揭牌成立。

【第十九届“汉语桥”法国区决赛

举行】 2020年9月19日，第十九届“汉语桥”世界大学生中文比赛法国赛区决赛日以在线视频形式举行。来自法国各地的18名选手参加了演讲、知识问答和才艺展示环节。选手们讲述自己曾游学中国的往事及对中国文化的理解和热爱，还谈到法国和中国人民团结互助、共同抗击新冠肺炎疫情。中国驻法国大使馆公使余劲松在致辞中说：“本次比赛的举办来之不易，这样的相聚显得格外有意义。你们用语言诠释了两国人民对彼此文化的欣赏；你们是中法友谊的使者，你们通过‘汉语桥’，将这座心灵之桥、友谊之桥延伸至更多人的心里。”

【浙大与巴黎高等矿业学院联合培养数学人才】 2020年10月21日，浙江大学与法国巴黎高等矿业学院签署校际合作协议，双方将通过双学位、学生交换、博士后交流等多种形式联合培养数学拔尖人才。浙江大学党委书记任少波、巴黎高等矿业学院校长文森特·拉弗莱什（Vincent Laflèche）和两校数学学院、国际合作部门以及巴黎高科技工程师学校集团相关负责人参加视频交流和签约仪式。在会谈期间，浙大数学科学学院和巴黎高等矿业学院数学与系统科学系分别介绍了教学科研情况，就探索多维度多领域合作进行了讨论。巴黎高等矿业学院创立于1783年，是巴黎高科集团和巴黎文理研究大学成员，其优势学科包括地球科学与环境、能源与工艺工程、机械工程与材料、数学与复杂系统、经管与社会，诞生了物理学和经济学领域两位诺贝尔奖获得者。

【中法数学教育与交流主题研讨会举行】 2020年10月27日，以“数学视角认识世界，数学交流沟通世界”为主题的中法数学教育与交流研讨会在北京举办。教育部国际合作与交流司副司长方庆朝、中国教育国际交流协会副秘书长余有根、科技合作专员卢珂和数学家许晨阳等中法两国知名数学家、教育家和优秀教师出席研讨会。与会嘉宾通过“现场和云端”有机结合的创新方式，对数学教育和以数学为中心的青少年交流活动等主题进行深入研讨，成果丰硕。中法两国专家和教师就数学学科前沿趋势、中小学数学教育途径与方法等问题展开热烈讨论，分享了诸多案例与现实挑战。中法两国中小学积极参与，多所学校组织教师集中学习讨论。

【西安交大中法合作办学项目开班】

2020年11月18日，西安交通大学和法国SKEMA商学院合作举办的创业与创新（大数据与人工智能管理）硕士学位教育项目开班。西安交大管理学院院长冯耕中，SKEMA商学院全球校长爱丽丝·吉翁（Alice Guilhon）、副校长帕特里斯·乌达耶（Patrice Houdayer）等发表线上致辞。西安交大管理学院国际合作项目中心主任束际同、SKEMA商学院中国校区学术校长林桦等出席本次典礼。该项目是由中国教育部批准的中外合作项目，旨在培养大数据及人工智能方向的创业、创新领域的未来精英与业界领袖，该项目首期迎来38名学员。

【“中法百校交流计划”培训活动举行】 2020年12月4日，中法百校交流计划中方项目学校培训活动在北京举行，中国教育国际交流协会副秘书长沈雪松和法国驻华大使馆教育合作专员贝俐平等出席活动并致辞，北京、上海、江苏、福建和四川等省市的30多个与项目相关的学校领导和教师参加了此次活动。中法百校交流计划是中法高级别人文交流机制项目，在两国教育部指导下，由中国教育国际交流协会和法国驻华大使馆共同举办。

三　中法科技交流

【中法科技合作联委会召开】
2019年2月25日，中法科技合作联委会第十四届会议在北京召开。中国科技部部长王志刚和法国高等教育、研究与创新部部长弗雷德里克·维达尔共同主持会议。会上，双方介绍了中法科技创新现状、战略和政策并表达了加强双边科技创新合作向更加强劲、开放、互信的方向发展的希冀。在总结回顾中法政府间科技合作协定签署40余年来两国科技创新合作所取得的成果的基础上，两国将深化在卫生健康、农业、人工智能、先进材料、空间、环境、粒子物理七个领域的未来优先合作，并达成共识，将探索通过采取召开主题研讨会、建立联合资助机制、促进联合实验室合作、深化人员交流、开展创新创业合作等系列行动计划落实上述领域合作。会后双方共同签署了《中法第十四届科技合作联委会会议纪要》。

【中国国际核电工业展览会举办】

2019年4月1—3日，第十三届中国国际核电工业展览会在北京举办。中国国家能源局出席了展会，体现了核电安全高效发展的战略要求，也与习近平主席对法国进行国事访问时签署的第十三份备忘录相一致。参会的法国企业有法国电力集团、欧安诺和法玛通，以及法国核能工业集团和法中电力伙伴关系下属的几十家中小企业。同时，法国核能学会和中国核能协会就数字技术和数字化创新对核工业的贡献组织研讨会，汇集了250多名法国和中国的参与者，包括来自法国电力集团、中国核工业集团有限公司、中国国家电力投资集团公司、达索系统公司、欧安诺集团、法国原子能与可替代能源委员会的代表。

【中法创新合作加速中心成立】
2019年4月11日，中法（杭州）创新合作加速中心于杭州正式启动。该中心成立仪式由杭州大江东产业集聚区（杭州经济技术开发区）管委会主办，开发区大创小镇（国际人才创业创新园）和中法（杭州）创新合作加速中心共同承办，欧洲三院院士、国际著名分子生物物理学家埃里克·韦斯特霍夫教授发表致辞。该中心基于法国优质科技创新平台及国内的研发基地，将致力于国际智力资源引进和国际化人才培养，完成技术的研发、直接转化和推广，通过建立与高校、企业、政府等之间的密切联系，协助企业共享国际资源，实现弯道超车的跨越式发展。

【全球电商创新创业大赛举行】
2019年4月19日，“之江创客”全球电子商务创新创业大赛（2019）欧洲赛区初赛暨新闻发布会在位于巴黎市中心的第十三区政府会议厅举行。中国人民对外友好协会副会长户思社，法国国民议会法中友好小组主席、国民议员陈文雄，中国驻法使馆科技处公使衔参赞孙玉明等来自欧洲以及中国的政界、科技、金融、法律、投资、企业等各界代表以及参赛项目代表、媒体记者等近百人出席了本次大赛。“之江创客”欧洲赛区由欧洲华创会协办和组织。近几年来，欧洲华创会与中国国内省市政府合作，以创新创业大赛的方式，向国内推荐了许多优秀的创业项目，为中国创新科技产业的发展作出有益的贡献。

【中法产业合作圆桌会议召开】 2019 年 7 月 5 日，中法产业合作圆桌会议在重庆召开。此次会议由国家工信部与法国经济和财政部共同主持，近百家中法企业的代表参会。在会上，中方介绍了中国工业经济运行、推动制造业高质量发展、发展先进制造业集群和扩大开放等情况；法方介绍了法国工业最新政策和产业竞争力集群等情况。双方就推动人工智能产业发展等领域交流合作进行深入探讨并达成多项共识，并围绕智能制造及数字化转型、绿色制造等产业，完成第二批七个工业合作示范项目和两个教育培训项目的签约，其中重庆市万州职业教育中心与法国施耐德电气有限公司就职业教育发展达成项目合作计划。

【人工智能国际合作研讨会举行】

2019 年 9 月 16—17 日，人工智能国际合作研讨会在法国巴黎举行。此次研讨会由博鳌亚洲论坛同法国展望与创新基金会、美国大西洋理事会共同举办。博鳌亚洲论坛秘书长李保东主持开幕式。博鳌亚洲论坛副理事长周小川，博鳌亚洲论坛咨询委员会委员、法国前总理拉法兰，美国国务卿高级科技顾问切森在开幕式上发言。来自中国、美国、欧洲的政产学界代表围绕“人工智能与未来世界：中国、美国、欧洲视角”以及“人工智能国际合作：对政府的建议”两个议题进行了专题研讨。与会各方代表表示，人工智能正在深刻改变全球经济、社会发展的面貌，应进一步加强探讨，确保人工智能的发展可靠、安全，有利于促进世界的和平与人类的福祉。各方就加强人工智能国际合作所面临的挑战交换了意见、达成了共识，认为这次研讨会对于增进中、美、欧等各方对各自人工智能政策的理解、加强人工智能国际合作十分有益。

【中法“绿色制造合作伙伴”典范经验交流会召开】 2019 年 10 月 28 日，中法“绿色制造合作伙伴”典范经验交流会在北京召开。此次交流会由工业和信息化部国际经济技术合作中心和法国施耐德电气集团联合举办。工业和信息化部节能与综合利用司、北京市经济和信息化局有关工作负责人以及相关科研院所、企业代表参会。会上，工信部国际经济技术合作中心与法国未来工业联盟共同发布了第二批中法工业合作示范项目，包括智能制造、绿色制造等领域七个产业合作项目和两个教育培训合作项目。施耐德电气集团分享了其在构建全生命周期绿色管理体系、整合全球供应链等方面的实践和经验，与会代表围绕自主应对气候变化和环境保护、构建绿色供应链、产品绿色设计、绿色智能工厂建设等内容进行了交流，旨在进一步深化中法绿色制造产业合作。

【中法海河流域水资源综合管理项目第二阶段合作完成】 2020年12月6日，流域组织国际网常设技术秘书处秘书长、法国水管理专家让—弗朗索瓦·唐泽尔接受采访。早在21世纪初，作为深入参与中法河流合作治理项目，见证了中国从21世纪初至现在的水资源治理进程的法国水管理专家唐泽尔便受邀参加黄河国际论坛等大型水资源治理论坛，与中国结下了不解之缘。2011年，中法海河流域水资源综合管理项目正式启动。如今，该项目已顺利完成第一阶段和第二阶段合作，第三阶段合作也进入了延长期，将开展滦河诊断、规划技术与方法指南编制、引滦水资源保护行动计划、水资源预警机制等工作。

【中法科技创新产业集群论坛举行】

2019年12月9日，中法科技创新产业集群论坛在中国科学院深圳先进技术研究院首次举行。本次论坛由工信部国际经济技术合作中心、深圳市工业和信息化局、法国格勒诺布尔市经济发展署指导，中国科学院深圳先进技术研究院、阿奇（北京）科技有限公司共同主办。格勒诺布尔经济发展署署长尼古拉斯，中国航空技术深圳有限公司董事长由镭等出席活动。近百位中法科技创新龙头企业代表及知名专家出席论坛并发表主题演讲，交流半导体技术发展，分享产业创新创业经验，共同探讨新一代信息通信产业集群的建设运营。这是深圳先进技术研究院作为深圳新一代信息通信产业集群促进母机构启动集群建设后，在中法两国元首共识下落实的首次国际产业对接与交流活动。

【中法智能制造产业示范园落户北京】 2020年9月4日，中法智能制造产业示范园于北京落户。施耐德电气集团与北京经济技术开发区管委会在线签署了合作协议，增加投资1亿元人民币，与中方共同建设中法智能制造产业示范园。该项目是施耐德电气首次在法国本土以外进行最新产品研发与生产，示范园总占地面积达10万平方米，已成为施耐德电气全球单产最大的工厂。该产业示范园集研发、生产、销售、智能制造、技术服务于一体，实现服务智能制造转型升级。施耐德电气称将在经开区新增投资1亿元人民币，建设中压二次输配电产品全球研发生产中心，推进在新基建、新场景、提升智能制造整体水平、绿色园区建设、引进供应链企业等方面的合作。

四　中法文化交流

【“新考工记——中法手工之美”展览开幕】 2019年1月11日，在中法建交55周年之际，“新考工记——中法手工之美”展览在中国国家博物馆开幕。本次展览由中国国家博物馆和法国文化部授权从事法国手工艺对外推广的Heart & Crafts公司共同举办，以中法传统手工艺的当代创新为主线，具象阐释中法当代“匠人精神”。

【法国与陕西省签约联合进行文物保护研究及人才培养】 2019年5月29日，法国文化遗产基金会、法国国家遗产学院与中国陕西省文物保护研究院在巴黎签订协议，将共同对陕西茂陵石刻进行保护研究，并联合培养古建油饰彩画保护专业人才。

【2019 中法文化遗产日活动举行】

2019 年 7 月 16 日，“2019 中法文化遗产日”活动在巴黎举行，本次活动由中国文物交流中心、重庆市合川区政府与重庆市文化遗产研究院主办，法中文化艺术联合会承办，其内容包括“重庆钓鱼城遗址”推介、“国际文化遗产和遗址”专业论坛等。此次活动邀请了法国国家名胜古迹中心、国际古迹遗址理事会、法国大巴黎地区生态环保规划部门与法国遗产记者协会等机构的专家、学者参加。围绕钓鱼城遗址的保护与申遗工作，中法两国专家就遗产领域的权职分工、遗产建筑师的作用、申遗的条件、景观遗产和自然遗产的关系等专业话题进行了讨论。

【中国文字丝路行——“汉字”国际巡展举办】 2019 年 8 月 28 日，“汉字”国际巡展在巴黎举行开幕新闻发布会，中国驻法使馆文化处、安阳市人民政府、法国《费加罗报》和法国人类博物馆派代表出席并致词，来自中法各界嘉宾百余人参加了开幕式。此次巡展从一片甲骨惊天下开始，以系列文物展示汉字的演变，最后以数字时代下汉字的演变作为收尾，为观众呈现了一部完整的汉字编年史。

【中法文明对话会在巴黎举办】 2019 年 10 月 21—22 日，由中国国务院新闻办公室主办、中国外文局与法国“桥”智库联合承办的中法文明对话会在巴黎举行。中法两国政府高级别官员、知名专家学者、文化艺术领域杰出人士、中法合作企业高管等共计 200 多名代表参会。双方代表围绕“文明对话与互鉴：构建人类命运共同体”的会议主题，坦诚交流、深入对话，贡献思想智慧。此次对话会通过了《中法文明对话会 2019 · 巴黎共识》。

【中法签署文物保护合作声明】 2019 年 11 月 6 日，在中国国家主席习近平和法国总统马克龙见证下，中国国家文物局局长刘玉珠与法国文化部部长里斯特在北京人民大会堂签署了《中华人民共和国国家文物局局长与法兰西共和国文化部部长关于落实双方在文化遗产领域合作的联合声明》，对双方开展巴黎圣母院修复和秦始皇陵兵马俑保护研究合作作出框架安排。在此框架下，中国故宫博物院、国家博物馆、法国罗浮宫博物馆、凡尔赛宫等多个中法机构将开展多项务实合作，内容涉及展览交流、文物保护修复、预防性考古、水下考古、学术研究、资源共享、文化产业和人员交流等多个领域。中法间已形成从中央到地方全方位、多领域的文化遗产合作格局。

【庆祝中法建交 55 周年公益演出在巴黎举办】 2019 年 11 月 8 日晚，由巴黎中国文化中心和中国宋庆龄基金会主办的“爱 · 鼓舞你我——庆祝中法建交 55 周年文艺演出”在巴黎中国文化中心多功能厅举办。中法艺术家的本次同台交流对话，为中法友谊谱写了新的乐章。

【巴黎举办“中法大熊猫文化周”】

2019 年 11 月 9 日，中国文化和旅游部、巴黎中国文化中心、央视网熊猫频道（iPanda）、成都大熊猫繁育基地联合主办了“中法大熊猫文化周”，围绕“大熊猫走向世界150周年”和“大熊猫及珍稀物种保护”两大主题，举办了原创大熊猫视频展播、大熊猫主题VR微电影展映、主题移动直播、科普展览、线下文化互动等多种形式的系列活动，吸引了千余位中法观众前来参观。除常设展览外，巴黎中国文化中心还连续组织九场大熊猫科普讲堂，接待来自巴黎七区蒙特梭利幼儿园、巴黎十二区皮埃尔·傅里叶初中、大诺瓦西市弗洛拉·特里斯坦高中、巴黎国际时尚学校、法国国立工艺与技术大学、巴黎天主教大学等当地学校、团体及市民300余人次。

【中法酒文化论坛举办】 2019年12月4日，中法酒文化交流论坛在巴黎举行，来自中国文化商贸机构与法国经贸界、酒业领域的行业代表齐聚一堂，探讨中法酒文化的交融与发展。本次论坛以中法烈性酒文化、技术、创新和生态为主题，围绕“一带一路”倡议为中法酒业发展所带来的机遇进行了探讨，同时讨论了酿酒工业的智能化、酿酒技术的绿色处理以及酒品市场的开发与合作等话题。

【纪念中法建交55周年图片展在法国举办】 2019年12月19日，由中国驻法大使馆、新华通讯社联合主办的“共赢互鉴 行稳致远——纪念中法建交55周年”图片展在法国巴黎东方中心开幕，来自当地政界、经贸界、知识界和新闻界等100多人出席了开幕式。新华社记者拍摄的55张历史图片和时政照片，贯穿了中法建交55年主线上的许多标志性瞬间，再现20世纪50年代以来两国人民相互吸引、相互尊重、相互欣赏的历史情愫，涵盖政治、经济、文化、科教、体育、民间交流等领域已达成的共赢合作以及共识。

【法国原版音乐剧《罗密欧与朱丽叶》来华巡演】 2020年6月16日，与《悲惨世界》《巴黎圣母院》齐名的法国三大音乐剧之一《罗密欧与朱丽叶》在北京世纪剧院开启中国巡演序幕。剧中《爱》《世界之王》等34首风格迥异的现代音乐，力图将法国浪漫贯穿到底。在音乐方面，既有柔美温情的主题曲《爱》、磅礴而忧伤的开场曲《维罗纳》，又有充满青春不羁的《世界之王》；在舞蹈方面，既有自由挥洒、含义丰富的现代舞，又有具空中跃动、翻越等高难度技巧的传统芭蕾。该剧2000年在巴黎首演后，已在约20个国家上演，累计吸引数百万观众观看，该剧曾于2016年来华巡演。本次再度来华巡演，首演中饰演罗密欧的达米安·萨格再度与饰演朱丽叶的克莱芒丝·伊利亚盖领衔主演。该剧还赴西安、南京、深圳、苏州、广州、香港等城市巡演。

【中法云端民族音乐会举办】 2020年6月22日，在第三十九届法国音乐节开幕之际，巴黎中国文化中心携手中国歌剧舞剧院民族乐团、旅法艺术家举行“艺术抗‘疫’国韵流芳”——“云端”中国传统民族音乐会。一个多小时的演出涵盖中法两国特色曲目，将传统曲目与现代经典有机结合，让观众在音乐中领略不同民族和地域的艺术特色。

【莫奈与印象派大师展——上海展

举办】 2020年9月—2021年1月3日，法国印象派画家莫奈的经典名作《日出·印象》等九幅画作在上海外滩1号美术馆如期展出，共计61幅印象派大师的作品现身，其中包括有着“印象派教父”之称的马奈、印象派先驱雷诺阿、莫奈的老师欧仁·布丹以及印象派杰出女画家莫里索的作品。

【中法文化翻译青年研修班举行】 2020年10月24—25日，中法文化翻译青年研修班暨“傅雷和朱梅馥”纪念章首发仪式于上海傅雷图书馆举行，在此次首发仪式上发布了2020年傅雷青年翻译人才发展计划项目中标名单，还举办了中法文化翻译青年论坛——2019年傅雷青年翻译人才发展计划项目成果汇报，九位中标人向与会者展示了自己的研究成果。该项目的主旨是“传承傅雷精神，立足中法翻译事业，培养中法翻译人才，为促进中法人文交流作出贡献”。

【中法“十一月数字艺术节”开幕】 2020年10月—2021年1月，由法国驻成都总领事馆和成都法语联盟共同举办的中国西南地区首届“十一月数字艺术节”在成都、重庆两个西南城市拉开帷幕。通过虚拟现实影片展映，参观者以艺术沉浸式体验，身临其境地探索四幅世界名画的所有细节：意大利文艺复兴三杰之一达·芬奇的《蒙娜丽莎》、挪威表现主义画家爱德华·蒙克的《呐喊》、荷兰尼德兰画派巨匠彼得·勃鲁盖尔的《儿童游戏》以及法国印象派大师莫奈的《睡莲》。

【第七届中法环境月举办】 2020年10月17日—11月15日，法国驻华大使馆、法国文化中心和法国文化网联合主办了第七届中法环境月。本次中法环境月以“保护生物多样性”为主题，在北京、成都、上海等全国十余个城市，集结各方面专家和环保人士，共开展线下讲座、展览、放映、工作坊、研讨会等活动100余场。在疫情期间，中法环境月也开辟了线上板块，发布网络讲座直播、视频、专栏文章等内容。

【第十二届傅雷翻译出版奖颁奖典礼举行】 2020年11月21日，第十二届傅雷翻译出版奖颁奖典礼在北京法国驻华大使馆举行。法国驻华大使罗梁（Laurent Bili）、傅雷翻译出版奖组委会主席董强等出席。本届傅雷翻译出版奖有社科类与文学类共10部终评作品入围，最终评选出三名获奖者。文学类作品的获奖者为宁春艳，译作是贝尔纳—玛丽·科尔泰斯的《孤寂在棉田》，这是傅雷翻译奖设立以来首部获得文学奖的戏剧作品；社科类作品的获奖者为汪炜，译作是让·斯塔罗宾斯基的著作《透明与障碍：论让—雅克·卢梭》；“新人奖”的获奖者为曾昭旷，译作是埃玛纽埃尔·德·瓦雷基耶尔的《审判王后：1793年10月14—16日》。

【第十七届法国电影展映举行】 2020年12月—2021年1月，第十七届法国电影展映举行。法国电影展映活动由法国电影联盟（UniFrance）主办、法国驻华大使馆协办，旨在把更多更好的法国电影带给中国影迷，同时也向法国影人介绍中国文化。本次法国电影展映在北京、上海、西安、昆明、三亚和大连多个城市巡回，为中国观众带来《真相》《眼泪之盐》《一出大戏》《法国撩妹记》《我失去了身体》《祝你生日快乐》《西比勒》和《好梦一日游》八部法国新片。

五　中法卫生交流

【中法外科学院落户上海】　2019年1月28日，中法外科学院在上海交大附属仁济医院正式成立。这是继中法联合医学院落户上海瑞金医院之后又一国际合作成果，旨在加强住院医师规范化培训和体系建设，加强医学技能训练，开展医学教育方法学研究，提高临床教育教学水平，提高中国对非医疗援助的法语能力，打造兼外科培训、技术研究和创新交流为一体的国际化平台。中法外科学院运用法语，部分培训由法国高级专家在中国授课，实习或见习在法国完成。该学院涵盖13个外科专业，学业合格颁发双学位认证，法方提供10个各类医学教育培训课程和证书，并提供在生物医学研究、医院管理硕士等学科进一步学习的可能。该学院创新治理结构，建立行政理事会，共有29名理事，行政理事会下设五个委员会，具体负责教学培训、准入、评估、培训管理和培训基地管理。

【中法整体康复技术合作中心成立】　2019年4月12—14日，由首都医科大学附属北京妇产医院妇科主办的第九届妇科热点问题新进展学术研讨会在北京亮马河饭店顺利召开。在开幕式上举行了北京妇产医院与法国尼姆大学合作项目“中法整体康复技术合作中心”成立仪式及聘请法国尼姆大学整体康复专家皮埃尔·马尔（Pierre Mares）教授作为北京妇产医院客座教授的聘书颁发仪式。科技部国际合作司司长雷风云、北京妇幼保健及北京优生优育协会会长陈靖宇，北京妇产医院院长严松彪、副院长阴赪宏、郝伟，北京大学人民医院副院长王建六教授，以及合作中心聘请的合作教授等参加了揭牌仪式。在成立仪式后，由中法盆底康复领域资深专家联合授课的“第一期女性物理整复技术研修班”顺利举办。多位物理整复专家多维度地讲解了物理整复技术在女性盆底功能障碍性疾病治疗中的重要作用，受到广泛关注。

【贵州养老服务体系建设获法国贷款】　2019年6月5日，世界银行、法国开发署提供联合融资贷款的贵州养老服务体系建设项目启动，贵州省副省长王世杰以及国家发改委、财政部、民政部、世界银行、法国开发署的相关负责人出席。该项目将支持贵州养老服务体系规划中的加强居家和社区养老、提升养老服务质量、提高公共财政资源的使用效率等方面的活动，意在提高基本养老服务的公平性和可及性，提升服务质量和体系的效率。前期选择贵阳市、六盘水市、遵义市、黔南州和黔西南州五个市（州）的48个县（市、区）进行试点，为今后的全省覆盖提供借鉴。项目贷款金额分别为世界银行3.5亿美元，法国开发署1亿欧元，折合人民币总计近32亿元。10日，首届中法（贵州）养老服务国际交流会在贵阳举行，来自中法两国养老服务界的专家和企业代表就养老服务体系和做法进行了交流与探讨。

【中法共同抗击糖尿病研讨会召开】 2019年6月29日，由中国疾病预防控制中心和法国驻华大使馆主办、法国医疗健康联盟和中华医学会糖尿病学分会协办的共同抗击糖尿病研讨会召开。法国大使黎想、中疾控副局长雷正龙和疾控中心副主任李新华出席会议。法国社会团结和卫生部卫生总局局长杰罗姆·萨洛蒙发表视频致辞。在2018年1月9日法国总统马克龙访华期间，法中两国卫生部签署卫生合作谅解备忘录，确定抗击慢性病为双边五大优先发展主题之一。正值法中两国建交55周年之际，中法召开共同抗击糖尿病研讨会，展示了两国抗击糖尿病的共同意愿，强调了动员所有卫生从业者参与其中的重要性。与会人员就两国在预防、筛查、照护和新型临床路径等方面的情况进行了交流。在此次研讨会上，两国糖尿病学会签署了合作意向声明。

【中法医院合作联盟筹备会在法国举行】 2019年9月16日，在法国驻华大使馆的支持下，中国医院协会应法国医院联合会和法国大学医教中心院长委员会的邀请，前往巴黎参加中法医院合作联盟筹备会。在此次会议上，中法双方进行了深入、坦诚的交流与探讨，在推进联盟正式成立的具体工作意见上达成一致。此次会议同期进行了由法国医院联合会、法国大学医教中心院长委员会联合主办的中法医院合作圆桌论坛。中国医院协会、法国医院联合会、法国大学医教中心院长委员会和来自中法两国近20家医疗机构的代表共30余人参加了论坛，并针对共同关注的合作方向进行了广泛、深入的交流。中法共八家医院的负责人，围绕绩效和组织创新、远程医疗、医院效率和创新数字化四个专题进行了演讲。9月17日，中方全体人员应邀前往法国巴黎公立医院集团下的乔治·蓬皮杜欧洲医院进行考察交流。

【第七届中法医学教育年会在上海举办】 2019年10月19—20日，由上海交通大学医学院主办，上海交通大学医学院中法联合医学院与法国驻华大使馆联合承办的第七届中法医学教育年会召开。上海交通大学医学院中法联合医学院院长、瑞金医院院长瞿介明，法国驻华大使馆卫生、社会事务与劳动参赞、法国驻上海总领事馆科技领事等参加开幕式并致辞。本届年会聚焦中国医疗卫生改革背景下的中法医学教育，法国巴黎大学、里昂大学、里尔大学、格勒诺布尔阿尔卑斯大学、斯特拉斯堡大学、洛林大学、鲁昂大学、加拿大拉瓦尔大学以及中国昆明医科大学、重庆医科大学、武汉大学中南医院、上海健康医学院、上海中医药大学13所院校的医学教育专家、学者代表共同回顾法语医学人才培养的历程、探讨中法医学教育的现状、展望中法两国合作的未来。

【中法专家就新冠肺炎诊疗进行远程交流】 2020年1月29日，应法方请求，在中国国家卫生健康委与中国驻法国使馆的协调下，国家卫生健康委新型冠状病毒感染的肺炎医疗与防控高级别专家组成员、重症医学专家与法国巴黎公立医院集团比沙医院重症医学专家通过在线视频电话的形式，就新型冠状病毒感染的肺炎病例诊疗方案以及病毒检测、防护标准、并发症等问题进行远程技术交流。法方对中方在短时间内协调交流、提供技术支持表示感谢。

【中法医学班开展远程教学】 2020年初，上海和武汉的法语医学培训班的远程课程继续进行。在上海交通大学医学院中法联合医学院和武汉大学医学部的支持下，中法医学培训没有因疫情而停止。上海交通大学医学院与法国合作伙伴之间的定期交流亦未停止，法国合作伙伴不断通过电子邮件、电话或微信发来问候和鼓励。两位法国老师与其他同事共同备课，给学生们留在线作业，有效提高了学生水平。南希医学院（洛林大学）、南希大学医疗中心为远在武汉和昆明的中法免疫医学班的学生和研究人员开展了远程教学活动。

【中国政府援法医疗物资运抵巴黎】 2020年3月18日，中国政府援法医疗物资运抵巴黎戴高乐机场。这批物资根据法方需要提供，物资外包装上的图案为中国篆刻艺术家骆芃芃设计的印章：寓意吉祥的凤凰和象征和平的鸽子飞翔在上空，护佑中法两国国旗，北京天坛和巴黎铁塔相互辉映。印章中央为三国时期蜀汉学者谯周的名言“千里同好，坚于金石”和法国文豪雨果的名言“UNIS NOUS VAINCRONS（团结定能胜利）”。

【中法医生视频连线交流战“疫”经验】 2020年3月24日，在武汉大学法国校友会的积极促成和协助下，法国乔治·蓬皮杜欧洲医院和武汉大学中南医院的医生们通过视频方式进行了一个多小时的视频连线，就新冠肺炎的治疗进行了交流。乔治·蓬皮杜欧洲医院共有12位来自呼吸和重症、急诊等专业的主任专家、教授直接参与连线，武汉大学中南医院四位有代表性的专家参与并分享了抗疫经验，回答巴黎医院实际救治工作中的各种问题。法国乔治·蓬皮杜医院诊断出法国第四例新冠肺炎病例，是法国较早接触新冠肺炎的医院。

【中法医学日在深圳举办】 2020年10月31日，法国大使馆、法国商务投资署和法国健康产业联盟在深圳举办了2020年医学日活动。驻法国大使罗梁、深圳市政府副秘书长刘昂致开幕词。本届医学日活动聚集了约230位嘉宾和演讲者。中法医学日全体会议重点讨论了新冠肺炎疫情在中国的管理、法国科学理事会起到的作用及深圳的管理情况。三个圆桌会议分别针对罕见病、老龄化和传染病展开讨论。中法两国希望加强现有的合作关系，并在培训、人才交流、临床和医疗研究等领域探索新的合作方向，促进两国地方决策部门、医院管理人员、高级专家和企业之间的交流。

六　中法体育交流

【巴黎举行全球功夫春晚】 2019年1月27日，由中国国务院新闻办公室、中国驻法国大使馆指导，五洲传播中心与法国TV5全球频道联合主办的名为“舞·诗·武”的全球功夫春晚在巴黎近郊伊西莱穆利诺市议会宫举行。本场晚会持续了三个多小时，通过肩上芭蕾、法国民族舞蹈、少林功夫、法国赛法斗（又称“法国踢打术”）等不同形式的表演，以舞交流，以诗寄情，以武会友，将中法两国55年来的友谊与交流娓娓道来。中国赛法斗联合会主席刘小红表示，法国是体育强国，也是爱好武术的国家。法国赛法斗与中国武术有非常相似的地方，如果两者进行更深层次的交流和学习，对中国武术会是非常大的帮助和推动。

【王霜当选法甲女足二月最佳球员】 2019年2月27日，中国女足球员王霜获得了法国媒体《足球之心》（Coeurs de foot）颁发的二月法甲女足联赛最佳球员称号。王霜连续四轮在法甲联赛中收获进球，巴黎女足在她的帮助下二月获全胜且不失一球。自王霜加盟巴黎女足以来，球队至今仅负一场，王霜在法甲联赛中出场15次，打进7球，还有7次助攻。法国媒体表示，王霜已经成为巴黎女足的核心，她的任务是带领球队夺得欧冠冠军。巴黎女足在2015年和2017年两度闯进欧冠决赛，但都与冠军失之交臂。巴黎女足将在王霜的助力下再次向欧冠冠军发起冲击。

【中国马协与法国共谋合作】 2019年5月21日，中国马术协会秘书长钟国伟在法国欧洲展览集团首席执行官巴里萨的陪同下，应邀拜访法国前总理拉法兰，就中国马术队备战2020年东京奥运会和2024年巴黎奥运会等事宜进行会谈。双方期待未来在赛事、马匹、训练等方面进行更多合作，共同促进中法两国马术行业的交流与发展。

【中法共同培养中国足球青年“后备军”】 2019年5月22日，法国欧塞尔足球俱乐部在安徽蚌埠正式签约中国·蚌埠青训基地，成为第一支在中国开设青训营的法国俱乐部。在中法建交55周年之际，成立于1905年的欧塞尔足球俱乐部希望以青训基地为“起点”，在中国开拓更为长远的中法足球青训合作。按照计划，未来欧塞尔将从蚌埠青训基地挑选优秀球员赴法国进一步参训，并推动他们加入法国的俱乐部，成为职业球员。目前，有超过20名小球员寄宿在蚌埠青训基地。

【中法青少年举行足球友谊赛】 2019年6月7日，在法国克莱枫丹基地，中国校园足球代表队U12与当地俱乐部U11和U13代表队进行了切磋。此次友谊赛分为男子组11人制，女子组5人制以及男女混合组11人制三场比赛。在这三场比赛中，中国队的队员们发挥出色，其中男子组和男女混合组分别以4比1和3比0的比分击败了对手，女子组以大比分赢下了比赛。

【中国平安携手巴黎圣日耳曼足球俱乐部】 2019年6月27日，中国平安与法国巴黎圣日耳曼足球俱乐部签署合作协议，成为该俱乐部首个“中国区官方合作伙伴”。双方将在中国16个城市开展超过200场“平安球童成长计划”海选，一批优秀的中国足球少年将有机会赴法国参加巴黎圣日耳曼足球训练营。

【中法足球文化交流活动在成都举办】 2019年10月8日，由法国驻成都总领事馆、成都足协主办的“中法足球文化交流活动——走进法兰西”在成都举办，中法两国多位与足球相关的政府官员、足球俱乐部负责人、教练、球员等展开交流。成都足协自2002年成立成都足协德瑞足球培训中心后，常年聘请外籍专家担任技术总监和教练员等工作，并派遣300余人次前往法国梅斯、瓦纳、圣埃蒂安、里昂、蒙彼利埃等俱乐部交流学习，不少成都球员还获得了代表俱乐部参加法国正式比赛的资格。

【第三届法国健身气功科学论坛在法国举行】　2019年10月24—28日，法国西部港口城市布雷斯特举办了第三届法国健身气功科学论坛。这次论坛由中国健身气功协会和法国孙悟空武术学校联合主办，吸引了来自比利时和法国巴黎、波尔图、里尔、格若诺布尔和布雷斯特的健身气功爱好者、布列坦尼大学师生和各界人士约300人参加。这次论坛共举行了12场讲座，研讨领域不断拓展。中国健身气功代表团在26—28日为70多名骨干学员做了健身气功·十二段锦和六字诀培训，并组织了国际健身气功1—4段段位考试。

【中法乒乓球团体邀请赛在巴黎举行】　2019年11月23日，由中国驻法国使馆俱乐部主办、多家乒乓球协会协助支持的首届“友谊杯”乒乓球团体邀请赛在巴黎八区奥里奥尔体育中心举行，以“国球”为载体共同庆祝中法建交55周年。中国驻法国大使馆孙玉明公参、巴黎八区区长涛特塞尔（Jeanne d'Hauteserre）和副区长高热尔（Grégoire Gauger）等嘉宾出席开幕式。共有来自中国驻法国使馆、中资机构、法国内政部及巴黎当地的法国和华人乒乓球俱乐部等的10支队伍同台竞技，最后永晖乒乓球俱乐部夺得冠军，巴黎布洛涅—比扬古（Boulogne-Billancourt）乒乓球俱乐部获亚军，使馆代表队和大中华代表队并列第三名。本次邀请赛还吸引了法国内政部的乒乓球爱好者组队参加比赛。

【首届欧亚体育产业论坛在北京举行】　2020年12月8日，由北京体育大学与法国里昂商学院共同主办的第一届欧亚体育产业国际论坛在北京举办。此次论坛以“欧亚体育产业管理新境界”为主题，吸引了来自欧亚地区的15所高校、一个国际组织和两家企业的21位专家、学者相聚云端。本次论坛以线上直播形式举行，累计超过2万人次通过直播平台观看。此次论坛共设三个分论坛，与会嘉宾就欧亚各国体育产业的新趋势、新问题、新机遇分享经验与洞见，共同探讨体育产业未来发展的方向，勾勒欧亚体育产业发展的蓝图，也指出了问题、提供了解决方案，为行业发展树立了信心。未来，北京体育大学将继续与法国里昂商学院合作，通过欧亚体育产业国际论坛，促进学者交流，推动行业合作。

七　中法旅游交流

【欧中游购资源交易会在巴黎开幕】　2019年1月8日，欧中游购资源交易会在巴黎开幕，欧洲游购供应商、中国及欧洲华人旅行社代表300余人在现场进行一对一洽谈，以寻求合作伙伴和发展机会。本届交易会吸引了近160家来自法国、德国、西班牙等国家的游购供应商参展，包括地区旅游局、欧洲当地酒店集团、观光景点、运输公司、餐饮集团等。注册的中国及华人180余名买家的行业领域，覆盖休闲旅游、商旅服务、医疗旅游、文化体育美食主题游等。欧中游购资源交易会于2013年创办，旨在搭建欧洲旅游及购物供应商与中国出境旅游服务商之间的交易平台。

【中法旅游论坛在巴黎举行】 2019年1月9日，由中法两国旅游管理机构、旅行社及相关服务行业参与的中法旅游论坛在巴黎举行，与会代表就当前中国出境旅游市场变化、如何开发多元旅游产品以及中法两国如何实现深度旅游合作等进行了探讨。为满足中国游客的更多需求，部分旅行社开展了特色鲜明的服务项目。法国一些地方旅游服务部门也出台面向中国游客的服务措施。

【“美丽中国”旅游推广活动在巴黎举行】 2019年5月17日，“美丽中国”欧洲旅游推广法国站专业日活动在巴黎举行。此次活动由巴黎中国文化中心、中国驻巴黎旅游办事处承办，与全球“中国旅游文化周”活动有机结合，旨在共同打造“美丽中国”的旅游目的地形象。专业日活动分为行业洽谈会、法国赴华旅游研讨会、“超乎想象的中国”旅游推介会三个主要环节，共300余人参与。5月14—23日，中国文化和旅游部组织了来自全国六个省（市、自治区）的17个文化旅游管理部门、旅游企业共30余人赴西班牙马德里、法国巴黎和意大利米兰开展2019年“美丽中国”欧洲旅游推广活动。

【“巴黎—重庆”航线推介会在巴黎举行】 2019年9月2日，巴黎举行“巴黎—重庆”国际航线推介会，来自中国的重庆机场集团、海南航空公司联合向法国当地旅行社、媒体等介绍了航线开通运营、重庆文化旅游及经济发展情况。这一国际航线于2018年12月正式开通，航班号为HU717/8，每周两班，采用波音787新型豪华客机执飞，开通以来搭乘旅客数持续增长。

【中法旅游业界同庆中国国庆】 2019年10月4日，时值第四十一届法国巴黎国际旅游专业展闭展日，巴黎中国文化中心、中国驻巴黎旅游办事处在法国汽车俱乐部举办了“中法旅游业界共庆中华人民共和国成立70周年”活动。中国驻法国大使馆公使余劲松、巴黎中国文化中心主任严振全、中国驻巴黎旅游办事处主任沐昱玮、联合国世界旅游组织前秘书长佛朗西斯科·佛朗加利，以及法国旅游主管机构、旅游研究机构、主要旅行协会、旅行商、航空公司和中法媒体等230余人应邀出席。

【中法两国决定合作举办中法文化旅游年】 2019年11月4—6日，马克龙总统应习近平主席之邀访华，在双方随后正式发布的《中法关系行动计划》中明确提出：中法两国决定于2021年合作举办中法文化旅游年，支持两国名胜古迹间缔结友好关系。

【中国文旅部访问法国新阿基坦大区】 2019年11月20—21日，应法国新阿基坦大区议会邀请，文旅部副部长李群率中国政府文化和旅游代表团访问法国新阿基坦大区。李群在会谈中表示，中法两国均为文化和旅游大国，近年来，中法在文化和旅游领域的交流与合作不断深化，成为两国全面战略伙伴关系中积极而活跃的组成部分。中方希望并欢迎新阿基坦大区积极参与中法文化旅游年，巩固和深化双方在旅游领域的合作，推动双向旅游发展。新阿基坦大区议会主席对李群的建议表示赞同，对未来中国与新阿基坦大区在文化和旅游领域的合作充满信心。在访问期间，李群还与波尔多市市长和副市长就在2021中法文化旅游年框架下深化双方在文化和旅游领域的合作深入交换了意见。

八　中法青年交流

【中国青年艺术家参展巴黎沙龙】

2019年2月12日，巴黎“艺术财富”沙龙在法国巴黎大皇宫博物馆开幕，来自中国的青年艺术家携油画、雕塑等作品参展。2019年，十多位中国青年艺术家的作品集体亮相对比沙龙。陈明的油画作品《小酒馆的傍晚》融合多种绘画技法，以强烈的色彩对比展现了法国南部小城的独特风情。画家涂俐的作品《这么近 那么远》则体现了中西文化的融合：在一张沙发的背后，可以依稀看到唐代仕女的身影。此次共有来自广东、福建、北京、江西等地的16位青年艺术家参加对比沙龙，他们的作品以油画、雕塑为主，作为一个独立单元集中展示。邀请中国艺术家参展的对比沙龙主席保罗·亚历克西表示，中国青年艺术家的创作风格多样，表现题材丰富，这些参展作品展现了中国当代艺术植根于生活又具有个性化的创作特点。

【留法勤工俭学100周年纪念雕塑安放仪式在法国举行】　2019年5月4日，为纪念留法勤工俭学运动100周年，大型雕塑《百年丰碑》在法国蒙达尔纪市邓小平广场落成。这座高2.9米、宽4.65米的雕塑，以浮雕形式，呈现了十多位留法勤工俭学代表人物。百余位中国在法青年外交官、留学生、中资机构青年代表以及法国多位政界、学术界人士在蒙塔日共同纪念100年前轰轰烈烈的留法勤工俭学运动。

【含弘青年学者论坛巴黎分论坛举行】　2019年5月25日，西南大学副校长陈时见等六人访问法国巴黎，与中国旅法多个专业协会及校友会代表进行了座谈和交流；26日，西南大学代表团会见驻法使馆教育处杨进公参，交流了西南大学在法国的教育合作交流事宜，随后举行了含弘青年学者论坛巴黎分论坛暨人才推介会，宣布成立法国人才联络站。与会嘉宾踊跃发言，陈时见发表了《中国高等教育发展动态与趋势》的主题报告，倪金城介绍了法国高等教育体系、法国高等工程师学院与高等商学院的特征以及法国国家精英的培养方式等。最后，陈时见同法国规莱斯大学副校长 Essaid Ait Barka 会晤，两校在农学、物理和生物等领域达成了联合培养研究生和合作科研等意向。

【中法青年科技创新交流活动在北

京举行】 2019 年 10 月 24 日，由中关村科技园区管理委员会指导，北京航空航天大学中法工程师学院主办的中法青年科技创新交流活动在北京中关村国家自主创新示范区展示中心会议中心开幕，依托中法工程师学院的国际交流合作平台，吸引法国优秀青少年来华围绕科技创新等领域开展成果展示活动，通过参观、对话、展示等形式促进中法中学生深入交流，增强对中关村创新创业文化的了解，发现并培养一批有创新潜质的中学生，为更多的国际青年投身科技创新领域打下坚实的基础。来自法国巴黎、里昂、南特、克莱蒙费朗和贝尚松的师生，来自北京市相关中学、高校的师生及中关村创新企业代表约 200 余人参加了此次活动。此次活动共有来自法国工程类奥林匹克竞赛的优秀获奖项目，北大附中、北航附中以及法国国际学校的优秀高中生项目以及北京卓越联盟高校北京科技大学、北京邮电大学和北京航空航天大学的优秀创新项目 24 项，涵盖人工智能、机械、控制、材料、医工交叉等多学科领域。来自中法两国的相关领域专家、学者以及示范区知名企业负责人共同组成评审委员会，共评选出“最佳商业应用奖”“最佳创新创意奖”“最佳开发潜力奖”“最佳科技融合奖”四个奖项。

【中国青年演员受聘担任“法国维埃纳省旅游大使”】 2019 年 11 月 5 日下午，法国维埃纳省旅游大使受聘仪式在其省会普瓦捷市的市政大厅隆重举行，中国青年演员胡先煦被聘为法国维埃纳省旅游大使，在受聘仪式上他以英文致辞，维埃纳省副省长 Guillaume de Russé 先生授予其维埃纳省荣誉勋章。这次的法国之旅对胡先煦而言意义非凡，应法国旅游局的邀请，他集结了来自北方国际大学联盟的 36 位优秀大学生们一同赴约。

【法国青年议员团赴北京访问】 2020 年 1 月 7 日，由国民议会议员、法中友好小组主席，法国共和国前进党全国委员会委员、亚洲事务负责人陈文雄率领的法国青年议员团赴北京访问，中共中央对外联络部部长宋涛、中国外交部秦刚副部长会见了该议员团。

【吴建民中法青年访问奖学金计划启动】 2020 年 1 月 9 日，2020 年度“吴建民中法青年访问奖学金计划”在法国巴黎正式启动。据该计划发起方“吴建民之友”协会介绍，申请者包括法国 35 岁以下拥有硕士学历的高校研究生、各科青年研究人员和有明确在华创业计划的青年创业者等。最终申请成功的 10 名法国青年于 6 月 1—14 日前往北京、上海、深圳和武汉访问。“吴建民中法青年访问奖学金计划”于 2017 年 1 月 23 日首次在巴黎正式启动。自创立以来，先后有 30 名法国学生以及青年研究人员和创业者参与奖学金计划，分别访问北京、银川、杭州、上海、成都等中国城市，与中国社会各界广泛接触。

【2020“艺术 8”法国青年艺术家奖举行颁奖仪式】 2020 年 2 月 26 日，2020“艺术 8”法国青年艺术家奖在位于巴黎旺多姆广场的宝诗龙之家举行隆重颁奖仪式，这里曾是宝诗龙创始人费德列克 · 宝诗龙的居所。此次获得“艺术 8”法国奖的三位艺术家是出生于“80 后”“90 后”的年轻艺术家，分别

是托马斯·奥里奥尔、马克西姆·比奥及克洛伊·席尔巴诺。“艺术8”法国青年艺术家奖由巴黎高等美术学院前院长、“艺术8”协会主席亨利—克洛德·顾索于2011年发起，这是一个为期三个月的北京驻地交流项目，向法国优秀的青年艺术家开放，每年由专业人士组成的评审会评选出三位艺术家前往北京进行驻地创作。该奖项设立至今已接待了20余位艺术家。

【中法文化翻译青年研修活动举行】

2020年10月24—25日，中法文化翻译青年研修活动在上海傅雷图书馆举行。此次活动由中国翻译协会、上海市浦东新区文化体育和旅游局主办，中国翻译协会翻译理论与翻译教学委员会、上海市浦东新区周浦镇人民政府承办。中国翻译协会常务副会长，中国驻瑞典、新西兰前大使，外交部翻译室前主任陈明明，上海翻译家协会、上海市浦东新区周浦镇相关负责人以及2019年傅雷青年翻译人才发展计划项目九位中标人，相关单位代表和院校教师、学生，以及长期以来一直关心支持傅雷文化建设的社会各界人士出席了活动。傅雷青年翻译人才发展计划项目于2019年7月启动，通过项目招标的方式吸纳中法翻译人才。该项目以“传承傅雷精神，立足中法翻译事业，培养中法翻译人才，为促进中法人文交流作出贡献”为主题，旨在进一步传承傅雷文化，弘扬傅雷精神。

【2020中法文化交流青年沙龙举办】

2020年12月18日，“第五届中法人文交流海淀论坛暨2020中法文化交流青年沙龙”在京举办。本届沙龙由北京市海淀区委宣传部、北京外国语大学法语语言文化学院、欧美同学会法比分会主办，北京市海淀区文化发展促进中心、北京联合大学应用文理学院、北京大学文化产业研究院承办。本届沙龙聚集众多活跃于中法交流领域的青年人才和青年代表，围绕城市青年活力创新、新生代品牌国际化合作、东西方文化传播、传统文化遗产传承等主题，共同探讨青年在中法人文交流中的角色与担当。

九　中法妇女交流

【中法妇女商会庆祝成立两周年】

2019年2月26日，法国中法妇女商会成员和旅法社团侨领代表及法华各界人士欢聚巴黎，共同庆祝商会成立两周年。中国驻法大使馆领事侨务参赞高萍、一等秘书李成元，法国华侨华人会执行主席金麟泽，法国77省热涅市市长阿希尔·乌赫德（Achille Hourde），巴黎十九区副区长乔伊斯·马莱（Joyce Malai）等出席了庆典。两年来，商会组织了丰富多彩的活动，促进了中法民众之间的相互了解和友谊。除了中国的传统节日外，商会的姐妹们还通过参观跑马场，游览国际郁金香节，与古当斯市政府举办联欢活动，参加第三十六届国际爵士音乐节等，了解法国的文化，也展现了中国女性的风采。

【中国驻法使馆举办妇女节招待会】

2019年3月6日，中国驻法国使馆举办招待会，庆祝即将到来的“三八”国际劳动妇女节，使馆女外交官与来自商界、文艺界、教育界旅法华侨华人妇女代表一起出席招待会。中国驻法国大使夫人王新霞参赞代表使馆和翟隽大使向出席活动的嘉宾致以节日的祝福。招待会当天，中国驻法使馆特别邀请了旅法著名钢琴家、联合国教科文组织莫扎特勋章获得者周勤龄，法国知名盲人女歌唱家米萝（Nathalie Milon），青年古筝演奏家张宇昕，茶艺表演者丁海棠进行表演，四位中法女艺术家奉献了她们的精彩节目。

【布吕尼获颁法华商业俱乐部“年度女性”奖】 2019年3月8日，由法华商业俱乐部主办的“特别女士”午宴在巴黎举行。中国驻法使馆余劲松公使、高元元经商公参等应邀出席。法国前第一夫人卡拉·布吕尼、法国国民议会议员、法中友好小组主席陈文雄，巴黎八区区长多特塞尔等政要及来自法华各女性代表出席午宴。当日，还举行了2019年度女性颁奖活动。思蒂集团（Sothys）总裁兼首席执行官克里斯提安·马斯（Christian Mas）应邀向布吕尼颁发奖牌。法华商业俱乐部哈洛德·帕里索（Harold Parisot）在致辞中表示，女性无论在政界还是商界、艺术界等各行各业都扮演着不可或缺的重要角色，为人类发展贡献了力量。布吕尼是当代女性自尊、自强、自立的代表，也为中法关系的发展作出了贡献。

【彭丽媛出席女童和妇女教育特别会议】 2019年3月26日，中国国家主席习近平的夫人、联合国教科文组织促进女童和妇女教育特使彭丽媛应联合国教科文组织邀请，出席在该组织巴黎总部举行的女童和妇女教育特别会议。彭丽媛发表讲话，赞赏联合国教科文组织及获奖者在促进女童和妇女教育方面所做的努力，介绍了中国有关成功经验，回顾她履职特使五年来所开展的工作，特别是推动“春蕾计划”等活动。彭丽媛强调，促进女童和妇女教育是项崇高的事业，值得更多的人关注、支持并为之奋斗。知识和技能是改变女性命运的强大力量。只要享有平等、优质的教育，每个女性就都有人生出彩的机会。中方将继续支持联合国教科文组织办好这一奖项，并利用好共建“一带一路”为国际教育交流合作提供的机遇和平台，帮助更多孩子、更多姐妹在人生道路上能够拥有更加美好的未来。

【中法妇女商会参加欧妇总会14周年庆典大会】 2019年6月4—7日，欧洲华侨华人妇女联合总会（简称“欧妇总会”）14周年庆典大会在土耳其古城伊斯坦布尔举行。来自欧亚24个国家和地区妇女团体的500余名华人女性参加了庆典大会。法国中法妇女商会会长朱晓凤率团参加了大会，并在大会上表演了民族舞蹈，受到与会者的一致称赞。法国中法妇女商会是欧妇总会的新生力量，于2018年以团体名义加入。欧妇总会主席林胜琴在致辞中指出，过去一年总会新吸收六支队伍，其中包括法国中法妇女商会，新队员文化素质高，年轻有为，给总会建设增加了生机和力量。

【法国华侨华人妇女联合会参加世界华商大会】 2019年10月22—23

日，法国华侨华人妇女联合会的25位协会成员参加了第十五届世界华商大会。她们表示，在这次大会上不仅学习领会了“世界新格局，华商新机遇”，还与来自世界各地的女性华商进行了交流。法国华侨华人妇女联合会会长叶松兰表示，这次大会汇集4000多名中外企业家，这其中有一部分是女性华商。代表们聆听了英国中华总商会常务副主席兼秘书长李雪琳关于“女性华商如何打破工作与家庭兼顾的迷局”的专题讨论发言。

【第五届中法反家暴研讨会举行】

2019年11月22日，由全国妇联与法国驻华大使馆主办，中华女子学院承办的第五届中法反家暴研讨会举行。中法两国反家暴问题专家和实务界人士围绕主题“反家庭暴力立法完善与司法实践”，共同就“反家庭暴力国家立法在地方的细化与落实情况”以及“人身保护令制度的细化规则与适用情况”两个议题交换经验，分享观点。针对双方反家暴面临的共同难题，中法专家认为，应建立多方合作机制，整合全社会力量，加强培训，切实减少家庭暴力，实现男女平等。

【第六届中法反家暴研讨会举行】

2020年11月27日，由全国妇联与法国驻华使馆主办、中华女子学院承办的第六届中法反家庭暴力研讨会在北京召开。中法两国反家暴问题专家围绕“家庭暴力受虐儿童的法律保护”这一主题，向与会人员分享了他们在各自领域的成果和心得。受疫情影响，本次研讨会法方专家通过在线视频会议平台远程参加。本次研讨会的开幕式由中华女子学院国际交流处处长叶水平主持，全国妇联联络部一级巡视员赵红菊女士、法国驻华使馆联络司法官何法晟先生、中华女子学院副院长周应江教授分别致辞。保护家庭暴力受虐儿童需要社会各界、全世界各国的共同努力。本次研讨会呼吁各界共同反对家庭暴力，通过多领域、跨学科的知识和实践切实改变儿童的生存处境。

十　中法媒体交流

【中法友好故事会在巴黎举行】

2019年3月24日，光影流年——中法友好故事会在巴黎举行。此次活动将图片展览、现场书画、非遗展示与电影展映融为一体，用三个中法友好故事架构成一场多姿多彩的文化交流盛会。当天的活动由中国国务院新闻办公室、中国驻法大使馆指导，中国五洲传播中心、法中文化艺术交流中心、法语电视五台（TV5 MONDE）联合主办，中国人民对外友好协会、中国山西大同市人民政府、中国山西晋中市人民政府、中国书法家协会、法国巴黎大区工商会法中交流委员会、法国造型艺术家协会协办。中宣部副部长蒋建国出席活动并致辞。在活动期间，戴高乐将军的侄孙、法国著名摄影家格瓦·戴高乐讲述了中国影像故事，并受邀参加中国平遥国际摄影大展。阿兰·蓬皮杜分享了中国情缘故事，并获邀继续合作，以推进中国山西大同蓬皮杜国际艺术社区建设。1958年上映的中法合拍儿童故事片《风筝》中的部分演员登台追忆中法友好光阴的故事，共同见证五洲传播中心与法语电视五台联合制作的纪录片《风筝·风筝》宣传片的发布。此次活动还推出“戴高乐与蓬皮杜家族的中国情缘”图片展，并取得中国山西省与法国塞纳马恩省和法中友好协会人文交流等多项合作成果。在活动现场，来自中法两国的青年学生代表上台展现其合作绘制的巨幅环保作品《飞吧，熊猫风筝!》，并邀请全球设计爱好者和专业人士参与“中国大熊猫国际形象全球招募”。

【第九届法国中国电影节在巴黎开幕】 2019年6月3日晚，第九届法国中国电影节在巴黎开幕。这次电影节由巴黎中国文化中心、中国国家电影局和法国百代集团共同主办，将在巴黎、戛纳、马赛、里昂、留尼汪、斯特拉斯堡和布雷斯特等地举办近一个月的电影展映活动，展映影片包括《无双》《红海行动》《影》等在内的七部。中国驻法国大使翟隽，电影节形象大使、法国导演兼法国电影资料馆馆长科斯塔·加夫拉斯，法国导演安妮·方丹，以及电影节特邀嘉宾中国演员陈数和法国演员阿奈丝·德穆斯捷等出席开幕式。

【中国展团亮相法国阿讷西国际动画电影节】 2019年6月10—15日，阿讷西国际动画电影节在阿讷西举办，吸引了全球近90个国家和地区的万余名动画专业制作者、节目买家和发行商。其中，14家中国动画公司和机构携近期创作的动画作品在电影节上集中亮相，受到海外同行的关注与好评。由国家广播电视总局主办、中国国际电视总公司承办的中国优秀动画推介会13日在电影节上举行；在推介会上，《中国神话故事》《大禹治水》《百鸟朝凤》《武圣关公》《天天成长记》等代表中国动画最新发展和艺术水准的原创动画精品进行了展示。改编自中国地方戏曲的动画作品《杨门女将》在现场推介时引起了不少海外同行的关注。在现场，不少海外动画业内人士来到中国联合展台前咨询中国动画项目的合作与购买事宜。法国高山动画工作室创始人阿尔诺·布拉尔正在与中国合作拍摄一部动画电影。他说，近年来中国动画产业发展迅速，制作水平不断提高，不少具有高制作水准的中国动画作品正在吸引国际关注。此外，在当天举办的中国动漫国际合作论坛上，中法两国多位业内人士对如何加强两国联合制作、共同创作兼具中国风格和国际品质的动漫精品等内容进行了讨论。

【中法电视行业高层论坛举行】 2019年7月9—10日，中法电视行业高层论坛暨法国电视节目出口协会见面会在京举行，此次论坛由法国电视节目出口协会（TVFI）和法国驻华大使馆共同主办，国家广播电视总局提供支持，有20家法国影视公司和80多位中国相关领域的专业人士参与了该活动。本次大会特别聚焦纪录片和动画产业合作，围绕深化交流合作展开讨论。法国电视节目出口协会成立于1994年，其使命是在全球推广法国广播电视内容。该协会会员公司出口额占法国全国影视节目出口总量的近90%。

【“美丽浙江”电视展播举行】

2019年9月5日下午，“美丽浙江”电视展播暨中法媒体合作签约仪式在巴黎举行。在签约仪式上，浙江广播电视集团、IDF1电视台、欧洲时报文化传媒集团三家机构签署了合作协议，联合推出“美丽浙江”电视展播活动，于9月初在IDF1电视台黄金时间播出《爱上中国》三集纪录片，并提供网络点播服务。浙江省委常委、宣传部长朱国贤，中国驻法国大使馆一等秘书尹丽，浙江广播电视集团、法国JLA出版集团、法国IDF1电视台、欧洲时报文化传媒集团负责人，以及法国华侨华人代表、文化界人士等参加了签约仪式。

【纪录片《风筝·风筝》播出】 2019年11月4日，反映中法友谊的纪录影片《风筝·风筝》在法国国际电视五台（TV5 MONDE）亚洲频道（Asie）播出。它以新中国第一部中外合拍电影——也是新中国第一部彩色儿童故事片《风筝》——播映60年为线索，讲述当年电影拍摄时台前幕后的故事。通过影片中三位小演员60年后的重逢，以及新时代与风筝有关的中法人物故事，回望当年中法两国人民通过电影梦结下的友谊，展示中法两国人民友好往来的感人故事。

【法国影片《白狮奇缘》主创来京】

2019年11月6日，在第六届中法环境月闭幕前夕，法国影片《白狮奇缘》在北京保利国际影城举办放映活动，导演吉勒斯·戴·迈斯特（Gilles de Maistre）及主演丹尼·戴·维利尔斯（Daniah de Villiers）亲临现场与观众进行交流。《白狮奇缘》讲述了少女米娅和白狮查理一起成长，并在非洲展开了一场奇幻冒险的故事，真实地描绘了人与狮子日常的相处和亲密瞬间，探讨了珍稀动物濒临灭绝与商业性动物驯养两者间的复杂关系。

【中国文化中心组织线上文化活动】

面对法国政府颁布的“禁足令”，巴黎中国文化中心自2020年2月以来开展了一系列线上文化活动。该中心还与国家图书馆合作，推出数字图书馆平台。3月20日，该中心在网站开设“抗疫专题新闻和视频”专栏，推送《中国抗疫志》系列纪录片、24部抗疫新闻视频短片、音画宣传片 *We Are the World*（四海一家），向医护人员致敬，为全球抗疫加油。

【中法联合出品纪录电影《北京人：人类最后的秘密》】 2020年6月13日是文化和自然遗产日，中法联合出品的纪录电影《北京人：人类最后的秘密》在北京和巴黎举行“云启动”仪式。出席本次“云启动”仪式的还有联合国教科文组织总干事奥德蕾·阿祖莱、法国驻华大使罗梁、中央广播电视总台编务会议成员薛继军，以及来自中法两国的专家、学者和该片主创团队的成员。2021年是周口店“北京人”遗址发掘100周年，也是中法文化旅游年。为了使中国及全球观众了解古人类发展进化的重大历程，展现中国史前史，中央广播电视总台影视剧纪录片中心和法国国家电视集团联合出品了这部纪录电影《北京人：人类最后的秘密》。该纪录电影将在全球各大影院、法国国家电视二台以及总台纪录频道同步播出。

【2020中法人才秋季云聘会暨“第五届中法人才交流会”举行】 2020年

10月10日，2020中法人才秋季云聘会暨“第五届中法人才交流会”在线举行。本次交流会由欧洲时报文化传媒集团旗下的新媒体活动平台——欧时代主办，由全法中国学者学生联合会和巴黎地区公派学者学生联谊会协办，法国中国工商会为指导单位。由于疫情原因，2020年的中法人才交流会在线上举行。自2016年以来，这一年度活动通过传统人才招聘会、企业宣讲会、求职讲座等多种形式，促进中法双边的人才交流，旨在搭建中法规模最大的人才招聘对接平台。

十一 中法地方合作

【法国旅行商考察团来闽进行实地旅游考察】 2019年4月19日，应福建省文化和旅游厅邀请，法国旅行商考察团一行20人来闽进行实地旅游考察。考察团成员表示，将在法国推出福建旅游特色线路，组织更多的法国游客到福建旅游。考察期间还举办了中法文化旅游交流会，双方进行了旅游合作意向签约，进一步深化福建与法国的旅游交流与合作。据了解，法国游客是“清新福建”重要的旅游群体，法国诺曼底与福建还是友好城市。这是福建省继2018年12月在巴黎、诺曼底大区卡昂举办旅游推介后的又一场对法旅游营销活动。

【四川倡议成立国际友城文旅联盟，法国参与】 2019年10月，由四川省文化和旅游厅、省外事办公室、省人民对外友好协会共同牵头的2019“一带一路”四川国际友城文化和旅游论坛在成都举办。该论坛是2019“一带一路”四川国际友城合作与发展论坛的专项分论坛。在论坛期间，四川发出了成立国际友好城市文化和旅游联盟的倡议，提出了《国际友好城市文化和旅游联盟章程草案》并获得通过。今后，该联盟将以开放合作，互利共赢为宗旨，本着共商、共建、共享的原则，进一步加强友城间的文化旅游交流与合作。法国东部大区等13个国际友城代表以及东道主四川省分别对本地文化和旅游进行了推介。

【法国参展中原国际文化旅游产业博览会】 2020年9月12—14日，由文化和旅游部指导，河南省文化和旅游厅、洛阳市人民政府主办的第三届中原国际文化旅游产业博览会在洛阳会展中心举办。此次博览会采取线下线上相结合的模式进行，分别设置国际文旅展区、沿黄九省区文旅展区、知名文旅企业展区、智慧文旅企业展区、跨境电商展区、中原展区、洛阳市文旅展区、民俗非遗展区、东方博物馆之都展区、文化创意展区、旅游服务展区等，吸引了来自法国、德国等30多个国家和地区约150家文化和旅游企业参展，展品涵盖传统工艺美术、创意设计作品、文化和旅游特色产品等30余类2000余种。

【法国参加扬州世界运河城市论坛】

2020年9月28日，世界运河城市论坛在江苏扬州举行。来自中国、德国、法国、荷兰等29个国家和地区的运河城市代表齐聚一堂，共商世界运河城市文旅产业持续繁荣发展大计。全国政协副主席刘奇葆出席并讲话。该论坛由江苏省大运河文化带建设工作领导小组办公室、江苏省文化和旅游厅、扬州市人民政府联合主办。该论坛聚焦“世界运河城市文旅产业持续繁荣发展”主题，交流和展示运河城市推动文旅产业发展的“中国行动”与“国际案例”，探讨常态化疫情防控下运河城市文旅产业持续繁荣发展的路径与对策，为世界运河城市发展、运河文化交融提供有益借鉴。该论坛发布了“扬州倡议”。

【中法等共办“一带一路”美丽乡村论坛】 2020年12月22日，中国农业农村部、甘肃省政府及世界旅游联盟、法国“一带一路”美丽乡村联盟在康县共同举办2020“一带一路美丽乡村论坛，以“牵手‘一带一路’共建美丽乡村”为主题，阐述先进理念、宣讲前沿观点、分享经验、深化交流合作，共商“一带一路”美丽乡村发展“路线图”，共绘“一带一路”美丽乡村建设“工笔画”。20多个国家和国际组织的代表出席此次论坛。法国“一带一路”美丽乡村联盟主席发表视频演讲。在此次论坛上还举行了一个项目协议及46个合作项目的签约仪式，签约金额为101.63亿元人民币。

（撰稿人：王鲲、戴冬梅、傅荣、张敏、谈佳、洪晖、张迎旋、全慧、车迪、萨日娜、李君实、丁宇）

中印尼人文交流

一　综合

【2019 中印尼人文交流发展论坛在武汉举行】　2019 年 11 月 22—23 日，由教育部中外人文交流中心主办、华中师范大学与中国—印尼高校智库联盟承办、北京外国语大学协办的 2019 中印尼人文交流发展论坛在湖北省武汉市举办。此次论坛以“秉持人文交流理念，推进中印尼双边关系可持续发展”为主题，围绕“中印尼人文交流与可持续发展：现实与愿景”“华人华侨与中印尼合作”“中印尼人文交流”等议题进行了广泛而深入的探讨。本次论坛共有约 110 名来自中国、印尼及有关国家政府部门、高校、企业、媒体等单位的代表参加，并得到教育部国际合作与交流司和湖北省教育厅的大力支持。此次论坛同期发布了《中印尼人文交流发展报告（2019）》蓝皮书。

【“新冠肺炎疫情与中印尼人文交流”华中师大论坛顺利举行】　2020 年 10 月 25 日，华中师范大学中印尼人文交流中心以线上视频会议的形式顺利举行“新冠肺炎疫情与中国东南亚关系”系列学术研讨会的第一场线上论坛，此次线上论坛围绕“新冠肺炎疫情与中印尼人文交流”主题展开。本次“新冠肺炎疫情与中印尼人文交流”华中师大论坛研讨会，从政治、经济、文化、外交、教育等多个领域对中印尼人文交流进行讨论，介绍了印尼国内最新的宏观政策和具体动态，也对双边关系所面临的机遇、挑战和发展前景进行了讨论，提供了后疫情时代中印尼双边关系的新思考。

【新冠肺炎疫情背景下“2020 中印尼人文交流发展论坛”举行】　2020 年 11 月 13 日，“2020 中印尼人文交流发展论坛”在线上举行。这次论坛由教育部中外人文交流中心主办，华中师范大学承办，主题为“疫情后时期中印尼职业教育合作”。该论坛首次采用中文—印尼语同传进行，突破了语言上的障碍，达到更好的交流效果。本次论坛吸引了来自中国和印尼政府部门、高校和企业等单位的专家、学者和代表参加，线上受众较多。中国和印尼有望以人文交流理念为引领，创新融合人文与技术，丰富发展互利共赢合作，促进民心相通，并把中印尼人文交流发展论坛打造成靓丽的国际品牌。此次论坛还发布了《中印尼人文交流发展报告（2020）》。

二　中印尼教育交流

【西华大学携手印尼三一一大学共建孔子学院正式揭牌】　2019年3月11日，西华大学与印尼三一一大学在印尼梭罗市举行孔子学院揭牌仪式。西华大学党委书记边慧敏教授与三一一大学校长赖飞克教授共同为孔子学院揭牌。该孔子学院是印尼第七所孔子学院，同时也是中爪哇省的第一所孔子学院，它的设立将为两国人文交流注入新的活力和动力，书写中国和印尼友好关系发展的新篇章。该孔子学院还会与当地华人团体密切合作，结合四川省和中爪哇省的社会、经济发展需求，推动两校和校企间的深入合作，服务当地经济发展，扩大民间往来，增进两国人民之间的了解和友谊，服务中国—印尼人文交流和“一带一路”建设，为推动中印尼全面交流作出积极的贡献。此前，西华大学与三一一大学已签署校际MOU、汉语专升本双学位项目、食品安全领域合作科研等多领域的合作协议，未来双方将在学科建设、科研合作、师生互换诸多领域开展多层次的全面合作，并服务地方社会经济发展。

【第五届“郑和论坛”在印尼泗水举行】　2019年7月15日，第五届“郑和论坛”在印度尼西亚东爪哇省首府泗水苏南·安佩尔国立伊斯兰大学举行。与会专家、学者以学术会议交流形式聚焦中国—印尼合作与发展等议题。本届论坛主题为“印尼和中国：分享宗教、文化和社会的价值观”，来自印尼、中国、马来西亚、美国等国家的近百位专家、学者围绕“中国—印尼的历史与文化联系”“东南亚和印度洋的郑和遗迹”“中国与印尼伊斯兰文化的特点”等议题展开交流，与会专家还就“一带一路”背景下印尼—中国合作进行研讨。郑和已成为中印尼两国人民友好的精神象征，“郑和论坛”已连续举办五届，前四届论坛分别在马来西亚、阿联酋、哈萨克斯坦和巴基斯坦举行。本届论坛为期三天，由郑和国际和平基金会、印尼郑和基金会、印尼伊斯兰教士联合会和印尼穆罕默迪亚等共同主办。

【中印尼文学翻译与出版研讨会在雅加达举行】　2019年9月5日，由中国科技资料进出口公司和印尼阿拉扎大学孔子学院共同主办的中印尼文学翻译与出版研讨会在雅加达举行。中印尼两国近150位文学、翻译、出版方面的专家、学者和印尼高校师生参加研讨会。文学的交流互译和出版，可以使人们更加准确、清晰地了解中印尼两国各自的文化生活和精神追求，促进两国“民心相通”。印尼是全球华人人数最多的国家，但历经20世纪60年代中期至90年代末30多年华文的断层，如今两国民众间的文化认知与迅猛发展的经贸合作形成巨大反差。与会专家、学者均表示希望经由文学的互译和出版增进中印尼两国“民心相通”。

【清华大学东南亚中心举办纪念中国—印尼建交70周年座谈交流会】　2020年4月15日，清华大学东南亚中心通过线上会议的方式，举办了“纪念中国—印尼建交七十周年”座谈交流会。此次交流会结合习近平主席贺电，就中印尼两国关系发展、目前中印尼两国新冠肺炎疫情发展情况作了交流，并对东南亚中心下一步工作进行了探讨。未来清华大学东南亚中心将继续立足印尼，面向东南亚，开展人文交流和人才培养工作。作为清华大学重要的海外基地，东南亚中心将继续落实清华大学国际化战略部署，成为中国和印尼合作交流的桥梁和纽带，为促进中印尼两国文化交流和实现资源共享积极贡献力量。

【印尼首都雅加达成立“汉语桥”俱乐部】 2020 年 12 月 30 日，“汉语桥”俱乐部印尼雅加达站揭牌仪式通过线上线下结合方式举行。中国驻印尼使馆文化处参赞周斌，印尼文教部及各省教育界官员，商业精英和历届“汉语桥”参赛选手共 200 人参加活动。“汉语桥”比赛从 2002 年起已在印尼举办了 19 届大学生比赛和 13 届中学生比赛。该赛事已成为汉语教育的重点品牌，社会知名度和影响力不断扩大。周斌表示，中国驻印尼使馆将和印尼政府有关部门密切配合，一如既往地支持汉语教育推广工作。借“汉语桥”俱乐部这个平台，不断提高中文水平，为两国合作与发展作出努力。经过十几年的不懈努力，印尼主动学习汉语的人越来越多。“汉语桥”俱乐部的成立，能够为喜爱汉语、热爱中华文化的学生和朋友们提供一个更好地交流和成长的平台，让他们更好地认识和了解博大精深的中华文化。

三　中印尼科技交流

【印尼科技代表团到访中国科学院】

2019 年 4 月 26 日，中国科学院副院长张亚平在京会见了印尼科学院常务秘书长努尔·苏斯廷雅思和印尼研究技术与高教部研发司司长穆罕默德·迪穆亚特等率领的科技代表团一行，就进一步加强在科研、教育和技术转移转化等领域的合作进行了交流。印尼在共建“一带一路”中处于重要地位，中科院高度重视同印尼科技界的合作。自 2014 年双方签署合作备忘录以来，双方在海洋科学、生物工程和生物多样性研究等多个领域开展了合作。中方建议双方在“一带一路”国际科学组织联盟和中科院曼谷创新合作中心等合作平台上进一步拓展、深化合作领域，创新合作机制，同时鼓励更多的印尼科研人员和学生来中科院交流、学习和工作。印尼科学院、印尼研究技术与高教部，中科院科技促进发展局、国际合作局，中国驻印尼使馆等相关人员参加了会见。访问结束后，印尼科技代表团还访问了中科院北京国家技术转移中心、理化技术研究所和植物研究所。

【广西科技厅组团参加 2019 印尼科学展并主办中国—印尼技术对接推介会】 2019 年 10 月 23 日，2019 印尼科学展在印尼坦格朗国际会展中心举行。来自中国、印尼、泰国、日本和马来西亚等国家的 300 多个项目参展，广西科技厅和中国—东盟技术转移中心（CATTC）精心组织了国内相关科技部门、产业园区、科研机构、企业共22家单位携30个项目参加2019印尼科学展。此次活动促进了中印尼两国科技、教育、文化等领域的广泛交流，积极推动中国与印尼各方在更宽领域、更高层次、更多形式上开展合作，不断增进中印尼两国间的传统友谊。

【中国—印尼科技合作联委会第六次会议召开】　2019年11月11日，为进一步深化中国与印度尼西亚科技创新和人才交流合作，中国—印尼科技合作联委会第六次会议在印尼雅加达举行。此次会议由中国科技部国际合作司一级巡视员阮湘平和印尼研究技术部国际合作局局长娜达共同主持。两国科技合作基础良好，近年来，双方的合作取得了丰硕成果。印尼方对中国科技部代表团的来访表示欢迎，并介绍了印尼科技创新情况，积极评价双方在促进人员交流、共建联合研究平台、技术转移合作等方面所取得的成效。印尼高度重视与中国的科技创新合作，希望进一步深化两国在科技方面的务实合作，为印尼和中国的科技创新与经济社会发展作出贡献。会上，中方与印尼方分别介绍了联委会第五次会议以来的科技合作情况，并就当前合作项目进行了探讨交流，对重点领域的合作作出展望。

【比邻共话——常态化疫情防控中的复工复产经验交流暨中印尼“一带一路”合作网络视频会顺利举办】　2020年5月28日，由中联部、中国驻印尼使馆、福建省外办和印尼国民民主党共同举办的比邻共话——常态化疫情防控中的复工复产经验交流暨中印尼“一带一路”合作网络视频会在北京、福州和印尼多点连线举行。此次会议旨在疫情防控常态化背景下，交流分享疫情防控、复工复产经验，共商“一带一路”合作，探讨中印尼尤其是福建与印尼各领域的友好交流和互利合作。印尼国会副议长、印尼国民民主党中央领导委员会成员、国会议员、12个重点省市地方议员代表、印尼媒体代表，中联部、中国驻印尼使馆和福建省外办、商务厅、工信厅、卫健委、海渔局、疾控中心、军门社区及媒体等代表共约120人参会。

【中国—印尼药用植物保护研究创新基地启动】　2020年9月11日，国家发展改革委国际合作中心与印尼海洋事务和投资统筹部通过视频会议方式，分别在北京和雅加达两地就中国—印尼药用植物保护研究创新基地启动签署谅解备忘录。印尼对华合作牵头人、统筹部部长卢胡特与中国国家发展改革委副主任宁吉喆共同见证“云上”签约。在推动共建中国—印尼药用植物保护研究创新基地的工作中，双方共同设立联合指导委员会，通过政府引导、科研机构参与、企业作为市场主体的方式，就积极开展药用植物保护、研究与开发，联合开展技术创新，加强药用植物产业合作，共建产业研究院，开展专家和技术人员交流与能力建设等领域进行合作。目前，印尼政府已在北苏门答腊规划261公顷土地，作为中国—印尼药用植物保护研究创新基地。

四　中印尼文化交流

【印度尼西亚著名舞蹈家苏卡玛瓦蒂·苏加诺参加亚洲文明对话大会】 2019年5月15日，以“亚洲文明交流互鉴与命运共同体”为主题的亚洲文明对话大会在北京开幕，亚洲47个国家以及域外其他国家共2000多名代表参加。作为受邀嘉宾之一，印度尼西亚著名舞蹈家苏卡玛瓦蒂·苏加诺表示，中国有着比印尼更加古老的文化，两国文明交往也有着悠久的历史。中国在体育、文化艺术、建设等方面都是领跑者，继续增强两国人文交流，维护文化多样性是有必要的。加强中印尼人文交流有利于亚洲和世界人民。

【中国民俗文化代表团到访印尼雅加达伦敦公共关系学院】 2019年6月17日，由30名专家、学者、艺术家、非物质文化遗产传承人组成的中国民俗文化代表团，走进位于印尼首都雅加达的伦敦公共关系学院，与该院师生进行了一场中印尼两国民间民俗文化的亲密互动和交流。中国艺术家和各领域非物质文化遗产传承人在古琴演奏声中，现场表演了太极拳、茶道、香道和插花艺术。伦敦公共关系学院学生也现场表演了印尼传统武术“班卡西拉”（Pencak Silat），中国民俗文化代表团一行亦被之深深吸引和感染。随后，来自中国人民大学、清华大学、闽南师范学院、台湾金门大学的民俗文化学者就“民俗文化传承与创新”主题举办了公共讲座，并与现场师生互动答问。中国民俗文化代表团于17—18日两天走进东盟秘书处、印尼客家博物馆等地开展一系列文化交流活动。

【广州国际友城文化艺术团赴印尼泗水市开展文旅交流】 2019年7月21—25日，广州市人民政府外事办公室、广州市文化广电旅游局组织广东省木偶艺术剧院有限公司、广东音乐曲艺团有限公司和广州粤剧院有限公司，由其组成的广州国际友城文化艺术团赴国际友城印尼泗水开展“2019广州文化周——广州国际友城文化艺术团印尼行”文旅交流活动，参加了该市2019年跨文化艺术节，向当地市民和各国艺术家展示中国传统非物质文化艺术的独特魅力。本次参加泗水2019年跨文化艺术节活动的广州国际友城文化艺术团以中国传统非物质文化遗产艺术为主，选取了广东木偶戏、粤剧和广东音乐进行展演，以文化为桥梁增进两国人民之间的了解和友谊。

【印尼东方音乐基金会赴厦门同安交流南音艺术文化】 2019年12月4日，印尼东方音乐基金会南音演唱团一行25人在同安银安堂南乐研究会永远名誉会长、印尼同安互助基金会总主席、同安区侨联名誉主席魏耀坤的带领下，来到厦门同安文化馆与同安银安堂南乐研究会开展南音艺术文化交流活动。在活动中，印尼东方音乐基金会南音演唱团与同安银安堂南乐研究会的弦友们同台演唱了《出庭前》《感谢公主》等南音曲目，魏耀坤主席还现场演唱了一曲南音，以曲传情娓娓道出了海外游子对家乡故土的悠悠情怀。此次到访的印尼东方音乐基金会年轻弦友，都是本科生和研究生。近年来，他们坚持每年都到中国参加世界南音大会唱，这体现出海外华裔新生代对南音传统文化艺术的热爱和执着的追求。

【印尼巴厘岛画家以精美画作支持中国抗“疫”】　2020 年 3 月 6 日，主题为“山川异域，风月同天——为中国武汉加油”的画展在印尼巴厘岛开幕。巴厘岛 20 余名画家的 29 幅精美画作勾勒出中印尼友好交往的历史及对中国抗“疫”努力的支持。中国驻登巴萨总领事苟皓东、印尼巴厘省文化局局长瓦彦、印尼—中国友好协会巴厘分会主席曾天丰等嘉宾和游客 150 余人出席画展开幕式。在新冠肺炎疫情发生后，印尼特别是巴厘岛各界通过捐赠、信件、祈祷和视频等形式对中国抗“疫”表示了支持。本次画展用艺术语言再现了中印尼两国的友好情谊，再次体现了巴厘岛人民的友好祝福，是对中印尼两国建交 70 周年的最好纪念。本次画展是双方人文交流合作的一大突破，希望双方进一步加强合作，用人文和艺术推动两国关系再上新台阶。

【中国影视剧用真诚和创意在印尼“圈粉”】　2020 年 11 月 6 日，第三十届中国电视金鹰奖最佳电视剧《外交风云》发行至北美、非洲、印尼等国家和地区，并即将通过网络平台登陆 26 个国家。全球化使世界各国之间的交流愈发密切，“出海”成为中国优质影视创作的常态。影视作品可以直观、有效地传播和建构国家形象，中国影视剧呈现出何种价值观念，与海外观众怎样认知中国文化息息相关。身处跨文化传播的语境之下，中国影视创作不能局限于“我把自己的故事讲给自家人听”，更要自觉担当起讲述中国故事、传播中国声音的载体，“把我们的故事讲给全世界听”，让海外观众在不知不觉间被中国人民积极向上的精神风貌所吸引，被生动鲜活的中国故事所打动，从而了解并爱上这个古老却充满青春活力、真实质朴而又不失灵动的国度。

【新冠肺炎疫情下的东博会促进中印尼人文交流文化合作】　2020 年 11 月 28 日，第十七届中国—东盟博览会、中国—东盟商务与投资峰会在南宁开幕，以“共建‘一带一路’，共兴数字经济”为主题，线上线下相结合的形式进行展示。尽管新冠肺炎疫情仍在全球蔓延，中国与东盟各国通过参展参会促进交流合作的热情并未减少。印尼设立了商品展馆和国家展馆，商品展馆展示包括家具、时装、工艺品、食品等名优产品，国家展馆则通过文化表演等展示印尼贸易、旅游和投资等方面的潜力。17 年来，东博会不仅展示了中印尼不断增长的贸易和投资合作成果，也深化了双方的友好关系，极大地推动了双边贸易与投资便利化，拓展了人文交流及旅游合作。

【“一带一路”国家竹博汇印尼馆在广州南沙落成】　2020 年 12 月 26 日，“一带一路”国家竹博汇印尼馆落成典礼活动在南沙水鸟世界生态园举行。记者了解到，印尼馆是由巴厘岛 10 位工匠亲手用岛上竹子搭建而成的竹构建筑，将印尼风情在南沙完全再现出来，未来这将成为印尼青年在南沙创业的重要平台和场合。

五　中印尼卫生交流

【印度尼西亚卫生部部长特别顾问阿克玛·达赫到访中国】 2019年2月19日，中国国家药品监督管理局副局长徐景和会见了来访的印度尼西亚卫生部部长特别顾问阿克玛·达赫一行，双方就中国药品监管机构改革的基本情况、药品医疗器械审评审批制度改革、医疗器械临床试验管理以及加强双边合作等进行了交流。中国印尼开展监管合作，有利于促进两国产业发展，提高两国人民的健康水平。近年来，两国在健康领域有着良好的合作，希望通过加强两国交流，进一步提高两国药品和医疗器械的可及性，更好地满足公众的健康需求。双方表示愿以此次访问为契机，进一步探讨和加强在药品医疗器械监管领域的交流与合作。

【中国印尼卫生合作执行计划签署】 2020年11月24—25日举行“健康丝绸之路”建设暨第三届中国—东盟卫生合作论坛，来自文莱、柬埔寨、印度尼西亚、老挝、马来西亚、缅甸、菲律宾、新加坡、泰国、越南等国家的卫生部官员、专家以及东盟秘书处、世界卫生组织西太区的代表线上出席论坛。本届论坛发布了《第三届中国—东盟卫生合作论坛倡议》，并签署了中国印尼卫生合作执行计划等协议。

六　中印尼体育交流

【印尼武术“班卡西拉”走进中国使馆献艺展演】 2019年3月25日，印尼武术健将走进中国驻印尼大使馆，为该馆及中国驻东盟使团外交官展演了独具特色的精彩的印尼武术“班卡西拉”（Pencak Silat）。“班卡西拉”武术是印尼的传统文化，是让印尼人民感到骄傲的体育项目。近年来，该项目在印尼得到很好发展。在2018年雅加达亚运会上，印尼武术运动员取得优异成绩。印尼正充满激情地推广印尼武术，希望能有机会到中国表演展示，更希望有一天印尼武术能被列入奥运会比赛项目。中方也愿向中国民众积极宣传印尼武术，让更多的中国民众认识印尼武术、热爱印尼武术。同时，也愿推动中国武术走进印尼，加强同印尼武术的交流互鉴。希望在不久的将来，武术将成为中印尼友谊的又一张响亮名片。

【中国走访印尼大众体育协会】 2019年6月7日，第十五届中国—东盟国际龙舟邀请赛在南宁邕江孔庙段附近水域举行，在端午佳节当日为市民献上了一场“体育+民俗”的节日盛宴。此次比赛吸引了来自印度尼西亚、泰国、马来西亚、新加坡、老挝、柬埔寨的六支东盟国家队伍，以及多支国内龙舟队伍前来参加。印尼大众体育协会会长吴能彬带领印尼龙舟队的50名队员在第十五届中国—东盟（南宁）国际龙舟邀请赛中夺得两项冠军。目前，中国—东盟“太极一家亲”、中国—东盟龙舟邀请赛等独具影响力的品牌赛事在印尼具有了一定的知名度。

【中国国家体育总局局长、中国奥委会主席苟仲文会见印尼奥委会主席】 2019年11月14日，中国国家体育总局局长、中国奥委会主席苟仲文在京会见了印尼奥委会主席奥克托哈理一行，双方就两国体育领域交流与合作的相关事宜交换了意见。苟仲文高度评价了印尼对竞技体育和奥林匹克运动的热情，对印尼羽毛球等项目运动员所表现出的坚韧不拔的职业精神表示赞赏，并希望加强两国运动员之间的友好交流和加深两国体育领域的合作。奥克托哈理感谢中国体育界对印尼体育发展的支持与帮助，希望继续深化交流与合作。

【印尼华裔足球队到广东梅州开展足球交流活动】 2020年1月17—19日，印尼华裔总会总主席黄德新、名誉主席李满意带领印尼华裔足球队到广东梅州开展“一带一路”友好交流活动。与梅县区新城办、西阳镇、雁洋镇三支本土足球队依次展开足球比赛。在赛场上，双方足球队员秉着“友谊第一，比赛第二”的精神，为现场观众呈上了多场精彩、激烈的足球赛事。通过足球比赛的体育交流，不仅传播了足球文化，而且促进了两国青少年的沟通交流。

七　中印尼媒体交流

【印尼记者代表团到云南省中华文化促进会进行人文交流】 2019年6月30日，由云南省外办、云南省文化和旅游厅安排的印尼《雷达日报》《论坛日报》《苏岛快报》《巨港兴报》记者代表团一行六人到云南省中华文化促进会进行人文交流。该代表团观看了由云南省中华文化促进会为其精心准备的文艺节目。歌唱家左斌演唱了印尼歌曲《星星索》，国家一级演员、京剧大师关肃霜的弟子吴岚身着白族服饰演唱了滇剧《大唐南诏是一家》。演出结束后，云南省中华文化促进会副主席王仲德陪同代表团参观了昆明市盘龙区合虚民族民间文化传习馆的篆刻、面塑、糖画、剪纸、脸谱、古琴、微雕、刺绣等。

八　中印尼旅游交流

【印尼首次在华举办印尼会奖旅游推介会】 2019年8月27日，印度尼西亚旅游部在上海举办印尼会奖旅游推介会，这是印尼首次在中国市场上单独向业界推广印尼作为MICE目的地。会奖旅游是增加印尼海外访客的重要途径，印尼除了介绍首都雅加达、巴厘岛以外，还向中国市场推荐五个深具潜力的城市，包括日惹、万隆、泗水、望加锡、棉兰。

【2020山东省旅游发展大会暨首届中国国际文化旅游博览会开幕】 2020年9月17日，在2020山东省旅游发展大会暨首届中国国际文化旅游博览会开幕式上，印尼优秀的旅行社代表通过网络连线，表达对本次旅游博览会的欢

迎，并希望中印尼旅游业进一步发展。也是在此次博览会上，印尼驻华大使馆与巴厘岛旅游局以及腾讯联合推出了“10 个新巴厘”旅游目的地。

【中国—印尼旅游与投资论坛在印尼举行】 2020 年 12 月 18 日，为促进印尼与疫情后中国的旅游合作，中国—印尼旅游与投资论坛在印尼北苏门答腊省多巴湖举办。本次论坛以线上线下联动方式举行，中国文化和旅游部张旭副部长应邀发表视频致辞。新冠肺炎疫情给中印尼两国旅游产业造成了不小的冲击，但两国旅游交流与合作并未就此停滞，而是展现出良好的发展韧性。中印尼旅游资源丰富，出境游市场潜力巨大，在旅游景点开发和投资等方面有着广阔的合作空间。中国文化和旅游部愿与印尼海洋与投资统筹部、旅游与创意经济部一道，创新合作方式，拓宽合作领域，深化旅游合作，共同促进中印尼旅游合作的可持续发展。

九　中印尼青年交流

【第三届“中印尼青年交流互访游学活动”开启印尼之旅】 2019 年 4 月 6 日，在圆满结束中国之行后，参加第三届“中印尼青年交流互访游学活动”的两国青年代表走进雅加达，开启他们的“印尼之旅”。“中印尼青年交流互访游学活动”在印尼青年心目中已成为“传奇”。青年们通过游学互访，不仅了解彼此国家的风土人情，也建立起深厚的友谊。“中印尼青年交流互访游学活动”由中国驻印尼大使馆、福建省人民政府和 FPCI 联合举办，选拔两国优秀大学生并邀请青年政府官员、智库学者、媒体记者、网络意见领袖组成代表团，结伴赴对方国家游学参访。该活动迄今已举办三届，在两国社会获得积极反响。

【2019 中—印尼青年高端论坛暨首届中国高校印尼语口语大赛在北京闭幕】 2019 年 11 月 17 日，为期两天的中—印尼青年高端论坛暨首届中国高校印尼语口语大赛在北京闭幕。本次活动由北京外国语大学举办，共有 26 名来自中国多所高校印尼语专业的学生参赛，中国和印尼 20 余所智库、高校和科研机构的近百名专家、学者出席。北京外国语大学始终致力于培养印尼语人才，开展印尼研究项目，近年来与中国及印尼各高校的合作更为中国印尼人文交流奠定了坚实的基础。2019 中—印尼青年高端论坛暨首届中国高校印尼语口语大赛的顺利举行为中国印尼友好关系的长远发展添砖加瓦。

【新冠肺炎疫情下中国印尼青年云端说创新】 2020 年 11 月 18 日，中华全国青年联合会携手印尼青年与体育部，举办了中国印尼青年创新行动经验分享会。在疫情之下，参会代表无法像当年万隆会议上的前辈那样，用双脚丈量异国土地，或是用鲜花和歌舞欢迎远方来客，但在现代科技的帮助下，两国青年围绕创业创新之路上的挑战和机会畅所欲言，在云端延续传统友情。远隔万里，两国青年的思想在数字海洋中交汇融通，彼此倾听和理解。

【中印尼青年师生云端迎新年】 2020 年 12 月 31 日晚，来自印尼三一一大学孔子学院和中文系的中印尼两国近 50 名青年师生，以一场热络的跨国“云端”交流迎接 2021 年的到来。由于新冠肺炎疫情，印尼三一一大学孔子学院和中文系的部分中国老师无法前来印尼，他们在中国与印尼师生相会云端，共迎新年。词语接龙、反义词问答、你画我猜、绕口令等活动丰富有趣，中印尼师生们快乐参与。两国师生分享了本国庆祝新年的饮食习惯、文化习俗，分享了在 2020 年结下的美好友谊，也分享了自己的幸福和快乐。本次活动为印尼学生的新年增加了来自中国的祝福色彩，也增进了印尼学生对两国文化的理解和认知，为中印尼两国人民的文化交流互鉴作出积极贡献。

（撰稿人：潘玥）

中国—南非人文交流

一　中国—南非教育交流

【中国—南非职业教育合作联盟中方理事会成立暨年度工作会议顺利召开】　2019 年 1 月 22 日，中国—南非职业教育合作联盟中方理事会成立暨年度工作会议在江苏省常州市召开。本次会议由教育部国际合作与交流司、教育部职业教育与成人教育司指导，教育部中外人文交流中心主办，江苏省工业和信息化厅、江苏省教育厅支持。本次会议正式宣布成立中南职教合作联盟中方理事会，审议通过了联盟中方理事会章程，表决通过首届理事单位名单、理事名单和理事会领导机构。首届理事会由 54 家理事单位及 87 名理事组成，由教育部中外人文交流中心担任理事长单位、常州信息职业技术学院和黄河水利职业技术学院担任副理事长单位，杭州科技职业技术学院等六所院校和华为技术等三家企业担任副理事长单位。

【南非武术邀请赛在约翰内斯堡举行】　2019 年 2 月 9 日，由约翰内斯堡大学孔子学院主办、南非华文教育基金会协办的南非武术邀请赛在约翰内斯堡举办。中国驻南非大使馆文化参赞周勇、中国驻约翰内斯堡总领馆副总领事屈伯勋等近两百人应邀出席了此次赛事。除了武术比赛外，现场还有舞狮表演以及孔子学院精心准备的中国美食，到场来宾们在感受中华武魂的同时，也品尝到了地道的中式佳肴。这场比赛增进了南非民众对博大精深的中华文化的了解，增进了人文交流和民心相通。

【约翰内斯堡大学授予习近平主席工程学名誉博士学位】　2019 年 4 月 11 日，南非约翰内斯堡大学举行隆重庄严的仪式，向中国国家主席习近平授予工程学名誉博士学位。中国驻南非大使林松添代表习近平主席接受学位证书，中南非教育界人士以及中南非主流媒体约 1000 人出席了该活动。林松添大使与约翰内斯堡大学校长马瓦拉分别发表讲话。林松添大使对约翰内斯堡大学在世界上率先授予习近平主席名誉博士学位这一举措表达了诚挚的谢意，认为此举显示了约翰内斯堡大学的国际视野和远见卓识，充分体现了南非学术界对习近平主席兼济天下的世界情怀和超凡治党治国能力及其实践的认可。马瓦拉校长认为，约翰内斯堡大学向习近平主席授予名誉博士学位的意义重大而深远，表达了约翰内斯堡大学对习主席大国领袖地位和引领塑造人类命运理念与实践的崇敬之情，希望以此倡导学生向世界卓越领袖学习，激励学生以习主席为榜样，以坚定信念和良好教育为国家发展做贡献。

【第十八届“汉语桥”世界大学生中文比赛南非赛区决赛举办】 2019 年 5 月 4 日，由孔子学院总部/国家汉办和中国驻南非大使馆主办，南非德班理工大学孔子学院承办的第十八届“汉语桥”世界大学生中文比赛南非赛区决赛在南非海滨城市德班落下帷幕。此次大赛以“天下一家”为主题，通过笔试、主题演讲与才艺展示等环节，考察了参赛选手对于中国文化的理解与掌握。经过近 4 个小时紧张而又激烈的比拼，来自约翰内斯堡大学的艾瑟·斯密特和开普敦大学的凯勒·马修·纳什荣获一等奖，他们将代表南非赛区赴华参加总决赛。中国驻南非使馆文化参赞周勇和中国驻德班总领事费明星就该项赛事发表讲话，高度赞扬了参赛选手们的表现以及他们对中国文化的喜爱，希望借助该项赛事，构建中南交流的桥梁，为南非年轻人提供更多了解中国的机会。

【第十二届“汉语桥”世界中学生中文比赛南非赛区决赛举办】 2019 年 8 月 3 月，受中国驻南非大使馆教育组委托，南非中国文化和国际教育交流中心孔子课堂承办的、以“携手汉语·筑梦未来”为主题的第十二届“汉语桥”世界中学生中文比赛南非赛区决赛在比勒陀利亚的 Waterkloof Primary School 圆满落下帷幕。本次比赛环节分为笔试、主题演讲和才艺展示。中国驻南非大使馆教育组王道余、南非高等教育部国际司代表 Mokgadi Tena 以及南非基础教育部国际司代表出席比赛并发表讲话。

【中国驻南非大使馆举行“南非汉语教学成果展演”活动】 2019 年 8 月 5 日，中国驻南非大使馆隆重举行“南非汉语教学成果展演”活动。中国驻南非大使林松添出席并致辞，中南非各界代表出席了该活动。在致辞中，林松添大使回顾了中南非教育交流合作的情况，高度肯定了举办本次成果展示活动的重要作用。南非基础教育部莫采卡部长代表南非政府致辞，表示中国不仅是南非也是非洲的好朋友，南中友谊源远流长，人文交流与合作是南中全面战略伙伴关系的重要组成部分，南非期待同中国开展更多教育合作，不断深化两国和两国人民的友谊。中南非双方商定，今后每年的 9 月 17 日为“南非中文日”，林松添大使和南方嘉宾共同为中文日牌匾揭幕。

【南非大学非洲可持续发展能源研究所中国合作中心和南非大学—河北科技大学新能源国际联合实验室成立】 2019 年 8 月 18 日，南非大学非洲可持续发展能源研究所中国合作中心和南非大学—河北科技大学新能源国际联合实验室举行揭牌仪式。中国驻南非大使林松添出席并致辞，多位中南非教育界人士出席该仪式。在致辞中，林松添大使介绍了中国创新发展所取得的成就以及中南非科技创新合作的进展，并高度肯定了中南非大学之间的科技创新合作在中南非全面战略伙伴关系建设中所发挥的重要作用。

【南非—中国化工与环境联合研究中心成立】 2019 年 8 月 23 日，约翰内斯堡大学与南京工业大学共同创建的

"南非—中国化工与环境联合研究中心"揭牌仪式在南非约翰内斯堡举行。中国驻南非大使馆首席官员李南公参出席并致辞，中南非多位教育界人士出席了该仪式。在致辞中，李南公参高度评价了约翰内斯堡大学为致力于推动非洲创新发展所做的不懈努力，充分肯定约翰内斯堡大学在对华合作方面所取得的重要成果。在本次活动的最后，两校校长签署了《南非—中国化工与环境联合研究中心合作协议》。

【中国—南非人文交流智库论坛在广州举行】 2019年8月24日，中南人文交流智库论坛在广东省广州市成功举办。本次论坛由教育部中外人文交流中心主办，北京大学承办，广东轻工职业技术学院协办，广东省教育厅支持。本次论坛以"中非青年发展与人力资源合作"为主题，致力于在中国—南非高级别人文交流机制框架下，搭建推动中南及中非国家智库合作机制化平台，探讨和推动双方人力资源合作，服务中南及中非国家战略发展对接。本次论坛是教育部中外人文交流中心秉持人文交流促进经贸合作和政治互信的理念，结合2019年广东21世纪海上丝绸之路国际博览会主题论坛并作为该活动的重要组成部分而举办的，旨在服务粤港澳大湾区发展，推进落实"一带一路"建设、中非合作论坛北京峰会以及中南高级别人文交流机制会议精神要求，加强中国与南非以及其他非洲国家发展战略对接，合作推进中非青年发展和人力资源开发，促进人文交流与政治互信、经贸合作深度融合，为推动构建中非命运共同体和人类命运共同体作出贡献。

【非洲首家中医孔子学院落户南非】

2019年9月11日，浙江省省长袁家军和南非高等教育与培训部国际关系司司长杰佩共同为西开普大学中医孔子学院揭牌。这是非洲大陆首家中医孔子学院。中国驻开普敦总领事林静出席仪式并发表讲话。西开普大学中医孔子学院由孔子学院总部/国家汉办委托浙江师范大学和浙江中医药大学与南非西开普大学合作建设。西开普大学中医孔子学院是南非的第六所孔子学院，也是非洲大陆首个以中医命名的孔子学院。

【治国理政与中非经济社会发展国际研讨会举办】 2019年12月3日，中国社会科学院（CASS）、中国非洲研究院（CAI）和南非人文科学研究理事会（HSRC）在南非行政首都比勒陀利亚联合举办"治国理政与中非经济社会发展"国际研讨会。中国社会科学院院长谢伏瞻、中国驻南非大使林松添、南非人文科学研究理事会主席苏迪恩等分别在开幕式上致辞。林松添大使表达了对中非合作成就的赞赏，传达了中方愿同非洲等国际社会无私分享中国治国理政和发展经验的愿望。南非人文科学研究理事会主席苏迪恩等盛赞中国发展成就与对非政策实践、"一带一路"倡议以及中国为全球治理贡献的中国智慧和中国方案。与会嘉宾一致认为，中国的发展道路和治国理政经验为非洲等发展中国家实现自主可持续发展提供了新的选择，期待非中深化治国理政经验交流，携手构建更加紧密的非中命运共同体。

【常州信息职业技术学院南非"鲁班工坊"在南非工业制造业中心艾库鲁

莱尼市西艾库鲁莱尼职业技术学院揭牌】 2019年12月11日，常州信息职业技术学院南非“鲁班工坊”在南非工业制造业中心艾库鲁莱尼市西艾库鲁莱尼职业技术学院揭牌。中华人民共和国驻南非共和国大使馆文化参赞周勇、南非高等教育与培训部工业和制造业培训署首席执行官亚当斯等出席仪式。作为中国—南非职业教育合作联盟中方执行秘书处单位，常州信息职业技术学院积极响应“一带一路”倡议和《中非合作论坛——北京行动计划（2019—2021年）》“在非设立10个鲁班工坊，向非洲青年提供职业技能培训”的部署要求，与联盟南方执行秘书处单位、南非中国文化和国际教育交流中心秉承“共商、共建、共享”理念，积极整合两国优质校企资源，与苏州科茵斯智能科技有限公司、华为技术有限公司南非公司、南非西伊古莱尼职业学院等单位合作共建南非“鲁班工坊”。该工坊同时作为南非高等教育与培训部职教培训示范中心、艾库鲁莱尼市政府工匠人才培训基地、南非中国经贸协会员工培训中心和华为ICT学院，聚焦智能制造和ICT领域，为南非培养本土技术技能人才，服务中南企业发展，促进当地产业升级。南非“鲁班工坊”也将致力于创新“政—行—校—企”联动的工坊建设模式、“技术+人文”的人才培养模式、“线上+线下”的课程教学模式，推动深化产教合作，努力打造中南职业合作和人文交流品牌。

【第十九届“汉语桥”世界大学生中文比赛南非赛区决赛举办】 2020年5月，由南非西开普大学中医孔子学院承办的第十九届“汉语桥”世界大学生中文比赛南非赛区决赛以线上方式举办。本次比赛通过线上会议平台连线进行，并在网络上进行直播。经过两天的激烈角逐，西开普大学中医专业的半夏（Lauren Willenberg）和山药（Shannah Rose Erasmus）获得本次比赛一等奖，德班理工大学孔子学院的张强（Paul Mangalibi）和约翰内斯堡大学孔子学院的珊妮（Shannon Rene Bennett）获得二等奖。来自南非高等教育部、中国驻南非大使馆、中国驻开普敦总领馆的代表受邀连线致辞并观赛。此次大赛全方位地展示了南非各大学汉语教学成果，得到《人民日报》（海外版）、新华侨社、南非侨网及南非独立传媒等的广泛报道，进一步推动了南非当地青年学子对中国语言文化的学习热情。

【中国—南非专家网络视频研讨会召开】 2020年5月28日，由中共中央对外联络部研究室和金砖国家智库合作中方理事会主办、广东工业大学和广东省新兴经济体研究会承办的“中国—南非专家网络视频研讨会”在线上召开。线上研讨会就“疫情下中南战略伙伴关系”“中南携手参与全球卫生治理”“新冠肺炎疫情背景下中非合作新途径”三个议题进行了充分的研讨。与会专家普遍认为，疫情后的恢复建设离不开新兴国家的共同努力，特别是中国与南非之间的合作。中南全面战略伙伴关系构建的着力点和方向是：增进友谊，消除误解，强化产业和治理领域合作，在新冠肺炎疫情中和过后共享学习、共谋发展。

【2020年南非学生、教师来华学习

培训项目学生完成学习顺利回国】 在中非（南）职业教育合作联盟框架下，教育部中外人文交流中心与联盟南非方秘书处—南非中国文化和国际教育交流中心共同组织实施了由南非政府奖学金支持的南非学生、教师来华学习培训项目。该项目先后被纳入中南高级别人文交流机制第二次会议教育领域合作成果和中非合作论坛北京峰会后续落实任务清单，致力于为南非培养机械、能源与水利、食品加工、铁路交通等领域急需的技术技能型人才，对促进中南及中非职业教育合作和人文交流发挥着积极作用。2020年，因疫情而导致航班减少，南非学生完成学业按期回国存在不确定性，教育部中外人文交流中心指导有关项目承接院校对可能出现的延期滞留问题制定了继续留校学习或进行企业实习等应对预案。2020年6月19日和7月28日，协助两批共353名学生乘包机顺利返回南非。

【“新常态下‘一带一路’对非洲大陆自由贸易区和基础设施建设的影响”视频研讨会举办】 2020年8月6日，南非人文科学理事会、当代中国与世界研究院和非洲发展新伙伴计划等联合举办“新常态下‘一带一路’对非洲大陆自由贸易区和基础设施建设的影响”视频研讨会。南非人文科学研究理事会执行主任穆勒、当代中国与世界研究院院长于运全等100余名中非专家、学者和企业代表线上参会。在此次研讨会上，中国驻南非使馆临时代办李南发表讲话，强调了新冠肺炎疫情给中非共建“一带一路”和人员交往增添了复杂因素与中非共建“一带一路”的光明前景，表达了对于进一步加强中南非友谊的愿望。

【第十三届“汉语桥”世界中学中文比赛南非赛区决赛举办】 2020年8月28日，经过两天的激烈角逐，主题为“追梦中文，不负韶华”的第十三届“汉语桥”世界中学生中文比赛南非赛区决赛暨南非第一届“中国银行杯·汉语桥”中学生中文比赛圆满落幕。中国驻南非使馆临时代办李南、南非高教科技部国际合作司司长庞卡·姆达卡（Punkah Mdaka）等中南非各界人士出席比赛。受疫情影响，此次比赛通过线上会议平台连线进行，并在网络上进行直播，近400人次在线实时观看了此次比赛。开普数学科技学院高中孔子课堂的司甜和开普敦大学孔子学院下属孔子课堂的佟佳颖获得一等奖，二人将代表南非参加2020年底在网上举办的“汉语桥”全球复赛和决赛。

【中南职业教育合作联盟年会举办】

2020年11月21日，由教育部中外人文交流中心主办，重庆城市管理职业学院、“一带一路”职业教育发展人文交流研究院和常州信息职业技术学院联合承办的“中南职业教育合作联盟年会暨产教融合研讨会”在重庆城市管理职业学院举行。此次年会暨研讨会采用了现场主会场和实时视频连线相结合的方式进行，来自中南各方的多位代表出席会议。中南职业教育合作联盟秉持推动人文交流、深化产教融合的理念，通过搭建政校企对话平台，加强中国职业教育资源、行业企业与南非以及其他非洲国家人力资源的对接与融合，结合南非以及非洲产业发展的实际情况和发展方向，依托优势行业企业，深入推进中南以及中非职业教育产教融合。

二　中国—南非科技交流

【中国、南非等七国签署建立 SKA 天文台公约】　2019 年 3 月 12 日，中国、南非、澳大利亚、意大利、荷兰、葡萄牙、英国七个创始成员国在意大利罗马正式签署平方公里阵列射电望远镜（SKA）天文台公约，将建造世界上最强大的射电天文望远镜。来自签约国和印度、瑞典、加拿大、法国、日本、韩国、马耳他、新西兰、西班牙、瑞士等十余个国家和组织的 100 多名代表出席签约仪式。中国科学技术部副部长、国家外国专家局局长张建国、南非科技部长马莫罗科·库巴伊—恩古巴内等出席仪式并签署公约。该项目集传统射电天文干涉技术和现代相控雷达技术于一体，将颠覆射电天文学的传统研究手段，填补人类对于宇宙基本认知的空白。第一阶段的建设预计将于 2021 年启动。

【华大基因与南非医学研究理事会合作成立高通量基因组测序中心】　2019 年 7 月 29 日，南非医学研究理事会（SAMRC）与华大基因合作成立的基因组学中心在开普敦正式启用，成为非洲首个高通量基因组测序中心。该中心是中南非卫生领域合作的一项重要内容，将对提升南非医疗精准性，改善南非民众健康水平起到重要的作用。南非医学研究理事会主席兼首席执行官格伦达·格雷教授表示，南非医学研究理事会基因组学中心将提升对人类全基因组测序、分析和数据存储的能力，使南非有机会进入医学研究的新时代。在南非医学研究理事会成立 50 周年之际，该中心的启用对其迈上前沿高水平研究新台阶具有重要意义。

三　中国—南非文化交流

【南非华商总会举办迎新春联欢晚会】　2019 年 1 月 26 日，南非华商总会迎新春联欢晚会在约翰内斯堡举行。中国驻约翰内斯堡总领馆领侨室主任买欣全、领事李乘龙、约翰内斯堡市公共安全局局长孙耀亨等 400 人出席联欢晚会。南华寺天龙队和华侨华人团体表演了鼓乐、舞蹈、合唱等精彩节目。买欣全在晚会上发表讲话，表达了对南非华商总会工作的肯定以及对全体在南侨胞的美好祝愿。

【中国驻南非大使馆举办“欢乐春节”招待会】　2019 年 2 月 3 日，中国驻南非大使馆主办的“欢乐春节”招待会在南非行政首都比勒陀利亚著名的时代广场太阳剧场举行。南非总统府总司长鲁比西、国家典礼局长露茜、外交部、旅游部等政府、政党及军队官员，以及部分国家驻南使节、中资机构企业、华侨华人、港澳台胞等近千人应邀出席招待会。中国驻南非大使林松添与南非旅游部长德里克·哈内科姆分别发表讲话，表达了对中南非人民新春祝贺与对中南非交流的殷切期盼。

【国务院侨务办公室和中国侨联举办“四海同春”2019年南非华侨华人新春晚会】 2019年2月13日，由中国国务院侨务办公室和中国侨联主办，南非华人警民合作中心承办的“四海同春”2019年南非华侨华人新春晚会在约翰内斯堡举行。此次晚会演出以《盛世欢歌》作为开场舞，烘托出热闹的新春喜庆气氛，《小白杨》《想家的时候》《常回家看看》《365个祝福》等歌曲引起南非华侨华人的共鸣。南非是“四海同春”亚非团亚非三国之行的首站，之后艺术团还在肯尼亚和阿联酋进行了演出。

【中国青海民族文化艺术展在南非拉开序幕】 2020年1月6日，中国青海民族文化艺术展在南非约翰内斯堡市拉开序幕。本次艺术展由青海省人民政府新闻办公室主办，并得到了中南非各界的大力支持。此次艺术展为期三天，展出了200余幅图片、20幅唐卡作品，向南非人民展现了一个具有特色的人文风貌、由高原特殊地理环境造就的青海。

【“欢乐春节文化庙会”在南非曼德拉广场举办】 2020年1月19日，由驻南非大使馆和中国银行约翰内斯堡分行共同举办的“欢乐春节文化庙会”在南非地标建筑——曼德拉广场举行。中国文化和旅游部选派的四川省歌舞剧院与南非约翰内斯堡华星艺术团献上了精彩的演出。该演出烘托出浓浓的年味，引起观众阵阵欢呼。中国驻南非大使林松添在庆典中发表新春致辞，在祝愿中南非人民新春快乐的同时，高度称赞了“欢乐春节”作为海外展示中国文化、推广中国企业和产品的新品牌和舞台的作用。

四　中国—南非卫生交流

【2019年南非国际医疗器械展览会开幕】 2019年5月28日，“2019年南非国际医疗器械展览会”在南非首都约翰内斯堡加拉格尔会议中心开幕，展期三天。展会参展商近600家，展厅面积为40000平方米，召开专业会议18场，有专业观众约5万人次。作为南非第四大医疗器械进口国，多家中国企业参与了该展览，面向非洲市场推介中国医疗产品与医疗服务。

【“聚焦超声无创治疗肿瘤技术发展中国家培训班”举行结业仪式】 2019年9月25日，“聚焦超声无创治疗肿瘤技术发展中国家培训班”在南非约翰内斯堡举行结业仪式。22位来自非洲和亚洲13个发展中国家的知名临床医生获得中国科学技术部颁发的结业证书。同时，重庆医科大学生物医学工程学院与南非金山大学医学院签署合作备忘录，将在该领域开展高层次人才培养等合作。此次培训班由中国科学技术部和中国科学技术交流中心主办，重庆市科学技术局和重庆医科大学等承办。南非、菲律宾、贝宁等13个国家的医生体验了具有中国完全自主知识产权的海扶刀等超声治疗系列设备，深入了解聚焦超声消融手术，为发展中国家培养了一批宝贵的医疗人才。

【南非执政党非国大党发表声明支持中国抗击新冠肺炎疫情】 2020年2月3日，南非执政党非国大党发表声明，支持中国为抗击新冠肺炎疫情而做出的努力，赞赏中方的抗疫担当，对中方抗疫能力充满信心，将始终与中国站在一起。此外，南非政企单位纷纷捐款捐物，支持中国的抗疫措施。

【南非企业积极援助中国抗疫行动】 2020年2月3日，一家位于南非比勒陀利亚的口罩生产商承诺向中国捐赠口罩，展现同中国人民的团结及对中国抗击疫情的支持。2020年3月5日，南非标准银行集团在约翰内斯堡总部举行捐款仪式，向中国驻南非使馆转交75万兰特（约合人民币34.7万元）善款，支持中国抗击新冠肺炎疫情。南非标准银行首席执行官沙巴拉拉表示，南非标准银行集团对中国有能力和资源战胜疫情充满信心，坚定支持中国战胜疫情。

【习近平就抗击新冠肺炎疫情同拉马福萨通电话】 2020年4月8日晚，中国国家主席习近平同南非总统拉马福萨通电话。在电话中，习近平主席感谢了南非政府及社会各界以多种形式对中方表达慰问和支持，并表达了支持南非抗击新冠肺炎疫情，进一步加强医疗卫生领域合作的愿望。习近平强调，中方愿同南非一道，落实好二十国集团领导人应对新冠肺炎特别峰会有关成果，共同推进疫情防控国际合作，维护非洲和全球公共卫生安全。拉马福萨表示，中方采取果断有力措施，已经控制住疫情，为其他国家树立了榜样，提供了有益借鉴。拉马福萨感谢中方长期以来为南非和非洲提供的各种支持，特别是在当前困难时刻为南非和非洲国家抗击疫情提供的宝贵援助，表示南非将继续在涉及中方核心利益的问题上支持中方，坚定推进南中和非中关系发展。

【中国援助南非医疗物资交接仪式在约翰内斯堡举行】 2020年4月14日，中国援助南非医疗物资交接仪式在约翰内斯堡奥坦博国际机场举行。南非政府官员对中国政府和人民在南非抗疫关键时刻给予的宝贵支持和援助表示高度赞赏和衷心感谢。南非国际关系与合作部长娜莱迪·潘多尔、卫生部长兹韦利·穆凯兹以及中国驻南非使馆临时代办李南在捐赠仪式上发表讲话，强调中南非应加强合作，共同应对这场人类的灾难。

【海信南非公司驰援南非抗疫行动】 2020年5月6日，海信南非公司通过当地的Val De Vie基金会向西开普地区的医院捐赠两台冰箱，还向当地一家生产口罩的工厂捐赠了一台工业空调，改善了厂房内酷热难耐的工作环境。在豪登省，海信南非向夏洛特马克塞克医院捐赠了4000只口罩、1000瓶洗手液、2台电视机、1台微波炉和1台冰箱。

【中南非军队疫情交流会举办】 2020年5月8日，中国和南非两国军队远程召开“中南非新冠肺炎疫情防控经验分享国际交流会”，两军卫生部门临床、检测、防控等相关领域专家及中国驻南非大使馆部分人员30余人，分别在中国北京、杭州和南非比勒陀利亚、布隆方丹、开普敦五地参会。中南非双方分别介绍了两军参与疫情防控工作的总体情况，中方专家重点介绍了新冠肺炎典型病例救治措施、新冠病毒医院内防控举措等内容。双方专家还围绕疫情防控、诊断检测、临床救治、疫苗研发等议题展开交流，并探讨开展中南非军事医疗合作等事宜。

【中国银行约翰内斯堡分行驰援南非抗疫行动】 2020年5月9日，中国银行约翰内斯堡分行向疫情较为严重的南非夸祖鲁—纳塔尔省捐赠2万只医用口罩，用于支持南非抗击新冠肺炎疫情工作。

【长城汽车南非哈弗子公司驰援南非抗疫行动】 2020年5月12日，中国长城汽车南非哈弗子公司在约翰内斯堡贫民区亚历山大（Alexander）开展了价值10万兰特的食品物资援助活动，为数百户在疫情期间食物短缺的贫困家庭提供了切实帮助。中资企业在南非当地的行为切实承担了企业应有的社会责任，受到了当地民众的热烈欢迎。

【南非华人华侨积极参与南非抗疫行动】 2020年5月12日，非洲上海总商会、南非—中国跨境电商协会联合非国大进步商业论坛在约翰内斯堡举行“万人食品包爱心捐赠”仪式，向当地贫困社区捐赠价值近80万兰特食品包。中国驻南非使馆临时代办李南、南非执政党非国大总司库马沙蒂勒等出席仪式并致辞。

【南非卫生部参加“中非连线 携手抗疫”系列专家视频交流会】 2020年5月26日，中国同非洲国家举行“中非连线 携手抗疫”系列专家视频交流会第三次会议，双方重点围绕新冠肺炎检测方法进行了交流。此次会议由外交部非洲司和卫健委国际司共同主办，驻非使馆提供协助。尼日利亚卫生部长、南非卫生部处长等22个非洲国家官员、医疗专家及世界卫生组织驻华代表处官员共约100人在线参会。6月24日，南非卫生部又参加了“中非连线 携手抗疫”系列专家视频交流会第五次会议。在本次会议上，双方围绕新冠肺炎疫情风险评估和分级防控策略等问题进行了交流。本次会议由外交部非洲司和卫健委国际司共同主办，驻非使馆提供协助。南非卫生部等20个非洲国家官员、医疗专家共约100人在线参会。

【中国驻南使馆支援南非抗疫行动】 2020年6月5日，中国驻南非使馆会同在南侨胞在约翰内斯堡索韦托地区举行食品包捐赠活动，向当地贫困社区捐赠1000个食品包和5000只口罩。中国驻南非使馆临时代办李南、非国大青联代表拜基等人出席捐赠仪式，并发表讲话。7月9日，中国驻南非使馆向南非外交部、卫生部转交中国民族医药学会国际交流与合作分会捐赠的2万只医用口罩和2000副医用手套，体现了中南非两国同心协力、携手抗疫的坚定决心和同志加兄弟般的特殊情谊。

五　中国—南非青年交流

【2020中国青少年南非新春交响音乐会在开普敦举行】 2020年1月25日晚，“2020中国青少年南非新春交响音乐会”在开普敦市政厅举行。来自北

京少年金帆管弦乐团的近70名“小音乐家”为当地观众和华侨华人呈现了一场精彩演出，送上中国新年的祝福。当晚，乐团演奏了《塔兰泰拉舞曲》《小号即兴曲》等西方经典曲目，还奉献了中国钢琴协奏曲《黄河》，赢得观众经久不息的掌声。中国驻开普敦总领事林静、开普敦市市长丹·普拉托等600多名观众出席音乐会。在演出开始前，林静和普拉托分别致辞，盛赞中南非两国关系发展，高度评价两国文化交流，祝愿两国合作在新的一年里结出更丰硕的成果。

【南非德班音乐学校举办祝福中国“云音乐会”】　2020年9月30日，在中华人民共和国成立71周年之际，德班音乐学校管弦乐队专门举办一场“云音乐会”。30名学生在云端用长笛、萨克斯、圆号、竖笛等演奏中国脍炙人口的流行乐曲《天路》。悠扬动人的管弦乐器通过网络，汇聚成和谐天成的乐章，向万里之外的中国朋友献上跨越山河大海的浓浓祝福。

六　中国—南非旅游交流

【北京—南非旅游局2019年中国媒体路演举办】　2019年1月14日，“北京—南非旅游局2019年中国媒体路演”在北京拉开序幕。路演为期一周，在中国三个主要城市举办，包括北京、上海和广州。南非旅游局借此次路演与媒体一同回顾成果、展望未来，这标志着南非旅游局与中国媒体在促进南非旅游发展上更为密切的合作。

【南非开通约翰内斯堡至广州直航】

南非航空公司（SAA）于2019年9月正式开通广州至约翰内斯堡的直航航线，这使南非航空公司成为经营广州和约翰内斯堡间直航服务的唯一航空公司。每年往返于约翰内斯堡和广州的旅客人数众多，新航线的开通将极大地促进中南中非人员的往来和经贸合作。新航线开通也将促进更多的中南非游客互访，领略各自独特的自然风光，体验不同的风土人情，增进相互理解和友谊，进而带动对南非投资，为中南非关系注入新动能。

七　中国—南非媒体交流

【中国驻南非大使接受南非国家电视台直播专访】　2019年3月12日，中国驻南非大使林松添应邀接受南非广播公司电视台（SABC）新闻频道“全面视角”（The Full View）栏目直播专访，阐释了中国对非政策和互利合作实践。在采访中，林松添大使介绍了当前中非中南合作情况，表达了中国助力非洲实现持久和平与自主可持续发展的目标，并对西方媒体抹黑中国形象的负面新闻予以驳斥。林松添大使表示，中国愿支持非洲提升自主发展能力，摆脱贫困，实现共同发展。

【科技日报社与南非科技促进局签

署科技新闻交流合作协议】 2019年6月24日，中国科技日报社与南非科技促进局在南非行政首都比勒陀利亚签署科技新闻交流合作协议。科技部党组成员、科技日报社社长李平，南非科学创新部主管国际事务的副总司长杜特伊特、国家研究基金会执行官达蒙西、南非科技促进局科学新闻主管迈克尔、驻南非使馆科技参赞侯立宏等出席签约仪式。该协议是习近平主席2018年访问南非期间与拉马福萨总统达成的关于加强两国科技创新合作共识落实举措，将对推动中南非科技创新合作，加强科技创新发展的传播，发挥积极的促进作用。

【南非媒体报道中华人民共和国成立70周年庆祝活动】 2019年10月，中华人民共和国成立70周年庆祝活动在华举行。南非《独立在线》《水星报》等主流媒体以图文并茂的形式大版面报道了相关庆祝活动，传达了南非人民对于中华人民共和国70华诞的祝愿，表达了加强中南非交流、深化中南非友谊的愿望。

八　中国—南非地方合作交流

【“浙江—南非技术资本产业对接会”举办】 2019年9月9日，“浙江—南非技术资本产业对接会”在南非科学与工业研究理事会（CSIR）国际会议中心举行。中南非各界人士出席了该会议，驻南非使馆科技参赞侯立宏、浙江省科技厅厅长高鹰忠、南非科学与工业研究理事会战略合作关系负责人查特·哈丁分别发表讲话，表达了进一步开展双方合作的愿望。来自浙江和南非科学与工业研究理事会的参会代表围绕感兴趣的内容进行了友好而热烈的互动交流。会前，在浙江—南非科技与产业合作项目签约仪式上，浙江省科技厅与南非科学与工业研究理事会签署了合作意向书，浙江有关高技术企业与南非有关公司签订了合作研发协议等。

（撰稿人：马秀杰、刘逸中）

中德人文交流

一　中德教育交流

【中德职业教育汽车机电合作项目（SGAVE）系列会议召开】　2019 年 1 月 25 日，中德职业教育汽车机电合作项目（SGAVE）系列会议在长春汽车工业高等专科学校举行，来自中国教育部、德国四大汽车厂商（奥迪、保时捷、戴姆勒、大众）、同济大学中德职业教育能力中心（SGAVE 中方秘书处）、德国国际合作机构（GIZ）、25 所 SGAVE 项目合作院校和经销商代表、SGAVE 项目学员代表等共计 150 余人参加了会议。SGAVE 自 2011 年启动以来，已开发出一整套汽车的机电技术和车身修复专业技能人才培养标准，构建了完整的课程体系，建立了学生、学校和师资证书认证体系。

【中德职业教育汽车机电合作项目（SGAVE）学校审核员培训暨教师研讨会召开】　2019 年 3 月 21—22 日，中德职业教育汽车机电合作项目（SGAVE）学校审核员培训暨教师研讨会举行，目的是提升审核员的个人能力、方法能力、专业能力和社交能力。SGAVE 首次推出了数字化平台，将提供在线学习和管理平台，收集和归档学校审计的所有结果。这使得 SGAVE 学校能够在线查看其学校的审核结果。教育部等管理机构可以及时了解和监管各个学校的教学质量，并采取相应的措施。来自三所学校的教师在会上分享了各自学校项目开展的经验，以促进各学校项目工作的进一步展开。

【中德教授论坛助力中德科技与教育合作】　2019 年 5 月 10—11 日，由德国华人教授学会主办的第十一届中德教授论坛在德国哥廷根市举行。来自中德十余所高校和科研机构的近 80 位专家和学者出席论坛，围绕“中德科技与教育合作”的主题进行了探讨与交流。与会嘉宾重点关注了两国学术研究的合作前景以及诸多实际应用课题，还就中德科研合作的未来，季羡林与早期中德学术交流，中德社会经济、自然科学、工程技术与医学的发展现状，中德计算机、大数据及人工智能领域合作，德国对外汉语教学等议题展开了对话。

【第十八届“汉语桥”世界大学生中文比赛德国区决赛举行】　2019 年 5 月 11 日，第十八届“汉语桥”世界大学生中文比赛德国区决赛在德国弗莱堡举行。本届比赛以“天下一家”为主题，由德国八家孔子学院选送的13 名大学生各显身手，用语言、歌曲、钢琴、绘画等方式分享了自己与中国的故事，最终来自法兰克福大学、埃尔福特大学、弗赖堡大学的大学生分获前三名。

【第十二届“汉语桥”世界中学生中文比赛德国赛区决赛举行】 2019年6月15日，第十二届“汉语桥”世界中学生中文比赛德国赛区决赛在德国不来梅举办。16名中学生从各地参赛者中脱颖而出，入围当天的决赛，选手们通过“携手汉语，筑梦未来”的主题演讲，有关国情文化、语言知识的问答和才艺表演三个环节向评委和百余名观众展示了自己的中文水平。来自伯乐高级文理中学的高二学生海涵赢得冠军。

【中德职教创新对话论坛在德国柏林举行】 2019年6月26日，中德职教创新对话论坛在柏林举行。国务院副总理孙春兰和德国联邦教研部长卡利切克共同出席论坛开幕式并发表主旨讲话。孙春兰表示，职业教育是两国教育合作的一张“靓丽名片”，深化中德职业教育合作是两国领导人达成的重要共识。中国政府高度重视职业教育，对发展职业教育做出新的部署。希望双方在完善职教制度、提升师资水平、促进产教融合和加强标准建设等方面进行合作。卡利切克表示，职业教育在培养高素质人才、确保国家繁荣和经济增长方面发挥着重要作用。德中加强职教合作非常重要，不仅有利于共同提高职业教育水平，还可增进相互了解和理解，推动德中关系更好发展。

【波恩孔子学院举办“欧洲丝绸之路”研讨会】 2019年7月1日，由波恩孔子学院举办的“欧洲丝绸之路”研讨会在波恩大学召开。此次研讨会吸引了近二百名波恩民众前来参加，此次讲座让德国民众更加了解中国“一带一路”倡议所带来的效益及优势。本次研讨会促进了中国同其他国家在汉语教学与研究方面的交流与合作，激发与会专家、学者的灵感，产生新的想法，进而开发出一些共同的研究项目，从而进一步推动中西方的文化和学术交流。

【中德职业院校学生在京比拼汽修技能】 2019年7月23日，由北京市教委与德国巴登符腾堡州教育部共同主办的首届北京中德职业教育合作“上汽大众杯”汽车维修国际技能大赛在北京市昌平职业学校举办，中德两国十所职业院校的44名学生同台竞技。其中，中方六所职业院校分别为北京交通运输职业学院、工业职业技术学院、电子科技职业学院、汽车技师学院、丰台区职业教育中心学校和昌平职业学校，参赛选手均是中德合作“胡格模式”实验班的学生。德方四所职业院校来自于巴登符腾堡州，是德国“双元制”教学模式下的优秀职业院校。此次大赛最终产生金奖两项、银奖五项、铜奖七项和优秀奖八项。其中，北京交通运输职业学院和德国CDS-Friedrichshafen Claude-Dornier-Schule各有一组选手获得金奖。

【德国伯乐高级文理中学中文合唱团访问孔子学院总部】 2019年7月30日，德国伯乐高级文理中学中文合唱团访问孔子学院总部，与孔子学院总部副总干事马箭飞会谈，并现场演唱了《在希望的田野上》《谁不说俺家乡好》《茉莉花》《成都》和《同一首歌》等经典歌曲。该中文合唱团成立五年来，在彭丽媛教授的亲切关怀和孔子学院总部的大力支持下，发展迅速，影响广泛，多次受邀在中德语言年等重大活动上演出，反响热烈。

【中德双元制“龙岗实验班”开班】　2019年9月，深圳市开放职业技术学校与深圳爱华国际教育科技集团合作，在龙岗开设中德双元制创新实验班（“龙岗实验班”）。合作双方联合德国手工业协会，携手德国库卡、西门子等德国知名智能制造企业，借鉴“双元制”、德国职业教育等模式，在师资培训、教材开发、资格认证上与国际接轨，引进智能制造专业人才培养标准和专业教材等国际优质教学资源，建设德国手工业协会（HWK）职业资格鉴定考试中心，进行教师、企业员工、学生的本地化、国际化职业资格培训和认证，打造“产教融合、协同育人”的人才培养机制和国际领先的全生命周期人才培训基地，旨在培养具有“工匠精神”、品德高尚、技术精湛的智能制造与现代服务业的杰出技能人才。

【青岛科技大学中德校区启用】　2019年9月9日，青岛科技大学中德校区正式启用，该校区设有中德工程学院和中德技术学院，有860名2019级新生及189名2017级、2018级中德工程学院学生入住。该校区同时设有一个教育部留学培训基地，集高等教育、产教融合、高端科研和国际交流功能于一体。中德校区是政府、企业、学校三方共同建设的中德国际合作区，采用全新的办学理念和模式，基于青岛科技大学开展中德合作办学20年经验，致力于将中德校区打造成为“高端智能、美丽和谐”的人才培养和科学研究基地，以及国际化办学新品牌、新阵地。

【第十二届中德应用型高等教育研讨会举行】　2019年10月21日，第十二届中德应用型高等教育研讨会在德国奥斯纳布吕克召开，本次研讨会主要关注应用型高等教育教职人员的发展问题。与会专家认为，应用型高校如何在争取人才竞争中找准自身定位，其教职人员教学、科研与经费的关系等，是中德应用型高教界共同面对的问题，明确应用型高校应该对接当地经济社会发展的现实需要，特别是区域重大发展战略。本次研讨会聚焦智慧教育，进一步探索应用型大学“产教融合”的路径，拓展中德高等教育交流合作新领域，打造中德务实合作的“升级版”，推动应用型大学服务创新驱动发展，更好地发挥辐射和示范带动作用。

【“中国特色高水平高职学校和专业建设”服务平台成立】　2020年1月13日，“中国特色高水平高职学校和专业建设”服务平台在同济大学正式成立。“双高建设”服务平台的成立，旨在深入贯彻党的十九大和十九届二中、三中、四中全会精神和全国教育大会精神，全面落实国务院《国家职业教育改革实施方案》，充分发挥中国职业技术教育学会的智库作用和同济大学的职教改革经验，以及对德合作的资源优势，建立“共商、共建、共享”机制，加快推进职业教育现代化，助力中国特色高水平高职学校和专业建设。

【中国学者在德国《国际政治和社会》杂志发文】　2020年6月12日，中国学者姜锋在德国《国际政治和社会》杂志上发表题为“口罩不是为了搞政治”的文章。他在文中表示，在新冠肺炎疫情全球大流行的时刻，突然将一场抗击病毒的斗争转变为一波反全球化、反依赖的浪潮，这值得我们深思。携手应对疫情已成为遏制病毒和恢复社会与经济生活的当务之急。这关乎人类的生与死。拥有更多资源和经验的国家负有更大的责任，应共同采取行动抗击病毒，并帮助结构较弱和资源贫乏的国家与病毒做斗争，帮助它们恢复并稳定经济。

【中国学者在德国《世界趋势—外交杂志》上发文】 2020 年 6 月，中国学者陈壮鹰在德国《世界趋势—外交杂志》上发表题为“中国的崛起—德国的机遇”评论文章，他在文中详细介绍了习近平总书记在中国共产党十八大上提出的“中国梦”思想以及“一带一路”倡议的核心目标，用翔实的数据和有力的例证指出中德两国加强合作、维护多边主义、造福人类社会的现实性、必要性和美好前景。该文同时澄清了德方对华近年来政治经济发展政策的一些疑虑，并强调双方应当携手同行，加深政治互信、文化交流、经贸合作、兼容并蓄，携手共建人类命运共同体。

【《德国蓝皮书：德国发展报告（2020）》在上海发布】 2020 年 9 月 19 日，同济大学德国研究中心、社会科学文献出版社在上海共同发布《德国蓝皮书：德国发展报告（2020）》。本书结合德国议会和政府通过的法律与政策文件、德国联邦统计局的数据等，分析转型中的德国在内政外交上的动向以及所面临的挑战。

【“同济大学中德人文交流周”举行】 2020 年 10 月 25 日，第六届“同济大学中德人文交流周”举行。本次活动由同济大学校友会、中德学部、中德人文交流研究中心联袂主办。在为期一周的时间里，广大师生和校友通过音乐分享会、文化讲座、图片展、花园啤酒夜等多种形式体验了中德文化，回顾了同济与德国的百年渊源。“同济大学中德人文交流周”已经举办了五届，本次活动在丰富和活跃校园文化的同时，为中德学子提供了深入体验两国文化的宝贵机会，辐射面已经超出了校园范围，为中德两国的人文交流搭建了又一座桥梁。

【第二届欧洲德语区本土汉语教师专项培训举办】 2020 年 11 月 27—29 日，第二届“欧洲德语区本土汉语教师专项培训”在线举办。此次培训由教育部中外语言交流合作中心主办，以适应欧洲德语区日益增长的汉语教学需求和针对新冠肺炎疫情线上线下教学结合的新常态，进一步提升汉语教师的专业素养和职业技能，建立欧洲德语区本土汉语教师资源共享、经验交流、沟通互动的有效平台，促进欧洲德语区汉语教学的蓬勃发展。本届培训得到了包括德国、奥地利和瑞士德语区在内的欧洲德语区本土汉语教师的积极响应，来自德语区主流大中小学和相关教育机构约两百名学员参加了为期三天的在线培训。

【“中国教育网络”线上开幕】 2020 年 11 月 30 日，由德国墨卡托基金会设立的“中国教育网络”（Bildungsnetzwerk China）在线开幕。该网络旨在促进中德学校交流、师资培训和在德中文教学，加强德国“中国能力”建设。

【第十三届中德应用型高等教育研讨会在合肥召开】 2020年12月1日，第十三届中德应用型高等教育研讨会召开，此次研讨会采用线上线下结合的形式，来自全国25个省市93所高校的230余名学者相聚线下，与德方专家“隔空对话”，共同研讨智慧教育、产教融合与高质量应用型人才培养。作为本届研讨会的实践环节，中国代表团前往斯图加特与德国弗劳恩霍夫研究院生产经济与组织研究所进行了学习交流。该所中国事务主管伦特斯接待了代表团一行，并向代表团报告了德国工业4.0进展及该所承担的具体项目情况。

【中德双元制精英师资提升项目完成】 2020年12月8日，由中国教育国际交流协会和位于德国汉堡的海因策学院联合举办的中德双元制精英师资提升项目开学典礼举行。该项目是双方在执行2019年“国家工匠之师创新团队境外培训计划——工业机器人专业”113名教师培训任务基础上，为应对全球疫情挑战而研发的在线培训项目，旨在提升职业院校教师的专业教学能力、实践指导能力、专业技术水平和国际视野格局，助力培养高素质、专业化、创新型的高水平师资队伍。

二　中德文化交流

【柏林“未来游戏 | FUTURE GAMES”联展举行】 2019年1月27日，“未来游戏 | FUTURE GAMES”群展在德国柏林Kommunale美术馆开幕。此次展览是北京柏林互为友好城市25周年庆典的第一个和中国北京有关的艺术家群展，受到了柏林市政府的重视和德国民众的关注，德国国家RBB Abendschau电视台于当天的晚间新闻特别报道了开幕盛况。

【第四届德国中国电影节在杜塞尔多夫举行】 2019年2月20—27日，第四届德国中国电影节在德国杜塞尔多夫开幕，《阿拉姜色》《第一次的离别》《悲伤逆流成河》《幸福马上来》等11部中国影片在杜塞尔多夫和法兰克福两地展映，中国演员李雪健凭借在电影《老阿姨》中的出色表演，获得最佳男演员奖。

【幸存者讲述“犹太难民在上海”的故事】 2019年4月16日，作为“犹太难民在上海”巡展系列活动之一的幸存者亲述往事活动在纽约布鲁克林公共图书馆举行。两位曾经从纳粹德国逃难到上海的犹太难民、耄耋老人贝蒂·格雷本施科夫和丽莎·布兰德瓦因在活动现场讲述了他们在上海不同寻常的人生故事。

【“中德文学翻译研讨会”举行】 2019年4月19—20日，“中德文学翻译研讨会”在同济大学中德联合创新实验室举行。本次研讨会由同济大学中德校园主办，获得了同济大学中德人文交流研究中心及上海理工大学的大力支持。德国著名翻译家白嘉琳女士（Karin Betz）担任主持，并与同济大学、复旦大学、上海理工大学师生等就中德文学翻译等话题展开了探讨。

【第七届柏林中德文化节举行】 2019年5月14日，第七届柏林中德文化节开幕活动——“中国故事”主题摄影展在柏林拉开帷幕。2019年是中德两国首都北京和柏林建立友好城市25周年，为此，德国摄影电影职业联合会与中国摄影家协会精选了80幅摄影作品，以“中国故事”为主题呈现给柏林观众。

【“鲁迅与海涅——中德文化交流之夜”在上海举行】 2019年5月16日，由鲁迅文化基金会、中共虹口区委宣传部、上海外国语大学主办的“2019大师对话：鲁迅与海涅——中德文化交流之夜”在建投书局举行。包括德国杜塞尔多夫市长沃尔夫冈·舍夫勒，海涅家族后代，鲁迅长孙、鲁迅文化基金会会长周令飞在内的中德嘉宾参加活动，对于海涅及鲁迅两位作家的关系和影响作了深入探讨。

【“天地与人·谐然共生——美丽中国”图片展在柏林举行】 2019年6月14—30日，“天地与人·谐然共生——美丽中国”图片展在德国柏林中国文化中心举行。本次展览精选了45幅图片，呈现了中国大地上不同地域、不同风格的自然和人文景观，展示当代中国对可持续发展和人与自然和谐共生的不懈追求，以及中国人民为创造良好的生产生活环境和维护全球生态安全所作出的努力和贡献。

【“聚焦德国”展映在上海举行】 2019年6月16日，第二十二届上海国际电影节“聚焦德国”展映开幕，包括《克莱奥：如果我能倒转时间》《塞壬》和《系统破坏者》在内的11部德国影片与观众见面。德国电影协会总经理西蒙娜·鲍曼、制片人约拿斯·魏德曼等出席了开幕式。

【“世界邮票上的中国文化”主题邮展在法兰克福举行】 2019年6月21日，“世界邮票上的中国文化”主题邮票展在德国法兰克福欧洲时报文化中心开展。这是继法国巴黎之后，该主题邮展走进欧洲的第二站。此次邮展展出了200多幅以中国文化为主题的世界各国邮品，邮品图案包括中国艺术家肖像、中国书画作品、中国非物质文化遗产项目、中国特色景区等。

【“当代德国哲学前沿丛书”第一辑在上海书展首发】 2019年8月19日，“当代德国哲学前沿丛书”第一辑在上海书展举行了首发式。这套由商务印书馆推出的哲学专著，旨在将当代德国哲学的发展和趋势带到中国学界面前，将活跃的德语哲学家拉到对话的语境中。该丛书是国家社会科学基金重大项目“当代德语哲学的译介与研究”的成果，选择了具有代表性的当代德国哲学家的原创性著作进行集中译介，旨在为汉语学界系统整体了解当代德国哲学的发展和趋势提供综合的基础资料和讨论平台。

【中德合作戏剧《默默》在国家大剧院落幕】 2019年8月25日，由葛优、万茜主演的中德合作戏剧《默默》在国家大剧院落幕。该剧由上海“椎·剧场”出品，德国导演吉尔·梅梅特执导，根据德国知名作家米切尔·恩德小说改编。

【“银川对话——2019中国·德国版画作品联展”举办】 2019年9月4

日，“银川对话——2019 中国·德国版画作品联展”在宁夏银川市当代美术馆开展。30 位德国艺术家和 34 位国内艺术家的 192 幅艺术珍品亮相宁夏银川。这是继对话美国、英国、意大利后，“银川对话”国际性版画艺术交流活动举办的第四届联展活动。

【“天涯共此时——中秋庆典”越剧晚会在柏林举办】　2019 年 9 月 28 日，由德国柏林中国文化中心和南京市文化和旅游局共同主办的“天涯共此时——中秋庆典”越剧晚会在柏林举行。200 多名中德观众共同欣赏了由南京市越剧团艺术家们带来的越剧《红楼梦》。此次演出旨在让更多的德国观众了解和喜爱越剧艺术，进一步推动中德两国在戏剧表演艺术领域的交流与合作。

【中国作家协会在法兰克福主办中国文学沙龙】　2019 年 9 月 28 日，中国文学沙龙在《欧洲时报》法兰克福文化中心举行。本次沙龙由中国作家协会主办，《欧洲时报》承办。中国作家协会书记处书记、文学评论家吴义勤，小说家李浩等参加此次沙龙。此次沙龙还邀请了德国汉学家、翻译家郝慕天女士（Martina Hasse）和瑞士汉学家、翻译家林小发女士（Eva Lüdi Kong）一同参与对话。郝慕天女士翻译了多部中国现代小说，其中包括刘慈欣的《三体》和莫言的《蛙》等。林小发女士曾凭借翻译吴承恩的《西游记》而获得 2017 年莱比锡书展翻译奖和 2019 年吴承恩奖。

【第七届慕尼黑华语电影节举行】

2019 年 9 月 29 日—10 月 5 日，由中国电影资料馆和慕尼黑孔子学院联合主办的“第七届慕尼黑华语电影节”在慕尼黑城市文化中心举行。知名中国电影人、中国电影资料馆代表团及德方合作伙伴、当地机构社团的代表百余人出席了开幕式。为期七天的电影节分为“致敬经典”“人文纪实”“文艺欣赏”以及“热映速递”四个展映单元，展映了《无问西东》《无名之辈》《一出好戏》和《无双》等 17 部优秀华语影片。此次电影节配套举办了中国电影海报展，共展出了 30 张中国经典电影海报。

【思南读书会亮相法兰克福书展】

2019 年 10 月 17 日，思南读书会法兰克福专场在法兰克福书展现场举行。思南读书会走出上海与国门，成为登陆国际主流书展的第一个中国本土读书会品牌。在上海市政府新闻办“中华文化走出去”项目的大力支持下，这是上海知名阅读推广品牌“走出去”的一次重大突破，也是致力于讲好中国故事、传播上海的全新尝试。

【“微纪元·中国经典电影周末”在柏林举办】　2019 年 11 月 1 日，为庆祝北京和柏林建立友好城市关系 25 周年，德中文化交流基金会携手德国国立美术馆合作举办“微纪元·中国经典电影周末”特别活动，播放了由中国电影资料馆提供、经专家特别修复的多部 20 世纪 30—40 年代的中国经典电影。

【第七届德国电影节在北京举行】

2019 年 11 月 15 日，第七届德国电影节开幕式在北京百老汇电影中心举行，德国电影协会总经理西蒙娜·鲍曼、北京德国文化中心·歌德学院（中国）院长柯理博士、德国大使馆文化参赞蒋玲及电影节中国大使王景春出席活动。随着历届德国电影节的举办，已有超过100部德国电影通过电影节的形式与中国观众见面，它们中既有在影展斩获奖项的艺术电影，也有在本土拿下高票房的商业佳作。

【“合作·共赢——一带一路国际版画交流展”在柏林举办】 2019年12月10日—2020年1月29日，由柏林中国文化中心与文化和旅游部中外文化交流中心联合举办的“合作·共赢——一带一路国际版画交流展”在柏林举办。本次交流展由中国艺术研究院发起，共展出12位中国艺术家和来自俄罗斯、印度、伊拉克、埃及等19个“一带一路”沿线国家23位艺术家的37件版画作品。

【“北京—柏林友好城市建交25周年保利中德艺术节”举办】 2019年是中德两国建交47周年，也是北京与柏林这两个城市携手25周年。保利艺术教育携手北京大学艺术学院、中央戏剧学院、中国音乐学院、北京舞蹈学院、德国柏林艺术大学、德国柏林国家芭蕾舞蹈学校、德国柏林汉斯音乐学院、德国舒曼音乐学院八所国内外顶尖艺术院校，共同举办本次艺术节，共铸高规格艺术交流平台，打造高品质艺术教育旗舰品牌。此次艺术节旨在艺术教育领域进一步推动北京、柏林两座城市的友好关系，促进中、德双方在艺术文化领域的深入交流。

【“云·游中国—文化中国”主题系列展览在线举行】 2020年4月，继线上画廊首展“古韵龟兹·丝路库车——中国新疆库车魅力摄影展”在当地引发热烈反响后，德国柏林中国文化中心官网和微信公众号陆续推出了“云·游中国—文化中国”系列活动之“世界遗产在中国”摄影展和“东方审美—竹文化”展览。

【毕希纳文学奖得主西亚·莫拉首部中文译作面世】 2020年6月，毕希纳文学奖得主、匈牙利裔德语作家、译者特雷西亚·莫拉的短篇小说集《外星人之恋》中文版面世。该书获得了歌德学院（中国）翻译资助项目的支持，由丁娜翻译，在湖南文艺出版社出版。毕希纳文学奖是德语文坛最高奖项。

【德国推出“云·游中国”“居家探索德国”旅游内容】 2020年8月，作为“云·游中国”主题系列活动的一部分，德国柏林中国文化中心在其官网、微信公众号及社交媒体账号上，推出熊猫主题视频短片、图片展以及熊猫主题旅游线路等内容，让疫情防控期间居家的德国民众，有机会“走进”中国的自然山水，感受中国的独特魅力。在疫情防控期间，德国国家旅游局在官网推出“居家探索德国”主题宣传片，为吸引中国游客，德国国家旅游局还将重点内容翻译成中文，利用微博、微信公众号等平台推广，并举办德国家常菜烹饪、红酒品鉴等在线直播活动。

【《镜头下的中德人文交流》等新书亮相上海书展】 2020年8月16日，中德文化对谈在上海展览中心中央大厅举行。《镜头下的中德人文交流》主编、同济大学中德人文交流研究中心主任董琦，《阿福拜见老虎岳父》一书的作者、来自德国的洋女婿阿福（Thomas Derksen），围绕“中德文化的碰撞与交融”这一主题，结合自身经历，与读者分享了在工作、生活中所遇到的中德文化交往方面的诸多趣事和故事。此次活动由同济大学中德人文交流研究中心、同济大学出版社联合主办，上海市欧美同学会留德语国家分会协办。

【“爱在沈阳”贝多芬音乐作品赏析会暨中德国际友好日活动在沈阳举办】

2020年9月27日，作为纪念贝多芬诞辰250周年系列活动之一的“爱在沈阳”贝多芬音乐作品赏析会暨中德国际友好日活动，在沈阳1905文化创意园举行。此次活动由德国驻沈阳总领事馆、辽宁省人民对外友好协会、辽宁省人民政府外事办公室、沈阳市人民对外友好协会、沈阳音乐学院和铁西区人民政府联合主办。来自华晨宝马等企业和各商会的在沈国际友人、音乐爱好者等约150人参加了活动。

【第八届慕尼黑华语电影节举办】

2020年10月19—25日，第八届慕尼黑华语电影节在德国慕尼黑顺利举办。本届电影节由慕尼黑孔子学院主办。为期七天的电影节分为“佳片精选”“致敬经典”“艺术新秀”和“人文纪实”等单元，展映《春江水暖》《阿诗玛》《五朵金花》等30部华语电影，其形式以城市文化中心线下现场展映与线上展映点播相结合。

三　中德媒体交流

【“爱上郑州”全媒体推介活动走进德国法兰克福】　2019年1月28日，“爱上郑州”全媒体推介活动暨“郑州图片展”启动仪式在《欧洲时报》法兰克福文化中心举行。此次活动由郑州市人民政府新闻办公室主办，郑州人民广播电台、《欧洲时报》法兰克福文化中心承办。“爱上郑州”“郑州图片展”中的几十幅图片内容涵盖广泛，配以德文介绍，多视角、全方面地展现了郑州市经济、文化、历史、工业和人文风貌。自2014年开始，“爱上郑州”系列推介活动已先后走进俄罗斯、芬兰、土耳其、肯尼亚等国家。此次“爱上郑州”“郑州图片展”来到法兰克福，进一步拉近了中德两国在文化上的心理距离。

【《“一带一路”带来了什么?》微纪录片上线】　2019年4月，中国驻杜塞尔多夫总领馆策划拍摄的德语微纪录片上线，展现“一带一路”和中欧班列为德中两国人民带来的生机，以及中欧互联互通带来的互惠互利。重庆国际传播中心和重庆广电集团参与了重庆部分的拍摄。

【《机会与挑战：中德关系5.0》在德国正式发布】　2019年4月22日，《机会与挑战：中德关系5.0》在德国正式发布。发行人是旅德近30年的中国问题专家张彧。在本书中，张彧邀请中德两国来自人工智能、汽车、金融、环境、媒体、设计、城市规划、文学、艺术等领域的24位专家分别阐述了他们的观点。她希望通过这本用德语撰写的书向当地民众展现一个全面、客观、真实的中国。

【庆祝中华人民共和国成立70周年主题国际巡展开幕】　2019年9月23日，庆祝中华人民共和国成立70周年主题国际巡展在德国柏林中国文化中心开幕。来自中德两国政治、文化、经济界的两百多位嘉宾出席了当晚的活动。本次国际图展分为“中国人民站起来”“改革开放春风里”“砥砺奋进新时代”三个部分，力求通过一幅幅生动鲜活的照片，呈现70年来中国人民为创造美好生活而进行的共同奋斗和所取得的伟大成就，展现中国特色社会主义的艰辛探索、成功经验和世界意义，以利于各国人民更好地了解中国的昨天、今天和明天。

【中国出版界参加第七十一届法兰克福书展】 2019年10月15日，第七十一届法兰克福书展在德国法兰克福会展中心拉开帷幕。本届书展特别关注环境问题并举办相关主题讨论会，还关注有声书、播客等媒体的发展趋势，并首次为有声书设立专门展区。众多中国出版机构携题材丰富的中国图书亮相法兰克福书展。多个图书首发式、中外出版机构合作签约仪式在书展期间举行。中国外文局以“阅读中国”为主题，展出近千种图书，还举办“如何看中国”丛书英文版首发式、“大美中国”丛书之《上海名物》新书首发式暨图片展等活动。

【《之江新语》德文、英文版首发式在德国举行】 2019年10月17日，在第七十一届德国法兰克福国际书展开展之际，中国国务院新闻办公室、中国驻德国大使馆、中国外文局、中国驻法兰克福总领馆在法兰克福联合举办了《之江新语》德文、英文版首发式。《之江新语》是中国国家主席习近平在担任浙江省主要领导期间，在省域层面对中国特色社会主义、国家治理体系和治理能力的理论探索和实践创新，是学习研究习近平新时代中国特色社会主义思想的重要文献。

【德国学者新书探究“一带一路”发展：创新融合发展模式】 2019年底，由德国杜伊斯堡—埃森大学教授李远和马库斯·陶伯编著的《中国提出的“一带一路”倡议正如何改变全球经济格局》一书正式出版。该书从经济学、政治学和区域研究等角度对“一带一路”倡议发展脉络进行了梳理。该书汇集了多位曾参与历届论坛的各国学者的研究成果。在谈及该书前言中所提及的看待“一带一路”倡议的多种视角时，李远认为，经济合作无疑是“一带一路”倡议的核心内容，也是看待“一带一路”倡议的重要视角。

【柏林中国文化中心：通过数字图书馆让更多海外民众走近中国传统文化】 在新冠肺炎疫情期间，德国柏林中国文化中心积极推动中国文化中心数字图书馆建设，通过互联网、数字化的方式，提供内容丰富、类型多样的图书和全文数据库，实现不间断在线服务、传播中国优秀传统文化。该数字图书馆的资源超过18000种，贴近海外中国文化中心的主要职能和服务群体，全方位反映中国历史、文化、发展和当代社会生活。民众可以通过点击网站主页或者在柏林中国文化中心首页的“网上图书馆”进行访问，注册登录后便可检索、查阅丰富的在线资源，包括图书、期刊、多媒体、公开课、展览五大类、12个子类。网站还提供英文版界面，方便更多的海外用户充分浏览网站资源。

四 中德体育交流

【首届中德足球青训建设研讨会举办】 2019年3月26日，由中国人民对外友好协会和德中友协联合会主办，法兰克福足球俱乐部承办的首届中德足球青训建设研讨会在北京举行。中国人民对外友好协会副会长宋敬武、上海足协主席朱广沪、上海绿地申花俱乐部体育总监吴金贵、中国足协国管部总监邵佳一、德中友协联合会副主席库尔茨等嘉宾出席了会议。来自北京、上海、天津、河北、辽宁、浙江、河南、内蒙古和山东等地的教育、体育、足协、外办及俱乐部等部门和机构共120余人参加本次研讨会。

【第四届中德友谊杯国际乒乓球邀请赛举行】 2019年5月18日，第四届中德友谊杯乒乓球国际邀请赛在江苏太仓市举行。德国瑞福尔队3比2战胜上海朝露队首次夺得团体冠军。该赛事吸引了越来越多的中德乒乓球选手的关注，此次比赛有来自德国的11支球队与国内各省（包括台湾地区）的11支代表队进行了精彩对决。德国乒乓球队主帅罗斯科夫率队参赛。

【中德校园足球联盟成立大会在同济大学召开】 2019年5月25日，以“中德同行：校园足球创新发展再启航”为主题的中德校园足球联盟成立大会暨首届中德青少年校园足球发展论坛在同济大学南校区体育馆举行。本次大会由同济大学主办，同济大学国际足球学院、同济大学中德人文交流研究中心、门兴格拉德巴赫足球俱乐部、多特蒙德足球俱乐部、拜仁慕尼黑足球俱乐部共同承办。此次大会围绕“青少年足球教学、训练体系建设”“校园足球教师、教练员的培养”“中德合作推进各地区青训基地建设”等议题展开。

【2019年中德龙舟友谊赛举行】 2019年5月25—26日，经过两天激烈的角逐，2019年中德龙舟友谊赛在中国桃花源景区落下帷幕。中德龙舟友谊赛已举办四届，在常德市和德国汉诺威市轮流举行。汉诺威市是德国下萨克森州的首府，2004年与常德缔结为友好合作城市。十多年来，两市不断深化友好往来，在多个领域开展了合作。

【德国足球名宿马特乌斯为中国足球发展建言献策】 2019年5月30日，德国足球名宿洛塔尔·马特乌斯现身山西太原，为当地的足球小队员进行现场指导，对中国足球的发展和中德足球合作发表了自己的建议和看法，并希望借助拜仁慕尼黑太原足球学校，把拜仁俱乐部的青训理念传到中国。

【第四届中德大学生足球四强赛在西安举行】 2019年6月10日，第四届中德大学生足球四强赛在西安邮电大学长安校区拉开帷幕。作为中德高级别人文交流对话机制的重要成果之一，在教育部国际合作与交流司的指导下，本次比赛由中国大学生体育协会、德国大学生体育联合会共同主办，陕西省教育厅、陕西省学生体育协会及西安邮电大学承办。中方派出的太原理工大学与陕西大学生联队的两支男足队伍与德方派出的达姆施塔特工业大学与路德维希堡师范学院的男足队伍进行了为期一周的比赛与交流活动。

五　中德青年交流

【“中德气候先锋队”项目在武汉开展活动】　2019年4月8日，“中德气候先锋队”项目在武汉开展活动。16名来自德国的中学生和武汉常青第一学校金银湖中学的学生们共上一堂介绍中国文化的英语课，欣赏中国同学的汉服走秀，在废弃的纸张上画水墨画，并学习制作风筝。学生们还参观了武汉规划展示馆、湖北省大气复合污染物自动监控预警中心，共同探讨空气质量问题。“中德气候先锋队”是一项中德教育交流项目，旨在引导中德两国青少年关注全球气候变化，提高中学生的科研能力，促进世界中学生之间的交流。

【第十八届中德青少年艺术节在柏林举办】　2019年7月19—21日，德国艺术与教育国际交流促进会在德国柏林主办第十八届中德青少年艺术节。来自中德两国的400多名青少年相聚一堂，携手呈献一场艺术交流盛典。本次艺术节包含三场演出、两场比赛、一场钢琴音乐会、一场美术展览与多场文化交流工坊，涵盖了舞蹈、合唱、器乐演奏、京剧等多种演出形式。本次艺术节的比赛项目由包括柏林艺术大学钢琴系主任、莱比锡音乐学院钢琴系主任、魏玛李斯特音乐学院钢琴系主任、德国手风琴联盟总会主席等在内的各权威机构和著名艺术院校的专家人士担任评委。各种跨文化工作坊让两国的青少年学习彼此的文化、语言，并合作完成演出作品。青少年们在此过程中有了进一步了解彼此的机会，对对方的文化也建立起了全新的认识。

【“新华—汉风”中德青少年文化互鉴项目第二期活动举行】　2019年7月24—30日，四川新华发行集团旗下的四川新华文化公益基金会、四川新华乐知公司与孔子学院总部直属企业五洲汉风公司共同举办“2019‘新华—汉风’中德青少年文化互鉴活动”。来自德国杜塞尔多夫的少年和中国文化小使者一起交流互动，参加了精彩纷呈的文化主题体验，其中包含亲手烹饪地道川菜、观熊猫萌宠、中国传统文化体验、音乐主题讲座等活动。此外，中德少年们还共同参观了三星堆博物馆，探秘古蜀文明。7月28日，来自中德两国的80余名青少年在四川音乐学院大音乐厅举行了音乐交流汇演，用婉转悠扬的歌声、精湛的技艺，令现场观众感受到了中西音乐的激情碰撞与完美交融。

【第四届中德青少年盛夏艺术节在柏林举行】　2019年8月16—18日，由柏林竹苑德中文化交流促进会主办、德国欧脉传媒与艺术有限公司承办的第四届中德青少年盛夏艺术节在德国柏林举行。三天的活动吸引了中德两国数十家教育机构和院校、百余名青少年的兴趣，他们参加了艺术工坊、合唱大师班、中国书法与绘画工坊和校际交流主题活动，并将艺术作品赠送给柏林当地的青少年朋友们。中国驻德国大使馆领事处主任周安平参赞为参加演出的两国青少年颁发了活动证书。

【第四届中德青少年音乐交流季德国段举行】 2019 年 9 月 22—30 日，第四届中德青少年音乐交流季德国段在德国明斯特、波恩、汉堡举行。德国段活动由中华人民共和国驻德国大使馆、德意志联邦共和国驻中国大使馆、德国波恩市政府、北京德国文化中心·歌德学院（中国）、德国音乐理事会、德国青少年音乐比赛组委会及中国青少年音乐比赛·蜂鸟音乐奖组委会合作举办。共有 13 名中德青少年音乐比赛的获奖者在舞台上演奏了海顿、勃拉姆斯、莫扎特和贝多芬等音乐家的音乐作品。

【中德青年实习交流计划实施方案签署】 2019 年 9 月 25 日，人力资源和社会保障部副部长游钧与德国驻华大使葛策在京签署《关于中华人民共和国政府和德意志联邦共和国政府青年实习交流计划的实施方案》。双方商定于 2019 年 10 月底启动计划实施，推动符合条件的青年赴对方国家开展实习，进一步促进两国人文交流。

【第四届中德青少年音乐交流季中国段举行】 2019 年 10 月 16—27 日，第四届中德青少年音乐交流季中国段在北京、广州、上海举办。中国段活动由同济大学中德人文交流研究中心、同济大学浙江学院、星海音乐学院附属中学、德意志联邦共和国驻华大使馆、德意志联邦共和国驻广州总领事馆、德意志联邦共和国驻上海总领事馆、德国文化中心·歌德学院（中国）、德国音乐理事会、德国青少年音乐比赛组委会及中国青少年音乐比赛·蜂鸟音乐奖组委会合作举办。共有 50 多名中德青少年音乐比赛的获奖者参加巡演，先后开展了五场音乐会及一场交流活动。“中德青少年交流季”庆典音乐会于 10 月 26 日在同济大学举行。

【中德青年实习交流计划启动会举行】 2019 年 11 月 21 日，中德青年实习交流计划启动会在上海举行。根据该计划，中德双方每年将各接收对方国家不超过 1000 名的 18 周岁到 35 周岁的在校生或毕业不满一年的青年在本国进行六个月以内的实习。该计划旨在支持更多学子赴对方国家实习，丰富国际阅历，提升就业能力，促进双边人文交流，为中德关系未来发展提供持续动力。来自外交部、科技部、财政部、商务部、文化和旅游部、国家移民管理局等部门，德国驻上海总领事馆、中国德国商会，18 个省（自治区、直辖市）人力资源社会保障部门、开展中外合作的部分高校和职业院校以及企业代表 200 余人参会。

【第五届中德青少年音乐交流季中国段巡演举行】 2020 年 11 月 3—6 日，第五届中德青少年音乐交流季中国段巡演举行。中国段巡演共设三场，分别是 11 月 3 日的“德意志联邦驻华大使馆官邸庆典音乐会”，11 月 4 日的“德意志联邦驻上海总领事馆庆典音乐会”，以及 11 月 6 日的“同济大学—庆典音乐会”，采取线上线下相结合的方式，在线实时直播，互动人数破百万。

【中国青少年音乐比赛·蜂鸟音乐奖深港澳及广东赛区启动】 2020 年 11 月 20 日，中国青少年音乐比赛·蜂鸟音乐奖（CYMC）深港澳（深圳）赛区、广东省级（广州）赛区的启动典礼在深圳云颂音乐厅举行。该典礼由中国青少年音乐比赛·蜂鸟音乐奖组委会、半岛教育集团、半岛青少年音乐中心、德意志联邦共和国驻广州总领事馆、德国音乐理事会、德国青少年音乐比赛、同济大学中德人文交流研究中心、北京外交人员语言文化中心联合主办。中国青少年音乐比赛·蜂鸟音乐奖是中德双方紧密合作的音乐项目，为不同的文化和地域架起了沟通的桥梁，也架起了中德两国青少年友谊之桥。

六　中德其他交流

【2020中德微医全球抗疫平台助力在德医生科学防治】　2020年4月2日，由国际领先的数字健康平台微医主办的“微医全球抗疫平台系列公益远程讲座（中德专场）”举行。在疫情肆虐的情况下，双方通过互联网技术，搭起了一座中德医生携手战“疫”的空中桥梁。来自武汉抗疫一线的重症诊疗专家、吉林大学第二医院ICU的张京晓博士在两个半小时的线上交流中，结合新冠肺炎患者起病初期到转为重症之后的病程，详细地介绍了治疗过程中的具体操作和用药经验，以及对重症患者的观察与心得。国内抗疫一线专家的分享对新冠肺炎治疗临床经验还不是很丰富的在德医生具有非常强的参考性，分享会对德国新冠肺炎重症患者的防治工作有所助益。

【2020中德汽车大会在长春举行】　2020年10月13日，2020中德汽车大会在长春举行。本次大会旨在加快汽车产业深度融合，协作共赢，为中德关系迈上新台阶贡献力量。在此次大会主论坛上，时任吉林省委副书记、省长景俊海出席，中国一汽集团和奥迪（中国）签署奥迪一汽新能源项目谅解备忘录。中国商务部投资促进事务局局长刘殿勋、德国驻沈阳总领事毕满天、中德友好协会会长史明德致辞。德国因戈尔施塔特市市长莎尔普夫，中国驻德国慕尼黑总领事张越，中国一汽集团董事长徐留平，德国大众汽车集团管理董事会主席、CEO迪斯，奥迪汽车股份公司管理董事会主席、技术开发及产品线董事杜思曼等嘉宾作主题演讲。吉林省直有关部门、各市（州）政府负责人，长春汽车产业联盟成员单位、全球知名企业负责人等800多人在现场或以视频连线方式参加活动。

【2020中德合作全面打造高质量国际汽车城】　2020年10月15日，参加中德汽车大会主论坛的长春市副市长、长春汽开区党工委书记王海英表示，作为中德汽车合作链条上的重要一环，长春以其得天独厚的产业基础、文化底蕴、区位优势、人才储备和开放格局，成为中德汽车合作的典范和享誉世界的汽车名城。长春国际汽车城建设已进入快速通道。一汽—大众新技术开发中心、一汽红旗新能源繁荣基地、一汽轿车蔚山基地、一汽丰越扩能、旭阳中法智能产业园、玲珑轮胎、富赛电子工业

园等一批重点项目相继落位，深商控股、佛吉亚、伟巴斯特、科大讯飞、华为、阿里、德赛西威等一批国内外知名投资者纷至沓来。王海英表示，世界眼光、国际标准、中国特色、空间广阔、机遇无限的长春国际汽车城，正日益成为海内外客商投资兴业的理想首选之地。

（撰稿人：邱袁炜、王建斌、徐丽莉、于芳、张凯）

中印人文交流

一　综合

【中印高级别人文交流机制第二次会议举行】　2019年8月12日，中国国务委员兼外长王毅在北京同印度外长苏杰生共同主持中印高级别人文交流机制第二次会议。双方就推动两国人文交流取得更大发展的意向达成共识。此次会议签署了《2020年中印外交部交流合作行动计划》与文化、体育、传统医药、博物馆等人文领域双边合作文件。

二　中印教育与智库交流

【印度阿育王大学校长穆克吉访问北京大学】　2019年4月14—27日，印度著名历史学家、印度阿育王大学校长、历史学系教授鲁德兰舒·穆克吉来访北京大学。此次访问由北京大学文研院与国际合作部联合主办，光华教育基金会提供资助。穆克吉教授在北京大学人文社会科学研究院发表五场系列学术演讲。其演讲贯穿了印度近现代史的关键时刻，涉及甘地、尼赫鲁等重要历史人物。

【第十二届“汉语桥”世界中学生中文比赛印度区赛举办】　2019年5月8日，第十二届“汉语桥”世界中学生中文比赛印度区赛在印度首都新德里举办。本次大赛由中国孔子学院总部主办，驻印度使馆阳光学校和泰戈尔国际学校联合承办。阳光学校校长江亦丽博士，朱晓红、张建新参赞，泰戈尔国际学校SEN校长，佛光山沙弥学院慧显法师与使馆阳光学校、泰戈尔国际学校、佛光山沙弥学院师生等100余人观看了本次比赛。这次活动促进了印度青年了解中国，认识中国，并对两国文化交流和互相借鉴有着积极影响。

【中国—印度职业教育合作论坛召开】　2019年5月11日，中国—印度职业教育合作论坛在天津轻工职业技术学院召开。此次论坛以印度“鲁班工坊”建设经验、特色及成效为主线，以推动印度鲁班工坊可持续发展为主要内容，分享鲁班工坊校企合作的成果并组建中印职教联盟，为印度“鲁班工坊”更加高效运营提供助力与支撑。此次论坛为中印职业技术教育交流带来积极影响。

【第十八届“汉语桥”世界大学生中文比赛印度赛区决赛举办】 2019年5月27日，第十八届“汉语桥”世界大学生中文比赛印度赛区决赛在新德里举行，来自德里大学、尼赫鲁大学、孟买大学等知名高校的师生约150人参加。中国驻印使馆公使李碧建、全印大学联盟辅秘玛塔·阿卡瓦尔出席并参加颁奖仪式。本次文化交流活动加深了印度青年学生对于中国文化的了解。

【“一带一路背景下中印合作的未来”讲座举办】 2019年6月12日，印度尼赫鲁大学国际关系学院斯瓦兰·辛格教授应西南民族大学旅游与历史文化学院、国家民委“一带一路国别与区域研究”基地——“孟中印缅经济走廊研究中心”的邀请举办了“一带一路背景下中印合作的未来”讲座。来自旅游与历史文化学院、西南民族研究院、藏学学院、文学与新闻传播学院、外国语学院、国际合作与交流处的教师和研究生共50余人听取了讲座。辛格教授从中印关系当前发展趋势、发展背景等内容论述开始，分“当前的趋势、美国贸易战、当前的挑战、印度与一带一路、中国为印度营造空间、结论”等几个板块展开，从宏观、微观结合解析当前中印国家关系发展概况，并对中印国家在一带一路框架下如何发展友好关系提出了建议。

【莫迪2.0时代中印关系研讨会举办】 2019年6月14日下午，盘古智库印度研究中心高级顾问、尼赫鲁大学东亚研究中心主席谢钢教授到访盘古智库参加“莫迪2.0时代中印关系”研讨会，并以“印度大选与选后中印关系”为题进行讲座，随后与盘古智库理事长易鹏及中方学者进行了深入交流。

【印度国际大学代表访问云南大学、北京大学】 2019年6月18日、21日，印度国际大学校长查克拉巴蒂一行分别访问云南大学和北京大学，就加强两校合作事宜进行了交流座谈，就今后加深在文化、语言、管理等方面的交流合作达成了共同意向，并同意以联合举办各类国际研讨会的形式，将合作推向深入，实现共赢。

【中印语言教育交流合作研讨会举办】 2019年8月11日，中印语言教育交流合作研讨会在北京举行，此次研讨会议题为“中印语言教育的创新发展”。中印双方专家汇聚一堂，研讨在经济全球化、文化多样化大变局下中印双方开展语言教育交流合作的新思路和新方法。与会代表均认为，中印双方开展语言教育交流有利于中印两国友好关系的巩固和发展。此次研讨会签署了曼格拉姆大学汉语教学中心协议。来自中印的语言教育机构负责人，语言文化专家、学者以及师生代表进行了专题研讨及互动交流。

【深圳先进院与印度韦洛尔理工大学签署合作协议】 2019年9月2日，印度韦洛尔理工大学（VIT）副校长阿南德·塞缪尔（Anand A Samuel）一行访问中国科学院深圳先进技术研究院。深圳先进技术研究院院长樊建平等接待了塞缪尔副校长一行，双方决定共同推进中印人才联合培养工作。VIT大学代表团一行首先听取了深圳先进技术研究院院情介绍，了解深圳先进技术研究院在人工智能、大数据等多个领域的研究进展情况，并对深圳先进技术研究院在多学科交叉、人才培养、成果转化等方面的成绩表示赞赏。双方表示，希望通过本次深入交流，加强双方在生物医药、生物材料等多学科方面的合作发展，在科研合作以及硕士、博士联合培养方面建立起稳固的合作框架，通过双导师培养机制，打造高质量的中印硕博联合培养平台。

【中印治国理政经验比较研讨会举行】 2019 年 10 月 6—7 日，中国驻加尔各答总领馆与印度国际大学在印度西孟邦共同举办了中印治国理政经验比较学术研讨会。中方表示中印关系保持着继续快速发展的良好势头，中国将秉持亲诚惠容理念和与邻为善、以邻为伴的周边外交方针，同印方一道努力，持续推进中印更加紧密的发展伙伴关系。本次研讨会主题包括中印治国理政经验、两国经贸和人文交流、泰戈尔与中印关系等。来自中印两国大学、智库的 42 名专家、学者以及印度国际大学师生、中印主流媒体代表等 200 余人出席了研讨会。

【中印大学校长论坛举办】 2019 年 10 月 21 日，由四川大学承办的中印大学校长论坛在四川大学举行。本次论坛以“加强高校合作，共促民心相通”为主题。来自中印两国的 20 余所高校的校长、副校长、专家教授，中国驻印度大使馆外交官、四川省教育厅和外办的领导等，共同围绕推进产教融合和校企合作、高校教学制度改革、加强中印人文交流等议题进行深入交流探讨。在此次论坛上，与会嘉宾分别介绍了自身学校的办学情况、办学特色，特别是国际交流情况，并围绕推动中印高校交流方式多样化，交流项目多元化，推进双方师生交流互访，加强人才培养合作、文化传承交流、科研项目合作，促进产教融合和多学科交叉，深化教育改革创新等议题进行了深入研讨。

【驻加尔各答总领馆举办庆祝新中国成立 70 周年中文演讲比赛】 2019 年 11 月 18 日，中国驻加尔各答总领馆与印度国际大学中国学院合作，在泰戈尔的故乡西孟邦和平乡共同举办庆祝中华人民共和国成立 70 周年、印度共和国成立 72 周年暨第五届玄奘杯中文演讲比赛。中国驻加尔各答代总领事余雄、印度国际大学中国学院院长阿维杰特等院系负责人和师生、当地媒体等共 100 余人出席比赛。来自印度国际大学、尼赫鲁大学、古吉拉特中央大学、杜恩大学、阿里加尔穆斯林大学、印度国立伊斯兰大学等七所高校的 35 名汉语专业印度学生参赛。

【第四届中印智库论坛召开】 2019 年 11 月 28 日，“第四届中印智库论坛”在北京开幕。来自中印两国的专家、学者共同围绕构建中印更加紧密的发展伙伴关系、中印发展战略和发展经验、中印文明交流与互鉴等议题展开深入交流。中国社会科学院院长谢伏瞻在论坛开幕式上指出，当今世界进入大发展大变革大调整的新时期，中国和印度作为重要发展中国家和新兴市场国家，是世界多极化进程中的重要力量。两国应加强战略合作，维护全球稳定与发展；加强务实合作，为两国共同发展注入强劲动力；增进学术智库交流，助力两国汲取互学互鉴发展经验。

【驻孟买总领馆举行领区汉语教学机构新年茶话会】 2020年1月4日，中国驻孟买总领事馆总领事唐国才邀请中印学院、“中印咫尺”学校、印华中文学校等汉语教学机构的师生代表茶叙，共庆2020新年。师生们畅谈了各自新春文化活动设想。唐国才总领事表示，2020年是中印建交70周年，也是中印文化交流年，总领馆将与大家共同努力，为中印人文交流作出新的积极贡献。

【驻印度使馆举办“汉语桥”比赛】 2020年8月28日，汉语桥中文比赛印度赛区线上活动圆满落幕。中国驻印度使馆公使马珈出席活动并致辞，使馆文化参赞张建新、教育官员孙美幸，以及印度八所院校的23名选手、评委和中印汉语教师等30余人参加此次比赛。2020年印度汉语桥中文比赛采取线上提交参赛作品、评委线上打分的方式进行。来自印度各高校中文系的选手们各展才艺，有声情并茂的演讲朗诵、清丽悠扬的乐器弹唱、曼妙轻盈的舞蹈表演、栩栩如生的剪纸艺术和国画表演，展现了学习中文和中华才艺的成果。

【当代中国与世界：中印智库云论坛举办】 2020年12月29日，由中国外文局主办，人民画报社、当代中国与世界研究院共同承办的“当代中国与世界：中印智库云论坛”举行。本次云论坛的主题为“携手促进中印经济合作与人文交流”。中国外文局副局长陆彩荣、中国驻孟买总领事唐国才、“新南亚论坛”创始人苏廷德拉·库尔卡尼围绕主题致辞。尼赫鲁大学中国与东南亚研究中心教授狄伯杰，印度全球研究院中国研究中心主任普拉松·夏尔玛，四川大学中国南亚研究中心首席专家孙士海等中外专家参加云论坛交流。各方代表均认为，中印两国智库应为世界开放合作提供智力支持，中印经济合作应为世界共同发展提供动力引擎，中印人文交流应为世界互学互鉴提供活力源泉。

三　中印文化交流

【“缤纷印度”中印文化交流活动举办】 2019年1月4日，北京外交人员人事服务公司与印度驻华使馆联合主办的“缤纷印度”中印文化交流活动在北京举行。中国外交部亚洲司、行政司、礼宾司有关领导、服务局全体局领导、局内局属有关单位领导、印度驻华使馆全体外交官、部分驻华使团、国际组织、中外媒体及一线职工等400余人出席并观看了文艺演出。外交部亚洲司吴江浩司长、外交人员服务局袁卫民局长、印度驻华使馆临时代办魏圣贤先生为开幕式剪彩。随后，中印贵宾共同欣赏了以“圣雄甘地人生和瑜伽世界”为主题的摄影作品和手工艺作品。

【“中印文化交流晚会”举办】 2019年1月11日晚，湖南三一工业职业技术学院举办了一场别开生面的中印文化交流晚会。三一工学院教职员，来自中南大学、湖南大学的印度籍留学生，印度索迈亚大学的阿比吉特教授以及12名印度交换生，三一工学院国际班的学生200多人共同出席此次晚会。在此次晚会上具有印度文化特色的节目和具有中国特色的文化节目交相呈现，为全场师生带来一场盛大的中印文化盛宴。

【传统文化海外行·青海热贡艺术桑杰本唐卡展举办】 2019年1月17日，传统文化海外行·青海热贡艺术桑杰本唐卡展在印度菩提伽耶正觉塔开展。此次艺术展由中华文化促进会传统文化委员会、中华文化促进会国际交流中心、中国国际教育电视台、印度工商业联合会（FICCI）联合主办，北京乘愿文化传媒有限公司承办。唐卡象征着佛教文化里最高的美学绘画艺术，这一世界性的非物质文物遗产在佛教圣地菩提伽耶的展出彰显了中印文化交流的结晶和成果。

【2019“欢乐春节”演出举行】 2019年1月25日，2019“欢乐春节”演出在印度首都新德里斯里堡剧场举行。印度商工部长兼民航部长普拉布夫妇，中国驻印度大使罗照辉及其夫人江亦丽博士，尼赫鲁纪念博物馆主席钱德拉教授、印度文化关系委员会前主任卡托大使，驻印使团、新德里各界群众1500余人观看了此次演出。中印两国艺术家同台演出，可以让印度观众更好地了解中国文化，促进中印两国的文化交流。

【朝圣者交流活动举办】 2019年4月2日，中国驻印度大使馆和印度工业联合会印度首都新德里联合举办神山圣湖朝圣者交流活动，中国西藏自治区外事办公室、印度民间香客联合会、印度香客代表以及中国驻印使馆相关负责人等百余人参加了活动。双方均赞赏中国政府为朝圣者提供的各种便利，并表示将继续保持友好合作，组织好香客朝圣工作，致力于两国民间友好，推动印中关系健康稳定发展。

【“缤纷印度”——印度—武汉文化周活动举办】 2019年4月29日，由印度驻华大使馆和印度文化关系委员会主办的“缤纷印度”——印度—武汉文化周在湖北省武汉市拉开帷幕。武汉市副市长陈邂馨、印度驻华大使唐勇胜、印度在华留学生、媒体记者和印度文化爱好者等近800人参加了当天的开幕活动。本次活动是对两国领导人在武汉非正式会晤上所达成的共识的积极响应。在印度—武汉文化周期间，印方展示了印度最优秀的艺术和文化，举办印度舞蹈表演、宝莱坞电影展映、摄影展、旅游和商业推介等各项活动，为中国人民加深对印度文化的了解提供了渠道。

【“缤纷印度 咸宁之夜”文艺演出举办】 2019年4月30日晚，由印度驻华大使馆、印度文化关系委员会和咸宁市人民政府主办的“缤纷印度 咸宁之夜”专场文艺演出在咸宁职院文华广场精彩上演。咸宁市副市长汪凡非出席活动并致辞。由印度Vox pop舞蹈团呈现的古典舞和现代舞，给在场的市民和学生带来了具有浓郁异域风情的视听盛宴。印度驻华大使馆文化参赞纪提卡女士表示：加强中印两国人文交流是时代的需要。特别是年轻一代，是国家未来的建设者，需要彼此互访、相互了解并相互学习彼此的经验。本次演出通过印度古典和现代舞蹈形式来展现印度文化传统，让中国人民更好地了解了印度艺术、文化和社会。

【“丝路花雨”中印音乐交流演出举办】 2019年5月17日，中国音乐家协会邀请来华出席亚洲文明对话大会的印度音乐家联合会艺术团在北京联合举办“丝路花雨”中印音乐交流演出活动。中国驻孟买总领事唐国才，中国音协分党组书记、驻会副主席、秘书长韩新安，中国文联国际部副主任张锡海，中国音协分党组成员、副秘书长王建国，外交部亚洲司参赞赵宁宁，中国东方演艺集团总经理、党委副书记高艾，北京市友协统一部副部长洪捷，印度驻华使馆文化参赞纪提卡，印度音乐家联合会秘书长基舍尔·贾瓦德和东方演艺集团音乐中心的艺术家、各相关部门的负责同志以及首都各界中印友好人士约100人观看了演出。

【印度中国友好协会代表团访问中国对外友好协会】 2019年6月24日，中国对外友好协会副会长林怡会见了印度中国友好协会（马哈拉施特拉邦分会）主席费尔南德斯率领的友好代表团。林怡欢迎印度代表团到访中国对外友好协会，并希望与印中友协马邦分会加强合作，搭建交流平台，重点推动中印在医药、信息产业等领域的合作和中印地方政府交流。

【第三届“中印宇宙公益艺术奖学金”项目启动】 2019年7月23日，由深圳国际公益学院、上海亲和宇宙老龄事业发展基金会、印度国际美术学院、上海民办尚德实验学校主办，上海亲和源老年公寓、象山亲和源老年公寓协办的第三届“中印宇宙公益艺术奖学金”项目正式开营。第三届“中印宇宙公益艺术奖学金”项目将以“亲和汇”“文化汇”和“公益汇”为主线。本届项目延续第二届备受好评的“家庭结对”形式，中印学员们交流钩织、书法、乒乓球、舞蹈、太极、绘画等技法，同时还前往浙江象山展开游学之旅，向国家级非物质文化传承人学习剪纸，并参观中印科技型代表企业，在互动交流中感受中国文化魅力。

【中国对外友好协会副会长林怡会见印度文化关系委员会主任】 2019年8月12日，中国对外友好协会副会长林怡会见了印度文化关系委员会主任阿克赖石·米世拉。双方回顾了对外友好协会与印度文化关系委员会长期以来对中印友好事业发展的重视与推动，希望与其加强联系，在文化领域开展交流合作，在中印高级别人文交流机制框架下开展合作，增进两国人民互信互爱，共促中印民心相通。

【庆祝中华人民共和国成立70周年祈福法会举办】 2019年9月15日，菩提迦耶中华大觉寺和摩诃菩提寺共同在印度城市加尔各答举办“庆祝中华人民共和国成立70周年暨印度共和国独立72周年”祈福法会。中国驻加尔各答使领馆总领事查立友应邀出席并发表讲话。查总领事表示中印两国作为亚洲两大文明古国，如今均取得了举世瞩目的发展成就，不仅极大地造福两国民众，而且为亚洲和世界繁荣发展、构建人类命运共同体作出巨大贡献。希望这次祈福活动为新时代中印关系发展营造良好氛围，也希望印度佛教等各界人士继续关心和支持中印关系发展，努力为两国人文交流贡献力量。

【驻印度使馆举办国庆70周年招待会】 2019年9月26日晚，驻印度大使馆院内张灯结彩，嘉宾云集，色彩鲜艳的中国红和悠扬动听的民乐渲染出喜庆祥和的节日气氛。中国驻印度大使孙卫东及其夫人包吉氢博士在官邸前的草坪上举行招待会，隆重庆祝中华人民共和国成立70周年。印度政府、议会、政党、军方、智库、媒体、企业、友好组织等各界人士、各国驻印使节及外交官、中国驻印新闻机构、中资企业、留学生和华侨华人等800余人出席。

【金德尔大学“中国周”开幕式举办】 2019年10月23日，中国驻印度大使孙卫东及其夫人包吉氢博士赴金德尔大学出席该校“中国周”开幕式及印中研究中心成立五周年纪念典礼活动。金德尔大学校长库马尔教授、印度前驻法大使莫汗、中国驻印使馆官员、在印中资机构、全印妇联、全印侨联及金德尔大学师生等共70人出席活动。双方代表还出席了后续活动，参观了中国民俗展台、中印艺术作品展等配套活动项目。双方共同种下“友谊树”，祝愿中印两国友谊不断茁壮成长。

【“文明对话”活动举行】 2019年10月29日，印中经济文化促进会、中国国际交流协会和中国驻印大使馆共同组织的“文明对话”在印度首都新德里举行。该活动旨在促进中印了解及和谐共存。中方代表团由中共中央对外联络部前副部长、中国国际交流协会副会长艾平带领，印方主要代表包括尼赫鲁大学教授狄伯杰和邵葆丽。此外，印度知名高校，印度基金会、拉吉夫·甘地基金会等非政府组织，以及其他相关文化组织机构也派出代表出席了活动。

【礼乐·华章——中国湖北文物特展举办】 2019年11月13日，湖北省博物馆“礼乐·华章——中国湖北文物特展”在印度国家博物馆隆重开幕。中国驻印度大使孙卫东，湖北省文化和旅游厅党组书记、厅长雷文洁，印度博物馆与文化空间发展中心首席执行官暨印度国家博物馆馆长拉格万吉·辛格，印度国家博物馆副馆长萨布拉塔·纳斯等嘉宾出席开幕式并致辞。当地文化和旅游部门及社会各界700多人参加了开幕式。展出的100件（组）展品由中印两馆专家共同选定，其中约五分之一是国家一级文物，以湖北出土青铜器为主，展现了中国古代礼乐文化和青铜艺术的璀璨华章。

【中印传统舞蹈对话举办】 2019年11月18日，“一带一路·舞蹈艺术巡礼”系列活动之“中印传统舞蹈对话”在西安举办。“中印传统舞蹈对话”交流活动邀请中印两国有关古代舞蹈及其当代走向研究、舞蹈形态分析、跨文化以及跨学科研究学者，两国舞蹈表演与理论研究专家和高等院校舞蹈师生等，通过交流展演、教学对话、学术研讨及大师课堂等环节，展示了解中印两国的舞蹈文化，汇集中印舞蹈领域的最新理论成果，探讨中印舞蹈文化的传承与发展、借鉴与融合，以此为起点，为弘扬和传承中华优秀传统文化和吸收借鉴国外优秀文化打造高端平台。

【“和平之乡”中印文化艺术交流展举行】 2019年11月23日，“‘和平之乡’中印文化艺术交流——学者常任侠与画家常秀峰”展览开幕式在北京大学沙特国王图书馆地下一层报告厅举行。外交部副部长罗照辉及其夫人江亦丽参赞，印度驻华大使唐勇胜及其夫人，北京大学校长郝平，中国侨联副主席齐全胜，北京大学印度研究中心主任王邦维，常任侠先生遗孀郭淑芬，常秀峰家属代表等，以及来自北京大学、清华大学、印度加尔各答大学等学校的师生出席了开幕式。本次交流展在中印建交70周年纪念日前夕举办，是对中印文化交流史的一次重要回顾。

【中国对外友好协会副会长林怡会见印度普达集团总裁一行】　2019年11月28日，中国对外友好交流协会副会长林怡在北京会见印度普达集团总裁拉吉夫·普达一行。林怡表示，近年来，中印两国人文交流日益频繁，对外友协与普达集团联合主办的中印论坛已连续四年在印度举行，大力推动了中印地方政府交流和经贸合作。2020年是中印建交70周年，希望与普达集团合作举办中印论坛并开展更多增进中印民间友好的活动。拉吉夫·普达赞赏中国对外友协长期以来为推动中印民间交流合作作出的巨大贡献，表示将进一步深化与中国对外友协的合作，积极筹办中印论坛，组织印工商界访华等活动。

【中印联合书画展举办】　2019年12月9日，“各美其美，美美与共”中印联合书画展在驻印度使馆隆重举行，此次书画展由驻印度使馆妇女小组主办，金德尔大学印中研究中心协办，是庆祝中印建交70周年和“中印人文交流年”活动的预热和“引首篇”。十位来自中国和印度的书画家创作的70幅各具风格的书法、绘画作品参加展览。中国驻印度大使夫人包吉氢博士、印度原驻华大使夫人苏瑞、金德尔大学校董金德尔、使馆妇女小组部分成员、部分驻印大使夫人、武官夫人、中印艺术家、媒体人士等100余人出席画展。

【第七届中印贸易博览会在印度孟买举办】　2019年12月11日，第七届中印贸易博览会在印度孟买展览中心举办。借助互联网平台和移动通信技术，主办方利用“展览＋互联网＋供应链”的全新立体一站式跨境服务模式，为两国企业精准对接提供了有效平台。参会各方均认为印中同为世界上重要的发展中经济体，加强经贸合作不但能够带来双赢，还将更好地维护发展中国家的利益。

【查立友总领事会见印度文化关系委员会负责人】　2019年12月30日，中国驻加尔各答总领事查立友在官邸会见印度外交部印度文化关系委员会东部分会主任德。印度著名音乐家巴塔查亚、班纳吉等在座。查总领事介绍了中印关系和地方交往近况，表示明年是中印建交70周年，双方将举办系列庆祝活动。总领馆期待与印度文化关系委员会保持密切沟通，继续与领区文艺界人士加强合作，以文化交流为纽带共促中国与印东人文交流，把两国领导人关于中印人文交流的共识落到实处。

【“阅读中国”图书展在印度新德里举办】　2020年1月4日，“阅读中国”图书展暨“中印文化交流图片展”在印度首都新德里举行。中国驻印度大使孙卫东、中印文化出版界和学术界代表共同出席开幕式并参观展览。“阅读中国”图书展涵盖60余家中国出版机构近年来出版的近千种图书，包括《习近平谈治国理政》《之江新语》《摆脱贫困》等一批反映当代中国治理、中国精神、中国文化、中国科技的图书以及语言学习、社科研究、传统医学、文学艺术等类型图书。“中印文化交流图片展”精选135个条目、300余幅图片，直观地呈现了两千多年来中印双方在物质文化和精神文化领域的交流历史。本次活动为印度人民了解中国文化提供了便捷的窗口，促进了两国的人文交流。

【2020年“欢乐春节”专场演出在印度新德里举办】 2020年1月12日，2020年“欢乐春节”专场演出在印度新德里斯里堡剧场举办。此次演出由中国文化和旅游部及中国驻印度大使馆共同主办，中国东方演艺集团携手中国国家交响乐团承办。此次演出在《紫禁城弦乐四重奏》中拉开帷幕。中国艺术家表演的大型舞蹈诗画《国色》，以音乐、舞蹈为语言，为印度观众演绎中国传统文化中青花瓷器、茶艺竹韵、旗袍、中医、京剧等具有代表性的元素。

【驻孟买总领馆举办中印建交70周年庆祝活动】 2020年1月19日，中国驻孟买总领馆与印中友协卡邦分会共同举办中印建交70周年庆祝活动，驻印度大使孙卫东及其夫人包吉氢博士、总领事唐国才夫妇、驻印度使馆文化参赞张建新等与印中友协卡邦分会名誉会长辛迪亚、会长高达、秘书长巴斯克兰，当地政治、经济、文化界知名人士200余人出席活动。

【纪念柯棣华大夫诞辰110周年活动在线举办】 2020年10月10日，中国人民对外友好协会和北京大学南亚研究中心主任在线联合举办印度援华医生、中国人民的好朋友、优秀的国际主义战士柯棣华大夫诞辰110周年纪念活动，林松添会长和姜景奎主任、中国驻印度使馆公使马珈以及中印两国高校师生和媒体代表约300人在线出席，中国人民对外友好协会副会长林怡主持纪念活动。在活动中，各方一致认为，中国与印度同为东方文明古国，两国人民都崇尚和谐、热爱和平，都讲求“各美其美、美美与共”，有着求同存异的相似文化基因。双方应当相互理解、相互支持、交流互鉴、共同发展。

【徐梵澄文化研究中心揭幕】 2020年10月27日，以中国学者徐梵澄命名的文化研究中心在印度南部城市本地治里揭幕，中国驻印度大使孙卫东和本地治里首席部长纳拉亚纳萨米出席了在线揭幕仪式。孙卫东大使表示，徐梵澄先生怀着对印度文化的浓厚兴趣，在印度工作、生活33年，系统翻译了许多印度经典哲学著作，将印度思想家奥罗宾多介绍到中国，促进了中印文化的交流。

【“美丽中国 美丽印度”云图片展举办】 2020年12月8日，“美丽中国 美丽印度——龙象共舞 相互成就”云图片展在北京正式启动，为期三个月。此次云图片展由中国驻印度大使馆、中国驻孟买总领馆、中国外文局指导，人民画报社主办，围绕两国自然风光、传统友谊、人文交流、经贸发展等主题，展出图片120余张，向观众展现了两国文化与交流的丰富场景。

四　中印媒体与影视交流

【第一届中印电影合作对话论坛举办】　2019年4月18日，作为第九届北京国际电影节主论坛之一的首届“中印电影合作对话”在北京举办。中共北京市委常委、宣传部部长杜飞进，中共北京市委宣传部副部长、北京市电影局局长陈名杰，北京市广播电视局局长杨烁和北京市广播电视局副局长王志出席论坛。印度制片人、演员沙鲁克·汗和印度导演卡比尔·汗出席论坛。出席论坛的各方代表均表示第一届“中印电影合作对话”非常成功。此次论坛组织专业，嘉宾观点新颖、主题明确、内容丰富，印度影视明星的出席，增加了论坛的影响力。本次论坛对中印电影人交流及合作起到了推动作用。

五　中印青年交流

【第三届清华“印度文化浸润”项目举办】　2019年1月22日，第三届清华学子“印度文化浸润”项目开幕式在金德尔大学举行。中国驻印度使馆参赞朱晓红应邀出席并致辞。清华大学副校长王希勤、20余位清华师生、金德尔大学校方负责人及部分学生出席。朱晓红参赞介绍了2018年中印关系发展和两国人文交流情况，寄语两国青年，希望他们通过增进往来与沟通，加深相互了解与友谊，做中印友好的使者。希望清华大学和金德尔大学推动更多学生互访，加强中印教育合作。

【印度青年代表团访问兰州交通大学】　2019年7月5日，应全国青联邀请，以印度青年事务和体育部助理秘书基兰·索妮·古普塔女士为团长的印度青年代表团分为两批、共计100人分别来兰州交通大学考察交流。兰州交通大学相关部门组织青年代表热情迎接了访问团的到来。双方共同参观了兰州交通大学重点实验室、天佑铁路展馆和染缬文化馆。这次文化交流行动加深了中印两国青年学生的相互了解。

【驻印度使馆举办中印青年交流活动】　2019年8月20日，朱晓红参赞在使馆举办中印青年交流活动。访印的云南青年代表团、印度青年领袖联合会主席苏万及青年志愿者、印方寄宿家庭成员及使馆青年外交官约40人出席活动。朱晓红参赞在致辞中表示，青年是国家的未来，也是中印关系发展的未来。为落实两国领导人加强人文交流的共识，中国驻印使馆与印度青年领袖联合会联合组织中印青年交流活动，邀请云南青年代表团来印参访，并首次为青年代表团安排寄宿家庭，使中国青年有机会体验印度寻常百姓的生活，更接地气。国之交，在于民相亲。希望中印青年增进相互了解，传承两国友谊，为中印关系多做贡献。

【印度青年科学家创新中国行活动

启动】 2019年9月23日，印度青年科学家创新中国行活动在昆明正式启动，来自印度的20位青年科学家和云南大学、昆明理工大学、中科院昆明植物所、中科院云南天文台、云南晶能科技有限公司等20位青年科学家代表参加了启动仪式和研讨交流会。本次活动为期一周，组织印度青年科学家考察昆明和上海的大学、科研机构、科技园区，让印度青年科学家直观感受中国创新发展所取得的重大成就，了解上海科技创新情况。

【“2019中印青年说”举行】 2019年9月28日，由中央广播电视总台主办的“2019中印青年说”活动在北京举行。八位中国和印度的青年代表相聚一堂，结合各自的跨国生活经历，以“中国和印度：我们如何互学互鉴”为主题展开对话。这次活动促进了印度青年了解中国、认识中国，并对两国文化交流和互相借鉴有着积极影响。

【中国百人青年访印团访问印度】 2019年11月20日，应印度青年和体育事务部邀请，在中国共青团中央的组织下，中国百人青年团进行为期一周的访问，该代表团走访了印度新德里、阿哥拉、孟买和加尔各答等地，参观印政府机构、高校和青年组织等，考察了解印度社会发展情况并与印度各界青年交流互动，双方青年代表在本次活动中建立了友谊，加深了了解，为两国人文交流和互相借鉴带来积极影响。

【第二届中印青年对话活动在印度新德里举行】 2020年1月9日，中国驻印度大使馆与印度青年领袖联合会在新德里联合举办第二届中印青年对话活动。来自印度各地的杰出青年代表、全印中国留学生联合会中国留学生代表等出席活动。中国驻印度大使孙卫东在活动中讲话表示，通过此次两国青年对话，相信中印两国青年人能进一步增进相互了解，碰撞出更多思想火花，为中印关系发展贡献更多智慧和力量。印度前外交国务秘书沙尚克表示，此次青年对话是印中领导人金奈会晤成果的体现，对庆祝两国建交70周年具有重要意义。印中两国应加强交流合作，为世界发展共同贡献亚洲智慧。

【驻印度大使孙卫东与印度青年代表举行在线交流活动】 2020年5月27日，中国驻印度大使孙卫东与印度青年代表举行在线交流活动，就中国抗疫成功经验及中印抗疫合作发表演讲并回答与会青年提问。印度青年领袖联合会主席苏万主持了活动，来自全印各地的杰出青年代表以及中国新华社、印度亚洲国际新闻通讯社、《印度时报》、WION电视台、The Print等中印媒体记者共70余人参加了本次活动。

【驻印度大使孙卫东与中印青年举行视频座谈】 2020年8月18日，中国驻印度大使孙卫东与中印两国青年举行视频座谈会，发表讲话，并同与会人员亲切互动。中国驻印度使馆文化参赞张建新、教育官员孙美幸，印度部分高校中文系教授、中文专业学生、留华校友代表、留印中国学生代表等近百人参加座谈。孙卫东大使表示，中印两大文明古国有着悠久的交往历史。两国要互相尊重、平等相待、求同存异、互学互鉴。我们要尊重世界的多样性，从生活习惯、文化传统到社会制度、法律法规，都要以成熟理性的方式看待彼此的不同，坚持开放包容，才能相互信任，和谐共生。

【中国与南亚青年吟诗诵文活动举办】　2020 年 8 月 31 日，由中国人民对外友好协会和云南省人民政府共同主办的第九届中国—南亚国际文化论坛之“美美与共——中国与南亚青年吟诗诵文”第一期视频活动举办。中国人民对外友好协会会长林松添在线致辞。本次活动通过中国和南亚国家青年以网络视频互诵经典的方式，传递彼此挚爱与友谊，相互鼓劲加油，增强各自战胜疫情的信心与勇气。

六　中印旅游交流

【中国·内蒙古文化旅游节”文化旅游推介会举办】　2019 年 3 月 6 日，“欢乐春节——中国·内蒙古文化旅游节”文化旅游推介会在印度首都新德里举办。本次推介会由中国驻印度大使馆和内蒙古自治区人民政府主办，内蒙古自治区文化和旅游厅承办。内蒙古自治区政府副主席艾丽华、中国驻印度大使馆参赞朱晓红、中国驻印度大使馆文化参赞张建新、内蒙古自治区党委宣传部常务副部长周纯杰，印度出境游经营者协会秘书长奇特拉、印度国内旅游经营者协会联席秘书阿尼尔等近 300 人参加推介会。

【“中国文化旅游宣传推广”活动举办】　2019 年 9 月 12—15 日，湖北省相关部门与文化和旅游部驻新德里旅游办事处协商，联合举办了“中国文化旅游宣传推广”活动。湖北文化和旅游代表团前往印度参加了文化旅游行业推介会、企业洽谈会和公众宣传推广活动。该代表团与印中文化交流协会进行了专题会晤，众多湖北省的旅游企业与印度出境旅行社建立了业务关系，向印度旅游界和公众推介美丽中国及灵秀湖北。

【印度旅游推介会举行】　2019 年 11 月 13 日，印度旅游部携 30 家旅行社、酒店及航空公司代表在重庆举行旅游推介，邀请中国游客前往探访“不可思议”的印度。印度驻华大使唐勇胜在推介会上致辞说，中国和印度是两大文明古国，文化和旅游合作是两国关系和人文交流的重要内容。目前每年大约有 28 万人次中国游客前往印度，有 80 万人次印度游客前来中国旅游。两国人口加起来超过 26 亿人，相比两国间旅游人数，还有很大的提升空间。两国人民生活水平都在不断提高，有更多人将迈出国门，希望两国旅游业者共同努力，推出更吸引人的旅游项目，促进两国旅游业发展。

【河南文化旅游推介会举行】　2019 年 12 月 23 日，河南省文化旅游推介会在印度首都新德里举行，吸引印度社会各界来宾百余人参加活动。此次推介会由河南省文化和旅游厅主办。此次推介会通过视频和图片等方式向来宾介绍洛阳龙门石窟、安阳殷墟等河南历史文化景点。河南壮美的自然风光也让现场来宾产生很大兴趣。河南省文化和旅游厅厅长宋丽萍在致辞中表示，河南历史悠久、文化灿烂，历史上是中华民族和华夏文明发祥地。中印同为文明古国，交流互鉴绵延至今。在两国人文交流整体框架下，河南省将进一步深化与印方的交流合作，为促进两国文明对话交流及双边关系发展作出积极努力。

七　中印卫生医药与瑜伽交流

【2019 中国云南—印度文化周暨昆明·中印瑜伽大会举办】　2019 年 6 月 10 日，2019 中国云南—印度文化周暨中国昆明·中印瑜伽大会在云南省昆明市正式启动，数百名太极和瑜伽爱好者齐聚昆明，共同演绎中印两国传统文化。本次瑜伽大会以“最美云南·健康昆明”为主题，由云南省人民政府、中国驻印度大使馆、印中合作促进中心主办，昆明市人民政府、云南省人民政府外事办公室、云南省文学艺术界联合会、云南民族大学共同承办。

【中印药品监管交流会召开】　2019 年 6 月 28 日，为加强中印两国医药监管部门之间的交流与合作，推动两国医药产业共赢发展，保护和促进公众健康，“中印药品监管交流会”在上海召开。此次交流会由中国国家药品监督管理局、印度中央药物标准控制局共同主办。中国国家药品监督管理局副局长徐景和、印度中央药物标准控制局局长雷迪等出席交流会并致辞。双方围绕中印两国进口药品注册相关法规政策和技术要求、药品境外检查与合规指南、中国药品招标采购政策及流程、中印医药产业合作等议题进行了广泛的交流。发展改革委等相关部门、中印制药协会及企业 150 余人参加了交流会。

【2019 中国国际太极·瑜伽大会举办】　2019 年 11 月 1—3 日，由中国印度友好协会主办的 2019 中国国际太极·瑜伽大会在北京举行。中国对外友协副会长林怡和印度驻华使馆文化参赞纪提卡出席了大会开幕式。林怡在开幕式上表示，作为在中国非常普及的太极，在印度非常普及的瑜伽，两者已成为联结中印人文交流的载体。已连续举办多年的太极·瑜伽大会，让越来越多的人从开始关注太极和瑜伽，到关注中印人文交流。通过太极和瑜伽的交流互鉴，中印友好交往定会更上一层楼。在开幕式上，太极世家传人、2019 年瑜伽体位大赛冠军和印度驻华大使馆选派的传统文化艺术家等进行了精彩表演。

【成都中医药大学代表在印度调研】

2020 年 1 月 4—19 日，受印度新德里发展中国家研究和信息中心邀请，成都中医药大学印度传统医药研究所所长王张副研究员在印度新德里及周边地区进行了印度传统医药教育、科研、医疗和药材销售等调研。印度传统医学部国际合作与阿育吠陀发展顾问曼诺杰·内斯里博士，阿育吠陀科学研究中央委员会总干事瓦迪娅·卡尔塔·辛格·迪曼教授，尼赫鲁大学社会医学和社区卫生中心里图皮亚·米赫罗特拉教授等 30 余人参会。双方就中印传统医药合作前景进行了广泛交流。印度传统医学部部长助理普拉莫德·库马尔·巴达克先生高度评价了双方在印度传统医药领域所取得的研究成果，并希望在促进中印传统医药交流方面作出积极贡献。

【2020 年中国国际太极瑜伽大会举

办】 2020年8月29日，由中国印度友好协会主办，中国印度友好协会理事单位蝉舟瑜伽承办的2020年中国国际太极瑜伽大会在线举办。中国对外友好协会副会长林怡为大会致贺词。本次大会以“健康中国行”为主题，旨在通过太极瑜伽交流，增进中印文明互鉴。此次大会邀请了多位太极和瑜伽大师分享健身经验，让参会者足不出户就可以掌握诸多训练方法。约17000人在线参加了本次大会。

八　中印其他交流

【广东省副省长陈良贤出席印度国庆招待会】 2019年1月25日，广东省副省长陈良贤应邀出席印度驻广州总领事馆在广州举办的印度国庆招待会。陈良贤表示，在中印两国友好关系的背景下，广东与印度在经贸、基础设施、制造业、信息产业、人文等领域开展了颇有成效的务实交流与合作，贸易往来日益密切。广东省与古吉拉特邦是两国首对友好省邦，两地务实合作成果颇丰。广东希望与印度增进地方人文交流，并在基础设施建设、互联互通等领域进一步深化合作。印度驻广州总领事高士表示，印度驻广州总领事馆将继续促进印度与广东在贸易、投资、旅游、文化和教育等领域的交流，不断深化合作。

【2019中印IT & DT产业合作发展论坛举行】 2019年5月27日，2019“中印IT & DT产业合作发展论坛——黄河与恒河在数字化转型新时期的融合”在贵阳举行。本次论坛的主题是“开创数字化转型新时代中印合作新篇章”，贵州省副省长王世杰及印度驻华公使魏圣贤分别为本次论坛致开幕辞。与会嘉宾一致认为，本次论坛的顺利举办，既表明互联网的快速普及加快了信息技术和人类生活的交汇融合，对世界人民生活产生了深刻影响，也提供了舞台，让中印这两个世界上人口众多的国家充分发挥各自优势，与本届数博会共同“创新发展 数说未来”，共同开启数字化转型新时代合作的新篇章。

【中印IT走廊数字平台建立】 2019年6月20日，中国国际服务外包合作大会暨国际数字经济峰会在徐州举行。在本次大会上，中印IT走廊数字化合作平台项目正式启动。徐州市市长庄兆林、印度驻上海总领馆总领事瑞峰、徐州市副市长徐东海及中印双方企业家代表等出席签约仪式。

【第二届中印科技创新联合研究工作研讨会举办】 2019年12月16日，印度国家科技发展研究院院长Ranjana Aggarwal博士率NISTADS、印度科学院、印度旁遮普大学、巴拉纳斯印度大学四家机构的九名科技政策研究人员访问中国科学技术发展战略研究会。双方的研讨内容包括科技前沿与国家关键技术选择、新兴产业政策的方向和变化、农业农村发展与技术创新、中小企业的科技创新政策四大主题，中印双方还就未来的合作形式及内容进行了探讨。

（撰稿人：李亚兰、朱希文、黄相）

中日人文交流

一　综合

【中日高级别人文交流磋商机制首次会议在东京召开】　2019年11月25日，中日高级别人文交流磋商机制首次会议在东京召开。此次会议由中国国务委员兼外交部长王毅在东京同日本外相茂木敏充共同主持，中国国家主席习近平和日本首相安倍晋三分别致信祝贺。双方主管部门负责人分别介绍了两国在文化、旅游、教育、体育、媒体、影视、地方、青少年、妇女等领域交流合作进展和规划等情况。此次会议确定2020年为“中日文化体育交流促进年”；恢复和扩大中日双向修学旅行；均衡扩大两国人员往来；推进影视、音乐、动漫、出版等文化产业合作及高水平艺术团交流互访；相互支持办好2020年东京奥运会和2022年北京冬奥会；支持新闻界开展互访和交流合作；共享推进妇女事业的经验；同意2020年适时在中国举行中日高级别人文交流磋商机制第二次会议八项重要共识。

【中日人文交流招待会在日本东京举办】　2019年11月25日，中国驻日本大使馆举办了中日人文交流招待会，中国国务委员兼外交部长王毅出席并致辞。日本前首相福田康夫、外务大臣茂木敏充、文部科学大臣萩生田光一、国土交通大臣赤羽一嘉、东京都知事小池百合子，中国驻日本大使孔铉佑，两国相关部门负责人及人文领域各界别知名人士共200余人出席。

二　中日教育交流

【2019年中日教育交流新年会举办】　2019年1月30日，一年一度的中日教育交流新年会在中国驻日本大使馆教育处举行。日本文部科学省、外务省、内阁府等20余位政府官员，关东地区和北陆地区30余所国立和私立大学的校长、理事长，40余家教育机构、留学生支援团体的负责人，部分孔子学院中、外方院长，以及教育处所在地江东区议会议长和平野町会长等共130余位嘉宾应邀出席。双方进行了热情洋溢的交流沟通，畅谈新一年两国教育交流与合作的美好愿景。

【日本财团理事长尾形武寿访问北

京外国语大学】　2019年3月1日，北京外国语大学校长彭龙、副校长闫国华会见日本财团理事长尾形武寿一行。日本财团创立于1962年，是一个国际化的非营利慈善机构，由日本著名的慈善家和企业家笹川良一出资创建。该财团成立至今的活动范围遍及包括日本在内的全世界100多个国家。本次会见双方就北外学生到日本名校学习、日本学者到北外研究中国学、设立学生奖学金、举办日本知识竞赛、捐赠日文图书等问题交换了意见。

【2019年日中友好协会大学生代表团访华】　2019年3月21日，日中友好协会大学生代表团一行100余人抵达北京，开展全方位交流之旅。这次代表团成员来自东京大学、早稻田大学、京都大学、筑波大学、琉球大学等日本各地60余所高校，在北京参观名胜古迹以及中关村创业大街，体验中国传统非物质文化遗产，与高校学生进行交流活动。该访华团一行还前往深圳和广州进行交流访问。22日晚，中日友好协会举行宴会欢迎代表团来访。

【北京外国语大学与日本跡见学园女子大学签署合作协议】　2019年5月17日，日本跡见学园女子大学校长笠原清志率团访问北京外国语大学，双方签署了校际交流合作协议，共同推进两校在国际人才培养领域的合作。北京外国语大学党委常委、副校长闫国华表示，希望通过签署合作协议，两校能开展实质性的交流与合作，期待两校未来能培养出更多促进中日交流的国际化人才。笠原清志表达了跡见学园女子大学愿意与北外展开持续深入合作的意愿，并介绍了跡见学园女子大学的建校及发展历史。

【2019中日幼教精英高峰论坛圆满闭幕】　2019年5月20日，由未来学校脑科学教育研究院、陕西省教育考试与评价研究会学前教育分会、陕西省民办幼儿园联盟联合主办的“2019中日幼教精英高峰论坛”在日本大阪举行。大东中央幼稚园野口大仁园长等日本幼儿园园长和池江教育研究院池江俊博院长等日本教育专家，与陕西省教育考试与评价研究会学前教育分会、陕西省民办幼儿园联盟秘书长金云萍女士等代表以及来自中国各地的近40多位幼教产业人员、园长共同参会。双方对中日两国背景下的学前教育现状与发展进行了深入、全面的探讨和沟通。

【中日大学展暨论坛 in China 2019在成都举办】　2019年5月25—26日，中日大学展暨论坛 in China 2019在成都如期举办。此次活动由中国科学技术部（国家外国专家局）、日本科学技术振兴机构（JST）共同主办。大阪大学、名古屋大学、早稻田大学等日本40多所大学与230余名科研机构代表及兰州大学、同济大学、大连理工大学、中国科学院大学等46所中国大学校领导及专家、学者等1000余人参会。其间，近百名中日大学代表还参加了“中日校长圆桌会议”，针对中日高等教育共同关心的议题进行了深入交流。

【2019中日语言学论坛顺利召开】　2019年6月27日，2019中日语言学论坛在中国社会科学院语言研究所召开。本届论坛由中国社会科学院、日本学术振兴会主办，中国社会科学院语言

研究所与日本学术振兴会北京代表处承办。本届论坛邀请了中日两国10位知名专家、学者做主旨发言，讨论当前语言学和言语科学的热点话题，分享研究成果。

【吉林外国语大学加入中日人文交流大学联盟】 2019年6月30日，吉林外国语大学加盟中日人文交流大学联盟签字仪式在日本樱美林大学举行。吉林外国语大学校长秦和出席仪式，并在加盟书上签字。该联盟成立于2017年，至2019年6月末，已经有20余所中日大学加入。该联盟为中日高校在教育合作项目化、专业化、服务学生主体、推进双边发展等方面加强了交流与合作，发挥了积极作用，也为促进中日两国经济社会发展和民众相互理解、推动中日关系健康发展作出了积极贡献。吉林外国语大学加入中日人文交流大学联盟，对于进一步加强两国高校之间的中日人文交流与高校间的教育交流与合作，增进师生互访互换，共同提升教学及科研水平，推进国际化办学进程，具有重要意义。

【中日学前教育交流论坛举办】 2019年7月23—25日，由开普俊梦儿童空间设计主办的中日学前教育交流论坛在深圳福田外国语高级中学举办。七大幼教专家、400多名幼教工作者及多家主流媒体人齐聚一堂，共话幼教发展，讨论行业议题，交流心得。

【中国赴日本留学生预备学校建校四十周年大会举办】 2019年8月18日，中国赴日本留学生预备学校建校四十周年大会在长春举行。中日两国政府官员、日方政治团体及政要、相关高校负责人、留日预校老教工及校友等各界人士出席活动。中国赴日本留学生预备学校是根据中日两国政府教育交流协议，依托东北师范大学于1979年3月创办的中国唯一由中日政府合办、面向各类赴日留学预备人员进行基础日语强化教学的专门学校，是中日邦交正常化后两国政府间教育交流合作的项目成果。自建校以来，该校培训的赴日留学人员分布在日本70多所国立、公立大学和20多所一流私立大学。大会期间，还举行了中日双边语言教育与文化交流学术研讨会、留日预校校友高端论坛等活动。

【日本创价大学代表团访华】 2019年9月5日，日本创价大学代表团访华欢迎招待会在京举办。中日友协秘书长袁敏道，代表团团长、创价大学学生部部长奥富雅之，日本国驻华大使馆公使堤尚广分别在招待会上致辞，来自创价大学和北京第二外国语学院的学生随后进行了文艺表演。应中日友好协会邀请，日本创价大学代表团一行80余人于9月4—9日到访北京、成都等地。本团主要由创价大学中国研究会等学生组织成员及学生干部代表组成，为历次派遣人数最多的一次。访华的主要目的是与中方高校开展交流，学习中国悠久历史文化，进一步增进对华客观了解和友好感情。该代表团在京期间将访问北京大学、参观长城、体验故宫“趣味课堂”；在蓉期间将访问西南交通大学、参观大熊猫繁育研究基地等。

【第一届（2019）H&H未来教育高峰论坛暨中日国际教育研讨会在武汉举行】 2019年9月21日，由日本神户市与武汉市设计界和教育界共同筹办，湖北楚商联合会和武汉市设计之都促进会联合主办，湖北金茂出国咨询顾问管理有限公司和外唐国际共同承办的“第一届（2019）Hfont-family未来教育高峰论坛暨中日国际教育研讨会”在武汉市举行。来自日本神户市政府的官员、高校代表以及武汉各高校的专家、学者与会，就现代都市的创意设计与高等教育发展进行了交流和探讨。

【第三届中日民办（私立）大学校长论坛在阪举办】 2019年10月19日，继在东京和上海举办两届之后，第三届中日民办（私立）大学校长论坛在日本大阪私学会馆举行。本次论坛由上海教育国际交流协会和日本私立大学协会联合主办，来自中国27所民办大学和来自日本25所私立大学的校长们齐聚一堂，围绕“中日两国民办（私立）大学的机遇、挑战与使命”和“中日大学教育国际交流合作模式”两个分论坛主题，就促进校际合作、创新人才培养合作等方面进行了充分交流，共议中日民办（私立）大学的机遇、挑战与使命，共建中日教育合作新未来。本次论坛还设置了合作洽谈环节，多所中日学校经过洽谈达成了合作意向。在论坛之后，与会中国校长代表团分别访问了大手前大学、京都外国语大学、樱美林大学和早稻田大学。

【第十一届中日大学校长论坛在东京举行】 2019年11月5—6日，第十一届中日大学校长论坛在东京举行。北京大学、复旦大学及东京大学、早稻田大学等中日48所著名大学的校长和教育机构负责人，围绕“为连接今天和未来开启新的合作之门”主题展开富有成效的交流。在此次论坛上，中日双方大学介绍了各自开展国际化办学的经验，并就中日大学扩大留学生交流，加强联合培养，强化科研合作，携手共创世界一流大学等达成广泛共识。

【2019中日早幼教行业交流研讨会】 2019年11月6日，由睿艺主办的“中日早幼教行业交流研讨会”举办。在此次研讨会上，由日本藤幼儿园园长加藤先生带队的日本幼教考察团与中国早幼教知名教育企业就中日早幼教行业发展、企业运营经验、师生互动环节设计等方面进行了交流。

【第六届中日教育交流会举行】 2019年11月27日，由中国教育国际交流协会主办、日中文化交流中心承办的第六届中日教育交流会在日本大阪举行。来自中日两国的152所知名院校的400余位校长、师生就进一步推动两国院校紧密合作、促进中日友好等议题展开对话交流。本届交流会以“中日大学校长论坛”“中日关系论坛”“中日医学交流论坛”“中日高职论坛”“大学生国际创业大赛”“中日教育交流会”六个分会场同步进行，旨在为两国院校、学者和青年沟通对话搭建平台，深化两国人文领域交流，增进民众相互理解和友谊，为中日友好发挥积极作用。此次交流会的重要活动之一“大学生国际创业大赛”决赛在2019年11月27日落幕，来自中国、日本及越南的10所大学代表队入围决赛，最终日本京都大学代表队获得一等奖。

【“中日青少年奥林匹克漫画交流展2019暨中日漫画教育高端论坛”举办】

2019年12月5日，由中国教育国际交流协会、北京第二外国语学院、京都造型艺术大学、社团法人日中漫画学会主办，日语学院、中国动漫文创研究院承办的“中日青少年奥林匹克漫画交流展2019暨中日漫画教育高端论坛”在北京第二外国语学院举行。此次漫画交流展暨漫画教育高端论坛共收集参赛作品3100多幅，最终评出参展作品123幅。中国教育国际交流协会副秘书长李春生、北京第二外国语学院副校长朱佩芬、京都造形艺术大学校长、京都大学第二十四任总长尾池和夫、京都造形艺术大学文明哲学研究所助教小野塚佳代等嘉宾出席漫画交流展和中日漫画教育高端论坛，并分别作了开幕致辞和主旨发言。

【2019年度日本阿含宗桐山奖教学金颁奖仪式举行】 2019年12月9日，2019年度“日本阿含宗桐山奖教学金颁奖仪式”在北京外国语大学举行。阿含宗作为在日本颇具影响力的宗教慈善团体，长期致力于中日友好事业，为推动中日两国在文化教育、医学、佛教等领域的交流做出了积极贡献，并多次为中国教育事业和受灾地区捐款。

【北京日本学研究中心协作会议举行】 2019年12月17日上午，2019年北京日本学研究中心协作会议在北京外国语大学举行。日本国际交流基金高级审议员八原正夫，三菱商事（中国）有限公司总经理武居秀典，北外副校长贾德忠出席会议。北京外国语大学与日本国际交流基金签署的《“北京日本学研究中心”项目第九个三年合作计划协议书》执行一年以来，认真贯彻执行合作计划，实现了预期效果。

【“中日大学生融合学习与社会考察活动”项目报告会举行】 2020年11月14日，“中日大学生融合学习与社会考察活动”项目报告会在北京外国语大学日语学院举行，并通过在线会议平台进行线上直播。该项目由北京外国语大学日语学院与日本爱知大学现代中国学部联合开展，以中国企业为研究主题进行座谈。中日学生混合分组进行为期两周的学习、讨论、调研，并分别围绕“人力资源管理”“女性就业”“农村观光”“SNS”汇报研究成果。

【2020年度日本阿含宗桐山奖教学金颁奖仪式举行】 2020年12月29日，2020年度日本阿含宗桐山奖教学金颁奖仪式在北京外国语大学举行。以“维护世界和平，祈愿人类幸福，增进友好往来”为宗旨的阿含宗，为推动中日两国在文化、教育、医学、佛教等领域的交流作出了积极贡献。

三　中日科技交流

【“2019中日大学校长高层次论坛”在成都举办】 2019年5月25—26日，由中国国际人才交流协会与日本国立研究开发法人科学技术振兴机构（JST）共同主办的“2019中日大学校长高层次论坛”在四川成都举行。中国国际人才交流协会副主席兼秘书长张建国出席论坛开幕式并致辞。来自32所中国高校和

38 所日本高校的校领导在论坛上发言，中日两国高校、科研机构和企业界代表共计 1200 余人参会。这是目前中日两国高校间规模最大的校长级国际科技创新人才技术交流活动。本次论坛新增中日大学校长圆桌会议环节，并进行了“日本新技术成果展示”等活动。

【中日青年科技人员交流计划开启】

2019 年 6 月 24 日，中日青年科技人员交流计划日本访华团抵达北京，开启了为期 6 天的访华之旅。当晚，中国科技部国际合作司司长叶冬柏、中国科技交流中心党委书记陈志敏、日本科学技术振兴机构首席研究员冲村宪树、日本驻华大使馆参赞水谷準等嘉宾出席欢迎晚宴并致辞。该访华团参观了清华大学、北京大学、中关村等，之后前往太原和福州访问大学、科研院所和地方龙头企业，感受中国地方文化，为中日两国互利合作开拓新领域、新途径、新机遇。

【日本青年科技人员赴闽交流活动举办】　2019 年 6 月 26—29 日，日本青年科技人员赴闽交流活动在福州举办。此次交流活动组织了 45 名日本青年科技人员来闽考察福州大学、福州高新区、福建省高新技术企业及福州三坊七巷历史文化街区等。此次活动通过参观考察、交流座谈，加强了日本与福建青年科技人员在科技和人文领域的交流，为促进双方在产业界、学术界及政府间的合作奠定了良好的基础。

【中日科学家高层对话举办】　2019 年 6 月 28 日，作为 2019 年中国科协年会重要活动之一，由中国科协与日本科学技术振兴机构（JST）共同主办的中日科学家高层对话在哈尔滨举行。双方围绕“如何推进具有实际意义的研发”这一主题进行学术报告和展开自由讨论。当天，中日双方各有五名科学家参与对话，中国方面的科学家包括对话中方学术召集人、中科院院士、中国化学学会副理事长田禾和中科院化学研究所所长张德清、上海交通大学教授张万斌、浙江大学教授田梅、黑龙江大学校长付宏刚，日本方面的科学家是诺贝尔化学奖获得者野依良治致、JST 中国研究・樱花科技中心首席研究员冲村宪树、九州大学教授田中敬二、早稻田大学教授井上贵文、JST 研发战略中心研究员岛田义皓。

【2019 智能制造和节能环保产业推介会暨中日企业对接会顺利举行】　2019 年 7 月 24 日，2019 智能制造和节能环保产业推介会暨中日企业对接会在广东举行。广东省商务厅副厅长陈越华、南海区区长顾耀辉、日本贸易振兴机构广州代表处所长清水显司等出席活动。2019 年是广东佛山市南海区连续第四年举办中日企业对接会，也是《粤港澳大湾区发展规划纲要》颁布后举行的首届中日企业对接会。作为华南地区面向日本制造业较大规模的商谈会，此次对接会吸引了来自日本及华东、华南等地的近 200 家日企前来寻求产业对接。当天会上有包括中日企业合作项目、日资新落户企业项目、已落户日资企业增资项目及南海区政府与日本中央金库的合作项目等八个项目举行了签约仪式。

【西安交通大学赴东京理科大学参加项目报告】　2019 年 9 月 8—14 日，由十名本科生组成的西安交通大学樱花科技计划团队赴日本东京理科大学参加“樱花科技计划”项目总结报告，进行了一系列访学活动。在活动中，日本学生在实验室向中方访学本科生介绍正在研究的课题，介绍并指导访学者体验动力辅助设备、信号采集器等器械，并向大家介绍他们在实验室的日常生活。双方还进行了数据获取、数据处理对比以及美食美景、兴趣爱好等一系列友好交流。

【2020智能制造和节能环保产业推介会暨中日企业对接会举办】 2019年9月23—24日，由佛山市南海区人民政府、佛山市商务局与工场网信息科技（上海）有限公司（FNA）共同主办的2020智能制造和节能环保产业推介会暨中日企业对接会在广东佛山南海樵山文化中心举办。作为华南地区规模一流的日资制造业商谈会，本次对接会吸引了包括佳能、理光、柯尼卡美能达、伊藤忠、岛津、安满能、三丰等知名企业在内的、以希望在中国进行零部件采购、扩大销售渠道的制造企业为中心的140家企业出展。此次对接会围绕汽车零部件、精密机械等先进制造业，以及节能环保、新能源、新材料、新基建等现代产业项目进行了推介、洽谈和主题研讨，现场还举行了南海区投资环境推介。

【中日高层次科学家防灾减灾领域研讨交流活动举办】 2019年10月15—18日，中国科技部外专司与JST联合主办的中日高层次科学家防灾减灾领域研讨交流系列活动在成都、北京等地举办。此次活动是中国科技部与日本科学技术振兴机构（JST）为落实《关于合作实施“中日青少年科技交流计划”的谅解备忘录》而举办的中日高层次科学家系列研讨活动之一，旨在防灾减灾领域交流两国经验，提出政策建议，推动科研合作与学科发展。

【中日高层次科学家智能制造领域研讨交流活动举行】 2019年11月9—13日，由中国科学技术部外国专家服务司与日本科学技术振兴机构（JST）共同举办、南京航空航天大学承办的中日高层次科学家智能制造领域研讨交流活动顺利举行。本次活动旨在探讨智能制造技术与可持续化发展的新理论、新技术，交流中日双方实施可持续制造与智能制造的经验，共同推动中日双方技术合作和相关学科发展。

【第三届中日环境高级别圆桌对话会举行】 2019年11月25日，第三届中日环境高级别圆桌对话会在日本东京举行，中国生态环境部部长李干杰、日本环境大臣小泉进次郎出席对话会并致辞。本届对话会由中国生态环境部和日本环境省主办，中日友好环境保护中心、日本国际协力机构（JICA）和笹川和平财团海洋政策研究所联合协办。此次对话会设置了“海洋塑料垃圾问题”“环境科技成果转化”等专题论坛。在对话会期间，李干杰还访问了日本环境省，在小泉进次郎的陪同下现场考察大气监测站，并赴东京都环境科学研究所考察水环境监测站点。

【中日高层次科学家医药健康领域研讨交流活动举行】 2019年12月20—24日，由中国科技部和日本科学技术振兴机构（JST）共同举办的“中日高层次科学家医药健康领域研讨交流活动”在暨南大学举行。此次活动旨在交流两国医药研发与应用转化的经验，促进中日医药科技的合作。在活动期间召开“2019 中日医药与健康研究领域高端论坛”，共同探讨人口老龄化和脑重大疾病所带来的人类生存质量面临的瓶颈问题，中日双方在医药产业研发和应用转化的经验等方面进行交流。

【2020 年度中日青少年科技交流计划基层对口项目启动报名】　2020 年 3 月 26 日，中国科学技术部国际合作司公布关于申报 2020 年度中日青少年科技交流计划基层对口项目的通知。科技部归口管理的中日青少年科技交流计划自 2014 年启动以来，已派遣中国青年科技人员及高中生共计 1 万余人赴日开展科技交流活动。

【中日工业设计对接交流洽谈会举行】　2020 年 9 月 15 日，由山东省贸促会和日本富山新世纪产业机构共同主办的对话山东——中日地方产业合作交流会系列活动之一的中日工业设计对接交流洽谈会在线举行。在本次洽谈会上，有来自中日 60 多家企业、机构、商协会近百名代表参会，其中青岛科技大学艺术学院工业设计系、青岛市工业设计协会、山东博米、橙色云、凯雷德等高校、机构、企业进行了现场宣传推介。日中地方对话促进会会长板泽大辅先生和山东省工业设计协会秘书长杨海波先生，签署了《关于推进山东—日本工业设计交流的备忘录》。本次洽谈会旨在推动山东省代表团出访日本各项机制平台项目成果落实落地，推动日本先进技术、设计资源与山东八大发展战略紧密融合，加强地方务实交流合作。

【2020 中日科技成果交流对接研讨会召开】　2020 年 9 月 27—29 日，由内蒙古科协、科技厅、工信厅、内蒙古农牧业科学院、日本一般社团法人日中环境友好交流协会主办的 2020 中日科技成果交流对接研讨会在巴彦淖尔市召开。此次研讨会以“科技创新助力高质量发展”为主题，通过搭建中日两国科技交流合作平台，促进科技成果转化应用。此次研讨会以大会交流、专家点评和展板宣传等方式，介绍中日两国理、工、农、医四大领域 60 余项科技成果。涉及新材料应用、物联网应用推广、新品种应用推广、农畜养殖技术及产品技术推广、农畜产品精深加工、蒙医整骨治疗技术、微创关键技术应用推广等内容。

【2020 中日科学家高层对话举办】

2020 年 10 月 23 日，由中国科学技术协会和日本科学技术振兴机构（JST）共同主办的 2020 中日科学家高层对话如期举行。中日科学家高层对话是中国科协重点双边学术交流活动之一，自 2017 年以来已连续举办三次。人口老龄化是中日正在面临的一个共同的社会问题，两国在以智能科技应对老龄化方面存在巨大合作空间。2017 年中国科学技术协会与日本科技振兴机构协商将原中日青年跨学科学术沙龙升级为中日科学家高层对话活动，对话主题确定为“智能科技应对老龄化社会”并延续至今。中日科学家高层对话旨在充分发挥科协智力、人才、组织优势，引入国际资源，探索建立智能养老联合科技创新，成果转化新模式，邀请中日知名专家、企业代表共同围绕智能养老有关领域进行探讨，促进双方在以智能科技应对老龄化问题上的广泛合作；将通过中日智能养老相关学科领域的技术交流，促进科技经济深度融合，加快中国智能养老产业发展。

四　中日文化交流

【第十四届露天“樱花二胡音乐会”在日本名古屋举行】 2019 年 4 月 7 日，第十四届露天“樱花二胡音乐会”在日本名古屋市德川园蓬左文库广场举行。130 多名中日两国艺术家和日本二胡爱好者，以及 3000 多名观众一起在樱花飞舞中享受了这场春之盛宴。“樱花二胡音乐会”是由旅日中国二胡演奏家张滨发起的大型露天音乐会，自 2006 年以来，每年 4 月的第一个星期日在充满日本文化氛围的德川园举办，迄今已举办 14 届，成为名古屋人春天的期待。音乐交流是中日文化交流的重要组成部分，希望通过音乐的力量，进一步加强中日民间交流，促进相互理解。

【黄小桐美术作品展开幕】 2019 年 6 月 3 日，由日中文化协会和日中书法交流协会主办的“黄小桐美术作品展”在日本名古屋中统奖学馆举行开幕式。作为第十二届中国书画艺术系列展览之一，黄小桐美术作品展由中国书协理事、日中书法文化交流协会中方会长张杰策划并率团参加。展览为期四天，以张杰为团长、黄君为学术顾问的中国代表团一行八人赴日出席开幕式并交流访问一周，在日本期间，黄君、黄小桐为日本爱好者进行了中国诗词与书画专题讲座。

【第五届中日少年儿童版画展举办】 2019 年 7 月 31 日，中国少儿版画艺术委员会和日本儿童版画研究会联合主办的“拉紧人文纽带，加强版画交流——第五届中日少年儿童版画展”在日本川崎顺利举办。这是一项中日两国少年儿童版画教育的重要交流活动，从 1987 年至今已举办了四届展览，历届展览都引起了中日两国有关领导、专家的高度关注。中日少儿版画展通过版画这一艺术表现形式，共同讴歌人性的至善至美，描绘和平年代的幸福画卷，促进中日两国少年儿童之间的相互理解与合作，为进一步加强儿童版画教育的国际交流和促进少儿版画教育事业的健康、繁荣发展作出了贡献。

【中国书法精品巡回展暨全球华人书法精品巡回展开幕】 2019 年 8 月 23 日，由中国国际文化交流中心、日中书法文化交流协会、世纪坛世界艺术中心、全日本华人书法家协会等主办的“丝路 · 文明 · 传承”——中国书法精品巡回展暨全球华人书法精品巡回展，在日本东京日中友好会馆美术馆隆重开幕。丝路 · 文明 · 传承——中国书法精品巡回展是对“国际文化交流赛克勒杯中国书法竞赛”的继承和发展。本次巡回展将以日本东京为首站，开启“一带一路”沿线国家和地区巡展，向世界各族人民展示汉字书法艺术之美。

【“第二届中日书法作品联展”开幕】 2019 年 9 月 15 日，“第二届中日书法作品联展”在中国国际文化交流中心开幕。中国国际文化交流中心副理事长孙晓郁、日本驻中国大使馆公使堤尚广等嘉宾出席了开幕式。此次联展由中国国际文化交流中心、中国文字博物馆、一般社团法人日中书法文化交流协会主办，展览汇集了苏士澍、刘洪彪、张杰、刘恒、田中节山、种谷万城等中日书法家格调高雅、风格多样的作品近百幅，是一次高水平的书法盛会，展览于9月19日结束。

【中国节大型交流活动开幕】 2019年9月21日，由中国驻日本大使馆和“2019中国节”实行委员会主办的大型交流活动“2019中国节”于东京都涩谷区代代木公园开幕。本次活动为期两天，设置了50个中国美食展位，50家旅游、企业、社团等推广摊位，以文艺演出、美食品尝、文化展示、旅游推介等方式打造了解和近距离体验中国的窗口，为中日两国民众相互交流和增进理解搭建平台，让普通日本民众从多领域进一步了解中国文化，加深了两国人民间的友谊。

【长沙市青少年宫《再续摇篮情》文化艺术团2019年国庆访日】 2019年9月21日，湖南长沙市青少年宫《再续摇篮情》文化艺术团一行28人，应日本东方文化交流会与日本湖南同乡会会长田伟（音乐家、《国歌》词作者田汉侄女）的邀请，前往东京参加庆祝中华人民共和国成立70周年日中华侨友好联欢演出活动。此次演出行程八天，演出之余大家还游览了东京、名古屋、京都、大阪、富士山等地名胜，增进了双方进一步交流的机会。

【恭王府馆藏民间刺绣艺术品展在东京开幕】 2019年10月8日，由中国文化和旅游部恭王府博物馆、中国文化中心主办的“彩缕绣吉祥——恭王府馆藏民间刺绣艺术品展”于日本东京中国文化中心开幕。本次展览展出了文化和旅游部恭王府博物馆收藏的100余件近代民间刺绣艺术品，以绣片、云肩、荷包、耳套以及儿童肚兜等日用服饰为主，绣工精致，针法多样，充满了民间艺人的聪慧智巧。这批刺绣品的收集历时数十年之久，其中一部分传世品如今已难得一见。展品中还包括一批苏绣课徒稿，是用于传授刺绣针法技艺的实物教材，具有极高的艺术价值，反映了中国人民在传承优秀手工技艺方面的智慧与用心，也体现了恭王府博物馆近年来致力于中国优秀传统文化艺术保护与传承所做出的努力和取得的成果。

【中日书法家作品联合展开幕】 2019年10月26日，日中书法文化交流协会、白扇书道会、中国文字博物馆、中国书法研究院共同主办的中日书法家作品联合展在日中友好会馆美术馆隆重开幕。中日书法家代表及日本社会各界人士数百人参加开幕式，日本众议院议员远山清彦先生、驻日本大使馆文化参赞陈诤、日中友好会馆常务理事佐藤重合、中国书法研究院院长张杰、中国文联书法艺术中心主任刘恒、白扇书道会理事长种谷万成、全日书道联盟副理事长、书象会会长田中节山现场致辞。本次中日书法家作品联合展是中日两国书法家们为纪念两国和平友好条约缔结40周年而举办的，在短期内征集到中日知名书法家作品共计百余幅，受到两国书法家们的大力支持。

【日本传统工艺展在北京举办】 2019年10月31日，“匠心之致——日本传统工艺展”在北京嘉德艺术中心举办。本次展览展出了日本明治时期至现代的400余件风采各异的工艺精品，其中包括漆器、陶瓷器、雕金、铸造、银器、竹制品等，出品作家包括今井真正、帖佐美行、冈田紫峰、本间一秋、盐泽正信等，以及目前在日本极具人气的工艺品制造商能作的作品25种。中国匠作爱好者可以近距离观赏这些用心制作的精美器物，从而感受到匠人们对艺术的追求和对生命的渴望与敬意，体悟匠人匠心的执着与专注，发展与创新。“匠心之致——日本传统工艺展”是中创文保与日本株式会社黄山美术社共同打造的文化IP，本次展览在结束北京展期后，还将辗转重庆等中国境内其他地区巡回展出。

【BESETO美术节·东京展在日中友好会馆美术馆隆重开幕】 2019年11月8—11日，第二十五届BESETO美术节·东京展在日本东京日中友好会馆美术馆举办。本次展览共展出作品200余件，包括书法、绘画、摄影、雕塑、陶瓷等多种艺术作品，作品种类繁多，艺术风格鲜明。中、日、韩三国艺术家及各界人士数百人出席并观看了展览。

【萧劳师生书法作品展举办】 2019年11月8—11日，萧劳师生书法作品展在日本东京日中友好会馆美术馆举办。本次展览展出了著名诗人、书法家萧劳及其五名学生张杰、萧可佳、高小飞、张凤娇、冯京元的书法作品。萧劳先生是20世纪中日书坛上的一位重要的书法大家，日本是萧劳先生第一次举办个人书法展的地方，日本各界友人及书法家也是他诗文书法生涯中联系最多的外国人士。在展览期间，日本书法界、诗词界及社会各界人士到场参观。中国驻日本大使馆文化参赞石永菁出席开幕式并参观展览。

【中日书法名家作品展】 2019年11月25—30日，中日书法名家作品展在北京中华世纪坛隆重举行。这是中日书法界的一次高水平展览，日本享有盛誉的28名书法作者、中国30名著名书法家精心创作的作品参展。这些参展书法家均年逾六旬，人书俱老。他们的作品篆、隶、草、真、行五体皆备，风格各异，有着两国各自的书法风貌，是中日书法界一次名家名作汇展，也是中日书法界的一次文化盛宴。尤其以欧阳中石、尾崎邑鹏为代表的中日双方作者不仅在各自的书法领域有着很高的造诣，而且为中日双方文化交流作出了贡献，特别是为中日双方书法界的交流、研讨、传承作出了积极努力。

【东京中国文化中心成立十周年纪念展览开幕】 2019年12月10日，东京中国文化中心成立十周年纪念展览开幕式在东京举行。中国驻日本大使馆公使郭燕，日本众议院议员、日中友好文化交流促进协会会长河村建夫，外务省亚洲大洋洲局地域调整官丸山浩一等百余位嘉宾出席。自2009年12月14日时任中国国家副主席的习近平与日本众议院议长横路孝弘一起为东京中国文化中心正式揭牌以来，该中心累计举办活动1500余场次，学习、参与、体验、观摩各类文化活动的人员多达近百万人次。

本次纪念展通过历年举办活动的宣传单，回顾了举办过的课程、讲座、论坛、演出、展览、旅游推介会等丰富多彩的文化活动。本次展览现场还安放了2022年冬奥会吉祥物“冰墩墩”“雪容融”，以及可以抓取可爱卡通玩偶的娃娃机等。

【“中国文化日”活动开幕】 2020年9月26日，第三十届“中国文化日”——《日中友好会馆馆藏中国书画展》在东京拉开帷幕。此次共展出40幅中国名家的书法绘画作品，此次活动一直持续到10月18日。书法部分展出了郭沫若、赵朴初、启功、沙孟海、欧阳中石、沈鹏、费新我、韩天衡等艺术家的20幅精品；绘画部分则展出了关山月、吴作人、程十发、郑乃珖、孔仲起、潘公凯、乔十光等艺术家的20幅精品。此次展览旨在通过中国书法绘画艺术精品的展示，深化中日文化交流，增进日本人民对中国文化的了解与喜爱，促进两国民心相通，为推动新时代中日友好合作关系夯实民意基础。

【第二十三届日中卡拉OK大赛决赛在日本举办】 2020年11月28日，日中文化·体育交流促进年纪念第二十三届日中卡拉OK大赛决赛在日本东京都练马生涯学习中心大厅举办。“日中卡拉OK大赛”通过“中国人唱日本歌、日本人唱中国歌”的独特形式，加深两国民众的交流以及对相互文化的理解，自1998年以来由日中通信社每年举办一次，23年来从未间断，已成为日本众多歌唱爱好者期盼的中日文化交流盛事。本届大赛被日本外务省认定为“日中文化·体育交流促进年”纪念活动之一，并得到中国驻日大使馆文化部以及日中友好协会的大力支持。

五　中日卫生交流

【2019年中日医学交流活动暨日本健康院院长新书发布会举行】 2019年1月19日，中日医学交流活动暨日本健康院院长新书发布会在北京举行。《我们是病了，还是老了?》一书作者、日本健康院院长及中国医师协会外科分会名誉会长、北京大学外科学系主任冷希圣教授、日本健康院事务长柳濑勇先生、意大利驻华大使馆法律参赞菲德利克等多位嘉宾亲临活动现场。此次交流活动以“管理健康，让生命更美好”为主题，在新书发布仪式之后，日本健康院院长细井孝之先生分享了日本在健康管理方面的特色和经验，详细介绍了日本健康体检模式。该书的译者、中日友好医院院办国际交流办公室日本项目主管孟华川分享了译书体会。

【第一期中日健康体检研讨会召开】

2019年4月，由体检主任之家与中外健康体检交流协会主办的“2019第一期中日健康体检研讨会”在日本召开，来自全国各地的近20位体检机构负责人实地考察日本多家健康体检中心，并与日本专家共同探讨健康管理行业发展。

【中日“生命健康与社会福祉”国际交流合作论坛召开】 2019年4月18—19日，由上海向阳公益基金会和日本公益财团法人国际研修交流协会联合主办的中日“生命健康与社会”国际交流合作论坛在中国深圳召开。本次论坛旨在探讨深圳如何构建新型现代社会城市生命健康体系与覆盖网络，如何建立全社会的医疗福祉、生命健康、医药科技等方面的服务体系的国际标准与人才培养的创新机制，城市常见慢性病的预防、诊治、关怀及社会普及教育，以及在深圳合作建立中日大健康国际科技机构的可行性和中日一体化医疗关怀与服务的合作机制等问题。

【中日卫生健康产业合作恳谈会举行】 2019年5月13日，由西安市人民政府、中国对外友好合作服务中心主办的中日卫生健康产业合作恳谈会在西安举行。此次恳谈会旨在加强中日双方医疗、养老机构、医护类学校的交流与合作，不断提升西安市医护养老服务水平，积极实施“健康西安”战略，树立大健康理念，发展西安市健康大产业，共同开拓西安养老服务市场，共享中国养老产业的发展红利。中日双方将以此次恳谈会为契机，聚焦民众健康需要，以务实合作的精神，通过国际化医疗合作，普及健康生活、优化健康服务，带动西安卫生健康产业尤其是养老产业的快速发展，用“健康西安”的建设成效，不断做实百姓的“幸福账单”，造福西安人民。

【2019年中日医学交流会议召开】

2019年6月19日，由日中医学协会、中华医学会主办的中日医学交流会议在日本东京召开。以中华医学会副会长兼秘书长饶克勤为团长、由近50名专家组成的中国代表团出席了此次会议，专家分别来自中华医学会肿瘤学分会、放射肿瘤治疗学分会、消化内镜学分会。日方参会专家达300余名。此次会议围绕“癌症治疗的现状和未来”的主题，交流探讨了中日两国在癌症诊断、治疗方面的最新进展，对在癌症防控方面所面临的共同问题发表了《东京宣言》。

【中日医学交流论坛举行】 2019年10月18日，由中日友好医院主办、中日医学科技交流协会协办的中日医学交流论坛在京举行。此次论坛围绕信息化建设、中西医结合等方面进行学术交流。国家卫生健康委国际合作司副司长聂建刚表示，长久以来，中日两国在卫生政策、健康老龄化、远程医疗和健康产业等领域拓展了合作，亮点频出。此次论坛通过国家远程医疗与互联网医学中心向中日友好医院医联体单位进行了直播。

【2019中日先进医疗与新药研发高峰论坛暨成果转化大会举行】 2019年11月10日，2019中日先进医疗与新药研发高峰论坛暨成果转化大会在四川成都举行，中日院士、专家齐聚一堂，分享交流生物医药行业的前沿资讯和发展趋势。全国政协副主席何维，四川省委副书记、省长尹力，国家药品监督管理局局长焦红，日本独立行政法人医药品医疗器械综合机构局局长佐藤大作出席大会开幕式并致辞。在开幕式上还举行了“中日生物医药成果转化直通车”启动仪式，中日生物医药企业代表签署成果转化战略合作协议。

【2019第二期中日健康体检研讨会举行】 2019年11月18—23日，由体检主任之家、中外健康体检交流协会主

办的2019第二期中日健康体检研讨会在日本举行，研讨会同期还组织参观了日本横滨港未来医疗中心、日本三井纪念医院综合健康体检中心、日本莺谷健检中心、日本长寿村特别疗养院，参加了日本东京国际医疗康复设备专业展览会。日本东京国际医疗康复设备专业展览会（HOSPEX Japan）是日本较大规模、综合型的康复医疗展览会。HOSPEX是日本最具历史和传统的医学盛事，许多参展商、参观者、机构和代理机构长期以来一直支持HOSPEX Japan，获得很高的声誉。中国国内健康管理（体检）机构主任、医院院长及养老机构负责人等行业人士出席了本次研讨会。

【日本JICA协力队员到访滨州医学院】　2019年12月7—8日，日本国际协力机构（JICA）协力队员岩崎春香一行到滨州医学院护理学院开展交流活动。在活动期间，在中日友好医院从事志愿活动的协力队员岩崎春香、在中国开展日语教育志愿活动的协力队员柴山正州、高森美帆，与护理学院参加日语项目的学生开展了丰富多彩的交流活动。活动内容包括日语知识的讲解、压力疏导方法的指导、护理技术的辅导，以及讲解日本文化、共同制作日本美食等。此次活动加深了学生对日本文化的了解，拓宽了护理专业知识面，对学生未来就业工作起到了积极的推动作用。

【2020中日医药健康交流会举行】

2020年1月6日，由中国食品药品国际交流中心，农工党中央药学委员会、青年委员会主办的2020中日医药健康交流会在北京举行。全国政协副主席、农工党中央常务副主席何维，国家药品监督管理局局长、农工党中央副主席焦红，日本药品医疗器械综合机构（PMDA）理事长藤原康弘，日本卓越医疗理事长、日本药品医疗器械综合机构名誉理事长近藤达也出席了交流会。此次“2020中日医药健康交流会”围绕药品管理法的修订、临床试验管理、真实世界数据应用、药品上市后监管等热点问题展开主题报告并进行热烈讨论，深入解读中日药品监管政策，搭建中日药品监管信息交流平台，促进两国药品监管机构合作和医药产业健康发展。

【日本政府派遣包机载物资奔赴武汉】　2020年1月28日，日本政府派出载有大量支援物资的一架包机前往武汉，支援因新型冠状病毒感染的肺炎病例在中国不断增多而造成的更多物资需求。该包机于当地时间20时30分左右从东京羽田机场出发，于当地时间凌晨抵达武汉。

【日本华侨华人联合会举办驰援武汉捐赠物资首发式】　2020年2月4日，在日本埼玉县草加乐GOOO公司的仓库现场，由全日本华侨华人联合会常务副会长林立、事务局局长高原、副会长潘宏程、黑龙江总商会冯海军会长、妇女会姜春姬会长、川渝总商会谭丽副会长，以及福建长乐同乡会的代表，还有多名理事，参加了全日本华侨华人捐赠武汉物资的首发式。听闻新型冠状病毒感染的肺炎暴发的消息，全日本华侨华人联合会在贺乃和会长的带领下，立即在全华联所属团体及社会上发起募捐活动，并将募集的善款全部购买了N95防护用口罩。第一时间安排了这次义捐首发式。全日本华侨华人联合会在1月23日就发出义捐倡议书，动员全日本各地所属社团，为了战胜疫情的共同目标，以各种不同方式、渠道募集善款和物资，支援家乡。

【第二十届中日合作卫生技术人员培训班暨2020中日流感大流行及新发再发感染性疾病对策培训班开课式举行】 2020年10月19日，第二十届中日合作卫生技术人员培训班暨2020中日流感大流行及新发再发感染性疾病对策培训班开课式在中日友好医院举行。中日友好医院院长周军、副院长刘勇、院办国合办主任贾存波，JICA中国事务所所长佐佐木美穗、副所长糟谷良久、所长助理内山智寻、所长助理裴瑾分别出席了开课式。本期培训班为期两周，学员为中西部地区基层医院的呼吸和感染科的医务人员，共49名。培训班邀请了国内知名专家授课，为学员教授当今国内外感染专业领域的最新理念和技术。

【中日新时代健康论坛举办】 2020年12月22日，在全球健康论坛大会框架下，博鳌亚洲论坛与日本医疗国际化机构联合举办中日新时代健康论坛，旨在推动中日友好交流，促进两国在绿色发展、碳中和、医疗康养等领域的务实合作。本次论坛主题为“人类健康·地球健康”，在中国青岛和日本东京分别设置会场。与会嘉宾围绕中日友好、绿色发展、节能环保、医疗康养、共同开发智能生态化健康城市项目等议题展开讨论。新冠肺炎疫情让世界各国深刻感受到人类是命运相连的共同体，也让中日两国人民的传统友谊再次得到彰显。在疫情常态化背景下，中日两国作为世界两大经济体，应携手并进，在绿色发展、碳中和、医疗康养、健康城市生活等领域开展更加深入务实的合作，承担共同责任，为全球环保和健康事业作出共同努力。

六　中日体育交流

【“日本游泳健将走进金普新区”活动举办】 2019年5月26日，中日文化旅游大连交流大会“日本游泳健将走进金普新区”活动在大连开发区市民健身中心二楼游泳馆举行。本次活动属于大连市第三十届赏槐会的28项活动之一，旨在搭建有效平台，加强大连广大市民对日本各地的了解，促进双方在旅游及文化方面的交流与合作。

【上海市日本国际学校“中日传统文化”交流活动举办】 2019年5月30日，上海市日本国际学校举办“中日传统文化”交流活动。在活动期间，常州工学院体育教学部程国海老师为日本国际学校师生进行了武术表演，并进行了武术教学。该活动旨在响应国家“中华武术进校园”活动，积极传播中华传统体育文化，引导广大青少年继续弘扬体育精神，积极参与体育健身活动。

【第一届中日青少年校园足球合作高峰论坛举行】 2019年6月24日，作为中日青少年交流促进年的重要活动之一，第一届中日青少年校园足球高峰论坛在日本东京国会第一议员会馆顺利举办。本次论坛以“以球会友，搭建两国友谊之桥”为主题，由日本日中友好足球联盟主办，东京中国文化中心合办，中国教育国际交流协会和中国留日同学总会受全国青少年校园足球工作领导小组办公室委托协办。在论坛期间，中国教育国际交流协会和日本日中友好足球联盟签署合作备忘录，并共同为“日中青少年校园足球友好合作中心”揭牌。中国教育国际交流协会组织的“2019 年赴日本校园足球培训团”全体人员、中日两国足球界人士近百人出席论坛。

【2019 年中日群众体育交流活动（中国站）开幕】 2019 年 6 月 25—26 日，由中华全国体育总会主办，国家体育总局对外体育交流中心与甘肃省体育总会联合承办的 2019 年中日群众体育交流活动（中国站）在甘肃兰州举行，60 名日本体育爱好者与中国体育爱好者进行乒乓球、羽毛球、网球、篮球四个项目的交流比赛。

【中国青少年体育交流团访日】 2019 年 8 月 7 日，中国青少年体育交流团一行 39 人结束了对日本福冈、佐贺的友好访问，顺利回国。在访问期间，中国青少年体育交流团先后到访福冈县北九州市立思永中学校、宇美南町立学校、佐贺市久保泉町小学等中小学校，与日本青少年进行了篮球、羽毛球等项目及体育游戏的互动交流；探访了九州博物馆等文化展区，近距离感受日本传统文化的魅力。为期一周的交流对加深两国青少年之间的了解，提高两国青少年的体育技能发挥了积极的作用。中日两国青少年相互学习，相互促进，在增进友谊的同时，中国湖北与日本福冈、佐贺城市之间也建立起了沟通的桥梁，为未来两地开展更深、更广的合作与交流打下了良好的基础。

【参加第一届中日少儿乒乓球挑战赛的一行人员访问温州武术博物馆】 2019 年 8 月 21 日，参加 2019 年第一届中日少儿乒乓球挑战赛的运动员和教练员、随行人员等 50 余人来到温州市武术博物馆参观访问。其间，温州武协义工团表演了精彩的武术节目，参观者学习了武术抱拳礼。

【中日友好青少年围棋友好交流活动开幕】 2019 年 8 月 23 日，中日友好青少年围棋友好交流活动连云港站活动开幕。江苏省与日本爱知县青少年围棋友好交流活动连云港站活动开幕仪式在连云港市少儿活动中心举行。此次活动是 2019 年“中日青少年交流促进年”框架活动之一，由江苏省国际体育交流中心组织。江苏省与日本爱知县是友好省县关系，双方的青少年围棋交流始于 1986 年，至今已有 30 余年。本次以日本围棋职业九段山城宏先生为团长的日本爱知县青少年围棋代表团共由 11 人组成，年龄最小的运动员 10 岁。举办中日青少年围棋交流活动，旨在进一步深化中日两国青少年棋手之间的友好感情，推动围棋项目的发展，增强中日体育文化交流。

【2019 日本四国四县举办中日大学生交流运动会】 2019 年 10 月 19 日，来自高知、德岛、爱媛、香川的中日大学生共计 200 余人在高知县综合体育馆举行了 2019 四国四县中日大学生交流运动会。在运动会开幕式上首先为深切悼

念19号台风（海贝思）的受灾死难者，举行了默哀仪式，并在会场设立了赈灾捐款箱。之后表演了文艺娱乐节目，以及颁奖仪式。本届奖项设置包括最佳徽章设计奖、最佳海报设计奖、最优秀选手奖、“香川县日中友好协会”奖、“NPO法人高知县日中友好协会”奖、“高松市日中友好协会”奖、“中国国家观光局驻大阪代表处”奖、“四国华侨华人联合会”奖、“香川县交通政策课”奖、“4县学友会最佳节目”奖、“四国华侨华人联合会会长惊喜”奖11个奖项。

【第五届中日体育教育学术会议举行】 2019年11月23日，第五届中日体育教育学术会议在同济大学举行。来自同济、大阪教育、华东理工、大阪成蹊、桃山学院教育等大学的50余名师生参加会议。同济大学体育教学部董静梅教授和大阪成蹊大学三村宽一教授分别就“运动引起的小鼠肠道微生态的变化机制及其炎症性肠病的干预研究”和“日本幼儿期运动能力测试方法探究”作了主题报告，体育教学部羽毛球运动队教练陈妮老师和大阪成蹊大学羽毛球队教练胡山乔老师比较探讨了两校关于羽毛球高水平运动队的人才培养机制。中日体育教育学术会议是由同济大学、华东理工大学、大阪教育大学和大阪成蹊大学四校于2015年联合倡议发起的双边国际学术交流会议，有力地促进了中、日双方在体育教育领域的学习交流。

【2019年中日健美操交流大会（阳江站）举行】 2019年12月20日，由广东省人民对外友好协会和全日本业余健美操联盟联合主办的2019年中日健美操交流大会（阳江站）在广东两阳中学举行。来自日本代表团和阳江市中小学生的健美操爱好者登台竞技，勇敢秀出自我，以健美操为媒，增进两国青少年友谊。健美操是融体操、舞蹈、音乐于一体的运动项目，中日青少年登台表演，在欢乐跃动的音乐里展示活力四射的舞姿，既有传统的健美操，也有融入嘻哈、体操等元素的节目，每个节目通过不同的编排诠释了健美操运动所带来的自信和快乐。

【“日本剑道演习会”在长春举办】 2020年12月23日，由日本驻沈阳总领事馆、吉林省人民对外友好协会共同主办的“日本剑道演习会”在吉林大学举行。吉林大学学生及部分武学爱好者上百人参加了本次活动。日本驻沈阳总领事馆片江学巳总领事在致辞中表示：“今年是日中文化·体育交流促进年，但受新冠疫情影响，原定的交流活动被中止，但患难见真情，吉林省与日本各地之间暖心地相互支援了医疗物资，再次验证了吉林省与日本深厚的友好关系。”在本次活动中，国际剑联中国CKOU吉林省地区剑道级别审查组委会主任，东北城市剑道联赛赛事委员会会长张永先生为大家讲解及演练了日本剑道。部分学生上台学习并进行了现场体验。

七　中日影视交流

【亚洲两大电影节携手推出2019“中日新片展”】　2019年1月11日，2019“日本新片展”在上海大光明电影院率先拉开帷幕。该新片展由上海国际电影节和东京国际电影节携手推出，由2019年1月在上海、成都举办的“日本新片展”和3月在东京、大阪举办的“中国新片展”组成。中日两国是亚洲电影生产大国。早在2015年，为加强中日两国的电影文化交流、加深两国观众相互了解，上海国际电影节与东京国际电影节就展开了以推出新人新作为主旨的“国际直通车”合作。2017年底，两大电影节进一步开启“中日新片展”活动，在2019年的“中日新片展”期间，《夜以继日》《哈纳莱伊湾》《飞翔吧！埼玉》等六部日本影片将在中国展映。其中，《飞翔吧！埼玉》为世界首映，《你的鸟儿会唱歌》《青涩之恋》为国际首映。

【2019上海·日本电影周举办开幕式】　2019年6月16日，由上海国际影视节中心主办，NPO法人日中电影节实行委员会与上海电影（集团）有限公司共同承办的“2019上海·日本电影周”在上海曹杨影城的一号厅举行开幕式。本活动已持续14年，每年都作为上海国际电影节的正式项目举办。本次电影周被认定为日中青少年交流促进年的正式活动之一，精选出六部在日本深受青年观众喜爱的作品，于6月15日至6月24日在上海各家指定电影院放映。

【东京国际电视节影视节目展举办首个“中国日”活动】　2019年10月22日，东京国际电视节影视节目展首个“中国日”系列活动在东京举行。此次活动设立“中国联合展馆”，参展单位近60家，类型涵盖影视剧、纪录片、动漫、栏目、互联网、发行、后期制作等，希望通过本次参展向日本介绍更多中国本土的“好作品”。“中国日”系列活动内容涵盖推介会和研讨论坛，由国务院新闻办公室和国家广播电视总局主办，上海市广播影视制作业行业协会承办。

【2019东京·中国电影周举行】　2019年10月24—29日，“2019东京·中国电影周”举行。在本次电影周有《流浪地球》《哪吒之魔童降世》《中国机长》《送我上青云》等10部中国作品上映。“2019东京·中国电影周”由长期活跃在中日两国影视行业的日本演员矢野浩二担任开闭幕式主持。日本木兰创意株式会社代表取缔役社长、NPO法人日中影画祭（电影节）实行委员会负责人耿忠表示：“东京·中国电影周”已经举办了14届，是日本观众了解中国影视作品的重要平台。”本次电影周展映的《流浪地球》《中国机长》等作品在中国上映时就曾引起日本媒体和观众的广泛关注。

【第三十二届东京电影节举办】　2019年10月28日—11月5日，第三十二届东京电影节举办。章子怡作为评审团主席走上红毯，中国导演王瑞执导的《白云之下》从1804部作品中脱颖而出，成为唯一入围主竞赛单元的华语片，获最高奖项“金麒麟奖”最佳艺术贡献奖。郭富城主演的《麦路人》、黄璐主演的《夏夜骑士》，以及《春娇与志明》的编剧陆以心执导的新片《BABY复仇记》三部中国电影，也与其他五部作品一起获得了角逐亚洲未来竞赛单元的资格。

【中日电影合作交流·北京圆桌会举行】 2019年10月29日，由北京电影代表团、北京市电影局在东京中国文化中心主办的“中日电影合作交流·北京圆桌会”举行。日本文化厅、外务省亚洲大洋洲局、中国驻日本大使馆相关负责人，导演代表岩井俊二、陈思诚及来自中日的20余家重要电影公司负责人50余人参会。近两年来，中日影视合作互动频繁，除了电影方面的合作外，很多中国影视文化公司还逐步开始涉足动漫这一领域，中日文化娱乐IP的交流与合作也在逐步展开。

八　中日旅游交流

【2019年度中日观光旅游高层论坛暨第十八届中国旅行社现代企业管理沙龙论坛举行】 2019年3月23日，由中国旅行社协会、日本新潟县、中国驻新潟总领事馆主办的2019年度中日观光旅游高层论坛暨第十八届中国旅行社现代企业管理沙龙论坛在新潟举行。此次论坛从“合作、发展、共赢”三个视角，通过主旨演讲、沙龙讨论等多种形式开展中日旅游行业的深度交流和探讨。中国驻日本大使馆公使郭燕、中国驻新潟总领事孙大刚、日本内阁府副大臣兼国土交通副大臣兼复兴副大臣塚田一郎、新潟县知事花角英世等出席并致辞。中日城市代表、专家学者、行业领军人物等百余人参加了论坛，就两国之间的旅游深度合作，从政府层面积极推介、从旅游发展大数据变化、新媒体多渠道多平台等前瞻性议题上分享实践和合作体会。

【第三十届大连赏槐会暨东北亚国际旅游文化周正式举行】 2019年5月25—31日，第三十届大连赏槐会暨东北亚国际旅游文化周举行。大连赏槐会创办于1989年，在1992年被正式确定为国家级地方性旅游节庆活动。赏槐会至2019年已举办29届，是前国家旅游局评定的“中国最具国际影响力的旅游节庆活动”。一直以来，赏槐会以市场为导向，通过举办丰富多彩的系列活动，吸引海外客源市场的游客和本市市民共同参与互动，不仅有效提升了“浪漫之都”城市形象和品牌影响力，而且有力地促进了东北亚地区的旅游文化交流。本届赏槐会将秉承“槐花结友谊，文旅促发展”的理念，着力推动文化旅游与相关产业的融合发展，促进中外交流合作，积极推动东北亚旅游胜地建设。

【2019中日文化旅游（大连）交流大会如期开幕】 2019年5月26日，作为第三十届大连赏槐会暨东北亚国际旅游文化周重头戏的2019中日文化旅游（大连）交流大会开幕。本次大会以“合作·发展·共赢”为主题，继续为

中日文化旅游业的合作与发展作出重要贡献。此次大会的举办有利于日本与大连在贸易、制造业、新兴产业、现代服务业领域，以及国际市场开拓方面进行更深层的经贸合作，并通过冬季运动，实现互惠共赢。

【北京世园会日本国家日活动】 2019 年 9 月 12 日，北京世界园艺博览会迎来了日本国家日。12—14 日，园内举行了多场日本插花表演、日本庭园讲解、日本庙会游艺体验等活动，向游客们展示了日本文化的魅力。本届北京世园会日本园主要展出了池坊、小原流、草月流这三大日本花道流派的作品，广受游客好评。

【中国代表团参加 2019 年日本旅游博览会】 2019 年 10 月 24—27 日，中国文化和旅游部党组成员王晓峰率中国政府文化和旅游代表团参加 2019 年日本旅游博览会开幕活动。在此次博览会上，文化和旅游部组织北京、内蒙古、辽宁、黑龙江、上海等 13 个省区市文化和旅游行政部门及旅游企业代表参展。中国展区突出展现中国各地丰富的文化旅游资源和产品，推出特色旅游线路。中国驻大阪旅游办事处协调相关省区市在中国展区内推出少林武术、旗袍秀、茶艺、书画演示等丰富的文化体验活动，成为博览会一大亮点。2019 年日本旅游博览会在大阪举行，这是日本旅游博览会首次在东京以外的城市举办。本次旅博会吸引了 136 个国家和地区的 1441 家企业和团体参展，观众人数突破 21 万人次。

【2019 年中日学术研讨会举办】 2019 年 11 月 10—11 日，由华东师范大学经济与管理学部、日本横滨国立大学国际社会科学研究院联合举办的“2019 年中日学术研讨会”在上海举办。此次研讨会围绕“福祉与社会保障、旅游与地方（乡村）振兴”主题，共有 18 位中日学者作了精彩的报告。横滨国立大学校长长谷部勇一教授也利用在上海访问的短暂休息时间到会祝贺。经济与管理学部学术委员会主任袁志刚教授在研讨会期间与长谷部勇一教授会面，双方对未来深化合作进行了富有成效的商讨。

【首届中日旅游论坛举办】 2019 年 12 月 5 日，首届中日旅游论坛在日本山梨县北杜市举办。这是中日高级别人文交流磋商机制启动后的首个大型交流活动。在为期三天的论坛上，中日两国政府官员及旅游业界人士就推动两国旅游业发展合作、扩大两国青少年交流和地方交流等议题进行了深入交流，共同探讨深化两国旅游交流的未来之路。

九　中日地方合作交流

【中日职业教育国际交流与合作座谈会在连云港召开】 2019 年 2 月 25 日上午，中日职业教育国际交流与合作座谈会在连云港召开。日中职业教育联盟理事长石黑基国一行和连云港中等专业学校校长王广武等人出席座谈会。在座谈会上，王广武简要介绍了连云港中等专业学校近年来的办学成效和学校不断推进国际化办学进程的有关工作情况，希望双方进一步深入交流与合作，共同提升学校国际交流合作办学的层次。石黑基国和岛根康复医学院代表吉川幸次郎围绕日方职业教育联盟相关学校开展教育国际交流与合作工作的基本情况、下一步工作计划、在政策和平台等方面所需的支持等情况进行深入交流。

【2019年北京市青少年友好代表团访日】 2019年7月16日，为纪念北京市与东京都缔结友好城市关系40周年，应日本东京都日中友好协会邀请，北京市青少年友好代表团一行对日本东京、京都、大阪等地进行访问，通过与日本中学生的面对面交流、社会实践、参观等活动，推进互学互鉴、播撒友好种子。7月16日，由北京市石景山区中学生组成的代表团拜会了东京都板桥区政府，进一步巩固了石景山区与板桥区间的友城关系。该代表团还赴东京樱川中学与日本中学师生进行交流，体验日本文化课和艺术课堂，增进了相互了解，夯实了中日青少年间的友谊基础。该代表团还将参观岚山周总理诗碑、市民防灾中心、大阪垃圾处理厂，近距离感受日本，加深对日本社会的认知和了解。

【2019中日（长沙）产业合作东京推介会举办】 2019年7月24日，由中国民族贸易促进会与长沙市人民政府联合主办、亚太联盟总商会协办的“2019中日（长沙）产业合作东京推介会”在日本东京举办。中国民族贸易促进会会长、长沙市经济发展顾问蓝军，亚太联盟总商会创会会长杨盛春，国际奥组委执行副主席于再清、日本前金融邮政担当大臣自见庄三郎，东京都议员、东京武尊会理事长野村有信等嘉宾，以及来自日本智能制造、人工智能、建筑新材料、健康医疗、食品加工等领域的企业及商协会代表120余人参加了这次推介会。本次推介会旨在促成建立长沙与日本的长期交流与合作机制，共同拓展合作领域，实现经贸频繁互动、加深往来，进一步深化全面合作，开创中日产业合作互利共赢的新局面。

【驻名古屋总领馆举办“走进江苏”2019年中日友好中部六县大学生访华团壮行会】 2019年8月27日，由中国驻名古屋总领事馆、中国驻大阪旅游办事处、江苏省文化和旅游厅共同主办的“走进江苏”2019年中日友好中部六县大学生访华团壮行会在名古屋举行。中国驻名古屋总领事刘晓军、中国驻大阪旅游办事处主任刘海生，爱知县副知事松井圭介，日中友好协会理事长冈崎温，东海日中贸易中心专务理事大野大介，名古屋商工会议所理事田中丰，丰田汽车公司执行董事、中国亚洲本部长上田达郎及中国东方航空名古屋支店长陈晓等嘉宾和访华团102名团员出席。

【第十五届“北京—东京论坛”开幕】 2019年10月26日，第十五届“北京—东京论坛”在京开幕，中国国务委员兼外交部长王毅、国务院新闻办公室主任徐麟、日本前首相福田康夫出席开幕式并致辞。“北京—东京论坛”由中日双方于2005年共同发起，已成为中日两国间高层次民间对话和交流的重要平台。本届论坛主题为“新时代、新期待——中日在维护亚洲及世界和平与发展中应承担的责任”，由国务院新闻办公室、日本外务省支持，中国外文局和日本言论 NPO 共同主办，中日嘉宾代表600余人出席论坛。

【2019 长沙对日招商引资环境推介会举行】　2019 年 11 月 16 日，2019 长沙对日招商引资环境推介会在长沙举行。中共湖南省委常委、市委书记胡衡华，日本驻华大使馆参赞畠山健太郎，中国民族贸易促进会会长蓝军出席推介会并致辞，中共长沙市委副书记、市长、湖南湘江新区党工委书记胡忠雄主持推介会。100 多家日本知名企业代表和嘉宾共 200 余人参加此次推介会。毕马威中国总代表高部一郎专题推介了长沙投资环境，在签约仪式上，包括琵琶湖观光促进会湖南代表处合作项目、永旺梦乐城茶塘项目、7—11 便利店项目、长沙提讴艾世邦电器有限公司项目、申亿马扎克智慧工厂在内的五个项目在现场签约，涵盖经贸交流、商贸流通、工业制造等多个领域，预计总投资金额逾 20 亿元人民币。在推介会后，客商还前往长沙经开区、长沙高新区、雨花经开区等相关园区进行实地考察。

【2020 中日职业教育国际交流研讨会顺利召开】　2019 年 11 月 19 日，2020 中日职业教育国际交流研讨会在山东召开。因疫情原因，本次国际交流研讨会采用线上视频直播和线下现场讲座形式举行。日本京都西山短期大学、山东省商务发展研究院、青岛职业技术学院、山东外贸职业学院、青岛外事服务学校、青岛旅游学校、青岛希凯国际贸易有限公司等机构的百余名专家、学者、企业代表和高校师生参加了此次会议。本次交流研讨会以“中日职业教育创新和中日经贸新形势”为主题，重点研讨了疫情背景下中日经贸新形势、职业院校商务日语专业人才培养、课程建设与创新、学生技能大赛、专业国际化发展等问题。

【2019 中日营商环境推介暨企业交流对接会】　2019 年 11 月 28 日，2019 中日营商环境推介暨企业交流对接会在湖南长沙举办。本次会议以“优化营商环境、推动中日产业合作”为主题，从中日经贸投资合作回顾与展望、对日投资推介——日本投资环境、产业政策及法律介绍、中日第三方市场合作、长沙产业链及经济开发园区推介和企业考察交流对接等方面，共同推动中日产业合作。

【JST 与山东省人民政府签署合作备忘录】　2019 年 12 月 6 日，日本科学技术振兴机构（JST）与山东省人民政府在东京就科技合作事宜签署了合作备忘录。双方先后介绍了各自的强项、合作意愿与诉求，并约定将加强山东省与日本之间科技服务机构的交流与合作。双方面向各自区域收集科技创新需求、发布科技创新成果，通过共同主办中日大学展暨论坛、新技术展示会等形式，开展科技需求对接，加强科学信息交流。支持山东省与日本双方的大学、科研机构将高科技成果、先进技术等向对方领域推广，加强各自科研院所、技术型企业等开展实质性交流。双方还约定，JST 将支持山东省与日本双方的大学、科研院所等以上述平台为载体，开展合作研究、高科技成果转化、初创企业成长及科技资源的对接。

【2020对话山东——日本·山东产业合作交流会开幕】 2020年7月30日，2020对话山东——日本·山东产业合作交流会开幕。本次交流会由山东省政府、中国贸促会、日本贸易振兴机构联合主办，持续到9月30日。此次交流会旨在深化鲁日全方位交流合作，落实2019年底山东省代表团出访日本各项机制平台成果，进一步构建鲁日地方政府、商协会、科研机构和企业多层次长效合作对话机制，拓展双方合作新领域、新空间，实现互利共赢，加快塑造新形势下山东省开放型经济发展新优势。

【中日职业教育对接交流洽谈会举办】 2020年9月25日，由山东省贸促会、德州市政府与日中文化经济事业团共同主办的“中日职业教育对接交流洽谈会”在线举行。山东省贸促会副会长刘晓江，德州市政府副市长张桂爱，山东省政府驻日本经济贸易代表处首席代表郭全涛，大阪府日中友好协会副理事长大薮二朗，日中科学技术文化中心理事长巨东英，和歌山新报社董事长津村周等人参加活动并致辞。作为“对话山东——日本·山东产业合作交流会”的系列活动之一，本次洽谈会上共有来自中国的50余家院校及相关企业代表和来自日本的20余家职业教育相关机构代表参会，其中中日代表各五家院校及企业做了现场宣传推介，八所院校分别签订了共计九个《中日校际友好合作交流备忘录》。

【2020中日（大连）教育论坛举行】 2020年9月26日，由辽宁大连市人民政府主办，大连市教育局、民盟大连市委承办的2020中日（大连）教育论坛在世界博览广场举行。这也是2020中日（大连）博览会的重要活动之一。此次论坛以“疫情背景下东北亚教育创新发展”为主题，多名中日教育界知名人士参加，共同探讨如何促进中日教育交流合作，推动东北亚经济、社会、文化共同发展。大连市委常委、副市长尹卫军，日本驻沈阳总领事馆大连领事办公室首席代表龟井启次出席论坛并致辞。中日教育行政部门、中小学校、教育机构的160多名嘉宾参加论坛。本次论坛聚焦中日教育发展变革与趋势，对破解“后疫情时代”教育新课题，快速适应教育模式变革，构建更高水平人才培养体系，实现教育创新发展具有积极的促进作用。

【2020第七届中日老龄产业交流会举办】 2020年11月25日，由山东省贸促会、日本贸易振兴机构青岛代表处主办、烟台市贸促会、烟台市民政局、烟台市医保局承办的第七届中日老龄产业交流会在烟台举办。包括日医、爱志旺、八乐梦床业等知名企业在内的日本企业代表，烟台市内养老机构、企业代表共60余人参加交流会，并就具体的合作项目进行了对接洽谈。此次交流会分为上午圆桌会议和下午企业“一对一”对接洽谈会两场会议进行。山东省贸促会国际联络部邹霞部长、日本贸易振兴机构青岛代表处所长吉川明伸出席会议并致辞。在交流会期间，中日双方企业家代表进行了“一对一”对接洽谈，在养老机构运营、人才培训、医疗养老设备、投资合作等方面达成多个合作意

向，搭建了中日老龄产业交流合作的平台。

【第十六届“北京—东京论坛”举行】 2020年11月30日—12月1日，“北京—东京论坛”在北京、东京两地同时举行在线会议。“北京—东京论坛”现已成为中日两国高层次的民间对话及交流平台。2020年论坛的主题是“疫情后的国际秩序与中日两国的作用”。

【中日（山东）教育交流合作对话会暨中日（山东）教育国际合作联盟成立大会召开】 2020年12月1日，由山东省教育厅与日本日中文化交流中心联合举办的中日（山东）教育交流合作对话会暨中日（山东）教育国际合作联盟成立大会在济南召开。此次会议采取线上和线下两种模式，山东省教育厅、省外办、中国驻日大使馆、日本驻青岛总领馆以及来自中日共366所高校、职业院校、中小学和中日两国教育、文化交流机构共600余人参加了会议。在会议期间，在中日双方与会代表的共同见证下，中日（山东）教育国际合作联盟正式启动。山东大学、中国海洋大学、中国石油大学（华东）、日本大阪大学、上智大学、千叶大学等19所大学和中学作为中日双方代表参与了线上对话交流。

十　中日青年交流

【2019年第一批中国大学生代表团访日】 2019年3月10—17日，应日中友好会馆邀请，中国大学生代表团一行120人访问日本东京及鹿儿岛、宫崎等地。此次访问主题为环境与防灾，代表团成员由来自天津、河北、四川、上海等四省市18所高校相关专业的大学生组成。在日访问期间，代表团一行访问了上智大学、法政大学、鹿儿岛大学等日本高校，聆听了环境专题授课、防灾减灾专题讲座，参观了垃圾填埋场、防灾中心等公共设施，并体验了应急救护、消防避难等模拟演习。此外，代表团还分赴出水市和小林市，入住日本普通农家体验民宿生活，并在当地开展植树活动，种下中日友好之树。

【中日青少年交流促进年开幕】 2019年4月14日，中日青少年交流促进年开幕式在北京钓鱼台国宾馆隆重举行。国务委员兼外交部长王毅在北京与日本外相河野太郎共同出席开幕式并致辞。来自北京大学、清华大学、中国人民大学等多所高校的200多名中日学生出席了开幕式。作为中日关系改善的一项具体成果，2018年中日双方将2019年定为中日青少年交流促进年，并决定在未来5年内安排3万名青少年实现交流互访。

【“2019中日青少年交流促进年——美丽中国文化观光之夜”活动在东京举行】 2019年4月23日，作为中日两国青年友好交流年的重要项目之一，“2019中日青少年交流促进年——美丽中国文化观光之夜”活动在东京举行。中日两国政府决定将2019年定为中日青少年交流促进年并决定在未来5年内安排3万名青少年实现交流互访，“美丽中国文化观光之夜”活动正是落实这一共识的重要举措，既推进了旅游发展，也让两国新一代加强了解，增进友谊，促进两国关系的长久发展。

【中日大学生交流大会开幕式举行】

2019年4月30日，“中日青少年交流促进年”系列活动之“中日大学生交流大会”开幕式在大连理工大学举行。此次交流大会共吸引了来自日本东京大学、大阪大学、九州大学、名古屋大学等27所高校及相关机构的373名师生（其中学生321人，教师52人）参与其中，参与师生涵盖理、工、经、管、法、医、农、教育、心理、人文、外语等众多学科，中方则有来自机械、材料、软件、建筑、外语等众多学科的近300名学生参与。一周的同课堂、同食堂、同作息的交流，给中日大学生提供了了解彼此、认识彼此的平台，也为他们搭建友谊与未来合作共进打下了根基。

【中国人民大学2019年度首批中国大学生访日团赴日】 2019年5月19—24日，中国人民大学大学生访日团赴日本进行友好交流。主要行程有：赴江户东京博物馆参观众多复原模型以及丰富的实物资料，感受东京庶民文化，回顾东京从江户时代到现代化发展的历史；前往日中友好会馆进行环保相关的讲座学习活动；前往芝浦水再生中心，听取工作人员对污水处理中沉砂池、反应槽等设施的相关讲解；参观品川防灾体验馆、到中央大学进行交流访问、赴德岛县访问德岛大学，到德岛县立西部防灾馆了解吉野川洪水的历史，及所在地区的防灾措施，并前往水边之乐园——中鸟川公园进行植树活动，并在当地入住寄宿家庭，体验日本乡村文化，等等。通过此次访日活动，大学生在环境保护和抗震防灾方面有了很多知识性收获，对日本的社会、文化和风土人情有了进一步的了解。

【2019年度首批中国大学生访日代表团访日】 2019年5月19—26日，应日中友好会馆邀请，中国人民对外友好协会组织北京、吉林、山西、重庆等地150名大学生访问日本东京、石川等地，开展“日中植树造林国际联合事业”，实地考察日本社会，体验日本文化，与日本大学生开展友好交流。重庆市对外友协组织重庆大学、西南大学、西南政法大学、重庆师范大学、重庆工商大学、四川美术学院六所高校的27名优秀大学生参加此次访日交流活动。在日期间，代表团开展了内容充实、形式多样的交流活动：访问日本工学院大学及石川县金泽大学，听取日本专家关于环保防灾等领域的专业讲座，深入了解日本高校环境领域科研现状，与日本大学生开展面对面交流活动。考察东京都北区防灾中心、日本科学未来馆、石川县金泽市西部环境能源中心，了解学习日本环境保护、防震减灾最新技术。赴石川县凤珠郡能登町，入住日本普通家庭体验民宿生活，并在当地种下了象征中日友谊的友好之树。

【青少年文化艺术代表团出访日本】

2019年5月20—25日，受东京都日中友好协会邀请，北京市人民对外友好协会组织由顺义区牛栏山第一中学舞蹈社团15名师生组成的青少年文化艺术代表团赴日本访问交流。在日访问期间，该代表团将先后进行多项活动，分别拜会东京都目黑区政府和北海道（省）政府，与目黑区、北海道（省）政府官员进行面对面对话；到访目黑区八云学园高中，与日方师生在学校食堂共进午餐，参观教学设施，同台展示才艺；与东京都友协会员、日本对华友好青年人士共同开展了联欢活动，互演互赏互鉴传统文艺节目；拜访东京霞山会东亚学院，与在该院学习中文的日本青年座谈交流；与北海道月寒高中的当地学生进行互动，交朋友促友情，等等。

【2019“文化研学”中日青少年交流活动在日本青梅市举行】　2019年7月8—11日，应东京都青梅市日中友好协会的邀请，由山东日照市新营中学22名师生组成的青少年成长体验代表团赴日本进行访问交流。青梅市教育局长岡田芳典、青梅市日中友好协会会长木下政明出席欢迎会并致辞。该代表团到访青梅市第六中学，并与日方师生在学校共同学习、共进午餐，参观教学设施，相互交流中日书法的不同之处。另外，该代表团还与长野县学生进行互动，体验当地农家特色。

【2019中日青少年文化艺术节在京开幕】　2019年7月15—20日，由日本东京中野区政府、大田区政府和大连中日友好协会、中国魅力校园联合主办的“美育研学2019中日青少年文化艺术节”在日本东京开幕，逾千名中日两国青少年参与其中，共同开启一场由文艺演出、入校参访、研学体验等丰富交流形式组成的中日文化互鉴之旅。本次活动为“2019中日青少年交流促进年”计划项目之一，以青少年艺术交流为纽带，旨在携手为促进中日互利合作和共同发展作出贡献。中国驻日本大使馆友好交流部二等秘书付博、大连市中日友好协会会长于建军，中野区区议会议长出井良辅、大田区副区长清水耕次、日中儿童友好交流后援会理事江原孔江、日本助乐协会会长高桥慧等领导嘉宾莅临现场并致辞。

【“2019中日青少年动漫绘画展”开幕式在东京举行】　2019年7月19日，由2019国际少年儿童动漫绘画展实行委员会、东方网、光文东京网共同主办的“2019中日青少年动漫绘画展”在日本东京都“光文艺术空间”举行开幕式。本次绘画展是2019中日青少年交流促进年活动，以“和平、环保、友好、奥运”为主题，面向中日两国青少年动漫、绘画爱好者设两个年龄组，并最终在500余幅来自中日两国儿童的海选作品中评选出每组包含一、二、三等奖各一名在内的30幅优秀作品进行颁奖和展览。中国驻日本大使馆文化处处长石永菁、日本动画协会理事长松谷孝征、田中角荣和平祈念财团理事长田中京等出席颁奖仪式环节并发言。继东京之后，评选出的优秀作品还将在北京、上海等多地进行线下巡展。

【“熊猫杯”日本青年感知中国征文大赛2019颁奖仪式举行】　2019年7月31日，由中国驻日本大使馆、中国外文局人民中国杂志社、日本科学协会共同主办的“熊猫杯”日本青年感知中国征文大赛2019颁奖仪式暨五周年纪念文集首发式在中国驻日本大使馆举行。此次大赛共收到513份投稿，经过严格评审，最终评选出优秀奖10名、入围奖10名、佳作奖35名和组织奖3名。由

20名获奖者组成的访华团于8月2—8日前往北京、西安访问一周，在参观体验中国文化景观的同时，还与两地中国青年展开面对面的交流。此次大赛作品于2020年1月13—19日在日本展览，与大赛相关的中国青少年访日交流活动同期进行。

【“日本小大使欢迎会”活动举行】

2019年10月15日，由日本公益财团法人永旺1%俱乐部、日本驻华大使馆主办的“日本小大使欢迎会”在北京举行，日本驻华大使横井裕、北京市人民政府外事办公室副主任李辉、永旺1%俱乐部理事长横尾博等嘉宾以及来自中日两国的140名“小大使”出席了活动。作为公益财团法人永旺1%俱乐部实施的中日高中生交流活动的一部分，来自日本筑波大学附属高等学校、东京学艺大学附属高等学校、东洋大学附属牛久高等学校、立命馆庆祥高等学校、札幌日本大学高等学校、名古屋大学教育学部附属高等学校、三重县立四日市高等学校的70名日本高中生于10月14日到访中国，并在中国多地进行访问交流。作为中方的“小大使”，刚刚于今年7月8—15日访问日本的70名来自北京、武汉、苏州的高中生也参加了当晚的活动。

【2019笹川杯“品书知日本征文大赛”评选揭晓】 2019年11月18日，由人民中国杂志社、日本科学协会共同主办的2019笹川杯“品书知日本征文大赛”评选结果揭晓，评委会从来自全国141所高校日语专业学生和社会来稿共1763篇参赛作品中遴选出优胜奖四名，分别是黄凯琪（厦门大学）、吴婵（湖北文理学院）、蒋超仪（中国人民大学）和倪菁菁（华东师范大学），他们将应日本科学协会的邀请于2020年2月赴日本进行为期八天的访问交流和考察，进一步感知日本，加深中日青年之间的相互了解与信任，增进情感、促进友好。此外，北京第二外国语学院的白文娜等14人分别获得二等奖、三等奖和优秀奖；大连工业大学外国语学院等11所高校或学院获得“功劳奖”；厦门大学的皆见浩史等九名教师获得指导教师奖。

【中日青少年友好交流大会举行】

2019年11月23日，由中国人民对外友好协会与中国日本友好协会联合主办的中日青少年友好交流大会在人民大会堂举办。来自中日两国逾千名大学生欢聚一堂，在“新的相遇”中连接起了“心的纽带”。中国人民对外友好协会会长李小林、外交部亚洲司司长吴江浩、日本前内阁官房长官、日中友好文化交流促进协会会长河村建夫、日本驻华大使馆首席公使植野笃志等出席大会并致辞。国务委员兼外交部长王毅和日本外务大臣茂木敏充分别发来书面贺信。参加交流活动的中日方学生代表也上台发表了感想，讲述了各自在对方国家的亲身经历和这些经历为自己带来的思想甚至行动上的改变。在大会最后，中日青年共同参与文艺演出并表演了节目，进一步促进了双方的友好交流。

【“中日植树造林国际联合事业”2019中国大学生赴日友好交流活动顺利开展】 2019年11月23—30日，为期八天的“中日植树造林国际联合事业”2019中国大学生赴日友好交流活动顺利开展，共有来自安徽、江苏、河北、浙江、湖南、陕西六省约300名青年学生参加。11月29日，作为此次活动重要环节的中日大学生500人交流大会在东京举办。日中友好会馆代会长、日本前驻华大使宫本雄二，中国驻日本大使馆公使衔参赞杨宇，中日友好协会秘书长袁敏道出席大会并致辞。在此次交流大会上，九名中日两国大学生代表分别通过照片分享各自在互访活动中发现的对方国家的魅力。

【日本青少年代表团访问北京城市学院】　2019年12月21日，日本青少年代表团在日中友好协会理事长冈崎温团长带领下访问了北京城市学院航天城校区。北京城市学院副校长温宗勇热情接待了代表团，北京对外友好协会副会长高双进陪同。日方代表团参观了北京城市学院航天城校区专业实训室，并分组与动画（日语国际特色班）、英语、中药、工美等专业师生在动漫、棋类、球类、中药制作、书法、国画、绳结等方面进行了交流与互动。

【首届中日青少年书画友好交流大赛颁奖典礼在北京举行】　2019年12月22日，由中国外文局人民中国杂志社主办的首届中日青少年书画友好交流大赛颁奖典礼在北京举行。中日两国嘉宾向获奖者和获奖单位颁发了荣誉证书，并现场展示了由中日青少年共同创作的长达10米的书画长卷“共同的家园”，以此表达两国青少年希望共建美好家园的愿望。本届大赛以“讲述中日两国传统文化故事、促进中日青少年友好交流”为宗旨，面向中日两国6—22岁的青少年书画爱好者，通过书法、绘画的形式促进中日青少年的友好往来。此次大赛得到了两国青少年的积极响应，共计收到6万余份大赛投稿。在颁奖仪式上还举行了第二届中日青少年书画友好交流大赛总决赛承办城市交接仪式。

【“2020感知日本——笹川杯全国作文大赛”结果公布】　2020年11月20日，由人民中国杂志社与日本科学协会联合举办的“2020感知日本——笹川杯全国作文大赛”结果在人民中国杂志社官网公布。2020年是中日两国政府认定的文化体育交流促进年，作为促进年系列活动之一，本次笹川杯品书知日本征文大赛共获得来自全国27个省、市、自治区、直辖市、香港特别行政区的216所院校以及社会各界共计1815人投稿。经过严格评选，最终评选出一等奖4名、二等奖8名、三等奖30名、优秀奖40名，15所高校获得最佳组织奖、41名教师获优秀指导教师奖。一等奖的获得者将受日本科学协会的邀请赴日本访问（视疫情情况），与日本青年进行交流和社会考察，以此促进中日两国青年的文化交流和人文交流，增进相互间的理解和信任，促进相互友好。

【“熊猫杯”日本青年征文大赛2020举行线上颁奖仪式】　2020年11月23日，由中国驻日本大使馆、中国外文局人民中国杂志社、日本科学协会共同主办的“熊猫杯”日本青年感知中国征文大赛2020举行线上颁奖仪式。此次大赛共收到481份投稿，最终评选出优秀奖10名、入围奖10名、佳作奖35名和组织奖3名。原定于2020年11月下旬举行的获奖者访华活动，顺延至2021年举办。

【2020年中日青少年科技营在南京开营】 2020年12月22日，由江苏省科学技术协会支持，江苏省国际科技交流与合作中心主办，日中产学交流推进协会等共同承办的首届“中国科协中日青少年交流计划——2020年中日青少年科技营”在南京开营。“中日青少年交流计划”是由中国科协正式批准设立的项目，在活动当天，因疫情关系，在布置线下会场的同时，主办方还精心设计了“云参观”“云竞赛”“云论坛”“云展示”等环节，方便中日两国300余名科技工作者、教育工作者及学校师生代表进行线上线下的交流互动。中日两国科研工作者、专家代表及中日交流专家结合各自的工作平台，就如何促进中日科技交流，以及科技研究领域和成果等进行了介绍。两国14所学校的师生也纷纷送上了“云祝福”。

十一　中日妇女交流

【日本特命担当大臣片山皋月一行到东城区文化（国际）人才创业园参观交流】 2019年1月10日，以日本地方创生、内阁府促进女性活跃特命担当大臣片山皋月为团长的日本政府代表团一行14人到北京市东城区文化人才（国际）创业园进行友好访问。该代表团的这次访问，旨在了解北京市在促进女性参与经济建设、社会发展、政治决策等方面的情况。

【驻日本使馆妇女小组与横滨北日中友好交流会举办】 2019年3月22日，驻日本使馆妇女小组与横滨北日中友好交流会举办插花交流活动，驻日本大使夫人汪婉参赞、部分女馆员及日本友人共30余人参加。在花道老师们的精心指导下，女馆员们巧思慧心，纷纷创作出以樱花为主题的风格各异、绰约多姿的插花作品。大厅内欢声与花香交织，气氛温馨、祥和。大家纷纷表示此次活动不仅交流了传统文化，还拉近了彼此距离，希望中日友谊之花绽放得更加绚丽多彩。

【“三月珠海·女性视界——2019中日福祉文化与服务创新设计论坛暨北京理工大学珠海学院师资队伍建设年”活动开幕】 2019年4月10日，由北京理工大学珠海学院、福祉文化与产业服务研究院、中国好设计珠海中心以及珠海福祉文化与服务设计研究基地联合主办的“三月珠海·女性视界——2019中日福祉文化与服务创新设计论坛暨北京理工大学珠海学院师资队伍建设年”活动正式拉开帷幕。在为期两天的活动中，来自国内外的各个高校和业界的专家、学者为设计与艺术学院的师生们带来多场精彩的主旨演讲。该论坛秉承立德树人宗旨、倡导福祉文化、关注民生服务、培育设计英才，以国际化设计教育为宗旨，开拓教育理念与视野，活跃学术氛围，倡导福祉文化与产业创新设计之目标，助力粤港澳大湾区的设计动力，聚合湾区设计力量，形成设计教育文化生态。

【2019年首届中日女企业家论坛举办】 2019年4月11日，由中日女企

业家协会与上海市福建女企业家商会共同举办的“女性企业家的力量与影响——2019年中日女企业家论坛”举行。此次论坛的主题为“女性企业家的力量与影响”，邀请了五位中日女企业家进行主题分享，展示新时代两国女性的智慧，表达两国女性精英群体的观点，输出具有正能量的价值观，发挥中日两国女企业家的影响力，为加深中日两国之间的传统友谊贡献力量。此次论坛促成了六家中日企业达成合作意向，日本株式会社璞洛兰博与中国上海长江医疗产业集团进行强强合作，共同研发医美健康食品；上海榕普教育科技有限公司与明新日本语学校、上海虹北房地产开发有限公司与日本上游株式会社达成战略合作协议。

【日本华侨华人妇女联合会举办诞生五周年庆贺会】　2019年6月2日，日本华侨华人妇女联合会在东京举行庆贺会，纪念华侨华人妇女联合会诞生五周年。从日本最南端的冲绳到北端的东北三县以及名古屋、大阪和东京首都圈的代表欢聚一堂，忆往事不忘“爱心公益”初心，话未来持之以恒，做好在日华人社团“排头兵”。庆典仪式在日本能乐大鼓演奏家、人间国宝大仓先生的表演中拉开帷幕。中国致公党中央常委、海外联络委员会副主任、致公党福建省委副主委刘珂女士致辞。中国驻日本大使馆参赞总领事詹孔朝到场祝贺。在庆典上，雪平会长还向法政大学教授王敏颁发了顾问聘书。

【山田夕香琳个人画展开幕】　2019年9月26日，以“向新世界的邀请”为主题的日本青年女画家山田夕香琳个人画展在上海华萃艺术中心举办。民建中央画院院长周鸣秋、日本驻上海总领事馆首席领事等等力先生、上海市原副市长刘振元、吉林商会代表孙铁骑及在上海的日本企业商会等120多位中日嘉宾应邀出席了画展开幕仪式。本次画展的场馆布置融入了日本花道插花和置景艺术等多种立体平面元素交融的新风格，在形式上别出心裁，视觉上极富清新淡雅之感，让人仿佛置身于自然界。

【2019年日本华文小姐 & 中华太太总决赛冠军揭晓】　2019年11月17日，由一般社团法人中华太太日中文化交流联合会与朝日东京株式会社联合主办的“2019年第四届中华太太日本赛区全国总决赛及国际华文小姐总决赛”在东京原宿圆满落幕。中国驻日本大使馆总领事詹孔朝代表大使馆对活动发起人和主办人、中华太太日中文化交流联合会会长金小百合（吉田健子）为这次活动付出的艰辛努力，以及中日各界人士的协助表示了感谢，希望通过美丽的丝绸服装，唤起日本各界对丝绸之路、对中国的兴趣，更多地到中国旅游观光，实地了解中国，从而促进中日之间的相互理解、交流和友好。

【日本前首相与女性成长平台能量池共同探讨中日女性文化交流】　2020年1月7日，日本前首相、日本友爱协会理事长、东亚共同体研究所理事长鸠山由纪夫及其夫人鸠山幸在日本东京“鸠山会馆”会见中国企业家、慈善家李晓华及能量池女性成长平台等交流团一行19人，进行民间文化交流活动，探讨中日女性成长新方向。在交流活动中，能量池女性成长平台董事长米果向鸠山由纪夫夫妇介绍了推动女性成长对社会发展的重要性。鸠山由纪夫夫妇对其推动女性成长的理念表示赞赏，并题字“上善如水”赠予能量池。鸠山由纪夫夫妇希望以本次交流活动为契机，激励更多的中国女性积极提升自我，承担更多的社会角色。同时鼓励中国企业创造更多的两国人民喜爱的产品，促进中日文化和民间友好交流。

【日本华侨华人妇女联合会成立六周年庆祝活动举办】 2020 年 6 月 6 日，日本华侨华人妇女联合会成立六周年庆祝活动举办。关西地区华侨华人妇女联合会会长、对外交流协会副会长和旅日歌唱家等众多优秀女性共聚一堂，大家载歌载舞，共贺吉日。

十二 中日其他交流

【中日第三方市场合作研讨会举行】 2019 年 4 月 2 日，中日第三方市场合作研讨会在泰国首都曼谷举行，中国、日本、泰国三方企业代表围绕在泰国开展三方市场合作及交通物流、能源环境和智慧城市等重点合作领域进行研讨。三方代表认为，中日双方在资金、技术、人才等方面各具优势，泰国在参与中日第三方市场合作方面具有得天独厚的条件和优势，泰国东部经济走廊项目发展潜力巨大，中日在泰国开展第三方市场合作前景广阔；中日泰三国工商界应进一步深化合作，营造良好的合作环境，加强信息交流与共享，充分发挥贸促机构作用，携手打造“产业 + 技术 + 资本 + 市场”的合作模式，努力将泰国东部经济走廊打造成中日第三方市场合作示范区，实现“三赢”。此次研讨会为中日泰三国企业搭建了交流合作平台，希望三国企业通过合作实现优势互补，促进泰国及本地区经济发展。

【第五次中日经济高层对话举行】 2019 年 4 月 14 日，中国国务委员兼外交部长王毅在北京与日本外相河野太郎共同主持第五次中日经济高层对话。2018 年，双方时隔八年重启中日经济高层对话，有效地促进了政策沟通和务实合作。当前，两国经济合作空间不断扩大，领域快速拓展，双多边同步推进，广度和深度不断拓展，活力韧性日益增强。第五次中日经济高层对话是在中日两国领导人和社会各界共同努力，中日关系重回正轨并取得新发展，世界经济形势发生深刻复杂变化的大背景下举办的高层对话。在此次对话会上，中日两国外交和经济部门围绕宏观经济政策、双边经济合作与交流、对话项下重要合作、区域经济一体化和全球经济治理等议题全面深入地交换了意见，达成一系列共识。

【中国国家主席习近平应邀赴日】 2019 年 6 月 27 日，中国国家主席习近平乘专机抵达大阪，应日本首相安倍晋三邀请，出席二十国集团领导人第十四次峰会。本次二十国集团领导人峰会于 6 月 28—29 日在大阪举行。习近平在峰会上深入阐述对世界经济形势和全球经济治理的看法和主张，并在与会期间会见了日本首相安倍晋三。

【2019 年“中日关系舆论调查”结果发布】　2019 年 10 月 24 日，由中国外文局和日本言论 NPO 共同实施的第十五届北京—东京论坛“中日关系舆论调查”结果在北京发布。中国外文局副局长高岸明对中日双方调查数据、调查基本情况和主要调查发现进行了说明，日本言论 NPO 代表工藤泰志、零点有数数据科技集团董事长袁岳出席发布会。今年的调查结果显示，中日双方多项调查数据均持续好转，但两国关系发展的民意基础仍不牢固，两国公众受访者对进一步加深中日关系，尤其是对加深中日两国国际合作和民间交往抱有较高的期待。“中日关系舆论调查”自 2005 年首次实施以来，已成为反映中日两国民意、增进相互了解的重要途径之一。

【日本企业大规模组团参展第二届中国国际进口博览会】　2019 年 11 月 5—10 日，第二届中国国际进口博览会（进博会）在上海举办。在首届进博会上，日本因参展企业数最多而成为最大规模的参展国。2019 年，日本企业继续延续这一势头。除集中在 JETRO 组织的中小企业展区的 158 家企业及团体外，另有 220 余家日本企业独立出展。2019 年通过 JETRO 报名参展的 158 家日本中小企业主要集中在“食品及农产品”和“医疗器械及医疗保健”两大领域。其中在“食品及农产品”展区出展的有来自日本八个地方的 108 家企业及团体，本次出展规模也荣列迄今 JETRO 在海外组织的“食品及农产品”展之最。

【中日关系舆论调查报告发布】　2020 年 11 月 17 日，由中国外文局和日本言论 NPO 共同实施的第十六届北京—东京论坛“中日关系舆论调查”结果首次以在线方式在北京、东京发布，中国外文局副局长高岸明出席发布会。调查结果显示，中国受访者对日本的好感度仍处于回暖区间，但今年的数据显示这一回暖态势有所放缓。中国受访者对中日双边关系的重视程度有所提高。美国因素上升成为阻碍中日关系发展的新现实因素。中国受访者对日本军事威胁的危机感有所缓解。此次调查由中国外文局当代中国与世界研究院主持，北京零点有数数据科技股份公司执行调查。本年度中方调查于 2020 年 9 月 15 日至 10 月 16 日进行，调查样本包括来自北京、上海等 10 个城市的 1571 名城市居民。

（撰稿人：田卫卫）

第二编

多边中外人文交流平台

上合组织人文交流

一　上合组织教育交流

【上海合作组织新任秘书长率代表团访问威海职业学院】 2019年4月3日，上海合作组织新任秘书长弗拉基米尔·诺罗夫率印度、巴基斯坦、俄罗斯等上海合作组织国家驻华使节代表团一行16人访问威海职业学院，推动共同建设上合组织实业家委员会国际贸易和国际经贸关系培训中心与联合落地落实上合组织国家职业技能大赛相关项目。

【哈萨克斯坦国际学校代表团访问睦委会秘书处】 2019年8月21日，中国上海合作组织睦邻友好合作委员会（睦委会）会员，哈萨克斯坦塔莫斯教育国际学校代表团一行到访上海合作组织睦邻友好合作委员会秘书处，探讨加强汉语教学合作。

【上海合作组织国家职业技能邀请赛举行】 2019年11月11日，以“增进友谊、展示技能、共赢发展”为主题的上海合作组织国家职业技能邀请赛在山东省威海职业学院举行。来自20个国家和地区的选手在移动机器人、焊接、时装设计、西餐烹饪等13个竞赛项目中展示技能。

【第十三届上海合作组织成员国“教育无国界”教育周举行】 2020年12月4日，第十三届上海合作组织成员国“教育无国界”教育周以远程视频会议形式在俄罗斯首都莫斯科和新西伯利亚市两地举行。来自中国、俄罗斯、哈萨克斯坦、吉尔吉斯斯坦、塔吉克斯坦、乌兹别克斯坦、巴基斯坦和印度的教育部门负责人、上合大学项目院校负责人等成员国专家学者，来自区域学、生态学、能源学、IT技术、纳米技术、经济学和教育学七个方向、八个国家数百名专家、学者围绕“国际合作之应对未来挑战以造福后代”等主题进行深入探讨。

【上海合作组织青年职业教育与创新创业高端圆桌会开幕】 2020年12月5日，2020上海合作组织青年职业教育与创新创业高端圆桌会暨研讨会在云南昆明举行。上海合作组织睦邻友好合作委员会副主席崔丽、全国青联中国国际青年交流中心副主任贾铁松及上合组织秘书长弗拉基米尔·诺罗夫、上合组织轮值主席国塔吉克斯坦驻华大使萨义德佐达和各成员国代表与会。昆明市政协主席熊瑞丽出席圆桌会并致欢迎辞，副市长孙群主持会议。

二　上合组织文化交流

【《上海合作组织：回眸与前瞻（2001—2018）》蓝皮书首发】　2019年1月10日，《上海合作组织：回眸与前瞻（2001—2018）》蓝皮书首发式在北京举行。该蓝皮书全面总结了上海合作组织17年所走过的道路，展示上海合作组织全方位、多领域合作的概貌，勾勒了上海合作组织成长壮大的全景。

【《现代世界中的上合组织（2016—2018年）》新书首发】　2019年3月1日，由上海合作组织前秘书长阿利莫夫和塔斯社社长米哈伊洛夫主编的新书《现代世界中的上合组织（2016—2018年）》俄文版北京首发式在上合秘书处举行。该书汇集了塔斯社关于上合组织的报道，其中包括成员国领导人的声明和讲话，以及2016—2018年对上合组织秘书长的采访，时任秘书长阿利莫夫关于上合组织主要工作的介绍及其他相关资料。

【上海合作组织成员国儿童绘画展开幕】　2019年3月12日，由乌兹别克斯坦上海合作组织民间外交中心举办的“孩子眼中的世界”绘画展在乌兹别克斯坦首都塔什干开幕。该绘画展由乌兹别克斯坦上海合作组织民间外交中心举办，并得到了乌兹别克斯坦国民教育部、乌兹别克斯坦学前教育部、乌兹别克斯坦艺术学院等机构的支持和参与。来自中国、俄罗斯、哈萨克斯坦、吉尔吉斯斯坦、塔吉克斯坦、乌兹别克斯坦、印度和巴基斯坦等上合组织成员国的数百幅儿童绘画作品通过描绘海洋、烈日、森林、飞鸟等形象展现了儿童对爱、友谊、家庭、和平等主题的理解，也展现了各国的人文历史和自然风情。

【上海合作组织前秘书长新书《中国、欧亚和上合组织》发布面世】　2019年3月19日，上海合作组织前秘书长、吉尔吉斯斯坦前驻华大使穆拉特别克·伊马纳利耶夫的最新著作《中国、欧亚和上合组织》首发式在吉尔吉斯斯坦首都比什凯克举行。该书从宗教、社会文化、民族心理特征等角度梳理了中国与中亚各国的历史往来，探讨了中亚国家独立以来，特别是“一带一路”倡议提出以来与中国关系的发展进程。

【中哈两国合拍的电影《音乐家》公映】　2019年4月13日，第九届北京国际电影节开幕，影片《音乐家》作为开幕影片率先公映。《音乐家》讲述了“人民音乐家”冼星海在苏联卫国战争期间流离失所，在得到哈萨克斯坦音乐家的救助后，以音乐创作激励中哈人民抗击法西斯的故事。80年前的1939年4月13日，冼星海创作的《黄河大合唱》在延安首演。《音乐家》是中国“一带一路”倡议与哈萨克斯坦“光明之路”新经济政策战略对接在人文领域合作的重点项目，开启了中国和哈萨克斯坦两国合拍影片的历史，是中哈两国政府间电影合拍协议的启动项目。

【上海合作组织论坛第十四次会议举行】　2019年4月17日，上海合作组织论坛第十四次会议在京举行，此次会议的主题为“研究新时期上海合作组织面临的形势和任务”。上合组织八个成员国、三个观察员国、六个对话伙伴国的学者、官员、驻华使节、媒体代表等100余人与会。中国外交部副部长张汉晖出席并致辞。

【亚洲艺术作品展在京开幕】 2019年5月10日，“亚洲文明联展（艺术展）：大道融通——亚洲艺术作品展”在中国美术馆开幕，展出了41个亚洲国家的120位艺术家创作的130件作品。在“美丽中国”和“美人之美”两个单元，分别展示了亚洲各国艺术家描绘中国人文和自然风景的作品，以及中国艺术家表现亚洲其他国家人物和风貌的作品。

【第十届上海合作组织成员国艺术节在吉举行】 2019年6月9日，第十届上合组织成员国艺术节在吉尔吉斯斯坦举行。女高音歌唱家么红、琵琶演奏家赵聪参加艺术节开幕演出，中国国家主席习近平等上合组织国家元首共同出席观看。

【“上合日”暨“上合国家——八个奇迹展”在北京举行】 2019年6月21日，由上海合作组织秘书处主办的“上合日”暨“上合国家——八个奇迹展”在京举行，隆重庆祝上合组织成立18周年。全国人大常委会副委员长沈跃跃女士，上海合作组织秘书长弗拉基米尔·诺罗夫先生，中国外交部、文旅部、中国人民对外友好协会、中华全国妇女联合会等有关部委和机构领导，上合组织有关国家驻华使节，欧盟、东盟等国际组织驻华代表以及中外学者、实业界人士、媒体代表等600多位嘉宾出席。此次展览的主题展分为“序言”“上合奇迹”和“上合汇”三个部分，重点围绕上合八个成员国“奇迹”项目及产品等文旅资源，通过多媒体影像、图片展、产品展、美食展等多种推介形式，讲述上合文旅故事，展示上合文旅的优势和广阔的前景。

【上海合作组织荣誉日活动在北京世园会举行】 2019年7月6日，中国北京世界园艺博览会“上海合作组织荣誉日”活动举行。上海合作组织秘书长弗拉基米尔·诺罗夫，北京世园会政府副总代表、北京市外办副主任李轶，中国外交部欧亚司参赞于骏，中国上海合作组织睦邻友好合作委员会秘书长郑薇出席活动并致辞。

【国际组织志《上海合作组织》在北京发布】 2019年7月24日，由中国社会科学院俄罗斯东欧中亚研究所、中国社会科学院上海合作组织研究中心、社会科学文献出版社共同主办的国际组织志《上海合作组织》新书发布会在北京举行。该书指出，安全合作依然是上合组织发展的重中之重，粮食安全成为上合组织农业合作的重点领域，人文合作是推动上合组织发展的重要动力。

【欧亚经济论坛召开】 2019年9月10日，欧亚经济论坛在西安开幕。本届论坛以“共建‘一带一路’：高水平合作，高质量发展”为主题，举行了开幕式暨全体大会。此次论坛组成了金融、生态、文旅、气象、科技、教育、地质调查、电子商务、绿色建筑、上海合作组织成员国大使俱乐部陕西行10个平行分会。论坛期间还举办了媒体代表团骑行考察、先进制造业项目路演、国际创新设计周等活动，来自58个国家和地区的1000多名嘉宾参与了论坛的交流。

【“一带一路”国际地学合作与矿业投资论坛举办】　2019年9月10日，“‘一带一路’国际地学合作与矿业投资论坛暨上海合作组织地质青年实践交流营”在西安举办。本次论坛是在“欧亚经济论坛”框架下举办的，主题为“推动地学高水平合作，助力矿业高质量发展”。自然资源部中国地质调查局副局长李金发、西安市政协副主席李佐成出席并讲话。来自乌兹别克斯坦、蒙古国、摩尔多瓦、亚美尼亚、尼日尔、安哥拉、埃塞俄比亚、阿根廷、津巴布韦、摩洛哥、尼日利亚、加纳、柬埔寨、苏丹、约旦、古巴等23个国家地矿机构的领导和科研人员，中国自然资源部有关司局，中国地质调查局及有关直属单位，地勘单位，地学研究机构，矿业企业，媒体方面的代表共计200余人参加。在论坛期间还举行了“中国—上海合作组织地学合作研究中心武汉学院”揭牌仪式和“上海合作组织地质青年实践交流营”活动。

【上海合作组织国家法律服务国际论坛在上海召开】　2019年9月25日，中国司法部在上海政法学院举办了“上海合作组织国家法律服务国际论坛”，主题为“法律服务与区域经贸合作”。此次论坛旨在加强上海合作组织成员国、观察员国、对话伙伴在法律服务领域的交流合作，发挥中国—上海合作组织法律服务委员会为经贸合作提供法律支持的作用，继续推动成立上海合作组织成员国法律服务委员会。

【上海合作组织秘书长致电祝贺中华人民共和国成立70周年】　2019年10月1日，上海合作组织秘书长弗拉基米尔·诺罗夫发来贺电，祝贺中华人民共和国成立70周年。上海合作组织秘书长弗拉基米尔·诺罗夫表示，新中国成立以来，在经济、文化、科技、民生等各领域取得辉煌成就，为人类进步事业作出卓越贡献。共建“一带一路”倡议获得国际社会广泛赞同和支持，为开展国际合作搭建了全新平台，为建设人类命运共同体开辟了现实路径。

【北京论坛（2019）在北京开幕】

2019年11月1日，国际性学术会议北京论坛（2019）在京开幕。本届论坛由北京大学、北京市教育委员会、韩国高等教育财团主办，主题为“文明的和谐与共同繁荣——变化世界与人的未来”，来自世界上60多个国家和地区的500多名学者、领导嘉宾共同探讨在急剧变化的世界中应对新挑战，构建人类命运共同体的战略对策。联合国秘书长安东尼奥·古特雷斯致视频贺词。中央政治局委员、中央外事工作委员会办公室主任杨洁篪先生作特邀报告。北京论坛创办于2004年，每年举办一次，迄今已有来自世界上70余个国家和地区的6000多位政要名流和知名学者参加。

【上海合作组织国家中文书法大赛作品展暨颁奖典礼举行】　2019年11月8日，第四届“国珍杯”上合组织国家中文书法大赛作品展暨颁奖典礼在北京举行，旨在发扬中华优秀传统文化，增进上合国家民众友谊，“以字为媒”传播中国文化。中国外文局副局长刘大为、塔吉克斯坦驻华大使帕尔维兹·达夫拉特佐达、上合组织前副秘书长弗拉基米尔·扎哈洛夫，以及俄罗斯、哈萨克斯坦、乌兹别克斯坦、亚美尼亚、吉尔吉斯斯坦、阿塞拜疆等国驻华使馆官员、中国外交部有关领导、俄罗斯现代书法博物馆代表和中国书协知名书法家等中外嘉宾出席典礼。

【上海合作组织各成员国代表参观中国文化遗产展览】 2019年11月20日，上海合作组织各成员国代表及中外专家、学者在山西太原参观以“我们永远在一起”为主题的文化遗产专题展览。此次展览展出上合组织各成员国中具代表性的文化遗产，提供文明对话、文化交流的平台。此次展览以部分入选联合国教科文组织三类名录的非物质文化遗产为主要内容，从“衣、食、住、行”四个方面，以文化遗产活态形式呈现各国民众的生产和生活智慧。

【“上海合作组织：迈向人类命运共同体文化交流大会”举行】 2019年11月20日，“上海合作组织：迈向人类命运共同体文化交流大会”举行。此次大会由上海合作组织秘书处、中国艺术研究院、中国俄罗斯东欧中亚学会、山西省文化和旅游厅联合主办，旨在探讨人类命运共同体的精神与内涵，为上合组织成员国未来的文化合作发展寻找前进方向。来自上合组织秘书处以及中国、俄罗斯、乌兹别克斯坦、塔吉克斯坦等国的70余名专家、学者参与会议。此次大会共设三个平行论坛，包括“上海合作组织命运共同体的精神内涵”“上海合作组织命运共同体与文化包容互鉴”“上海合作组织：迈向人类命运共同体中外文化艺术交流合作案例展示”。各位专家、学者从上合组织成员国的人文合作、非物质文化遗产保护、“一带一路”建设以及区域间文化艺术交流等方面展开深入讨论。

【上海合作组织成员国肖像画艺术展举行】 2019年12月28日，由清华大学主办、上海合作组织秘书处支持的“途·象——‘上合组织’成员国肖像画艺术展”在清华大学艺术博物馆举行。此次展览共展出“上合组织”七个成员国的100余件绘画和雕塑作品。此次展览以肖像画艺术作为上合组织成员国交流展的主题内容，旨在通过肖像画反映各成员国的人文历史、视觉文化和上海合作组织成立以来的新气象。

【《中亚黄皮书：中亚国家发展报告（2020）》发布】 2020年4月10日，中国社会科学院俄罗斯东欧中亚研究所、中国社会科学院上海合作组织研究中心与社会科学文献出版社共同发布了《中亚黄皮书：中亚国家发展报告（2020）》。该报告由六部分组成，即总报告、地区形势、地区专题、中亚与世界、中国与中亚、国别形势。该报告运用定量与定性相结合的研究方法，从宏观和微观的角度对2019年以来中亚地区的形势、热点问题、重大事件以及各国基本国情进行了深入分析，并对2020年中亚国家政治经济的发展趋势进行了展望。

【上海合作组织成员国儿童网络绘画展上线】 2020年5月30日，上海合作组织成员国儿童网络绘画展在乌兹别克斯坦首都塔什正式上线。本次绘画展题为“色彩缤纷的世界”，由乌兹别克斯坦上海合作组织民间外交中心举办。来自中国、俄罗斯、哈萨克斯坦、吉尔吉斯斯坦、塔吉克斯坦、乌兹别克斯坦、印度和巴基斯坦的近百幅儿童绘画作品在网络上展出，内容涵盖上海合作组织各国历史文化和睦邻友好关系，表达了儿童珍惜和平、互相关爱、共创未来的美好心愿。

【中哈学者研讨疫情下的国际秩序与双边合作】 2020年6月9日，由中国复旦大学俄罗斯中亚研究中心与哈萨克斯坦智库“中国研究中心”联合举办的“疫情下的国际秩序与中哈合作”学术会议，以视频连线的方式举行。与会专家围绕“新冠肺炎疫情对政治经济的影响”“新冠肺炎疫情与欧亚地区秩序变化”“新冠肺炎疫情与中哈合作前景”“新冠肺炎疫情与上海合作组织发展”等议题展开了讨论。

【上海合作组织驻华使节为抗击新冠病毒题写寄语】 2020年6月15日，上海合作组织睦邻友好合作委员会和中华全国集邮联合会推动上合组织驻华使节集体发声，为抗击新冠肺炎疫情题写寄语，发行公益纪念封700套，每套19枚。本次活动的主题为“弘扬‘上海精神’，团结抗击疫情”。上合组织秘书长弗拉基米尔·诺罗夫及本组织成员国、观察员国以及对话伙伴国驻华使节分别题写寄语，表达各方秉持人类命运共同体理念、高举“上海精神”旗帜和携手战胜疫情的坚定决心和良好愿望。

【上海合作组织启动系列文体活动】 2020年10月18日，2020—2021年上合组织文化体育系列活动新闻发布会在上合组织秘书处召开，宣布启动2020—2021年上合组织文化体育系列活动，在“上海精神”的引导下，用文化体育交流推动民间对话，促进民心相通。这是新冠肺炎疫情以来中国国内宣布启动的首个大型民间外交活动。2021年是上合组织成立20周年，上合组织秘书处将举办一系列文化体育活动，以充分展示上合组织各国的人文、历史、旅游资源，促进文明交流互鉴。

【上海合作组织蓝皮书线上发布会在京举行】 2020年11月9日，中国上合组织研究中心、中国国际问题研究院在北京举办了上合组织蓝皮书《上合组织命运共同体建设：机遇和挑战(2020)》线上发布会。来自外交部、中国社会科学院、世界知识出版社的代表以及国内上合组织研究智库专家、学者参加了活动。上合组织蓝皮书旨在为上合组织发展提供及时有力的智力支持。迄今已出版《上海合作组织：回眸与前瞻（2002—2008）》《新时期上合组织：形势和任务（2018—2019）》。此次出版的蓝皮书由戚振宏主编、邓浩执行主编，主要分析了疫情形势下构建上合组织命运共同体所面临的机遇和挑战，反映了上合组织研究的成果。

【各国共同宣布“上合组织文化年”】 2020年11月10日，在上海合作组织成员国元首理事会视频会议上，《上海合作组织成员国元首理事会莫斯科宣言》正式发布。上合组织莫斯科宣言彰显国际共识，并且再次证明睦邻友好必将超越以邻为壑，互利合作必将取代零和博弈，多边主义必将战胜单边主义。践行多边主义、完善全球治理、维护国际秩序，秉持共商共建共享原则，才是人间正道，才有美好前景。莫斯科宣言作出了有关人文交流的设想和计划，并宣布2021年为“上合组织文化年”。

【上海合作组织成员国佛教遗产共享网络展开幕】 2020年11月30日，由印度文化部、印度国家博物馆主创和策划，上海合作组织各成员国共同参与的“上海合作组织成员国佛教遗产共享网络展览”在线拉开帷幕。此次展览为期3个月，来自中国敦煌研究院、印度新德里国家博物馆、哈萨克斯坦国家博物馆、吉尔吉斯斯坦国家历史博物馆、巴基斯坦博物馆、俄罗斯国家东方艺术博物馆、吉尔吉斯斯坦国家博物馆和国家文物博物馆、乌兹别克斯坦著名考古遗址八个成员国的文博文保机构，分别展出了本国有代表性的佛教珍品。

【首届上海合作组织高端论坛举行】

2020年12月2—3日，中国上海合作组织研究中心与中国—上海合作组织国际司法交流合作培训基地在上海政法学院联合举办年终形势研讨会——上合高端论坛。此次研讨会主题为“疫情形势下上合组织面临的挑战和机遇”。外交部、上合组织秘书处、上海市政府、陕西省政府、上合经贸合作示范区（青岛）和国内上合组织研究机构专家、学者及媒体代表约120人出席。与会专家、学者围绕欧亚地区形势新变化、新趋势，上合组织合作新挑战、新机遇及上合组织发展新要求、新任务三大议题进行了深入研讨和交流。

【第十一届上海合作组织成员国艺术节在线举行】 2020年12月，由俄罗斯文化部主办的第十一届上海合作组织成员国艺术节在线开幕。为共同抗击新冠肺炎疫情，该艺术节成为首个完全通过网络和电视呈现的上合组织成员国艺术节。中国文旅部组织中国交响乐团录制作品《我的中国心》参加演出，中国文旅部部长胡和平为艺术节作视频贺词。

【上海合作组织国家儿童画展开幕】

2020年12月4日，以“团结抗疫，守护共同家园”为主题的上海合作组织国家儿童画展开幕。此次画展陈列了来自上合组织18国的200余幅作品，结合同期举办的儿童图书展、艺术家和小画家互动等内容，彰显“互信、互利、平等、协商，尊重多样文明、谋求共同发展”的上海精神。这些儿童笔下的画作，体现了上合组织国家文化的多样性，展现了和平、友谊、共同发展，对善良的追求以及上合组织国家在新冠病毒流行期间的合作与相互支持。

三 上合组织卫生交流

【国际医学创新合作论坛举行】 2019年5月26—29日，国际医学创新合作论坛（中国—上海合作组织）在中国广西防城港市举办。本届论坛以健康、合作、创新、共享为主题，上海合作组织成员国、观察员国、对话伙伴国等十多个国家的有关领导人、卫生官员、专家学者等数百人参加，围绕医药卫生政策、公共安全与应急救援、慢性病防治、骨科治疗、智慧医疗等内容展开探讨，进一步促进国内外医疗科技交流。

【国际医疗·健康合作推进会召开】

2019年6月30日，由中国医院协会主办的2019“一带一路”国际医疗·健康合作推进会在海南省海口市召开。此次推进会以“健康丝绸之路 创新合作共赢”为主题，就医疗卫生国际合作相关政策背景、医疗机构间合作的经验与未来、公共卫生与卫生政策研究合作、健康产业合作等议题进行探讨。中外各相关卫生行政机构领导与行业领袖、医院管理者、学术专家、健康产业代表近500人参加了推进会。

【乌兹别克斯坦上海合作组织民间外交中心支持中国抗击新冠肺炎疫情】

2020年2月12日，乌兹别克斯坦上合组织民间外交中心主任纳扎罗夫致函上海合作组织睦邻友好合作委员会秘书处，向中国抗击疫情表示支持。他表示，目前中国防控新冠病毒引起的肺炎疫情工作处于决战阶段。我们对此表示深切同情并支持中国人民克服一切困难与障碍，祝愿所有病患早日康复。

【26万件中国防疫物资驰援上海合作组织各成员国】　2020年4月14日，在中国连云港港口，搭载着26万件防疫物资的连云港中欧班列驶出中哈物流基地，车厢上“‘一带一路’守望相助 上合同心”的红色横幅随风飘动，将连云港的温暖与牵挂，带向了万里之外的异国友邻。这批防疫物资包括医用外科口罩、热成像仪、红外测温仪、防护服等共26万件，是由上合组织（连云港）国际物流园、连云港港口控股集团捐赠给上海合作组织秘书处用于抗击新冠病毒的。

【中国专家组同上海合作组织国家医院新冠肺炎视频诊断会议举行】

2020年5月9日，中国中西医结合专家组同上合组织国家医院新冠肺炎视频诊断会议举行。中方专家介绍了中医药在抗击新冠肺炎疫情中的独特作用和临床经验，并与来自14个上海合作组织成员国、观察员国和对话伙伴国的80多位医生共同分析临床病例，探讨新冠肺炎中西医结合防治方案。

【中国同上海合作组织举办新冠肺炎防控主题交流视频会】　2020年7月7日，中国医院协会和上海合作组织睦邻友好合作委员会共同举办首期中国—上合组织新冠病毒肺炎防控主题交流视频会。此次会议以“守望相助 共克时艰”为主题，采用线上、线下相结合的方式，面向全球直播。来自中国医学科学院北京协和医院、四川大学华西医院、北京大学第一医院等医疗机构的专家与上合组织成员国、观察员国和对话伙伴国近40家医疗机构的200多位专家，就新冠肺炎临床诊疗等话题进行深入探讨，有助于各国在与新冠病毒的斗争中挽救更多的生命。

【上海合作组织传统医学论坛视频会议举行】　2020年7月30日，2020上海合作组织传统医学论坛北京主会场视频会议在钓鱼台国宾馆举行。此次会议由上海合作组织睦邻友好合作委员会、国家中医药管理局和江西省人民政府主办，以“发挥传统医学独特优势，团结合作抗击新冠肺炎疫情”为主题，探讨进一步发挥传统医学的独特优势，有效抗击疫情，更好地保护各国人民的生命安全和身体健康。

四　上合组织体育交流

【“上合组织马拉松系列赛”新闻发布会在京召开】 2019年4月20日，“上合组织马拉松系列赛”新闻发布会在京召开，宣布“2019上合伊塞克湖马拉松”于5月11日在吉尔吉斯斯坦举行，“2019上合昆明马拉松”于12月8日在昆明举行。该系列赛是由中国田径协会认定的、第一个由国际组织发起并以国际组织命名的马拉松赛事，以“互信、互利、平等、协商、尊重多样文明、谋求共同发展”的“上海精神”为宗旨，推动上合组织各国体育文化交流，加深各国人民友谊，开拓各成员国合作。该系列赛在上合组织各成员国城市举办。2016年12月，由上合组织秘书处、云南省政府共同发起的“上合昆明国际马拉松赛”率先举办。该系列赛秉承“上海精神”，传播“上合声音”，书写“上合之合”，延续“爱与和平”。此后，“上合组织马拉松系列赛”相继举办，在上合组织各国的影响力日益扩大，成为上合人文交流的一大平台。

【“上合瑜伽太极”体育交流活动举行】 2019年9月9日，由西安市人民政府主办的“上合瑜伽太极”体育交流活动在西安大唐芙蓉园举行，来自上合组织18个国家的媒体代表团参加。400名瑜伽和太极爱好者将中印两大文明古国的国粹体育项目进行有机融合和对话展示。此次活动通过大唐芙蓉园景色展示了中国盛唐风采，吸引更多的上合国家热爱中国文化游客的光临。

【2020上合昆明马拉松线下跑开启】 2020年12月6日，2020上合昆明马拉松线下跑起跑仪式在昆明滇池大坝举行，200余名跑者在线下奔跑5公里。本届赛事的线上赛也在上合组织各国同步展开。上合组织秘书长弗拉基米尔·诺罗夫，塔吉克斯坦驻华大使佐希尔·奥佐德·萨义德佐达，上合组织睦邻友好合作委员会副主席崔丽，上合组织副秘书长阿依扎达·苏巴阔耶娃，云南省政府副省长李玛琳等出席启动仪式。

五　上合组织媒体交流

【上海合作组织第二届媒体峰会举行】 2019年5月24日，上合组织第二届媒体峰会在吉尔吉斯斯坦首都比什凯克举行，吉尔吉斯斯坦总统热恩别科夫在峰会上致辞。与会人士围绕“媒体在发展上合组织合作中的作用”主题深入交流，认为上合成员国媒体要秉承“上海精神”，传播互信互利、平等协商理念，为上合组织未来发展传播正能量。

【上海合作组织国家媒体智库云论坛举行】 2020年11月19日，为落实上合组织成员国元首理事会第二十次会议精神，“弘扬‘上海精神’构建上合组织命运共同体”，上合组织国家媒体智库云论坛在北京举行。此次云论坛以

“共同应对新威胁，提振疫情后经济发展，倡导多边主义，促进成员国共同发展”为主题，分为主题发言和大会发言两个环节。来自中国、哈萨克斯坦、吉尔吉斯斯坦、俄罗斯、塔吉克斯坦、乌兹别克斯坦、印度和巴基斯坦等上合组织成员国的十余位专家、学者和媒体人士，就维护多边主义、推进区域经济合作、加强人文交流等话题进行了广泛而深入的探讨。

六 上合组织旅游交流

【世界旅游城市联合会中亚地区旅游会议举行】 2019 年 11 月 26—27 日，世界旅游城市联合会中亚地区旅游会议在乌兹别克斯坦撒马尔罕市举行。这次会议由世界旅游城市联合会、撒马尔罕州政府及上海合作组织共同主办，主题为“‘一带一路’——旅游合作与发展”，旨在加强“一带一路”相关国家及旅游城市之间的互动交流，推动中亚和世界各地旅游业的深度融合和共同发展，不断提升中亚地区旅游对世界旅游的影响力。来自 10 个国家和地区的城市代表、旅游企业代表、投资机构及媒体代表共 200 余人参会。这是世界旅游城市联合会第一次在中亚地区举办区域旅游会议。中国驻乌兹别克斯坦大使馆临时代办张汶川、世界旅游城市联合会常务副秘书长李宝春、上合组织副秘书长阿科什卡罗夫·努尔兰·索韦托维奇、撒马尔罕州州长图尔迪莫夫、乌兹别克斯坦国家旅游发展委员会副主席达夫鲁科夫·法赫里丁等出席会议并致辞。

七 上合组织地方合作交流

【中国同上海合作组织举办民间外交视频研讨会】 2020 年 8 月 11 日，上海合作组织睦邻友好合作委员会、上海合作组织秘书处、上海外国语大学和上海全球治理与区域国别研究院共同举办民间外交视频研讨会。此次会议以“新冠肺炎疫情与上合组织民间外交的新议程、新举措、新方向”为主题，旨在夯实上合组织睦邻友好合作的社会基础。来自中国、印度、哈萨克斯坦、吉尔吉斯斯坦、巴基斯坦、俄罗斯、塔吉克斯坦、乌兹别克斯坦、白俄罗斯、蒙古国、阿塞拜疆和亚美尼亚的 40 多名专家、学者参与探讨。

【中国—上海合作组织地方经贸合作示范区专场推介会举行】 2020 年 9 月 18 日，上海合作组织秘书处与中国—上海合作组织地方经贸合作示范区管理委员会在北京举行专场推介会，推介上海合作组织地方经贸合作示范区、青岛·上合国家客厅、2020 上合组织投资贸易博览会的相关情况。

【“中塔‘一带一路’合作：机遇与挑战”视频会议举行】 2020 年 11 月 19 日，中国社会科学院与塔吉克斯坦科学院共同举办“中塔‘一带一路’合作：机遇与挑战”视频会议。中国社会科学院副院长高翔和塔吉克斯坦科学院副院长萨伊多夫出席会议并在开幕式上致辞。中国社会科学院俄罗斯东欧中亚所所长孙壮志强调，中亚是丝绸之路经济带向西部延伸的第一站，是“一带一路”建设的先行区，具有重要的“枢纽”作用。中塔共建“一带一路”在中国与中亚国家合作中起到了示范作用，成果丰硕，具有代表性。这得益于两国政治互信不断加深、高度重视民间和人文交流，也得益于两国在上海合作组织等多边框架内建立的合作机制。

【2020 上海合作组织（徐州）地方区域合作交流会召开】 2020 年 11 月 26—28 日，2020 上合组织（徐州）地方区域合作交流会在徐州召开。来自 28 个国家驻华使领馆、2 个国际组织和经济机构，2 个国际关系研究中心，来自上合组织、东盟和“一带一路”相关国家的政府、企业家代表以及与上合组织有合作关系的政府、企业代表 200 余人参会。该交流会是贯彻落实习近平总书记视察江苏重要指示和李克强总理在出席区域全面经济伙伴关系协定 RCEP 上的讲话精神的生动实践，也是新冠肺炎疫情以来徐州举办的首个国际性开放会议。其内容包括徐州市、东盟和“一带一路”相关国家合作交流会，上合、东盟与徐州市多边经贸人文交流合作主论坛等形式多样、内容丰富的活动。

【“连云港——充满机遇的港口城市”专场推介会举行】 2020 年 12 月 8 日，为充分发挥连云港上合组织出海基地功能，深化连云港市与上合组织成员国间的交流与合作，持续发挥“一带一路”国际合作交流平台优势，“连云港——充满机遇的港口城市专场推介会”在上合组织秘书处举行。此次推介会由上合组织副秘书长卓农主持，上合组织秘书长诺罗夫、上合组织睦邻友好合作委员会秘书长郑薇、连云港市市长方伟分别致辞。此次推介会还向上合组织成员国进行了现场直播。

【2020“一带一路”美丽乡村论坛举行】 2020 年 12 月 22 日，中国农业农村部、甘肃省政府、世界旅游联盟、法国“一带一路”美丽乡村联盟在甘肃省陇南市康县共同举办 2020“一带一路”美丽乡村论坛。出席此次论坛的外宾有泰国驻华大使阿塔育・习萨目、尼泊尔驻华大使马亨德拉・潘迪、巴基斯坦驻华大使莫因・哈克及联合国世界粮食计划署驻华代表处、上海合作组织秘书处、联合国可持续发展农业机械中心等 20 多个国家和国际组织的代表。

八　上合组织青年交流

【第四届“上海合作组织青年交流营”举办】 2019 年 4 月 25 日—5 月 2 日，应中华全国青年联合会邀请，来自上海合作组织成员国、观察员国和对话伙伴国的 14 国青年代表访问北京和青岛，并参加第四届“上海合作组织青年交流营”活动。本届上合青年交流营聚焦“新机遇、新未来”主题，积极传播和响应第二届“一带一路”国际合作高峰论坛会议成果，探讨上合组织地区合作发展新机遇，促进上合组织国家青年建立友谊与合作，为各国创业机构和创业青年更好地参与“一带一路”建设搭建平台。上合组织青年交流营活动为落实国家领导人指示精神的国家级青年交流项目。

【昆明市领导会见欧亚青年精英代表团】 2019年12月1日，在2019上合组织昆明马拉松举办之际，云南省委常委、昆明市委书记程连元，昆明市委副书记、市长王喜良，昆明市人大常委会主任拉玛·兴高，昆明市政协主席熊瑞丽等会见来昆访问的欧亚青年精英代表团一行。近年来，随着中国—上合组织青年交流中心的落户以及上合组织昆明马拉松等活动的举办，昆明与上合组织及其成员国的交流合作日益密切。

【上海合作组织青年创业国际孵化器2020项目推介会举行】 2020年12月17日，上合组织青年创业国际孵化器2020项目推介会在青岛举行，全国青联副秘书长董霞、中国国际青年交流中心副主任贾铁松、青岛市青联名誉主席张海军、青岛市青联副主席张宇、上合组织青年委员会各成员组织代表和上合组织国家青年创业者、在华留学生90余人在线参加了此次推介会。

【第六届“模拟上合组织”青年会议举行】 2020年12月20日，由上合国家青年平台和威海职业学院联合举办的第六届“模拟上合组织”青年会议在威海举行。来自上海合作组织成员国和观察员国的18位大学生围绕“上合组织成员国职业教育领域的挑战与机遇”这一主题发表演讲、提出倡议并进行表决。“模拟上合组织”是一个教育性互动活动，使活动参与人员有机会学习国际关系和外交，提高公共演讲和写作技巧，结识来自其他上合组织国家的青年，加强团队合作。这项活动每年举办两届。

九　上合组织妇女交流

【第二届上海合作组织妇女论坛举行】 2019年5月15—16日，第二届上海合作组织妇女论坛在吉尔吉斯斯坦首都比什凯克举行，上合组织成员国、观察员国、对话伙伴的政要、妇女机构和文化、卫生、教育领域的代表130余人出席了论坛。本次论坛分五个议题展开讨论，分别是“上合组织成员国区域合作的性别角度”“妇女参与区域可持续和包容性经济发展”“健康与教育投资：区域合作的机遇”“平等的创新和数字化时代”“提高妇女和女童的区域挑战与机遇”。中华全国妇女联合会副主席、书记处书记夏杰在开幕式上致辞，呼吁上合组织各国加强合作，积极参与“一带一路”建设，推动构建上合组织命运共同体和人类命运共同体。

【中国—中亚妇女论坛在南宁举行】

2019年10月18日，由中华全国妇女联合会、上海合作组织睦邻友好合作委员会、广西壮族自治区人民政府主办，广西壮族自治区妇女联合会承办的“凝聚女性力量 共建‘一带一路’”中国—中亚妇女论坛在广西南宁举行。中华全国妇女联合会副主席、书记处书记夏杰主持开幕式，来自中亚五国、外高加索地区国家的妇女代表，上合组织秘书处代表，中亚、外高加索国家驻华使馆代表，在桂中亚和东盟国家女留学生代表以及有关省、自治区妇联主席，广西相关单位、广西女性四支人才队伍代表参加了论坛。

（撰稿人：许航）

金砖国家人文交流

一　金砖国家教育交流

【2019年金砖国家大学联盟首届全体大会举行】　2019年5月26日，“2019年金砖国家大学联盟首届全体大会”在上海举行，本次大会由金砖国家大学联盟秘书处主办，复旦发展研究院金砖国家研究中心承办。本次大会聚焦金砖国家教育务实合作，期望切实推进成员高校间的合作与交流，共同讨论金砖国家大学联盟的可持续发展战略。“金砖五国”（巴西、俄罗斯、印度、中国、南非）教育部官员、金砖国家大学联盟成员高校相关负责人和专家、学者代表共计50余人参会，共商高等教育合作、交流、发展大计。

【第三届金砖国家技能发展与技术创新大赛举行】　2019年6—11月，第三届金砖国家技能发展与技术创新大赛正式举行，该大赛是由金砖国家工商理事会批准设立的一项大型国际性赛事，以“未来技能”为主题，主要设置俄罗斯、巴西和中国三个赛区，包括17项中国国内赛事、15项中国国际赛事和2项俄罗斯国际赛事。随着“2019‘一带一路’暨金砖国家技能发展与技术创新大赛（佛山）未来技术技能国际挑战赛”的胜利闭幕，2019年第三届大赛也画上了完满的句号。

【第三届中小学生“金砖+”在线数学联欢节举办】　2019年11月13日—12月13日，在2019年金砖国家峰会到来之际，由国际在线教育平台“智学龙”主办的第三届金砖国家在线数学联欢节如期举办。来自金砖五国的中小学各年级学生都可以登录联欢节网站（BRICSMATH. COM），免费参与这次活动。此次联欢节协调事务负责人艾卡特里娜·佐托娃指出，这一联欢节为金砖国家学生增进了解提供了一个平台，加强五国在教育、文化和创新领域的合作，为金砖五国的孩子们创造了一个机会，跨越语言和文化的差异，走到一起。

【2019金砖国家大学联盟年度论坛举行】　2019年12月10日，2019金砖国家大学联盟年度论坛在圣保罗大学举行。本次论坛主题是“金砖合作新十年展望：动力、途径、模式”。本次论坛主要分为“金砖国家教育务实合作论坛”“金砖学者论坛：金砖国家推动全球治理良性变革新路径和新模式”“金砖青年论坛：青年与金砖国家合作未来”以及“金砖国家文化活动”四大板块。

【第四届金砖国家技能发展与技术创新大赛举行】 2020年8—12月，第四届金砖国家技能发展与技术创新大赛举行，此次大赛分为中国赛区和俄罗斯赛区，共举办17场比赛（其中中国赛区国内赛10场比赛，俄罗斯赛区和中国赛区国际赛7场比赛），涉及56个赛项（其中21个赛项系在线举办），国内举办城市14个，参赛队伍778支，参赛人数5260人，包括来自32个国家的696名外籍人员。

【第七届金砖国家教育部长会议举行】 2020年10月21日，第七届金砖国家教育部长会议召开，此次会议以远程视频方式进行。中国教育部副部长田学军出席会议并介绍了中国在推动后疫情阶段高等教育发展、职业教育与技能培训和教育领域多边合作等方面的实践，与金砖国家成员分享和探讨了推动教育改革发展的路径方式，并就深化五国教育领域合作交流提出了倡议。本次会议由2020年金砖国家轮值主席国俄罗斯科学与高等教育部主办，巴西、印度、中国、南非等国教育部门部级领导出席。此次会议通过了《第七届金砖国家教育部长会议宣言》，就金砖国家教育领域未来合作达成了一系列共识。

【第四届中小学生“金砖+”在线数学联欢节举办】 2020年11月16—20日，第四届中小学生“金砖+”在线数学联欢节如期举办。来自中国、巴西、俄罗斯、印度、南非、印度尼西亚、越南七个国家的1—12年级的学生参加了此次比赛，优胜者于12月21日获得奖证书和奖状。该联欢节于2017年开始举办，每年一届，旨在培养少年儿童的创造性思维，激发学习主动性，加强国家之间在教育、文化和创新领域的相互联系，是金砖国家教育合作的重要项目之一。

【2020促进金砖工业创新合作大赛总决赛举办】 2020年12月7日，2020促进金砖工业创新合作大赛总决赛在厦门佰翔会展中心正式拉开帷幕。来自全国各地65支高校团队和来自金砖国家2支队伍的312名中外参赛选手同场竞技。举办“促进金砖工业创新合作大赛”，是落实关于加快金砖国家新工业革命伙伴关系建设的重要举措，旨在深化金砖国家工业创新领域务实合作，促进金砖国家高素质创新人才和技能人才交流，发掘和培育一批优秀项目和创意产品，推动创新成果转化应用，不断激发金砖国家创新潜力，共同打造适应新工业革命的人力资本和创新能力。

二　金砖国家科技交流

【“金砖最佳”（BRICS BEST）生物能源科研项目启动】 2019年3月19日，“金砖最佳”（BRICS BEST）生物能源科研项目在南非德班理工大学正式启动，中国驻德班总领事费明星应邀出席，德班理工大学副校长思布教授、安德鲁教授，该校团队负责人库根教授，中方团队负责人天津科技大学王正祥教授及巴西、俄罗斯两国团队负责人等100余人出席。“金砖最佳”项目由德班理工大学牵头，为期三年，旨在通过先进技术手段将农业渣料转化为可再生能源，金砖五国60余名科学家将参与该项目。

【金砖国家未来网络研究院中国分院揭牌】 2019年8月6日，金砖国家未来网络研究院中国分院成立仪式在深圳举行，中国、柬埔寨、埃及、老挝、俄罗斯、南非、菲律宾等金砖国家和其他发展中国家通信部门，以及国际电信联盟（ITU）、全球移动通信系统协会（GSMA）等国际组织的有关负责人出席会议。根据发展规划，中国分院将采用开放创新机制，聚集国内外优势资源，启动科研平台建设，培育ICT创新能力，不断优化人才结构，构筑未来网络创新发展生态，建设国际一流的ICT领域专业智库和技术产业创新平台。

【第五届金砖国家通信部长会议举行】 2019年8月14日，第五届金砖国家通信部长会议在巴西首都巴西利亚举行，工业和信息化部副部长陈肇雄率团出席。本次会议围绕金砖国家信息通信领域政策重点、政府与企业合作、加强多边机制下的金砖协作、推动数字化转型等议题进行了深入讨论。此次会议审议通过了第五届金砖国家通信部长会议成果文件《巴西利亚宣言》，明确了金砖国家未来网络研究院的职责范围，在鼓励利益攸关方参与金砖国家信息通信领域合作，深化设施互联互通、数字技术创新、数字化转型、数字治理等多领域务实合作，以及建立数字金砖任务组等方面达成共识。

【第七届金砖国家科技创新部长级会议举行】 2019年9月20日，第七届金砖国家科技创新部长级会议在巴西圣保罗州坎皮纳斯市举行。此次会议重点讨论了金砖国家科技创新政策和优先发展领域的进展、科技创新框架计划等议题，并发表了《坎皮纳斯宣言》和《金砖国家科技创新工作计划（2019—2022年）》。此次会议还宣布，俄罗斯将作为第八届金砖国家科技创新部长级会议的主办方，推动金砖国家科技创新部长级会议机制进一步深化。

【金砖国家生物技术与生物医学创新合作大会召开】 2019年11月1—2日，“金砖国家生物技术与生物医学创新合作大会”在江苏省泰州市召开。来自巴西、俄罗斯、印度、中国、南非等金砖国家和意大利、古巴、泰国等十余个国家和地区的100余位生物技术与生物医学相关高校、研究机构、企业、产业创新机构代表参加了大会。与会代表围绕如何在《金砖国家科技创新框架计划》指导下有效开展联合研究项目，进一步推动金砖国家跨国技术转移和开放合作，有效对抗微生物耐药性，加强慢性病信息管理、老龄化和神经系统疾病治疗以及促进远程医疗和大健康行业发展等议题展开了热烈讨论。

【2020金砖国家未来网络创新论坛召开】 2020年10月29—30日，2020金砖国家未来网络创新论坛在深圳召开。本次论坛以“创新网络，共筑未来”为主题，邀请金砖国家及相关国际组织代表开展深入交流互鉴。

【第八届金砖国家科技创新部长级会议举行】 2020年11月13日晚，第八届金砖国家科技创新部长级会议以线上方式举行。此次部长级会议主要就金砖五国科技创新发展和政策开展交流，审议《金砖国家政府间科技创新合作谅解备忘录》五年执行进展和各专题领域工作组工作，交流金砖国家应对新冠肺炎疫情联合研究项目征集进展等。此次会议通过了《第八届金砖国家科技创新部长级会议宣言》和《金砖国家科技创新活动计划（2020—2021 年）》。

【第三届金砖五国科学院线上会议召开】 2020 年 12 月 14 日，第三届金砖五国（BRICS）科学院线上会议开幕。本次会议主题为“在抗击新冠肺炎疫情战役中的科学院——后疫情时代中的经济、社会发展趋势”。在会议开幕式后举行了学术报告会，来自金砖五国科学院的十余位专家、学者围绕新冠肺炎及其病毒变种的流行病学、病毒学和分子生物学研究，新冠肺炎疫情的数学和计算机建模，新冠肺炎疫情的社会、经济和心理影响三个领域作了专题报告，交流了各国的经验与举措，就后疫情时代加强国际科技合作达成共识。

三　金砖国家文化交流

【第四届金砖国家文化部长会议召开】 2019 年 10 月 10—11 日，第四届金砖国家文化部长会议在巴西库里蒂巴召开。本次会议回顾了金砖国家四大文化艺术机构联盟 2019 年度的主要活动，评估了《落实〈金砖国家政府间文化合作协定〉行动计划（2017—2021）》执行情况，各方还围绕创意经济领域展开生动讨论，分享经验，磋商合作方向。作为成果文件，各方签署了第四届金砖国家文化部长会议《库里蒂巴宣言》，该宣言的内容延续前三届文化部长会议成果文件的脉络，并将创意经济作为未来金砖合作新的增长点。

【第五届金砖国家文化部长会议举行】 2020 年 9 月 3 日，第五届金砖国家文化部长会议以视频方式举行，重点就新冠肺炎疫情对成员国文化活动的影响及应对措施进行了深入交流。与会各国部长一致认为，新冠肺炎疫情给各国文化发展带来挑战，同时也为创新发展方式提供了机会。各国应充分发挥机制框架下各专业联盟的作用，通过开展线上合作，推动疫情常态化背景下的金砖国家文化交流不断发展。此次会议通过了《第五届金砖国家文化部长宣言》，商定将组建工作组，继续开展在博物馆、图书馆、文化遗产保护等领域的交流与合作。

四　金砖国家卫生交流

【第四次金砖国家结核病研究网络会议召开】 2019 年 2 月 19—21 日，第四次金砖国家结核病研究网络会议在巴西里约热内卢召开，各国政府官员、科研人员和世界卫生组织结核组官员参会。本次会议的主题为更新 2018 年金砖国家结核病研究网络会议进展，讨论 2019 年金砖国家结核病研究网络会议活动计划和安排。此次会议旨在通过分享、交流和讨论，培育并提高结核病研发能力。此次会议首先由世界卫生组织结核组官员介绍了世界卫生组织视角下的金砖国家结核病负担和研究，金砖国家依次介绍了本国上次会议确定的工作计划进展情况。随后参会代表共同讨论了金砖国家合作研究倡议草案、成立秘书处和临床中心等相关事宜，正式发布了金砖国家结核病研究网络会议网站，确定了2019年金砖国家结核病研究网络会议工作计划。

【第五次金砖国家结核病研究网络会议召开】　2019年7月2—3日，第五次金砖国家结核病研究网络会议在北京召开，来自中国、印度、南非、俄罗斯、巴西五个金砖国家卫生部门的行政官员和结核病相关领域专家共计23人参会。本次会议原则上通过了《金砖国家结核病研究网络行政秘书处条款》，确定了金砖国家加强合作开展联合研究的工作计划，并商定由印度在国际防痨和肺部疾病联合会第五十次大会后组织召开第六次研究网络会议。

【第九届金砖国家卫生部长会议举行】　2019年10月25日，第九届金砖国家卫生部长会议在巴西库里蒂巴举行。国家卫生健康委党组成员、中国老龄协会会长王建军率团赴巴西出席金砖国家卫生部长会议并访问巴巴多斯。与会各方就妇幼健康、药品和疫苗可及性、结核病防控、全民健康覆盖等议题达成广泛共识，并通过《联合宣言》。

【中俄印卫生防疫部门举行视频会议】　2020年9月8日，中俄印卫生防疫部门负责人会议以视频形式举行。此次会议由俄罗斯消费者权益保护和公益监督署发起并主持。中俄印三国专家代表全面介绍了本国新冠肺炎疫情防控进展及新冠肺炎疫苗、检测试剂研发情况。与会三国代表一致认为，应推动三方在中俄印合作机制下的专业技术交流，继续深化三国在世界卫生组织、上海合作组织、金砖国家等多边框架下的团结协作，共同维护地区和全球卫生安全。

【第十届金砖国家卫生部长视频会议举行】　2020年11月11日，中国国家卫生健康委副主任李斌线上出席第十届金砖国家卫生部长视频会议。本次会议由金砖轮值主席国俄罗斯卫生部长米哈伊尔·穆拉什科主持，巴西、印度、南非卫生部长以及世界卫生组织代表等约50人参会。各国部长分别介绍了本国应对新冠肺炎疫情的措施，一致认为应加强卫生体系建设，推动监测、检测和预警合作，分享疫情应对经验，促进药品、疫苗和诊断试剂的研发、生产和普及。各方均积极支持多边主义和世卫组织在全球卫生安全领域的领导力，呼吁团结一致应对新冠肺炎疫情。

五　金砖国家体育交流

【金砖国家体育运动科学大会举行】　2019年10月8—14日，2019年金砖国家体育运动科学大会在开普敦举行。此次大会由金砖国家体育运动科学学会与南非运动医学学会主办，主题为“整体健康，体育科学与可持续发展的未来之路”。包括金砖国家在内的20多个国家的600多名运动医学、运动训练学、体育教育学、体育社会学等领域的专家、学者参加了此次大会。

【首届金砖国家体育部长会议召开】 2020年8月25日，金砖国家体育部长会议举行。此次会议通过了金砖国家体育部门间合作谅解备忘录，各方表示将在谅解备忘录框架下加强金砖国家体育交流与合作，共同应对疫情挑战，在国际体育事务中协调立场，促进各国体育事业不断发展。

六　金砖国家媒体交流

【第三届金砖国家媒体联合摄影展举行】 2019年10月30日，第三届金砖国家媒体联合摄影展在巴西圣保罗文化中心开幕，由金砖五国15家主流媒体提供的近百幅照片与公众见面，展现了金砖国家的经济社会发展、科技进步、人文交流、自然风光和合作成果等。本届摄影展以“荣耀金砖 共享未来”为主题，由新华通讯社和巴西金融资讯集团联合主办，来自金砖国家媒体的100多名代表出席开幕式。这是第四届金砖国家媒体高端论坛的一场重要活动。

【第四届金砖国家媒体高端论坛举行】 2019年10月31日，第四届金砖国家媒体高端论坛在巴西圣保罗举行。来自金砖五国55家主流媒体机构的近百名代表围绕“深化媒体合作传播，助力打造金砖命运共同体”的主题展开系列研讨，深化拓展金砖国家媒体友好交流与务实合作。与会代表在开幕式后的分论坛上围绕“媒体在推动金砖务实合作和世界多极化中的角色”“新媒体技术发展助力金砖媒体合作”等议题进行深入探讨。在此次论坛闭幕式上通过了《金砖国家媒体高端论坛行动计划（2019—2020年）》。

【金砖国家媒体高端论坛第五次主席团会议举行】 2020年11月30日，金砖国家媒体高端论坛第五次主席团会议以视频方式举行，各主席团成员一致承诺携手努力，进一步推动论坛机制发展与完善，面向后疫情时代推动和加强金砖国家媒体交流与合作。

七　金砖国家影视交流

【第四届金砖国家电影节举行】 2019年10月，第四届金砖国家电影节在巴西里约热内卢州的尼德罗市举办，此次电影节由巴西Fluminense联邦大学（UFF）举办，该大学是巴西历史第二悠久的电影学院。此次电影节包含UFF学院奖竞赛单元、大众奖评选单元、五国青年电影人才联合培养计划、五国客座教授的访谈活动等，这些活动增进了成员国之间的文化交流，特别是为电影行业的青年参与者提供了实践和交流的舞台，同时加强了各个成员国之间的文化合作，促进了各国电影事业的发展。

【金砖国家合拍电影《邻里》在山

西平遥首映】 2019年10月17日，第三部金砖国家合拍电影《邻里》在山西平遥电影宫首映。该影片由中国导演贾樟柯监制，继前两部金砖国家合作电影《时间去哪儿了》和《半边天》后，再度汇聚中国、俄罗斯、印度、巴西、南非五国导演合作完成。《邻里》由五部分构成，分别是中国导演韩延的《老街坊》、俄罗斯导演亚历山大·佐洛图金的《人在屋檐下》、印度导演丽玛·达斯的《三轮车与小卖部》、巴西导演贝亚特里兹·塞格纳的《公寓家族》、南非导演珍娜·巴斯的《让我留下》。每一部分都讲述一个国家邻里发生的故事，探讨人与人、人与空间的相依关系，蕴含着各国的风土人情和文化特色。

【金砖国家联拍纪录片《孩童和荣耀》全球首映式举行】 2019年11月13日，在金砖国家领导人第十一次会晤期间，金砖国家人文交流论坛暨首部金砖国家联拍纪录片《孩童和荣耀》（又名《少年无疆》）全球首映式在巴西首都巴西利亚举办。该片由中方陆川担任总导演，以“金砖五国足球（板球）少年追求梦想”为主题，每国1集、每集52分钟，由金砖五国知名导演历时两年联袂打造。《孩童和荣耀》是继合作摄制《时间去哪儿了》《半边天》《邻里》三部电影后，金砖五国在合作摄制影片方面做出的又一全新尝试。在活动期间，还配套举办了纪录片联拍联播同题图片展和“孔子的智慧”文化展。

【第五届金砖国家电影节举行】 2020年10月1—7日，在莫斯科国际电影节的框架内举行了第五届金砖国家电影节，在活动期间放映十部电影，金砖五国各推选出两部电影参加评选活动。

八　金砖国家民间友好交流

【2020年金砖国家民间社会论坛举行】 2020年9月23日，金砖国家民间社会论坛在俄罗斯首都莫斯科开幕。此次论坛由俄罗斯金砖国家研究国家委员会主办，主题为“推动金砖国家民间交流迈向可持续的未来”，受新冠肺炎疫情影响，本次论坛开幕式采用线上线下相结合的方式举行。本届金砖国家民间社会论坛会期三天，共设有民间交流、抗击新冠肺炎疫情、数字经济、城市和农村可持续发展等八个议题，中国社会组织代表参加了所有议题发言和讨论，就推动民间交流、加强金砖合作和完善全球治理等提出中国方案和主张。

【2020金砖国家友好城市暨地方政府合作论坛举行】 2020年10月19—20日，金砖国家友好城市暨地方政府合作论坛在俄罗斯喀山举行。本届论坛是俄罗斯作为金砖主席国举办的系列活动之一，主题为“现代城市实现可持续发展目标”。俄罗斯外交部长拉夫罗夫向该论坛发表视频致辞，俄罗斯独联体事务、俄侨和国际人文合作署、世界城市和地方政府联合组织、中国驻喀山总领馆、金砖国家以及德国、印度尼西亚等15个国家的56个城市和10个地方组织派代表在线上出席论坛。

九　金砖国家青年交流

【第四届金砖国家青年科学家论坛举行】　2019 年 11 月 6—8 日，第四届金砖国家青年科学家论坛在巴西里约热内卢举行，来自中国、巴西、俄罗斯、南非、印度的青年科学家代表参加了本次论坛。本次论坛为“金砖国家”优秀的青年科学家和研究人员提供了交流平台，建立了可持续的研究伙伴关系，促进了学术和政策交流。中方共选派来自网络空间安全、生物经济、青年创新创业等领域的 15 人作为代表参会。

【2020 金砖国家青年学者论坛举行】　2020 年 7 月 21—31 日，“金砖国家青年学者论坛”（BRICS International Youth Forum-Contest）于俄罗斯圣彼得堡矿业大学举行。该论坛是金砖国家领导人峰会的配套活动之一。本次论坛以“自然资源合理利用中的热点问题”为主题，设有 11 个分论坛，吸引了来自金砖五国的 500 多位青年学者参加。

【第五届金砖国家青年科学家论坛举行】　2020 年 9 月 21—25 日，由俄罗斯科学和高等教育部主办、南乌拉尔州大学承办的第五届金砖国家青年科学家论坛在线举行。此次论坛以“促进科学进步和创新增长的金砖国家青年科学家和创新者伙伴关系”为主题，组织了生态学、材料科学和人工智能领域的专题研讨会，第三届青年创新者大赛，科普视频竞赛等丰富多样的活动，为金砖国家青年科技工作者加强相互了解与沟通，增长学识与智慧，寻找未来科研合作伙伴提供了机遇。来自中国、南非、俄罗斯、巴西、印度的 100 多名青年科学家和创客参加了论坛。

十　金砖国家智库及其他交流

【“全球治理与多边主义”金砖国家智库国际研讨会举行】　2019 年 6 月 26 日，主题为“全球治理与多边主义”的 2019 金砖国家智库国际研讨会在北京举行，来自金砖国家的智库学者就相关议题进行了深入探讨。中外学者一致认为，推进全球治理，国际共识、协调和合作不可或缺。金砖国家有在全球治理中发挥更大作用的共同愿望，应加强同其他新兴市场国家、发展中国家和国际组织的合作，共同反对保护主义、单边主义、霸凌主义，维护开放型世界经济体系，引导全球治理进程，维护新兴市场国家和发展中国家利益。

【金砖国家智库理事会会议召开】

2019 年 9 月 10 日，金砖国家智库理事会召开会议，集中讨论了金砖国家智库合作未来工作议程和重点。

【金砖国家第十一次学术论坛举行】

2019 年 9 月 11—12 日，金砖国家第十一次学术论坛在巴西利亚举行，本次论坛主题是“探寻合作与发展的新方式”。金砖五国约 100 名学者围绕“发展融资挑战”“贸易与投资”“科技创新合作”“能源与发展”“打击跨国犯罪”“农业合作”六项分议题展开了讨论。

【2019金砖国家治国理政研讨会举行】 2019年10月28日，2019金砖国家治国理政研讨会在巴西里约热内卢举行，来自中国、俄罗斯、印度、巴西、南非五个金砖国家的近150位代表围绕“新时代、新动力，治理创新促进经济发展”的主题深入交流治国理政经验，并讨论了数字经济、创新驱动发展、捍卫多边主义、推动构建开放型世界经济等话题。在此次研讨会期间还举行了《中国关键词：治国理政篇》葡文版首发式和“‘一带一路’与巴西”网站上线发布仪式。

【“金砖国家新工业革命伙伴关系：使命、路径与模式”金砖国家智库国际研讨会举行】 2019年11月13日，金砖国家智库国际研讨会在巴西圣保罗州立大学举行。来自金砖国家的高校、智库与研究机构的学者围绕“深化金砖国家数字经济合作”与“推进金砖国家科技创新合作”两大课题进行了交流与讨论。本次研讨会的主题是“金砖国家新工业革命伙伴关系：使命、路径与模式”。来自中国、巴西、俄罗斯、南非、印度11所高校、智库和研究机构的13名学者在两个专题讨论会上作了主旨演讲。

【第三届金砖国家智库合作中方理事会年会暨第二届万寿国际形势研讨会召开】 2020年1月3日，由金砖国家智库合作中方理事会主办、北京第二外国语学院承办的“第三届金砖国家智库合作中方理事会年会暨第二届万寿国际形势研讨会”在京召开。本次研讨会以“百年变局下的复兴之路”为主题，来自国内高校、研究机构及企事业单位等近百家理事单位与70余位专家、学者共计200余人与会。此次研讨会发布了《新型南南合作蓝皮书——金砖国家合作发展报告（2019）》《金砖国家可持续发展报告（2018）》两份学术成果，举行了中方理事会官方网站上线揭牌仪式。

【金砖国家智库圆桌会议在线举行】

2020年5月27日，以“新冠肺炎疫情对全球价值链的影响及金砖国家的应对”为主题的金砖国家智库圆桌会议在线举行。本次会议由金砖国家俄罗斯专家委员会、俄罗斯金砖国家研究国家委员会主办。来自金砖五国高校、智库与研究机构的十余位学者围绕会议主题进行了深入研讨。

【2020金砖国家治国理政研讨会举行】 2020年12月3—4日，2020金砖国家治国理政研讨会在线上举行，在为期2天的研讨会上，参会嘉宾围绕“深化伙伴关系，促进创新发展”会议主题和“秉持多边主义原则，维护全球稳定”“筑牢人民至上思想，应对风险挑战”“坚持创新发展理念，促进经济复苏”三个分论坛议题，展开了坦诚深入、富有成效的交流研讨。此次研讨会是贯彻落实习近平主席在金砖国家领导人会晤上提出的重要倡议的具体举措，来自金砖五国有关政要、智库和研究机构负责人以及文化界、企业界代表以此为契机加强了治国理政经验交流，深化了人文交往合作，促进了金砖伙伴关系走深走实，推动了人类命运共同体的构建。

（撰稿人：孙镜然）

中非合作论坛人文交流

一　中非合作论坛教育交流

【非洲首个鲁班工坊正式揭牌】 2019年3月28日，吉布提鲁班工坊正式启动运营。这是中国在非洲建设的首个鲁班工坊，是落实中非合作“八大行动”中能力建设行动迈出的重要一步，是服务“一带一路”建设取得的又一丰硕成果。吉布提总统盖莱、总理卡米勒和多位政府部长，中国驻吉布提大使卓瑞生、天津市委常委宣传部部长陈浙闽以及各方代表300余人出席了仪式。

【非洲部分国家（地区）孔子学院联席会议在马达加斯加召开】 2019年7月26日，由孔子学院总部主办，塔那那利佛大学孔子学院承办的2019年非洲部分国家（地区）孔子学院联席会议在马达加斯加首都塔那那利佛召开。马达加斯加高等宪法法院院长拉库图阿里苏瓦、中国驻马达加斯加大使杨小茸、孔子学院总部副总干事郁云峰出席了会议并致辞。此次会议就“孔子学院协同发展”“孔子学院特色发展”“孔子学院可持续发展”等议题进行了深入研讨，并举办了中国—赞比亚职业技术学院孔子课堂成立签约仪式。

【肯尼亚鲁班工坊成立】 2019年12月14日，中国天津城市职业学院与肯尼亚马查科斯大学共建的肯尼亚鲁班工坊揭牌启动。该工坊与中国华为技术有限公司签署了合作协议，在马查科斯大学以云计算专业和物联网专业为基础，开展学历教育和职业培训，为肯尼亚培养熟悉计算机网络技术、标准和产品的本土化人才。中国驻肯尼亚大使馆公使衔参赞赵希源与马查科斯大学校长露西·伊伦古等出席了启动仪式。

【“汉语桥”世界中学中文比赛海外预选赛在非洲多国落幕】 2019年和2020年，由各国孔子学院承办的“汉语桥”世界中学生中文比赛在埃塞俄比亚、坦桑尼亚、加纳、阿尔及利亚等国落幕。其中，2019年6月，在埃塞俄比亚赛区，选手围绕“携手汉语 筑梦未来”的主题进行了演讲、即兴问答、才艺展示三个环节的比拼。他们用流利的汉语介绍了自己学习汉语的经验和体会，也表达了对中国文化、历史、习俗、美食的喜爱和向往。此次比赛展现了埃塞俄比亚汉语教学的风貌，并得到了新华社（埃塞俄比亚分社）、中国侨网等媒体的报道。

【“汉语桥”世界大学生中文比赛决赛在非洲多国举办】 2019年和2020

年，由各国孔子学院承办的第十八届与第十九届“汉语桥”世界大学生中文比赛决赛在南非、肯尼亚、摩洛哥、埃及、尼日利亚等多国举办。其中，南非赛区的决赛于2020年5月通过在线会议平台连线的方式进行，并在网络进行了直播。大赛以“天下一家”为主题，来自南非高等教育部、中国驻南非大使馆、中国驻开普敦总领馆的代表受邀连线致辞并观赛。此次大赛不仅全方位展示了南非各大学汉语教学成果，还得到了《人民日报（海外版）》、新华侨社、南非侨网及南非独立传媒等的广泛报道，进一步推动了南非当地青年学子对中国语言与文化的学习热情。

【北京外国语大学开设阿姆哈拉语本科专业】　2020年9月，北京外国语大学非洲学院开设阿姆哈拉语本科专业，2020级共招收12名学生，是国内首个阿姆哈拉语本科专业。阿姆哈拉语专业建设旨在培养一批具有通晓阿姆哈拉语言文化和埃塞俄比亚社会政治经济的复语型、复合型人才，不但可以直接服务于中国与埃塞俄比亚交流的具体工作，还可以促进中国对埃塞俄比亚人民和埃塞俄比亚历史文化的了解，加强两国人民在人文教育上的交流。阿姆哈拉语是埃塞俄比亚的官方语言之一，埃塞俄比亚境内80%以上的人口将阿姆哈拉语作为第一或第二语言使用，使用人口近一亿人。

【汉语教学被纳入埃及中小学教育大纲】　2020年9月7日，中国驻埃及大使廖力强与埃及教育与技术教育部长塔里克·舒基在开罗签署了《关于将汉语纳入埃及中小学作为选修第二外语的谅解备忘录》，这意味着汉语教学被纳入了埃及中小学教育大纲。这一举措为中埃、中非各领域交流提供了有力支点。

【2020年非洲语言与文化研究国际研讨会举办】　2020年10月31日，北京外国语大学非洲学院举办了“2020年非洲语言与文化研究国际研讨会”，来自中国、南非、尼日利亚、乌干达、俄罗斯、法国、澳大利亚、美国的共计32所高校，59位专家、学者参加了此次研讨会。此次研讨会以线上的方式举行。

【首届中国非洲研究年会暨“新冠肺炎疫情下的非洲形势及走势”学术研讨会举办】　2020年12月5日，首届中国非洲研究年会和中国非洲研究院第五届大使讲坛在北京举行。此次会议由中国亚非学会、中国非洲研究院和中国国际问题研究基金会非洲研究中心联合举办。中国外交部非洲司司长、中非合作论坛后续行动委员会秘书长吴鹏发表了“非洲形势和中非关系”的主旨演讲。中国亚非学会副会长、中国非洲研究院常务副院长李新烽主持了开幕式及大使讲坛。中国亚非学会前会长、首任中国政府非洲事务特别代表刘贵今，中国亚非学会会长张宏明，中国国际问题研究基金会非洲研究中心主任、中国前驻厄立特里亚和卢旺达大使舒展，中国非洲研究院副院长郭红、王林聪，中国亚非学会部分领导以及来自全国各地相关院校和机构近300名专家、学者参加了会议。

【2020年非洲孔子学院合作论坛举办】　2020年12月16日，由中国国际中文教育基金会、浙江师范大学联合主

办，以“协同创新共谋孔子学院新发展”为主题的2020年非洲孔子学院合作论坛在线举行，近300名中非各孔子学院（课堂）合作院校的领导、各孔子学院中外方院长和相关负责人在云端参会。中国国际中文教育基金会副理事长、秘书长赵灵山等嘉宾出席了会议并发言。

【天津在非洲建成10个鲁班工坊】

2020年12月22日，随着马达加斯加鲁班工坊的揭牌成立，天津在非洲设立的10个鲁班工坊全部建成。鲁班工坊是天津原创并率先实践的中外人文交流知名品牌，是中国职业教育国际化发展的重大创新。鲁班工坊配合中国企业“走出去”和国际产能合作，为非洲培养了更多经济建设急需的技术型人才。

二　中非合作论坛科技交流

【中埃签署埃及二号卫星实施协议】

2019年1月21日，埃及二号卫星实施协议签约仪式在埃及首都开罗举行，中国驻埃及大使馆公使衔商务参赞韩兵和埃及国家遥感空间科学局主席马哈茂德分别代表中埃合作单位签署了协议。埃及二号卫星是继埃及卫星总装集成测试中心项目后，中埃在航天领域开展的又一重大合作项目，于2018年8月签署立项换文。

【中国国家杂交水稻工程技术研究中心非洲分中心成立】　2019年5月，中国国家杂交水稻工程技术研究中心非洲分中心在马达加斯加成立。该中心致力于协助培养更多当地先进农业技术人员，利用马达加斯加的多样环境，选育适合不同非洲国家的杂交水稻品种。自非洲分中心成立至2019年5月，已有超过200人次通过课堂授课、田间实践等形式学习种植杂交水稻技术并在各地推广。

【中国科学院与非洲科学院签署合作文件】　2019年9月2日，中国科学院与非洲科学院在内罗毕举行会议，就促进“一带一路”沿线国家科技创新及能力建设合作、中非科技合作达成一系列共识，双方签署了合作谅解备忘录。中国科学院支持非洲科学院成为“一带一路”国际科学组织联盟成员。该谅解备忘录的签署有助于进一步深化双方科研合作，促进非洲的科技创新和经济发展。

【肯尼亚加里萨太阳能发电站竣工】

2019年底，中国与肯尼亚合建的加里萨50兆瓦太阳能发电站正式竣工并网发电。该项目由肯尼亚能源部筹建，中国进出口银行融资，中国江西国际经济技术合作有限公司与晶科能源控股有限公司负责，是肯尼亚乃至东非地区规模较大的光伏发电站项目。其年均发电量达到7647.3万千瓦时，可满足附近35万人用电需要，有效地解决了当地能源供给不足、发电模式单一的问题。

【中企投资建设的刚果（金）工程项目竣工投产】　2020年1月15日，中国有色集团投资兴建的迪兹瓦矿业和卢阿拉巴铜冶炼项目（LCS）在科卢韦齐举行了竣工投产大会，刚果（金）总统代表卡邦达·戛纳、卢阿拉巴省省长理查德·穆耶吉等官员和中国有色集团董事长王彤宙出席了大会并致辞。该项目是刚果（金）首个规模型现代化火法铜冶炼项目，总投资4.7亿美元。项目一期产能为年产粗铜约12万吨、铜钴合金约1万吨，为当地创造了直接就业岗位1500个。

【中非赛赛农业合作水稻项目迎来丰收】 2020年3月，莫桑比克加扎省首府赛赛市，由中非发展基金投资支持、中铁二十局带资管理的中非赛赛农业合作项目迎来了第三个丰收季。在该种植季，该项目共种植水稻3.72万亩，合作种植面积1万亩。该项目每天收割稻田面积600亩，收获水稻约300吨，全部收割任务于当年6月底完成。

【华为参建非洲首个5G独立组网商用网络】 2020年7月，南非移动数据网络运营商Rain发布了非洲首个5G独立组网商用网络。该独立组网的5G网络采用华为全融合核心网方案，为支持5G大带宽、低时延等丰富的应用场景提供了良好基础，保障了终端用户使用AR、4K视频时对于大带宽服务的需求。得益于华为提供的端到端解决方案，这一5G网络已迅速覆盖南非立法首都开普敦市主城区。

【援埃塞俄比亚卫星交付仪式在京举办】 2020年12月2日，中国气候变化南南合作项目——援埃塞俄比亚卫星交付仪式在北京举办，中国生态环境部副部长刘华和埃塞俄比亚驻华大使特硕姆·托加出席了仪式并致辞。该项目是南南合作“十百千”项目的具体举措，是中国第一颗援外卫星和同非洲合作的第一颗遥感卫星，为埃塞俄比亚有效应对气候灾害提供了科学依据。

【新疆棉花种植专利技术获“非洲创新周”发明金奖】 2020年12月19日，在第五届摩洛哥“非洲创新周”国际沙龙上，新疆农科院经济作物研究所提交的“绿洲棉花高产高效生产关键技术创新与应用”成果获得了发明金奖。摩洛哥“非洲创新周”创办于2016年，得到发明者协会国际联合会等机构的支持。

三　中非合作论坛文化交流

【中国东方歌舞团亮相科特迪瓦“欢乐春节”晚会】 2019年1月21日，由中国文化部、中国驻科特迪瓦使馆和科特迪瓦文化部共同主办的2019“欢乐春节”歌舞晚会在科特迪瓦经济首都阿比让市文化宫举行。在晚会上，中国东方歌舞团带来的大型歌舞表演深受科特迪瓦民众的欢迎。这是东方歌舞团首次赴科特迪瓦演出。现场座无虚席，融合了非洲元素的舞蹈《帕哒帕哒》和中国歌舞《把酒问青天》等节目赢得观众一致好评。

【“‘一带一路’，联通世界”2019中国电影节在阿布贾开幕】 2019年6月18日，由中国驻尼日利亚大使馆主办，四达时代尼日利亚公司承办的“‘一带一路’，联通世界”2019中国电影节在尼日利亚首都阿布贾开幕。中国驻尼日利亚使官文化参赞李旭大、尼日利亚国家影视审查委员会主任代表阿隆盖·奥拉耶米女士等嘉宾出席了开幕仪式，有关政府部门、艺术与文化组织及电影公司代表等参加了观影活动。

【南非将每年9月17日定为中文日】 2019年8月5日，中国与南非政府在南非行政首都比勒陀利亚宣布，双方同意把每年9月17日定为南非中文日。截止到2019年8月，南非是非洲大陆设立孔子学院和孔子课堂数量最多的国家，已设有六所孔子学院和三个孔子课堂。除此之外，45所当地中小学还开设了汉语课程。2015年，南非将汉语纳入国民教育体系。

【“中国书架”首次落地非洲】 2019年9月25日，第二十二届内罗毕国际书展中国出版代表团在内罗毕举行了“中国书架”肯尼亚合作签约仪式暨湖北出版文化成果展。这是中国优秀图书海外推广项目“中国书架”首次落地非洲。中国驻肯尼亚大使馆参赞王学政、湖北长江出版传媒集团副总裁毕华、肯尼亚国家图书馆副馆长万加丽·恩戈维等嘉宾出席了签约仪式并讲话。

【四川音乐学院交响乐团参加阿尔及尔国际交响音乐节】 2019年10月12—17日，阿尔及利亚举办了第十一届阿尔及尔国际交响音乐节。四川音乐学院交响乐团一行45人应邀参加，并于17日与乌克兰柴可夫斯基国家音乐学院共同举办了第十一届阿尔及尔国际交响音乐节闭幕演出。该音乐节是由阿尔及利亚文化部支持，阿尔及尔歌剧院及阿尔及利亚高等音乐学院承办的大型音乐盛会，是阿尔及利亚规模较大、较具影响力的音乐节。

【中国影视作品亮相非洲电影节】 2019年11月20日，2019年非洲电视节在南非约翰内斯堡桑顿会议中心开幕。由九家中方参展单位组成的中国联合展台带来了百余部参展作品，涵盖电视剧、纪录片、动漫、综艺节目等，成为电视节一大亮点。2019年是中国连续第八年在非洲电视节上设立中国联合展台。此次中国展团参展作品包括纪录片《百寿探秘》、综艺节目《时尚中国》、电视剧《一场遇见爱情的旅行》、动漫《西游记》《乐比悠悠》等。

【中国电影获开罗国际电影节“铜金字塔奖”】 2019年11月29日，第四十一届开罗国际电影节在开罗歌剧院闭幕，入围主竞赛单元的中国电影《第四面墙》获“铜金字塔奖”。开罗国际电影节始办于1976年，是国际A类电影节之一，也是中东和非洲地区重要的国际电影节。此届开罗国际电影节于11月20日晚开幕，吸引了包括中国在内的60多个国家和地区的150多部影片参加。

【“纯粹中国·魅力湖南”文艺演出走进博茨瓦纳】 2019年12月7日晚，“纯粹中国·魅力湖南”文艺演出在博茨瓦纳首都哈博罗内市举行，歌曲《浏阳河》、花鼓戏《刘海砍樵》、男声独唱《我的太阳》等节目赢得了阵阵掌声。

【中国啤酒节走进非洲海滨城市】 2019年12月21—22日，由青岛啤酒集团主办的“活力青岛 干杯世界——青岛啤酒节香飘丝路行”在利比里亚举办首站活动，给当地民众和游客带来了欢乐和新奇的文化体验。之后该活动还在多个“一带一路”沿线国家举办。该啤酒节得到了利比里亚新闻、文化和旅游部副部长兰斯·格巴永冈的赞誉。

【中国青海民族文化艺术展在南非拉开序幕】　2020年1月6日，中国青海民族文化艺术展在南非约翰内斯堡市拉开序幕。此次艺术展由青海省人民政府新闻办公室主办，并得到了约翰内斯堡市政府、全非洲中国和平统一促进会、南非中国商会的大力支持。此次艺术展为期三天，展出了200余幅图片、20幅唐卡作品，向南非人民展现了一个具有特色的人文风貌、由高原特殊地理环境造就的青海。

【中国赴苏丹维和部队举办中国年文化节活动】　2020年2月1日，中国第三批赴苏丹达尔富尔维和直升机分队在法希尔超级营中国营区举办了中国年文化节活动，向各国代表展现了中国文化的独特魅力。联合国和非洲联盟驻苏丹达尔富尔特派团、中国参谋军官组，以及巴基斯坦、卢旺达、吉布提、冈比亚、坦桑尼亚、肯尼亚等出兵国、出警国分队代表共200人出席了该活动。

【中国常驻联合国代表就“非洲日”向非盟致贺信】　2020年5月25日是非洲国家和人民的重要节日——“非洲日”。当天，中国常驻联合国代表张军向非盟（非洲联盟）常驻联合国观察员、非盟轮值主席国南非常驻联合国代表和非洲国家常驻联合国代表致贺信，称赞非洲为世界和平发展作出了重要贡献。

【防疫科普漫画《加油鸭抗疫记》双语版在武汉和开罗同步首发】　2020年6月1日“六一”国际儿童节，湖北教育出版社出版的防疫科普漫画书《加油鸭抗疫记》的中文版和阿拉伯文版在武汉和开罗同步首发。该书用通俗易懂的方式介绍了新冠病毒的相关知识、个人及学校预防方法等，兼具科学性、趣味性、实用性。该书的阿拉伯文版出版方表示，希望通过可爱的“加油鸭”形象把中国抗击疫情的经验传递给全世界的小读者们。

【《援建坦赞铁路亲历者的讲述》斯瓦希里语版在坦桑尼亚发布】　2020年8月20日，由中国外交部政策规划司编著的《中非关系史上的丰碑——援建坦赞铁路亲历者的讲述》一书的斯瓦希里语版发布仪式在坦桑尼亚城市达累斯萨拉姆举行。中坦两国政府官员、友好人士以及坦赞铁路亲历者等数十人出席了该活动。

【第二届“中国与非洲”短视频大赛落幕】　2020年12月8日，由中国外文局和中国非洲人民友好协会指导，北京周报社主办，以“携手同行 命运与共”为主题的第二届“中国与非洲”短视频大赛落下帷幕。此次大赛为期4个月，分为中国、南非、塞内加尔三个赛区，共有来自28个国家的作品参赛。经网络投票和专家评审后，47件作品入围决赛，大赛最终评选出特别奖一名，微视频、短视频组分别评选出一等奖一名，二等奖三名，三等奖五名，以及最佳组织奖15家单位。大赛颁奖仪式在北京、开普敦、达喀尔同步举行。在颁奖环节结束后，三地依次表演充满中非人文交流特色的文艺节目。

四 中非合作论坛卫生交流

【中国第二十一批援外医疗队救治逾五万马达加斯加民众】 2019年3月6日，中国第二十一批援外医疗队总结座谈会在甘肃兰州召开。两年来，该医疗队在马达加斯加救治急诊病患56181人、住院病患4725人、手术病患3855人，抢救危重病人1039人。该医疗队由甘肃省承派，于2016年末开始工作，由来自内科、外科、妇科、麻醉、中医等10个专业的30名优秀医生和工作人员组成。两年来，该医疗队展现了“不畏艰苦、甘于奉献、救死扶伤、大爱无疆”的中国医疗队精神。

【中国同非洲国家举行视频会议分享抗疫经验】 2020年3月18日，中国卫生、海关等部门官员和中方专家同非洲疾控中心与20多个非洲国家政府官员和卫生专家举行了视频会议，分享抗疫信息，交流防控经验。来自中国、非洲疾控中心及24个非洲国家的政府官员和卫生专家就中国抗疫进展、病毒学和流行病学、临床救治和海关防疫等方面分享了信息，交流了经验。

【马云公益基金会和阿里巴巴公益基金会向非洲捐赠防疫物资】 2020年3月21日，由马云公益基金会和阿里巴巴公益基金会向非洲捐赠的防疫物资在广州白云机场货站内整装待发。这批物资包括540万只口罩、108万个试剂盒、4万套防护服和6万个防护面罩等。3月22日，包机货运航班抵达埃塞俄比亚首都亚的斯亚贝巴的博莱机场，支援非洲抗击疫情。4月20日，这两个基金会又启动一批非洲应急物资捐赠，直接捐赠给非盟，由非盟和非洲疾控中心根据疫情发展和当地情况，统筹物资分发，更加高效地支持非洲抗疫。此次捐赠物资包括460万个医用和民用口罩、50万份试剂盒、300台呼吸机、100台红外线测温仪、2000个额温枪、20万件防护服和20万个防护面罩、50万双医用手套。

【华坚集团举行防疫物资捐赠仪式】 2020年3月21日，华坚集团举行防疫物资捐赠仪式，向埃塞俄比亚、肯尼亚、卢旺达、赞比亚非洲四国捐赠了大批防护物资。该集团向埃塞俄比亚捐赠的物资包括防护服、隔离衣、医用口罩、体温枪等，合计人民币200万元。此前，3月18日，华坚集团已向埃塞俄比亚捐赠一批医用外科口罩和红外线体温枪。

【中国政府向18个非洲国家捐赠防疫物资】 2020年4月6日，中国援助18个非洲国家的抗疫物资运抵加纳。这批物资包括呼吸机、N95口罩、防护服、手套等医疗设备和防护用品。受援助的国家包括加纳、尼日利亚、塞内加尔、加蓬、塞拉利昂、几内亚比绍、几内亚、科特迪瓦、冈比亚、利比里亚、马里、布基纳法索、赤道几内亚、多哥、贝宁、刚果（布）、佛得角、圣多美和普林西比。中国驻加纳大使王世廷与加纳外长博奇韦出席了物资交接仪式。

【四川省医疗专家向非洲四国介绍抗疫经验】 2020年4月10日，四川省卫生健康委员会、四川省外事办公室与中国驻科特迪瓦、乍得、刚果（金）和刚果（布）四国大使馆共同举办了中非新冠肺炎疫情卫生专家视频会议。四川省医疗专家就新冠肺炎诊断和临床治疗、中医参与抗疫经验等问题同非洲四国卫生专家展开交流。中国驻科特迪瓦大使万黎、科特迪瓦国家公共卫生研究院院长贝尼埃、科特迪瓦国防部卫生局局长恩德里、刚果（金）国家生物医学研究所所长穆延贝等领导、专家参会，并就疫情的综合应对、病毒检测、患者收治、追踪疑似病患和密切接触人群等方面的问题交换了意见。

【浙医二院与非洲医护人员在“云上”共享新冠肺炎防治经验】　2020 年 4 月 10 日，浙江大学医学院附属第二医院专家与埃塞俄比亚医生在线交流新冠肺炎防治经验，中方专家分别就疫情之下的医院管理、医护人员培训、特殊病人治疗、隔离病房设计等经验进行了分享。埃塞俄比亚卫生部长利娅·塔德塞和中方专家进行了交流。

【中国多个医疗专家组抵达非洲】　2020 年 4 月 16 日以来，多个中国抗疫医疗专家组先后抵达布基纳法索、埃塞俄比亚、吉布提、科特迪瓦、刚果（金）等非洲国家，向当地医疗机构和专业人士分享了中国抗击新冠肺炎疫情的经验，与他们携手应对疫情。

【昆山市助力埃塞俄比亚德雷达瓦市抗击疫情】　2020 年 4 月 21 日，由昆山市捐赠的一批防疫物资启程发往埃塞俄比亚，助力友好交流城市德雷达瓦抗击疫情。昆山市副市长李晖出席了启运仪式。这些物资由江苏飞力达国际物流股份有限公司免费承运发往德雷达瓦，表达了昆山与德雷达瓦患难与共、同舟共济的深厚情谊。

【中国公司积极参与埃塞俄比亚医院改建】　2020 年 4 月，中国建筑埃塞俄比亚有限公司、津安公司、江苏省建集团等中国企业在短时间内保质保量地完成了对于埃塞俄比亚爱菲医院、津巴布韦威尔金斯医院与塞内加尔妇幼医院的改造任务，其工作得到了当地民众的支持与称赞。

【非洲 22 国医生在线学习中国抗疫经验】　2020 年 4 月 28 日，由非洲疾控中心以及中国马云公益基金会与阿里健康联合组织的新冠肺炎医学交流会在云端召开，来自非洲 22 个国家的 1600 多名医生在线学习了中国抗疫经验。马云、中国工程院副院长、呼吸病学与危重症医学专家王辰、非洲疾控中心主任约翰·肯格松等参会。

【中国政府向非洲三国派遣抗疫医疗专家组】　2020 年 5 月 11 日，外交部发言人赵立坚在例行记者会上宣布，为支持非洲国家应对新冠肺炎疫情，中国政府决定向津巴布韦、刚果（金）和阿尔及利亚三国派遣抗疫医疗专家组。该专家组由国家卫生健康委员会组建，分别由湖南省、河北省和重庆市卫健委选派。其中，中国赴津巴布韦抗疫医疗专家组于 5 月 11 日上午启程，赴刚果（金）、阿尔及利亚抗疫医疗专家组也于 5 月出发。

【中国第十九批援非洲刚果（金）医疗队启程】　2020 年 6 月 8 日，中国第十九批援非洲刚果（金）医疗队从河北石家庄正定国际机场出发，飞赴刚果

（金）首都金沙萨，在当地执行为期一年的援外医疗任务。河北省自 1973 年开始向刚果（金）（原扎伊尔）派遣医疗队。河北省卫生健康委员会数据显示，47 年间，河北已累计向刚果（金）派出医疗人员 18 批 484 人次。另外，2020 年 5 月中国（河北）赴刚果（金）抗疫医疗专家组 12 名成员前往当地，协助开展新冠肺炎疫情防控工作。

【津巴布韦公立医院设立中医针灸中心】 2020 年 6 月 10 日，津巴布韦卫生部长莫约表示，津巴布韦卫生部注意到中医药在中国防治新冠肺炎过程中所发挥的重要作用，希望能把相关药物引入津巴布韦，用于治疗当地的新冠肺炎患者。他还希望与中方加大在中医药领域的合作，计划在该国较大的公立医院——帕里雷尼亚图瓦医院设立中医针灸中心。

【中非团结抗疫特别峰会举行】 2020 年 6 月 17 日晚，中国国家主席习近平在北京主持中非团结抗疫特别峰会并发表题为“团结抗疫 共克时艰”的主旨讲话。此次峰会由中国和非洲联盟轮值主席国南非、中非合作论坛共同主席国塞内加尔发起，以视频方式举行。此次峰会发表了《中非团结抗疫特别峰会联合声明》。

【中华全国总工会向非洲工会统一组织捐赠抗疫物资和办公设备】 2020 年 7 月 14 日，中华全国总工会援助非洲工会统一组织抗疫物资和办公设备捐赠仪式在中国驻加纳大使馆举行。中国驻加纳大使馆临时代办朱憬、非洲工会统一组织总书记阿尔扎基·迈祖德等出席了捐赠仪式。此次捐赠物资包括一次性外科医用口罩、洗手液以及复印机和笔记本电脑等办公设备，为保护疫情之下非洲工人权益作出重大贡献。在非洲抗疫中，中国力量发挥了举足轻重的作用，也因此赢得了非洲人民的赞誉与喜爱。

【第一批中国研制的疫苗抵达埃及】

2020 年 12 月 10 日，由阿联酋方面向埃及卫生与人口部提供的中国新冠肺炎疫苗运抵开罗国际机场。埃及卫生与人口部长哈莱表示，中国疫苗抵埃标志着埃及同中国的友好合作关系达到新高度。根据世界卫生组织的指导意见，埃及将优先向医务人员和弱势群体接种中国疫苗。

【中国援建非洲疾控中心动工】 2020 年 12 月 14 日，由中国援建的位于埃塞俄比亚首都亚的斯亚贝巴南部的非洲疾控中心总部项目正式动工，非盟社会事务委员阿米拉和中国驻非盟使团团长刘豫锡大使出席了一期项目启动仪式。该项目包括一个应急反应中心、数据中心、实验室、图书馆、新闻发布厅、培训中心、会议中心、办公室和外籍员工公寓，为非洲疫情防控作出了重大贡献。

五 中非合作论坛体育交流

【第一届“大使杯”贝宁武术大赛收官】 2019 年 9 月 21 日，由中国驻贝宁大使馆、贝宁中国文化中心联合贝宁武术协会举办的第一届“大使杯”贝宁武术大赛在中国援建的友谊体育馆举办。此次大赛分为青少年组和成人组，来自贝宁各武术协会和团体的近150名运动员参加了此次大赛，最小的参赛选手年龄只有5岁。竞赛项目分长拳、南拳和太极三大类项目以及对练项目。长拳类项目包括长拳、刀术、剑术、棍术、枪术；太极类项目包括太极拳和太极剑，南拳类项目包括南拳、南刀、南棍，加上对练项目的竞赛，合计有11个小项。中国驻贝宁大使彭惊涛、贝宁武术协会主席帕克里克出席了大赛并致辞。

【中国武术被纳入达喀尔青奥会】

2020年1月9日，塞内加尔奥委会主席马马杜·恩迪亚耶在瑞士洛桑接受新华社记者专访时表示，鉴于武术在非洲广受欢迎，决定把武术等新项目纳入达喀尔青奥会。该青奥会是非洲首次举办的奥运会系列运动会。国际奥委会8日在瑞士洛桑举行执委会会议，武术被列为达喀尔青奥会正式比赛项目。

【摩洛哥线上全国散打武术锦标赛举办】　2020年8月，由拉巴特中国文化中心与摩洛哥皇家武术协会共同举办的摩洛哥线上全国散打武术锦标赛落下帷幕，来自摩洛哥37家俱乐部的314名武术爱好者通过视频展示各自练习武术的成果。此次比赛最终评选出10个优胜俱乐部和60名优胜选手。该项赛事为中国武术文化在摩洛哥的推介与传播作出了重大贡献。

六　中非合作论坛媒体交流

【中非媒体线上研讨会举行】

2020年6月15日，南非平面媒体集团独立传媒与多家中方机构共同主办的“新冠肺炎疫情下中非民间外交及媒体合作线上研讨会”以视频会议的形式召开。会上，来自中国、南非、尼日利亚、坦桑尼亚、埃及、英国等国家和联合国等国际机构的19位嘉宾发言，中非各界近100人线上参会。发言嘉宾一致认为，中非在此次抗击新冠肺炎疫情过程中守望相助、共克时艰，充分表明中非始终相互依存、命运与共，中非友谊牢不可破。

【中国驻非盟使团团长刘豫锡大使就宣介中非团结抗疫峰会发表署名文章】　2020年7月16日，驻非盟使团团长刘豫锡大使在埃塞俄比亚主流媒体沃尔塔通讯社网站发表题为“团结共抗疫 合作度时艰”的署名文章，表达了加深中非合作，共同抗击疫情的信心。

【中国驻非盟使团团长刘豫锡大使在埃塞俄比亚主流媒体发表署名文章】

2020年9月28日，驻非盟使团团长刘豫锡大使在埃塞俄比亚主流媒体沃尔塔通讯社网站发表题为“合作抗疫是中非坚实友谊的典范”的署名文章，充分表达了中国深化中非友谊，合作战胜疫情的信心。

七　中非合作论坛旅游交流

【中国旅游推介会在津巴布韦举行】 2019年11月17日，由中国文旅部、中国驻津巴布韦大使馆以及津巴布韦环境、旅游和接待行业部共同主办的“超乎想象的中国”旅游推介会在津巴布韦瀑布城举行，津巴布韦政府机构、当地旅游从业者代表等百余人参会。此次推介会向来宾展示了中国各地丰富的自然、人文、美食等旅游资源，以及中国近年来在基础设施建设和移动支付等领域取得的发展成就。

八　中非合作论坛青年交流

【“非洲青年科技人员创新中国行”在北京启动】 2019年5月5日，“非洲青年科技人员创新中国行”活动在北京启动。来自埃及、肯尼亚、南非、埃塞俄比亚、坦桑尼亚等18个非洲国家的25名青年科技人员参加了该活动。该活动是《中非合作论坛——北京行动计划（2019—2021年）》的内容之一，也是落实2018年中非合作论坛北京峰会成果的重要举措。

【第四届中非青年大联欢在北京开幕】 2019年8月27日，以“凝聚青春梦想，共创中非关系新时代”为主题的第四届中非青年大联欢在中国宋庆龄青少年科技文化中心开幕。此届大联欢由中国外交部主办，中国宋庆龄基金会、广东省人民政府承办。来自51个中非合作论坛非方成员的近百名青年代表、37名非洲驻华大使和使馆代表、非洲在华留学生代表以及中国青年代表近300人出席了开幕式。本届中非青年大联欢活动为期10天，先后在北京和广东两地进行参观交流。

【中国青年代表团访问几内亚】 2019年11月，“青年在国家发展和中非关系中的作用”座谈会在几内亚首都科纳克里举行。几内亚青年与来访的中国青年代表团在会上进行了友好交流。此次中国青年代表团交流活动由中非合作论坛中方后续行动委员会秘书处组织。该代表团由中国外交部、商务部、财政部等中非合作论坛中方后续委员会单位及其他涉非合作部门的52名青年代表组成。与会的中国青年代表介绍了中非在外交、金融、投资、医疗卫生、民生等领域的合作。他们表示，在今后的工作中，将为推进中非关系贡献智慧和力量。

【非洲国家青年议员访华团来访】 2019年12月17日，中非友好小组组长王正伟在北京会见了以塞拉利昂议会副议长赛格普·托马斯为团长的非洲国家青年议员访华团，双方开展了有关中非合作的友好交流。

【贝宁青年创作歌曲支持中国抗疫】 2020年初，江南大学2019届贝宁校友杜索创作了歌曲《加油中国》，得到网友普遍欢迎。杜索于2010年获中国政府奖学金，先后在江南大学商学院完成了本科和硕士研究生阶段的学习。在校期间，杜索积极参与文体活动，曾作为留学生代表参加江南大学建校60周年文艺会演。杜索希望用这首歌曲为第二故乡中国祈福。

【第五届中非青年大联欢在京开幕】

2020年10月26日，由中国外交部、中国宋庆龄基金会、江西省人民政府共同举办的第五届中非青年大联欢在北京开幕。此届中非青年大联欢以“凝聚青春梦想，共创中非关系新时代——中非青年共庆中非合作论坛成立20周年”为主题，42名非洲在华青年代表访问了北京和江西两地，走进机关、企业、科技园区，参加了中非青年论坛，参观了自然人文景观等。

九　中非合作论坛智库交流

【埃及首个“一带一路”合作研究中心成立】　2019年1月13日，由中国人民大学与埃及艾因夏姆斯大学共建的“一带一路”合作研究中心在艾因夏姆斯大学举行揭牌仪式，标志着埃及首个“一带一路”研究中心正式成立。中国人民大学校长刘伟、埃及艾因夏姆斯大学校长阿卜杜勒·瓦哈卜·伊扎特出席仪式并讲话。2018年11月17日，中国人民大学国家发展与战略研究院与埃及艾因夏姆斯大学在北京就共建“一带一路”合作研究中心签订备忘录。

【中国非洲研究院成立】　2019年4月9日，中国非洲研究院成立大会暨中非合作与人文交流学术研讨会在北京举行，中国国家主席习近平致贺信，对中国非洲研究院成立表示热烈祝贺。中国非洲研究院是根据2018年中非合作论坛北京峰会上习近平主席加强中非合作的重要举措而成立的机构，是中国与非洲人文交流行动的重要举措。中国非洲研究院旨在同非洲各国深化文明互鉴，加强治理和发展经验交流，为中非共同推进“一带一路”合作，共同建设面向未来的中非全面战略合作伙伴关系，共同构筑更加紧密的中非命运共同体提供智力支持和人才支撑。中国非洲研究院将着力发挥交流平台作用，密切中非学术交往，深化相互了解，促进民心相通；发挥研究基地作用，组织开展共同研究，助力中非共建“一带一路”；发挥人才高地作用，为中非合作培养高端专业人才；发挥传播窗口作用，讲好中非友好合作故事。

【中非智库论坛第八届会议在京举行】　2019年8月26—27日，“中非智库论坛第八届会议”在北京钓鱼台国宾馆举行。来自非洲45个国家的驻华使节、51个非洲国家的政府官员、智库学者、媒体代表和中国外交部、国内知名智库机构代表、企业代表及媒体人士近400人参加了此次会议。此次会议就构建更加紧密的中非命运共同体、共建“一带一路”、落实中非合作“八大行动”、总结中非合作论坛经验、推动中非合作提质增效、打造中非联合研究交流计划“增强版”、加强中非治国理政经验交流，以及如何共同应对西方攻击抹黑中非合作等话题进行讨论与阐述。

【“治国理政与中非经济社会发展”国际研讨会举办】 2019年12月3日，中国社会科学院（CASS）、中国非洲研究院（CAI）和南非人文科学研究理事会（HSRC）在南非行政首都比勒陀利亚联合举办“治国理政与中非经济社会发展”国际研讨会。中国社会科学院院长谢伏瞻、中国驻南非大使林松添、南非人文科学研究理事会主席苏迪恩等分别在开幕式上致辞。林松添大使表达了对中非合作成就的赞赏，传达了中方愿同非洲等国际社会无私分享中国治国理政和发展经验的愿望。南非人文科学研究理事会主席苏迪恩等盛赞中国发展成就与对非政策实践、“一带一路”倡议以及中国为全球治理贡献的中国智慧和中国方案。与会嘉宾一致认为，中国的发展道路和治国理政经验为非洲等发展中国家实现自主可持续发展提供了新的选择，期待非中深化治国理政经验交流，携手构建更加紧密的非中命运共同体。

【“新常态下‘一带一路’对非洲大陆自由贸易区和基础设施建设的影响”视频研讨会举办】 2020年8月6日，南非人文科学理事会、当代中国与世界研究院和非洲发展新伙伴计划等联合举办“新常态下‘一带一路’对非洲大陆自由贸易区和基础设施建设的影响”视频研讨会。南非人文科学研究理事会执行主任穆勒、当代中国与世界研究院院长于运全等100余名中非专家、学者和企业代表线上参会。中国驻南非使馆临时代办李南发表讲话，强调了新冠肺炎疫情给中非共建“一带一路”和人员交往增添的复杂因素与中非共建“一带一路”的光明前景，表达了对于进一步加强中南友谊的愿望。

【“联合国2030年可持续发展目标与中国减贫经验”线上研讨会举行】 2020年9月，“联合国2030年可持续发展目标与中国减贫经验”研讨会在线举办。来自39个国家和地区的前政要、国际组织负责人、智库代表等，结合中国和全球减贫实践经验，就推进人类可持续发展的目标路径展开讨论。本次研讨会由中央广播电视总台CGTN智库主办，联合美国卡特中心、德国席勒研究所、比利时中欧数字协会、法国桥智库、南非国际事务研究所、俄罗斯文明对话研究所、罗高寿俄中关系分析中心共同举办。

【中非智库论坛第九届会议举行】

2020年11月5—6日，中非智库论坛第九届会议以线上、线下结合的形式举行，有200余名中非专家学者、媒体人士参加。参会嘉宾表示，中非合作为推动全球化进程和增进全人类福祉作出了突出贡献，以后，双方应进一步对接“一带一路”倡议和非洲联盟《2063年议程》，在中非合作论坛框架下进一步拓展务实合作。中非智库论坛是中非合作论坛下的重要分论坛，自2011年创立以来已举办八届会议。

（撰稿人：马秀杰、李珂、刘逸中）

中国—东盟人文交流

一　中国—东盟教育交流

【2019年“越友趣”中越学生文化交流活动举办】　2019年6月13日，“越友趣”中越学生文化交流活动在广西南宁举行。来自广西大学、广西民族大学、广西艺术学院、广西华侨学校等院校的越南留学生约100人，南宁职业技术学院师生和留学生共500余人齐聚一堂，共同参加这场中越文化交流盛会。本次活动由南宁职业技术学院主办，越南驻南宁留学生会协办。越南驻南宁总领事馆总领事黄玉荣、南宁职业技术学院副校长周旺出席活动并分别致辞。该校与入驻东南亚、中亚、非洲等地的中国企业以及当地相关部门洽谈，力争将南宁职业技术学院的教学点直接设在海外，为“一带一路”建设培养更多、更有针对性的高技能应用型人才，助力“中国制造”和“中国智造”更好地融入全球化发展。

【2019中国—东盟教育交流周在贵安新区开幕】　2019年7月22日，由中国外交部、教育部与贵州省人民政府共同举办的2019中国—东盟教育交流周在贵州省贵安新区开幕。来自中国和东盟国家以及特邀伙伴国的2000余名中外嘉宾、代表参会，围绕“深化务实合作共享发展成果”主题，共续教育合作友谊。贵州与东盟各国在教师和留学生互派、科技创新、技能人才培训等方面广泛合作，贵州大学等36所高校与东盟国家85所高校及教育机构建立交流合作关系，在贵州的留学生中，来自东盟国家的留学生占71%。贵州省省长谌贻琴在开幕式上表示，贵州将着力推动与东盟国家的教育开放合作，努力促进中国—东盟更大范围、更高水平、更深层次的合作交流，不断把双方教育合作推上新台阶。

【2019中国—东盟教育交流周新增四个特邀伙伴国】　2019年7月22—26日，由中国外交部、教育部、贵州省人民政府共同举办的2019中国—东盟教育交流周在贵州贵安新区举行。贵州省政府副秘书长汤向前介绍说，参加此次交流周的国家，除中国和东盟各国以及2018年的哈萨克斯坦、俄罗斯、瑞士三个特邀伙伴国外，又新增了乌兹别克斯坦、德国、墨西哥、蒙古国作为新的特邀伙伴国。此次交流周以“深化务实合作共享发展成果”为主题，围绕中国—东盟高等教育、职业教育合作、学期教育合作、高校创新创业合作、汉语国际

教育等10个平行主题。新增四个特邀伙伴国是此次交流周的主要亮点之一。

【中国—东盟教育培训联盟2019年年会举行】 2019年7月23日，中国—东盟教育培训联盟2019年年会举行，贵州大学副校长邓朝勇，外交学院亚洲研究所、云南民族大学、海南热带海洋学院等中国—东盟教育培训联盟常务理事长单位的相关负责人分别致辞。会上，中国—东盟教育培训联盟秘书长任康民对过去一年的工作进行了总结，制订了新一年的工作计划。任康民表示，中国—东盟教育培训联盟旨在促进中国与东盟国家的人员交流和资源共享，推动中国与东盟区域人文交流与合作，建立教育培训系统和教育培训公共信息平台，打造特色培训品牌，拓展交流空间。现场颁发了“2019优秀中国—东盟教育培训中心”“2019优秀培训案例奖”等奖项。自联盟成立以来，秘书处和各中心高校开展了一系列中国与东盟高校、组织之间的教育交流活动。

【2020中国—东盟教育交流周全年期线上活动——“新冠肺炎疫情期间国际学生管理服务云端研讨会”召开】 2020年9月22日，2020中国—东盟教育交流周全年期线上活动——“新冠肺炎疫情期间国际学生管理服务云端研讨会”在贵州大学西校区德正楼221会议室召开。本次活动邀请了马来西亚、泰国、老挝、日本、美国等7所国外高校进行视频连线。马来西亚拉曼大学副校长Choong Chee Keong教授、泰国宋卡王子大学副校长Thakerng wongsirichot教授以及马来西亚英迪大学工艺资讯学院院长Choo Wou Onn教授分别就“新冠肺炎疫情期间国际合作及学术实践”“新冠肺炎疫情下国际学生管理工作经验”等内容进行分享交流。

【2020中国—东盟奥尔夫音乐教育展览会正式启动】 2020年10月16日，由南宁市人民政府、中国国际贸易促进委员会广西分会主办，民建南宁市委会、广西财经学院中国东盟奥尔夫教育研究所、广西新动力投资管理有限公司承办的2020中国—东盟奥尔夫音乐教育展览会启动仪式在广西南宁举行。本次展览会积极加强与广西财经学院中国东盟奥尔夫研究所的合作，着力推动奥尔夫教育理念在广西、南宁市的发展。广西作为少数民族自治区拥有众多优秀的民族文化，引进奥尔夫教育理念不仅可以创新民族文化，而且进一步宣扬了广西的传统文化，扩大了广西的文化影响力。

【2020中国—东盟教育交流周洪江论坛举行】 2020年10月24—25日，2020中国—东盟教育交流周洪江论坛在贵州省荔波县洪江艺术交流中心举行。本次论坛分为“当代艺术与中国乡村”论坛、“对话·洪江当代艺术邀请展”两个主要部分。本次论坛邀集来自全国各地前沿艺术批评家、理论家和研究乡村文化建设的专家，以“当代艺术与中国乡村”为题，分别围绕艺术乡建案例研究、当代艺术与乡村建设等主题，就当代艺术如何介入乡村文化的多种实践进行交流、探讨；“对话·洪江当代艺术邀请展”展出20余位国内外艺术家的绘画、装置等作品。

【2019中国—东盟舞蹈教育论坛在南宁举办】 2019年10月25日，由广

西艺术学院、中国舞蹈家协会主办，广西艺术学院舞蹈学院承办的“2019 中国—东盟舞蹈教育论坛”在广西南宁举行。本次论坛共有国内外 40 余所院校、文化艺术机构，7 个国家和地区的舞蹈艺术工作者共 150 余人出席。来自柬埔寨、印度尼西亚、老挝、马来西亚、新加坡、泰国等多个东盟国家的舞蹈艺术工作者以“交流互鉴·共融发展”为主题进行发言与学术交流探讨。在为期两天的活动中，共进行两场学术研讨会、一场青年学者研讨会，举办两场精品舞蹈展演及八场东盟舞蹈教学交流工作坊，对中国—东盟舞蹈文化的传承与创新，对中国—东盟艺术教育的合作与发展，以及对增进中国与东盟的友谊产生了积极的影响，中国与东盟合作迈入提质升级新时代。

【2020 中国—东盟教育交流周“中国—东盟大学生旅游形象大使选拔赛”在凯里学院开幕】　2020 年 11 月 6 日，2020 中国—东盟教育交流周“中国—东盟大学生旅游形象大使选拔赛”开幕式在凯里学院会堂举行。来自江苏大学等十余所国内高校的教师代表出席开幕式。中国—东盟教育交流周“中国—东盟大学生旅游形象大使选拔赛”对宣传中国、东盟各国的旅游文化，加深互动、增进友谊具有十分重要的意义。在新冠肺炎疫情防控常态化形势下，本着交流合作不停步、对外联系不断线的目标，经过紧张而有序的准备，2020 中国—东盟教育交流周“中国—东盟大学生旅游形象大使选拔赛”采取线上决赛线下评审的形式进行。来自东盟各国的留学生通过视频进行“自我介绍”“旅游推介”“才艺展示”三个环节的比赛，评委在线下观看参赛视频并进行现场打分，最终评选出获奖选手。

【2020 中国—东盟教育交流周“汉语桥”——“诗琳通公主杯”东盟国家在华留学生线上视频演讲比赛举行】
2020 年 12 月 1 日，2020 中国—东盟教育交流周“汉语桥”——“诗琳通公主杯”东盟国家在华留学生线上视频演讲比赛在遵义医科大学举行。本次比赛有来自北京语言大学等近 20 所高校的泰国、老挝、越南、柬埔寨、印度尼西亚、马来西亚、缅甸等国家来华留学生参赛。经过初赛角逐，20 名选手进入决赛。选手们用中文讲述各国人民在新冠肺炎疫情期间的“风雨同担 携手抗疫——难忘的 2020”感人故事，展示个人、家庭、社区、学校、政府及各行各业抗击新冠肺炎的信心、爱心与决心。本次比赛旨在用汉语搭桥，表达了中国与东盟国家间守望相助、共克时艰的情谊，促进了中国—东盟间文化交流与互信，形成了良好的中国—东盟青少年交往氛围，助力推动中国—东盟教育人文交流合作及中国—东盟命运共同体建设。

【2020 中国—东盟职业教育发展论坛开幕】　2020 年 12 月 10—12 日，由中国—东盟职业教育研究中心主办的“2020 中国—东盟职业教育发展论坛”在南宁召开。本次论坛以“质量·融合·发展”为主题，来自中国及东盟国家的 380 位主要代表以“线上 + 线下”的方式进行了深入研讨。此次论坛下设“高层演讲”“主题演讲”“专题论坛”等分论坛，围绕“一带一路”“人工智

能”“产教融合”“应对疫情”四个专题，探讨中国—东盟职业教育的新机制、新技术和新经济背景下职业教育改革发展路径。来自国内外政府领导、专家学者、院校及企业共45位代表分别在线下线上作主旨发言，线下与线上共有2000多名代表参加了会议。此次论坛的举行对于推进中国—东盟职业教育研究，促进职业教育为中国—东盟经济社会发展助力具有重要意义。

【2020年中国—东盟边境职业教育论坛及联盟年会召开】 2020年12月23日，2020年中国—东盟边境职业教育发展论坛暨中国—东盟边境职业教育联盟年会召开。此次边境职业教育论坛及年会的主旨是：后疫情时代广西职业教育国际化办学新走向，有近百家职业院校、行业企业和科研院所代表参加了会议。此次年会听取并审议了联盟年度工作报告、表决通过了联盟章程修订稿草案。本次年会梳理了疫情背景下院校应对措施和技术瓶颈，并就疫情后联盟的发展方向展开了探索。中国教育国际交流协会教育服务认证部翟金鸣主任作题为“来华留学质量保障体系建设”的主旨报告。中国—东盟职业教育研究中心常务副主任兼秘书长，广西职业教育发展研究中心常务副主任王屹作题为“高质量推进中国—东盟职业教育共同发展的新方略”的主旨发言。

二　中国—东盟科技交流

【2019中国—东盟创新与科技合作高峰交流会在南宁举行】 2019年5月10日，“共建‘一带一路’2019中国—东盟创新与科技合作高峰交流会”在中国广西南宁举办。本次高峰交流会由南宁市外事办公室和广西启迪科技城集团共同主办，邀请了柬埔寨、菲律宾、加纳、缅甸、老挝、越南等国驻华使领馆官员，政府相关部门、大学院校及科研机构负责人，商界领袖等与会代表齐聚南宁启迪东盟科技城，就深化科技领域创新合作、关爱儿童健康成长公益等相关议题进行对话和探讨。此次高峰交流会的举办，为各国政府、科技创新、儿童公益等领域的交流合作平台注入强劲动力，为各国促进创新科技发展，深化区域合作，为实现“设施联通、贸易畅通、资金联通、民心相通”作出积极贡献。

【2019中国—东盟智能产业大会在越南举行】 2019年7月25日，中国—东盟中心与中国驻东盟使团、中国驻胡志明市总领事馆和越南国家工商会在越南胡志明市共同举办了“创新引领发展：2019中国—东盟智能产业大会”。广东高科技产业商会、印尼工商会、马来西亚国家经济研究院、亚太投资银行、海马汽车、多丽公司、三诺集团、广西大数据发展局、华为技术、BW工业公司及有关产业的专家学者等在大会上作了交流发言。来自中国和东盟国家相关行业和企业代表约500人参加了大会。此次大会围绕中国科技智能产业与东盟各国合作发展机遇、中国与东盟智能产业与丝路电子商务创新合作、中国智能制造实践、新时代下构建东盟智能

产业共赢生态、智慧金融、5G技术等主题分享了观点，交流了经验。

【中国—东盟中心代表出席中国—东盟人工智能峰会及相关活动】 2019年9月9日，第一届中国—东盟人工智能峰会暨中国—东盟信息港合作伙伴签约仪式在广西南宁市举行。此次活动由广西壮族自治区、新华通讯社、中国国际贸易促进委员会、北京理工大学主办，中国—东盟中心等机构协办。东盟国家驻华领馆、主管产业的政府官员，国际组织代表，中国国际商会、国家信息中心以及国内11个省（区、市）人工智能或大数据主管部门负责人，华为、浪潮集团、科大讯飞、中科曙光、阿里云、商汤科技等科技企业代表、专家学者等出席活动。会上还举行了中国—东盟金融服务平台上线仪式、中国—东盟信息港合作伙伴签约仪式、广西“空天地一体化感知新型智慧城市”合作启动仪式、“天池大赛——数智广西·全球数据智能大赛”颁奖仪式等活动。

【2019年度中国—东盟海洋科技合作研讨会举办】 2019年9月22日，2019年度中国—东盟海洋科技合作研讨会在广西北海市举办。此次研讨会由中国外交部主办，中国自然资源部第四海洋研究所，广西壮族自治区自然资源厅、科技厅、海洋局以及北海市人民政府等单位承办。此次研讨会的主题是“提升海洋科研能力 共筑海上丝绸之路”。此次研讨会共有缅甸、柬埔寨、新加坡、印度尼西亚、马来西亚、泰国、菲律宾七个国家共计35名嘉宾参加，中方嘉宾来自62个单位，包括国家有关部委办局代表、广西区内有关领导及相关部门代表、科研机构专家学者及知名企业代表参加。此次研讨会旨在深化中国与东盟国家海洋领域的合作，增强海洋科技和技术交流，促进先进技术及成果的引进、输出和转移转化。

【2019中国—东盟可持续发展创新合作国际论坛在桂林市举办】 2019年9月22日，由中国科技部和广西壮族自治区政府主办，科技部社发司、中国—东盟技术转移中心、广西科技厅、桂林市政府承办的“2019中国—东盟可持续发展创新合作国际论坛”在桂林市举办。科技部、广西壮族自治区政府有关领导、联合国开发计划署驻华代表，东盟国家及日本政府部门部级官员和代表，国内外可持续发展相关领域专家学者和组织机构代表约500人参加本次论坛。本次论坛以“加强创新合作，促进产业可持续发展”为主题，联合国开发计划署代表、中国和东盟部分国家政府官员、专家学者发表主旨演讲，同时举办了“绿色技术转移转化对接会”和“喀斯特景观资源可持续利用平行论坛”两项专题活动。此次论坛现场还进行了19个合作项目的集体签约。

【2020广西科技“两周一展”中国—东盟科技战疫专题推介会举行】 2020年8月23日，全国科技活动周广西活动暨第二十九届广西科技活动周·广西创新驱动发展成果展中国—东盟科技战疫专题推介会在广西南宁国际会展中心D7展区举行。此次推介会紧扣“科技战疫”主题，集中推介部分科技战疫的阶段性成果，旨在为中国与东盟国家在生命科学领域防疫战疫技术推广

与合作建立对接平台，推动中国与东盟科技合作迈上新台阶。本次推介会采用“线上+线下”模式举办，在广西南宁设立主会场，在湖南、泰国曼谷、新加坡三个地方设立分会场。此次推介会邀请在本次抗击全球新冠肺炎疫情中贡献科技力量的中国及东盟国家科研院所、高校和企业进行抗疫科技成果及技术推介，寻求全球抗疫合作伙伴，不断完善区域内科技战疫合作机制。

【中国—东盟中心代表参加2020东亚峰会新能源论坛】 2020年9月24日，由中国科技部国际合作司、云南省科学技术厅主办的2020东亚峰会新能源论坛在上海举行。中国—东盟中心代表应邀出席线上论坛。来自印度尼西亚、老挝、马来西亚、新加坡、泰国等东盟国家以及印度、日本、韩国、新西兰、俄罗斯、美国等国家的科技能源部门、科研机构、高等院校代表，国内省区市科技部门、学术机构和科技企业代表，以及国际组织和新闻媒体代表出席了论坛。此次论坛主题为“应对气候变化挑战新能源的使命与未来”。与会专家、学者就新能源技术和产品的研发、研究成果、政策建议等开设了平行论坛，围绕当前和未来发展趋势、合作模式、创新发展等内容进行深入探讨。

【水利部正式向湄公河国家提供澜沧江全年水文信息】 自2020年11月1日起，中国水利部正式向湄公河五国及湄公河委员会提供澜沧江允景洪和曼安两个国际水文站的全年水文信息。近年来，由于受全球气温升高、季风异常等气候因素影响，澜湄流域面临着严峻的洪旱灾害挑战，中方从促进全流域防洪抗旱合作出发，主动将澜沧江水文信息共享范围从汛期扩展至全年，服务下游水情预报和减灾行动，减少沿岸人民损失，充分展现了中方与湄公河流域各国携手应对极端气候挑战的善意和诚意。澜湄六国同意通过共同建设澜湄水资源合作信息共享平台，进一步加强在水资源数据、信息、知识、经验和技术等方面的共享，提升共同应对流域洪旱灾害等挑战的水平，促进六国水资源可持续发展。

【2020中国—东盟高新技术产业合作发展大会在南宁举办】 2020年11月13日，在第十七届中国—东盟商务与投资峰会系列活动框架下，以“携手布局新基建，协同创新进东盟”为主题的2020中国—东盟高新技术产业合作发展大会，在南宁·中关村创新示范基地举办。此次大会由中国国际贸易促进委员会、广西壮族自治区人民政府主办，中关村科技园区管理委员会支持，中国—东盟商务与投资峰会秘书处、中关村发展集团、南宁市人民政府、广西壮族自治区科学技术厅共同承办。此次大会指出中国与东盟合作日益密切，已经迈入提质升级的成熟期。与东盟国家在高新技术领域的合作日益加强。同时也强调北京中关村应关注广西、投资南宁，借力“南宁渠道”走向东盟。同时诚挚欢迎东盟各国高新技术企业，借力“南宁渠道”走进中国，实现共同发展。

【2020中国—东盟信息港数字丝路产业合作论坛举办】 2020年11月25日，中国—东盟信息港数字丝路产业合作论坛在广西南宁举行。2020中国—东盟信息港数字丝路产业合作论坛是第四

届中国—东盟信息港论坛的分论坛之一，此次论坛邀请了中国与东盟国家数字经济主管部门官员、知名企业家、权威专家共同分享数字经济发展新动态和合作商机，成立中国—东盟信息港大数据交易产业联盟，发布数字丝路及数字广西建设成果，推动中国与东盟数字经济产业合作和数字丝路建设，打造中国与东盟数字经济发展的新引擎。本届论坛以“数聚丝路，智联未来”为主题，以“培育数字经济新产业、新业态和新模式”为研讨内容，集众智、汇众力，共话数字经济新合作、新发展、新趋势，发挥纽带作用，促进中国与东盟国家在数字经济领域的深度合作。

【2020 中国—东盟可持续发展创新合作国际论坛在桂林开幕】 2020 年 11 月 28 日，以“创新合作·产业融合·绿色发展”为主题的 2020 中国—东盟可持续发展创新合作国际论坛在桂林开幕，共话桂林可持续发展美好未来。本次论坛由中国科技部、广西壮族自治区人民政府主办，中国—东盟技术转移中心、广西壮族自治区科学技术厅、桂林市人民政府承办。作为中国—东盟博览会框架下举办的常态化重要高端论坛之一，该论坛对于广泛汇聚创新资源，促进多领域创新合作，形成内外联动、双向互济的开放合作格局具有重大意义。在本次论坛期间，还将开展农旅文体产业融合可持续发展项目实地调研、联合国开发计划署桂林可持续发展议程创新示范区能力建设研讨会成果交流会以及专家闭门会议，进一步促进桂林在发展理念、创新能力、项目对接、经验分享等领域的开放合作，为创新示范区建设提供更多智力和技术保障。

三　中国—东盟文化交流

【中越青少年文化艺术交流表演在河内举行】 2019 年 4 月 2 日，中越青少年文化艺术交流表演在越南首都河内举行。该表演由中国驻越南大使馆和越南文化体育旅游部主办。中国宋庆龄基金会和平天使艺术团成员为观众献上京剧、武术以及中国民乐等精彩演出；来自越南罗蒙诺索夫小学的师生则呈上充满热情的歌舞表演。中越青少年最后还合唱了歌曲《友谊地久天长》，并互赠礼品、合影留念。由中国驻越南大使馆、越南美术博物馆联合主办的中国改革开放 40 周年成就图片展也于当天在河内举行开幕式，中国宋庆龄基金会主席王家瑞和越南文化体育旅游部副部长黎庆海出席开幕式。该图片展分为“中国改革开放的历史轨迹和成就”与“中越合作成就”两大板块，以 140 余幅珍贵新闻图片反映中国改革开放 40 年光辉历程和中越务实合作丰硕成果。

【2019 中国—东盟国际少儿文化艺术节系列活动在南宁启动】 2019 年 6 月 1 日，2019 中国—东盟国际少儿文化艺术节系列活动启动仪式暨“我和我的祖国”六一文艺晚会在广西南宁举行。此系列活动于 6 月 1 日启动，至 9 月 25 日结束，时间跨度长达四个月，覆盖全国 100 个城市及东南亚国家，活动内容

囊括各类少儿艺术赛事、少儿艺术交流巡演、少儿艺术交流盛会等，其中大部分活动项目落地广西首府南宁。该系列活动由南宁市群众艺术馆、中国—东盟国际少儿文化艺术节组委会策划和实施。2019 中国—东盟国际少儿文化艺术节以“少儿艺术交流互鉴，推动文明薪火相传”为理念，以聚焦文明，讲好故事为主旨，以少儿文化艺术展演为内容，搭建中国与东盟少年儿童互通互访平台，促进中国与东盟各国相互尊重、平等相待，欣赏彼此文明之美。

【2019 中国—东盟音乐周在广西南宁闭幕】 2019 年 6 月 3 日，2019 中国—东盟音乐周闭幕式在广西南宁市举行，各国艺术家共同奏响象征友谊合作的华美乐章。中国—东盟音乐周由国际现代音乐协会（ISCM）指导，广西艺术学院主办。本届音乐周注重民族性、探索性、学术性，吸引了来自世界 25 个国家和地区的 260 多名音乐家共享视听盛宴。此次音乐周先后举办 26 场精品音乐会、三场高峰论坛及世界新音乐节创作与发展研讨会等系列活动，并首次开设东盟国家民间音乐工作坊，鼓励促进青年艺术人才交流成长。印度尼西亚作为主题国，通过举办专场音乐会和学术论坛，展示甘美兰音乐的独特魅力，引发观众强烈共鸣。本届音乐周是中外艺术家进一步加强沟通联系，交流互鉴，推动务实合作的有效平台。

【2019 中国—东盟博览会文化展和动漫游戏展开幕】 2019 年 7 月 5 日，2019 中国—东盟博览会文化展和动漫游戏展在广西南宁国际会展中心开幕，集中展示中国和东盟各国在非物质文化遗产、工艺美术、影视动漫、新闻出版、书画艺术、文化旅游、文化科技等多个领域的成果。此次展览以“共建 21 世纪海上丝绸之路，促进中国—东盟文化合作”为主旨，集中展示了中国和东盟特色文化形象、旅游文化、创意文化产品、期刊出版物、动漫游戏等。其间举办了行业论坛、商务洽谈会、项目签约、东盟风情表演、次元文化大赏、电竞嘉年华等活动。

【第四届中国—东盟民族文化论坛在桂林举行】 2019 年 7 月 17 日，第四届中国—东盟民族文化论坛在广西桂林开幕。本届论坛以“中国—东盟民族文化的区域合作与共同发展”为主题，吸引了来自中国、柬埔寨、老挝、马来西亚、缅甸、泰国、菲律宾、越南、印尼、文莱、印度、日本等国 150 多名学者、嘉宾前来出席。本届论坛由广西社会科学界联合会、桂林市人民政府、广西民族大学、广西国际文化交流中心主办。在论坛上，专家、学者就“一带一路”民族文化交流与共享、文化旅游与绿色发展、民族文化旅游与城市发展三个主要议题进行探讨。

【2019“中国—东盟日”活动在北京举行】 2019 年 8 月 21 日，2019“中国—东盟日”活动在中国—东盟中心举行。此次活动由中国—东盟中心和北京市人民对外友好协会共同主办，旨在庆祝东盟成立 52 周年、2019 中国—东盟媒体交流年和东盟文化年，促进中国—东盟人文交流。中国—东盟中心秘书长陈德海、越南驻华大使邓明魁、马来西亚新任驻华大使努西尔万、北京市对外友协常务副会长张谦、中国外交部

亚洲司参赞梁建军，以及多位东盟国家驻华使馆外交官、中国和东盟国家社会各界代表、媒体记者等约200人出席了当天的活动。“中国—东盟日”活动集中展示了中国非物质文化遗产手工艺制作、中国与东盟国家歌舞及传统美食等。

【2019年中国—东盟（南宁）戏剧周开幕】　2019年9月12日，由南宁市人民政府、广西壮族自治区文化和旅游厅联合主办，中国文旅部国际交流与合作局、中国—东盟中心指导，南宁市文化广电和旅游局、南宁市外事办公室承办的2019年中国—东盟（南宁）戏剧周在南宁人民会堂举行开幕式。此次戏剧周开幕式设立了戏剧周主题国，印度尼西亚为2019年主题国。在开幕式上印度尼西亚驻广州总领事馆文化领事及广西壮族自治区文旅厅官员致辞，东盟各国使领馆代表等上台共同启动开幕式，旨在增强东盟各国对戏剧周的参与感和责任感，共同办好戏剧周，深化友谊交流和合作。在9月12—18日中国—东盟（南宁）戏剧周期间，来自中国、文莱、柬埔寨、印度尼西亚、缅甸、菲律宾、新加坡、泰国、越南等国的19个优秀院团将举行23场演出，共举办26场活动。

【2019年中国—东盟（南宁）戏剧周大联欢举行】　2019年9月18日，2019年中国—东盟（南宁）戏剧周大联欢在广西南宁市民歌湖大舞台举行，奏响了中国与东盟戏剧共振共鸣的合作之音。此次戏剧周大联欢以“丝路起航新时代，戏海扬帆新征程”为主题，分为《有朋远来》《粉墨春秋》《朱槿花开》《丝路花雨》《壮美中国》五大篇章，并邀请了参加此次戏剧周活动的中国与东盟各国艺术家及相关文化机构、文化名人等互动联欢，共享中国（广西）—东盟戏剧合作交流机制结出的丰硕成果。中国与东盟艺术家将循着戏剧周牵出的五彩纽带，增进友谊，凝聚力量，合作发展，共建心桥，携手奏响戏剧的大美音符，展现“满园春色，姹紫嫣红”的曼妙景致，实现戏剧跨越国界的深度对话，促进中国与东盟璀璨文明成果的交流互鉴，同谱文化交流合作新篇章。

【2019中国（广西）—东盟文化旅游周开幕】　2019年9月19日，2019中国（广西）—东盟文化旅游周开幕晚会在广西文化艺术中心举行。中国文旅部有关领导，东盟各国嘉宾代表及中国—东盟中心、东盟秘书处等组织机构代表，以及来自全国各省区文化和旅游行业代表等600余人出席晚会。2019中国（广西）—东盟文化旅游周由广西壮族自治区政府主办，自治区文化和旅游厅、南宁市政府承办，旨在为参加中国—东盟博览会和中国—东盟文化论坛的各国嘉宾、各界朋友提供更多交流平台，深化广西与东盟各国的文化旅游交流与合作，服务“一带一路”建设。其间举办了中国—东盟（南宁）戏剧周、第二十一届南宁国际民歌艺术节系列活动、广西文化旅游推介会、广西民族文化展示、广西文化旅游大集市、方特东盟神画东南亚文化风情节等一系列丰富多彩的活动。

【第十四届中国—东盟文化论坛在广西开幕】　2019年9月20日，第十四届中国—东盟文化论坛在广西南宁开幕。中国文旅部副部长张旭，广西壮族自治区党委常委、宣传部部长范晓莉，泰国文化部副部长巴拉梅·安披切，马来西亚旅游、艺术和文化部秘书长拿督依斯汉·依萨，中国—东盟中心秘书长陈德海，以及东盟各国文化和旅游主管部门高级官员、东盟秘书处等国际组织代表出席了论坛开幕式。本届论坛由中国文旅部与广西壮族自治区人民政府共同主办，以“‘一带一路’背景下的文化与旅游融合发展”为主题，旨在深入探讨文化与旅游互促共荣关系，交流中国与东盟各国文化与旅游业发展的实践经验，进一步夯实中国—东盟文化交流与合作成果，助力构建更为紧密的中国—东盟命运共同体。

【第十三届中国—东盟青年艺术品摄影展在南宁开展】 2019 年 9 月 22 日，以“传承非遗文化，摄影塑造经典”为主题的第十三届中国—东盟青年艺术品（摄影）创作大赛获奖作品展在南宁博物馆举行，近 200 名中国与东盟各国的艺术家、青年代表出席开展仪式并共同观展。本届摄影创作大赛自 2019 年 5 月启动以来，吸引了中国与东盟各国青年广泛参与，共征集到摄影作品 4600 多幅。经过大赛评审团专业细致的评审，最终选出 140 幅优秀作品展出，同时在中国—东盟艺术网举办线上展览。在南宁博物馆举行的展览于 9 月 26 日结束后，参赛作品转至中国—东盟艺术馆继续展出。大赛组委会还组织举办了历届中国—东盟青年艺术品创作大赛优秀作品东盟国家巡展、中国—东盟艺术品慈善竞拍会等活动，持续推动中国与东盟各国青年文化艺术交流与合作。

【2019 首届中国—东盟文化艺术研究学术峰会在成都举行】 2019 年 11 月 16 日，由成都大学中国—东盟艺术学院主办的“2019 首届中国—东盟文化艺术研究学术峰会”在四川成都开幕。本次峰会本着“小规模、高质量、谋发展”的原则，邀请著名艺术家、教育家、专家学者等就“一带一路”背景下艺术学科专业发展及文化艺术研究体系建构进行了深入探讨。在峰会开幕式上举行了“比较艺术学专业委员会”授牌仪式。成都大学中国—东盟艺术学院紧紧依靠服务“一带一路”建设的广阔平台、国家中心城市的大力支持、综合性大学的学科资源和众多艺术名家的汇聚优势，定位并致力于高端化、国际化的艺术学科专业发展及文化艺术学术体系和平台的搭建，奋力推进学院艺术教育、艺术研创、艺术交流的协调发展。

【2019 中国文艺名家“一带一路”中新马文化交流暨纪念中马建交45 周年艺术之旅系列活动如期举办】 2019 年 11 月 27 日—12 月 3 日，为了进一步响应中央提出的“一带一路”国际经济合作构想，纪念中马建交45 周年，应新加坡和马来西亚文化教育有关方面邀请，中国翰林院书画家协会同中国文旅部中外文化交流中心、中国长城书画院、中国书画家协会、作家报社、中华全国归国华侨联合会（侨联）等多家单位组成中国文化访问团，对新加坡、马来西亚进行为期一周的正式文化交流访问活动。此次访问活动展示了当代中国艺术家及文化艺术工作者的风采，用精湛的艺术水准谱写“一带一路”中国梦·文化梦，将中新马文化交流活动推向一个

新的高潮。

【“我们的视界”首届中国—东盟友好合作主题短视频大赛正式启动】 2020年7月3日，随着中国和东盟11国青年代表共同点亮屏幕，“我们的视界”首届中国—东盟友好合作主题短视频大赛正式启动。本次大赛由中国外文局联合中国驻东盟使团、菲律宾常驻东盟使团、东盟秘书处、中国公共外交协会、苏州市人民政府主办。本次大赛主要面向中国与东盟11国青年群体、短视频创作者、网络博主等，围绕战“疫”生活、中国—东盟务实合作和人文交流、我最喜爱的城市等主题，征集纪录片、脱口秀等各种产品形态的多语种短视频作品，旨在进一步扩大中国—东盟11国人文交流，深化人民友谊，共建更为紧密的中国—东盟命运共同体。

【第五届中国—东盟民族文化论坛在桂林举行】　2020年12月3日，由广西壮族自治区社会科学界联合会、广西民族大学和桂林市人民政府联合主办的第五届中国—东盟民族文化论坛在广西桂林市举行，来自中国各地的专家、学者100余人参加会议，泰国、柬埔寨、缅甸、马来西亚、菲律宾、澳大利亚、日本等国学者线上参会，围绕“中国—东盟民族文化的历史关联”“中国—东盟文化旅游的跨界融合发展”“民族传统文化的现代传承与发展”三个分议题进行深入研讨。

【首届中国—东盟文化艺术周在桂林开幕】　2020年12月7日晚，由中国文旅部、广西壮族自治区人民政府主办，广西壮族自治区党委宣传部、广西壮族自治区文化和旅游厅承办的中国—东盟文化论坛系列活动、首届中国—东盟文化艺术周开幕演出在桂林大剧院举办。首届中国—东盟文化艺术周于12月7—14日在广西南宁、桂林等地，采取线上线下结合的方式举办，设置八大板块活动内容，分别是：中国—东盟音乐之声、中国—东盟文化艺术周大联欢活动、中国—东盟青年艺术之夜、第五届广西青年舞蹈演员比赛、广西优秀剧目展演活动、国内外精品剧目展演、“红铜鼓”中国—东盟艺术教育成果展演、中国—东盟艺术周电影展。此次艺术周活动强化了中国—东盟文化合作交流。

【第十五届中国—东盟文化论坛在桂林举行】　2020年12月8日，由中国文旅部、广西壮族自治区人民政府主办的第十五届中国—东盟文化论坛在广西桂林举办。文旅部副部长张旭，广西壮族自治区党委常委、宣传部部长范晓莉，中国—东盟中心秘书长陈德海出席论坛并致辞。柬埔寨文化与艺术部大臣彭萨格娜，缅甸宗教事务与文化部联邦部长吴昂哥，泰国文化部部长易提蓬·坤本发表视频致辞。本届中国—东盟文化论坛以“文化遗产的保护、传承与旅游开发”为主题，旨在推广中国与东盟各国文化遗产保护与传承的实践经验，探讨文化遗产与旅游业之间的关系以及融合发展的形式及路径，展望中国与东盟开展文化遗产交流与合作的愿景，助推中国与东盟各国文化共同繁荣，助力构建更为紧密的中国—东盟命运共同体。

【首届中国—东盟文化艺术周举行电影展映活动】　2020年12月8日，由广西壮族自治区电影局、自治区外事办公室指导，广西文化产业集团主办，广西八桂同映电影院线有限公司、广西电影集团承办的2020年首届中国—东盟文化艺术周系列活动之中国—东盟（老挝）电影展映周启动仪式在南宁广影国际影城（星光店）举行。本次电影周共展映九部影片，其中中国影片包括两部新片《一秒钟》《赤狐书生》和三部老片《我的父亲母亲》《一个都不能少》《再见，再也不见》。12月9日，首届中国—东盟文化艺术周系列活动之中国—东盟（马来西亚）电影展映在南宁民族影城拉开帷幕。此次展映活动共展出《那个人》《威拉》《最后的较量》三部马来西亚影片，《一秒钟》和纪实电影《保家卫国——抗美援朝光影纪实》两部中国影片。

四　中国—东盟卫生交流

【第三届“中国—东盟传统医药创新与发展”论坛在贵安新区开幕】 2019年7月22日，由贵州中医药大学主办的第三届“中国—东盟传统医药创新与发展”论坛在贵州贵安新区开幕。此次论坛以“传统医药创新发展”为主旨，致力于推动中国—东盟各国传统医药、民族医药创造性转化和创新性发展。本届论坛由“传承中医药科普展”“中国—东盟青年高级卫生人才传统医药与临床护理培训项目培训班”“2019传统医药继承创新和人才培养研讨会”“中国—东盟中医养生文化交流与产业发展研讨会”四个子项目组成，围绕传统医药的传承和创新、传统医药与临床护理等话题，从行业发展、人才培养、科学研究等多个维度，分享交流传统医药在教育、医疗、科研、管理、成果转化等方面的经验成果，以及对经济社会发展的推动作用。

【中国—东盟高校医学联盟成立大会在京召开】 2019年10月14日，由中国—东盟中心和北京大学医学部共同主办的“中国—东盟高校医学联盟成立大会”在北京大学召开。此次大会发布了《中国—东盟高校医学联盟北京宣言》。为积极推动中国—东盟医学领域合作，在中国—东盟中心的支持下，北京大学医学部牵头成立中国—东盟高校医学联盟。该联盟旨在推动中国与东盟国家医学院校和医疗卫生机构在医学教育、医学研究和医疗卫生等领域的深入交流与合作，促进区域医学教育和医学研究的共同发展，促进医学人才的培养和医疗卫生水平的提升，为改善区域人民健康水平作出积极贡献，并服务于全球医疗健康事业的发展。来自东盟九个国家24所医学院校和国内21所高校的校长代表出席了此次大会。

【第六届全国再生医学学术论坛在广西南宁举办】 2019年10月30日，第六届全国再生医学博士后学术论坛暨中国—东盟大再生医学国际会议在广西医科大学举行。此次会议集中展示了再生医学近年来在关节软骨损伤修复、组织工程神经支架修复周围神经缺损、细胞治疗和软骨修复、调控细胞迁移和吞噬的生物材料、组织工程血管研究、组织工程化神经构建与应用等领域取得的新成果，以共同攻坚再生医学的关键核心技术，推动再生医学的学科发展。广西医科大学目前已建成组织工程、3D打印及数字化医疗、广西特色中草药筛选和分子影像等技术平台，并获批广西再生医学重点实验室、广西组织器官修复医用生物材料工程技术研究中心和广西骨科临床医学研究中心，以及张兴栋院士工作站和戴克戎院士工作站。

【2019中国—东盟传统医药健康旅游国际论坛举行】 2019年11月9日，中国—东盟传统医药健康旅游国际论坛在世界长寿之乡——广西河池市巴马瑶族自治县举行。本次论坛由中国文旅部、中国国家中医药管理局与广西壮族自治区人民政府共同主办。来自东盟各国卫生、旅游主管部门的高官，部分东盟国家驻华使领馆及中国相关部门代表等约400位嘉宾出席开幕式及各场活动。本次论坛以“传统医药健康旅游的发展与合作”为主题，旨在交流中国与东盟各国传统医药健康旅游产业发展的实践经验，探讨传统医药健康旅游、康养等大健康产业发展路径以及传统医药的健康旅游价值，展望中国与东盟健康旅游合作愿景，助推中国与东盟各国传统医药健康旅游共同发展。

【马来西亚企业与中国科兴签署新冠肺炎疫苗采购协议】 2020年1月12日，马来西亚企业Pharmania与中国科兴中维生物技术有限公司线上签署1400万剂新冠肺炎疫苗采购协议。根据双方当日线上签署的协议，Pharmania将采购1400万剂由科兴生物研发的克尔来福新冠肺炎疫苗。据马方人士介绍，科兴生物将提供疫苗半成品，并由Pharmania在马来西亚封装。马来西亚国防部长伊斯梅尔，科学、工艺及革新部长凯里，卫生部长阿扎姆出席、见证了签约仪式。凯里表示，随着马中企业达成协议，马来西亚政府也将在近期签署这批疫苗的采购协议。

【中国—东盟关于新冠肺炎问题特别外长会在万象举行】 2020年2月20日，中国—东盟关于新冠肺炎问题特别外长会在老挝万象举行。此次外长会由中国国务委员兼外长王毅和东盟—中国关系协调国菲律宾外长洛钦共同主持，东盟各国外长出席，就中国和东盟携手应对疫情达成了重要共识，提出联防联控、着眼长远、理性应对、化危为机的四点倡议。此次外长会还发表了《中国—东盟关于新冠肺炎问题特别外长会联合声明》。

【中国赴菲律宾抗疫医疗专家组再访菲律宾卫生部交流抗疫的中国经验】 2020年4月16日上午，中国赴菲律宾抗疫医疗专家组一行10人，在组长翁山耕的带领下，与菲律宾卫生部技术顾问小组一起进行网络会议。双方卫生专家就新冠肺炎疫情下的检测、院感防护设置、孕妇及儿童诊治、出院标准以及病患去世后的尸检和尸体安置等问题进行了交流。中方医疗专家组向菲方认真、详细地介绍了中国经验。菲方对此表示感谢，同时希望能在菲律宾尽快推广实施医疗专家组的建议，以更好地应对疫情。

【北京大学举行中国—东盟高校医学联盟抗疫经验分享视频交流会】 2020年5月19日下午，由中国—东盟中心、北京大学和泰国玛希隆大学共同主办的中国—东盟高校医学联盟抗疫经验分享视频交流会在北京大学举行。此次交流会的主题为“新冠肺炎的诊疗、救治和预防控制”。此次交流会由北京大学医学部副主任张宁和玛希隆大学诗里拉医院/医学院副院长 Prapat Wanitpongpan 共同主持。中国教育部国际合作与交流司副司长方军，中国—东盟中心秘书长陈德海，北京大学常务副校长、医学部主任、中国—东盟高校医学联盟中方主席詹启敏，泰国玛希隆大学诗里拉医院/医学院院长、中国—东盟高校医学联盟东盟方主席 Prasit Watanapa 通过视频连线出席开幕式并致辞。来自中国—东盟高校医学联盟中方的 18 所院校、东盟方的 22 所院校参加了此次交流会。

【中国与东盟国家积极开展疫苗研发和生产合作】 2020 年 11 月 12 日，李克强总理在第二十三次中国—东盟领导人会议上的讲话中指出：“中方正积极同多个东盟国家探讨开展疫苗研发和生产合作，将在新冠疫苗研制完成并投入使用后，积极考虑东盟国家的需求，以实际行动促进疫苗的可及性和可负担性”。

【中国—东盟卫生应急合作论坛在广西南宁举办】 2020 年 11 月 23—26 日，2020 中国—东盟卫生应急合作论坛在广西南宁举办。此次论坛进一步加强了中国—东盟急救合作交流，约 200 名来自国内外不同医疗机构的医务人员参加了本次论坛。在本次论坛上进行了急诊青年技能交流赛，广西中医药大学第一附属医院派出急诊科三个团队分别参加了其中的心肺复苏（CPR）技能交流赛、护理急救技能比赛、研究生论坛并取得了佳绩。这次交流赛包括病例分享会、CPR 技能交流赛、护理急救技能比赛、研究生论坛四个部分。

【第三届中国—东盟卫生合作论坛在南宁召开】 2020 年 11 月 24—25 日“健康丝绸之路”建设暨第三届中国—东盟卫生合作论坛在广西南宁召开。本次论坛发布了《第三届中国—东盟卫生合作论坛倡议》，签署了《中国—印尼卫生合作执行计划》，取得了众多务实合作成果。本届论坛以“团结合作，共建中国—东盟卫生健康共同体”为主题，在原有的四个分论坛基础上，新增“卫生应急合作”“食品安全与营养健康合作”两个分论坛。各国嘉宾和学者围绕本届论坛主题，在疫情防控、口腔医学、传统医药、医院管理、卫生应急、食品安全与营养健康等领域展开交流研讨，同期还举办了中国—东盟卫生合作论坛成果展。

【2020 中国—东盟卫生应急合作论坛在南宁举办】 2020 年 11 月 24 日，中国—东盟卫生应急合作论坛在广西南宁开幕。来自新加坡、越南、柬埔寨、缅甸、印度尼西亚等东盟国家和中国海南、上海等地的 300 余名代表参会。本次卫生应急合作论坛以突发公共卫生事件的应急管理、技术创新、人才培养为主要议题，共设一个主题论坛、一个国际论坛和救援联盟会议以及中国—东盟卫生应急管理论坛、急性重症传染病救治论坛、卫生应急实践论坛、卫生应急护理论坛四个分论坛，并开设卫生应急管理培训班、卫生应急核心技术工

作坊。

【第七届中国—东盟口腔医学交流与合作论坛在南宁召开】 2020年11月24日，第七届中国—东盟国际口腔医学交流与合作论坛在广西南宁召开。本届论坛由国家卫生健康委员会、国家中医药管理局及广西壮族自治区人民政府主办。以“新冠肺炎疫情背景下的口腔医学发展战略”为主题开展高峰论坛、口腔医学综合论坛、优秀青年学生论坛等多场活动。在此次论坛开幕式上，广西壮族自治区政协副主席黄日波、国家卫生健康委疾控局二级巡视员崔钢、中华口腔医学会会长俞光岩、口腔论坛组委会执行主席陈文霞分别致辞，老挝卫生部副部长普同孟巴、缅甸卫生体育部常务秘书德凯温通过视频致辞。同时，来自其他八个东盟国家的卫生行政官员、口腔医学界专家、学者也通过网络视频参加了本届论坛。

五　中国—东盟体育交流

【2019防城港市“晨华集团杯”中国—东盟城市羽毛球团体邀请赛落幕】 2019年4月20—21日，2019年广西“壮族三月三·民族体育炫”暨防城港市“晨华集团杯”中国—东盟城市羽毛球团体邀请赛落幕。此次活动旨在进一步开展好广西“壮族三月三日民族体育炫”防城港系列活动，提高活动的影响力，打造边山海文化旅游服务品牌，不断丰富群众文化体育生活，传承发展繁荣少数民族文化，促进民族团结。此次邀请赛吸引了来自中国广西南宁、防城港、钦州、玉林、北海等北部湾城市及越南芒街共10支队伍，约120名选手参加。此次邀请赛有效地促进了区内各地羽毛球爱好者及越南羽毛球爱好者之间的相互交流和学习。

【第十五届中国—东盟国际龙舟邀请赛开赛】 2019年6月7日，第十五届中国—东盟国际龙舟邀请赛暨庆祝新中国成立70周年·“我要上自治区运动会”2019年广西龙舟系列赛（南宁站）在南宁邕江孔庙段附近水域举行，在端午佳节当日为市民献上一场“体育+民俗”的节日盛宴。此次邀请赛由广西壮族自治区体育局、广西广播电视台指导，广西社会体育运动发展中心、南宁市体育局、南宁市体育总会主办。

【11国选手角逐云南—东盟全民羽毛球争霸赛总决赛】 2019年8月24日，2019年“一带一路·七彩云南”云南—东盟全民羽毛球争霸赛总决赛在云南省保山市开赛，来自中国、马来西亚、泰国、新加坡等11个国家的235名选手在五个项目中展开角逐。本届赛事于2019年5月启动选拔赛，分六个年龄组，总决赛为期两天。本届赛事旨在促进“一带一路”沿线国家与保山在经济、体育、文化等领域的交流与合作。云南—东盟全民羽毛球争霸赛始创于2017年，目前已成为云南省内较大的民间羽毛球赛事。

【2019年中国·东盟国际体育舞蹈公开赛在广西钦州举办】 2019年11月9—10日，2019年中国·东盟国际体育舞蹈公开赛在钦州市体育中心体育馆

举行。这是钦州市首次举办大型国际体育舞蹈赛事。本届公开赛报名人数再创新高，来自乌克兰、菲律宾、越南、马来西亚等国以及国奥一队，广西全区各市县体育舞蹈（国标舞）协会、培训中心、俱乐部等共82个代表团参与冠军角逐，参赛选手超过5000人次。本次公开赛由中国体育舞蹈联合会确认，广西壮族自治区体育局、钦州市人民政府联合主办。

【2019中国—东盟城市羽毛球混合团体邀请赛开赛】 2019年12月7日，2019中国—东盟城市羽毛球混合团体邀请赛在广西大学综合体育馆开球，此次邀请赛为混合团体赛，来自马来西亚、泰国、越南、中国的六支队伍开始了为期两天的角逐。中国—东盟羽毛球混合团体邀请赛于2017年在广西南宁创办，2019年为第三届，已成为南宁球迷关注的焦点。

【第十五届中国—东盟棋牌国际邀请赛在南宁举行】 2019年12月7—10日，第十五届中国—东盟棋牌国际邀请赛在广西南宁举办。此次邀请赛分为桥牌、围棋和象棋三个项目。2019年的中国—东盟桥牌国际邀请赛，参赛队伍在人数、棋手的资历方面创下历史新高。此次参赛人数有166人，共有18支国内队伍和10支特邀队伍参赛。境外队伍分别来自泰国、马来西亚、新加坡、文莱、巴基斯坦以及中国香港、澳门、台湾等地，其中巴基斯坦参赛队首次受邀参赛。来自新加坡的世界桥联副主席蔡国雄亲自带领世界桥联大使队出战。

【第四届“龙桂达杯”中国—东盟城市足球邀请赛开赛】 2019年12月9—14日，由南宁市体育局、南宁市体育总会主办的第四届“龙桂达杯”中国—东盟城市足球邀请赛在广西南宁市体育场举行。本届比赛邀请来自泰国、越南、中国共四支足球俱乐部U19年龄段的队伍，分别是：广州恒大淘宝足球俱乐部U19三队、泰国巴蜀基利足球俱乐部、越南南定足球俱乐部、广西富港竞技体育足球俱乐部，参赛人员达到100多人。最终广州恒大淘宝足球俱乐部U19三队获得冠军，泰国巴蜀基利足球俱乐部获得亚军，越南南定足球俱乐部获得季军。

【2019中国—东盟体育旅游活力月在桂林举办】 2019年12月12日，2019中国—东盟体育旅游活力月在桂林市的活动正式拉开帷幕。广西壮族自治区体育局举办的活力月经过5个多月的精心筹划正式推出，时间长达两个多月，在全区14个地市全面铺开，包括“中国—东盟拳王赛”、生态马拉松系列赛事、“一带一路”帆船赛等接近60多场精彩赛事活动，为广西体育旅游产业发展注入强劲活力，也为广大群众的生活带来丰富的时尚运动元素。活力月的创办旨在进一步加快推进广西体育旅游和体育产业高质量发展，扩大体育产业规模和效益，打响广西绿色生态运动品牌，从而全面促进广西体育事业“快速、健康、可持续”发展。

【菲律宾举办2020中国春节龙舟赛】 2020年1月26日，菲律宾2020中国春节龙舟赛在马尼拉举行，中国驻菲律宾大使馆文化参赞田善亭与菲律宾龙舟协会主席尼尔瑞森出席赛事开幕式并为龙舟龙头点睛。本次比赛在中国驻菲律宾大使馆支持下，由菲律宾龙舟协会主办，是在菲“欢乐春节”活动项目之一，也被纳入中菲建交45周年系列活动当中。参赛队伍共计14支，选手600余名，来自不同行业，其中包括医生、律师、陆海空军人、残障人士以及本地龙舟俱乐部成员等。此次龙舟赛在马尼拉湾近海海面举行，吸引了数千名观众到场观看。

【“中国—东盟体育文化发展联盟”“海上丝绸之路艺术教育联盟”筹备启动仪式暨印度尼西亚驻华大使演讲活动在海南举行】　2020年11月24日，“中国—东盟体育文化发展联盟”“海上丝绸之路艺术教育联盟”筹备启动仪式暨印度尼西亚驻华大使演讲活动在海南大学举行。海南大学与东盟国家高校和科研机构建立了紧密的国际合作关系，为推动中国和东盟国家的教育、科研、文化、青年交流作出积极贡献。此次活动的目的是促进中国高校的青年学子对东盟以及中国—东盟关系的了解，增进双方青年人和民众之间的友好感情，为推动中—印尼全面战略伙伴关系、中国—东盟战略伙伴关系发展奠定更坚实的民意基础。期待更多年轻人成为中印尼友好合作事业的接班人，为两国关系和中国—东盟关系注入新动力。

【2020中国—东盟体育旅游活力月正式开启】　2020年12月19日上午，2020年“三企入桂”百家健康运动企业广西行暨中国—东盟体育旅游活力月在防城港正式开幕。本次活动由新华社新闻信息中心，广西壮族自治区体育局、文化和旅游厅、农业农村厅、林业局、地方金融监督管理局、投资促进局，广西国际博览事务局，防城港市人民政府联合主办，共约350名来自政府、学术、体育和经济等领域的嘉宾出席本次活动。本次活力月以“推动体育产业高质量发展，促进构建新发展格局”为主题，旨在推动体育旅游深度融合发展，加快建设体育强区、创建国家体育旅游示范区。此次活动有“专业水平高、投资商机广、惠民效应强”三个特点，高站位地研究推动体育产业高质量发展，多形式地搭建招商引资平台，线上线下联动打造体育消费新模式。

六　中国—东盟媒体交流

【中国—东盟人文交流纪录片《丹行线》印尼篇发布暨东盟其他国家摄制启动仪式在雅加达举行】　2019年1月14日，中国—东盟人文交流纪录片《丹行线》印尼篇发布暨东盟其他国家摄制启动仪式在印尼首都雅加达举行。此次活动由中国驻东盟使团、东盟秘书处、中国—东盟关系协调国菲律宾驻东盟使团主办，拉开了“中国—东盟媒体交流年”雅加达渠道庆祝的序幕。东盟副秘书长康富、印尼创意经济局局长德里万·穆纳夫、印尼外交部东盟事务高官何塞、中国—东盟关系协调国菲律宾常驻东盟代表伊丽莎白、中国—东盟中心秘书长陈德海等嘉宾出席启动仪式。中国驻东盟使团团长黄溪连大使表示，期待与各方共同努力，以中国—东盟媒体交流年为契机，推动构建更为紧密的中国—东盟命运共同体。

【2019“中国—东盟媒体交流年”开幕】 2019年2月20日，“中国—东盟媒体交流年”开幕式在北京举行，中国国家主席习近平和东盟轮值主席国泰国总理巴育·詹欧差向开幕式致贺信。习近平指出，中国和东盟国家山水相连、人文相通，友好交往源远流长。习近平主席强调，举办中国—东盟媒体交流年是深化双方战略伙伴关系的重要举措。希望双方媒体做友好交往的传播者、务实合作的推动者、和谐共处的守望者，讲好共促和平、共谋发展的故事，为共建更为紧密的中国—东盟命运共同体作出更大贡献。中共中央政治局委员、中央宣传部部长黄坤明出席了开幕式，宣读了习近平主席贺信，并会见了出席活动的东盟十国代表。中国国家广播电视总局局长聂辰席代表中方组委会致辞。中国与东盟各国相关政府部门、媒体代表1500余人出席。

【2019中国—东盟媒体合作论坛举办】 2019年5月14日，以“新趋势新合作新未来”为主题的中国—东盟媒体合作论坛在北京举办，中国和东盟11国的主流媒体代表和相关部门负责人、外交使节及国际组织代表等共话双方媒体如何在新技术引领下创新发展，促进不同文明之间的对话交流，共同开创合作与发展的新未来。此次论坛由国务院新闻办公室、外交部指导，中国外文局、中国驻东盟使团、中国—东盟中心主办。中国国务院新闻办公室副主任郭卫民表示，中方希望同东盟方一道，以共办中国—东盟媒体交流年为新契机，深化双方战略伙伴关系，推动媒体创新发展交流合作迈上新台阶。

【中国—东盟媒体合作高级别会议在雅加达举行】 2019年7月23日，由中国国家广播电视总局和中国驻东盟使团联合主办的中国—东盟媒体合作高级别会议在印尼首都雅加达举行。中国国家广播电视总局副局长范卫平、东盟副秘书长康富、中国驻东盟大使黄溪连等来自中国和东盟各国的逾百名代表、嘉宾出席了会议。此次中国—东盟媒体合作高级别会议是中国—东盟媒体交流年框架下的重要议程，旨在加强中国和东盟各国媒体主管部门政策对话和沟通，凝聚合作、发展共识。在会议期间，与会代表还审议了中方提出的《深化中国—东盟媒体交流合作的联合声明》和《中国—东盟视听传播合作五年计划（2020—2024）》。

【2019年中国—东盟电影展映汇在南宁举行】 2019年9月17—23日，由广西壮族自治区电影局、南宁市委宣传部、南宁市外事办公室指导，南宁大地飞歌文化产业集团有限责任公司主办的“2019年中国—东盟电影展映汇”在南宁民族影城举办。以“文化互鉴，电影互联”为主题的中国—东盟电影展映汇是中国—东盟博览会期间系列重要文化活动之一，通过电影搭桥，文化助推，加强与东盟国家及中国电影机构的交流合作，展映东盟国家及中国华语优秀影片。

【首届中国—东盟电视周开幕式暨中国—东盟影视金曲盛典在南宁举行】 2019年9月18日，由国家广播电视总局、广西壮族自治区人民政府、中国—东盟中心联合主办的“首届中国—

东盟电视周开幕式暨中国—东盟影视金曲盛典”在南宁举行。来自老挝、马来西亚、缅甸、菲律宾、柬埔寨、泰国、印尼、越南等多个东盟国家的嘉宾、各国广播电视总局相关负责人，以及国内兄弟多个省区市和东盟各国相关部门及影视文化界的代表近300人出席了开幕式。中国—东盟电视周以“共享‘一带一路’电视发展新机遇”为主题，共商中国—东盟电视发展路径，共享行业发展研究成果，共推新产品、新技术、新应用，促进中国—东盟电视产业在政策、平台、技术等领域的全面合作，实现互惠共赢。与会嘉宾共同点亮了启动仪式的“友谊之翼”，标志着首届中国—东盟电视周正式开幕。

【2019中国—东盟广播电视及新媒体论坛在南宁举行】　2019年9月20日，2019中国—东盟广播电视及新媒体论坛在广西新媒体中心举办。此次论坛以“共享‘一带一路’视听产业发展新机遇”为主题，汇聚了中国和东盟国家政府媒体主管官员、知名广播电视及新媒体企业精英、商界领袖、专家学者，深入探讨中国—东盟视听媒体及产业发展合作的趋势和机遇，沟通交流合作政策，共享行业发展研究成果，宣传推介新产品、新技术、新应用，发布重大合作项目建设计划，推动中国—东盟视听产业在政策沟通、内容生产、平台建设、技术共享、渠道连接、节目译制、创意策划、版权交易等领域的全面合作，着力打造连接中国与东盟，面向世界与未来的中国—东盟视听产业合作交流新平台。此次论坛分为项目签约仪式和论坛演讲环节，共有270多位嘉宾参加了论坛。

【中国—东盟媒体交流年闭幕式在泰国曼谷举行】　2019年12月23日，中国—东盟媒体交流年闭幕式在泰国曼谷举行。在闭幕式上，来自中国和东盟国家的艺术家表演了精彩的文艺节目，还举行了中国—东盟短视频大赛颁奖仪式。中国国家广播电视总局副局长高建民、泰国总理府国务部长贴宛、中国驻泰国大使吕健，以及来自中国和东盟相关部门、媒体机构和国际组织的300余人出席了活动。高建民在致辞中表示，近一年来，媒体交流年活动精彩纷呈、成果丰硕，为进一步深化媒体交流合作注入了新动力，谱写了新篇章。贴宛表示，媒体交流年的倡议和举办让东盟所有成员受益，为深化本地区内民众相互了解提供了持久动力。此次交流年活动于今年2月开幕，各方在主题报道、联合制作、媒体培训和新兴媒体等八个方面共同策划实施了近50项重点活动。

【2019中国—东盟媒体交流年年会“东博智库”揭牌仪式在南宁举行】　2019年12月30日，中国—东盟媒体交流年年会“东博智库”揭牌仪式在广西南宁市举办。本次活动由《中国—东盟博览》杂志社主办，广西国际博览事务局副局长、中国—东盟博览会秘书处副秘书长杨雁雁，广西民族大学副校长、东盟学院院长李珍刚，泰国《TAP东盟博览》杂志总编辑、泰国记者协会顾问、泰国总理府媒体和信息技术改革委员会委员巴蒂等出席了活动并致辞。来自东盟各国家驻南宁总领馆的代表，广西各地市相关部门代表、各行业企业代表、东盟领域的专家、学者逾100人参加了会议。

【2020中国—东盟媒体合作论坛在线举行】　2020年10月23日，中国—东盟媒体合作论坛以线上形式举办。此次论坛由中国国务院新闻办公室指导，中国外文局和中国—东盟中心主办，来自中国和东盟10国的近60位新闻官员、媒体代表和专家学者围绕“守望相助、合作共赢：助力中国—东盟战略伙伴关系提质升级”主题进行了探讨交流。中国国务院新闻办公室副主任郭卫民在论坛开幕式上致辞，表示2020年在疫情背景下，中国与东盟国家媒体更应主动担当作为，积极发声、凝聚共识、鼓舞人心，为区域发展和全球经济复苏营造良好的舆论环境。东盟秘书处副秘书长康富表示，媒体交流与合作是中国—东盟关系的重要组成部分。在本次论坛上，与会人员还共同见证了《中国关键词：精准脱贫篇》多语种电子书的发布。

【第二届中国—东盟电视周正式启动】　2020年11月23日，第二届中国—东盟电视周开幕式暨中国—东盟优秀传播案例发布典礼，在中国广西壮族自治区桂林市举行，正式启动了电视周系列活动。文莱驻华大使拉赫玛尼及其夫人，老挝驻南宁总领事维拉萨·宋蓬，越南驻南宁总领事黄玉荣，中国国家广播电视总局副局长孟冬，广西壮族自治区党委常委、宣传部部长范晓莉，自治区人大常委会副主任、桂林市委书记赵乐秦，自治区副主席、公安厅厅长周成方，以及中国和东盟国家主管政府部门、媒体、企业、研究机构、影视文化界代表400多人出席了开幕式。本届电视周以“合作 创新 互通 共融”为主题，其间举办了中国—东盟电视周视听传播峰会及视听产品展示交易会，发布了《中国—东盟视听传播智库报告》，展播了中国—东盟优秀视听节目。

【2020年中国—东盟（马来西亚）电影展映正式启动】　2020年12月9—14日，“2020年中国—东盟（马来西亚）电影展映”登陆南宁民族影城，此次活动是“首届中国—东盟文化艺术周”入选项目。在展映期间，多部马来西亚高分好片在展映活动期间在民族影城独家呈现。本次展映活动共展出三部风格多样的马来西亚影片：《那个人》《威拉》《最后的较量》。《那个人》受真实事件的启发，描述了一名无家可归的马来西亚老妇人与餐馆家庭的隔阂与爱；《威拉》讲述了退伍军人哈桑离开军队后，将自己和家乡从恶霸手中拯救出来的故事；《最后的较量》讲述了热爱街舞的年轻人，在比赛的考验中收获了人生成长的故事。

七　中国—东盟旅游交流

【2019年东盟旅游论坛在越南举办】　2019年1月14—18日，东盟旅游论坛在越南北部广宁省下龙市举办，来自东盟成员国和对话伙伴国的旅游官员、业界代表等约2000人参加了此次论坛。东盟旅游论坛以“东盟：一体的力量”为主题，在论坛期间召开了东盟国家旅游组织会议、东盟旅游部长会议等

系列会议，举办了为期三天的国际旅游展会。在东盟国家旅游组织会议上，近200名代表讨论了旅游业对经济增长的贡献及促进旅游业可持续发展的措施。越南国家旅游总局局长阮重庆在会议开幕式上说，旅游不仅是东盟国家乃至世界各国的重要发展动力，而且有助于深化各国在政治和文化领域的相互理解，推动双边与多边合作。东盟旅游论坛设立于1981年，每年举行一次年度论坛，由东盟10个成员国轮流举办。

【2019“中国—老挝旅游年”正式开幕】　2019年1月25日，由中国文旅部与老挝新闻文化旅游部共同举办的“中国—老挝旅游年”在老挝首都万象开幕。中国文旅部部长雒树刚和老挝新闻文化旅游部部长波显坎在开幕式上宣读了两国领导人的贺词。老挝人民革命党中央政治局委员、政府副总理宋赛致辞并宣布旅游年开幕。中国文旅部与老挝新闻文化旅游部达成共识，2019年举办贯穿全年的旅游推介、论坛、培训、文艺演出、美食推介等交流与合作项目，为两国地方旅游主管部门和旅游企业搭建对话平台，推动双方共同设计旅游线路，打造老挝旅游品牌，促进中老双向旅游人数增长。

【2019年中国—东盟（贵阳）“一带一路”文化旅游交流周开幕】　2019年8月29日，中国—东盟（贵阳）“一带一路”文化旅游交流周开幕式在贵阳举行，此次交流周以“融合发展，开放合作”为主题，旨在促进贵州与东盟十国、“一带一路”沿线国家和地区的旅游、经贸合作交流。此次交流周由中国—东盟中心、贵阳市人民政府、贵州省文化和旅游厅共同主办。在交流周期间举办了东盟—贵州国际文化旅游交流展、贵州（贵阳）国际文化旅游对话会、旅行商交流会及国际联程旅游产品发布会、贵阳招商推介会等活动，共吸引了来自22个国家和地区的128家企业参展。在交流周开幕式上，贵阳市政府与马来西亚槟城州槟岛市签订《中国贵州省贵阳市与马来西亚槟城州槟岛市建立友好合作关系备忘录》，贵阳市文化和旅游局与中国文物信息咨询中心签订《加强文物保护利用战略合作协议》。

【2019中国—东盟博览会旅游展开幕】　2019年10月18日，中国—东盟博览会旅游展在桂林国际会展中心开幕。本届旅游展突出“坚持创新引领 深化中国—东盟旅游开放合作”的主题，旨在拓展旅游合作领域，发挥展会带动功能，并通过打造展会价值链，提高综合服务能力。此次旅游展吸引了71个境外国家和地区，国内24个省（自治区、直辖市）、区内13个市组团参展参会，参展商约800家。此次旅游展为期三天，除主会场设置了“一带一路”主题馆、境外旅游专业展馆、广西国际友城旅游联盟展馆、国际旅游商品展馆、旅游消费展馆、广西旅游形象展馆和国内旅游专业展馆七大展区外，还新增了分会场——高铁旅游展区和瓦窑小镇展区、摄影大赛等丰富多彩的线上线下活动。

【第十九届东盟与中日韩旅游部长会议在文莱召开】　2020年1月16日，第十九届东盟与中日韩旅游部长会议在文莱斯里巴加湾市召开。应文莱初级资源与旅游部邀请，中国文旅部副部长张旭率中国政府文化和旅游代表团出席会议。在此次会议上，张旭与东盟及日韩旅游部长或其代表对2019年东盟与中日韩旅游业的表现进行了回顾，围绕共同落实好东盟与中日韩旅游合作备忘录，东盟与中日韩2018—2020年旅游合作工作计划，推动通过国际合作使旅游酒店服务业成为更具吸引力、更有活力、更具可持续性且更符合《东盟愿景2025》等议题进行了深入探讨，达成了广泛共识，发表了《联合媒体声明》。东盟10个成员国及对话伙伴国中国、日本、韩国的旅游部长或其代表以及东盟秘书处代表出席了上述会议。

【白天大使出席2020“中国马来西亚文化旅游年”开幕系列活动】 2020年1月18日，由中国文旅部，马来西亚旅游、艺术和文化部，中国驻马使馆以及联邦直辖区旅游艺术文化理事会主办的“2020马来西亚欢乐春节嘉年华”在马来西亚著名景点独立广场举行。近3个小时富有中马文化特色的精彩演出，获得了现场2000多名观众的热烈欢迎。1月19日上午，中国驻马来西亚大使白天，中国文旅部副部长张旭，马来西亚旅游、艺术和文化部副秘书长颜勇庆与萨拉娅，以及马来西亚政界、商界、文化和旅游界、教育界、华社和媒体等各界领袖、友好人士、中资企业代表等100余位嘉宾出席了吉隆坡中国文化中心揭牌仪式。1月19日晚，2020“中国马来西亚文化旅游年”在马来西亚国家大剧院开幕。

【2020年东盟（贵阳）“一带一路”文化旅游交流周正式开幕】 2020年9月17日，东盟（贵阳）“一带一路”文化旅游交流周开幕式在贵阳国际会议展览中心召开，此次交流周由中国—东盟中心、贵阳市人民政府主办，贵州省外事办公室、贵州省文化和旅游厅支持，贵阳市文化和旅游局、贵阳市外事办公室、东盟—贵州（贵阳）旅游文化推广中心共同承办。现场嘉宾分别来自“一带一路”部分沿线国家驻华使领馆相关官员、驻华机构代表，以及贵州省、贵阳市的相关领导及部门负责人等。2020年是中国—东盟数字经济合作年，此次旅游周旨在深化贵阳与东盟各国之间的合作关系，依托现代大数据科技理念，打造“数字丝绸之路”文化旅游共赢合作平台。此次旅游周吸引了来自39个国家和地区的线上线下560余家企业参展。

【2020中国—东盟（柳州）旅游装备博览会开幕】 2020年11月5日，中国—东盟（柳州）旅游装备博览会在柳州国际会展中心开幕。此次博览会是2020年广西文化旅游发展大会的重要活动之一，以“汇聚旅游装备资源、促进产业基地建设”为主题，由中国—东盟中心、中国旅游协会、广西壮族自治区文化和旅游厅、工业和信息化厅、柳州市人民政府共同主办。

【2020中国—东盟博览会旅游展举办】 2020年12月8日，2020中国—东盟博览会旅游展在广西桂林国际会展中心开幕。本届旅游展为期三天，以“共建‘一带一路’共享数字旅游”为主题，深度融入“一带一路”建设，积极服务中国—东盟命运共同体建设，旨在推动中国和东盟各国之间电子商务旅

游、科技旅游、5G 网络旅游、智慧城市旅游等领域的旅游展示、交流与合作。

【中国—东盟博览会旅游展云南省文化旅游推介会举办】 2020 年 12 月 9 日，中国—东盟博览会旅游展云南省文化旅游推介会在广西桂林举办。广西壮族自治区文化和旅游厅副厅长谢日万，云南省文化和旅游厅党组成员、副厅长王江红，桂林市委常委、副市长沈威虎等出席推介会。此次中国—东盟博览会旅游展上首次设立了主题省——云南省。云南省以“云南只有一个景区，那个景区叫云南”为主题，在推介会上向大家介绍了红河州、文山州、昆明市和大理四个地方的特色景点。同时为大家展示了云南省的少数民族服装，并且用极具民族特色的《阿细跳月》和《花竹鼓》等舞蹈给大家展示了云南省的艺术和民风。

八 中国—东盟地方合作交流

【中国—东盟省市长对话 与会各方签署共同倡议】 2019 年 3 月 29 日，应海南省人民政府和中国人民对外友好协会共同邀请，来自海南省、广州市、武汉市与老挝万象市等东盟国家的地方省市代表在博鳌出席“中国—东盟省市长对话”，来自斯里兰卡南方省、西方省等省市的代表以及老挝国家工商会、斯里兰卡种植业部等机构的代表亦作为特邀嘉宾出席。此次对话签署的倡议指出，各方愿共同努力，以对话为有效平台，以推动中国—东盟关系发展为宗旨，加强落实“一带一路”倡议与《东盟互联互通总体规划 2025》等发展规划对接，积极释放中国—东盟地方政府合作潜力，共同创造有利于开放发展的环境，推动构建公正、合理、透明的国际经贸投资规则体系，促进生产要素有序流动、资源高效配置、市场深度融合。

【2019 中国—东盟市长论坛在南宁举行】 2019 年 9 月 18 日，中国—东盟市长论坛在广西南宁举行，来自中国—东盟 105 个城市的约 300 名嘉宾齐聚一堂，就如何推动城市合作可持续发展、共创丝路美好未来，展开了深入探讨。此次论坛聚焦城市可持续发展与互联互通、工商界合作、改善民生议题，推动中国—东盟各城市建立更紧密的伙伴关系，实现共同繁荣发展。中国—东盟市长论坛自 2015 年举办以来，为区域内城市搭建了交流平台，各地在经贸、旅游、人文等领域的合作项目逐步落地生根，为增进民众福祉作出了贡献。

【中国—东盟中心组织东盟国家驻华使馆外交官及驻京记者访问陕西】 2019 年 11 月 3—9 日，中国—东盟中心组织东盟国家驻华使馆外交官及驻京记者访问陕西，先后到访渭南、西安、咸阳、宝鸡四市。该代表团由马来西亚驻华使馆公使衔参赞拉兹达·拉扎克担任团长，成员包括文莱、柬埔寨、老挝、缅甸、菲律宾、新加坡、泰国、越南等九国驻华使馆外交官及越南、马来西亚驻京记者。中国—东盟中心新闻公关部副主任王志全参加了有关活动。该代表团参观了渭南高新技术产业开发区等城区，出席了宝鸡市文化艺术中心对外开放仪式和宝鸡市文化产业发展大会，参访了北人印机等知名企业，走访了渭南小涨现代设施农业和宝鸡凤翔县六营文化民俗村，参观游览了西岳华山的险峻胜景，深入了解了陕西省经济社会发展有关情况。

【2019 青岛—马尼拉商务对话会在菲律宾举办】 2019 年 11 月 8 日，由青岛市商务局、菲华商联总会、菲律宾经济特区管理局联合举办的“2019 青岛—马尼拉商务对话会”在菲律宾举办。青岛市人大常委会党组书记、主任宋远方，菲律宾华商联总会理事长林育庆，菲律宾经济特区管理局局长布瑞格，中国驻菲律宾经商处秘书朱晔出席了会议。青岛市商务局相关人员介绍了青岛市经贸发展情况，菲律宾经济特区管理局局长布瑞格推介了菲律宾投资环境。在企业洽谈交流环节，双方代表就进一步探索合作项目机遇，拓展合作沟通渠道进行了热烈交流，达成了一批合作意向成果。

【中越两国五市签署黄金旅游线路合作备忘录】 2019 年 12 月 2 日，广西东兴、桂林，内蒙古满洲里，以及越南广宁省芒街和下龙在越南芒街共同签署黄金旅游线路对接合作备忘录。“两国五市”在越南芒街举行旅游宣传推介和招商引资论坛，促进五市合作发展。

【福建省文化和旅游厅举办福建—东盟友城大会文化旅游交流合作分论坛】 2020 年 9 月 16 日，在福建—东盟友城大会召开期间，福建省文化和旅游厅在福州举办了扩大文化旅游交流合作分论坛。此次论坛以“携手抗疫促交流，文旅合作共发展”为主题，采用网络连线、远程互动的“云论坛”方式开展。在会上，福建省文化和旅游厅与印尼中爪哇省签订文化和旅游合作协议，福建四家文旅企业与东盟 15 家友城文旅企业参加“福建—东盟友城大会”，并签署战略合作协议。

九　中国—东盟青年交流

【2019 中国—东盟教育交流周青年创客大赛在贵安新区开幕】 2019 年 7 月 19 日，由西南交通大学和贵州民族大学举办的中国—东盟教育交流周“人文化成 · 交通未来”中国—东盟青年创客大赛在贵安新区中国—东盟教育交流周永久会址开幕。作为 2019 中国—东盟教育交流周的重点活动之一，此次交流周以创客大赛为载体，旨在促进中外青年创客之间的交流。此次大赛以未来交通为切入点，搭建了交流与创作平台，倡导中外青年大学生树立为人类可持续发展付诸行动的意识，培养他们的跨文化领导力和全球胜任力，助力中外人文交流。

【第七届“中国—东盟青年精英交流节”在海口开幕】 2019 年 8 月 13 日，第七届“中国—东盟青年精英交流节”在海南大学开幕。此次交流节活动以“青年领航 共建丝路”为主题，采取专题讲座、交流互动、参观访问、文艺演出和体育比赛相结合的方式进行。来自马来西亚、印度尼西亚、菲律宾、越南、老挝、缅甸、柬埔寨等国的青年精英代表和本地青年代表约100人参加，在海口、琼海、三亚等地进行了为期五天的实地考察交流活动。“中国—东盟青年精英交流节”已成为中国与东盟各国青年精英交流的重要平台。

【第四届“中国—东盟青年峰会”在北京开幕】　2019年10月23日，由北京大学主办的第四届“中国—东盟青年峰会”开幕。来自中国和东盟国家的160名优秀青年相聚北京，通过丰富的学术与文化交流活动，共同探讨了中国与东盟合作发展的美好图景。此次峰会为期一周，活动内容包括“中国—东盟模拟峰会”、专家研讨、参观访问中国知名科创企业、文化与艺术展览、青年文化体验等。“中国—东盟青年峰会”自2016年建立以来，为中国与东盟青年学术交流与友好往来搭建了平台。截至2019年，该峰会已连续举办了三届，在东盟各国青年群体中产生了广泛影响。

【第四届中国—东盟青年论坛在三亚举行】　2019年11月22日，第四届中国—东盟青年论坛在海南三亚举行。此次论坛以“新时代、新青年、新发展”为主题，由中国—东盟中心主办，海南热带海洋学院承办，海南省教育厅提供支持。160余位专家学者、政府官员、东盟国家驻华外交官、东盟各国留学生参加了论坛。与会者围绕中国—东盟经济合作、技术与创新、人文和教育交流等多个主题进行了发言和讨论，号召中国和东盟各国青年加强交流、增进友谊、增加互信，为中国—东盟关系的进一步发展作出贡献。

【2019中国—东盟青年冬令营举办】

2019年12月13—22日，中国—东盟青年冬令营在中国海南、吉林和黑龙江三省举办。此次冬令营由中国—东盟中心主办，共有来自东盟10国、中国、韩国和日本的28名青年学生代表参加。中国—东盟中心秘书长陈德海、吉林大学副校长赵宏伟、印度尼西亚驻华使馆教育文化参赞苏亚德、缅甸驻华使馆教育官员吴梭毕温等出席了启动仪式。此次冬令营为期十天，分别在三亚、海口、长春和哈尔滨四地举办。在冬令营活动期间，营员们通过参加研讨会、文化体验及参访高校、企业、农村等多种形式的活动，促进了彼此学术、文化和思想交流，感受了中国的快速发展和中国人民的亲善友好。

【中国—东盟青年交流周在成都大学举办】　2019年12月24—30日，“中国—东盟青年交流周”在成都大学举办。此次交流周包括中国—东盟青年学生2020新年大联欢、2019“我眼中的中国与东盟”摄影展、中国—东盟青年学生友谊知识竞赛、川菜文化体验活动、中国传统艺术体验课程等内容。12月28日晚，中国—东盟青年学生2020新年大联欢在成都大学学生活动中心举办。成都市人民政府市长罗强、副市长牛清报，泰国驻华大使阿塔育·习萨目、文莱驻华大使拉赫玛尼、中国—东盟中心秘书长陈德海，东盟驻华使领馆官员，以及成都大学、中国—东盟艺术学院领导出席，来自中国七个省市的东盟留学生和中国学生共约500余人参加了活动。

【“中国—东盟青年创新行动分享会”在线举办】 2020年8月20日，由中华全国青年联合会主办，广西青年联合会、中国（广西）国际青年交流学院承办的“中国—东盟青年创新行动分享会”通过视频连线举办。在近3个小时的会程中，近百名来自中国、文莱、印度尼西亚、马来西亚、菲律宾、新加坡、泰国的青年代表相会“云端”，共同探讨疫情防控常态化下青年发展的新挑战、新发现与新机遇。中国与东盟之间命运相连，邻里间守望相助，成为与会青年代表的普遍共识。中华全国青年联合会副秘书长伍伟表示，在疫情防控常态化背景下，人们的工作、生活和学习都发生了较大的变化，这要求各国青年主动适应变化，以更加积极的心态迎接挑战。

【2020中国—东盟青年企业家论坛在南宁举办】 2020年11月14日，以“新一代 新经济 新未来”为主题的中国—东盟青年企业家论坛在广西南宁举办。此次论坛旨在为各位青年企业家、青年创业精英提供对话交流、碰撞思想、对接洽谈、合作发展的高端平台，为进一步推进中国—东盟贸易与投资合作贡献力量。此次论坛设主旨演讲环节，中国—东盟商务理事会理事长许宁宁、老挝驻南宁总领事馆总领事维拉萨·宋蓬、中渡集团董事长王渡升分别就中国与东盟经贸合作发展和青年企业家如何发展等主题进行了分享与交流。中国—东盟青年领袖论坛同步举办。来自区内外的知名青年企业家、民营企业传承人和各行业青年领军人物约150人出席青年领袖论坛，共同探讨合作模式，互联互通，自由交流。

【中国—东盟青年艺术品创作大赛作品展开展】 2020年11月28日，第十四届中国—东盟青年艺术品创作大赛作品展在中国—东盟艺术馆正式开展。中国—东盟青年艺术品创作大赛是中国与东盟文化交流的重要成果之一，为中国与东盟各国青年文化艺术交流与合作提供了良好平台，展现了中国与东盟各国政治、社会、经济蓬勃发展和欣欣向荣的风貌，体现了中国与东盟各国青年艺术创作的文化内涵和时代精神。此次大赛以“艺术秀东盟·发掘新丝路”为主题，组织中国和东盟各国青年以服装、染织绣及编织工艺、金属与珠宝首饰工艺、陶瓷与玻璃工艺、漆器工艺五大类工艺品为参赛内容，有效地促进了中国与东盟各国文化的相互交流和彼此认同，受到了中国及东盟各国青年的广泛欢迎。

【2020中国—东盟职业院校青年厨师大赛开赛】 2020年12月，由广西壮族自治区教育厅和香港职业训练局主办，桂港现代职业教育发展中心和南宁职业技术学院承办，广西烹饪餐饮行业协会协办的2020中国—东盟职业院校烹饪技能大赛暨青年厨师大赛在南宁职业技术学院开赛，45支代表队的76名选手展开了厨艺比拼。此次大赛分为中国—东盟职业院校学生网络邀请赛和中国—东盟职业院校青年名厨争霸赛，均为个人赛。此次大赛采取线上线下相结合的方式，历时20天。根据参赛规则，线上比赛主要采用网络评比的方式，参赛选手把参赛作品制作的过程按照要求录制成视频提交给组委会，由专业评委

和大众评委一起进行评分。此次大赛展示了东盟各国、港台地区以及中国内地各省区的饮食文化，促进了跨区域饮食文化交流。

十　中国—东盟妇女交流

【中国驻东盟使团举办“庆新春、迎妇女节”招待会】　2019年2月21日，中国驻东盟使团在大使官邸举办“庆新春、迎国际劳动妇女节”招待会，欢庆中国新春，迎接国际劳动妇女节。中国驻东盟大使黄溪连致辞称赞东盟妇女协会长期致力于促进东盟内部的妇女儿童慈善事业发展，为增进东盟和对话伙伴国的相互了解和合作作出了积极努力。中国驻东盟使团致力于中国—东盟友好合作，携手迈向2030愿景。黄溪连和东盟妇女协会主席Sari Percaya一道向雅加达AiIkhwan小学负责人颁发捐建图书馆的证书，中国驻东盟使团同东盟妇女协会一起向该小学捐建图书馆，并捐赠图书和体育用品。

【中国（广西）—东盟妇女座谈交流迎“三八”】　2019年3月7日，广西壮族自治区妇联与东盟国家驻南宁总领馆在广西南宁主办了中国（广西）—东盟妇女迎“三八”座谈交流会。东盟国家驻南宁总领馆代表、女企业家代表、女留学生代表，韩国广西总商会负责人等在南宁工作、学习的外籍女性代表与广西妇联、外事、教育、医疗系统以及企业界的女性代表共约50人应邀出席座谈会并围绕主题进行交流。在座谈会上，中外双方代表围绕“凝聚女性力量共建‘一带一路’”的主题踊跃发言。广西壮族自治区妇联主席刘咏梅通报了2019年广西妇联主要对外交流活动计划，并重点就“和美——2019民族文化汇演”“中国—东盟妇女创业创新论坛”“中国（广西）—东盟女留学生学习交流”和“中国（广西）—老挝妇女人文交流”等主要活动，向与会嘉宾和代表发出邀请，并希望通过她们向所在国相关方面的妇女代表发出邀请。

【中国—东盟妇女“和美”——2019民族文化汇演在广西举行】　2019年4月27日，以“凝聚女性力量 共建‘一带一路’”为主题的中国—东盟妇女“和美”——2019民族文化汇演在广西桂平市举行，来自中国、老挝、泰国、越南等国家和地区的妇女组织代表共200人参加活动。广西壮族自治区妇联主席刘咏梅表示，中国—东盟妇女组织共同参与的民族文化汇演既展示了多姿多彩的民族文化，也彰显出女性的时代风采，更是中国与世界各国各民族妇女交流合作的平台。借此，中国—东盟妇女界可以增进了解、加深友谊，广泛凝聚妇女和社会各界力量，助力妇女儿童事业创新发展，为民心相通作出积极贡献。

【陕西省妇联与缅甸曼德勒省妇女代表团交流座谈在陕西举行】　2019年5月23日下午，陕西省妇联与缅甸曼德勒省妇女代表团座谈会在陕西省妇女儿童活动中心举行。陕西省妇联党组书记、主席龚晓燕表示，陕西省各级政府高度重视支持妇女儿童工作，把妇女儿童事业纳入了经济社会发展的总体布局中，综合运用法律、政策、行政、舆论等手段，促进妇女儿童事业与经济社会的协调发展。期待和欢迎在“一带一路”建设中与缅甸妇女有着更多更大的合作，推动两省早日缔结友好省关系，为中缅胞波友谊谱写新的历史篇章。

【北京市妇联接待缅甸全国民主联盟干部考察团一行】 2019 年 7 月 1 日，北京市妇女联合会在北京市妇女儿童社会服务中心接待了以缅甸全国民主联盟党中央委员、中央妇女工作委员会、人民院议员瑞本为团长的缅甸全国民主联盟干部考察团一行 15 人的友好访问。该考察团的来访旨在全面了解北京妇女儿童发展现状。北京市妇联副主席赵红伟代表北京市妇联向考察团一行表示热烈欢迎，并陪同考察团参观了北京市妇女儿童社会服务中心。在家庭成长体验馆，考察团成员饶有兴趣地体验了在线教育系统、综合运动能力测试系统等智能设施，了解运用科技手段帮助儿童培养安全意识、测评身体素质的方法；在家政培训教室，大家逐一参观家庭护理、烹饪、茶艺等实操教室，并对北京市妇联专业系统、分类完善的家政培训体系表示赞叹。

【2019 中国—东盟妇女创业创新论坛在崇左举行】 2019 年 9 月 23 日，中国—东盟妇女创业创新论坛在崇左举行。本届论坛以“凝聚女性力量 共建‘一带一路’”为主题，由中华全国妇女联合会、中国东盟协会、广西壮族自治区人民政府联合主办。第十届全国人大常委会副委员长、中国东盟协会会长顾秀莲出席开幕式并宣布论坛开幕，中华全国妇女联合会副主席、书记处书记夏杰，自治区党委副书记孙大伟在开幕式上致辞，并一同见证了有关协议的签署。本次论坛聚焦女性创业创新，重点在教育培训、织绣产业、家庭服务业、电子商务、经贸技术、文化旅游等方面开展务实交流合作。在此次论坛举办期间，自治区妇联与老挝朗勃拉邦省妇联签署了友好交流协议；中国与东盟有关企业签署了家庭服务、经贸技术合作协议；广西民族师范学院与马来西亚、泰国以及中国香港教育机构签署了教育培训合作协议。

【云南省妇女性别意识主流化代表团出访老挝、越南】 2019 年 12 月 11—18 日，云南省妇女联合会党组书记、主席和红梅率领“云南妇女性别意识主流化”代表团一行三人赴老挝、越南访问，先后与老挝妇联中央委员会主席因拉万·乔本潘、越南妇联国际部部长 Nguyen Le Hang 女士进行会谈。此次出访是落实中华全国妇女联合会“凝聚妇女力量，共促中老妇女友好”主题活动精神，助推“一带一路”建设，深化与澜湄国家妇女机构和组织的友好交往和务实合作相关部署的具体行动，进一步加强了云南妇联与周边国家妇女组织的交流互动。

【马来西亚女书画家妇女节办展 盼传承中华文化】 2020 年 3 月 8 日，马来西亚 49 位女书画家的作品于妇女节在马六甲郑和·朵云轩艺术馆通过“痕迹”——三八妇女节暨三周年纪念交流画展集体亮相。此次展览由马来西亚女书画家协会主办，郑和·朵云轩（马六甲）艺术馆承办。展出内容包括书法、水墨画、水彩、压克力等不同媒介的51幅作品。现场还献上古琴和乌克丽丽等表演，为此次展览增添了艺术氛围。

十一　中国—东盟其他交流

【首届中国—东盟中青年军官友好交流活动在广州举行】　2019年10月21—27日，由中国国防部倡议组织的首届中国—东盟中青年军官友好交流活动在广州举行。来自东盟各国的40多名中青年军官与中国官兵一起从南到北，先后赴广州、深圳、佛山、北京四地展开友好交流活动，通过参观各军种部队、听取情况介绍、参观改革开放成就展、参观高科技企业以及面对面座谈交流等方式，增进了中国军队同东盟国家军队之间的了解与友谊，为中国—东盟防务交流合作打造了新的平台。

（撰稿人：刘美玲、包振山）

中—南太人文交流

一　中—南太教育交流

【斐济学生获颁 2019 年中国政府奖学金】　2019 年 8 月 7 日，中国驻斐济使馆举行了中国政府奖学金颁发仪式，23 名学生获颁 2019 年中国政府奖学金。驻斐济大使钱波致辞并为奖学金获得者颁发了录取通知书，斐济教育部副常秘布尔、高等教育奖学金及贷款委员会首席执行官马哈拉什作为嘉宾出席仪式并致辞。斐济国立大学、逸仙学校代表，获奖学生及亲属，《斐济太阳报》《斐济时报》《斐济日报》、斐济村网、新华社等媒体 80 余人出席颁奖仪式。

【萨摩亚国立大学庆祝孔子学院成立一周年】　2019 年 10 月 8 日，萨摩亚国立大学举行了孔子学院成立一周年暨全球“孔子学院日”庆祝活动。中国驻萨摩亚大使巢小良，萨摩亚教育、体育和文化部副首席执行官富阿塔伊，萨摩亚国立大学代理校长瓦阿伊，孔子学院中方院长梁国杰，萨摩亚国立大学师生、孔子学院及援萨理工科和汉语教师、中资机构、华侨华人共 80 余人出席了庆祝活动。

【驻斐济大使钱波考察南太平洋大学孔子学院新教学楼】　2020 年 9 月 1 日，中国驻斐济大使钱波考察南太平洋大学孔子学院新教学楼。南太大学人文学院院长阿卡尼西，孔子学院中方院长杨慧，学术咨询委员会主席、前斐济外交部常秘奈法卢拉及其夫人，斐济华人协会会长陈婉娴，华人教育协会会长袁志光，中国文化中心主任孙杰以及驻斐济使馆外交官等出席了活动。南太平洋大学是斐济与其他太平洋岛国合办的一所区域性大学，除斐济外，还在汤加、萨摩亚等 11 个岛国设有分校区。该院在瓦努阿图、库克群岛等国设立了孔子课堂，并于 2016 年被中国国家汉办评为南太地区首家示范孔子学院。

【南太平洋大学库克群岛校区孔子课堂举办年度结业典礼】　2020 年 12 月 4 日，南太平洋大学库克群岛校区孔子课堂成功举办了年度结业典礼暨 2020 年教学工作总结大会。在结业典礼上，学生们分别表演了诗朗诵、吉他弹唱等节目。孙斌老师为全体通过考试的学生颁发了本学期结业证书。学生们都受到了鼓舞，表示明年要继续努力，同时获得结业证书和 HSK 考试通过证书。

【“抗疫背景下太平洋岛国的社会经济与对外关系”学术论坛在广州举办】

2020 年 12 月 12 日下午，由广东外语外贸大学太平洋岛国战略研究中心和北京外国语大学太平洋研究中心联合举办的学术论坛在广东外语外贸大学举行。此次论坛主题为“抗疫背景下太平洋岛国的社会经济与对外关系”。萨摩亚驻华大使塔普萨拉伊·托欧玛塔及其夫人、斐济群岛共和国驻华大使马纳萨·坦吉萨金鲍、中国驻密克罗尼西亚联邦前大使张卫东、太平洋岛国贸易与投资专员署贸易专员莫纳·马托等10位国内外外交官、学者担任主讲嘉宾。

【萨摩亚国立大学孔子学院召开2020年孔子学院理事会视频连线会议】 2020年12月28日，萨摩亚国立大学孔子学院召开了孔子学院理事会会议。萨摩亚国立大学孔子学院理事长、萨摩亚国立大学校长亚力克·艾克罗马，萨摩亚国立大学孔子学院副理事长、聊城大学校长王昭风，萨摩亚国立大学孔子学院理事、萨摩亚国立大学副校长兼孔子学院外方院长李航及萨摩亚国立大学孔子学院中方院长、聊城大学国际合作交流处相关人员参会。理事会听取并审议了萨摩亚国立大学孔子学院外方院长李航及中方院长梁国杰所作的2020年工作汇报及2021年工作计划。双方对新一届理事会的成立及理事会圆满完成各项议程表示祝贺并录屏留念。与会人员一致希望，萨摩亚国立大学孔子学院未来能够更好地植根于两校学术、科研的资源优势，为促进国际中文教育及两校之间交流作出更大贡献。

二　中—南太科技交流

【“2019年巴布亚新几内亚棕榈作物产业化关键技术海外培训班”在莫尔兹比港开幕】 2019年12月4日，由中国农业农村部国际合作司、中国热带农业科学院主办，海南热作高科技研究院股份公司承办的“2019年巴布亚新几内亚棕榈作物产业化关键技术海外培训班”，在巴布亚新几内首都莫尔兹比港开幕。中国驻巴新大使馆商赞处参赞刘林林，巴新总理顾问阿诺·帕拉等出席了开班仪式并致辞。此次培训共七天，课程内容涉及槟榔、椰子、可可等热带作物的品种选育、资源创新利用、高效栽培、林下种养、病虫害防治、农产品贮藏保鲜和加工技术，培训学员包括当地政府官员、教师、农民共60多人。来自中国热带农业科学院、椰子所、品资所、香饮所、热作高科技公司的专家，巴方政府官员、农民、华人团体代表等70多人出席开班仪式。

三　中—南太文化交流

【中国驻斐济使馆举行2019年新春招待会】 2019年2月1日晚，中国驻斐济使馆举行了新春招待会。斐济总理姆拜尼马拉马、国防国家安全部和外交部长塞鲁伊拉图、基础设施和交通运输部长乌萨马特、渔业部长科罗伊拉维萨乌、警察总监恩吉里奥、海军司令塔瓦基等斐军政高官和各界友好人士500余人参加了招待会。在此次招待会期间，使馆举办了庆祝中国改革开放40周年主题图片展。来宾们欣赏体验了剪纸、竹艺、皮影戏、糖人、木版画等中国非物质文化遗产，并品尝中国美食，互致新春问候。

【“四海同春”慰侨访演在斐济苏瓦市政厅礼堂举行】 2019年2月18日，“四海同春”慰侨访演在斐济苏瓦市政厅礼堂举行。中国驻斐济大使钱波到场观看演出并致辞。斐济总统孔罗特、首席大法官盖茨等斐济政府高官和各界友好人士等出席了活动。当晚演出以中国铁路文工团为主，并有杨洪基、于魁智、李胜素、郑咏、马晓晨等知名艺术家加盟。

【中国驻斐济大使走访斐济两家报社】 2019年3月14日和15日，中国驻斐济大使钱波及其夫人卢琦分别走访了斐济两家报社《斐济太阳报》和《斐济时报》，并与《斐济太阳报》主编洛马斯、《斐济时报》主编韦斯利举行了会谈。《斐济太阳报》现每日发行量为3万份左右，为当地发行量较大的报纸。《斐济时报》创办于1869年9月，是斐济历史最悠久的报纸。这两报近年来对中国关注程度和报道力度加大，对增进本地区公众了解中国发挥了积极作用。钱大使向对方简要介绍了中斐关系发展，两位主编向钱大使夫妇详细介绍了报社经营情况，对双方合作表示满意，表示愿同使馆继续保持密切合作，为增进两国民众之间的理解和友谊贡献力量。

【中国驻斐济使馆妇女小组邀请斐济外交部常秘夫人凯萨亚·奈法卢拉女士作客使馆】 2019年5月17日，中国驻斐济使馆妇女小组邀请斐济外交部常秘夫人凯萨亚·奈法卢拉女士作客使馆“出彩人生”大讲堂，分享插花艺术。驻斐济使馆妇女小组组长、驻斐济大使夫人卢琦，国际劳工组织太平洋地区局长夫人苏启晖、斐济华人妇女联谊会会长方园、《斐济日报》社社长夫人刘新、使馆妇女小组全体成员出席。驻斐济大使钱波到场祝贺。凯萨亚女士分享了她对插花艺术的理解和感悟，并现场示范了几种利用不同容器和花材的插花方法。大使夫人卢琦代表妇女小组感谢凯萨亚女士所作的精彩讲座并向其赠送了具有中国特色的礼物。

【南太平洋大学孔子学院和东华大学携手亮相斐济时装周】 2019年5月26日，斐济时装周在斐济首都苏瓦落下帷幕。在时装秀上，由斐济南太平洋大学孔子学院和中国上海东华大学携手，将陈彬及茅丹两位服装设计师具有强烈中国元素的设计推上了T形舞台，充分展现了服装中的中国文化底蕴与现代意识的巧妙融合，赢得了斐济观众的赞誉。

【“瓦努阿图国家日”活动在北京世园会园区举行】 2019年7月30日，中国北京世界园艺博览会“瓦努阿图国家日”活动在北京世园会园区举行。世园里的展板带观众领略了瓦努阿图这个坐拥碧海蓝天的国度。在展柜里，还陈列着当地的特产——塔纳咖啡，来自北京、上海、南京、武汉等地的瓦努阿图在华留学生参与了演出。他们身穿当地服饰，表演了带有浓郁民族特色的歌舞，向在场观众展示了他们独特的文化习俗。

【驻密克罗尼西亚联邦使馆举行“欢度中秋·喜迎国庆”联谊招待会】

2019年9月16日，中国驻密克罗尼西亚联邦使馆举行“欢度中秋·喜迎国庆”联谊招待会。此次招待会由使馆青年外交官主持，使馆官员与密克罗尼西亚联邦学院中文俱乐部学生近40人参加了招待会。中国驻密克罗尼西亚联邦大使黄峥向来宾致以中秋节祝福，并发表了致辞。在招待会上播放了专题电视片《命运与共——中国与太平洋岛国之密联邦篇》等短片，中文俱乐部的学生演唱了《茉莉花》《我的朋友在哪里》等经典中文歌曲。

【“巴布亚新几内亚国家日”活动在北京世园会园区举行】　2019年9月16日，北京世园会迎来“巴布亚新几内亚国家日”。以蓝色海洋为设计灵感的太平洋岛国联合馆周围聚集了众多游客，大家不时与舞台上来自巴布亚新几内亚的身穿传统民族服饰的表演者们互动。表演者的服饰以巴布亚新几内亚国旗的主色调红色、黑色为主，发饰由天堂鸟的羽毛制作而成，其背后以当地原产特色植物的叶子做装饰，色彩斑斓生动，富有民族特色。

【“斐济国家日”活动在北京世园会园区举行】　2019年9月27日，中国北京世界园艺博览会“斐济国家日”活动在北京世园会园区举行。中国斐济驻华大使坦吉萨金鲍，北京世园政府副总代表谢波话大使，萨摩亚、密克罗尼西亚联邦、汤加、瓦努阿图等国家代表出席了活动。来自斐济的舞蹈演员们举行了斐济传统的欢迎仪式，演员们穿着传统服饰，面部绘有斐济传统图案，伴随着热情的舞蹈，为现场观众带来了精彩纷呈的太平洋岛国文化表演。

【驻瓦努阿图使馆举办2020年春节招待会】　2020年1月17日，中国驻瓦努阿图大使周海成及其夫人在使馆举办春节招待会。瓦努阿图总理萨尔维夫妇、外交部长雷根瓦努、教育部长尼鲁阿、多名议员、省市长、各级政府官员、媒体、商界、学界等各界人士，外国驻瓦使节，旅瓦华侨华人、中资机构代表、援瓦医疗队及教师共170余人出席招待会。在招待会现场播放了介绍春节文化和中国发展的录像片。维拉港中心学校的学生用汉语演唱歌曲《朋友》并表演了瓦努阿图民族舞蹈。

【驻汤加使馆与汤加学院举办文化交流活动】　2020年9月10日，中国驻汤加使馆与汤加学院举办了文化交流活动。中国驻汤加大使曹小林和使馆外交官走进汤加学院校园，与图伊普洛图院长等老师旁听并参与了汉语课堂活动。曹小林介绍了中汤关系发展和两国教育合作情况，向师生代表赠送书包文具和纪念品，还观看了援汤教师利用双方合作经营的学院农场生产的食材制作中国菜肴、传授中国烹饪技艺，并邀请师生品尝中国美食。曹小林鼓励学生们努力学习文化知识和农业生产技能，成为汤加国家建设的栋梁之材和中汤友好的桥梁纽带。图伊普洛图院长表示，汤加学院愿与中方继续加强教育合作，促进汉语言文化以及农业生产烹饪技术在汤加的传播，不断深化汤中友谊。

【中国驻斐济使馆在斐济中国文化中心举办中斐建交45周年图片展】 2020年11月5日，在中国与斐济建交45周年之际，中国驻斐济使馆在斐济中国文化中心举办了中斐建交45周年图片展。斐济总统孔罗特和中国驻斐济大使钱波出席开幕式并为展览剪彩，斐济前驻华大使、外交部常秘奈法卢拉，斐济政府官员、华侨华人和留学生代表，使馆外交官等80余人出席图片展开幕式。孔罗特总统和来宾们观看了反映两国高层交往、务实合作和人文交流的70余幅精美历史性图片，高度评价45年来斐中关系所取得的积极成果，并欣赏了由使馆青年外交官、在斐华侨华人及斐济艺术团体呈现的精彩的歌舞表演。

四　中—南太卫生交流

【中国援汤加医疗队为汤加学院学生举办健康教育讲座】 2019年5月16日，中国第二批援汤加医疗队在队长谭秀岭的带领下，来到汤加学院为全校学生举办健康教育讲座。汤加学院校长拉杜对中国医疗队的到来表示真诚的欢迎和感谢。谭秀岭对“汤加的常见疾病”进行了详细讲解。医疗队杨一涛、杨楹、李国华、邵宁宁等医师分别带来“青少年近视的预防与治疗”“认识精神疾病”“心肺复苏”“健康饮食、快乐生活”的讲座。在活动中，谭秀岭还代表医疗队向汤加学院捐赠文具，并赠送一幅写有“中汤友谊源远流长”的书法作品。

【中国同建交太平洋岛国就新冠肺炎疫情举行卫生专家视频会议】 2020年3月10日，中国同建交太平洋岛国就新冠肺炎疫情举行了卫生专家视频会议。中国外交部美大司、国家卫生健康委员会国际司负责人以及有关卫生专家，太平洋岛国主管部门官员和卫生领域专家等百余人通过网络与会。斐济卫生部、外交部派代表在中国驻斐济使馆参加了视频会。中方介绍了中国政府抗击新冠肺炎疫情的新进展，表示中方愿在力所能及的范围内为岛国防控疫情提供必要支持和帮助。中国疾控中心流行病学首席专家吴尊友、北京大学第一医院感染疾病科主任医师王贵强分别介绍了新冠病毒致病机理、传播方式等情况，并逐一详细回答病毒信息、医护人员防护等数十个问题。斐方参会人员感谢中方主动举办视频会议向岛国通报情况和介绍疫情防控经验。

【中国向密克罗尼西亚联邦提供新冠肺炎疫情防控物资和现汇援助】 2020年4月14日，中国向密克罗尼西亚联邦提供新冠肺炎疫情防控物资和现汇援助交接仪式在密克罗尼西亚联邦外交部举行。中国驻密克罗尼西亚联邦大使黄峥和密克罗尼西亚卫生和社会事务部长、密克罗尼西亚应对疫情多部门工作组牵头人托朗分别代表中密两国政府签署交接证书。密克罗尼西亚外长埃利伊萨、副外长布兰迪等出席了交接仪式。

【中国同太平洋建交岛国举行应对新冠肺炎疫情副外长级特别视频会议】

2020年5月13日，中国同太平洋

建交岛国以视频方式举行了应对新冠肺炎疫情副外长级特别会议。中国以及斐济、萨摩亚、巴布亚新几内亚、瓦努阿图、密克罗尼西亚联邦、库克群岛、汤加、纽埃、所罗门群岛、基里巴斯10个太平洋岛国代表与会。中国外交部副部长郑泽光与巴布亚新几内亚外交部长普鲁埃奇共同主持会议。郑泽光向各国介绍了中国疫情防控形势。普鲁埃奇及其他岛国代表赞赏中方倡议举行此次会议，感谢中方提供的抗疫帮助。他们表示期待同中方继续开展疫情防控合作。

【中国援助汤加防疫物资交接仪式在汤加卫生部举行】 2020年5月19日，中国援助汤加防疫物资交接仪式在汤加卫生部举行。中国驻汤加大使曹小林与汤加卫生大臣图伊普洛图、卫生部首席执行官阿卡奥拉等出席仪式。汤维奥拉医院负责人、中国援汤医疗队、在汤中资企业代表以及汤加主流媒体代表共40余人参加仪式。

【中国对密克罗尼西亚联邦第二笔新冠肺炎防疫现汇和防疫物资援助交接仪式举行】 2020年5月21日，中国对密克罗尼西亚联邦第二笔新冠肺炎防疫现汇援助和广东省、中山市防疫物资援助交接仪式在密克罗尼西亚政府仓库举行。中国驻密克罗尼西亚联邦大使黄峥和密克罗尼西亚卫生和社会事务部部长、密克罗尼西亚应对疫情多部门工作组牵头人托朗分别代表中密两国政府签署交接证书。密克罗尼西亚卫生和社会事务部副部长普利特里克和外交部主管官员出席了交接仪式。

【中国驻萨摩亚使馆向萨政府移交援萨抗疫物资】 2020年11月27日，中国驻萨摩亚使馆向萨政府移交援萨抗疫物资。中国驻萨摩亚大使巢小良、萨摩亚卫生部长斯图尔斯分别代表两国政府签署交接证书，双方联合发布了新闻稿，《萨摩亚观察家报》《新闻连线报》等当地主流媒体对此进行了报道。

【中国同太平洋建交岛国举行应对新冠肺炎疫情第二次副外长级特别视频会议】 2020年11月30日，中国—太平洋建交岛国应对新冠肺炎疫情第二次副外长级特别会议以视频方式成功举行。外交部副部长郑泽光与所罗门群岛外交外贸部长马内莱共同主持会议。纽埃总理兼外交部长塔格拉吉出席并致辞。中国和10个建交太平洋岛国代表与会。中方通报了下阶段中方在疫苗供应、抗疫合作基金、债务暂缓偿付、电子商务、人员培训、地方合作等领域同岛国加强合作的建议。岛国高度赞赏中方提出的新合作举措，认为这将为岛国抗疫情、保民生发挥重要作用。

【中国对密克罗尼西亚联邦第三笔新冠肺炎防疫现汇和防疫物资援助交接仪式举行】 2020年12月10日，中国对密克罗尼西亚联邦第三笔新冠肺炎防疫现汇援助和防疫物资援助交接仪式在密克罗尼西亚联邦卫生和社会事务部举行。中国驻密克罗尼西亚联邦大使黄峥和密克罗尼西亚卫生和社会事务部长、密克罗尼西亚应对疫情多部门工作组牵头人托朗分别代表中密两国政府签署交接证书。密克罗尼西亚卫生和社会事务部副部长普利特里克、外交部副部长布兰迪等出席了仪式。

五　中—南太体育交流

【中国举办援助萨摩亚2019年太平洋运动会体育项目欢迎仪式】 2019年3月10日上午，援助萨摩亚太平洋运动会体育项目欢迎仪式在湖南理工学院图书馆11楼举行。萨摩亚驻华大使塔普萨拉伊·特里·托欧玛塔先生偕妻子及其首席秘书，中国体育国际经济技术合作有限公司常务副总经理庞晓峰，湖南理工学院校长卢先明、副校长徐小立出席欢迎仪式。湖南理工学院体育学院相关负责人、来华运动员、教练员和骨干成员参加了会议。该援助项目旨在落实中国加强与萨摩亚人文交流具体成果，帮助萨摩亚提升国际综合性及单项赛事运动成绩，备战萨摩亚2019年太平洋运动会。

【中国和汤加共同签署中国援汤加体育训练器材交接证书】 2019年6月20日，中国驻汤加使馆代办杨朝晖同汤加卫生大臣及代理内政大臣皮乌卡拉共同签署中国援汤加体育训练器材交接证书。该批器材是中国援汤加体育技术合作项目的一部分。皮乌卡拉大臣代表汤加政府、体育协会和人民感谢中方对汤加体育事业发展所提供的支持和帮助。

【“中斐友谊杯”橄榄球赛在斐济举行】 2019年9月27日，斐济华人社团和斐济南区警察局在苏瓦阿尔伯特公园联合举办了首届“中斐友谊杯”橄榄球赛，庆祝中华人民共和国成立70周年。中国驻斐济大使钱波，斐济就业、青年和体育事务部长库马尔，中资机构、华侨华人、斐济当地民众约1200人参加了活动。此次橄榄球赛有32支球队参赛。

【中国援助汤加体育项目运动员抵达中国】 2019年12月初，汤加拳击队、乒乓球队、游泳队、举重队及领队共计51人抵达中国，进行了为期60天的训练。由于训练项目的不同，运动员们被分配到湖南长沙、云南昆明、四川攀枝花的训练基地进行训练。

六　中—南太媒体交流

【援建斐济议会媒体听会室移交仪式在斐济举行】 2019年3月8日，中国驻斐济大使钱波出席了援建斐济议会媒体听会室移交仪式。斐济议长奈拉蒂考、斐济卫生和医疗服务部助理部长奥康纳等议员和媒体的代表出席移交仪式。钱大使发表致辞，还与奈拉蒂考议长共同为媒体听会室启用剪彩，并同斐济议会外交委员会成员进行了交流。

七　中—南太旅游交流

【“中国—太平洋岛国旅游年”在萨摩亚首都阿皮亚开幕】 2019年4月1

日，“中国—太平洋岛国旅游年”在萨摩亚首都阿皮亚开幕，中国国家主席习近平向开幕式致贺词。在开幕式之前，中国文旅部部长雒树刚与出席活动的岛国领导人及政府代表举行了集体会见。浙江、广东、广西等地方文化和旅游部门及中国旅游集团、携程、广之旅等旅游企业与30多家岛国旅游企业进行业务洽谈。萨摩亚代总理菲娅梅在开幕式上致辞，2019“中国—太平洋岛国旅游年”开幕式标志着南太平洋旅游组织出席2017年在北京举行的“一带一路”国际合作高峰论坛带来了直接成果。

【中国—斐济旅游交流会在楠迪举行】 2019年8月23日，中国—斐济旅游交流会在楠迪举行，中国驻斐济大使钱波出席交流会并致辞。中国文旅部国际交流与合作局副局长李亚莹，斐济教育、文化遗产和艺术部常秘伯切尔，南太平洋旅游组织首席执行官科克尔，斐济中国文化中心主任邓先富及两国旅游业者近百人出席活动。在交流会期间，中方代表团还与斐济文化、旅游部门官员举行了工作会议，就两国旅游合作和人文交流交换了意见，两国旅游业者进行了对口洽谈。

【“环游世界53天南太平洋寻梦之旅”启航仪式在天津举行】 2019年11月18日，由凯撒旅游独家打造的“环游世界53天南太平洋寻梦之旅”启航仪式在天津国际邮轮母港码头隆重举行。2382名中国游客登上歌诗达邮轮“大西洋”号，历时53天，深度探访15个包括南太平洋多个岛国在内的国家和地区。此次航海之旅，不仅刷新了中国—南太平洋民间旅游交流规模的新纪录，也成为“中国—太平洋岛国旅游年”期间较大规模的民间旅游交流活动。据悉，此次航行超过16000海里，游客沿途饱览了大溪地、新喀里多尼亚等风景优美的世界著名度假海岛，访问了保留着原始生态的瓦努阿图、萨摩亚等国家和地区，探访雨林、潟湖、海底邮局等自然、人文奇观。

八　中—南太地方合作交流

【“2019年萨摩亚管道和电气技术培训班”开班】 2019年9月3日，“2019年萨摩亚管道和电气技术培训班”在山东外贸职业学院举行开班仪式。此次培训班由来自萨摩亚国家电力公司、水利管理局以及萨摩亚国立大学等单位的19名学员组成。学员们赴威海职业学院进行专业理论学习以及专业实践，随后前往威海新北洋集团、威高骨科材料股份有限公司、烟台开发区人力资源和社会保障局、山东奥卓电气科技发展有限公司等单位参观考察。该培训班旨在学习中国先进的管道和电气技术，为萨摩亚的管道和电气技术发展提供借鉴经验，以此促进双边友好往来。

【“2019年汤加妇女经济能力建设研修班”在宁波开展现场教学】 2019年10月18—19日，由中国商务部主办、中华女子学院承办的援外培训项目“2019年汤加妇女经济能力建设研修班”来到宁波开展现场教学活动。考察团一行参观考察了宁波市经济社会发展情况及女性参与社会治理、创业创新、乡村振兴等方面的成果和经验。宁波市妇联党组副书记、副主席周媛儿陪同参观。该考察团一行参观了码头作业现场和港区观景平台、吉利汽车春晓制造基地、象山县墙头镇溪里方村、黄避岙乡龙屿村。大家亲自动手体验绣花、串珠等手工项目，并向来料加工点负责人讨教如何在家门口实现创业。该考察团一行还参观考察了石浦镇沙塘静湾、朝山暮海两家精品民宿，跟民宿主人亲切交谈，了解经营状况。

【“中华文化大乐园——斐济营”活动在斐济举行】 2019年11月5日，由江苏省人民政府侨务办公室主办的“中华文化大乐园——斐济营”活动在斐济正式开营。大乐园由江苏省人民政府侨务办公室副主任杜伟亲自带队，从江苏省精心挑选的11位教师为学校教授了为期14天的中华传统文化和艺术课程。斐济教育部官员、当地侨领代表、逸仙学校校董和学校师生等600余人出席了开营仪式。《斐济太阳报》和《斐济时报》对开营仪式进行了报道。在开营仪式上，来自江苏的教师团队为大家表演了民族歌舞、中华武术、国画书法、剪纸、花样跳绳等节目串烧，逸仙学校学生也奉上了扇子舞等中国传统舞蹈和斐济传统舞蹈表演。

【海南热带农业椰子专家团队与太平洋岛国基里巴斯的椰子企业通过视频在线交流】 2020年5月21日上午，海南热带农业椰子专家团队与太平洋岛国基里巴斯的椰子企业代表通过视频连线，展开了一场关于如何提升椰子生产与加工技术的交流。基里巴斯是太平洋岛国，椰子被国民视为“生命之树”，八成人靠它谋生，可始终以天然种植为主，没有进行产业规划。该国早在20多年前，就曾派代表到海南“取经”。就基方提问，从产品到设备，从土壤到品种，从技术到合作，海南椰子专家们耐心细致地进行了解答。在线交流过程耗时近两小时。

【山东省举行对密克罗尼西亚联邦防疫物资援助交接仪式】 2020年7月24日，山东省对密克罗尼西亚联邦防疫物资援助交接仪式在密克罗尼西亚联邦外交部举行。驻密克罗尼西亚联邦大使黄峥和密克罗尼西亚卫生和社会事务部长、密克罗尼西亚应对疫情多部门工作组牵头人托朗分别代表中密双方签署交接证书。密克罗尼西亚常务副外长坎特罗、密克罗尼西亚卫生和社会事务部副部长普利特里克等出席了交接仪式。

【太平洋岛国驻华使节赴广东省交流考察】 2020年10月19—22日，中国外交部组织建交太平洋岛国驻华使节赴广东省交流考察。萨摩亚、汤加、斐济、密克罗尼西亚联邦、巴布亚新几内亚、瓦努阿图等国驻华使节及太平洋岛国驻华贸易投资专员等参加考察活动。中国外交部副部长郑泽光、中国—太平洋岛国论坛对话会特使王雪峰出席相关活动。在粤期间，广东省省长马兴瑞会见了太平洋岛国驻华使节代表团。使节们在深圳参观了“大潮起珠江——广东改革开放40周年展览”；在佛山参观了南海区里水镇万顷园艺世界、海港锦鲤园、贤鲁岛贤僚村等新农村建设风貌和农业现代化项目，还考察了美的集团等高端制造产业；在东莞考察了华为松山湖基地。使节们还在广州同广东省政府有关部门、地市级政府有关部门及企业举行了对接交流会。

（撰稿人：李军政）

第三编

其他双边中外人文交流

教育人文交流

【中乌积极深化音乐教育领域合作】 2019年1月27日，中国驻乌克兰大使杜伟夫人张健女士应邀走访乌克兰柴可夫斯基国立音乐学院，与该院院长马克西姆·季莫申科就深化中乌两国音乐教育领域合作进行亲切交流。中国驻乌克兰使馆新闻参赞丁建伟、文教处一秘王大军、二秘刘泰等参加了会谈。演出结束后，季莫申科院长对中国青年歌唱家的表演给予高度评价，感谢他们以纯净优美的嗓音、细腻娴熟的音乐表现力精彩演绎了俄罗斯、乌克兰、中国三国风格各异的23首声乐作品，为中乌两国观众带来一场高水平的听觉盛宴。季莫申科院长还向青年女中音丁榕和青年男高音王显鹏颁发了乌克兰柴可夫斯基国立音乐学院荣誉证书。

【河北大学代表团访问巴基斯坦：促进中巴媒体教育文化交流】 2019年3月23日，河北大学伊斯兰国家社会发展研究中心主任白贵教授，以媒体教育科研交流和文明对话为主题，对巴基斯坦多家研究机构和高校进行交流访问。白贵教授一行与巴基斯坦国家图书馆馆长、知名媒体人等进行了会面，在馆际出版物、课题开发、媒体人互动以及优秀文章和电视节目的转译和互译等方面进行了广泛交流。河北大学伊斯兰国家社会发展研究中心，成立于2014年10月，是河北省财政厅和教育厅批准的河北省人文社会科学重点研究基地之一。

【中阿高等教育论坛举办】 2019年3月26日，“中阿（联酋）高等教育论坛：迈向全球一体化新模式”在北京大学中关新园举办，此次论坛主题为“建设立足本地、放眼全球的高等教育”。沙迦美国大学是一所具备完整资质、遵循美国高等教育模式的机构，因优异的学术成就和丰富的学生生活而享有盛誉，其国际学生比例超过其他任何一所具有世界排名的大学，拥有基础广泛的文科教育和专业的教育课程。此次活动由阿联酋驻华大使馆、北京大学外国语学院与中东研究中心，以及阿联酋沙迦美国大学共同举办。

【中埃三所高校签署合作备忘录 将共建埃及鲁班工坊】 2019年3月31日，天津轻工职业技术学院、天津交通职业学院和埃及艾因夏姆斯大学在埃及首都开罗签署合作备忘录，三校将共建埃及鲁班工坊。在当天举行的签约仪式上，天津轻工职业技术学院、天津交通职业学院与中交一公局集团有限公司、汉能薄膜发电集团以及中非泰达投资股份有限公司还签署了埃及鲁班工坊校企合作备忘录。中国计划在非洲设立10个鲁班工坊，为非洲青年提供职业技能培训，目前非洲首家鲁班工坊已在吉布提成立。鲁班工坊是天津首创并率先主导推动实施的职业教育国际知名品牌，埃及鲁班工坊未来将在中非职业教育中发挥示范性作用。

【德黑兰大学博士马明和先生到访西南大学伊朗研究中心并举行伊朗历史文化与现实探秘座谈会】 2019年4月3日，波斯语高级翻译、德黑兰大学博士马明和先生到访西南大学伊朗研究中心并举行了伊朗历史文化与现实探秘座谈会。与会人员展开了气氛轻松的交流与讨论，就伊朗的历史文化、政治现状、宗教意识、生活习惯、风俗物产等多方面展开了愉快的分享与讨论，各自表达了自身的观点。这次座谈会的顺利举行为研究和全面了解与研究伊朗提供了一个更加立体与真实的视角，使伊朗研究可以更加真实，更加具有感染力。

【费萨拉巴德农业大学孔子学院示范教学楼奠基 巴基斯坦“汉语热”持续升温】 2019年4月9日上午，费萨拉巴德农业大学孔子学院示范教学楼奠基仪式在该校主校区举行，中国驻巴基斯坦大使姚敬和拉巴德农业大学校长扎法尔·伊克巴尔为新教学楼奠基。新教学楼建筑面积达4000平方米，教室分为语音实验室、文化课教室和语言课教室，至少可容纳420人同时上课，建成后将有助于费萨拉巴德农业大学孔子学院进一步扩大教学规模，提高教学质量，更好地开展文化交流活动。费萨拉巴德农业大学孔子学院开展多层次的汉语教学和丰富多彩的文化交流活动，服务于两国高校多学科合作，成为巴基斯坦境内汉语教学点最多、推广范围最大的孔子学院。

【第二届“一带一路”与东盟国家教育合作论坛举办】 2019年4月26日，由中国·东盟中心、海南省教育厅、海南省外事办公室和海南省社会科学界联合会提供支持，海口经济学院主办，东盟学院承办的第二届“一带一路”与东盟国家教育合作论坛举行。来自九个国家的近150位高等学校和相关机构代表齐聚海口经济学院，就与会各国高校之间的合作进行深入探讨。

【蒙古国伊赫扎萨克国际大学举办第八届汉语节】 2019年4月30日，由乌兰巴托中国文化中心与伊赫扎萨克国际大学共同举办，主题为“斑斓汉语梦，交织中蒙情”的伊赫扎萨克国际大学第八届汉语节在该校举行。乌兰巴托中国文化中心工作人员、伊赫扎萨克国际大学二区校长达瓦道尔吉、该校国际关系学院院长温德瑞拉、汉语系主任奥云额尔登、赴蒙汉语教师志愿者之家管理教师领队于佳欢、蒙古国国立教育大学孔子学院中方院长包爱东以及该校师生共300余人参加。

【“一带一路”音乐教育联盟大会在中央音乐学院举办】 2019年5月10日，“一带一路”音乐教育联盟大会在中央音乐学院举办。此次大会分为“院长论坛”“‘一带一路’音乐艺术展演”“音乐学术讲座和工作坊”三部分，来自俄罗斯、意大利、韩国等30个国家和地区的音乐学院或艺术学院院长及音乐家参加此次大会。在教育部国际合作与交流司指导下，中央音乐学院于2017年5月举办了“一带一路”音乐教育联盟成立大会暨音乐学术研讨与展演活动。目前该联盟已有成员院校61个，包括

37个国外成员和24个国内成员。

【以色列创新和产业发展的主题报告在中国农业大学国际学院举行】 2019年5月13日，应中国农业大学邀请，以色列驻华使馆副大使兼公使姚纳森在中国农业大学作了一场有关以色列创新和产业发展的主题报告。来自农业大学国际学院、食品学院及其他学院的学生聆听了讲座。以色列以“创新国度”闻名，中国是制造业大国，市场广阔，双方创新合作互补性强，中国和以色列在创新领域有着很大的合作空间。中国农业大学和中国—以色列国际农业培训研究中心一直是以色列外交部的长期合作伙伴，在过去的20多年间通过邀请以色列专家来华和派遣中国培训团赴以，举办高水平的科学家论坛，开展了全方位的农业领域合作，成绩斐然。

【“一带一路”国际技能大赛开幕】 2019年5月27日，“一带一路”国际技能大赛在重庆开幕。参赛人员达698人，在参赛的44个国家和地区中，有“一带一路”沿线相关国家33个。此次比赛以“技能合作、共同发展”为主题，包括18个比赛项目。此次赛事借鉴世界技能大赛办赛模式和比赛项目，采用集中开放式办赛，设置电子技术、水处理技术、汽车技术、货运代理、砌筑、电气装置、精细木工、油漆与装饰、管道与制暖、信息网络布线、时装技术、花艺、烘焙、美容、烹饪、美发、健康和社会照护、餐厅服务18个比赛项目。参赛国家和地区覆盖六大洲，其中亚洲24个，欧洲15个，非洲2个，大洋洲、南美洲、北美洲各1个。

【第十八届“汉语桥”世界大学生中文比赛以色列赛区比赛在希伯来大学举行】 2019年5月30日，第十八届“汉语桥”世界大学生中文比赛以色列赛区比赛在耶路撒冷希伯来大学举行，本次比赛的主题是“天下一家”。来自希伯来大学、特拉维夫大学和特尔海学院的五名选手参加了角逐。经过演讲、回答问题和才艺展示环节的比拼，特拉维夫大学的逍遥迩获得了冠军，将前往中国参加比赛。中国驻以色列大使馆公参戴玉明在致辞中勉励以色列大学生学好中文，为中以友好作出贡献。他还带领大家合唱了《童话》，把现场气氛推向了高潮。

【蒙古国国立大学孔子学院下设18中学孔子课堂在乌兰巴托揭牌】 2019年6月14日，由孔子学院总部、国家汉办主办，蒙古国国立大学孔子学院承办，蒙古国国立大学孔子学院下设18中学孔子课堂揭牌仪式在乌兰巴托举行。这是该院继乌兰巴托大学、国立23中学、达尔罕彩虹中学、希望汉语中学之后，在蒙古国开设的第五家课堂。蒙古国国立大学和中国山东大学共同合建的蒙古国国立大学孔子学院于2007年6月开始试运营，2008年5月揭牌，是蒙古国规模和影响力最大的孔子学院。现下设了五家课堂和11个教学点，有60多名总部派遣的志愿者和专家教师，在读学生超过5000名。

【“一带一路”与中非合作新实践国际论坛在埃及举行】 2019年6月16日，“一带一路”与中非合作新实践国际论坛在埃及首都开罗举行，来自尼日利亚、肯尼亚、中国、埃及等国的80多位政府官员、企业家、专家学者等就相关议题展开探讨。近年来，双边贸易量显著提升，投资合作后劲十足，金融合作不断推进，人文交流蓬勃发展。埃及作为2019年非盟轮值主席国，对在“一带一路”框架下推进中非合作发挥着重要作用。埃及艾因夏姆斯大学与中国和非洲的其他大学一道，深入研究“一带一路”相关政策，为政府相关部门决策提供建议，为埃中、非中各领域合作提供学术支持。

【习近平、穆罕默德王储共同见证清华大学和哈利法科技大学交换合作协议】　2019年7月22日上午，在中国国家主席习近平和阿拉伯联合酋长国阿布扎比王储穆罕默德·本·扎耶德·阿勒纳哈扬的共同见证下，清华大学校长邱勇与哈利法科技大学执行副校长Dr. Arif Sultan Al Hammadi在人民大会堂交换了刚刚签署的《清华大学与哈利法科技大学建立联合研究合作的协议》。此次专门就联合研究签署合作协议，旨在进一步加强两校的科研合作和教师交流。通过跨学科研究和创新建立长期有效的合作关系，推动两校教师开展更为紧密的科研交流与合作，促进中阿知识经济和经济多样化的发展，为中阿两国发展培养具有全球视野的青年人才，共同应对可持续工业、人类发展和全球气候变化等全球性挑战。

【跨越欧亚、心手相连——2019年兰州大学赴土耳其暑期交流活动】2019年7月28日清晨，兰州大学—格迪克大学暑期交流团一行19人到达土耳其伊斯坦布尔，此次为期7天的暑期交流活动是兰州大学“丝路青年对话”系列活动的第一期。双方认为，应深化文化交流，更全面地了解彼此，建立起稳固持久和友好的关系。在全球化和“一带一路”背景下，促进青年对话是一项极具智慧和远见的工作。在欢迎仪式后，中土双方各派四名学生代表，详细介绍了各自国家的政治、经济、文化和外交等多领域的发展概况。

【“巴铁”访学团感叹中巴友谊：这是超越世纪的情谊】　2019年8月21日，在中国驻巴基斯坦大使馆牵头和浙江大学非传统安全与和平发展研究中心组织下，由17名巴基斯坦大学生组成的访学团到达浙江杭州。在5天的时间里，他们参观游览了浙江大学、阿里巴巴和西湖，也体验了中国传统绘画、书法的奥秘。

【2019年土耳其安保研修班在中国人民公安大学举办】　2019年9月13—27日，中国人民公安大学举办了2019年土耳其安保研修班。来自土耳其总局外事局及警卫局、伊斯坦布尔警察局、安卡拉省警察局等单位的10名学员参加了此次培训。此外，中国人民公安大学还组织土耳其学员体验了中国传统武术、赴北京及上海参访，进一步加深研修班学员对中国历史文化的了解。

【中土高校联合举办“一带一路”研讨会】　2019年11月15日，土耳其中东科技大学和中国厦门大学在土耳其首都安卡拉联合举办中土“一带一路”学术论坛，100多名中土两国政府官员、知名学者及工商界人士参加了研讨会。土耳其是“一带一路”沿线重要国家，近年来，两国在政治、经济、文化上的合作日益密切，中欧班列刚刚开通，这是中欧班列运营史上首次跨越里海且穿越海底隧道的国际班列，有利于“一带一路”倡议与土耳其“中间走廊”的对接，为两国进一步加强经贸往来提供助力。土耳其支持“一带一路”建设，坚信“一带一路”倡议与“中间走廊”倡议的对接将为更多的国家和地区带来繁荣和稳定。

【中建埃及“鲁班学院”揭牌】 2020 年 1 月 8 日上午，由中建八局和中国对外承包工程商会共同倡议发起的中建埃及“鲁班学院”在埃及新首都 CBD 项目基地举行揭牌仪式。中国对外承包工程商会培训中心负责人孙明、中建八局人力资源部总经理惠乐怡、中建埃及分公司总经理常伟才和埃及新首都建设管理局、新首都 CBD 项目业主及监理负责人，与中建新首都 CBD 项目各参建单位代表60 余人共聚一堂，共同见证了埃及全国第一所致力于促进海外产业工人技能培育、促进管理人员技能提升的教育公益机构的诞生。

【“爱心是我们抗击疾病最强的力量”——斯里兰卡德薇女子学校师生收到彭丽媛复信】 2020 年 3 月 10 日，斯里兰卡德薇女子学校的学生收到来自中国国家主席习近平夫人彭丽媛的复信。彭丽媛在信中感谢她们来信支持中国抗击新冠肺炎疫情，勉励她们为传承中斯友好作出贡献。德薇女子学校是斯里兰卡一所知名公立学校。日前，该校 43 名学生代表联名致信彭丽媛并附上亲笔画，表达对中国抗击新冠肺炎疫情的支持。

【河南师范大学获批承办巴基斯坦萨戈达大学孔子学院】 2020 年 4 月 8 日，河南师范大学收到孔子学院总部《关于同意河南师范大学承办巴基斯坦萨戈达大学孔子学院的函》，河南师范大学与巴基斯坦萨戈达大学合作申请承办的萨戈达大学孔子学院正式获批，实现了河南师范大学孔子学院建设零的突破，对河南师范大学服务国家外交和人文交流，提升国际化办学声誉具有重要意义。河南师范大学将按照孔子学院总部的要求，与萨戈达大学密切配合，充分发挥双方优势，努力把该孔子学院办成当地汉语教学与综合文化交流的重要平台，为中巴培养更多促进人文交流和增进人民友谊的使者。

【习近平给北京科技大学全体巴基斯坦留学生回信】 2020 年 5 月 17 日，国家主席习近平给北京科技大学全体巴基斯坦留学生回信，对各国优秀青年来华学习深造表示欢迎，鼓励他们多同中国青年交流，同世界各国青年一道，携手为促进民心相通、推动构建人类命运共同体贡献力量。北京科技大学现有巴基斯坦留学生 52 人，其中 49 人为博士、硕士研究生。他们给习近平主席写信讲述了在中国留学的经历和感受，对学校在新冠肺炎疫情暴发后给予的关心、帮助表示感谢，表达了学成后投身“一带一路”建设、为增进中巴友谊做贡献的愿望。

【北语与伊朗设拉子大学召开视频会议并签署合作协议】 2020 年 7 月 20 日下午，北京语言大学校长刘利应邀与伊朗设拉子大学视频连线，双方就两校间学术合作、校际交流等事宜进行商谈，并签署两校科研文化及教育合作协议。伊朗驻华大使凯沙瓦尔兹·扎德、文化教育参赞瓦法伊出席会谈并发表讲话。随后，双方签署了两校《文化科研及教育合作协议》。此次协议的签署，标志着两校合作的开端，双方均表示希望在疫情这段特殊时期，利用云平台将危机转变为机遇，携手应对各种风险和挑战，结合疫情形势，研究逐步推进合作的可行办法，逐一推进相关合作项目的落实，探索国际交流合作工作新范式，通过各项交流合作共同实现互利共赢、共同发展、共同推动人类命运共同体的伟大事业。

【浙江外国语学院成立土耳其研究中心并举行“土耳其研究”学术研讨会】 2020 年 10 月 17 日，浙江外国语学院成立土耳其研究中心并举行“土耳其研究”学术研讨会。2018 年浙江外国语学院成立土耳其语专业，为服务“一带一路”建设、服务浙江开放发展培养土耳其语专门人才，经过两年多的建设已初具规模。土耳其研究中心的成立，将进一步推进学校土耳其语专业建设，更好地为国家“一带一路”建设和浙江“重要窗口”建设培养急需人才、提供智力支持，全面推进学校内涵式发展。

【巴基斯坦驻华使馆副馆长会见清华大学巴基斯坦研究中心主任李希光教授】 2020 年 11 月 6 日，巴基斯坦驻华使馆副馆长会见清华大学巴基斯坦研究中心主任李希光教授，双方就深化巴基斯坦文化在华足迹等问题交换了意见。

【2020 年“一带一路”教育论坛在云端举行】 2020 年 12 月 10 日，由北京师范大学和俄罗斯高等经济大学联合举办的 2020 年“一带一路”教育论坛以视频会议的形式举行。来自中国、俄罗斯、意大利、荷兰等国教育界的专家学者以及联合国教科文组织阿拉木图办事处、联合国教科文组织非洲能力建设所、东南亚教育部长组织秘书处等国际组织负责人共 160 人聚首云端，以“‘一带一路’框架下的教育合作与发展”为主题，进行了广泛深入的交流与探讨。本次论坛关注国际教育合作与发展，契合了人文交流与合作的主题，期待中俄两校联合“一带一路”沿线其他国家的高校，展开更广泛、深入的合作，取得丰硕成果。

【“中以同心·智创同行”编程教学合作项目举行启动仪式】 2020 年 12 月 22 日，编程教学合作项目启动仪式在以色列驻华大使馆举行。中国科协书记处书记宋军、以色列驻华大使何泽伟和中国科协青少年科技中心主任辛兵出席了启动仪式。在启动仪式上，以色列驻华大使馆与中国科协青少年科技中心共同签署了合作备忘录。该项目是“中以同心·智创同行”总倡议中的四个项目之一，由以色列驻华大使馆与中华人民共和国财政部、科技部合作推进。该举措可以加深中以科技合作，促进人文交流，为下一代提供拓宽视野、学习创新实践技能的机会。

（撰稿人：李光宗）

科技人文交流

【13个国家参加中国“一带一路”科普交流周活动】 2019年5月19—26日，以“科技强国 科普惠民”为主题，2019年全国科技活动周举办。本次科普交流周邀请了13个国家的科普场馆、科研机构、科学中心的负责人或专家出席并进行科普报告、科普展演等。在第二届“一带一路”国际合作高峰论坛举办后不久，组织“一带一路”科普交流周是紧紧围绕培养青少年科技创新素养，搭建世界科技文化交流互鉴平台，开展国内、国际青少年科技文化交流活动的一项重要工作。在青少年群体中起到弘扬科学精神、传播科学思想、普及科学知识、提倡科学方法的重要作用。

【中国—伊朗物联网创新中心正式成立】 2019年7月1日，伊朗德黑兰大学校长阿巴斯、伊朗驻华使馆技术参赞达内史杜司、伊朗德黑兰大学科学技术顾问马吉、伊朗访问学者穆特扎到访中关村物联网产业联盟。双方就物联网、智慧城市、智慧医疗、新能源、智慧农业等新信息技术领域进行友好深入的交流，并正式合作成立中国—伊朗物联网创新中心，中关村物联网产业联盟秘书长王正伟亲自出席签约仪式，联盟副秘书长张援生、副秘书长张怀宇、联盟智慧健康专委会秘书长迟胜一同参加签约仪式，双方将共同致力于推动两国物联网产业更好、更快、更强的发展。

【相对论手稿等爱因斯坦文物首次在上海展出】 2019年8月5日，爱因斯坦广义相对论手稿、学生时代的笔记以及与罗素最后的书信等133件珍贵文物，在上海世博会博物馆的“启初·天才相对论——爱因斯坦的异想世界”特展上展出。此次展品来自以色列希伯来大学，其中86件原件均为首次来中国大陆展览。上海是爱因斯坦唯一到访过的中国内地城市，1922年，他在赴日讲学前后经停上海并作演讲。

【中以纳米科技研讨会】 2019年8月20—21日，第四届中以纳米科技研讨会在国家纳米科学中心召开。国家纳米科学中心主任赵宇亮院士、副主任唐智勇研究员、中国科学院国际合作局副局长王振宇、以色列巴伊兰大学纳米技术和先进材料研究所（BINA）所长Dror Fixler教授、以色列耶路撒冷希伯来大学（HUJI）Danny Porath教授等出席开幕式并致辞。此次开幕式由国家纳米科学中心副主任魏志祥研究员主持，以色列驻华大使馆文化、科学及学术事务主任Roni Abramson出席了会议。

【河南—以色列农业高新技术对接会举行】 2019年9月5日，“河南—以色列农业高新技术对接会”在河南省驻马店市举行。本次对接会由以色列驻华使馆与河南省农业厅共同举办，旨在为两国企业构建交流合作平台，创造面对面沟通的机会，为地方智慧农业，精准农业注入新的活力。以色列驻华使馆商务处携14家以色列领先农业科技企业出席了对接会，与河南省130家农业企业进行了现场交流。此次对接会的落地，可以推进双方的合作进程，中以企业在农业合作方面有着广阔的前景。

【伊朗科学技术副总统办公室索纳里萨塔里率高级科研人员代表团访问中国】 2019年11月11日，应中华人民共和国科技部部长王志刚邀请，伊朗伊斯兰共和国科学技术副总统办公室索纳里萨塔里（Sornari Sattari）率高级科研人员代表团访问中国，双方就加强和扩大两国之间科学技术领域的发展进行了会晤。有80多家科技知识型公司随萨塔里（Sattari）副总统前来中国访问。萨塔里（Sattari）副总统在深圳参加了中国先进技术博览会，随后又在中国科技部部长王志刚的陪同下参观了中国的技术中心。双方签署了《关于深化联合研究计划实施的谅解备忘录》。此次访问进一步深化了双方在科学技术领域的合作，对扩大伊中知识型和创意型企业之间的合作提供了大力支持。

【中国—巴基斯坦农业合作网络研讨会举办：双边农业合作潜力巨大】 2020年7月10日，由巴基斯坦可持续发展政策研究所主办的中国—巴基斯坦农业合作网络研讨会举办，巴基斯坦可持续发展政策研究所亚洲研究中心主任沙基尔—艾哈迈德—拉迈主持会议。与会者强调，农业是中巴两国政府都高度重视的领域，中巴经济走廊可极大地促进两国之间的农业贸易，农产品可通过瓜达尔港运往中东、非洲和欧洲等地。两国在农业领域合作潜力巨大，双方可利用最新的农业知识提高土地利用率和农业生产率。

【以色列驻华大使馆副大使尤瓦尔先生到访中国—以色列农业研究与培训中心】 2020年9月29日，以色列驻华大使馆副大使尤瓦尔先生一行会见了中国—以色列农业研究与培训中心主任黄冠华博士，并参观了中国农业大学（CAU）的研究与培训中心。双方就过去几年里中以在农业方面所展开的良好合作进行了交流，对未来如何继续拓展深度合作作了探讨。

【第十五届“中国—阿拉伯国家技术转移与创新合作峰会”视频会议召开】 2020年10月18日，为积极响应“一带一路”倡议，开拓“一带一路”及新兴国家市场，中阿学者联盟科学研讨会暨第十五届中国—阿拉伯国家技术转移与创新合作峰会举行。此次峰会旨在共同打造国际经贸会展平台，开展科技合作，促进学术交流，助推各省市优势产业，名优产品走出去，加强技术转移能力，推动经济高质量发展。此次峰会以宁夏银川为主会场，北京、西安、埃及、约旦、摩洛哥等地为分会场。此次峰会由中国国际科技促进会、中国—阿拉伯国家青年创业园管委会、阿拉伯学者联盟共同主办，国内专家来自北京大学、对外经济贸易大学、西安师范大学、西安外国语大学、宁夏商务厅、宁夏中阿智慧科技产业发展有限公司等近10个城市的高校及相关企业。

【沙特阿拉伯与华为建立合作】 2020年10月23日，沙特阿拉伯数据与人工智能局（SDAIA）与华为建立合作伙伴关系，共同推动沙特"国家AI能力发展计划"，帮助沙特实现数字化转型。SDAIA当天与华为签署了《国家人工智能能力发展计划谅解备忘录》。

【第六届中国云南—以色列创新合作论坛举行】 2020年11月23日，主题为"创新发展、合作共赢"的第六届中国云南—以色列创新合作论坛，以线下和视频连线方式在云南昆明和以色列特拉维夫同步举行。本届论坛由云南省人民政府外事办公室、云南省人民对外友好协会、以色列驻成都总领事馆、中国以色列商会联合主办，设滇以教育合作、滇以水务合作、滇以工业大麻技术合作三场分论坛活动。来自双方政府部门、高等院校、企业等的90余名代表参会交流。本届论坛签署了《中华人民共和国云南省普洱市与以色列国耶胡德—莫诺桑市建立友好城市关系意向书》。

【巴基斯坦驻华大使 Moin ul Haque 首次访问京东北京总部】 2020年12月16日，巴基斯坦驻华大使 Moin ul Haque 首次访问了京东北京总部，并对该公司在巴基斯坦发展跨境电商业务表示热烈欢迎。京东副总裁兼国际物流总裁 Stard Huang 接待了大使。Moin ul Haque 大使表示，他支持京东与巴基斯坦企业加深沟通与交流。巴基斯坦一直在积极发展数字经济，并出台了支持中小企业发展电子商务的新政策。2019年10月，京东开始与巴基斯坦大型物流公司 Transfreight 合作，将京东的仓储管理系统引入该国。与 Transfreight 合作是明智的选择，希望双方在供应链、金融科技等领域开展更多交流。

（撰稿人：李光宗）

文化人文交流

【中国考古队首次进驻埃及卢克索携手破解古文明的神秘密码】 2019年1月4日，中国考古队首次进驻埃及卢克索，开始与埃及同行联袂对孟图神庙进行考古发掘。通过与古老文明的跨时空对话，寻找失落的文明残片，是考古人为两国人民友谊添砖加瓦的最好表达。卢克索位于埃及南部，距离首都开罗671公里，是闻名遐迩的历史古城，享有“世界上最大露天博物馆”的美誉。它拥有卡尔纳克神庙、卢克索神庙以及帝王谷、王后谷等考古资源，堪称埃及古文明的精华所在，也被媒体誉为全球考古学的“前沿”。

【埃及苏伊士运河大学举办“郭沫若文化周”活动】 2019年4月10日，“郭沫若文化周”系列活动在埃及东北部城市伊斯梅利亚的苏伊士运河大学开幕。本次活动为期两天，包括第二届郭沫若杯中国现代诗歌朗诵比赛、“郭沫若与世界文化遗产周口店”展览和“郭沫若与中国文化”讲坛。

【乌兰巴托中国文化中心举办“七十载友谊”大型图片展】 2019年4月17日，为庆祝中华人民共和国成立70周年暨中蒙建交70周年，由乌兰巴托中国文化中心和蒙古国乔金喇嘛庙博物馆共同举办，主题为“七十载友谊”大型图片展开幕。此次展览主要展出20世纪20年代以来有关乔金喇嘛庙的珍贵史料，包括1959—1961年中国古建专家协助修复寺庙建筑的图纸资料和照片，为首次公开展示，是见证中蒙两国友谊的宝贵资料。乌兰巴托中国文化中心举办此次展览的目的是回顾中蒙两国走过70载的不平凡岁月，铭记两国人文领域交流合作的历史，展示20世纪五六十年代乌兰巴托市容市貌和人民生活的变化，祝愿中蒙友谊万古长青!

【第三十二届德黑兰国际书展开幕，中国为主宾国】 2019年4月23日，第三十二届德黑兰国际书展在伊朗首都德黑兰会展中心举办，中国是这届书展的主宾国。本届书展为期11天。中国主宾国代表团汇集国内94家出版单位，带来各类图书1.5万余册，并特别推出《习近平谈治国理政》《论坚持推动构建人类命运共同体》等反映中国共产党治国理政、中国人民奋斗圆梦以及中国坚持和平发展与合作共赢理念的主题图书。中国主宾国代表团邀请国内20多名知名作家、学者、插画家与当地出版企业联合举行中伊作家交流会、中国好书推介会等50多场业界交流活动。

【蒙古国将中国经典话剧《日出》搬上舞台】 2019年4月27日，蒙古国中央省歌舞剧院历时4个月精心编排的中国经典话剧《日出》在蒙古国首都乌兰巴托国家话剧院顺利上演。中国驻蒙古国大使馆文化参赞、乌兰巴托中国文化中心主任李薇、蒙古国中央省有关领导等中蒙两国官员以及两国文化艺术界人士、话剧爱好者共400多人观看了演出。据了解，此前曹禺的《雷雨》和《原野》等话剧均在蒙古国上演并受到观众欢迎。由乌兰巴托中国文化中心组织编译的汉蒙对照、收录《日出》和《原野》这两部作品的曹禺剧作集在蒙古国同步出版发行。

【“中国图书角”落户伊朗国家图书和档案馆】 2019年5月1日，“中国图书角”正式落户伊朗国家图书和档案馆。中国驻伊朗大使庞森、伊朗国家图书和档案馆馆长布鲁杰迪共同为“中国图书角”剪彩。“中国图书角”以“阅读中国”为主题，中方捐赠了《习近平谈治国理政》《论坚持推动构建人类命运共同体》等1000余种图书，涵盖政治、历史、文学、诗歌、艺术等不同领域。

【“阿拉伯文明与中华文明对话”举行】 2019年5月16日，亚洲文明对话北京外国语大学学术沙龙活动分会场“阿拉伯文明与中华文明对话”在北京外国语大学阿拉伯学院举行。与会嘉宾就中阿文化交流的历史、现状，中阿交流的基础和挑战等话题展开热烈的交流。与会嘉宾一致认为，在当前国际形势下，中国举办亚洲文明对话大会是富有远见的举措，为建设人类命运共同体注入了文明的力量，贡献了中国智慧。嘉宾们还就如何进一步发展中阿关系，以及在全球化背景下如何更有效地开展文明对话展开了讨论。

【“我眼中的蒙中友谊”中小学生主题绘画比赛在蒙古国举行】 2019年6月3日，为庆祝中蒙建交70周年暨蒙古国家通讯社《蒙古消息报》（中文版）创刊90周年，由《蒙古消息报》和中国驻蒙古国使馆及乌兰巴托中国文化中心共同举办，主题为“我眼中的蒙中友谊”中小学生绘画比赛颁奖仪式在蒙通社新闻中心举行。中国驻蒙古国使馆邢海明大使、蒙通社副社长巴特包勒德、《蒙古消息报》（中文版）总编孟和图拉及参赛学校教师、学生、家长、媒体记者等50余人出席此次颁奖仪式。此次比赛得到蒙古国国内中小学生的热烈响应。来自蒙古国乌兰巴托育才学校、旅蒙华侨蒙中友谊学校、赫西格学校等中小学生创作的120余幅绘画作品参赛。经专业评委评选，30余幅绘画作品获奖。

【庆祝新中国成立70周年电影展在埃及开幕】 2019年6月30日，庆祝中华人民共和国成立70周年电影展在埃及首都开罗中国文化中心开幕，六部中国电影将陆续在开罗、亚历山大等城市上映。此次电影展展映了《流浪地球》《开国大典》《甲方乙方》等六部中国各个时期的优秀影片，观众通过这些电影了解了中国的发展成就和中国文化。此次电影展是庆祝中华人民共和国成立70周年海外中国电影展的首场活动，未来还将在多个国家举行类似影展。

【“相约千年——魅力丝路文化行”系列活动在以色列举办】 2019年7月2日，由中国国务院新闻办公室和中国驻以色列大使馆共同主办的“相约千年——魅力丝路文化行”系列活动在以色列海滨城市特拉维夫举行。包括图片展、纪录片放映、文艺演出等项目在内的系列活动回顾了中华民族和犹太民族自唐代“丝绸之路”开辟以来的千年交往史，表达了双方友好再约千年的美好愿望。甘肃省歌舞剧院当天献上的文艺演出是此次活动的重头戏，此场演出通过歌、舞、器乐及声、光、电等表现形式展现了中国西部文化魅力。演员们表演了舞蹈《霓裳羽衣》《编钟鼓乐》，情景短剧《郑和下西洋》《张骞》以及反映中国新疆、西藏等地区民族特色的节目。

【《孔子故乡·大美山东》作品展在土耳其开幕】　2019年7月8日，《孔子故乡·大美山东》影像艺术作品展在土耳其首都安卡拉开幕，优美的摄影佳作折射出古今交汇、多姿多彩的泰山文化，吸引了逾百名当地观众到场参观。

【“世界眼中的老子”漫画展在埃及举行】　2019年7月8日，“世界眼中的老子”漫画展在埃及首都开罗中国文化中心开幕，来自18个国家和地区的30余幅老子形象漫画作品参展。本次老子漫画展由开罗中国文化中心与埃及漫画协会共同举办，中国国际多媒体文化协会协办，持续至7月21日。参展作品来自国际多媒体文化协会举办的中国东华禅寺书画院老子·孔子·慧能国际漫画展，该漫画展共吸引了50多个国家和地区的艺术家参加，收到优秀作品140件。埃及漫画家奥马尔·西迪克的作品在老子·孔子·慧能国际漫画展中获得优秀奖，并在此次漫画展中展出。

【桑图尔与扬琴联袂奏响“中伊友好之夜”】　2019年8月12日，由中国人民对外友好协会、中国伊朗协会、伊朗中国友好协会主办，西区剧场承办的《中伊友好之夜》音乐会北京西区剧场举办，邀请中伊两国民乐演奏家及其团队合作演奏了多首两国著名民乐曲目，共同庆祝第十届中国伊朗友好协会年会召开。中央音乐学院民乐系教授刘月宁领衔“茉莉花”扬琴重奏团与伊朗德黑兰大学美术学院音乐系教授西亚马克·阿格伊率领的“拉哈”桑图尔乐团，先后进行了桑图尔独奏、扬琴独奏。

【清华大学出版社出版的图书《城乡中国》土耳其文版入选2019年“经典中国国际出版工程”】　2019年8月13日，清华控股成员企业清华大学出版社申报的《城乡中国》土耳其文版入选“经典中国国际出版工程”，获得翻译资助。《城乡中国》一书的中文版已由清华大学出版社于2018年6月出版发行，土耳其文版将由土耳其环球时代传播集团出版发行。清华大学出版社已连续九年有项目进入该工程，今年首次以土耳其文项目入选。

【“中阿友好文库：《阳光之路》首发式”暨“东方文明的对话”系列活动在京举办】　2019年8月22日，在第二十六届北京国际图书博览会期间，北京师范大学出版集团联合中国人民对外友好协会举办“中阿友好文库：《阳光之路》首发式”暨“东方文明的对话”系列活动。卡塔尔驻华大使穆罕默德·杜希米，卡塔尔驻广州总领事阿里·本·哈吉里，中国人民对外友好协会亚非工作部副主任、中国阿拉伯友好协会秘书长李海，北京师范大学副校长周作宇，中宣部进出口管理局出口管理处副处长钱风强，北京师范大学出版集团董事长吕建生、总经理马朝阳、副总编辑饶涛，以及多位中卡作家和翻译家出席了本次活动。

【华文出版社“走出去”，把优秀的中国文化作品带到阿拉伯世界】 2019年8月23日下午，中国出版集团华文出版社与埃及奥西里斯出版社共同举办了《我们误判了中国》、阿拉伯语新书发布暨《中华上下五千年》版权签约仪式。据华文出版社社长宋志军介绍，华文出版社致力于讲好中国故事，讲清国家和民族的历史传统、文化积淀。经过多年积累，华文出版社在中国文化输出方面积累了一些经验，也取得了一些成果，主题图书的输出趋势很好，《大国来了》《大国不易》《我们误判了中国》《我们看好中国》等主题图书相继输出美国、德国、埃及等国家。

【哈尔科夫举办中华人民共和国成立70周年成就图片展】 2019年8月24日，由中国驻乌克兰大使馆与乌克兰哈尔科夫市政府共同主办的“中华人民共和国成立70周年成就图片展”在乌克兰哈尔科夫国立大学隆重开幕。乌克兰各界友好人士、旅乌华人华侨、留学生代表等200余人参加开幕式。该图片展通过130余张生动鲜活的精美图片，呈现了中国改革开放的历史轨迹和伟大成就。

【国际图书博览会暨北京国际图书节举办“伊朗日”】 2019年8月24日，国际图书博览会暨北京国际图书节举办介绍伊朗文化图书出版的“伊朗日”主题活动，讲述中伊故事，传播两国声音，支持和发展中伊人文交流。希望能以书为媒，扩大文化交流，促进民心相通。

【“感知中国”庆祝中蒙建交70周年系列文化活动在蒙古国正式启动】 2019年9月2日，由中国国务院新闻办公室，中国驻蒙古国大使馆，中国内蒙古自治区人民政府以及蒙古国教育、文化、科学和体育部，乌兰巴托市政府共同主办的“感知中国”庆祝中蒙建交70周年系列文化活动启动仪式在乌兰巴托举行。中宣部副部长蒋建国，蒙古国教育、文化、科学和体育部长巴特尔毕勒格等中蒙两国官员及各界代表共数百人参加了当天的活动。

【《中国和伊朗的故事》中文和波斯语版正式发行】 2019年9月5日，《我们和你们：中国和伊朗的故事》首发式暨“‘一带一路’框架下如何深化中伊全面战略伙伴关系”座谈会在京举行。该书是“我们和你们”丛书之一，由中国驻伊朗前大使刘振堂担任主编，29位作者来自不同的行业，有外交官、专家、学者、记者、汉语教师、学生和企业代表等。他们以大视角写小故事，聚焦中伊两国关系和民间友好交往。

【“中国文化日”系列活动在亚美尼亚举行】 2019年9月7日，由中国文化和旅游部、中国驻亚美尼亚大使馆、亚美尼亚教科文体部联合主办，中国国家京剧院协办的亚美尼亚“中国文化日”系列活动在亚美尼亚首都埃里温开幕。亚美尼亚“中国文化日”是根据2017—2020年中亚两国文化合作协议举行的重要文化交流活动，也是亚美尼亚人民文化生活中的一件大事。这一活动进一步加强两国文化交流，促进两国人民相互了解。

【《战争中的美》阿富汗摄影展在京开幕】 2019年9月17日下午，阿富汗女摄影师法蒂玛·侯赛因带来的《战争中的美》个人摄影展在宋庆龄青少年科技文化交流中心开幕。来自中国外交部、中联部、阿富汗驻华使馆、全国妇联、中国外交学会、中国摄影家协会、国家卫生健康委员会等机构以及中阿两国友好人士约200人参加了开幕式。

【土中举办友好音乐会，共同庆祝新中国成立70周年】 2019年9月24日晚，为庆祝中华人民共和国成立70周年，中国驻土耳其大使馆和土耳其共和国文化旅游部共同主办的“中国土耳其友好音乐会”在安卡拉举行。在音乐会上，土耳其总统府交响乐团与中国青年钢琴家汪洋联袂演奏了《红旗颂》《我爱你，中国》《瑶族舞曲》《北京喜讯到边寨》《微风》等土中名曲，用美妙的音符搭起了两国友谊之桥，加深了彼此了解，增进了友好情谊。

【第三届“文明古国论坛部长级会议学者论坛”在故宫召开】 2019年10月28日，第三届“文明古国论坛部长级会议学者论坛”在故宫博物院拉开帷幕。此次论坛以“保护人类文明遗产，促进遗产可持续发展”为主题，研究和探讨人类文明遗产的保护和可持续发展问题。来自中国、埃及、希腊、伊朗、伊拉克等九个成员国、多个观察员国及国际组织文化遗产领域重要学者与会，就“古代世界诸文明形态的异与同”“现代文明中继承的古代文明遗产”“考古视野下的丝绸之路”等议题展开讨论，相互交流对于当下人类文明遗产处境的认识，共同探讨保护和传承人类文明遗产的有效途径。

【李零新《波斯笔记》出版，中国学者研究波斯古代史拓荒之作】 2019年10月30日，著名学者李零的新著《波斯笔记》由生活·读书·新知三联书店出版，新书分享会近日在京举行。《波斯笔记》作者、北京大学人文教授李零与中国税务杂志社前社长、伊朗考察队的成员张木生、北京大学外国语学院教授段晴，中国科学院自然科学史所研究员、伊朗考察队成员苏荣誉，故宫博物院考古所研究员、伊朗考察队成员王睿，北京大学艺术学院助理教授贾妍，文物学者、伊朗考察队成员梁鉴，独立摄影师、伊朗考察队成员任超等，共同围绕新书分享会的主题“波斯：另一个‘中国’”展开对谈。

【清华大学“丝路电影交流计划·伊朗当代电影艺术巡礼”首期放映会举行】 2019年11月7日，伊朗著名导演雷萨·米尔卡里米（Reza Mirkarimi）应清华大学学生全球胜任力发展指导中心与学生“一带一路”研究协会（SABRI）之邀，携新作《梦之城堡》（Castle of Dreams）出席在清华大礼堂举行的“丝路电影交流计划·伊朗当代电影艺术巡礼”首期放映会。伊朗驻华副大使沙贝格（Shah-beig），清华大学学生全球胜任力发展指导中心主任廖莹，清华大学“一带一路”战略研究院学术委员李希光出席活动并致辞。在电影放映后，雷萨·米尔卡里米与现场观众用波斯语、汉语、英语交流互动，围绕电影情节以及文明间对话的可行性与必要性等内容展开探讨。

【巴基斯坦青少年描绘“一带一路”】 2019年11月18日，在中国人民对外友好协会、中国驻巴基斯坦大使馆的支持下，由北京市人民对外友好协会、全巴基斯坦—中国友好协会等机构共同举办的中巴青少年文化交流周暨中巴青少年“一带一路”绘画比赛获奖作品展在北京启幕。在此次活动中，中巴两国青少年表演了各具特色的节目，悠扬的中国民乐、深情的乌尔都语诗朗诵、体现中巴友谊的短剧等，给观众留下了深刻的印象。由巴基斯坦青少年与艺术家组成的代表团还于文化交流周期间参访了北京、天津的多家文博、科技和教育机构，并同中国的师生和艺术家开展深入交流。参赛的绘画作品生动地展现了巴基斯坦青少年眼中的“一带一路”和他们对中巴友谊的理解、对美好生活的向往。

【中国—印度—尼泊尔佛教文化研讨会在成都召开】 2019年11月25日，第三届中国—印度—尼泊尔佛教文化研讨会在成都召开。此次研讨会的主题为“加强佛教文化交流，促进民心相融相通”，由中国友谊促进会和四川大学南亚研究所共同举办。此次研讨会一致认为，佛教文化的交流是中国、印度、尼泊尔三国交往史上非常浓重的一笔，也是三国人民自古以来互联互通、互学互鉴的历史佐证。此次研讨会加强了三国佛教文化交流，同时也是落实三国元首关于加强文明互学互鉴的共识，是促进三国不同文明间对话与交流的重要举措，为中印、中尼友好作出了积极贡献。

【土耳其向中国归还两件珍贵文物】 2019年11月25日，土耳其文旅部向中国驻土耳其大使馆移交两件中国文物，移交仪式在位于土耳其首都安卡拉的安纳托利亚文明博物馆举行，双方签署了文物交接相关文件。土耳其政府此次向中方移交的文物共两件，分别是一幅唐代石窟寺壁画和一尊北朝晚期至隋代随葬陶俑。土耳其文化和旅游部部长埃尔索伊、中国驻土耳其大使邓励出席了移交仪式并发表讲话。邓励代表中方接收了上述文物。在签订《关于防止盗窃、盗掘和非法进出境文化财产的协定》十周年之际，土中双方共同努力促成两件珍贵的中国文物顺利归还，具有十分重要的意义。

【第三届文明古国论坛部长级会议通过《北京宣言》】 2019年11月27—30日，在京举行的第三届文明古国论坛部长级会议审议通过了《北京宣言》。该宣言强调，所有的文明都构成了人类共同的遗产，文明没有高低、优劣之分，不同国家、不同民族、不同文明之间要相互尊重，应共同努力推动人类进步和世界和平可持续发展。该宣言重申，继续努力建设有共同目标的文明古国共同体，通过合作创新发展机遇；推进“共商、共建、共享”，促进文化间的对话、平等和包容，促进文化交流，支持和保护文化权利，增进民心相通。在由中国文化和旅游部主办的本届部长级会议上，中国、埃及、希腊、伊朗、亚美尼亚、伊拉克、意大利等国部长级官员齐聚一堂，就保护文化遗产、深化文化合作等展开深入对话与交流。

【阿拉伯埃及共和国文物部部长哈立德·阿纳尼一行访问北京大学】

2019年11月28日，阿拉伯埃及共和国文物部部长哈立德·阿纳尼（Khaled El-Enany）一行访问北京大学并发表演讲。北京大学校长郝平在临湖轩会见来宾。郝平希望未来北京大学与埃及文物部增进在联合考古、学生交流、教授来访等方面的具体合作，也欢迎埃及同行参加北京大学主持的各项文化和考古项目。这对于中埃双方考古的国际化、人才培养具有重要意义。阿纳尼表示中埃两国考古合作的基础和前景非常广阔，中国如今在埃及开展和即将开展的考古项目是两国合作的良好开端。未来将全面深化埃及文物部与北京大学在学术交流和考古项目方面的合作。

【首届巴基斯坦“丝路杯”华语朗读大赛在伊斯兰堡举行】 2019年12月15日下午，首届巴基斯坦“丝路杯”华语朗读大赛在伊斯兰堡举行。来自中巴教育文化中心华文书院、中国驻巴基斯坦大使馆阳光课堂的学员及华侨华人子女等48名在当地就读中小学的选手参加了比赛。本次大赛由中巴教育文化中心主办，得到了中国驻巴基斯坦大使馆的指导和支持。本次大赛以“琅琅书声颂华夏根骨，款款深情赞中巴友谊”为主题，旨在为中国同胞和华侨华人少年儿童搭建展示语言文化的平台，也通过朗诵艺术鼓励少年儿童多读书、读好书，将来为传承和弘扬优秀中华文化、为中巴文化交流奠定良好基础。

【第八届中阿关系暨中阿文明对话研讨会在摩洛哥召开】 2019年12月17日，中阿合作论坛第八届中阿关系暨中阿文明对话研讨会在摩洛哥首都拉巴特召开。本次研讨会为期两天，来自中国、阿拉伯国家的专家、学者，以及阿盟秘书处、阿拉伯国家驻摩洛哥使团的代表等出席活动。与会人士将就“利用软实力外交弘扬和平文化”“可持续发展对弘扬和平文化的作用”“促进文化多样性”“运用传统和现代传播手段反对恐怖暴力和极端思想”“旅游业对促进中阿交流发挥的作用”等议题展开讨论。

【中伊友好欢歌唱响“雅尔达之夜”】 2019年12月21日，中国的重要节气“冬至”即将到来，这一天同样也是波斯文化重要的传统节日“雅尔达”节（冬节）。当晚，伊品汇—中伊旅游文化周重要活动“雅尔达之夜”在北京举行。伊朗驻华大使克沙瓦尔德扎德、文化参赞瓦法伊与众多侨居京城的伊朗友人、留学生、中国旅游行业专家、波斯文化爱好者数百人济济一堂，品尝着中伊合璧的清真美食，在中国与伊朗文化交相辉映、异彩纷呈的欢乐歌舞文艺表演活动中，共同奏响了一曲“一带一路”大背景下中伊友好的欢乐颂歌。

【“伊朗学名家座谈会”在北京第二外国语学院举办】 2019年12月24日“伊朗学名家座谈会”在北京第二外国语学院举行，来自各大高校、研究所的伊朗学专家、学者，驻伊朗前任大使们，及伊朗驻华大使、参赞等参加了这次会议。在座谈会上，与会者就中伊文化学术交流作了积极讨论，相互交流了经验和成果。另外，对在近70年里为伊朗学研究作出贡献的学者们进行了表彰。围绕国内伊朗学研究现状以及中伊关系前景，与会专家纷纷发言。

【2020年“欢乐春节”歌舞晚会在白俄罗斯举行】 2020年1月17日，中国驻白俄罗斯大使崔启明出席在白俄罗斯国家音乐厅举行的“欢乐春节”歌舞晚会。此次晚会由中国文化和旅游部、中国驻白俄罗斯大使馆和白俄罗斯文化部主办，江西省文化和旅游厅、明斯克中国文化中心及白方相关演出单位承办。白俄罗斯国防部长助理沃因诺夫少将，白俄罗斯前副总理、白俄罗斯白中友好协会主席托济克，白俄罗斯前文化部长斯维特洛夫，白俄罗斯社会各界友好人士和当地华侨华人代表等近700人参加。白俄罗斯当地主流媒体对晚会进行了报道。

【中国代表团参加第二十五届阿曼马斯喀特国际书展】 2020年2月22日，第二十五届马斯喀特国际书展在阿曼首都马斯喀特开幕，中方展团携200余种、近800册图书参展。在中宣部的领导和支持下，北京师范大学出版集团代表中国出版界首次参展。2月23日，代表团成员、2019年中华图书特殊贡献奖青年成就奖得主雅拉·艾尔密苏里接受了阿曼广播电台的采访，讲述自己作为翻译家的经历，向阿曼读者展示了开放包容的中国。中国展团以书为媒，以图书销售和文化交流为主导，通过媒体宣传，使中国展台成为阿曼民众近距离观察和感知中华文化的重要窗口。

【中国—阿拉伯文化关系研讨会】 2020年5月9日，沙特阿卜杜勒阿齐兹国王公共图书馆、阿拉伯统一索引中心举办的“中国—阿拉伯文化关系视频研讨会”召开，就中国与阿拉伯国家文明对话、文化教育合作、青年交流等问题进行交流，上海外国语大学中阿改革发展研究中心为中阿双方人员培训、智库交流等提供有效支持，体现了高校在促进科学交流中的重要作用。阿卜杜勒阿齐兹国王公共图书馆副馆长宰德、阿拉伯统一索引中心主任米斯奈德以及来自科威特、伊拉克、黎巴嫩、约旦、利比亚等国的专家、学者参加了此次研讨会。

【土耳其驻华大使埃明·约南拜会中国国家博物馆馆长王春法】 2020年9月9日，土耳其共和国驻华大使埃明·约南阁下拜会了中华人民共和国国家博物馆馆长王春法教授。双方举行了富有建设性的会谈，探讨了两国间的文化关系、可能的合作领域以及如何增进努力在文化纽带中创造新的协同效应。在会见中，约南大使提到2021年适逢土中两国建交50周年，届时土耳其驻华大使馆将开展一系列活动来庆祝这个历史性的一年。双方将继续保持联系，共同探讨如何开展50周年纪念活动以切实反映两国的共同愿望。在会见结束后，约南大使还参观了正在国家博物馆展出的《众志成城：抗疫主题美术作品展》，这也体现了土耳其与中国之间彼此真挚的友谊。

【巴基斯坦驻华大使为全国人大外事委员会副主任赵白鸽博士和中国文化遗产基金会主席耿英女士颁发巴基斯坦公民奖】 2020年10月28日，巴基斯坦驻华大使莫因·哈克为全国人大外事委员会副主任赵白鸽博士和中国文化遗产基金会主席耿英女士颁发巴基斯坦公民奖。这两位领导人都是巴基斯坦的好朋友，为发展巴中友好关系作出了重要贡献。

【中国与埃及共同举办“认识中国，走近‘一带一路’”视频研讨会】 2020年12月5日，由中国公共外交协会、中国驻埃及大使馆与埃及沙拉夫可持续发展基金会共同主办，开罗中国文化中心承办的“认识中国，走近‘一带一路’”视频研讨会举行，来自中埃各界的70多位嘉宾出席，超过1200名埃及观众通过社交网络全程参会。此次研讨会主题为“什么是‘一带一路’”。中国公共外交协会会长吴海龙作主旨发言。“一带一路”源自中国，属于世界，自古作为商贸之路的丝绸之路，如今继续肩负着加深国家相互了解、加强国家互利合作的责任。本次研讨会的召开，有助于“一带一路”沿线国家增进交流，使更多中东和非洲国家了解“一带一路”倡议与成就。

【以色列出版家 Pierre-Herzel Lavi 先生被授予中华图书特殊贡献奖】 2020年12月18日，第十四届中华图书特殊贡献奖在京举行，以色列出版家 Pierre-Herzel Lavi 先生被授予特殊贡献奖。因为疫情，皮埃尔先生无法亲临现场，故由以色列驻华使馆文化处主任宝斯曼女士代为领奖。皮埃尔先生出版了《中国文化读本》系列丛书的希伯来语译本，并把这本书推荐给了喜爱中国文化的希伯来语读者。

【《哈尔滨犹太人档案文献汇编》在社会科学文献出版社发布】 2020年12月22日，哈尔滨学院历史系副教授郭秋萍女士主编的新书《哈尔滨犹太人档案文献汇编》在社会科学文献出版社发布。该书资料主要来源于黑龙江省档案馆、哈尔滨市档案馆所藏的历史档案以及作者搜访所得遗址遗迹遗存资料。其内容从清末、民国到20世纪60年代，主要来自俄国、波兰、德国、奥地利等国的犹太人在哈尔滨的生活经历，包括哈尔滨犹太人出生登记、社会机构章程及资料、社会活动家、户籍档案、遗址遗迹遗存等。本书的出版特别是在历史铸就的中以友好内涵和弘扬中华民族的人性精神方面，具有重大国际影响和世界意义，在中国发展与以色列和其他国家的关系中也会发挥独特作用。

【伊朗驻华大使馆举办伊朗乐器展】

2020年12月29日，伊朗驻华大使馆举办伊朗乐器展，首次在中国集中展出四十余种伊朗乐器。不同乐器背后，是一个个跨越时空与国界的动人故事。悦耳的音符，也承载着我们对新年的美好祝福。唢呐、扬琴、琵琶等具有浓郁中国风的乐器，与波斯乐器有着不解之缘。唢呐与苏尔奈、扬琴与桑图尔琴、琵琶与乌德琴的和鸣，是来自古丝绸之路的悠远回响。

（撰稿人：李光宗）

卫生人文交流

【中埃两大学签署建立埃及中医医院协议】 2019 年 4 月 14 日，上海交通大学健康管理与服务创新中心与埃及中国大学在开罗签署协议，双方将共同建立埃及中医医院。双方在国际中医药与功能医学会议上签署协议。此次国际中医药与功能医学会议为期两天，由埃及卫生部、上海交通大学健康管理与服务创新中心和埃及中国大学共同主办，其内容包括中医药与功能医学专题报告、传统中医与西医研讨以及参观埃及中国大学中医项目等。

【中国红十字医疗队赴巴基斯坦】 2019 年 9 月 20 日，由复旦大学附属华山医院及北京 999 急救中心组成的中国红十字会第四批援外医疗队一行八人，从首都机场出发前往巴基斯坦瓜达尔港。中国红十字会总会及中国红十字基金会 2017 年 2 月设立丝路博爱基金，联合爱心企业开展“一带一路”国际人道救助。丝路博爱基金首个公益项目中巴急救走廊医疗急救中心在巴基斯坦瓜达尔港建成。2019 年 1 月 16 日，第三批医疗队开始执行援外医疗任务。本次派出的第四批医疗队将接替第三批医疗队，开始为期半年的医疗服务工作。

【中以医生举行第三场抗击疫情视频连线会议】 2020 年 4 月 20 日，驻以色列使馆会同中央广播电视总台组织召开中以医生第三场抗击疫情视频连线会议，邀请武汉大学中南医院、武汉雷神山医院一线医生与以色列西勒雅法医院主治团队，就新冠肺炎诊疗方法、救治经验等内容进行深入交流和讨论。

【以色列 Raziel Therapeutics（RT）Ltd. 和上海复星医药集团股份有限公司开发和商业化 RZL-012】 2020 年 9 月 29 日，以色列 Raziel Therapeutics（RT）Ltd. 和上海复星医药集团股份有限公司签署协议，许可其独家临床开发和商业化其产品 RZL-012。Raziel Therapeutics 成立于 2012 年，是以色列一家临床阶段的制药公司，该公司致力于开发促使肥胖病患者局部脂肪减少的专用药物与突破性技术 。RZL-012 是用于美容修复的新化学实体药，通过对肥胖病患者皮下脂肪进行单次注射，改善其脂肪紊乱的情况。临床试验表明，这一药物也可应用于其他罕见皮肤病（如疼痛性脂肪瘤）的治疗。

【乌兹别克斯坦表彰协助抗疫中国公民】 2020 年 11 月 24 日，乌兹别克斯坦驻中国大使馆举行新闻发布会，介绍两国在“健康丝绸之路”框架内发展传统医学、开展远程医疗合作的有关情况，表彰在乌兹别克斯坦抗击新冠肺炎疫情中提供帮助的中国公民。乌兹别克斯坦驻华大使赛义多夫表示，中乌两国在医学领域具有巨大的合作潜力，并将落实两国领导人在卫生保健领域所提出的重要倡议。

【2020 中以同心·智创同行启动仪式在北京举行】　2020 年 12 月 23 日，中以同心·智创同行启动仪式在北京举行。“中以老人之家智慧交流平台”“中以应急急救培训中心”“中以绿色农业交流项目”和“中以青少年科技人文交流项目”四个中以合作项目同时启动。中央财经委员会办公室副主任、财政部副部长廖岷、科技部副部长黄卫、候任中国驻以色列大使蔡润和以色列驻华大使何泽伟出席了启动仪式。

（撰稿人：李光宗）

体育人文交流

【“一带一路”国际空竹文化产业发展高峰论坛在京举办】 2019年5月9日，由华奥星空、BRITF基金、铃云劲竹国际空竹文创基地主办，华奥户外与UWEE欧美亚教育联盟联合承办的“一带一路”国际空竹文化产业发展高峰论坛在北京中国体育报业总社举办。空竹是国家非遗项目，是中国传统文化的一个重要组成部分和展现形式，具有广泛的国际传播性和影响力，已经在上百个国家和地区拥有很大的用户群体，发展出了多种各具特色的玩法和产品形式。与会嘉宾一致认为，需要尽快筹备“一带一路”国际空竹联合会，并举办具有全球影响力的国际空竹赛事，大力推进“一带一路”沿线国家交流交往，以文化为纽带，以空竹运动为载体，携手共创全球命运共同体。

【中国杂技节目在乌克兰获“金栗子”大奖】 2019年6月1日，为期三天的第四届乌克兰“金栗子”国际青少年杂技艺术节在乌克兰首都基辅落下帷幕。中国深圳福永杂技团带来的节目《球顶晃圈》和《头顶倒立》获得艺术节最高奖“金栗子”大奖。中国、法国、匈牙利、哈萨克斯坦、乌克兰等八个国家选送的50个节目参加了比赛，参赛选手年龄不超过25岁。这是中国杂技团体第二次获得“金栗子”大奖。2018年6月，湖南省杂技艺术剧院的《柔术造型》和《单手倒立》首次获得该大奖。

【铁人三项“一带一路”行动在连云港启航】 2019年6月1日，2019年连云港铁人三项亚洲杯赛暨“一带一路”铁人三项赛在江苏连云港举办，这是首站“一带一路”铁人三项赛事。此次比赛开启了铁人三项“一带一路”国际交流促进计划的新征程。5月31日，中国铁人三项运动协会与连云港市人民政府共同签署战略合作备忘录。双方将以2019年“一带一路”铁人三项赛为起点，进一步在赛事运营、场地规划、人才培养、全民健身和文化建设五大方面展开全面深入合作。此次合作从真正意义上将铁人三项运动与城市发展融合起来，在推广与发展铁人三项运动的同时，展示城市形象、宣传旅游资源、促进全民健身、加强国际交流，以及丰富城市精神内涵，为城市发展注入新动能。

【驻伊朗大使常华参访国际红龙武术组织】 2019年9月12日，驻伊朗大使常华应邀来到德黑兰红龙体育中心，参访国际红龙武术组织。红龙组织负责人贾法里介绍，“红龙”已经成为名副其实的“国际龙”，在俄罗斯、亚美尼亚、格鲁吉亚、阿塞拜疆等12个国家有分支机构，总部设在伊朗。红龙组织也与中国众多体育、文化机构有着密切联系。常华赞扬国际红龙武术组织在伊朗弘扬中华武术，中伊友好就是这样通过一个又一个对中国、对中国文化感兴趣的人汇聚起来的，希望伊朗更多的年轻人热爱中华武术和中国文化，为发展中伊传统友谊多做贡献。

【第七届土耳其航空世界高尔夫杯北京站赛事落下帷幕】 2019 年 9 月 18 日，第七届土耳其航空世界高尔夫杯最新一站比赛在北京 CBD 国际高尔夫球俱乐部落下帷幕。本次比赛吸引了诸多商业界人士出席参与。土耳其航空自 2013 年起举办该赛事，已在其飞往的多个目的地进行过比赛。2019 赛季再次汇集了 8000 多名球员，在全球 100 多场比赛中竞技。

【中以体育创新合作 VIP 精品酒会举办】 2019 年 12 月 10 日，在北京举办了“中以体育创新合作 VIP 精品酒会”。以色列驻华大使何泽伟，中国国际文化传播中心，中国足球协会、中国国家体育总局对外联络司的领导，以及以色列著名球星、中超广州富力足球俱乐部球员埃兰·扎哈维等嘉宾出席了本次活动。在中华人民共和国成立 70 周年之际，此次活动的举办旨在巩固和发展中以两国的传统友谊，探讨中以两国在体育运动产业方面如何开展更多的合作途径。在活动期间，以色列驻华大使何泽伟向埃兰·扎哈维授予了“中以体育合作亲善大使”的称号。

（撰稿人：李光宗）

媒体人文交流

【中国电影节在白俄罗斯举办】 2019年1月9日，为期六天的中国电影节在白俄罗斯首都明斯克中央电影院开幕。主办方希望以此推介中国语言文化，增进当地民众对中国的了解，提高当地人学习汉语的热情。此次电影节由白俄罗斯国立大学孔子学院与明斯克中国文化中心联合举办。近年来，中白两国在文化教育等领域的交流活动日益频繁，中国电影节及其他各类文化交流活动的举办，为增进两国人民之间的相互了解和友谊发挥了重要作用，成为两国合作的新亮点。

【乌克兰首部动画电影《森林奇缘》全面登陆中国院线】 2019年1月17日晚，乌克兰电影《森林奇缘》首次登陆中国市场的电影推介会在北京798艺术区举行。此次活动由乌克兰驻华大使馆联合相关单位举办。《森林奇缘》是乌克兰首部在国际市场上发行的动画电影，该片于2018年3月7日在乌克兰本土首映，反响强烈，市场美誉度很高，并于2018年10月28日一举拿下第六届理查德哈里斯国际电影节最佳剧情片大奖，也是2018年度乌克兰国家电影总局评选出的最佳电影。

【中国国际新闻交流中心2019年项目中阿中心受训记者结业仪式在北京举行】 2019年4月23日，中国国际新闻交流中心2019年项目中阿中心结业仪式在北京顺利举行。中国公共外交协会副会长刘碧伟、外交部新闻司参赞孙振以及参加中国国际新闻交流中心2019年项目中阿中心的15国记者出席了此次结业仪式。在结业仪式上，出席嘉宾共同观看了中国国际新闻交流中心中阿中心2019年项目视频，回顾了记者朋友们在华工作和生活的点点滴滴。中国公共外交协会刘碧伟副会长为中阿新闻交流中心记者颁发结业证书，对来自15个阿拉伯国家的15名记者圆满完成培训项目表示祝贺，并对他们为促进中国和阿拉伯国家人民之间的相互了解所作出的贡献致以衷心感谢。

【第二届“一带一路”国际合作高峰论坛“智库交流”分论坛在京举行】 2019年4月25日，第二届“一带一路”国际合作高峰论坛“智库交流”分论坛在国家会议中心举行。中共中央政治局委员、中宣部部长黄坤明出席开幕式并发表主旨演讲。黄坤明强调，共建“一带一路”是一项源于中国、属于世界的事业，需要凝聚各国人民的智慧。要坚持登高望远、树立命运与共的宽广视野，坚持开放包容、保持互学互鉴的豁达胸襟，坚持客观理性、秉持求真务实的严谨态度，坚持义利兼顾、作出互利共赢的不懈努力，推动“一带一路”

成为和平之路、繁荣之路、开放之路、绿色之路、创新之路、文明之路。“智库交流”分论坛由中宣部主办，来自60多个国家和地区的300多名智库、媒体代表出席。

【伊朗影片《梦之城堡》包揽上海电影节三项金爵大奖】　2019年6月23日，第二十二届上海国际电影节金爵奖颁奖典礼在上海大剧院举行，伊朗影片《梦之城堡》从15部影片中脱颖而出，捧得最佳影片奖、最佳导演奖、最佳男演员奖三座奖杯。

【伊朗国家通讯社中文网站开通】　2019年8月26日，伊朗通讯社在德黑兰正式启动其旗下的中文网站，伊朗通讯社社长赛义德·哈什米、中国驻伊朗大使常华等出席了中文网站开通仪式。哈什米社长在开通仪式上表示，伊中友谊源远流长，两国一直在政治、经济、文化等各领域保持着密切的良好合作，希望中文网的上线能够加强两国彼此之间的了解，促进两国在各个领域的合作，也希望中文网的上线成为两国媒体合作的历史转折点。在开通仪式上，常华大使和哈什米社长共同按下启动按钮，伊朗通讯社中文网站正式上线。

【“中国摄影师镜头下的土耳其”摄影展在上海举办】　2019年8月27日—9月4日，由土中商业与发展友好协会主办，土耳其驻上海总领事馆与上海老年大学协办的“中国摄影师镜头下的土耳其”摄影作品展在上海举办，此次摄影展展出了42幅由中国摄影师拍摄的作品。主题摄影展精选了展现土耳其的自然风光、人文风情、历史文化等题材的佳作共38幅，通过中国摄影师的镜头来发现土耳其不一样的一面。希望这些照片可以促进中土两国的民间交流，有更多的中国人前去土耳其旅游观光，记录下更多的美景。

【以色列艺术家作品在第八届中国北京国际美术双年展中展出】　2019年8月30日—9月21日，第八届中国北京国际美术双年展在中国美术馆进行。来自113个国家和地区的595位艺术家带来了640件作品，涵盖国画、油画、版画、漆画、水彩、粉画、素描、综合材料等各画种，雕塑、装置及影像等门类。国外艺术家的446件作品想象力丰富、色彩处理尤见功力，有些作品还吸收了中国传统绘画的水墨技法，借助AR/VR技术创作的作品也颇有新意。在中国的194件作品中，可以看到传统壁画、卷轴画、民间绘画等元素，有些作品借鉴了东方其他国家的艺术元素。以色列艺术家Alon Kedem、Haim Fenichel、Daniella Sheiman的作品也在双年展中展出。

【“视听中国，全球播映”活动在蒙古国启动】　2019年9月1日，为庆祝中蒙建交70周年，由中国国家广播电视总局主办的“视听中国，全球播映”活动在蒙古国启动以及纪录片《习近平治国方略：中国这五年》蒙古语首映式在乌兰巴托举行。中宣部副部长蒋建国指出，近年来，国务院新闻办公室与国家广播电视总局积极落实中蒙人文交流一揽子计划，用蒙古语译制了《生活启示录》《平凡的世界》等中国电影、电视剧，在蒙古国相关电视台播出后广受观众欢迎。自2014年中蒙两国建立全面战略伙伴关系以来，双方高层交往频繁，政治互信不断夯实，经贸合作成果丰硕，人文交流丰富多彩，中蒙关系快速向前发展。

【中巴友谊纪录片《铁哥们》举行首映礼】 2019年9月5日，以弘扬中巴友谊为主题的纪录片《铁哥们》首映式在北京举行，巴基斯坦驻华大使纳格玛娜—哈什米出席并致辞。纪录片《铁哥们》追溯了自古丝绸之路开通以来中巴两国人民友谊的发展历程，记录并再现了中巴两国建交后高层互访的许多重要时刻，全方位展现了中巴经济走廊建设给巴基斯坦经济和民生带来的重大而深远的积极影响，以及在此背景下，两国人民日益活跃的交流互访和愈加深厚的友谊。

【"上海广播周"在卡塔尔举行】 2019年9月15日，由上海人民广播电台与卡塔尔国家传媒集团共同主办的《魅力上海 丝路花语》2019卡塔尔"上海广播周"系列专题节目开始在卡塔尔播出。这套英语广播节目包括五个专题，向听众介绍上海的历史与风情、地标建筑、文化产业、科技创新等，讲述卡塔尔与中国经贸往来、文化交流的故事，带领听众走进上海，领略申城新貌与海派文化。听众可以通过当地电台、网络平台收听。"上海广播周"创始于2006年，曾在美国、意大利、澳大利亚、泰国、墨西哥等国举办，拓展上海与各国间的文化合作交流。

【"一带一路"新闻合作联盟短期访学班开班】 2019年9月16日，"一带一路"新闻合作联盟短期访学班在北京开班。该访学班由国务院新闻办公室主办、"一带一路"新闻合作联盟秘书处（人民日报社对外交流合作部）和中国传媒大学共同承办，来自拉美和非洲等地区的26个国家46家主流媒体的50名资深编辑、记者参加开班仪式。此次访学班以"新时代、新理念、新媒体、新技术"为主题，于9月16日开班、29日结业。在北京期间将组织讲座、参访媒体、交流互动，随后全体学员还将分赴陕西、浙江、贵州、广东等地采访调研，全面了解"一带一路"的时代内涵，真切感受中国的发展成就，深入探讨媒体融合的路径举措。

【第二期"一带一路"新闻合作联盟短期访学班开班】 2019年10月21日，第二期"一带一路"新闻合作联盟短期访学班在北京开班。该访学班由国务院新闻办公室主办、"一带一路"新闻合作联盟秘书处和中国传媒大学共同承办，来自欧亚地区与西亚、北非地区共20个国家41家媒体的43名资深编辑、记者代表参加开班仪式。本期访学班在北京期间将组织讲座、参访媒体、交流互动，随后全体学员还将分赴甘肃、四川、山东、江苏等地采访调研，深入全面了解"一带一路"的时代内涵、现实意义，亲身体验中国在各个领域所取得的发展成就，共同深入探讨媒体融合的路径举措。

【土耳其驻华大使参加"聚焦亚欧合作，共话中土未来"云论坛】 2020年6月17日，由中国外文局、土耳其土库瓦尔兹媒体集团主办，今日中国杂志社、土耳其土库瓦尔兹杂志集团、当代中国与世界研究院、土耳其经济部对外经济关系委员会联合承办的"聚焦亚欧合作，共话中土未来"云论坛在京举行。土耳其驻华大使阿布杜勒卡迪尔·埃明·约南参与了本次云论坛会议。该论坛围绕稳步推进中土关系深入发展、加强助推中土经贸往来与合作等议题进行了广泛而深入的探讨。通过本次论坛，土中双方不仅增加了友谊，而且对后疫情时代的形势和现状有了清晰的把握和准确的判断。

【土耳其伊斯坦布尔现代电影院展示中国当代电影的最新作品】 2020年9月17—27日，土耳其伊斯坦布尔现代电影院展示中国当代电影的最新作品。伊斯坦布尔现代电影院与中国驻伊斯坦布尔总领馆合作组织的“以中国为背景”（“Set in China”）活动向观众介绍了最新的中国特色电影。影片包括入围戛纳电影节的《南方车站的聚会》、入围威尼斯电影节的《兰心大剧院》、入围金球奖的《别告诉她》等。精选作品探索了中国社会经济的迅速转型，通过选择不同主题和人物，反映了中国新类型电影的发展，同时也反映了中国电影立足世界电影之势。

【以色列话剧演员荣获第三十届上海白玉兰戏剧表演艺术奖主角奖】 2020年9月30日，以色列国宝级话剧《安魂曲》男主角拉米—巴鲁赫（Mr. Rami Baruch）荣获“第三十届上海白玉兰戏剧表演艺术奖主角奖”，女主角艾斯蒂—科索维斯基（Ms. Esther Kosovizki Baruch）荣获“第三十届上海白玉兰戏剧表演艺术奖主角奖”提名奖。以色列国宝级编剧和导演列文的代表作品《安魂曲》根据契诃夫的三篇小说改编。以色列男演员拉米—巴鲁赫、女演员艾斯蒂—科索维斯基在剧中夫唱妇随，在表演风格上完全统一，相得益彰，一切行为、情绪、情感都已与角色融为一体。

【巴基斯坦电影在中国上映】 2020年11月13日，由Hamza Ali Abbasi，Hania Amir和Ahad Raza Mir主演的*Parwaaz Hai Junoon*《翱翔雄心》在中国上映。这是40年后第一部在中国上映的巴基斯坦电影，该电影于2019年在巴基斯坦上映。这部电影的故事是基于巴基斯坦空军军官的生活。这部电影充满了情感和爱国主义。巴基斯坦驻华大使Moin ul Haque和使馆有关人员出席了此次电影上映活动。

【土耳其驻广州总领事参加“读懂中国”国际会议（广州）：应以新视角读懂中国】 2020年11月20日，“读懂中国”国际会议（广州）在广州开幕。受邀参加开幕式的阿义坎总领事在接受中央广播电视总台记者专访时指出，与中国“零距离”，才能发现读懂中国的新视角，只有以“眼见为实”为原则，才能真正读懂中国，并高度评价中国抗疫成就。中国与其他国家国情不同，中小企业是中国发展的重要驱动力，中国给予这些企业巨大支持，这是中国可以迅速遏制新冠肺炎疫情并实现经济复苏的原因之一。土中在经济、政治以及地区性事务方面的合作潜力巨大，前景光明。

【“庆祝中沙建交30周年音乐会”播出】 2020年11月23—25日，由中华人民共和国文化和旅游部与沙特阿拉伯王国文化部联合主办的“庆祝中国和沙特阿拉伯建交30周年音乐会”将在中央电视台CCTV音乐频道音乐厅栏目、CCTV阿拉伯语频道和腾讯视频艺术频道等平台播出。这场音乐会由指挥家夏小汤执棒，中国一流、具有世界影响力的中国爱乐乐团献演，并邀请到我国琵琶演奏家、中央民族乐团副团长赵聪担任琵琶独奏。此次音乐会曲目中沙民族特色兼具、西方古典乐经典共存，赞美了中沙两国人民的友谊，弘扬了丝绸之路精神。这场中沙两国民族音乐的结晶与交响乐经典相互碰撞的音乐会引起观众的情感波动，也激发了文化融合、催生出更多如《丝路飞天》一样的作品。

（撰稿人：李光宗）

旅游人文交流

【第四期尼泊尔旅游人才汉语培训班开班】 2019年3月27日，第四期尼泊尔旅游人才汉语培训班在尼泊尔旅游局正式开班。该班由中国驻尼泊尔大使馆主办，尼中文教协会协办。尼泊尔旅游、文化与民航部常秘萨普科塔，尼泊尔旅游局首席执行官乔西，在尼中资企业代表等参加了开班仪式。萨普科塔致辞说，学好汉语，可以更好地了解中国经济发展情况、接触中国文化、学习中国技术与管理技能。希望学员们珍惜此次机会，为尼泊尔旅游业发展贡献力量。近年来，中尼两国在“一带一路”框架下各领域合作进一步深化，特别是两国人文交流蓬勃发展。此前，共有120多名学员参加了前三期培训班并顺利结业。

【“中国旅游文化节”在蒙古国前杭爱省首府开幕】 2019年5月27日，为期三天的“中国旅游文化节”在蒙古国前杭爱省首府阿尔拜赫雷拉开序幕。中国驻蒙古国大使馆文化参赞、乌兰巴托中国文化中心主任李薇、蒙古国前杭爱省省长钢包勒德等中蒙两国官员及前杭爱省各界民众参加了开幕式及系列活动。举办“中国旅游文化节”的主要目的是扩大中蒙两国之间的旅游和文化交流，加强两国人民之间的相互了解和友谊。“中国旅游文化节”由中国驻蒙古国大使馆、乌兰巴托中国文化中心和蒙古国前杭爱省政府办公厅共同主办。其间将分别在前杭爱省首府阿尔拜赫雷、古都哈拉和林、呼吉尔特县等地举行“美丽中国”摄影展、中国音乐歌舞演出及向少儿图书馆赠送图书等多项活动。

【中国旅游文化周在埃及开幕】 2019年6月22日，“功夫之旅—中国旅游文化周”在埃及首都开罗的伊斯兰艺术博物馆开幕。本次文化周活动由开罗中国文化中心、埃及伊斯兰艺术博物馆、河南省文化和旅游厅共同举办。

【土耳其国家日活动在北京世园会土耳其馆举办】 2019年7月3日，在土耳其贸易部的组织协调及土耳其推介小组的大力协助下，土耳其国家日活动在北京世园会土耳其馆举办，主题为“用绿色拥抱未来”。土耳其贸易部长佩克詹、副部长巴图尔、土耳其出口协会主席居勒、土耳其驻北京大使埃明·约南和2019北京世园会负责人冯瑶乡出席了这项活动。10月10日，北京世园会土耳其馆闭幕式在土耳其大使馆举行。中国的高级官员和媒体记者也参加了由土耳其驻华大使埃明·约南主持的闭幕仪式。在过去6个月里，土耳其馆吸引了超过250万名的中国游客，并获得了国际园艺生产者协会（IAHP）颁发的特别金奖和荣誉证书。

【"美丽中国"亚洲旅游推广活动在迪拜落幕】 2019年10月21日，由中国文化和旅游部主办的"美丽中国"亚洲旅游系列推广活动在阿联酋迪拜落幕。中方代表团通过举办主题推介会，向阿联酋旅游业界展示了中国悠久的历史文化和丰富的旅游资源。来自中国吉林、上海等11个省、区、市的相关代表团与阿联酋政府、文化及旅游业界人士近220人参加主题推介会活动。迪拜旅游部门高度重视中国客源市场，中国是迪拜主要客源国之一，2019年前8个月，到访迪拜的中国游客人数达到65万人次，同比增长12%。

【"山地公园省，多彩贵州风"贵州经贸旅游推介会在德黑兰举行】 2019年11月24日，"山地公园省，多彩贵州风"贵州经贸旅游推介会在德黑兰埃斯皮纳斯酒店举行。贵州省政协副主席孙诚谊，伊朗文化遗产、手工业和旅游部副部长塔勒比扬，中国驻伊朗使馆参赞王清军，伊朗航空运输和旅游协会主席拉菲以及两国经贸、旅游有关官员、学者、相关从业者等出席推介会。塔勒比扬在致辞中表示，伊朗是"一带一路"沿线的重要节点国家，伊方高度重视与中方在文化旅游领域展开交流与合作。希望能通过本次推介会进一步加深两国官方、民间的交流与合作。贵州省文化和旅游厅负责人向参会嘉宾介绍了贵州省丰富的旅游资源。

【土耳其入选2019"新旅行之夜"——年度精选美食目的地】 2019年12月6日，由《Voyage新旅行》杂志主办的"新旅行之夜"年度盛典在北京启幕。土耳其驻华大使馆代表Seda Kırdar女士出席了本次活动。本次活动从中国市场表现、中国市场发展潜力、中国市场受关注度、创新行业亮点及特色等几个维度进行综合考评，颁发了多个奖项。其中，土耳其入选"年度精选美食目的地（2019 Gourmet Destination）"，土耳其航空入选"年度精选转机航空公司（2019 Connecting Airline）"。

【土耳其入选"微博2019最具影响力出境游目的地"】 2019年12月6日，由新浪、微博、四川省文化和旅游厅、攀枝花市人民政府联合主办的"金足迹文化旅游峰会·2019第十届攀枝花欢乐阳光节"于攀枝花市举行。土耳其从众多旅游目的地中脱颖而出，入选"微博2019最具影响力出境游目的地"。随着越来越多的中国游客到访土耳其，土耳其在中国国内出境游市场上拥有了广泛优势。获得这项殊荣，不仅仅是因为土耳其拥有的绝色风景、自然奇观和丰富多彩的历史文化，也是因为土耳其高标准的旅游设施、优质的服务和土耳其人民的热情。

【伊朗文旅部组织了签名活动声援中国】 2020年2月16日，在德黑兰举办的第十三届国际旅游展暨第三十三届伊朗国家手工艺品展上，伊朗文旅部组织了声势浩大的签名活动声援中国。在用中文和波斯语写着"中国加油、武汉加油""病情无情、人间有爱"的签名板上，关心中国的伊朗各族民众争先恐后留言，表达对中国抗击疫情的坚定支持。

（撰稿人：李光宗）

地方人文交流

【中巴友好省市合作论坛在京举行】 2019 年 3 月 28 日，由中国人民对外友好协会、巴基斯坦驻华使馆共同主办的中国巴基斯坦友好省市合作论坛在京举行。此次论坛以“深化务实合作 促进共同发展”为主题，就中巴双方共同关心的议题进行了深入探讨和交流，发表了关于推动中巴地方政府交流合作的倡议。2019 年是中巴友好城市年。此次论坛以中巴友好城市年为契机，将进一步落实中巴两国领导人达成的共识，加强两国地方政府务实合作，拓展合作广度与深度，打造新时代更加紧密的中巴命运共同体。

【“一带一路”智能体验馆开放】 2019 年 3 月 29 日，重庆市渝中区商务委举办的“共话自贸创新 共享开放新机遇”分享会在新开放的“一带一路”（重庆）智能体验馆举行。在“上合馆”内，就有来自俄罗斯的圣彼得堡皇家瓷器等特色展品。历经三个世纪的俄罗斯皇家瓷器厂传承古老技艺，早已享誉全球。在全球主要博物馆以及苏富比和佳士得的拍卖会上均能见到其制造的瓷器，俄罗斯国际峰会的餐桌上也会摆上该厂生产的餐具。游客能在艾尔米塔什、莫斯科历史博物馆欣赏到俄罗斯皇家瓷器厂制造的精美瓷器。如今，观众可以去体验馆欣赏皇家瓷器，甚至可以把钟爱的瓷器买回家。

【“一带一路”与地区合作机制创新团队赴巴基斯坦调研】 2019 年 4 月 15—20 日，上海社会科学院国际问题研究所副所长、“一带一路”与地区合作机制创新团队首席专家李开盛研究员率团出访巴基斯坦，团队成员张屹峰、刘锦前、罗辉、郝群欢博士参加调研。该代表团一行先后拜访了白沙瓦大学地区研究中心、白沙瓦大学和平与冲突研究所等研究机构，并与上述机构的专家就中巴关系、中巴经济走廊建设所面临的机遇与挑战、巴基斯坦恐怖组织情况及其相关活动态势、中巴人文交流与合作、巴基斯坦与其周边国家关系情况等问题进行了深入交流与探讨。通过这次访问，该代表团对当前中巴关系、中巴经济走廊建设情况以及南亚局势中的相关问题有了更深入的了解，交流与合作关系得到进一步加强。

【“彩云之南”云南民族歌舞晚会在乌兰巴托举行】 2019 年 8 月 4 日，庆祝新中国成立 70 周年暨中蒙建交 70 周年——“彩云之南”云南民族歌舞晚会在蒙古国乌兰巴托歌剧院举行。中国云南民族村高原艺术团的演员们，带着云南省 26 个民族及 4800 多万人民的深情厚谊，为蒙古国人民带来一场精彩的民族歌舞盛会，让当地观众深切感受到中华文化的丰富多彩和中国云南文化的独特魅力。此次晚会由中国驻蒙古国大使馆、乌兰巴托中国文化中心、云南省人民对外友好协会共同举办。来自蒙古国首都乌兰巴托社会各界人士、旅蒙华侨华人、留学生代表、媒体人士百余人观看了演出。

【“感知北京”系列活动在以色列举行】 2019年10月24日，“感知北京”系列活动在以色列特拉维夫举行。此次活动包括中以文化产业交流对接会和北京文创精品集市。中以双方嘉宾为“感知北京”系列活动剪彩。北京市有关企业分别就国际化发展战略、加强两国图书贸易合作、互联网整合营销及北京国际设计周城市活力激发等话题做了主题推介。在活动现场还举办了北京文创精品集市，展示了来自故宫、天坛、颐和园等北京文化文物单位的近60件文创精品。此次活动由北京市国有文化资产管理中心和特拉维夫中国文化中心联合主办，来自以色列特拉维夫市政府以及特拉维夫艺术博物馆等相关文化机构和企业的嘉宾出席了本次活动。

【中以人工智能与物联网协同创新中心成立】 2019年10月30日，由苏州市相城区人民政府主办、苏州市相城区元和高新区、苏州市相城区黄桥街道办事处、苏州市相城金融控股（集团）有限公司、耀途资本等单位协办的2019第二届中国·以色列人工智能及物联网高峰论坛在苏州中惠铂尔曼大酒店举办。中以人工智能与物联网协同创新中心在本次高峰论坛上正式宣布成立。人工智能已经成为各国科技竞争的重要焦点，而且在物联网、云计算、自动驾驶等细分领域形成产业规模和产业优势。5G的大带宽、低时延、广连接等特点也为人工智能带来了新形态。5G可以连接更多设备，将周边情景信息拷贝到AI设备上，做到AI运作情景化。

【中国新疆文化交流团访问科威特】

2019年11月19—20日，中国新疆文化交流团访问科威特，与科威特各界人士进行交流，介绍新疆在维护社会稳定、增强民族团结、促进宗教和谐以及反恐、去极端化斗争等方面取得的显著成效。在访问科威特期间，该交流团会见了科威特外交部官员，接受了科威特国家电视台以及《消息报》的采访，还与科威特大学专家、学者举行了座谈，就新疆的反恐和去极端化形势、民族宗教政策、职业技能教育培训工作等展开广泛交流。近年来，新疆采取了一系列有力措施，坚决打击恐怖主义，深入开展去极端化工作，有力铲除了暴恐活动滋生蔓延的土壤，形成了一些有益的经验和做法，得到国际社会的广泛认可和肯定。

【中国新疆文化交流团访问沙特阿拉伯】 2019年11月21—25日，中国新疆文化交流团访问沙特阿拉伯首都利雅得和第二大城市吉达，与沙特各界代表就新疆的反恐和去极端化形势、民族宗教政策、职业技能教育培训工作等展开广泛交流。在访问沙特期间，该交流团与伊斯兰合作组织、伊斯兰青年世界联盟、沙特媒体等各界代表座谈，介绍新疆在维护稳定、经济发展、民生改善、民族团结、宗教和谐，以及反恐、去极端化斗争等方面所取得的显著成效。该交流团还详细介绍了新疆开展职业技能教育培训工作的有关情况，强调新疆实现社会持续稳定与依法设立职业技能教育培训中心、开展职业技能教育培训工作密切相关，所取得的成效也得到国际社会的广泛认可与肯定。

【青岛以色列“国际客厅”启动仪式在青岛高新区中科研发城举行，“中以文化交流月”系列活动同步启动】 2020 年 7 月 29 日，青岛以色列“国际客厅”启动仪式在青岛高新区中科研发城举行。山东省委常委、青岛市委书记王清宪，以色列驻华大使何泽伟，中国前驻以色列大使詹永新出席启动仪式并致辞。中以两国交流合作源远流长，建设青岛以色列“国际客厅”，必将带来更多的合作新机遇，推动青岛与以色列在科技、产业、经贸、教育、人文等领域的互利合作，推动中以创新全面伙伴关系不断繁荣发展、迈上新台阶。“中以文化交流月”系列活动同步启动。

【2020 中以创新投资与产业合作大会在常州举行】 2020 年 9 月 24 日，2020 中以创新投资与产业合作大会在江苏省常州市拉开帷幕。本次大会以“全球创新链与中以合作新生态”为主题，将举办主题演讲、圆桌对话、项目路演等一系列活动。中以常州创新园是常州市重点打造的国际创新合作品牌，作为国内首家由中以两国政府签约共建的创新示范园区，近年来不断取得新的进展。在此次大会开幕式上举办了八个中以重点合作项目集中签约仪式，2020“创响中国”常州站活动同时启动。

【中国伊朗合作动画电影《功夫山羊》在浙江省宁波市举行新闻发布会】 2020 年 12 月 29 日，中国伊朗合作动画电影《功夫山羊》在浙江省宁波市举行新闻发布会。该作品由伊朗和中国影视公司共同制作，是积极响应中国“一带一路”倡议，并为两国文化交流作出贡献的力作。该动画电影将在 2021 年中国的影院上映。

（撰稿人：李光宗）

妇女人文交流

【中蒙两国妇女代表共庆“三八”国际妇女节】 2019年3月7日，“三八”国际妇女节前夕，中国内蒙古自治区二连浩特市妇联与蒙古国扎门乌德市妇女组织开展庆“三八”系列活动，共促中蒙两国友谊。在本次活动中，中蒙两国的妇女代表围绕家庭教育中的和谐、孝道、修养、包容等方面讲述家庭故事，分享如何做到家庭、事业兼顾的经验，并晒出各自幸福的家庭生活。整个交流活动充分展现了两国妇女“半边天”的靓丽风采。此次活动还包括“好家风·好家训”交流座谈、参观当地中小学幼儿园、表彰2018年度中蒙友谊交流“突出贡献”先进个人等。此次活动对于增进两国妇女交流理解、增进两城市间友好关系持续发展具有重要意义。

【驻伊朗使馆妇女小组参访伊朗文旅部手工业展示中心】 2019年12月18日，驻伊朗使馆妇女小组应邀参访伊朗文旅部手工业展示中心。在参观前，伊朗文化遗产、旅游及手工业部副部长马赫穆迪扬女士会见了中国驻伊朗大使夫人封捷一行。马赫穆迪扬介绍了伊朗特色手工业发展情况及现状。她表示，在伊朗长达几千年的历史中，手工艺品堪称其文化长河中的瑰宝。借助古代丝绸之路，伊朗手工艺品深刻地影响着世界上其他国家的制作工艺。希望有机会能与中国手工艺品艺术家们交流，促进两国传统艺术相互借鉴。该妇女小组在马赫穆迪扬陪同下参观了伊朗手工业展示中心。该中心展示了伊朗各省具有地方特色和代表性的手工艺品地毯、细密画、漆器、铜画等。

（撰稿人：李光宗）

附　　录

国家领导人讲话、署名文章

习近平

2020 年 12 月 12 日，习近平在气候雄心峰会上通过视频发表题为“继往开来，开启全球应对气候变化新征程”的讲话。

2020 年 11 月 27 日，习近平在第十七届中国—东盟博览会和中国—东盟商务与投资峰会开幕式上致辞。

2020 年 11 月 21 日，习近平在二十国集团领导人第十五次峰会第一阶段会议上发表讲话《勠力战疫 共创未来》。

2020 年 11 月 20 日，习近平在亚太经合组织第二十七次领导人非正式会议上发表讲话《携手构建亚太命运共同体》。

2020 年 11 月 19 日，习近平在亚太经合组织工商领导人对话会上发表题为“构建新发展格局 实现互利共赢”的主旨演讲。

2020 年 11 月 17 日，习近平在金砖国家领导人第十二次会晤上发表讲话《守望相助共克疫情 携手同心推进合作》。

2020 年 11 月 12 日，习近平在第三届巴黎和平论坛上致辞《共抗疫情，共促复苏，共谋和平》。

2020 年 11 月 10 日，习近平在上海合作组织成员国元首理事会第二十次会议上讲话《弘扬“上海精神”深化团结协作 构建更加紧密的命运共同体》。

2020 年 11 月 4 日，习近平在第三届中国国际进口博览会开幕式上发表主旨演讲。

2020 年 10 月 1 日，习近平在联合国大会纪念北京世界妇女大会二十五周年高级别会议上讲话。

2020 年 9 月 30 日，习近平在联合国生物多样性峰会上讲话。

2020 年 9 月 22 日，习近平在第七十五届联合国大会一般性辩论上讲话。

2020 年 9 月 21 日，习近平在联合国成立七十五周年纪念峰会上发表讲话。

2020 年 9 月 4 日，习近平在 2020 年中国国际服务贸易交易会全球服务贸易峰会上致辞。

2020 年 7 月 28 日，习近平在亚洲基础设施投资银行第五届理事会年会视频会议开幕式上致辞。

2020 年 6 月 17 日，习近平在中非团结抗疫特别峰会上发表主旨讲话《团结抗疫 共克时艰》。

2020年5月18日，习近平在第七十三届世界卫生大会视频会议开幕式上致辞《团结合作战胜疫情 共同构建人类卫生健康共同体》。

2020年3月26日，习近平在北京出席二十国集团领导人应对新冠肺炎特别峰会上发表重要讲话《携手抗疫 共克时艰》。

2020年1月22日，习近平在二十国集团领导人利雅得峰会“守护地球”主题边会上致辞。

2020年1月17日，习近平在中缅建交70周年庆祝活动暨中缅文化旅游年启动仪式上致辞。

2020年1月16日，习近平在缅甸媒体上发表署名文章《续写千年胞波情谊的崭新篇章》。

2019年11月14日，习近平在金砖国家领导人巴西利亚会晤公开会议上讲话《携手努力共谱合作新篇章》。

2019年11月10日，习近平在希腊《每日报》发表署名文章《让古老文明的智慧照鉴未来》。

2019年11月5日，习近平在第二届中国国际进口博览会开幕式上发表主旨演讲《开放合作 命运与共》。

2019年10月11日，习近平在尼泊尔媒体上发表署名文章《将跨越喜马拉雅的友谊推向新高度》。

2019年6月28日，习近平在二十国集团领导人峰会上发言《携手共进，合力打造高质量世界经济》。

2019年6月15日，习近平在亚信第五次峰会上发表讲话《携手开创亚洲安全和发展新局面》。

2019年6月14日，习近平在上海合作组织成员国元首理事会第十九次会议上发表讲话《凝心聚力 务实笃行 共创上海合作组织美好明天》。

2019年6月12日，习近平在塔吉克斯坦媒体上发表署名文章《携手共铸中塔友好新辉煌》。

2019年6月7日，习近平在第二十三届圣彼得堡国际经济论坛全会上致辞《坚持可持续发展 共创繁荣美好世界》。

2019年6月5日，习近平在中俄建交七十周年纪念大会上致辞《携手努力，并肩前行，开创新时代中俄关系的美好未来》。

2019年5月15日，习近平在亚洲文明对话大会开幕式上发表主旨演讲《深化文明交流互鉴 共建亚洲命运共同体》。

2019年4月28日，习近平在2019年中国北京世界园艺博览会开幕式上发表讲话《共谋绿色生活，共建美丽家园》。

2019年4月27日，习近平在第二届“一带一路”国际合作高峰论坛记者会上发表讲话。

2019年4月27日，习近平在第二届“一带一路”国际合作高峰论坛圆桌峰会上致开幕词《高质量共建“一带一路”》。

2019年4月26日，习近平在第二届“一带一路”国际合作高峰论坛欢迎宴会上致祝酒词。

2019年4月26日，习近平在第二届“一带一路”国际合作高峰论坛开幕式上发表主旨演讲《齐心开创共建“一带一路”美好未来》。

2019年3月23日，习近平在法国

《费加罗报》上发表署名文章《在共同发展的道路上继续并肩前行》。

2019 年 3 月 20 日，习近平在意大利《晚邮报》上发表署名文章《东西交往传佳话 中意友谊续新篇》。

李克强

2020 年 11 月 30 日，李克强在上海合作组织成员国政府首脑（总理）理事会第十九次会议上发表讲话。

2020 年 11 月 14 日，李克强在第十五届东亚峰会上发表讲话。

2020 年 11 月 14 日，李克强在第二十三次东盟与中日韩领导人会议上发表讲话。

2020 年 11 月 12 日，李克强在第二十三次中国—东盟领导人会议上发表讲话。

2020 年 8 月 24 日，李克强在澜沧江—湄公河合作第三次领导人会议上发表讲话。

2020 年 4 月 14 日，李克强在东盟与中日韩抗击新冠肺炎疫情领导人特别会议上发表讲话。

2019 年 12 月 24 日，李克强在第七届中日韩工商峰会上致辞。

2019 年 12 月 24 日，李克强在第八次中日韩领导人会议上发表讲话。

2019 年 11 月 4 日，李克强在第二十二次东盟与中日韩领导人会议上发表讲话。

2019 年 11 月 3 日，李克强在第二十二次中国—东盟领导人会议上发表讲话。

2019 年 11 月 2 日，李克强在上海合作组织成员国政府首脑（总理）理事会第十八次会议上发表讲话。

2019 年 11 月 2 日，李克强在泰国媒体上发表署名文章《携手同心，共绘东亚合作美好蓝图》。

2019 年 10 月 31 日，李克强在乌兹别克斯坦媒体上发表署名文章《开放合作 共同发展》。

2019 年 10 月 9 日，李克强在 2019 年中国北京世界园艺博览会闭幕式上发表讲话。

2019 年 7 月 2 日，李克强在第十三届夏季达沃斯论坛开幕式上致辞。

2019 年 4 月 12 日，李克强在第九届中国—中东欧国家经贸论坛上致辞。

2019 年 4 月 12 日，李克强在第八次中国—中东欧国家领导人会晤上发表讲话。

2019 年 4 月 9 日，李克强在克罗地亚媒体上发表署名文章《多彩的国度 广阔的前景》。

2019 年 4 月 8 日，李克强在德国《商报》上发表署名文章《开放合作 互利共赢》。

2019 年 3 月 28 日，李克强在博鳌亚洲论坛2019 年年会开幕式上发表主旨演讲《携手应对挑战 实现共同发展》。

中外高级别人文交流机制活动

中俄

2020 年 11 月 25 日，国务院副总理孙春兰与俄罗斯副总理戈利科娃共同出席中俄人文合作委员会第二十一次会议。

2019 年 9 月 16 日，国务院副总理、中俄人文合作委员会中方主席孙春兰在俄罗斯圣彼得堡与俄罗斯副总理、委员会俄方主席戈利科娃共同主持中俄人文合作委员会第二十次会议。

中欧盟

2020 年 11 月 10 日，国务院副总理孙春兰与欧盟委员会创新、研究、文化、教育和青年委员加布里埃尔共同出席中欧高级别人文交流对话机制第五次会议。

中法

2019 年 10 月 21 日，国务委员兼外长王毅在巴黎同法国外长勒德里昂共同主持中法高级别人文交流机制第五次会议。

中印

2019 年 8 月 12 日，国务委员兼外交部长王毅在北京同印度外长苏杰生共同主持中印高级别人文交流机制第二次会议。

中日

2019 年 11 月 22 日，国务委员兼外交部长王毅同日本外相茂木敏充共同举行中日高级别人文交流磋商机制首次会议。

驻外使节讲话、致辞

亚洲

阿富汗

2020 年 10 月 1 日，驻阿富汗大使王愚在阿富汗媒体上发表文章《天下一家 共建中阿命运共同体》。

2020 年 6 月 25 日，驻阿富汗大使王愚在阿富汗主流媒体上发表文章《中阿两国携手抗击新冠肺炎疫情，加强“一带一路”国际合作》。

2020 年 6 月 11 日，驻阿富汗大使王愚在阿富汗媒体上发表文章《人类抗疫伟大历程的真实记录》。

2020 年 5 月 21 日，驻阿富汗大使王愚在阿富汗媒体上发表文章《共建人类命运共同体，携手共战疫情》。

2020 年 5 月 5 日，驻阿富汗大使王愚在阿富汗媒体上发表文章《团结协作共抗疫，坚定信心促和平》。

2020 年 4 月 23 日，驻阿富汗大使王愚在中阿建交六十五周年纪念活动上发表讲话《团结协作，共同抗疫》。

2020 年 4 月 13 日，驻阿富汗大使王愚在阿富汗媒体上发表文章《患难与共，中国援阿富汗防疫物资正在发挥作用》。

2020 年 3 月 24 日，驻阿富汗大使王愚在阿富汗媒体上发表文章《齐心抗疫，共建人类命运共同体》。

2020 年 2 月 10 日，驻阿富汗大使王愚在媒体吹风会上发表讲话《“数”说疫情 权威解读》。

2020 年 2 月 6 日，驻阿富汗大使王愚在阿富汗主流媒体《阿富汗时报》上刊发署名文章《中阿勠力同心，共迎战疫胜利》。

2020 年 2 月 4 日，驻阿富汗大使王愚参观世界上最大的普什图语电视台——沙姆沙德电视台总部并接受专访。

2020 年 1 月 10 日，驻阿富汗大使王愚在 2020 年中资机构、华人华侨新春招待会上发表讲话。

2019年12月18日，驻阿富汗大使王愚在《人民日报》上发表署名文章《亲望亲好 邻望邻安》。

2019年7月7日，驻阿富汗大使刘劲松在国庆70周年暨阿富汗独立一百周年中阿交流图片展开幕式上发表讲话。

2019年6月10日，驻阿富汗大使刘劲松发表署名文章《阿富汗需要上海合作组织》。

2019年2月19日，驻阿富汗大使刘劲松在元宵节音乐晚宴上致辞。

2019年1月29日，驻阿富汗大使刘劲松发表署名文章《“一带一路”助力阿富汗和平发展》。

2019年1月16日，驻阿富汗大使刘劲松就“一带一路”发表演讲。

阿联酋

2020年12月18日，驻阿联酋大使倪坚为“世界阿拉伯文日”录制视频。

2020年11月26日，驻阿联酋大使倪坚在“丝绸之路文化之旅——中国数字文化展示周（阿联酋站）”活动上致辞。

2020年10月20日，驻阿联酋大使倪坚在迪拜世博会中国参展线上路演致辞。

2020年9月30日，驻阿联酋大使倪坚在庆祝中华人民共和国成立七十一周年视频招待会上致辞。

2020年7月15日，驻阿联酋大使倪坚在第一届中国—阿联酋经济贸易数字展览会开幕式上致辞。

2019年9月26日，驻阿联酋大使倪坚在庆祝中华人民共和国成立七十周年暨中阿建交35周年招待会上致辞。

2019年5月5日，驻阿联酋大使倪坚在第十八届“汉语桥”世界大学生中文比赛阿联酋赛区预选赛上致辞。

2019年4月10日，驻阿联酋大使倪坚在迪拜世博会中国馆宣传发布会上致辞。

2019年3月11日，驻阿联酋大使倪坚接受阿布扎比电视台采访，就阿联酋3月“阅读月”回答对方提问。

叙利亚

2020年12月25日，驻叙利亚大使冯飚发表署名文章《中国为应对全球气候变化作出庄重承诺》。

2020年12月2日，驻叙利亚大使冯飚发表署名文章《全球危机治理中的中国智慧和方案》。

2020年9月28日，驻叙利亚大使冯飚发表署名文章《习近平外交思想为中国与世界的发展指明了方向》。

2020年7月30日，驻叙利亚大使冯飚发表署名文章《中国经济走出疫情强劲复苏》。

2020年4月17日，驻叙利亚大使冯飚发表署名文章《坚定信心，携手抗疫》。

阿曼

2019年5月6日，驻阿曼大使李凌冰在阿曼主流媒体《观点报》发表署名文章《在互通有无中实现发展繁荣，在取长补短中绽放灿烂文明》。

阿塞拜疆

2020年7月15日，驻阿塞拜疆大使郭敏出席第十三届世界中学生“汉语桥”中文比赛阿塞拜疆赛区决赛并致辞。

2020年5月5日，驻阿塞拜疆大使

郭敏在阿塞拜疆主流媒体上发表署名文章《携手努力，推动构建人类命运共同体》。

2019 年 11 月 22 日，驻阿塞拜疆大使郭敏在纳希切万国立大学发表演讲。

2019 年 9 月 27 日，驻阿塞拜疆大使郭敏在庆祝中华人民共和国成立 70 周年招待会上致辞。

巴勒斯坦

2020 年 12 月 2 日，驻巴勒斯坦办事处主任郭伟在中国政府援助联合国近东巴勒斯坦难民救济和工程处抗疫物资交接证书签署仪式上致辞。

2020 年 9 月 23 日，驻巴勒斯坦办事处主任郭伟发表署名文章《在联合国旗帜下实现更大团结和进步》。

2020 年 8 月 22 日，驻巴勒斯坦办事处主任郭伟在巴勒斯坦政策与战略研究中心年会上致辞。

2020 年 5 月 27 日，驻巴勒斯坦办事处主任郭伟发表署名文章《携手打造人类卫生健康共同体》。

2019 年 11 月 10 日，驻巴勒斯坦办事处主任郭伟在“中国在中东地区作用”专题研讨会上作主旨发言。

巴基斯坦

2019 年 9 月 26 日，驻巴基斯坦大使姚敬在国庆 70 周年招待会上发表讲话。

2019 年 1 月 27 日，驻巴基斯坦大使姚敬在 2019 年巴基斯坦友好人士新春招待会上致辞。

巴林

2020 年 6 月 23 日，驻巴林王国大使安瓦尔在第二十届“汉语桥”世界大学生中文比赛巴林赛区开幕式上致辞。

2020 年 4 月 26 日，驻巴林王国大使安瓦尔在巴林主要媒体上发表署名文章《向巴林人民致以斋月的节日祝福》。

2020 年 3 月 29 日，驻巴林王国大使安瓦尔在巴林媒体上发表署名文章《中巴携手抗击疫情，共建人类命运共同体》。

2019 年 9 月 13 日，驻巴林王国大使安瓦尔在 2019 年中秋招待会上发表讲话。

2019 年 4 月 29 日，驻巴林王国大使安瓦尔出席第十八届“汉语桥”世界大学生中文比赛巴林赛区决赛并致辞。

2019 年 4 月 18 日，驻巴林王国大使安瓦尔在庆祝中巴建交 30 周年招待会上发表讲话。

朝鲜

2020 年 1 月 15 日，驻朝鲜大使李进军出席朝中友好电影招待会并致辞。

2019 年 9 月 22 日，驻朝鲜大使李进军出席第十七届平壤国际电影节中国电影放映日活动并致辞。

2019 年 1 月 23 日，驻朝鲜大使李进军在“2019 年在朝中国人春节招待会”上发表致辞。

韩国

2020 年 8 月 17 日，驻韩国大使邢海明在同韩国企业界人士恳谈会上作主旨演讲。

2020 年 7 月 16 日，驻韩国大使邢海明在韩国外国语大学发表演讲。

2020 年 7 月 15 日，驻韩国大使邢海明在韩国显示产业协会恳谈会上作主旨演讲。

2020 年 6 月 15 日，驻韩国大使邢海明在韩国经济展望论坛上致辞。

2020年6月10日，驻韩国大使邢海明在韩中经贸合作展望网络研讨会上发言。

2020年4月29日，驻韩国大使邢海明在“中国大使与韩国企业家恳谈会”上发表演讲。

2020年3月19日，驻韩国大使邢海明在“第十三届亚太金融论坛”开幕式上发表贺词。

东帝汶

2020年4月27日，驻东帝汶大使肖建国在东帝汶主流纸媒《东帝汶之声》上发表署名文章《患难与共度时艰》。

2020年1月23日，驻东帝汶大使肖建国在“中国大使奖学金”颁奖仪式上发表讲话。

2019年8月13日，驻东帝汶大使肖建国在中国援东帝汶医疗15周年纪念暨援东药械捐赠仪式上发表讲话。

2019年7月26日，驻东帝汶大使肖建国在东帝汶“关帝诞”纪念活动上致辞。

2019年7月5日，驻东帝汶大使肖建国在援东粮食加工和仓储设施项目开工仪式上发表讲话。

2019年4月24日，驻东帝汶大使肖建国在《帝汶邮报》发表署名文章《第二届“一带一路”高峰论坛造福东帝汶和世界》。

2019年3月5日，驻东帝汶大使肖建国在中国援东帝汶数字电视项目签字仪式上致辞。

菲律宾

2020年4月5日，驻菲律宾大使黄溪连在中国抗疫医疗专家组欢迎仪式上致辞。

2020年2月17日，驻菲律宾大使黄溪连应邀出席第五届菲中了解协会论坛并发表主旨演讲。

哈萨克斯坦

2020年11月10日，驻哈萨克斯坦大使张霄应邀出席由卡拉干达布克托夫国立大学举办的“中国语言文化教学”圆桌会议并致辞。

2019年12月18日，驻哈萨克斯坦大使张霄在南哈阿乌艾佐夫国立大学向该校师生发表演讲。

吉尔吉斯斯坦

2020年6月26日，驻吉尔吉斯斯坦大使杜德文在吉尔吉斯斯坦官方媒体《吉尔吉斯斯坦言论报》、国家“卡巴尔”通讯社发表署名文章《香港维护国家安全法是特区长治久安的重要法律保障》。

2019年11月25日，驻吉尔吉斯斯坦大使杜德文出席吉尔吉斯斯坦总统国家管理学院公开课并发表题为“中国特色社会主义与中吉关系前景”的演讲。

柬埔寨

2020年4月10日，驻柬埔寨大使王文天在柬Fresh News、《高棉时报》等主流媒体上发表署名文章《同舟共济，守望相助，共同打赢疫情防控全球战》。

2019年8月15日，驻柬埔寨大使王文天以中、柬、英三语在柬埔寨主流媒体上发表署名文章《坚决反对香港暴乱 期待香港明天会更好》。

2019年4月7日，驻柬埔寨大使王文天在陈知国、余仕利烈士追思会上发表讲话。

2019年1月31日，驻柬埔寨大使

王文天在2019中柬文化旅游年开幕式上致辞。

2019年1月14日，驻柬埔寨大使王文天在柬埔寨侨界欢迎晚宴上致辞。

卡塔尔

2020年9月22日，驻卡塔尔大使周剑在新中国成立七十一周年庆祝活动上的致辞《构建人类命运共同体是符合时代潮流的正确选择》。

2019年12月5日，驻卡塔尔大使周剑在中卡领事座谈会上发表讲话《精心打造外交为民的服务平台》。

2019年9月23日，驻卡塔尔大使周剑在国庆七十周年招待会上致辞《中国梦和卡塔尔梦：跨越亚洲大陆的历史性握手》。

科威特

2019年8月15日，驻科威特大使李名刚在当地媒体上发表署名文章《坚决守护香港法治，坚定贯彻"一国两制"》。

老挝

2020年9月28日，老挝党报《人民报》头版和国家电视台《新闻联播》节目分别刊登和播发了中国驻老挝大使姜再冬就中华人民共和国成立七十一周年发表的国庆贺词。

2019年6月26日，驻老挝大使姜再冬在老挝国立大学孔子学院综合楼移交启用仪式上致辞。

2019年5月31日，驻老挝大使姜再冬在老挝"中国文化周"开幕式上致辞。

黎巴嫩

2020年10月1日，驻黎巴嫩大使王克俭国庆中秋致辞。

2020年1月18日，驻黎巴嫩大使王克俭在2020年"欢乐春节"音乐会上致辞。

2019年9月29日，驻黎巴嫩大使王克俭在国庆七十周年文艺演出上致辞。

2019年5月3日，驻黎巴嫩大使王克俭在黎巴嫩《白天报》上发表署名文章《"一带一路"开创美好未来》。

2019年1月24日，驻黎巴嫩大使王克俭在"欢乐春节"首场音乐会上致辞。

马尔代夫

2020年9月23日，驻马尔代夫大使张利忠出席2020年国庆招待会并致辞。

2019年3月24日，驻马尔代夫大使张利忠在马尔代夫《太阳在线》上发表署名文章《让中马友好合作驰骋在发展的快车道上》。

2019年3月18日，驻马尔代夫大使张利忠出席马尔代夫乒乓球馆翻新工程完工暨场馆启用仪式并致辞。

马来西亚

2020年12月18日，驻马来西亚大使馆代办唐锐出席"数据新时代、携手创未来"中马青年线上交流会并致辞。

2020年9月24日，驻马来西亚大使白天出席中马数字文旅产业云论坛并致辞。

2020年8月19日，驻马来西亚大使白天在马来西亚国防研究中心发表演讲。

2020年1月31日，驻马来西亚大使白天出席马来西亚政府向武汉捐赠橡胶手套新闻发布会并讲话。

2019年12月18日，驻马来西亚大使白天出席庆祝中马建交45周年“马中友好之夜”晚宴并致辞。

2019年9月22日，驻马来西亚大使白天在马来西亚外交及对外关系学院“大使讲堂”活动上发表演讲。

2019年3月4日，驻马来西亚大使白天出席中马棕榈油商务论坛并致辞。

2019年2月20日，驻马来西亚大使白天出席马来西亚中国企业家联合会成立三周年庆祝晚宴并致辞。

2019年2月16日，驻马来西亚大使白天出席马中总商会己亥年新春联欢会并致辞。

蒙古国

2020年12月31日，驻蒙古国大使柴文睿向蒙古国人民致元旦贺词。

2020年11月27日，驻蒙古国大使柴文睿发表署名文章《风雨同舟前行，唱响世界未来》。

2020年9月28日，驻蒙古国大使柴文睿在蒙通社、News新闻网等蒙古主流媒体上发表中国国庆七十一周年署名文章《踏平坎坷成大道，继往开来勇向前》。

2020年3月24日，驻蒙古国大使柴文睿在蒙古国媒体上发表署名文章《命运与共，风雨同舟——中国与世界携手抗击疫情》。

2019年10月21日，驻蒙古国大使邢海明在纪念乌兰巴托建市380周年“国际友城节”活动上致辞。

2019年10月10日，驻蒙古国大使邢海明在“新发展、新面貌”——中国西藏图片展开幕式上致辞。

2019年9月25日，驻蒙古国大使邢海明在庆祝中华人民共和国成立七十周年暨中蒙建交七十周年招待会上发表讲话。

2019年9月2日，驻蒙古国大使邢海明在“视听中国，全球播映”蒙古国启动暨纪录片《习近平治国方略：中国这五年》蒙古语首映式上致辞。

2019年8月8日，驻蒙古国大使邢海明在“中国文化旅游之夜”文艺晚会上致辞。

2019年5月16日，驻蒙古国大使邢海明致蒙古国和平友好组织成立六十周年致贺信。

2019年4月19日，驻蒙古国大使邢海明在蒙古国主流媒体上发表署名文章《愿“一带一路”为中蒙共同发展插上金色的翅膀》。

2019年4月9日，驻蒙古国大使邢海明向蒙古国第七届教师代表大会致贺词。

2019年1月31日，驻蒙古国大使邢海明向旅蒙华侨华人、中资机构和留学生发表新春贺词。

2019年1月29日，驻蒙古国大使邢海明通过蒙通社向蒙古国人民送上新春祝福。

2019年1月24日，驻蒙古国大使邢海明在援蒙残疾儿童发展中心项目竣工移交仪式上发表讲话。

2019年1月21日，驻蒙古国大使邢海明在欢乐春节2019系列活动之中国服装服饰秀上致辞。

2019年1月19日，驻蒙古国大使邢海明在“欢乐春节”2019中国日活动开幕式之中国冰秀“欢乐颂”上致辞。

2019年1月15日，驻蒙古国大使

邢海明在2019“友谊的彩虹”中蒙俄春节联欢晚会上通过电视短片为晚会致新春贺词。

孟加拉国

2020年6月8日，驻孟加拉国大使李极明在孟加拉国联合通讯社发表署名文章《团结合作抗击疫情，共建中孟卫生健康共同体》。

2020年1月16日，驻孟加拉国大使李极明出席2020孟加拉国“欢乐春节”开幕式活动并致辞。

2019年9月27日，驻孟加拉国大使李极明在国庆七十周年招待会上发表讲话。

2019年8月22日，驻孟加拉国大使李极明出席2019孟加拉国青少年访华交流营启程仪式并致辞。

2019年8月19日，驻孟加拉国大使李极明在孟加拉国主流媒体开设随笔专栏并发表首篇《中国良治之文化溯源》系列文章（截至2020年12月31日共12篇）。

2019年7月27日，驻孟加拉国临时代办刘振华出席2019“中国文化月”开幕式并致辞。

缅甸

2020年12月22日，驻缅甸大使陈海在《中国投资》杂志上发表署名文章《共建中缅命运共同体 历史新征程愿景可期》。

2020年12月3日，驻缅甸大使陈海出席中银香港在缅奖助学金项目捐赠仪式并致辞。

2020年7月10日，驻缅甸大使陈海在缅甸杂志《胞波月刊》6月刊发表署名文章《风雨兼程七十载，胞波情谊谱新篇》。

2019年9月28日，驻缅甸大使陈海出席缅华各界国庆七十周年联欢文艺晚会并致辞。

2019年4月5日，驻缅甸大使洪亮在清明节远征军祭扫活动上发表讲话。

2019年3月31日，驻缅甸大使洪亮在仰光外海引航站竣工仪式上发表讲话。

2019年2月24日，驻缅甸大使洪亮在2019“文化中国 四海同春”文艺演出上致辞。

2019年2月20日，驻缅甸大使洪亮在澜湄国家文化遗址管理培训班开幕式上发表讲话。

2019年1月30日，驻缅甸大使洪亮在“2019欢乐春节胞波大联欢文艺晚会”上发表讲话。

2019年1月28日，驻缅甸大使洪亮在澜湄文化交流青年营开幕仪式上发表讲话。

2019年1月25日，驻缅甸大使洪亮在中资企业商会2019春节晚会上致辞。

2019年1月20日，驻缅甸大使洪亮在“中缅情·合家欢”新春联欢晚会上致辞。

2019年1月8日，驻缅甸大使洪亮在纪念周恩来总理访问蒲甘58周年中缅胞波慈善活动上发表讲话。

尼泊尔

2020年12月10日，驻尼泊尔大使侯艳琪出席第六期尼泊尔青年干部研修班开班仪式并致辞。

2020年2月15日，驻尼泊尔大使侯艳琪在尼泊尔主流媒体《共和报》

《坎蒂普尔日报》上发表署名文章《疫情的冲击是短暂的，中国经济向好的基本面是长期的》。

2020 年 1 月 21 日，驻尼泊尔大使侯艳琪在 2020 华侨华人新春招待会上致辞。

2019 年 12 月 31 日，驻尼泊尔大使侯艳琪发推特助力尼泊尔旅游年。

2019 年 12 月 30 日，驻尼泊尔大使侯艳琪出席"丝路之友"面向共同繁荣的跨喜马拉雅互联互通与合作研讨会开幕式并致辞。

2019 年 9 月 26 日，驻尼泊尔大使侯艳琪出席"锦绣潇湘"文艺演出并致辞。

2019 年 9 月 10 日，驻尼泊尔大使侯艳琪出席"大使杯"汉语比赛、中华才艺大赛、"汉语桥"比赛颁奖典礼并致辞。

2019 年 8 月 9 日，驻尼泊尔大使侯艳琪出席尼泊尔使馆领事协助志愿者工作会议并发表讲话。

2019 年 6 月 28 日，驻尼泊尔大使侯艳琪出席尼泊尔华侨华人协会成立暨揭牌仪式并致辞。

2019 年 6 月 20 日，驻尼泊尔大使侯艳琪出席第四届"一带一路"和南亚繁荣与发展国际研讨会开幕式并致辞。

2019 年 5 月 24 日，驻尼泊尔大使侯艳琪在援尼泊尔加德满都杜巴中学重建项目公众开放日活动上致辞。

2019 年 4 月 17 日，驻尼泊尔大使侯艳琪在巴瑞巴贝引水隧道贯通仪式上发表讲话。

2019 年 4 月 13 日，驻尼泊尔大使侯艳琪出席"湖湘风华——湖南文化海报展"开幕式并致辞。

2019 年 1 月 31 日，驻尼泊尔大使侯艳琪在藏历土猪新年招待会上致辞。

2019 年 1 月 29 日，驻尼泊尔大使侯艳琪在援尼泊尔加德满都内环路拥堵路段改造项目交接仪式上致辞。

日本

2020 年 12 月 22 日，驻日本大使孔铉佑出席中日新时代健康论坛并致辞。

2020 年 12 月 1 日，驻日本大使孔铉佑出席第十六届北京—东京论坛并致辞。

2020 年 4 月 25 日，驻日本大使孔铉佑在《读卖新闻》上发表署名文章《守望相助，共克时艰》。

2020 年 3 月 27 日，驻日本大使孔铉佑应邀前往日本记者俱乐部，就中国和全球疫情防控形势及中日关系等发表演讲。

2019 年 9 月 21 日，驻日本大使孔铉佑出席"2019 中国节"开幕式并致辞。

2019 年 2 月 1 日，驻日本大使程永华出席"东亚文化之都 · 2019 丰岛"开幕式并致辞。

2019 年 1 月 29 日，驻日本大使程永华在中国大使馆 · 日中友好团体新年会上致辞。

2019 年 1 月 22 日，驻日本大使程永华出席博鳌亚洲论坛全球健康论坛大会东京推介会并致辞。

2019 年 1 月 9 日，驻日本大使程永华在日本国际贸易促进协会和日中经济协会新年会上致辞。

沙特阿拉伯

2020 年 12 月 23 日，驻沙特阿拉伯大使陈伟庆在沙军指挥参谋学院发表演讲。

2020年7月8日，驻沙特阿拉伯大使陈伟庆在沙特《半岛报》上发表署名文章《团结合作 携手抗疫 打造面向新时代的中阿命运共同体》。

2020年4月21日，驻沙特阿拉伯大使陈伟庆在医疗专家组视频讲座上的讲话。

2020年2月13日，驻沙特阿拉伯大使陈伟庆在沙特援华防控物资签字仪式上发表讲话《总有一种支持让我们感动》。

2019年10月30日，驻沙特阿拉伯大使陈伟庆在未来投资倡议大会中国企业家专场招待会上致辞。

2019年9月30日，驻沙特阿拉伯大使陈伟庆在中资企业第二届中沙人才招聘会上致辞。

2019年9月2日，驻沙特阿拉伯大使陈伟庆在国庆七十周年“成就 机遇 展望”研讨会上致辞。

2019年9月1日，驻沙特阿拉伯大使陈伟庆在“中文之夜”联谊活动上发表讲话。

2019年7月7日，驻沙特阿拉伯大使陈伟庆在沙特教育部夏季汉语培训启动仪式上致辞。

2019年6月20日，驻沙特阿拉伯大使陈伟庆在华为公司2019“未来种子”项目启动仪式上致辞。

2019年6月4日，驻沙特阿拉伯大使陈伟庆录制的开斋节祝贺视频在沙特电视台播出。

2019年5月21日，驻沙特阿拉伯大使陈伟庆在2019沙特华侨华人开斋晚宴上致辞。

2019年5月16日，驻沙特阿拉伯大使陈伟庆在为沙特媒体举办的招待会上发表讲话。

2019年1月29日，驻沙特阿拉伯大使李华新应邀赴吉赞出席广州泛亚聚酯石化一期项目开工仪式并致辞。

斯里兰卡

2020年12月14日，驻斯里兰卡大使戚振宏出席华为斯里兰卡2020“未来种子”培训项目云上开学典礼并致辞。

2020年11月4日，驻斯里兰卡大使戚振宏出席首届中斯执政党治党治国经验高级研讨班并致辞。

2020年7月28日，驻斯里兰卡使馆临时代办胡炜向全斯穆斯林致以古尔邦节节日祝福。

2020年4月13日，驻斯里兰卡使馆临时代办胡炜发表斯里兰卡传统新年贺词。

塔吉克斯坦

2020年2月3日，驻塔吉克斯坦大使刘彬在塔吉克斯坦“阿维斯塔”通讯社网站发表署名文章《中国一定能战胜新型冠状病毒肺炎疫情》。

2019年9月28日，驻塔吉克斯坦大使刘彬应邀出席塔吉克斯坦民族大学孔子学院举办的庆祝中华人民共和国成立70周年暨孔子诞辰2570周年孔子学院日活动并致辞。

2019年9月7日，驻塔吉克斯坦大使刘彬出席庆祝中华人民共和国成立七十周年文艺汇演活动并致辞。

2019年7月10日，驻塔吉克斯坦大使刘彬出席“亲情中华”慰侨演出并致辞。

2019 年 5 月 9 日，驻塔吉克斯坦大使刘彬在塔吉克斯坦《商业与政治》报发表署名文章《“一带一路”进入高质量发展阶段，中塔合作迎来新机遇》。

2019 年 5 月 4 日，驻塔吉克斯坦大使刘彬出席第十八届“汉语桥”世界大学生中文比赛塔吉克斯坦赛区决赛并致辞。

2019 年 3 月 30 日，驻塔吉克斯坦大使刘彬出席第四届“博望杯”篮球赛开幕式。

2019 年 3 月 17 日，驻塔吉克斯坦大使刘彬访问卡夫拉特中学并同师生共庆纳乌鲁兹节，并在学校文艺汇演上致辞。

2019 年 1 月 11 日，驻塔吉克斯坦大使刘彬出席中国企业商会庆祝改革开放四十周年文艺活动并致辞。

2019 年 1 月 9 日，驻塔吉克斯坦大使刘彬的专访文章《塔吉克斯坦——充满潜力的年轻国家》在塔吉克斯坦政府机关报《人民报》头版刊登。

泰国

2019 年 12 月 2 日，驻泰国大使吕健在庆祝诗琳通公主荣获“友谊勋章”午宴活动上致辞。

2019 年 9 月 26 日，驻泰国大使吕健在庆祝中华人民共和国成立七十周年招待会上致辞。

2019 年 9 月 16 日，驻泰国大使吕健在庆祝中华人民共和国成立七十周年研讨会上发表讲话。

2019 年 9 月 15 日，驻泰国大使吕健在庆祝中华人民共和国成立七十周年秦始皇兵马俑文物展开幕式上致辞。

2019 年 8 月 24 日，驻泰国大使吕健出席“第十四届中国电影节暨 2019 中泰影视交流周”开幕活动并致辞。

2019 年 4 月 30 日，驻泰国大使吕健出席第十八届“汉语桥”世界大学生中文比赛泰国赛区决赛并致辞。

2019 年 4 月 11 日，驻泰国大使吕健出席北京语言大学曼谷学院高层企业家汉语培训班结业仪式。

2019 年 3 月 30 日，驻泰国大使吕健出席曼谷中国文化中心教学培训汇报演出活动并致辞。

2019 年 1 月 29 日，驻泰国大使吕健出席第二期“泰中新时代领导精英研修班”开班仪式并致辞。

土耳其

2020 年 7 月 27 日，驻土耳其大使邓励发表庆祝中国人民解放军建军九十三周年讲话。

2020 年 1 月 21 日，驻土耳其大使邓励在驻土耳其使馆华人华侨新春招待会上致辞。

2019 年 5 月 2 日，驻土耳其大使邓励出席第十八届“汉语桥”世界大学生中文比赛土耳其赛区预决赛并致辞。

土库曼斯坦

2020 年 9 月 23 日，驻土库曼斯坦大使孙炜东就中华人民共和国国庆七十一周年和土库曼斯坦独立二十九周年接受土库曼斯坦国家电视台专访并发表电视讲话。

2020 年 5 月 23 日，驻土库曼斯坦大使孙炜东为土库曼斯坦阿扎季世界语言学院“汉语周”活动致贺词。

2019 年 12 月 6 日，驻土库曼斯坦大使孙炜东就土库曼斯坦中立二十四周年暨第三个“国际中立日”接受土库曼斯坦国家电视台专访。

2019 年 9 月 30 日，驻土库曼斯坦大使孙炜东在中华人民共和国国庆七十周年招待会上发表讲话。

2019 年 6 月 8 日，驻土库曼斯坦大使孙炜东在土库曼斯坦高校“汉语周”闭幕式上发表讲话。

2019 年 5 月 29 日，驻土库曼斯坦大使孙炜东出席土方举办的庆祝“世界自行车日”国际会议并致辞。

2019 年 5 月 18 日，驻土库曼斯坦大使孙炜东就土库曼斯坦宪法日和国旗日发表电视讲话。

2019 年 5 月 17 日，驻土库曼斯坦大使孙炜东为土库曼斯坦国际关系学院师生做讲座。

文莱

2020 年 12 月 7 日，驻文莱大使于红在向文莱大学捐赠图书仪式上致辞。

2020 年 11 月 30 日，驻文莱大使于红在中国驻文莱使馆向马来奕中华中学捐赠图书仪式上致辞。

2020 年 11 月 26 日，驻文莱大使于红在中国驻文莱使馆向文莱中华中学捐赠图书仪式上发表讲话。

2020 年 11 月 4 日，驻文莱大使于红在“中文旅游年”文莱中文导游培训班开班式上发表讲话。

2020 年 10 月 14 日，驻文莱大使于红在文莱理工大学捐书仪式上致辞。

2020 年 9 月 23 日，驻文莱大使于红在华为“未来种子计划”开幕式上致辞。

2020 年 2 月 24 日，驻文莱大使于红在“文莱福州十邑同乡会 2020 庚子年联欢敬老晚会暨颁发会员子女学优奖励金”活动上致辞。

2020 年 2 月 21 日，驻文莱大使于红发表致文莱国庆三十六周年贺词。

2020 年 1 月 9 日，驻文莱大使于红在“2020 中国文莱旅游年”开幕仪式上致辞。

2020 年 1 月 7 日，驻文莱大使于红出席文莱中资企业协会 2020 新年联谊晚会并致辞。

2019 年 9 月 26 日，驻文莱大使于红在中国文化旅游之夜暨庆祝中华人民共和国成立七十周年大型武术太极演出上致辞。

2019 年 9 月 25 日，驻文莱大使于红在中华人民共和国国庆七十周年招待会上致辞。

2019 年 9 月 24 日，驻文莱大使于红在文莱投资机遇推介会上致辞。

2019 年 9 月 3 日，驻文莱大使于红在文莱马来奕海南公会八十周年会员联欢及敬老晚会上致辞。

2019 年 8 月 21 日，驻文莱大使于红在 2019—2020 中国奖学金录取通知书颁发仪式上致辞。

2019 年 8 月 1 日，驻文莱大使于红在“美丽中国”文莱小学生主题绘画比赛颁奖仪式暨画展开幕式上致辞。

2019 年 6 月 24 日，驻文莱大使于红在欢送中国志愿者活动中发表讲话。

2019 年 6 月 6 日，驻文莱大使于红发表 2019 开斋节贺词。

2019 年 5 月 2 日，驻文莱大使于红出席文莱全国小学现场华文创作比赛揭封仪式并致辞。

2019 年 2 月 19 日，驻文莱大使于红在到任招待会暨春节“开门迎宾”活动上致辞。

2019 年 1 月 31 日，驻文莱大使于红在中资企业联谊会上致辞。

乌兹别克斯坦

2020 年 8 月 28 日，驻乌兹别克斯坦大使姜岩出席第十九届“汉语桥”世界大学生中文比赛乌兹别克斯坦赛区决赛并致辞。

2020 年 8 月 5 日，驻乌兹别克斯坦大使姜岩出席“我心中的‘一带一路’”青少年绘画比赛线上颁奖仪式。

2020 年 7 月 7 日，驻乌兹别克斯坦大使姜岩在塔什干东方学院毕业典礼上致辞。

2020 年 1 月 1 日，驻乌兹别克斯坦大使姜岩在乌兹别克斯坦《人民言论报》发表署名文章《彼此信任，驰而不息，再上层楼——写在中国和乌兹别克斯坦建交 28 周年之际》。

2019 年 12 月 21 日，驻乌兹别克斯坦大使姜岩在乌兹别克斯坦《人民言论报》上发表署名文章《一次通民心、增友谊的慈善之行——“国际健康快车光明行”走进乌兹别克斯坦》。

2019 年 10 月 9 日，驻乌兹别克斯坦大使姜岩在乌兹别克斯坦外交部下属世界通讯社网站发表署名文章《积极推动中乌人员往来便利化 携手打造“民心相通”新典范》。

2019 年 9 月 10 日，驻乌兹别克斯坦大使姜岩出席“美丽中国·炫彩乌兹别克斯坦”旅游文化周开幕式。

2019 年 5 月 20 日，驻乌兹别克斯坦大使姜岩出席第十八届大学生“汉语桥”比赛暨向乌兹别克斯坦汉语教学机构和学校赠书仪式并致辞。

2019 年 4 月 2 日，驻乌兹别克斯坦大使姜岩在改革开放四十周年图片展上致辞。

2019 年 3 月 19 日，驻乌兹别克斯坦大使姜岩在庆祝纳乌鲁斯节招待会上发表讲话。

2019 年 3 月 6 日，驻乌兹别克斯坦大使姜岩在乌兹别克斯坦《人民言论报》上发表署名文章《中乌合作充满科技含量》。

2019 年 1 月 14 日，驻乌兹别克斯坦大使姜岩接受乌兹别克斯坦国家广播电视公司“文化教育”频道专访。

新加坡

2020 年 9 月 22 日，驻新加坡大使洪小勇应邀出席“山东与世界 500 强连线”东盟专场活动并致辞。

2020 年 7 月 30 日，驻新加坡大使洪小勇在《中国日报》发表署名文章《“而立之年”共抗疫 中新友谊再升华》。

2020 年 3 月 28 日，驻新加坡大使洪小勇在新加坡《海峡时报》上发表署名文章《中国愿携手各国早日战胜疫情》。

2019 年 12 月 6 日，驻新加坡大使洪小勇出席中资企业（新加坡）协会第十二届中国石油杯乒乓球友谊赛开幕式并致辞。

2019 年 12 月 6 日，驻新加坡大使洪小勇应邀出席中新（重庆）战略性互联互通示范项目“航空 + 旅游”推介会并致辞。

2019 年 10 月 10 日，驻新加坡大使洪小勇在《中国日报》上发表署名文章《继往开来，与时俱进的中新友谊与合作》。

2019 年 10 月 4 日，驻新加坡大使洪小勇出席“播撒希望——致敬新中国教育 70 周年图片展”开幕式并致辞。

2019 年 8 月 15 日，驻新加坡大使洪小勇出席第五届“新加坡暨区域商务论坛”并发表演讲。

2019 年 7 月 30 日，驻新加坡大使洪小勇应邀出席苏州银行新加坡代表处挂牌仪式并致辞。

2019 年 7 月 9 日，驻新加坡大使洪小勇出席“2019 新中青少年艺术节”开幕式并致辞。

2019 年 4 月 10 日，驻新加坡大使洪小勇在新加坡《联合早报》上发表署名文章《共襄高峰论坛盛举 共谋“一带一路”合作》。

2019 年 1 月 24 日，驻新加坡大使洪小勇在 2019 年春茗晚宴上致辞。

亚美尼亚

2020 年 12 月 23 日，驻亚美尼亚大使范勇出席中国使馆汉语学习暨教学奖颁奖仪式并致辞。

2020 年 7 月 7 日，驻亚美尼亚大使田二龙在人民画报社《丝路瞭望》杂志（中俄文版）、《中国》俄文杂志发表署名文章《中亚两国守望相助，携手抗疫》。

2020 年 2 月 5 日，驻亚美尼亚大使田二龙在亚通社发表署名文章《中国人民有信心、有能力打赢疫情防控阻击战》。

2019 年 12 月 10 日，驻亚美尼亚大使田二龙出席阿博维扬师范大学“中国文化中心”揭牌仪式并致辞。

2019 年 11 月 18 日，驻亚美尼亚大使田二龙在汉语学习暨教学奖颁奖仪式上致辞。

2019 年 10 月 23 日，驻亚美尼亚大使田二龙在《中国日报》（*China Daily*）刊发署名文章《深耕友谊园地》。

2019 年 9 月 23 日，驻亚美尼亚大使田二龙出席“认识中国”网络知识竞赛启动仪式并致辞。

2019 年 9 月 17 日，驻亚美尼亚大使田二龙出席亚中友好协会会歌发布式并致辞。

2019 年 9 月 9 日，驻亚美尼亚大使田二龙在亚美尼亚“中国文化日”开幕式上致辞。

2019 年 6 月 14 日，驻亚美尼亚大使田二龙出席亚美尼亚孔子学院建院十周年庆典并致辞。

2019 年 6 月 14 日，驻亚美尼亚大使田二龙出席“中国外交与经济研修班”开班仪式并致辞。

伊拉克

2020 年 11 月 26 日，驻伊拉克大使张涛发表署名文章《擘画发展新蓝图，把握合作新机遇》。

2020 年 7 月 16 日，驻伊拉克大使张涛发表署名文章《携手扬帆再起航 共建中阿命运共同体》。

2020 年 2 月 23 日，驻伊拉克大使张涛发表署名文章《中国人民必将取得抗击疫情斗争的最终胜利》。

2020 年 1 月 22 日，驻伊拉克大使张涛接受伊拉克国家电视台新闻频道《对话圈》节目专访。

伊朗

2020 年 12 月 23 日，驻伊朗大使常华在伊朗大学生通讯社发表署名文章

《构建更加紧密的网络空间命运共同体》。

2020 年 10 月 1 日，驻伊朗大使常华在伊通社发表署名文章《坚持多边主义，构建人类命运共同体》。

2020 年 5 月 30 日，驻伊朗大使常华在伊朗大学生通讯社发表署名文章《开放的中国欢迎各国优秀青年学习深造》。

2020 年 5 月 16 日，驻伊朗大使常华在伊朗大学生通讯社发表署名文章《在国际抗疫合作中推动构建人类命运共同体》。

2020 年 4 月 29 日，驻伊朗大使常华出席“新冠肺炎疫情下的伊朗、中国与世界”伊智库视频研讨会并致辞。

2020 年 4 月 13 日，驻伊朗大使常华在《伊朗报》发表署名文章《齐心打造“健康丝绸之路”》。

2020 年 2 月 13 日，驻伊朗大使常华在迈赫尔通讯社发表署名文章《人心之间，有路相通》。

2019 年 12 月 10 日，驻伊朗大使常华参访伊朗总商会并发表演讲。

2019 年 12 月 9 日，驻伊朗大使常华参访伊朗外交部国际关系学院并发表演讲。

2019 年 12 月 9 日，驻伊朗大使常华在伊朗外交部国际关系学院发表演讲。

2019 年 12 月 2 日，驻伊朗大使常华在伊朗大学生通讯社发表署名文章《“假新闻”和“双重标准”不得人心》。

2019 年 11 月 12 日，驻伊朗大使常华出席伊朗第十三届国际民族文化节开幕式并致辞。

2019 年 10 月 21 日，驻伊朗大使常华在《德黑兰时报》发表署名文章《中国国际进口博览会奏响世界经济大合唱的华丽乐章》。

2019 年 9 月 24 日，驻伊朗大使常华在国庆七十周年招待会上致辞。

以色列

2020 年 11 月 23 日，驻以色列大使馆代办戴玉明在第六届中国云南—以色列创新合作论坛上发表视频致辞。

2020 年 9 月 28 日，驻以色列大使馆代办戴玉明在2020 中国常州科技经贸洽谈会上发表视频致辞。

2020 年 4 月 2 日，驻以色列大使杜伟在《今日以色列报》上发表署名文章《合作是治疗新冠病毒的良药》。

2019 年 12 月 25 日，驻以色列大使詹永新出席以中友好协会暨在华原住民联合会年会并致辞。

2019 年 11 月 14 日，驻以色列大使詹永新在第四届“以色列对华政策研讨会”上发表主旨演讲。

2019 年 11 月 13 日，驻以色列大使詹永新在以色列国家安全研究所第五届中国专题研讨会上发表讲话。

2019 年 9 月 25 日，驻以色列大使詹永新在驻以色列使馆国庆七十周年招待会上致辞。

2019 年 6 月 10 日，驻以色列大使詹永新出席第二届“大使杯”乒乓球锦标赛并致辞。

2019 年 6 月 7 日，驻以色列大使詹永新在以色列《耶路撒冷邮报》上发表署名文章《雄关漫道真如铁，而今迈步从头越》。

2019年5月28日，驻以色列大使詹永新出席第二届“大使杯”武术比赛并致辞。

2019年5月3日，驻以色列大使詹永新在以色列《耶路撒冷邮报》发表署名文章《“一带一路”，春华秋实》。

2019年5月2日，驻以色列大使詹永新在《今日以色列》上发表署名文章《中以友谊，历久弥新》。

2019年1月31日，驻以色列大使詹永新出席“欢乐春节”新年音乐会并致辞。

印度

2020年12月8日，驻印度大使孙卫东在“美丽中国 美丽印度”云图片展上致辞。

2020年9月29日，驻印度大使孙卫东在庆祝国庆七十一周年视频交流活动上发表讲话。

2020年4月1日，驻印度大使孙卫东为中印建交七十周年纪念封发行发表视频贺辞。

2020年2月12日，驻印度大使孙卫东在印度外交学院发表演讲。

2020年1月10日，驻印度大使孙卫东出席“欢乐春节”印度专场演出并致辞。

2020年1月9日，驻印度大使孙卫东出席中印青年对话并致辞。

2020年1月4日，驻印度大使孙卫东出席“阅读中国”图书展暨“中印文化交流图片展”开幕式。

2019年11月13日，驻印度大使孙卫东在“礼乐·华章——中国湖北文物特展”开幕式上发表讲话。

2019年11月11日，驻印度大使孙卫东出席第二期中印联合培训阿富汗外交官项目印方课程开班仪式。

2019年11月7日，驻印度大使孙卫东在中国人民外交学会—印度世界事务委员会第六次中印关系对话会上发表讲话。

2019年10月23日，驻印度大使孙卫东出席金德尔大学“中国周”开幕式暨印中研究中心五周年庆典并致辞。

2019年10月1日，驻印度大使孙卫东为“2019中印青年说”活动发表视频贺词。

2019年9月27日，驻印度大使孙卫东出席印友好组织举办的中华人民共和国国庆庆祝活动。

2019年9月15日，驻印度大使孙卫东在庆中秋、迎国庆联欢会上发表讲话。

2019年8月24日，驻印度大使孙卫东在印媒发表署名文章《丝路明珠照亮中印文明交流》。

2019年5月25日，驻印度大使罗照辉在印媒发表署名文章《中印携手对贸易霸凌说不，为文明对话喝彩》。

2019年3月9日，驻印度大使罗照辉发表署名文章《共承璀璨东方文明 谱写人文交流华章》。

2019年1月25日，驻印度大使罗照辉在“欢乐春节”演出上发表讲话。

2019年1月15日，驻印度大使罗照辉在印度旅游业者协会新年招待会上发表讲话。

2019年1月1日，驻印度大使罗照辉向印度人民致新年贺词。

印度尼西亚

2020年2月24日，驻印度尼西亚

大使肖千在印尼外交政策协会就新冠肺炎问题发表演讲。

2019年10月10日，驻印度尼西亚大使肖千在《印尼媒体报》发表署名文章《中国的发展与中印尼关系成就》。

2019年9月26日，驻印度尼西亚大使肖千在庆祝中华人民共和国成立七十周年招待会上发表讲话。

2019年6月18日，驻印度尼西亚大使肖千在《中国日报》发表署名文章《汇聚合作共识 实现共同发展》。

2019年5月27日，驻印度尼西亚大使肖千在同印尼媒体智库共同开斋活动上致辞。

2019年4月5日，驻印度尼西亚大使肖千在《雅加达邮报》发表署名文章《“一带一路”倡议造福印尼和世界》。

2019年4月5日，驻印度尼西亚大使肖千在《罗盘报》发表署名文章《攻坚克难，行稳致远，中国将持续为世界经济增长注入强劲动力》。

2019年3月19日，驻印度尼西亚大使肖千在“‘一带一路’倡议连接印尼与中国”研讨会上发表主旨演讲。

约旦

2020年3月8日，驻约旦大使潘伟芳在约旦主流媒体上发表署名文章《携手抗击疫情，夺取最终胜利》。

2019年10月23日，驻约旦大使潘伟芳为约旦首个华为信息与通信技术学院揭牌并致辞。

2019年10月3日，驻约旦大使潘伟芳出席《美丽中国》旅游图片展开幕式并致辞。

2019年9月27日，驻约旦大使潘伟芳出席约旦第四届汉语教学研讨会并发言。

2019年5月16日，驻约旦大使潘伟芳出席“汉语桥”和“长城—佩特拉杯”约旦大学生汉语比赛决赛并致辞。

2019年1月22日，驻约旦大使潘伟芳出席约旦首场“欢乐春节”文化庆祝活动并致辞。

越南

2020年4月4日，驻越南大使熊波于“澜湄周”之际在越南《世界与越南报》上发表署名文章。

2020年1月15日，驻越南大使熊波在中越建交七十周年招待会上发表讲话。

2019年10月29日，驻越南大使熊波出席胡志明主席精神遗产和新时期越南文化外交研讨会并发言。

2019年10月23日，驻越南大使熊波出席越南首批输华乳制品发布仪式并致辞。

2019年9月27日，驻越南大使熊波出席越友联庆祝新中国成立七十周年友好交流活动并致辞。

2019年8月14日，驻越南大使熊波出席胡志明国家政治学院成立七十周年研讨会并发表讲话。

欧洲

爱沙尼亚

2019年9月27日，驻爱沙尼亚大使李超在新中国成立七十周年招待会上致辞。

2019年9月27日，驻爱沙尼亚大使李超在2019爱中友谊杯武术公开赛开幕式上致辞。

冰岛

2020年1月22日，驻冰岛大使金智健出席中冰旅游研讨会并做主旨演讲。

2019年10月11日，驻冰岛大使金智健出席“中国当代民生摄影展”开幕式并致辞。

2019年6月18日，驻冰岛大使金智健在“中国海上丝绸之路文物精品图片展”开幕式上致辞。

波兰

2020年1月17日，驻波兰大使刘光源在2020新春招待会上致辞。

2019年11月16日，驻波兰大使刘光源出席庆祝“双70周年”中波青年专场音乐会并致辞。

2019年10月24日，驻波兰大使刘光源在亚当·密茨凯维奇大学发表演讲。

2019年10月11日，驻波兰大使刘光源出席波兰“社会主义者联盟”庆祝活动并致辞。

2019年8月8日，驻波兰大使刘光源参加波兰高校庆祝中波建交七十周年研讨会并致辞。

2019年9月25日，驻波兰大使刘光源在中波建交七十周年研讨会上致辞。

德国

2020年12月1日，驻德国大使吴恳在“中国教育网络”线上开幕活动发表视频致辞。

2020年9月28日，驻德国大使吴恳在国庆招待会上致辞。

2019年11月25日，驻德国大使吴恳在波恩 La Redoute 国际俱乐部活动上作报告。

2019年11月15日，驻德国大使吴恳在“亚欧互联互通——中德一带一路对话论坛”上致开幕词。

2019年10月23日，驻德国大使吴恳在2019年度德国物流业大会上发表讲话。

俄罗斯

2020年12月10日，驻俄罗斯大使张汉晖出席俄罗斯联邦工商会“国际反腐日”全俄视频会议并发言。

2020年9月29日，驻俄罗斯大使张汉晖就庆祝中华人民共和国成立七十一周年发表视频讲话。

2020年9月2日，驻俄罗斯大使张汉晖在纪念抗日战争暨世界反法西斯战争胜利七十五周年线上研讨会上致辞。

2020年6月22日，驻俄罗斯大使张汉晖接受《伙伴》杂志专访《风雨过后，中俄合作将迎来更加灿烂的明天》。

2020年4月9日，驻俄罗斯大使张汉晖接受俄文杂志《中国风》专访。

2020年2月20日，驻俄罗斯大使张汉晖出席2019“全俄年度工程师大赛”及“希望俄罗斯——青年科技奖”颁奖典礼并致辞。

2019年12月18日，驻俄罗斯大使张汉晖出席“艺术与和平——中国当代美术作品展”并致辞。

2019年10月8日，驻俄罗斯大使张汉晖出席“美好生活的向往——致敬新中国成立70周年图片展”开幕式并致辞。

2019年9月24日，驻俄罗斯大使张汉晖出席庆祝“中俄友谊——70年”图片展开幕式并在展后答媒体问。

2019年9月23日，驻俄罗斯大使张汉晖出席“文化中国 魅力吉林”系列活动开幕式。

2019年9月22日，驻俄罗斯大使张汉晖出席“中国大使杯围棋赛2019”闭幕式并致辞。

2019年9月10日，驻俄罗斯大使张汉晖接受“今日俄罗斯”国际新闻通讯社专访。

2019年8月31日，驻俄罗斯大使张汉晖在俄文《中国》杂志发表署名文章《守望相助谱佳话 携手并肩向未来》。

2019年8月20日，驻俄罗斯大使张汉晖出席《周恩来与中俄友谊》图片展开幕式并致辞。

法国

2020年9月19日，驻法国使馆余劲松公使出席第十九届“汉语桥”世界大学生中文比赛法国预选赛并致辞。

2019年10月4日，驻法国使馆余劲松公使出席“中法旅游业界共庆中华人民共和国成立70周年”活动并致辞。

2019年9月24日，驻法国使馆余劲松公使出席凯辉论坛暨中法基金法国年会并致辞。

2019年4月2日，驻法国使馆余劲松公使出席第十二届“汉语桥”世界中学生中文比赛法国预选赛颁奖仪式并致辞。

芬兰

2019年8月27日，驻芬兰大使陈立出席在赫尔辛基音乐厅举办的中芬联合画展开幕式并致辞。

2019年5月8日，驻芬兰大使陈立在芬兰巴锡基维协会发表演讲。

2019年2月4日，驻芬兰大使陈立出席第十三届赫尔辛基“欢乐春节”庙会活动并致辞。

2019年1月25日，驻芬兰大使陈立出席“芬兰华人科技协会五周年庆典及新春团拜会”并致辞。

捷克

2020年2月22日，驻捷克大使张建敏就抗击新冠肺炎疫情接受中外记者联合采访。

2019年9月26日，驻捷克大使张建敏在庆祝中华人民共和国成立七十周年暨中捷建交七十周年招待会上发表讲话。

2019年9月17日，驻捷克大使张建敏在中捷建交七十周年专家圆桌会上发表主旨讲话。

2019年4月25日，驻捷克大使张建敏发表署名文章《“一带一路”倡议为世界带来新机遇》。

克罗地亚

2020年12月24日，驻克罗地亚大使许尔文在第五届马可·波罗国际艺术节开幕式上在线致辞。

2020年12月15日，驻克罗地亚大使许尔文在克罗地亚《国家》杂志上发表署名文章《擘画发展蓝图 共创美好未来》。

2020年11月17日，驻克罗地亚大使许尔文在华为“未来种子计划2020”项目启动仪式上发表讲话。

2020年7月27日，驻克罗地亚大使许尔文出席第十九届“汉语桥”世界大学生和第十三届“汉语桥”世界中学生中文比赛克罗地亚赛区决赛开幕式并致辞。

2020年1月8日，驻克罗地亚大使许尔文在“欢乐春节”演出上致辞。

2020年1月2日，驻克罗地亚大使许尔文在佩列沙茨大桥建设工地与员工共庆新年活动上发表讲话。

2019年11月13日，驻克罗地亚大使许尔文在《习近平讲故事》克文新书发布会上致辞。

2019年10月29日，驻克罗地亚大使许尔文在华为公司“未来种子”项目启动仪式上发表讲话。

2019年10月11日，驻克罗地亚大使许尔文出席“丝路瓷行——中国陶瓷文化展”开幕式并致辞。

2019年9月11日，驻克罗地亚大使许尔文在现代舞剧《舞术》演出上致辞。

2019年7月13日，驻克罗地亚大使许尔文在2019年度中克警务联巡启动仪式上发表讲话。

立陶宛

2020年1月28日，驻立陶宛大使申知非在2020新春音乐会暨招待会上致辞。

2019年10月8日，驻立陶宛大使申知非在国庆七十周年招待会上致辞。

2019年7月13日，驻立陶宛大使申知非出席“一带一路”国际龙舟节开幕式并致辞。

2019年7月1日，驻立陶宛大使申知非出席“一带一路 翰墨传情”中国书画展开幕式并致辞。

2019年5月4日，驻立陶宛大使申知非出席立陶宛第五届“汉语桥”中文比赛活动并致辞。

2019年3月15日，驻立陶宛大使申知非出席立陶宛“中国写意——来自中国美术馆的艺术”画展开幕式并致辞。

2019年3月4日，驻立陶宛大使申知非出席维陶塔斯·马格努斯大学“2019年亚洲周”开幕式并致辞。

2019年2月12日，驻立陶宛大使申知非出席维尔纽斯大学孔子学院新春招待会并致辞。

2019年2月1日，驻立陶宛大使申知非在立陶宛友好人士新春座谈会上发表讲话。

罗马尼亚

2020年9月29日，驻罗马尼亚大使姜瑜发表国庆致辞《迎难而上，于变局中开新局》。

2019年11月20日，驻罗马尼亚大使姜瑜出席“明万历皇家金器珍藏展”开幕式并致辞。

2019年9月14日，驻罗马尼亚大使姜瑜出席旅罗侨界庆祝新中国成立暨中罗建交七十周年文艺晚会并致辞。

2019年8月10日，驻罗马尼亚大使姜瑜出席“罗马尼亚武术锦标赛”暨“世界武术日”庆祝活动并致辞。

2019年4月2日，驻罗马尼亚大使姜瑜出席第十八届“汉语桥”世界大学生中文比赛罗马尼亚赛区决赛并致辞。

马耳他

2020年9月18日，驻马耳他大使姜江出席马耳他大学与东南大学合作项目启动仪式并致辞。

2020年1月16日，驻马耳他大使姜江在“灵感中国”来华创作艺术家成果展开幕式上致辞。

2019年12月8日，驻马耳他大使

姜江在国庆七十周年主题国际巡展开幕式上致辞。

2019 年 6 月 20 日，驻马耳他大使姜江在“美丽中国，壮美广西”中国旅游文化周开幕式上致辞。

2019 年 5 月 24 日，驻马耳他大使姜江在使馆开放日上致辞。

2019 年 5 月 20 日，驻马耳他大使姜江在联合国国际老龄问题研究所会议上发表讲话。

2019 年 5 月 17 日，驻马耳他大使姜江在“汉语桥”马耳他赛区预选赛上发表讲话。

2019 年 4 月 26 日，驻马耳他大使姜江在“我们的丝路”摄影展上发表讲话。

2019 年 4 月 9 日，驻马耳他大使姜江在《马耳他时报》发表署名文章《又到清明》。

2019 年 3 月 20 日，驻马耳他大使姜江在中国传统医学展开幕式上致辞。

2019 年 1 月 19 日，驻马耳他大使姜江在“2019 瓦莱塔欢乐春节”开幕式上致辞。

葡萄牙

2020 年 4 月 9 日，驻葡萄牙大使蔡润出席 2020 浙江出口网上交易会（葡萄牙站——汽配专场）启动仪式并致辞。

2020 年 3 月 12 日，驻葡萄牙大使蔡润在“新型冠状肺炎病毒：卫生、经济和外交影响”研讨会上致辞。

2019 年 12 月 11 日，驻葡萄牙大使蔡润在庆祝澳门回归祖国二十周年招待会暨图片展开幕式上致辞。

2019 年 12 月 4 日，驻葡萄牙大使蔡润在中国银行“一带一路”国际金融交流合作研修班主旨演讲暨结业仪式上致辞。

2019 年 9 月 4 日，驻葡萄牙大使蔡润出席欧洲（葡萄牙）中医药文化体验中心揭牌仪式并致辞。

瑞典

2020 年 3 月 4 日，驻瑞典大使桂从友在瑞典华文媒体北欧绿色邮报网、《北欧时报》《北欧华人报》发表署名文章《疫情终有时，经济长向好》。

2019 年 10 月 17 日，驻瑞典大使桂从友在斯德哥尔摩国际和平研究所中欧互联互通研讨会晚宴上致辞。

2019 年 9 月 20 日，驻瑞典大使桂从友在庆祝中华人民共和国成立七十周年招待会上致辞。

2019 年 9 月 18 日，驻瑞典大使桂从友在当代中国和瑞典书籍设计艺术展上致辞。

2019 年 9 月 1 日，驻瑞典大使桂从友在“全欧/全英中国经济学会”2019 年会开幕式上致辞。

2019 年 5 月 22 日，驻瑞典大使桂从友在“一带一路”研讨会上发表主旨演讲《共建高质量“一带一路”，共创可持续发展的美好明天》。

2019 年 4 月 23 日，驻瑞典大使桂从友在瑞典斯德哥尔摩经济学院“中国日”活动开幕式上致辞。

2019 年 2 月 3 日，驻瑞典大使桂从友在 2019 春节招待会上致辞《争做努力奔跑的追梦人》。

2019 年 1 月 30 日，驻瑞典大使桂从友在瑞典华人科技专家座谈会上致辞。

瑞士

2020年2月11日，驻瑞士大使耿文兵应邀出席西北应用科技大学“关注中国”活动并发表演讲。

2020年1月16日，驻瑞士大使耿文兵在瑞士主流媒体《世界周报》发表专栏文章《共同开启中瑞关系更加美好的明天》。

2019年9月24日，驻瑞士大使耿文兵出席瑞维格精英俱乐部晚餐会并发表演讲。

2019年3月13日，驻瑞士大使耿文兵应邀请赴圣加仑大学出席亚洲日闭幕式活动并发表公开演讲。

2019年2月12日，驻瑞士大使耿文兵举办2019新春招待会并致辞。

2019年2月12日，驻瑞士大使耿文兵在西北应用科技大学发表演讲。

斯洛伐克

2020年9月30日，驻斯洛伐克大使孙立杰在线上国庆招待会上致辞。

2020年5月6日，驻斯洛伐克大使孙立杰在“五四”青年节线上座谈会上致辞。

2020年3月11日，驻斯洛伐克大使孙立杰在《人民日报》发表随笔《让互爱互助之花永远盛开》。

2019年11月12日，驻斯洛伐克大使林琳出席考门斯基大学孔子学院第四届“我眼中的中国”夏令营摄影展开幕式并致辞。

2019年9月28日，驻斯洛伐克大使林琳在庆祝中华人民共和国成立七十周年暨中斯建交七十周年招待会上发表讲话。

2019年4月17日，驻斯洛伐克大使林琳在尼特拉智者康斯坦丁大学发表演讲。

2019年3月5日，驻斯洛伐克大使林琳出席考门斯基大学孔子学院第三届“我眼中的中国”夏令营摄影展开幕式并致辞。

2019年2月3日，驻斯洛伐克大使林琳出席“欢乐中国年暨中国文化日”活动并致辞。

2019年1月31日，驻斯洛伐克大使林琳访问斯中双语中学及斯洛伐克医科大学中医孔子课堂并致辞。

乌克兰

2019年12月16日，驻乌克兰大使范先荣出席“中国大使奖学金”颁奖仪式并致辞。

2019年10月9日，驻乌克兰大使杜伟出席基辅国立大学“诗园”揭幕仪式并致辞。

2019年9月19日，驻乌克兰大使杜伟出席“中国电影之夜”主题活动并致辞。

2019年6月10日，驻乌克兰大使杜伟出席乌克兰柴可夫斯基音乐学院音乐孔子课堂揭牌仪式并致辞。

2019年5月17日，驻乌克兰大使杜伟在第十三届全乌科学节开幕式上发表讲话。

2019年2月1日，驻乌克兰大使杜伟向乌克兰电视观众发表2019新春致辞。

西班牙

2020年12月11日，驻西班牙大使吴海涛在线出席西班牙“中国会”年度颁奖活动暨创新论坛并致辞。

2019年5月21日，驻西班牙大使

吕凡出席第十八届“汉语桥”世界大学生中文比赛暨第十二届“汉语桥”世界中学生中文比赛西班牙大区总决赛并致辞。

2019 年 4 月 20 日，驻西班牙大使吕凡在《世界报》发表署名文章《中国以开放胸怀，期待更多合作与共赢》。

2019 年 1 月 31 日，驻西班牙大使吕凡在西班牙企业家俱乐部中国论坛上发表讲话。

希腊

2020 年 11 月 25 日，驻希腊大使章启月在 2020 中希关系研讨会暨中希关系研究论文集发布仪式上致辞。

2020 年 10 月 15 日，驻希腊大使章启月在希腊爱琴大学网络中文课堂启动仪式上致辞。

2020 年 6 月 4 日，驻希腊大使章启月在“投资希腊”线上论坛活动上致辞《携手促合作，风劲正扬帆》。

2019 年 9 月 22 日，驻希腊大使章启月在庆祝中华人民共和国成立七十周年之际接受希腊《每日报》专访。

匈牙利

2020 年 1 月 23 日，驻匈牙利大使段洁龙出席“中国大使奖学金”颁奖仪式暨匈中双语学校春节联欢会并致辞。

2020 年 1 月 18 日，驻匈牙利大使段洁龙出席“美丽中国·欢乐春节”系列活动之儿童话剧《机器人奇遇记》并致辞。

2019 年 12 月 2 日，驻匈牙利大使段洁龙出席匈牙利雅典娜基金会中文期刊《匈牙利地缘政治——“欧亚时代”研究专辑（中文版）》发行仪式并致辞。

2019 年 1 月 15 日，驻匈牙利大使段洁龙出席德布勒森大学孔子学院揭牌仪式并致辞。

2019 年 11 月 8 日，驻匈牙利大使段洁龙出席第十六届世界中医药大会开幕式并致辞。

2019 年 10 月 26 日，驻匈牙利大使段洁龙出席“齐鲁号”欧亚班列国际货运回程首发仪式并致辞。

2019 年 10 月 17 日，驻匈牙利大使段洁龙出席《光阴的故事——万里为邻》纪录片首播仪式并致辞。

2019 年 9 月 25 日，驻匈牙利大使段洁龙庆祝中匈建交七十周年《粉墨春秋》演出并致辞。

2019 年 8 月 23 日，驻匈牙利大使段洁龙出席“新时代海上丝绸之路——中国油画名家笔下的匈牙利”大型油画展开幕式并致辞。

2019 年 6 月 26 日，驻匈牙利大使段洁龙出席第二届“古老的知识、崭新的征途”——21 世纪健康文化发展研讨会并致辞。

2019 年 6 月 18 日，驻匈牙利大使段洁龙出席“魅力上海”城市推广活动开幕式并致辞。

2019 年 6 月 14 日，驻匈牙利大使段洁龙出席“中国电影国际巡展——中国电影走进匈牙利”系列活动开幕式并致辞。

2019 年 1 月 16 日，驻匈牙利大使段洁龙出席“文化陕西”旅游推介会并致辞。

英国

2020 年 10 月 19 日，驻英国大使刘晓明在中国文物返还移交仪式上致辞《文物交流传佳话，中英友好续新篇》。

2020年9月19日，驻英国大使刘晓明在第十九届“汉语桥”世界大学生中文比赛全英大区赛决赛开幕式上致辞《共赏汉语之美、共筑友谊之桥、共促文明互鉴》。

2020年6月18日，驻英国大使刘晓明在“中英公益”项目支票捐赠仪式上致辞《汇聚公益爱心，携手互助前行》。

2020年3月6日，驻英国大使刘晓明在“中英公益”2020年合作伙伴活动上发表讲话《共迎挑战，共献爱心》。

2020年1月15日，驻英国大使刘晓明在“行走的年夜饭”活动上发表讲话《品尝中西交融美味 迎接互利共赢未来》。

2019年12月17日，驻英国大使刘晓明在纪录片《之江故事》展映招待会上发表讲话《讲述中国故事，筑牢友谊之基》。

2019年11月4日，驻英国大使刘晓明在世界旅游交易会（伦敦）·中国展区启动仪式上发表讲话《感受中国之美，共建友谊合作之桥》。

2019年10月13日，驻英国大使刘晓明在英国中部学联“我和我的祖国”晚会上致辞《唱响民族复兴与中英友好赞歌》。

2019年10月11日，驻英国大使刘晓明在“21世纪中国论坛”上致辞《引领开放创新潮流，打造合作共赢成果》。

2019年9月26日，驻英国大使刘晓明在英国“亚洲之家”发表主旨演讲《共答“时代之问”，同创美好未来》。

2019年9月20日，驻英国大使刘晓明在哈罗公学发表演讲《认识真实的中国，共建友谊的桥梁》。

2019年9月18日，驻英国大使刘晓明在纪录片《中国的宝藏》推介会上致辞《让中国的宝藏绽放新时代光彩》。

2019年9月16日，驻英国大使刘晓明在英国皇家爱乐乐团“中国之夜”音乐会上发表讲话《奏响三个“强音”，凝聚奋进力量》。

2019年8月29日，驻英国大使刘晓明在“庆祝新中国成立70周年音乐会——北极星四重奏”上发表讲话《品味中西名曲，共谱合作华篇》。

2019年8月6日，驻英国大使刘晓明在庆祝新中国成立七十周年华侨华人专场音乐会上发表讲话《为时代抒怀，为爱国放歌》。

2019年7月8日，驻英国大使刘晓明在英国哈德斯菲尔德大学科技创新孔子学院成立签约仪式上致辞《坚持正确方向，开创共赢未来》。

2019年6月21日，驻英国大使刘晓明在中信银行伦敦分行开业仪式上致辞《乘“黄金时代”东风，谱金融合作新篇》。

2019年4月7日，驻英国大使刘晓明在第十八届“汉语桥”世界大学生中文比赛全英大区赛决赛开幕式上发表讲话《秉持交流初心，共建理解之桥》。

2019年4月1日，驻英国大使刘晓明在英国爱乐乐团音乐会上发表讲话《国与国的合作，心与心的交流》。

2019年2月8日，驻英国大使刘晓明在“中英公益”倡议新春招待会上致辞《以爱行善举，以心促合作》。

意大利

2020 年 11 月 27 日，驻意大利大使李军华在米兰圣心大学孔子学院纪念中意建交五十周年线上活动上致辞。

2020 年 11 月 24 日，驻意大利大使李军华在意大利议会中国文化协会纪念中意建交五十周年线上活动上致辞。

2020 年 11 月 7 日，驻意大利大使李军华在中意建交五十周年线上纪念活动上致辞。

2020 年 10 月 22 日，驻意大利大使李军华意中基金会纪念中意建交五十周年活动上致辞。

2019 年 11 月 1 日，驻意大利大使李军华在“相约千年·魅力丝路文化行”活动开幕式上致辞。

2019 年 10 月 25 日，驻意大利大使李军华在华为公司新办公室剪彩仪式上致辞。

2019 年 9 月 15 日，驻意大利大使李军华出席“献礼新中国 70 华诞全意龙舟友谊赛”活动并致辞。

2019 年 6 月 29 日，驻意大利大使李军华在使馆中意青年开放日上致辞。

2019 年 5 月 2 日，驻意大利大使李瑞宇出席博洛尼亚大学孔子学院十周年庆典活动并致辞。

2019 年 3 月 21 日，驻意大利大使李瑞宇在中意媒体高层对话会上发表讲话《加强媒体交流，携手唱响中意关系光明未来》。

北美洲

巴哈马

2020 年 11 月 18 日，驻巴哈马大使黄亲国在巴哈马主流媒体《拿骚卫报》上发表离任署名文章《中巴友谊万古长青》。

2020 年 1 月 18 日，驻巴哈马大使黄亲国在 2020 春节招待会上发表讲话。

2019 年 9 月 27 日，驻巴哈马大使黄亲国在国庆七十周年招待会上发表讲话。

2019 年 9 月 26 日，驻巴哈马大使黄亲国出席巴哈马大学孔子学院成立十周年庆祝活动并致辞。

巴拿马

2020 年 9 月 17 日，驻巴拿马大使魏强应邀线上出席华为巴拿马“2020 未来种子”项目启动仪式并致辞。

2020 年 5 月 8 日，驻巴拿马大使魏强接受《对话中国》杂志电话采访。

2019 年 10 月 13 日，驻巴拿马使馆临时代办刘波出席“2019 巴拿马国际现代舞艺术节”闭幕式演出并于结束后接受媒体采访。

2019 年 10 月 7 日，驻巴拿马使馆临时代办刘波出席中巴文化中心第五届龙舟赛开幕式并致辞。

2019 年 6 月 18 日，驻巴拿马大使魏强出席巴拿马中国学校正式命名活动并致辞。

2019 年 6 月 11 日，驻巴拿马大使魏强在巴拿马经济学家塔别罗著作《“一带一路”与巴拿马》再版发行仪式上发表讲话。

2019 年 5 月 27 日，驻巴拿马大使魏强出席第十八届“汉语桥”世界大学生中文比赛巴拿马赛区预选赛并致辞。

2019 年 5 月 9 日，驻巴拿马大使魏强出席“庆祝中华人民共和国成立 70 周年图片巡展”奇里基站活动。

2019 年 4 月 25 日，驻巴拿马大使魏强就第二届“一带一路”国际合作高峰论坛即将召开撰文《携手共建“一带一路”》。

2019 年 3 月 19 日，驻巴拿马大使魏强受邀出席巴拿马大学孔子学院在巴拿马科技大学新设教学点签约和揭牌仪式并作主旨演讲。

2019 年 3 月 14 日，驻巴拿马大使魏强应邀出席巴拿马首届国际购物中心大会并发表演讲。

多米尼克

2019 年 3 月 26 日，驻多米尼克大使卢坤在多米尼克主流媒体发表署名文章《继往开来，携手共创中多关系美好未来》。

加拿大

2020 年 12 月 5 日，驻加拿大大使丛培武在线出席“2020 加拿大‘汉语桥’中文比赛参赛师生见面会”并致辞。

2020 年 11 月 21 日，驻加拿大大使丛培武向加拿大白求恩医学发展协会举办的首届“优秀访问学者奖”线上颁奖典礼致视频贺辞。

2020 年 1 月 19 日，驻加拿大大使丛培武出席渥太华“欢乐春节——2020 中国新年音乐会”并致辞。

2019 年 10 月 29 日，驻加拿大大使丛培武在“纪念白求恩逝世 80 周年”招待会上致辞。

2019 年 5 月 18 日，驻加拿大大使卢沙野出席 2019 年郁金香节“中国日”活动并致辞。

美国

2019 年 11 月 2 日，驻美国大使馆徐学渊公使在 2019 年全美和统会联合会年会上致辞。

2019 年 6 月 29 日，驻美国大使馆李克新临时代办出席《木兰谣》专场演出及招待会并致辞。

2019 年 5 月 11 日，驻美国大使馆徐学渊公使在 2019 年端午节台胞联谊招待会上致辞。

2019 年 5 月 11 日，驻美国大使馆徐学渊公使在“中国—犹他州经贸投资论坛”晚宴上发表讲话。

2019 年 2 月 28 日，驻美国大使馆李克新公使赴美国印第安纳波利斯市艾特尔乔格博物馆（Eiteljorg Museum）出席美国返还中国文物艺术品交接仪式并致辞。

牙买加

2020 年 11 月 16 日，驻牙买加大使田琦为华为“未来种子计划”开幕式致辞。

2020 年 11 月 8 日，驻牙买加大使田琦在牙买加主流媒体上发表署名文章《迎五洲客，计天下利》。

2020 年 6 月 7 日，驻牙买加大使田琦在牙买加主流媒体《集锦报》发表署名文章《共同努力实现新繁荣》。

2019 年 6 月 25 日，驻牙买加大使田琦出席牙买加莫兰特湾中心城项目启动仪式并致辞。

2019 年 6 月 25 日，驻牙买加大使田琦出席牙买加赴华训练青少年运动员欢送会并致辞。

2019 年 5 月 8 日，驻牙买加大使田琦在牙买加主流媒体《观察家报》发表署名文章《“一带一路”合作再创新高度》。

南美洲

阿根廷

2020 年 8 月 22 日，驻阿根廷大使邹肖力线上出席国药集团中国生物新冠病毒灭活疫苗国际临床（Ⅲ期）阿根廷启动仪式并发表讲话。

2019 年 11 月 28 日，驻阿根廷大使邹肖力在孔子像揭幕仪式上致辞。

2019 年 10 月 18 日，驻阿根廷大使邹肖力在“辉煌 70 年中国电视月”吹风会上发表讲话。

2019 年 8 月 4 日，驻阿根廷大使邹肖力在第 133 届阿根廷农展会上致辞。

2019 年 7 月 1 日，驻阿根廷大使邹肖力在“视听中国・阿根廷・北京视听之夜”启动仪式上发表讲话。

2019 年 6 月 28 日，驻阿根廷大使邹肖力在“中华川菜・世界品味”活动上致辞。

2019 年 6 月 22 日，驻阿根廷大使邹肖力在“文化中国・水立方杯”海外华人中文歌曲大赛阿根廷赛区新闻发布会暨文艺汇演上致辞。

2019 年 5 月 28 日，驻阿根廷大使邹肖力在阿根廷 2019 农历猪年生肖邮票发行仪式上发表讲话。

2019 年 2 月 20 日，驻阿根廷大使邹肖力在“欢乐春节”答谢招待会上致辞。

2019 年 2 月 1 日，驻阿根廷大使邹肖力在纪念改革开放四十周年图片展开幕式上发表讲话。

2019 年 1 月 30 日，驻阿根廷大使邹肖力在 2019 新春招待会暨到任招待会上致辞。

厄瓜多尔

2020 年 1 月 16 日，驻厄瓜多尔大使陈国友在中厄建交四十周年暨新春招待会上致辞。

委内瑞拉

2019 年 6 月 27 日，驻委内瑞拉大使李宝荣在委内瑞拉主流媒体《宇宙报》发表署名文章《中委友谊历久弥新》。

2019 年 5 月 25 日，驻委内瑞拉大使李宝荣出席中南美洲中国和平统一促进会 2019 年会开幕式并致辞。

智利

2020 年 1 月 16 日，驻智利大使徐步应邀出席“读懂中国”研修班开班仪式并致辞。

2019 年 12 月 7 日，驻智利大使徐步出席智京中华会馆中文学校结业典礼并致辞。

巴西

2019 年 8 月 15 日，驻巴西大使杨万明在中巴建交四十五周年图片展开幕式暨建交四十五周年纪念封首发仪式上致辞。

2019 年 6 月 19 日，驻巴西大使杨万明在第三届中巴高级别科技创新对话会上致辞。

2019 年 5 月 30 日，驻巴西大使杨万明出席巴西政府与企业关系政策学会晚宴并发表演讲。

2019 年 5 月 10 日，驻巴西大使杨万明出席中巴基础设施合作对话会并就“一带一路”倡议与中巴合作发表演讲。

2019 年 4 月 27 日，驻巴西大使杨万明出席中巴智库论坛并就“一带一路”倡议等致辞。

非洲

阿尔及利亚

2020年12月1日，驻阿尔及利亚大使李连和在阿尔及利亚法文主流媒体《独立青年报》发表署名文章《携手努力，共创未来》。

2020年9月30日，驻阿尔及利亚大使李连和在阿尔及利亚阿文官报《晚报》和法文《独立青年报》同步发表署名文章《岁寒知松柏，患难见真情》。

2019年11月22日，驻阿尔及利亚大使李连和出席中资企业协会球类比赛开幕式并致辞。

2019年10月1日，驻阿尔及利亚大使李连和在阿尔及利亚法文官报《圣战者报》上发表署名文章《70年伟大征程，61载携手同行》。

2019年9月25日，驻阿尔及利亚大使李连和出席阿尔及利亚媒体论坛活动并发表演讲。

2019年5月2日，驻阿尔及利亚大使李连和出席阿尔及利亚中友协主办的文化活动并致辞。

2019年5月2日，驻阿尔及利亚大使李连和在阿主流媒体上发表署名文章《共建“一带一路”，谱写中阿友好新篇章》。

2019年1月5日，驻阿尔及利亚大使李连和出席中资企业协会“走进新时代，唱响中国梦”歌咏比赛并致辞。

埃及

2020年12月13日，驻埃及大使廖力强在埃及“国家回声网”发表署名文章《携手构建亚太命运共同体，共享亚太和平繁荣美好未来》。

2020年10月7日，驻埃及大使廖力强在埃及最高文委发表国庆演讲。

2020年9月29日，驻埃及大使廖力强在国庆七十一周年线上招待会上致辞。

2020年9月7日，驻埃及大使廖力强在《关于将汉语纳入埃及中小学作为选修第二外语的谅解备忘录》签字仪式上发表讲话《架设跨越时空、相知友好的桥梁》。

2020年8月29日，驻埃及大使廖力强接受埃及数字传媒集团电视台采访。

2019年9月25日，驻埃及大使廖力强在国庆七十周年招待会上发表讲话。

2019年8月12日，驻埃及大使廖力强在埃及《金字塔报》发表署名文章《文明古国的现代牵手，中埃合作前景光明——写在抵达埃及履新之际》。

2019年7月28日，驻埃及大使廖力强在中国人民解放军建军九十二周年招待会上发表讲话。

安哥拉

2020年11月17日，驻安哥拉大使龚韬在安哥拉《国家报》发表署名文章《美好未来 全民共享——中国“十四五”规划将造福本国和世界人民》。

2020年9月30日，驻安哥拉大使龚韬在庆祝中华人民共和国成立七十一周年活动上发表讲话。

2020年7月16日，驻安哥拉大使龚韬出席安哥拉“火眼”实验室线上签约仪式并发表讲话。

2020年3月31日，驻安哥拉大使龚韬在安哥拉《国家报》发表署名文章《中安携手战疫》。

2020年2月22日，驻安哥拉大使龚韬在安哥拉媒体上发表署名文章《中安和中非合作模式，就是好!》。

2020年1月31日，驻安哥拉大使龚韬在安哥拉媒体上发表署名文章《与世界携手，中国必将战胜新型冠状病毒》。

2020年1月5日，驻安哥拉大使龚韬出席驻安哥拉中资企业商会2020新春联谊会并致辞。

2019年10月24日，驻安哥拉大使龚韬出席首届安哥拉家具展开幕式。

2019年9月14日，驻安哥拉大使龚韬出席中安迷你马拉松/健步走活动并致辞。

贝宁

2020年12月8日，驻贝宁大使彭惊涛出席“一带一路”奖学金颁发仪式。

2020年11月20日，驻贝宁大使彭惊涛出席中国援非“万村通”贝宁项目交接仪式并致辞。

2020年11月13日，驻贝宁大使彭惊涛出席华为2020年“未来种子计划”结业典礼并致辞。

2020年10月1日，驻贝宁大使彭惊涛在贝宁官方媒体《民族报》、主流媒体《时政》《精准报道》《别样视角》等上发表署名文章《风雨同舟，共创未来》。

2020年9月9日，驻贝宁大使彭惊涛参加“索韦托中贝友谊体育健身园”项目竣工移交仪式并致辞。

2020年6月23日，驻贝宁大使彭惊涛在贝宁《民族报》发表宣介中非团结抗疫特别峰会的署名文章《人类必将战胜疫情——坚定的信心，真诚的倡议，务实的举措》。

2020年3月13日，驻贝宁大使彭惊涛出席“贝宁与你同在，携手抗击新冠”主题文化艺术创作周开幕式并致辞。

2019年12月30日，驻贝宁大使彭惊涛出席“一带一路”奖学金颁发仪式并致辞。

2019年12月24日，驻贝宁大使彭惊涛出席我援贝宁文化物资交接仪式并致辞。

2019年9月24日，驻贝宁大使彭惊涛出席波多诺伏中贝友谊小学交接仪式并致辞。

2019年9月19日，驻贝宁大使彭惊涛出席中国援贝宁医疗队国庆义诊并致辞。

2019年9月13日，驻贝宁大使彭惊涛出席在贝宁科托努隆重举行的国庆七十周年文艺晚会并致辞。

2019年7月30日，驻贝宁大使彭惊涛出席贝宁孔子学院成立十周年庆典并致辞。

2019年5月28日，驻贝宁大使彭惊涛接受《精确事件》报刊专访。

2019年2月5日，驻贝宁大使彭惊涛受邀在贝宁国家电视台发表春节祝福。

博茨瓦纳

2020年11月27日，驻博茨瓦纳大使赵彦博出席首届博茨瓦纳农业创新论坛并作主旨发言。

2020年11月27日，驻博茨瓦纳大使赵彦博出席“对话非洲”视频研讨会并致辞。

2020 年 10 月 30 日，驻博茨瓦纳大使赵彦博就中非合作论坛成立二十周年在当地主流媒体《报道者报》纸媒和网站发表署名文章《中非合作论坛：共商、共建、共享的 20 年》。

2020 年 10 月 2 日，驻博茨瓦纳大使赵彦博就庆祝中华人民共和国成立七十一周年在当地主流媒体《博茨瓦纳卫报》发表署名文章《2020 年：值得铭记的抗疫之年》。

2020 年 9 月 6 日，驻博茨瓦纳大使赵彦博就中国人民抗日战争暨世界反法西斯战争胜利七十五周年在当地主流媒体《星期日标准报》发表《勿忘历史，携手前行》的文章。

2020 年 5 月 29 日，驻博茨瓦纳大使赵彦博在当地主流媒体《报道者报》发表署名文章《积极落实新举措，推进中非公共卫生合作》。

2019 年 10 月 15 日，驻博茨瓦纳大使赵彦博出席中国援博卡尊古拉小学开工仪式并致辞。

2019 年 5 月 31 日，驻博茨瓦纳大使赵彦博出席博茨瓦纳第二十五届北部贸易博览会并发表主旨演讲。

2019 年 4 月 26 日，驻博茨瓦纳大使赵彦博出席第十八届“汉语桥”世界大学生中文比赛博茨瓦纳赛区决赛并致辞。

2019 年 3 月 9 日，驻博茨瓦纳大使赵彦博出席博茨瓦纳中资企业协会 2019 年会并发表讲话。

肯尼亚

2020 年 9 月 28 日，驻肯尼亚大使周平剑在中华人民共和国国庆七十一周年招待会上致辞。

2020 年 9 月 16 日，驻肯尼亚大使周平剑和肯尼亚信息通信、创新和青年事务部长穆切鲁应邀参加华为肯尼亚公司举办的“未来种子”公益项目视频开幕式并致辞。

2019 年 12 月 20 日，驻肯尼亚大使吴鹏出席“万村通”肯尼亚项目竣工仪式并致辞。

2019 年 11 月 26 日，驻肯尼亚大使吴鹏参观中国艺术家赴肯尼亚采风团美术作品展并讲话。

2019 年 10 月 27 日，驻肯尼亚大使吴鹏前往伊大学孔子学院慰问并讲话。

马拉维

2020 年 3 月 31 日，驻马拉维大使刘洪洋在马拉维《国民报》发表署名文章《全球团结 共同行动 战胜病魔——新冠肺炎疫情防控的中国“处方”》。

马达加斯加

2020 年 1 月 23 日，驻马达加斯加大使杨小茸在 2020 春节招待会上发表讲话。

2019 年 9 月 30 日，驻马达加斯加大使杨小茸在中华人民共和国成立七十周年国庆招待会上致辞。

2019 年 9 月 12 日，驻马达加斯加大使杨小茸在庆祝“新中国成立 70 周年”媒体沙龙上致辞。

2019 年 8 月 8 日，驻马达加斯加大使杨小茸在庆祝中华人民共和国成立七十周年系列活动——《中国与马达加斯加友好合作成果丰硕》电视纪录片发布会暨《中国发展历程与中马合作》图片展上致辞。

2019 年 7 月 26 日，驻马达加斯加大使杨小茸在 2019 非洲部分国家（地区）孔子学院联席会议开幕式上发表讲话。

2019年7月10日，驻马达加斯加大使杨小茸在国庆七十周年系列活动——“中国文化日”开幕式上致辞。

毛里求斯

2019年12月20日，驻毛里求斯大使孙功谊出席2019赴华培训学员招待会暨“我眼中的中国”征文大赛颁奖典礼并致辞。

2019年1月29日，驻毛里求斯大使孙功谊在2019新春招待会上致辞。

摩洛哥

2020年11月19日，驻摩洛哥使馆临时代办茅俊线上出席中国—中东及北非（摩洛哥）国际贸易数字展览会开幕式并致辞。

2019年9月19日，驻摩洛哥大使李立出席“中摩非：共同发展纽带”研讨会并发表讲话。

2019年6月28日，驻摩洛哥大使李立出席“中摩服装秀之夜”活动并致辞。

2019年1月28日，驻摩洛哥大使李立出席2019摩洛哥“欢乐春节”新春音乐会并致辞。

南非

2020年11月2日，驻南非大使陈晓东在“华为—Rain—金山大学5G实验室”揭牌仪式上发表视频致辞。

2020年9月28日，驻南非大使陈晓东在中华人民共和国国庆七十一周年“云”招待会暨使馆开放日发表主旨讲话。

苏丹

2020年12月10日，驻苏丹大使马新民在援苏屠宰厂项目实施协议签字仪式上致辞。

2020年9月28日，驻苏丹大使马新民在中华人民共和国国庆七十一周年线上招待会上发表讲话。

2020年3月5日，驻苏丹大使马新民在向苏丹残联捐赠残障人用品交接仪式上发表讲话。

2019年12月10日，驻苏丹大使马新民在“中国茶座”沙龙开启暨首期活动上发表讲话。

2019年9月12日，驻苏丹大使马新民在《苏丹视野报》“中国聚焦”专栏发表署名文章《一年夜色最明夜，千里人心共赏时》。

2019年8月7日，驻苏丹大使马新民在2019中国政府奖学金留学生欢送招待会上发表讲话。

2019年7月23日，驻苏丹大使马新民在《苏丹视野报》“中国聚焦”专栏就中苏务实合作发表署名文章《尼罗河水诉真情，丝绸之路创合作》。

2019年4月9日，驻苏丹大使马新民在《国际商报》发表署名文章《六秩风雨同行，共赢美好未来》。

2019年4月2日，驻苏丹大使马新民在达尔富尔中国维和部队阅兵仪式上发表讲话。

2019年2月21日，驻苏丹大使马新民在河南武术团“欢乐春节”苏丹专场演出上发表讲话。

坦桑尼亚

2020年6月24日，驻坦桑尼亚大使王克在坦桑尼亚《每日新闻》上刊发署名文章《让中非友谊在抗疫合作中焕发新的光彩》。

2020年1月18日，驻坦桑尼亚大使王克在2020“欢乐春节——聚焦在非洲·坦桑过大年”庆祝活动上致辞。

2019年12月13日，驻坦桑尼亚大使王克出席华为ICT大赛2019—2020坦桑尼亚颁奖典礼并致辞。

2019年8月12日，驻坦桑尼亚大使王克在坦桑尼亚华侨华人国庆七十周年文艺演出上致辞。

2019年4月21日，驻坦桑尼亚大使王克在“中坦投资和营商环境高端对话会”开幕式上发表讲话。

2019年4月6日，驻坦桑尼亚大使王克在祭扫中国援坦专家公墓活动上发表讲话。

2019年2月26日，驻坦桑尼亚大使王克在坦桑尼亚公务员学院发表演讲。

突尼斯

2020年5月27日，驻突尼斯大使汪文斌在突尼斯主流媒体《时报》发表署名文章《我们是命运共同体》。

2019年6月19日，驻突尼斯大使汪文斌在援突超级计算中心设备项目立项换文仪式后接受中国国际电视台及突尼斯通讯社采访。

2019年4月25日，驻突尼斯大使汪文斌就第二届“一带一路”国际合作高峰论坛召开发表署名文章。

2019年3月14日，驻突尼斯大使汪文斌出席迦太基大学突尼斯高等语言学院举办的“中国文化日”活动并致辞。

赞比亚

2020年11月17日，驻赞比亚大使李杰在赞比亚蓝莓首次输华庆祝仪式上发表讲话。

2020年3月3日，驻赞比亚大使李杰在援赞比亚国际会议中心项目开工仪式上发表讲话。

2019年10月20日，驻赞比亚大使李杰在“一带一路”联合研究中心揭牌仪式上发表讲话。

2019年9月27日，驻赞比亚大使李杰在中华人民共和国国庆七十周年招待会上发表讲话。

2019年6月20日，驻赞比亚大使李杰在中国商会医疗队迎送招待会上发表讲话。

2019年6月18日，驻赞比亚大使李杰在援赞比亚“万村通”项目竣工交接仪式上发表讲话。

2019年5月7日，驻赞比亚大使李杰在赞比亚中国商会2019优秀当地员工表彰大会上发表讲话。

2019年4月10日，驻赞比亚大使李杰在渣打银行“一带一路”接力跑活动上发表讲话。

2019年4月8日，驻赞比亚大使李杰在清明公祭英烈活动上发表讲话。

2019年3月8日，驻赞比亚大使李杰在渣打银行中国新年晚宴上发表讲话。

大洋洲

斐济

2020年11月26日，驻斐济大使钱波出席中斐建交四十五周年纪念邮票发行仪式并致辞。

2019年9月30日，驻斐济大使钱波出席“中斐友谊杯”橄榄球赛开幕式并致辞。

2019 年 9 月 29 日，驻斐济大使钱波在中华人民共和国国庆七十周年招待会上发表讲话。

2019 年 5 月 6 日，驻斐济大使钱波出席第十八届“汉语桥”世界大学生汉语比赛斐济赛区预选赛并致辞。

2019 年 4 月 28 日，驻斐济大使钱波在斐济主流媒体发表署名文章《共建“一带一路”开创美好未来》。

澳大利亚

2019 年 9 月 23 日，驻澳大利亚大使成竞业在庆祝新中国成立七十周年招待会上发表讲话。

2019 年 6 月 26 日，驻澳大利亚大使成竞业在澳中工商业委员会 2019 堪培拉联谊日开幕式上致辞。

2019 年 6 月 19 日，驻澳大利亚大使成竞业在“亚洲连线”领导者项目活动上致辞。

2019 年 4 月 4 日，驻澳大利亚大使成竞业出席在澳大利亚国家博物馆举行的中国传统书画展并致辞。

2019 年 2 月 15 日，驻澳大利亚大使成竞业出席 2019 悉尼中国新年灯会和澳大利亚国家多元文化节活动并致辞。

2019 年 2 月 9 日，驻澳大利亚大使成竞业出席“第八届布里斯班中国节”活动并致辞。

新西兰

2019 年 9 月 25 日，驻新西兰大使吴玺在庆祝中华人民共和国成立七十周年招待会上发表讲话。

2019 年 9 月 22 日，驻新西兰大使吴玺出席第二十届国际潮团联谊年会开幕式并致辞。

2019 年 6 月 26 日，驻新西兰大使吴玺在“建设南部连接”研讨会上发表演讲。

2019 年 3 月 30 日，驻新西兰大使吴玺出席 2019“中新旅游年”开幕式并致辞。

2019 年 3 月 17 日，驻新西兰大使吴玺出席第二十届国际潮团联谊年会活动并致辞。

2019 年 2 月 25 日，驻新西兰大使吴玺出席新西兰中国商会 2019 新春慈善晚宴并致辞。

学术论文

Chuluunbaatar Sumiya、吴磊：《关于加强蒙中人文交流的思考》，《华东师范大学学报》（自然科学版）2020 年第 S1 期。

顾晓园：《秉承中外人文交流使命 服务国家战略和首都发展》，《北京教育（高教）》2020 年第 10 期。

黄正多：《人类命运共同体视角下中尼人文交流的意义、问题与对策》，《南亚研究季刊》2020 年第 4 期。

秦丹：《借中国研究平台 促中英人文交流》，《神州学人》2020 年第 10 期。

武敏敏：《当前中泰人文交流及其特点》，《文教资料》2020 年第 30 期。

杨宝荣：《“一带一路”倡议下的中

非人文交流》，《西亚非洲》2020年第2期。

尹允镇、李文娇：《试论中日人文交流的演变、特征及发展趋势》，《东北亚论坛》2020年第3期。

于洪君：《扩大人文交流与合作，强化中国——东盟命运共同体意识》，《公共外交季刊》2020年第4期。

周言艳：《中俄在旅游领域的人文交流问题探究》，《西伯利亚研究》2020年第5期。

宋黎磊：《中国—中东欧国家人文交流：合作进程、影响因素与前景》，《当代世界》2020年第4期。

王汉平：《以人文交流活动为抓手提升期刊对外传播效果》，《对外传播》2020年第6期。

王战、张瑾：《"一带一路"倡议下中法关系发展对中法人文交流影响的实践研究》，《法国研究》2020年第1期。

包澄章：《中国与阿拉伯国家人文交流的现状、基础及挑战》，《西亚非洲》2019年第1期。

曹云华：《论亚洲文明对话视域下的中国—东盟人文交流》，《对外传播》2019年第4期。

柴尚金：《文明交流互鉴为加强合作提供强大支撑》，《经济日报》2019年4月。

郭鸿炜：《论非政府组织参与"一带一路"之人文交流》，《知与行》2019年第2期。

胡海鹏、陈黎峰：《中国与"一带一路"沿线中东欧四国的人文交流热点研究——基于Citespace的科学知识图谱分析》，《北京城市学院学报》2019年第6期。

金柄珉：《文明对话：东亚人文交流的历史与展望——以中国与韩国的人文交流为例》，《中山大学学报》（社会科学版）2019年第4期。

穆重怀、宋殿娇：《中国与波罗的海三国人文交流机制研究》，《侨园》2019年第11期。

任明哲：《澜沧江—湄公河次区域国家人文交流：现状、基础与挑战》，《东南亚纵横》2019年第3期。

宋佳烜：《人文交流为中朝传统友谊注入新活力》，《中国文化报》2019年6月。

王泠一：《见证中意人文交流进入新时代》，《新民周刊》2019年第14期。

韦宗友：《美国对华人文交流的看法及政策变化探析》，《美国研究》2019年第3期。

温智宏：《"一带一路"背景下中国与东南亚人文交流与合作研究》，《新丝路学刊》2019年第2期。

徐菁忆：《"一带一路"倡议下的中英人文交流》，《现代商业》2019年第3期。

杨雷：《论人文交流在中俄伙伴关系建设中的作用》，《东北亚学刊》2019年第4期。

姚威、胡顺顺、牛丰：《"一带一路"工程科技人文交流的基本内涵与企业参与现状》，《中国工程科学》2019年第4期。

俞沂暄：《人文交流与新时代中国对外关系发展——兼与文化外交的比较分析》，《外交评论（外交学院学报）》

2019 年第 5 期。

张骥、丁媛媛：《中国民间外交、地方外交与人文交流 70 年——人民的外交》，《国际展望》2019 年第 5 期。

张宁、赵卫星、罗晓舫、赵磊：《世界格局变化背景下中外人文交流》，《陕西师范大学学报》（哲学社会科学版）2019 年第 6 期。

张薇薇、项昊宇、荣鹰：《新时代中日人文交流的使命》，《东北亚学刊》2019 年第 2 期。

宗立宁：《身份认同视角下的中韩人文交流——基于“缘理论”框架的分析》，《韩国研究论丛》2019 年第 2 期。

相关著作

董琦：《镜头下的中德人文交流》，同济大学出版社 2020 年版。

韦红：《中国与印度尼西亚人文交流发展报告》，社会科学文献出版社 2020 年版。

张凡：《中国与拉美：软实力视域下的人文交流》，朝华出版社 2020 年版。

邢丽菊、张骥：《中外人文交流与新型国际关系构建》，世界知识出版社 2019 年版。

胡春春：《德国的“中国能力”与中国的“德国能力”》，社会科学文献出版社 2019 年版。

黄晓坚：《海外华人与中外文化交流》，黑龙江教育出版社 2019 年版。

李期铿：《中匈人文交流七十年》，明日出版社 2019 年版。

刘永连：《陆海丝路与文化交流》，中国社会科学出版社 2019 年版。

刘雨珍：《中日文学与文化交流史研究》，江苏人民出版社 2019 年版。

陶源、聂品：《中国和俄罗斯人文交流史》，科学出版社 2019 年版。

王俊霞：《跨文化交流》，吉林出版集团股份有限公司 2019 年版。

（撰稿人：许航、孙镜然）